Princípios para
A ORDEM MUNDIAL EM TRANSFORMAÇÃO

RAY DALIO

Tradução de
Alexandre Raposo
Cláudia Mello Belhassof
Jaime Biaggio

Copyright © 2021 por Ray Dalio

TÍTULO ORIGINAL
Principles for Dealing with the Changing World Order

PREPARAÇÃO
João Guilherme Rodrigues
Victória Lane

REVISÃO TÉCNICA
Bárbara Morais

REVISÃO
Ulisses Teixeira
Taís Monteiro

DIAGRAMAÇÃO
Inês Coimbra

DESIGN DE CAPA
Rodrigo Corral

ADAPTAÇÃO DE CAPA
Antonio Rhoden

CIP-BRASIL. CATALOGAÇÃO NA PUBLICAÇÃO
SINDICATO NACIONAL DOS EDITORES DE LIVROS, RJ

D147p

Dalio, Ray, 1949-
    Princípios para a ordem mundial em transformação : por que as nações prosperam e fracassam / Ray Dalio ; tradução Alexandre Raposo, Cláudia Mello Belhassof, Jaime Biaggio. - 1. ed. - Rio de Janeiro : Intrínseca, 2022.
    560 p. : il. ; 23 cm.

Tradução de: Principles for dealing with the changing world order
Apêndice
ISBN 978-65-5560-543-3

    1. História econômica. 2. Crises financeiras. 3. Finanças internacionais. I. Raposo, Alexandre. II. Belhassof, Cláudia Mello. III. Biaggio, Jaime. IV. Título.

22-75666   CDD: 332.042
                                    CDU: 339

Meri Gleice Rodrigues de Souza - Bibliotecária - CRB-7/6439

[2022]
Todos os direitos desta edição reservados à
EDITORA INTRÍNSECA LTDA.
Av. das Américas, 500, bloco 12, sala 303
22640-904 – Barra da Tijuca
Rio de Janeiro – RJ
Tel./Fax: (21) 3206-7400
www.intrinseca.com.br

Aos meus netos e a todos dessa geração,
pois eles participarão da continuidade desta história:
que a Força da Evolução esteja com vocês.

AGRADECIMENTOS

A todos que me ajudaram a aprender: cada um de vocês tem a minha profunda gratidão por me fornecer as valiosas peças que me auxiliaram a montar este livro. Sem as histórias e estatísticas que desenterraram dos arquivos, as conversas que tivemos e as ideias que compartilharam em seus escritos, esta obra não teria sido possível. Alguns de vocês ainda estão conosco, outros não, mas todos estão em meus pensamentos. Sou especialmente grato a Henry Kissinger, Wang Qishan, Graham Allison, Lee Kuan Yew, Liu He, Paul Volcker, Mario Draghi, Paul Kennedy, Richard N. Haass, Kevin Rudd, Steven Kryger, Bill Longfield, Neil Hannan, H.R. McMaster, Jiaming Zhu, Larry Summers, Niall Ferguson, Tom Friedman, Heng Swee Keat, George Yeo, Ian Bremmer e Zhiwu Chen.

Também quero agradecer a Peer Vries, Benjamin A. Elman, Pamela Kyle Crossley, Sybil Lai, James Zheng Gao, Yuen Ang, Macabe Keliher, David Porter, Victor Cunrui Xiong, David Cannadine, Patricia Clavin, Duncan Needham, Catherine Schenk e Steven Pincus, entre outros, por seus valiosos pontos de vista.

Também sou muito grato àqueles que me ajudaram a converter em livro esses conceitos e escritos, o que foi quase tão trabalhoso quanto concebê-los. Em primeiro lugar, agradeço a Mark Kirby por sua devoção, seu talento e sua paciência inabaláveis. Também agradeço a Michael Kubin, Arthur Goldwag e Phil Revzin, que fizeram comentários preciosos sobre o manuscrito, a Jim Levine, meu agente literário, e a Jofie Ferrari-Adler, meu editor, que me ajudaram a criar este livro e a publicá-lo.

Além dessas pessoas há diversas outras, incluindo Gardner Davis, Udai Baisiwala, Jordan Nick, Michael Savarese, Jonathan Bost, Stephen McDonald, Elena Gonzalez Malloy, Khia Kurtenbach, Alasdair Donovan, Floris Holstege, Anser Kazi, Chris Edmonds, Julie Farnie e Brian De Los Santos, que contribuíram de forma significativa nos bastidores — assim como toda a equipe da Bridgewater, que criou a plataforma de aprendizagem mais incrível que se possa imaginar.

PARTE I
COMO O MUNDO FUNCIONA
31

	Introdução	11
1	O grande ciclo em poucas palavras	33
2	Os determinantes	67
	Adendo aos determinantes	91
3	O grande ciclo da moeda, crédito, débito e atividade econômica	113
4	A mudança de valor da moeda	141
5	O grande ciclo de ordem e desordem interno	159
6	O grande ciclo de ordem e desordem externo	203
7	Investindo à luz do grande ciclo	227

PARTE II
COMO FUNCIONOU O MUNDO NOS ÚLTIMOS 500 ANOS
251

8	Um resumo dos últimos 500 anos	253
9	O grande ciclo de ascensão e queda do Império Holandês e do florim	275
10	O grande ciclo de ascensão e queda do Império Britânico e da libra	301
11	O grande ciclo de ascensão e queda dos Estados Unidos e do dólar	341
12	A ascensão no grande ciclo da China e do renminbi	373
13	Relações e guerras entre Estados Unidos e China	433

PARTE III
O FUTURO
471

14	O futuro	473
	Apêndice: Análise computacional das condições e perspectivas para os principais países do mundo	523

COMO LER ESTE LIVRO

- Ao escrever, tive dificuldade em decidir se criava uma obra integral ou concisa, então me decidi pelas duas opções, marcando passagens em negrito para criar uma versão de leitura rápida. **Se escolher a versão concisa, leia o que está em negrito, e leia o restante se quiser mais informação.**

- Também quis transmitir alguns princípios que são verdades eternas e universais para lidar bem com a realidade, os quais destaquei ● *inserindo um ponto vermelho e marcando o texto com itálico.*

- Achei que certos floreios seriam interessantes para alguns leitores, mas não para todos, de modo que optei por apresentá-los como um adendo ao capítulo respectivo. Sinta-se à vontade para lê-los ou ignorá-los.

- Ao final do livro, você vai encontrar um glossário que explica as abreviações presentes em alguns gráficos.

- Por fim, para evitar que o livro se tornasse demasiadamente longo, deixei muito conteúdo complementar disponível em diversas línguas no site economicprinciples.org, incluindo materiais de referência, citações, mais dados sobre os índices etc.

INTRODUÇÃO

Os novos tempos serão radicalmente diferentes daqueles em que vivemos, embora semelhantes a muitos outros períodos da história.

Como sei disso? Porque sempre foi assim.

Para dar conta de minhas responsabilidades nos últimos cinquenta anos, precisei entender os principais fatores de sucesso e fracasso dos países e seus mercados. Aprendi que, para prever e lidar com situações que nunca enfrentara antes, era necessário estudar o máximo possível de casos históricos análogos para compreender a mecânica desses processos. Isso me forneceu princípios para lidar bem com tais situações.

Há alguns anos, observei a eclosão de inúmeros eventos importantes que aconteceram diversas vezes ao longo da história, mas inéditos no decurso de minha vida. Mais importante, eu estava vendo uma enorme confluência deles: dívidas gigantescas aliadas a taxas de juro zero ou quase zero que levaram à emissão massiva das três principais moedas de reserva do mundo; sérios conflitos políticos e sociais dentro dos países, especialmente nos EUA, devido à maior disparidade de riqueza, políticas e valores verificada em cerca de um século; e o surgimento de uma nova potência mundial (China) para desafiar a potência dominante (EUA) e a ordem mundial já existente. A época análoga mais recente foi o período de 1930 a 1945. E isso me pareceu muito preocupante.

Eu sabia que, para entender de fato o que estava acontecendo e lidar com o que vinha pela frente, precisaria examinar períodos análogos do passado, o que levou a este estudo da ascensão e queda de impérios, suas moedas de reserva e seus mercados. Em outras palavras, para desenvolver uma compreensão do que está acontecendo agora e do que deve acontecer nos próximos anos, precisei estudar na história a mecânica por trás de casos similares — por exemplo, o período de 1930-45, a ascensão e queda dos impérios holandês e britânico, a ascensão e queda das dinastias chinesas, entre outros.[1] Eu conduzia essas investigações quando irrompeu a pandemia de Covid-19, que foi outro desses grandes eventos que nunca aconteceram em minha vida, mas que já haviam ocorrido várias vezes antes. As pandemias passadas tornaram-se parte deste estudo e me mostraram que fenômenos naturais inesperados — como doenças, escassez de alimentos e inundações, por exemplo — precisam ser considerados como possibilidades, porque esses grandes, raros e inesperados eventos são, sob qualquer ângulo, ainda mais impactantes do que as maiores guerras e depressões econômicas.

Ao estudar a história, percebi que ela decorre em ciclos de vida relativamente bem definidos, como o de organismos, que evoluem com o passar das gerações. Na verdade, o passado e o futuro da humanidade podem ser vistos, de forma simples, como o agregado de todas as trajetórias de vida individuais se desenvolvendo ao longo do tempo. Vi essas jornadas fluírem juntas como uma narrativa abrangente, desde os primeiros registros históricos até o presente momento, com as mesmas coisas acontecendo basicamente pelos mesmos motivos de novo e de novo, e, ainda assim, evoluindo. Ao averiguar vários casos interligados progredirem ao mesmo tempo, pude identificar os padrões e as relações de causa/efeito que os governam, e imaginar o futuro com base naquilo que aprendi. Esses eventos se repetiram diversas vezes ao longo da história e tomaram parte nos ciclos de ascensão e queda de impérios, além de constituírem a maioria de seus aspectos — por exemplo, de seus níveis educacionais, seus níveis de produtividade, seus níveis de comércio com outros países, seu poderio militar, suas moedas, outros mercados etc.

---

[1] Para deixar claro: apesar de descrever esses ciclos do passado, não pertenço ao grupo que, mesmo sem compreender a mecânica de causa/efeito que impulsiona as mudanças, acredita que os eventos do passado necessariamente continuarão ocorrendo no futuro. Acima de tudo, meu objetivo é que você se junte a mim na análise das relações de causa/efeito e, em seguida, use essa compreensão para explorar possibilidades iminentes e chegar a um consenso sobre princípios para lidar com elas da melhor maneira possível.

INTRODUÇÃO

Cada um desses aspectos — ou poderes — se desenvolveu em cadeia, e estavam todos inter-relacionados. Por exemplo, os níveis de escolaridade das nações afetaram seus níveis de produtividade, que por sua vez afetaram seus níveis de comércio com outros países, que então afetaram os níveis de poderio militar necessários para proteger as rotas comerciais, que juntos afetaram sua respectiva moeda e outros mercados, que assim afetaram muitas outras coisas. O conjunto desses movimentos formou ciclos econômicos e políticos que transcorreram ao longo de muitos anos — como o ciclo de um império ou uma dinastia de muito sucesso, que poderia durar de duzentos a trezentos anos. **Todos os impérios e dinastias que estudei surgiram e caíram em um clássico Grande Ciclo, o qual tem marcadores bem definidos que nos permitem encontrar nele o ponto em que estamos.**

Esse Grande Ciclo gera oscilações entre **1) períodos pacíficos e prósperos de grande inventividade e produtividade, que elevam bastante os padrões de vida, e 2) períodos de depressão, revolução e guerra, com grande disputa por riqueza e poder, quando há enorme destruição de bens, vidas e outras coisas que prezamos.** Percebi que os períodos pacíficos/criativos duraram muito mais do que os de depressão/revolução/guerra, normalmente em uma proporção de cerca de cinco para um. Daí ser possível afirmar que os períodos de depressão/revolução/guerra serviram de transição entre a normalidade dos períodos pacíficos/criativos.

Embora esses últimos sejam certamente mais agradáveis para a maioria das pessoas, todas essas realidades têm um papel a cumprir no desenrolar da evolução. Portanto, em um sentido mais amplo, não são boas nem más. Os períodos de depressão/revolução/guerra produzem franca destruição, mas, assim como as tempestades, também varrem para longe fraquezas e excessos (como o de dívidas) e produzem um novo começo sob a forma de um retorno (embora doloroso) a uma base de fundamentos mais sólidos. Depois que o conflito é resolvido, fica claro quem tem qual poder e, como a maioria das pessoas deseja desesperadamente a paz, há uma resolução que produz novos sistemas monetários, econômicos e políticos — que juntos formam uma nova ordem mundial — e que promove o próximo período pacífico/criativo. Dentro desse Grande Ciclo há outros ciclos. Por exemplo, há os de dívida de longo prazo, que duram cerca de um século, e os de dívida de curto prazo, que duram cerca de dez anos. Esses ciclos de curto prazo também incluem períodos de expansão mais longos e prósperos que são interrompidos por períodos de recessão mais curtos, e, dentro desses, há ciclos ainda mais curtos, e assim por diante.

Para não fazer sua cabeça rodar com essa conversa de ciclos, o que considero mais importante transmitir é que, quando os ciclos convergem, as placas tectônicas da história se movem e a vida das pessoas muda radicalmente. Essas mudanças às vezes são terríveis e, em outras, maravilhosas. É algo que com certeza vai acontecer, e a maioria das pessoas não conseguirá prever. Em outras palavras, ● *a oscilação de condições de um extremo a outro é a norma em um ciclo, não a exceção.* Raro foi o país que, durante um século, não teve ao menos um período de crescimento/harmonia/prosperidade e um de depressão/guerra civil/revolução, de modo que devemos esperar ambos. No entanto, a maioria das pessoas ao longo da história imaginou (e ainda imagina) que o futuro será uma versão ligeiramente modificada do passado recente. Isso ocorre porque ● *períodos de grande crescimento e períodos de grande recessão, como é comum com tantas outras coisas, ocorrem apenas uma vez durante uma vida e, portanto, são surpreendentes, a menos que os padrões da história ao longo de várias gerações tenha sido estudado.* Como as oscilações entre tempos bons e tempos terríveis tendem a ser distantes umas das outras, ● *é possível que o futuro que encontraremos seja bem diferente daquele que a maioria das pessoas espera.*

Por exemplo, meu pai e a maioria de seus contemporâneos que passaram pela Grande Depressão e pela Segunda Guerra Mundial nunca imaginaram o crescimento econômico do pós-guerra, porque era muito diferente do que haviam vivido. Em vista dessas experiências, entendo por que eles jamais pensariam em pegar dinheiro emprestado e investir no mercado de ações as economias arduamente conquistadas, portanto é compreensível que tenham deixado de lucrar com o crescimento. Da mesma forma, entendo por que, décadas depois, aqueles que vivenciaram apenas crescimentos financiados por dívidas, sem nunca passar por uma depressão ou uma guerra, tomariam muito dinheiro emprestado para especular e considerariam a depressão e a guerra situações fora de cogitação. O mesmo se aplica ao dinheiro: após a Segunda Guerra Mundial,

INTRODUÇÃO

o dinheiro era "forte" (ou seja, lastreado no ouro) até que, para acomodar empréstimos e evitar que entidades quebrassem na década de 1970, os governos o tornaram "fraco" (ou seja, moeda fiduciária). Como resultado, no momento em que escrevo este livro, a maioria das pessoas acredita que deve tomar mais dinheiro emprestado, embora historicamente o crescimento de empréstimos e crescimentos financiados por dívidas tenham levado a depressões e conflitos tanto internos quanto externos.

Compreender a história dessa maneira também levanta questões cujas respostas fornecem pistas valiosas acerca do futuro. Por exemplo, ao longo de minha vida, o dólar tem sido a moeda de reserva mundial; a política monetária, uma ferramenta eficaz para estimular as economias; e a democracia e o capitalismo, amplamente considerados sistemas políticos e econômicos superiores. Qualquer pessoa que estude história é capaz de ver que ● *nenhum sistema de governo, nenhum sistema econômico, nenhuma moeda e nenhum império duram para sempre, mas quase todo mundo fica bastante surpreso e arruinado quando eles caem.* Naturalmente, me perguntei como meus entes queridos e eu poderíamos perceber o início de um desses períodos de depressão/revolução/guerra e como poderíamos atravessá-lo de forma satisfatória. Como minha responsabilidade profissional é preservar patrimônio independentemente do contexto, precisei desenvolver um entendimento e uma estratégia que funcionassem ao longo da história, inclusive através de tempos devastadores.

O objetivo deste livro é passar adiante o aprendizado que me ajudou e que, acredito, também pode ajudar você. Apresento-o para sua reflexão.

COMO APRENDI A PREVER O FUTURO ESTUDANDO O PASSADO

Embora possa parecer estranho que um gerente de investimentos — que toma decisões financeiras em curto prazo — dedique tanta atenção à história no longo prazo, sei por experiência própria que essa perspectiva é necessária. Minha abordagem não é teórica, criada para propósitos acadêmicos; é uma abordagem prática, que sigo de modo a fazer bem meu trabalho. O jogo do qual participo exige que eu entenda, melhor do que a concorrência, o que pode acontecer com as economias. Assim, passei cerca de cinquenta anos observando de perto as principais economias e seus mercados — bem como as condições políticas, uma vez que elas afetam a ambos —, tentando entender os acontecimentos bem o bastante para poder apostar com base nisso. Devido aos meus anos de luta com os mercados e de tentativas de elaborar princípios para fazer isso bem, aprendi que ● *a capacidade de prever e lidar com o futuro depende da compreensão das relações de causa/efeito que fazem as coisas mudarem, e a capacidade de compreender essas relações de causa/efeito vem do estudo de como elas mudaram no passado.*

Cheguei a essa abordagem após constatar dolorosamente que os maiores erros em minha carreira ocorreram quando deixei de notar grandes movimentos de mercado inéditos para mim, mas que tinham acontecido diversas vezes no passado. A primeira dessas grandes surpresas veio em 1971, quando eu tinha 22 anos e trabalhava como operador no chão da Bolsa de Valores de Nova York durante o verão. Eu adorava aquele trabalho porque era um jogo de ganho e perda de dinheiro por nocaute rápido, do qual participavam pessoas que gostavam bastante de se divertir — tanto que os operadores costumavam promover guerras de pistola d'água durante o pregão. Eu estava absorto nesse jogo de observar os grandes acontecimentos no mundo para fazer apostas sobre em que direção eles levariam os mercados. Às vezes, era dramático.

Em uma noite de domingo — 15 de agosto de 1971 —, o presidente Richard Nixon anunciou que os Estados Unidos não honrariam o compromisso de permitir que dólares em papel-moeda fossem trocados por ouro. Enquanto ouvia Nixon falar, percebi que o governo descumprira uma promessa e que o dinheiro tal qual o conhecíamos não existia mais. "Isso não vai ser bom", pensei. Então, na manhã de segunda-feira, entrei no pregão da bolsa esperando um pandemônio quando as ações despencassem. Houve, de fato, um pandemônio, mas não como eu esperava. Em vez de cair, o mercado de ações subiu cerca de 4% com a queda do dólar. Fiquei chocado. Mas isso porque eu nunca experimentara uma desvalorização de moeda. Nos dias que se seguiram, mergulhei em estudos de história e encontrei diversos casos de desvalorização de

INTRODUÇÃO

moeda que tiveram efeitos semelhantes no mercado de ações. Pesquisando mais, descobri os motivos e aprendi algo valioso que me ajudaria diversas vezes no futuro. Sofri outras surpresas dolorosas como essa até compreender, por fim, que eu precisava entender todas as grandes movimentações econômicas e de mercado ocorridas em todos os principais países nos últimos cem anos ou mais.

Em outras palavras, como eu não tinha certeza de que algum evento grande e importante do passado (por exemplo, a Grande Depressão) poderia acontecer comigo, precisava descobrir como a coisa funcionava e estar preparado para lidar com ela. Por meio de minhas pesquisas, constatei a ocorrência de vários acontecimentos similares (depressões, por exemplo) e percebi que, ao estudá-los da mesma forma que um médico estuda casos de uma doença específica, eu poderia ter uma compreensão mais profunda de como funcionam. Estudei isso qualitativa e quantitativamente através de minhas experiências, conversando com especialistas renomados, lendo ótimos livros e revirando estatísticas e arquivos com minha grande equipe de pesquisa.

Uma imagem me sobreveio desse aprendizado: uma sequência arquetípica da ascensão e queda de riqueza e poder. O arquétipo me ajuda a ver as relações de causa/efeito que orientam o modo como esses casos em geral progridem. Com o detalhamento desse modelo arquetípico, posso analisar casos que fogem do padrão, de modo a tentar explicá-los. Em seguida, transformo esses modelos mentais em algoritmo, tanto para monitorar suas condições em relação a meus arquétipos quanto para me ajudar a tomar decisões com base neles. Esse processo me ajuda a refinar minha compreensão das relações de causa/efeito até o ponto de poder criar regras de tomada de decisão — ou seja, princípios para lidar com minhas realidades — sob a forma de declarações "se/então" — ou seja: se X acontecer, então aposte em Y. A partir disso, observo eventos reais se desenrolarem em paralelo a esse modelo e a nossa conjectura. Faço tudo isso de maneira muito sistemática com meus sócios na Bridgewater Associates. Se os eventos estão no caminho certo, continuamos a apostar no que normalmente vem a seguir; se os eventos começam a se desviar de nosso modelo, tentamos entender o porquê e corrigimos o curso. Esse processo tanto me ajudou a ser mais humilde quanto a entender as grandes sequências de causa/efeito que costumam impulsionar suas progressões. Faço isso de forma contínua e permanecerei assim até morrer, de modo que o que você está lendo agora é um trabalho em construção.²

ESSA ABORDAGEM AFETA A FORMA COMO ENXERGO AS COISAS

Ver os eventos dessa maneira evitou que minha visão fosse encoberta pelas tempestades de imprevistos e pairasse acima delas para enxergar seus padrões ao longo do tempo.³ Quanto mais interconexões eu conseguisse captar dessa maneira, mais poderia ver como as coisas influenciam umas às outras — por exemplo, como o ciclo econômico trabalha junto ao político — e como interagem por longos períodos de tempo.

Acredito que a razão pela qual as pessoas normalmente não aproveitam os grandes momentos de evolução que ocorrem em suas vidas é que elas apenas vivenciam pequenos trechos do que está acontecendo. Somos como formigas preocupadas em carregar migalhas durante nosso breve tempo de vida, sem uma perspectiva mais ampla a respeito dos padrões e ciclos gerais, das coisas importantes e inter-relacionadas que os impulsionam, de onde estamos dentro dos ciclos e do que provavelmente vai acontecer. Ao alcançar essa outra perspectiva, passei a acreditar que, ao longo da história, há um número limitado de tipos de

---

[2] Por exemplo: tenho seguido essa abordagem para os ciclos de endividamento porque atravessei muitos deles nos últimos cinquenta anos e porque são a força mais importante que impulsiona grandes mudanças nas economias e nos mercados. Se estiver interessado em meu modelo para entender grandes crises de dívida e ver todos os casos que o integram, pode encontrar o livro *Principles for Navigating Big Debt Crises* em formato digital e gratuito em economicprinciples.org ou em formato impresso à venda em livrarias físicas ou on-line. Seguindo essa abordagem, estudei assuntos impactantes e relevantes (como depressões, hiperinflação, guerras, crises de balança de pagamentos etc.), geralmente porque fui atraído a entender coisas incomuns que pareciam brotar ao meu redor. Foi essa perspectiva que permitiu à Bridgewater atravessar bem a crise financeira de 2008, enquanto outros passaram por dificuldades.

[3] Abordo quase tudo dessa maneira. Por exemplo, ao construir e administrar meu negócio, tive que entender como as pessoas pensam e estabelecer princípios para lidar bem com isso, o que fiz utilizando a mesma abordagem. Se estiver interessado no que aprendi sobre esses assuntos não econômicos e não mercantis, leia meu livro *Princípios*, publicado pela Editora Intrínseca, e que também pode ser encontrado gratuitamente em inglês em um aplicativo para iOS/Android chamado Principles in Action.

personalidade[4] percorrendo um número limitado de caminhos, o que os leva a encontrar um número limitado de situações para produzir um número limitado de histórias que se repetem ao longo do tempo. As únicas coisas que mudam são as roupas que os personagens usam, os idiomas que falam e as tecnologias que utilizam.

ESTE ESTUDO E COMO VIM A FAZÊ-LO

Uma pesquisa levou a outra, o que me induziu a fazer o presente estudo. Mais especificamente:

- A análise dos ciclos de dinheiro e de crédito ao longo da história **me fez aprender sobre o ciclo de endividamento de longo prazo e o ciclo de mercados de capitais (que em geral dura de cinquenta a cem anos), o que me levou a enxergar o que está acontecendo atualmente de uma forma bastante distinta da perspectiva que eu tinha antes.** Por exemplo, em resposta à crise financeira de 2008, as taxas de juros atingiram 0% e os bancos centrais emitiram moeda e compraram ativos financeiros. Eu sabia que isso ocorrera na década de 1930, o que me ajudou a ver como e por que as iniciativas do banco central de criar muito dinheiro e crédito/dívida há noventa anos fizeram os preços dos ativos financeiros dispararem, o que aumentou a disparidade de riqueza e levou a uma era de populismo e conflito. No período pós-2008, vemos as mesmas forças em ação.
- Em 2014, tentei prever taxas de crescimento econômico de diversos países, pois era algo relevante para as nossas decisões de investimento. Usei a mesma abordagem de estudar inúmeros casos para identificar os motores do crescimento e chegar a indicadores atemporais e universais, no intuito de projetar as taxas de crescimento dos países para períodos de dez anos. Por meio desse processo, desenvolvi um entendimento mais profundo das razões

---

[4] Em meu livro *Princípios*, compartilho minha perspectiva acerca dessas diferentes formas de pensar. Não as descreverei aqui, mas, caso esteja interessado, sugiro que dê uma olhada lá.

do bom desempenho de alguns países e do mau desempenho de outros. Combinei esses indicadores em medidores e equações que usamos (e continuamos a usar) para produzir estimativas de crescimento de dez anos nas vinte maiores economias. Além de ser útil, notei que esse estudo poderia ajudar os formuladores de políticas econômicas porque, ao ter em vista essas relações de causa/efeito atemporais e universais, eles conseguiriam saber que mudar X teria o efeito Y no futuro. Também percebi como esses principais indicadores econômicos de dez anos (como qualidade da educação e nível de endividamento) estavam piorando nos EUA em relação aos grandes países emergentes, como a China e a Índia. Esse estudo é intitulado "Produtividade e reforma estrutural: por que os países alcançam o sucesso e fracassam, e o que deveria ser feito para que países em processo de falência sejam bem-sucedidos" [Productivity and Structural Reform: Why Countries Succeed and Fail, and What Should Be Done So Failing Countries Succeed]. (Esse estudo, assim como todos os outros aqui mencionados, estão disponíveis de graça, em inglês, no site economicprinciples.org.)

- Logo após a eleição de Trump em 2016 e com o aumento do populismo nos países desenvolvidos se tornando mais evidente, comecei um estudo chamado "Populismo: o fenômeno" [Populism: The Phenomenon]. Isso destacou, para mim, como as discrepâncias de riqueza e valores levaram a profundos conflitos sociais e políticos na década de 1930, semelhantes aos que ocorrem agora. Também me mostrou como e por que populistas de esquerda e de direita são mais nacionalistas, militaristas, protecionistas e confrontadores — e a que levaram tais abordagens. Vi quão poderoso o conflito econômico/político entre a esquerda e a direita pode se tornar e o impacto significativo que esse conflito tem em economias, mercados, riquezas e poderes, o que me deu uma melhor compreensão dos eventos ocorridos e que ainda estão ocorrendo.

- Ao conduzir esses estudos — e observar diversos acontecimentos ao meu redor —, percebi que os EUA estavam enfrentando enormes discrepâncias nas condições econômicas das pessoas, as quais passavam despercebidas quando observadas apenas as médias econômicas. Portanto, dividi a economia em quintis, olhando para os 20% mais ricos, os 20% seguintes, e assim por diante, até chegar aos 20% mais pobres, e examinei as condições dessas populações isoladamente, o que resultou em dois estudos. Em "Nossa maior questão econômica, social e política: as duas economias — os 40% superiores e os 60% inferiores" [Our Biggest Economic, Social, and Political Issue: The Two Economies — The Top 40% and the Bottom 60%], notei as drásticas diferenças nas condições de "ricos" e "pobres", o que me ajudou a entender o aumento da polaridade e do populismo que via surgir. Essas descobertas, bem como o contato próximo com a discrepância de riqueza e oportunidades — mantido por meio do trabalho filantrópico que eu e minha esposa fazemos com as comunidades e escolas de Connecticut —, levaram à pesquisa que se tornou meu estudo intitulado "Por que e como o capitalismo precisa ser reformulado" [Why and How Capitalism Needs to Be Reformed].

- Ao mesmo tempo, durante meus muitos anos de negociações internacionais e pesquisas em outros países, vi ocorrerem enormes mudanças econômicas e geopolíticas mundiais, sobretudo na China. **Tenho visitado muito a China nos últimos 37 anos, com a sorte de ter me familiarizado bem com o pensamento de seus principais formuladores de políticas e de uma ampla gama de pessoas. Ter esse contato direto me ajudou a ver de perto o raciocínio por trás de suas ações, o que produziu avanços notáveis.** É fato que essas pessoas e sua abordagem levaram o país a se tornar um eficaz concorrente dos EUA em produção, comércio, tecnologia, geopolítica e mercados de capital mundiais. Portanto, o modo como fizeram isso deve ser examinado e compreendido sem preconceitos.

Meu estudo mais recente, no qual este livro se baseia, surgiu da minha necessidade de compreender três grandes forças que ainda não haviam se manifestado em meu tempo de vida e de responder às perguntas que elas suscitaram:

1. O ciclo de endividamento de longo prazo e de mercados de capitais: em nenhum momento de nossas vidas as taxas de ju-

ros sobre tantas dívidas foram tão baixas ou negativas quanto no período em que este livro foi escrito. O valor do dinheiro e dos ativos de dívida está sendo questionado pelo seu quadro de oferta e demanda. Em 2021, mais de 16 trilhões de dólares em dívidas estavam com taxas de juros negativas e, em breve, uma quantidade adicional e incomum de novas dívidas precisará ser vendida para financiar os déficits. Isso está acontecendo ao mesmo tempo que enormes encargos de previdência e saúde se acumulam no horizonte. Tais circunstâncias levantaram algumas questões interessantes. Naturalmente, me perguntei por que alguém desejaria manter dívidas com uma taxa de juros negativa e como se poderia forçar taxas de juros mais baixas. Também me perguntei o que vai acontecer com as economias e com os mercados quando essas taxas não puderem mais ser rebaixadas e como os bancos centrais podem se tornar estimuladores quando a próxima desaceleração inevitavelmente chegar. Será que eles vão emitir muito mais moeda, reduzindo seu valor? O que aconteceria se a moeda em que a dívida é denominada desvalorizasse e as taxas de juros se mantivessem tão baixas? Por sua vez, essas perguntas me levaram a questionar o que os bancos centrais fariam caso os investidores fugissem da dívida denominada nas principais moedas de reserva do mundo (ou seja, o dólar, o euro e o iene), o que é de se esperar caso o dinheiro que estiverem recebendo esteja desvalorizado e rendendo taxas de juros tão baixas.

Uma moeda de reserva é uma moeda aceita em todo o mundo para transações e poupança. O país que imprime a principal moeda do mundo (atualmente os EUA, mas, como veremos, isso mudou ao longo da história) fica em uma posição bem poderosa, e a dívida que é denominada na moeda de reserva mundial (atualmente, dívida denominada em dólares americanos) é a pedra angular dos mercados de capitais e das economias mundiais. Acontece também que todas as moedas de reserva do passado deixaram de ser moedas de reserva, muitas vezes chegando a fins traumáticos para os países que desfrutaram desse poder. Então também comecei a me perguntar se, quando e por que o dólar deixará de ser a principal moeda de reserva mundial, qual poderá substituí-la e como isso mudaria o mundo tal como o conhecemos.

2. **O ciclo de ordem e desordem interno: as discrepâncias de riqueza, valores e políticas são maiores agora do que em qualquer outro momento de minha vida.** Ao estudar a década de 1930 e épocas anteriores nas quais a polarização também era alta, aprendi que o lado vencedor (ou seja, esquerda ou direita) tem grande impacto nas economias e nos mercados. Então, naturalmente, indaguei ao que nos levarão as discrepâncias atuais. Minhas análises históricas me ensinaram que, ● *quando a discrepância de riqueza e valores é grande e há uma recessão econômica, é provável que haja muitos conflitos quanto à maneira de dividir o bolo.* Como será a interação entre o povo e os formuladores de políticas quando chegar a próxima crise econômica? Fiquei especialmente preocupado por causa das limitações na capacidade dos bancos centrais de cortar as taxas de juros de forma adequada para estimular a economia. Além do fato de essas ferramentas tradicionais serem ineficazes, a emissão de moeda e a compra de ativos financeiros (agora chamada de *quantitative easing*, ou flexibilização quantitativa) também aumentam a discrepância de riqueza, pois a compra de ativos financeiros aumenta seus preços, o que beneficia mais os ricos, que possuem mais ativos financeiros, do que os pobres. Como isso funcionará no futuro?

3. **O ciclo de ordem e desordem externo: pela primeira vez em minha vida, os Estados Unidos toparam com um poder que, de fato, rivaliza com o seu. (A União Soviética foi apenas um rival militar, nunca um rival econômico significativo.) Em muitos aspectos, a China se tornou uma potência rival dos Estados Unidos, e, em muitos aspectos, o poder chinês aumenta em ritmo acelerado.** Se a tendência continuar, a China será mais forte do que os Estados Unidos nos aspectos mais importantes pelos quais um império se torna dominante. Ou, no mínimo, será um rival à altura. Durante a maior parte de minha vida, acompanhei de perto a trajetória desses dois países e agora vejo como o conflito está aumentando rapidamente, sobretudo nas áreas de comércio, tecnologia, geo-

política, capital e ideologias econômicas/políticas/sociais. Não há como evitar a ponderação sobre como vão se desenrolar nos próximos anos esses conflitos e as mudanças resultantes na ordem mundial, e quais efeitos isso terá sobre todos nós.

Para alcançar a perspectiva de que eu precisava acerca de tais fatores e do que a confluência deles pode representar, analisei os altos e baixos de todos os principais impérios e suas moedas nos últimos quinhentos anos, focando nos três maiores: o Império Americano e o dólar, que são os mais importantes atualmente; o Império Britânico e a libra, que foram os mais importantes antes do dólar; e o Império Holandês e o florim, que foram os mais importantes antes da libra esterlina. Também me concentrei, embora com menor ênfase, nos outros seis impérios mais significativos, porém financeiramente menos dominantes: Alemanha, França, Rússia, Japão, China e Índia. Desses, dediquei maior atenção à China e analisei sua história desde o ano 600, pois o país: 1) foi muito importante ao longo da história; 2) é muito importante hoje e provavelmente será ainda mais importante no futuro; 3) possui diversos casos de ascensão e queda de dinastias passíveis de análise, o que me ajudou a entender melhor os padrões e as forças que os regem. Nesses casos, surgiu uma imagem mais clara de como outras influências, sobretudo as da tecnologia e dos fenômenos naturais, desempenharam papéis significativos.

Ao percorrer impérios e eras com meus estudos, percebi que grandes impérios geralmente duram em média 250 anos, com uma margem de erro de 150 anos para mais ou para menos, e possuem grandes ciclos políticos, econômicos e de endividamento dentro desse período, que duram de cinquenta a cem anos. Ao examinar o comportamento individual dessas altas e baixas, constatei que elas costumam funcionar de maneira arquetípica e, assim, consegui examinar as diferenças em seu funcionamento e por que isso ocorre. Aprendi muito com isso. Meu desafio agora é tentar transmitir a você esse conhecimento.

Se observar tais eventos muito de perto ou se estiver olhando médias em vez de casos individuais, esses ciclos podem passar despercebidos. Quase todo mundo fala do que está acontecendo nos dias de hoje, mas ninguém fala desses grandes ciclos, embora sejam eles os maiores impulsionadores do que está se passando atualmente. Ao olhar para o todo ou para as médias, você não vê os casos individuais de ascensão e queda, que são bem maiores. Por exemplo, ao olhar para uma média do mercado de ações (por exemplo, o S&P 500) e não olhar para empresas isoladamente, você não vai perceber o importante fato de que quase todos os casos individuais que compõem a média têm períodos de nascimento, crescimento e morte. Se você experimentasse qualquer um deles, teria passado por uma alta acentuada seguida de uma baixa também acentuada até a ruína, a menos que diversificasse e reequilibrasse suas apostas (da maneira que o S&P faz para criar o índice, por exemplo) ou que fosse capaz de discernir os períodos de ascensão dos períodos de queda antes de todo mundo para poder se mudar bem. Por "mudar", não me refiro apenas a mudar de posição nos mercados — no caso de impérios em ascensão e queda, me refiro a "mudar" quase tudo, inclusive o lugar onde você mora.

Isso me leva a meu próximo ponto: ● ***para ver o quadro geral, você não pode se concentrar nos detalhes.*** Embora eu tente pintar esse quadro amplo e arrebatador com precisão, não posso pintá-lo à perfeita exatidão. Além do mais, não dá para tentar enxergá-lo e entendê-lo de maneira precisa. Isso ocorre porque estamos observando ciclos e evolução em uma escala megamacro através de períodos de tempo muito longos. Para vê-los, você terá que abrir mão dos detalhes. É claro que, quando os detalhes são importantes, e muitas vezes são, precisaremos ir do quadro muito grande e impreciso para um mais detalhado.

Olhar para o que aconteceu no passado a partir dessa perspectiva megamacro vai alterar radicalmente a forma como você enxerga as coisas. Por exemplo, como a extensão do tempo compreendido é muito grande, muitos dos fundamentos que consideramos certos e muitos dos termos que usamos para descrevê-los hoje ainda não existiam durante todo aquele período estudado. Como resultado, serei impreciso em minhas palavras para poder transmitir o quadro geral sem tropeçar no que talvez pareçam coisas importantes, mas que, no escopo do que estamos contemplando, são detalhes relativos.

Por exemplo, tive dificuldades em decidir até que ponto deveria me preocupar com as diferenças entre países, reinos, nações, estados, tribos, impérios e dinastias. Atualmente, pensamos mais em termos de países. No entanto, esse conceito como o conhecemos só surgiu no século XVII, após a Guerra dos Trinta Anos na Europa. Em outras palavras, não havia países antes disso — de modo geral, embora nem sempre, havia estados e reinos. Em alguns lugares, reinos ainda existem e podem ser confundidos com países, e há lugares em que são as duas coisas. Via de regra, ainda que com exceções, reinos são pequenos, países são maiores e impérios são maiores ainda (expandindo-se para além do reino ou país). As relações entre eles muitas vezes não são tão claras. O Império Britânico era um reino que com o tempo evoluiu para um país e, em seguida, para um império, o qual se estendeu muito além das fronteiras da Inglaterra, de modo que seus líderes controlavam amplas áreas e muitos povos não ingleses.

Também é verdade que cada um desses tipos de entidades singularmente controladas — estados, países, reinos, tribos, impérios etc. — comanda de formas distintas sua população, o que confunde ainda mais as coisas para aqueles que buscam precisão. Por exemplo, em alguns casos, os impérios são áreas ocupadas por uma potência dominante, enquanto em outros são áreas influenciadas por uma potência dominante através de ameaças e recompensas. O Império Britânico costumava ocupar os países que o compunham, enquanto o Império Americano controla mais através de recompensas e ameaças — embora isso não seja uma verdade absoluta, já que, no período em que este livro foi escrito, os EUA tinham bases militares em ao menos setenta países. Embora seja claro que o Império Americano exista, é menos claro o que exatamente tal império contém. De qualquer modo, você já deve ter entendido que tentar ser preciso pode atrapalhar a transmissão de informações maiores e mais importantes. Então você terá que relevar minhas imprecisões radicais. Você também entenderá por que passarei a chamar, de forma imprecisa, essas entidades de países, embora nem todos sejam países, tecnicamente falando.

Nesse sentido, alguns vão argumentar que é impossível comparar diferentes países com diferentes sistemas em diferentes épocas. Eu entendo esse ponto de vista e posso garantir que procurarei explicar quaisquer diferenças importantes que existam e que as semelhanças atemporais e universais são muito maiores do que as distinções. Seria horrível deixar que as diferenças nos impedissem de ver as semelhanças que nos fornecem as lições de história de que necessitamos.

INTRODUÇÃO

LEMBRE-SE DE QUE AQUILO QUE NÃO SEI É BEM MAIOR DO QUE AQUILO QUE SEI

Ao fazer essas perguntas, desde o início me senti como uma formiga tentando entender o universo. Eu tinha muito mais dúvidas do que respostas e sabia que estava entrando em áreas a que outras pessoas dedicaram uma vida inteira de estudos. Um dos benefícios de minha posição é que posso falar tanto com os maiores eruditos do mundo que estudaram história em profundidade quanto com indivíduos que estão ou estiveram em posição de fazer história. Isso me permitiu conversar com os melhores deles. Embora cada um tivesse perspectivas aprofundadas sobre algumas peças do quebra-cabeça, nenhum tinha o entendimento holístico de que eu precisava para responder adequadamente a todas as minhas perguntas. Contudo, ao falar com eles e conectar o que aprendi com as pesquisas que fiz por conta própria, as peças começaram a se encaixar.

As pessoas e ferramentas da Bridgewater também foram inestimáveis para essa pesquisa. Como o planeta é um lugar complicado, participar do jogo altamente competitivo de dar sentido ao passado, assimilar o que está acontecendo no presente e usar essa informação para apostar no futuro requer centenas de pessoas e grande poder computacional. Por exemplo, consumimos ativamente cerca de 100 milhões de séries de dados que são executadas através de nossas estruturas lógicas, as quais sistematicamente convertem essas informações em transações em todos os mercados — de todos os principais países — com que podemos negociar. Acredito que nossa capacidade de ver e processar informações acerca de todos os principais países e de todos os principais mercados é incomparável. Foi através dessa máquina que pude observar e tentar entender o funcionamento do mundo em que vivo, e com a qual contei para fazer esse estudo.

Ainda assim, não posso dizer que tenho certeza sobre nada.

Embora tenha aprendido muitas coisas das quais farei bom uso, sei que meu conhecimento ainda é apenas uma pequena parcela do que preciso saber para me sentir confiante quanto às minhas perspectivas para o futuro. Também sei por experiência própria que jamais serei capaz de usar ou transmitir conhecimento se esperar até aprender o suficiente para ficar satisfeito com quanto sei. Então, por favor, entenda que, embora o presente estudo lhe proporcione minha perspectiva muito genérica sobre o que aprendi e minha pouquíssima confiança quanto ao que o futuro nos reserva, você deve considerar minhas conclusões como teorias, não como fatos. Tenha em mente que, mesmo com tudo isso, já errei mais vezes do que consigo contar nos dedos, motivo pelo qual valorizo, acima de tudo, a diversificação de minhas apostas. Então, por favor, leve em consideração que estou apenas fazendo o melhor que posso para lhe transmitir abertamente meu pensamento.

Você deve estar se perguntando por que escrevi este livro. No passado, eu teria ficado quieto a respeito do que aprendi. No entanto, estou em uma fase da vida na qual ganhar mais guardando tudo para mim não é tão importante quanto passar adiante o que aprendi, na esperança de que possa vir a ser útil para outras pessoas. Meus principais objetivos são explicar meu modelo de como o mundo funciona — compartilhar uma história digerível dos últimos quinhentos anos que mostre como e por que a história "rima" com o que está acontecendo atualmente — e ajudar você, e outras pessoas, a tomar decisões melhores para que todos nós possamos ter um futuro mais brilhante.

COMO ESTE ESTUDO É ORGANIZADO

Como em todos os meus estudos, tentarei transmitir o que aprendi tanto de maneiras curtas e simples (como por meio de vídeos que você pode encontrar on-line) quanto longas e abrangentes (como este livro), e de maneiras ainda maiores para aqueles que desejam gráficos adicionais e exemplos históricos (disponíveis em inglês no site economicprinciples. org, junto de tudo o que não está impresso aqui). De modo a facilitar a compreensão dos conceitos mais importantes, escrevi este livro em linguagem vernacular, privilegiando a clareza em detrimento da precisão. Como resultado, algumas de minhas palavras serão corretas de modo geral, embora nem sempre precisas.

Na Parte I, vou resumir tudo o que aprendi em um arquétipo simplificado da ascensão e queda de impérios, baseado em todas as minhas pesquisas de casos específicos. Em primeiro lugar, destilarei minhas descobertas em um índice do poder total dos impérios que, constituído de oito subíndices de diferentes tipos de poder, fornecerá uma visão geral

INTRODUÇÃO

dos fluxos e refluxos de diferentes poderes. Em seguida, darei mais detalhes em uma lista de dezoito determinantes que acredito serem as forças-chave por trás da ascensão e queda dos impérios e, por fim, cobrirei com maiores detalhes os três grandes ciclos já mencionados. **Na Parte II, vou mostrar os casos individuais em maior profundidade, percorrendo a história dos principais impérios de moeda de reserva nos últimos quinhentos anos, incluindo um capítulo centrado nos conflitos atuais entre os EUA e a China. E por fim, na Parte III, vou discutir o que tudo isso significa para o futuro.**

PARTE I

COMO O MUNDO FUNCIONA

CAPÍTULO 1

O GRANDE CICLO EM POUCAS PALAVRAS

Como exposto na Introdução, as mudanças relevantes na ordem mundial acontecem na atualidade com uma rapidez sem precedentes em nossa época, mas já vivenciada em períodos passados. Meu objetivo é expor esses casos anteriores e a mecânica que os moveram, e então, a partir dessa perspectiva, tentar imaginar o futuro.

Eis uma descrição bem condensada das dinâmicas que observei ao estudar a ascensão e queda dos três últimos impérios (o holandês, o britânico e o americano) que determinaram as moedas de reserva em seu tempo e dos outros seis impérios significativos dos últimos quinhentos anos (Alemanha, França, Rússia, Índia, Japão e China), bem como de todas as dinastias chinesas relevantes, a partir da Dinastia Tang, por volta do ano 600. O propósito deste capítulo é tão somente o de fornecer um arquétipo a ser utilizado para observarmos todos os ciclos, com especial atenção ao que nos encontramos atualmente.

Ao estudar esses casos passados, enxerguei padrões claros, ocorridos por razões lógicas, dos quais faço aqui um breve resumo e que, nos capítulos seguintes, abordarei de forma mais detalhada. Embora o foco deste capítulo — e do livro como um todo — esteja nas forças que afetaram as grandes guinadas cíclicas de riqueza e poder, observei também padrões de efeito em cadeia em todas as dimensões da vida, incluindo a cultura e as artes, os costumes sociais e outros, dos quais falarei mais adiante. No percurso que vai entre esse simples arquétipo até os exemplos apresentados na Parte II, vamos ver como casos isolados se encaixam no arquétipo (essencialmente, não mais do que uma média extraída desses casos) e quão bem ele os descreve. Fazer isso, espero, nos ajudará a compreender melhor o que ocorre hoje.

Minha missão é descobrir como o mundo funciona e, então, chegar a princípios atemporais e universais para lidar bem com ele. Para mim, isso é uma paixão e uma necessidade. Embora as curiosidades e inquietações que descrevi antes tenham me impelido a conduzir o presente estudo, o processo me levou a uma compreensão bem maior do que eu esperava acerca do verdadeiro panorama geral do funcionamento do mundo, e, por isso, desejo compartilhá-la com você. Para mim, o estudo deixou mais evidente como povos e países prosperam e fracassam ao longo de vastos períodos, revelou os ciclos gigantes por trás desses altos e baixos de cuja existência eu jamais soubera, e, o mais importante, me ajudou a pôr em perspectiva o ponto em que estamos.

Por exemplo, **aprendi que, ao longo do tempo, o principal fator que afeta a maioria da população de quase todos os países é a dificuldade de produzir, tomar posse e distribuir riqueza e poder, embora outras dificuldades também tenham sido verificadas, sobretudo relacionadas a ideologia e religião.** Tais dificuldades ocorreram de maneiras atemporais e universais e tiveram consideráveis consequências em todos os aspectos da vida das pessoas, desdobrando-se em ciclos como o das marés, subindo e descendo.

Além disso, percebi como, **ao longo do tempo e em todos os países, as pessoas que possuem riqueza são as mesmas que detêm os meios de produção de riquezas. De forma a preservar ou aumentar essa riqueza, trabalham com os detentores do poder político e mantêm com eles uma relação simbiótica para estabelecer normas e garantir seu cumprimento. Vi como isso aconteceu de maneira semelhante ao longo do tempo em diferentes países.** Embora a forma exata de como essa relação se estabeleceu tenha mudado e vá continuar em processo de transformação, as dinâmicas mais importantes permaneceram basicamente as mesmas. As classes às quais pertencem os mais ricos e poderosos se transformaram ao longo do tempo (por exemplo, dos monarcas e nobres que detinham a posse de terras na época em que a mais importante fonte de riqueza era o terreno cultivável até os atuais capitalistas e autoridades políticas — eleitas ou autocráticas —, característicos de um momento em que o capitalismo produz ativos financeiros e que riqueza e poder político, no geral, não são passados adiante dentro de famílias), mas a forma segundo a qual cooperaram e competiram é basicamente a mesma.

Verifiquei como, ao longo do tempo, essa dinâmica faz com que uma parcela muito pequena da população ganhe e controle porcentagens excepcionalmente altas de riqueza e poder totais, e, ao perder as rédeas da situação, acaba acarretando tempos difíceis, nos quais quem mais sofre são os menos ricos e poderosos; isso, por sua vez, leva a conflitos dos quais eclodem revoluções e/ou guerras civis. Quando tais conflitos chegam ao fim, uma nova ordem é criada e o ciclo se reinicia.

Neste capítulo, vou compartilhar mais sobre esta síntese do panorama geral e certos detalhes que o acompanham. Embora o que você lê aqui seja meu ponto de vista, devo informar que as ideias expressas neste livro foram muito bem articuladas com outros especialistas. Cerca de dois anos atrás, ao sentir que precisava responder às questões descritas na Introdução, decidi mergulhar fundo nos estudos com minha equipe de pesquisa, vasculhando arquivos, conversando com os melhores acadêmicos e especialistas do mundo, sendo cada um deles detentor de um conhecimento profundo acerca de peças específicas do quebra-cabeças, lendo livros fundamentais e excelentes de autores perspicazes e refletindo sobre minhas pesquisas pregressas e as experiências que tive ao investir globalmente por quase cinquenta anos.

Por julgar essa empreitada audaciosa, educativa, necessária e fascinante, me preocupo em não deixar passar aspectos importantes ou cometer erros, e por isso meu processo é iterativo. Faço a pesquisa, anoto-a, levo-a aos melhores estudiosos e praticantes do mundo para colocá-la à prova, exploro melhorias em potencial, anoto-as outra vez, ponho-as à prova de novo e assim por diante, até chegar ao ponto em que meu rendimento fica decrescente. O presente estudo é produto desse exercício. Ainda que eu não tenha certeza de ter obtido a fórmula exata para explicar como os maiores impérios do mundo e seus mercados ascendem e decaem, estou confiante de, no geral, tê-la decifrado. Sei também que aquilo que aprendi é essencial para pôr em perspectiva os acontecimentos atuais e para imaginar maneiras de lidar com eventos importantes que nunca ocorreram ao longo de minha existência, mas que se verificaram repetidas vezes no decorrer da história.

ENTENDENDO O GRANDE CICLO

Por razões explicadas neste livro, creio que somos testemunhas de uma grande reviravolta arquetípica na ordem mundial e no equilíbrio de riqueza e poder, a qual afetará de maneira profunda a todos, em todos os países. Essa grande transformação de poder e riqueza não parece óbvia, pois a maioria das pessoas não tem em mente os padrões da história para poder reconhecê-la como "mais uma". Assim, neste primeiro capítulo, vou descrever de forma sucinta como enxergo o funcionamento da mecânica arquetípica de ascensão e queda de impérios e seus mercados. Fui capaz de identificar dezoito determinantes fundamentais que explicariam quase todos os fluxos e refluxos básicos que causam os altos e baixos de impérios ao longo da história. Vamos analisá-los em um segundo. A maioria se verifica em ciclos clássicos que se retroalimentam, com tendência a criar um grande ciclo único de altos e baixos. Esse Grande Ciclo arquetípico governa a ascensão e a queda de impérios e os influencia em tudo, incluindo suas moedas e mercados (nos quais tenho interesse especial). **Os três ciclos mais importantes são os mencionados na Introdução: o ciclo de endividamento de longo prazo e de mercados de capitais, o ciclo de ordem e desordem interno e o ciclo de ordem e desordem externo.**

Sendo esses três ciclos tipicamente os mais importantes, vamos nos aprofundar neles nos capítulos à frente. Depois, vamos aplicá-los à história e ao presente para que, por meio de exemplos reais, você possa ver como se desenrolam.

Esses ciclos fazem o pêndulo oscilar entre opostos — a paz e a guerra, o boom econômico e a recessão, a direita e a esquerda no poder, a consolidação e a desintegração de impérios etc. É algo que tipicamente acontece porque as pessoas forçam as situações a extremos que ultrapassam seus níveis de equilíbrio e levam o pêndulo a balançar demais para o outro lado. **Os ingredientes que levam o pêndulo a balançar em determinada direção estão contidos no movimento que o leva à direção oposta.**

Tais ciclos continuam a ser essencialmente os mesmos de uma era para a outra e pela mesma razão que torna os fundamentos do ciclo da vida humana os mesmos de uma era para a outra: porque a natureza humana não muda tanto assim ao longo do tempo. Por exemplo, medo, ganância, inveja e outras emoções básicas permanecem constantes e são grandes influências no desencadeamento de ciclos.

Embora seja verdade que os ciclos de vida de duas pessoas jamais sejam cópias exatas e que o típico ciclo de vida mudou ao longo de milênios, o arquétipo da vida humana — crianças são criadas pelos pais até se tornarem independentes, criando então os próprios filhos e trabalhando, o que fazem até envelhecerem, se aposentarem e morrerem — continua a ser essencialmente igual. O mesmo ocorre com o grande ciclo do(s) dinheiro/crédito/mercados de capitais, que gera muita dívida e ativos correlatos (títulos de crédito, por exemplo) até que tais dívidas já não possam mais ser solidamente pagas. Como sempre, isso leva as pessoas a tentar vender seus títulos de dívida para adquirir bens e descobrir que não podem devido a um excesso deles em relação à quantidade de dinheiro e ao valor do que há para se comprar. Uma vez estabelecida tal situação, esses padrões fazem com que quem fabrica dinheiro comece a fabricar mais. Esse ciclo é, em suma, o mesmo há milhares de anos. O que vale também para os ciclos da ordem e desordem, tanto o interno quanto o externo. Nos próximos capítulos, vamos explorar como a natureza humana e outras dinâmicas movem tais ciclos.

EVOLUÇÃO, CICLOS E ACIDENTES NO MEIO DO CAMINHO

A evolução é a maior e única força constante no universo e, no entanto, não reparamos nela facilmente. Vemos o que existe e o que acontece, mas não a evolução nem as forças evolucionárias que fazem tudo existir e acontecer. Olhe ao seu redor. Você vê as mudanças evolucionárias? Claro que não. Ainda assim, sabe que tudo o que é observado está mudando — embora, de acordo com sua perspectiva, não tão rápido — e que, com o tempo, deixará de existir e abrirá espaço a algo novo. Para enxergar tal mudança, precisamos criar formas de medir as coisas e observar as transformações sob esse prisma. Uma vez que conseguirmos enxergar a mudança, também será possível estudar suas razões de ser. É o que precisamos fazer se quisermos ter êxito ao pensar nas transições que nos aguardam e em como lidar com elas.

A evolução é o movimento de ascensão rumo ao aperfeiçoamento decorrente da adaptação e do aprendizado. Ao longo dela se dão os ciclos. Para mim, quase tudo ocorre como uma trajetória ascendente de aperfeiçoamento envolta em ciclos, como um saca-rolhas apontado para cima:

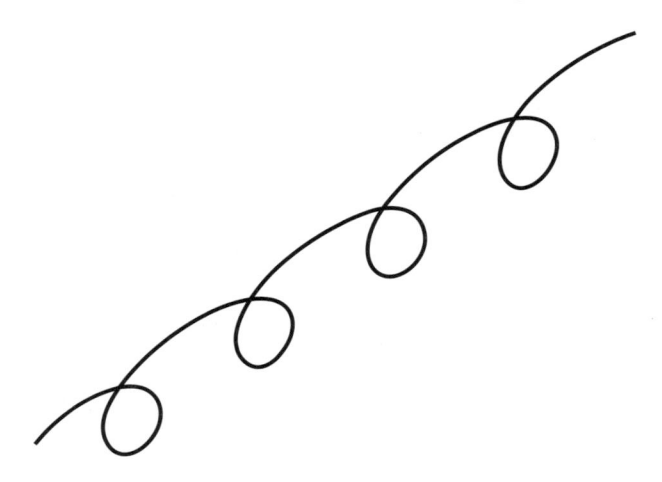

A evolução é um aperfeiçoamento relativamente suave e contínuo, pois o ganho de conhecimento é maior do que a perda. Os ciclos, por sua vez, seguem em uma direção, produzindo excessos que levam a reversões de curso, e assim voltam como um pêndulo. Por exemplo, ao longo do tempo nosso padrão de vida sobe porque aprendemos mais, o que acarreta maior produtividade, mas há altos e baixos na economia devido aos ciclos de endividamento, que levam a atividade econômica em si a flutuar em torno dessa tendência de subida. Tais mudanças evolucionárias e, às vezes, revolucionárias em torno dessa tendência nem sempre são suaves e indolores. Podem ser muito abruptas e penosas. Erros são cometidos, o aprendizado ocorre e o resultado são adaptações melhores.

Juntos, evolução e ciclos geram os movimentos em espiral ascendente que vemos em tudo — riqueza, política, biologia, tecnologia, sociologia, filosofia etc.

A produtividade humana é a força mais importante que leva a riqueza, o poder e os padrões de vida do mundo a subirem ao longo do tempo. A produtividade — isto é, a produção pessoal de cada um, impulsionada pelo aprendizado, desenvolvimento e inventividade — tem melhorado constantemente ao longo do tempo. No entanto, acontece em proporções distintas para pessoas distintas, ainda que sempre pelas mesmas razões — pela qualidade da educação, da inventividade e da ética de trabalho das pessoas e dos sistemas econômicos que transformam ideias em produção. É importante que tais razões sejam compreendidas pelos gestores de políticas públicas, para que possam obter os melhores cenários possíveis para seu respectivo país, e também pelos investidores e pelas empresas, para que possam determinar onde estão os melhores investimentos em longo prazo.

Essa tendência contínua de aumento é consequência da capacidade evolutiva da humanidade, a qual é maior do que a de qualquer outra espécie, pois nosso cérebro nos confere uma habilidade singular de aprender e pensar de forma abstrata. Como resultado, nossas criações tecnológicas e o desenvolvimento de nossos modos de agir progrediram de maneira única. Tal aperfeiçoamento levou às contínuas evoluções que compõem a ordem mundial cambiante. Avanços tecnológicos nas comunicações e nos transportes tornaram todo o mundo mais próximo, o que modificou profundamente a natureza dos relacionamentos de pessoas e impérios. Observamos tais aperfeiçoamentos evolucionários em quase tudo — maior expectativa de vida, melhores produtos, melhores formas de fazer as coisas etc. Até nosso processo evolutivo foi aperfeiçoado, no sentido de inventar melhores formas de criar e inovar. Esse tem sido o caso desde que a história da humanidade começou a ser registrada. E, como resultado, gráficos referentes a praticamente qualquer assunto exibem mais curvas de subida em direção ao aperfeiçoamento do que movimentos oscilantes.

Isso se verifica nos seguintes gráficos: estimativa de produto per capita (ou seja, estimativa de PIB real) e expectativa de vida ao longo dos últimos quinhentos anos. Essas são provavelmente as duas medidas de bem-estar sobre as quais há maior concordância, ainda que sejam imperfeitas. Pode-se ver a magnitude de suas tendências de altas evolucionárias em relação à das oscilações dentro de seu perímetro.

O fato de as tendências serem tão proeminentes em comparação às oscilações mostra a assertividade do poder criativo da humanidade sobre todo o resto. Como exemplificado a partir dessa perspectiva do macro ao micro em relação ao panorama geral, o produto per capita parece estar melhorando de forma consistente, ainda que mais devagar nos primeiros anos e com mais rapidez do século XIX em diante, quando a curva de subida se torna bem mais acentuada, refletindo ganhos de produtividade mais velozes. Essa mudança na rapidez ocorreu sobretudo devido aos aperfeiçoamentos no aprendizado geral e à conversão desse aprendizado em produtividade. Isso se deveu a uma série de fatores que remetem à prensa móvel de Gutenberg na Europa em meados do século XV (a impressão já era de uso corrente na China havia séculos), a partir da qual conhecimento e educação passaram a estar ao alcance de muito mais gente, contribuindo para a Renascença, a Revolução Científica, o Iluminismo, a invenção do capitalismo e a Primeira Revolução Industrial na Grã-Bretanha. Logo falaremos de tudo isso.

PIB REAL PER CAPITA MUNDIAL (LOG)

Invenção do capitalismo (fundação da Bolsa de Valores da Holanda)

Inflexão durante a Revolução Industrial

Os números do PIB real global são extraídos primordialmente de um amálgama de países europeus antes de 1870, pois a cobertura de dados confiáveis de outros países era limitada até então

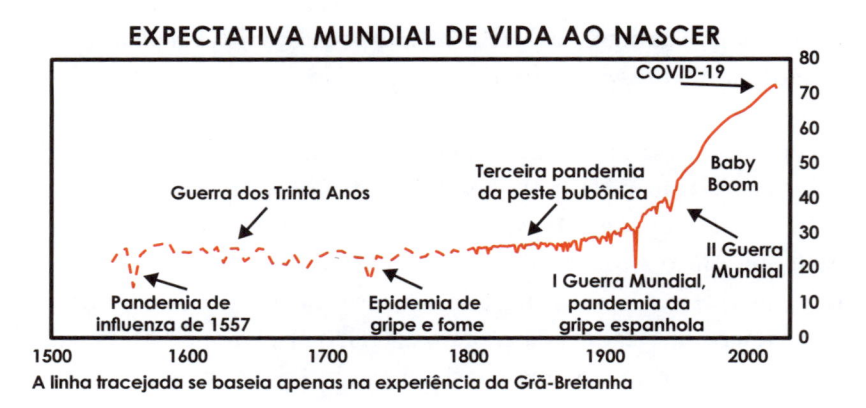

EXPECTATIVA MUNDIAL DE VIDA AO NASCER

COVID-19

Guerra dos Trinta Anos

Terceira pandemia da peste bubônica

Baby Boom

II Guerra Mundial

Pandemia de influenza de 1557

Epidemia de gripe e fome

I Guerra Mundial, pandemia da gripe espanhola

A linha tracejada se baseia apenas na experiência da Grã-Bretanha

As melhorias de produtividade em uma base mais ampla que vieram por meio da invenção do capitalismo, do empreendedorismo e da Revolução Industrial também fizeram a riqueza e o poder se distanciarem de uma economia de base agrícola, na qual a posse de terras era a principal fonte de poder e os monarcas, os nobres e o clero trabalhavam juntos para permanecerem no controle. A guinada se deu rumo a uma economia de base industrial em que capitalistas inventivos criavam e eram os donos dos meios de produção de bens industriais, trabalhando em conjunto com membros do governo para manter o sistema que lhes permitia serem donos da riqueza e do poder. Em outras palavras, desde a Revolução Industrial, a partir da qual essa mudança aconteceu, temos operado em um sistema em que a riqueza e o poder derivam, principalmente, mais da combinação de educação, inventividade e capitalismo, com os ocupantes de cargos governamentais trabalhando ao lado dos que controlam a maior parte da riqueza e da educação.

O aperfeiçoamento também ocorre constantemente na forma que essa evolução envolta em grandes ciclos toma. Por exemplo, se muito tempo atrás a terra cultivável e a produção agrícola eram o que mais tinha valor, sendo substituídas por máquinas e seus produtos em uma evolução, hoje há uma nova mudança e o maior valor está em ativos digitais sem existência física aparente (processamento de dados e de informação).[5] Isso tem gerado um conflito quanto à obtenção de dados e seu uso para ganhar riqueza e poder.

OS CICLOS ENTREMEADOS À TENDÊNCIA DE ALTA

Embora significativos, pois tais lições e incrementos de produtividade são evolucionários, esses ciclos não causam mudanças grandes e

---

[5] Nos dias atuais, a humanidade desenvolve seus modos de pensar e de aumentar a produtividade de maneira mais vertiginosa do que nunca — mais até do que na descoberta e no uso do método científico. Fazemos isso através do desenvolvimento da inteligência artificial, uma forma alternativa de pensar por meio de um cérebro singular capaz de fazer descobertas e processá-las, gerando assim instruções do que precisa ser feito. A humanidade está basicamente criando uma espécie alternativa com enorme capacidade de enxergar padrões passados e processar várias ideias diferentes com grande rapidez, cujo senso comum é pouco ou inexistente, cuja compreensão da lógica por trás de relacionamentos é atribuída e que não tem emoção alguma. Tal espécie é simultaneamente inteligente e estúpida, prestativa e perigosa. Oferece um grande potencial, mas precisa ser bem controlada e não deve ser seguida cegamente.

abruptas no tocante a quem tem riqueza e poder. Mudanças grandes e abruptas são derivadas de fases de prosperidade e recessão, revoluções e guerras, primordialmente causadas por ciclos, e esses, por sua vez, são causados por relações lógicas de causa e efeito. Por exemplo, as forças de produtividade aumentada, empreendedorismo e capitalismo que marcaram o fim do século XIX também geraram grandes lapsos de riqueza e excesso de endividamento, os quais levaram à desaceleração econômica, que, por sua vez, fez nascer, durante a primeira metade do século XX, o anticapitalismo, o comunismo e grandes conflitos em nome de riqueza e poder tanto dentro de países quanto entre eles. O que se vê é a evolução em marcha com grandes ciclos ao seu redor. ● *Ao longo do tempo, a fórmula para o sucesso sempre foi um sistema no qual gente com bom nível de educação, atuando em conjunto de forma civilizada, cria inovações, consegue financiamento por meio dos mercados de capitais e detém a propriedade dos meios através dos quais suas inovações são transformadas em produção e alocação de recursos, o que permite às pessoas serem recompensadas pelo lucro.* Contudo, em longo prazo, o capitalismo gerou endividamento excessivo e hiatos de riqueza e de oportunidades, que criaram desaceleração econômica, revoluções e guerras, por sua vez causadoras de mudanças nas ordens doméstica e mundial.

Como se pode ver nos gráficos a seguir, a história nos mostra que quase todas essas épocas de turbulência se deveram a conflitos por riqueza e poder (isto é, conflitos na forma de revoluções e guerras, com frequência motivados por colapsos financeiros, de crédito e grandes hiatos de riqueza) e a fenômenos naturais graves (como secas, inundações e epidemias). Além disso, mostra também que a gravidade de tais períodos é algo que depende quase exclusivamente da força e da capacidade que os países têm para suportá-los.

● *Países com grandes reservas, baixo endividamento e uma moeda de reserva forte podem resistir a colapsos econômicos e de crédito melhor do que países sem reservas, com alto endividamento e que não dispõem de uma moeda de reserva forte.* Da mesma forma, aqueles dotados de lideranças e população civil fortes e capazes podem ser mais bem administrados que os desprovidos desses elementos, e os mais inventivos se adaptarão melhor do que os menos inventivos. Como veremos mais à frente, tais fatores são verdades universais e atemporais mensuráveis.

O GRANDE CICLO EM POUCAS PALAVRAS

MORTES GLOBAIS POR CATEGORIA
(TAXA POR 100 MIL PESSOAS, MM 15A)

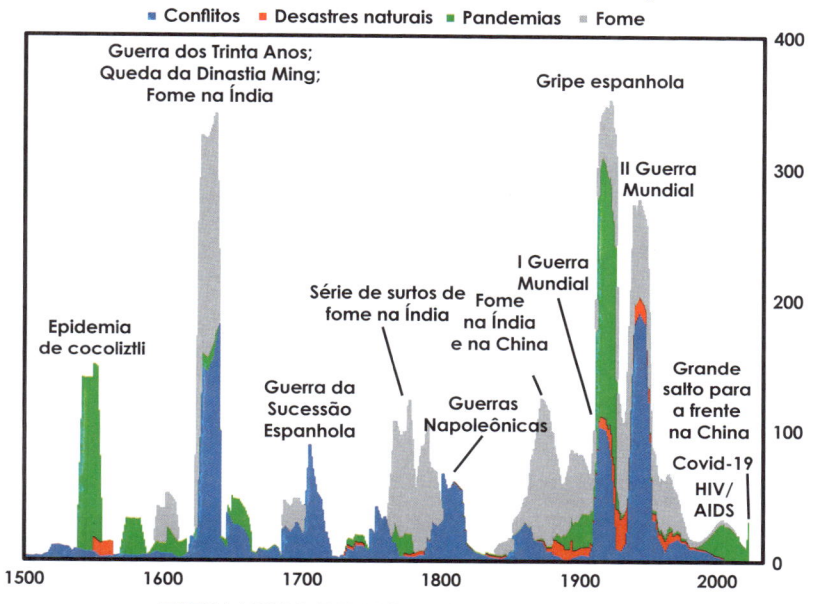

- Conflitos
- Desastres naturais
- Pandemias
- Fome

Guerra dos Trinta Anos; Queda da Dinastia Ming; Fome na Índia

Gripe espanhola

II Guerra Mundial

I Guerra Mundial

Série de surtos de fome na Índia

Fome na Índia e na China

Epidemia de cocoliztli

Guerra da Sucessão Espanhola

Guerras Napoleônicas

Grande salto para a frente na China

Covid-19
HIV/AIDS

ESTIMATIVA DE MORTES POR CONFLITO
(GRANDES POTÊNCIAS, % POP, MM 15A)

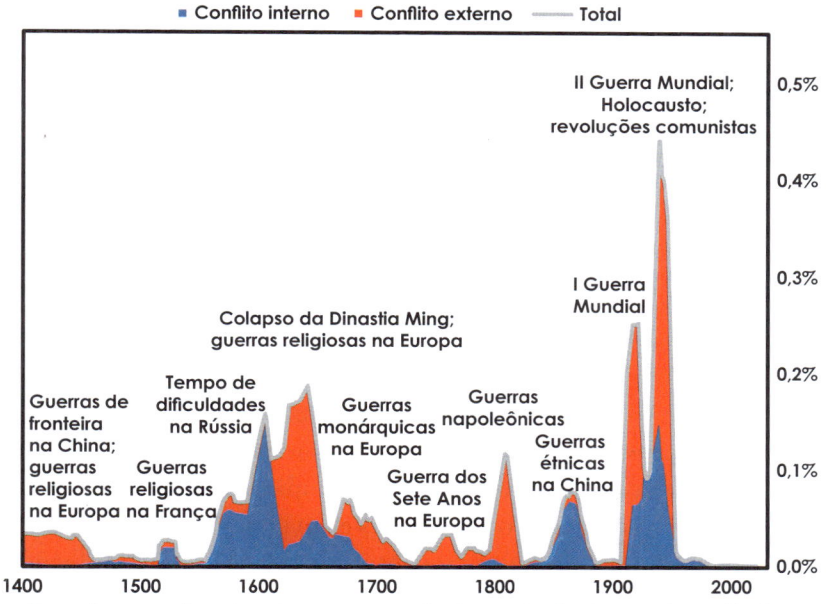

- Conflito interno
- Conflito externo
- Total

II Guerra Mundial; Holocausto; revoluções comunistas

I Guerra Mundial

Colapso da Dinastia Ming; guerras religiosas na Europa

Tempo de dificuldades na Rússia

Guerras monárquicas na Europa

Guerras napoleônicas

Guerras de fronteira na China; guerras religiosas na Europa

Guerras religiosas na França

Guerra dos Sete Anos na Europa

Guerras étnicas na China

Baseado em mortes referentes a uma parcela da população das grandes potências, diferindo portanto da estimativa de mortes em conflitos globais exibida no gráfico anterior

A ORDEM MUNDIAL EM TRANSFORMAÇÃO

Como as épocas turbulentas são breves em comparação à tendência evolucionária ascendente da capacidade humana de se adaptar e inventar, mal aparecem nos gráficos anteriores de PIB e expectativa de vida, que registram tão somente variações menores. No entanto, para nós elas parecem enormes, pois somos tão pequenos e nossas vidas, tão curtas. Observemos, por exemplo, a Depressão de 1930-45 e o período da guerra. Os níveis da bolsa de valores americana e da atividade econômica global aparecem no gráfico a seguir. Como podemos ver, a economia caiu em torno de 10% e a bolsa de valores, em torno de 85%, começando então a se recuperar.

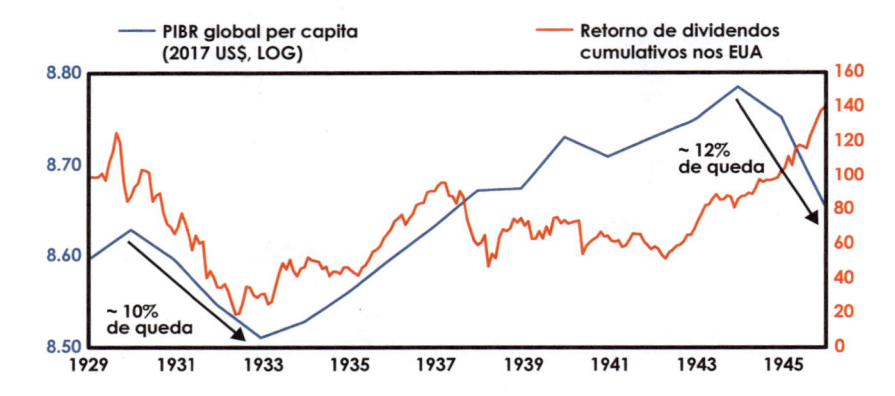

Isto é parte do clássico ciclo financeiro e de crédito que ocorre desde que o mundo é mundo e o qual explicarei de forma mais detalhada no Capítulo 3. Para resumir, um colapso de crédito ocorre quando há dívida em excesso. Geralmente, o governo central precisa gastar mais dinheiro do que possui e facilitar aos devedores o pagamento de suas dívidas, e o banco central sempre tem que imprimir dinheiro e fornecer créditos abundantes — como fizeram em resposta à depressão econômica gerada pela pandemia de Covid-19 e ao alto endividamento. A explosão de dívidas dos anos 1930 foi a consequência natural do boom dos Loucos Anos 1920, gerando uma bolha de dívida corporativa que, em 1929, estourou. Produziu-se, assim, uma depressão que levou a muitos gastos e à tomada de empréstimos por parte do governo central, financiados por grandes investidores, e à criação de crédito pelo banco central.

À época, o estouro da bolha e a consequente crise econômica foram as maiores influências de guerras internas e externas por riqueza e poder do período de 1930-45. Havia então, como há hoje e na maioria dos outros casos, grandes desigualdades e conflitos. Assim, quando potencializados por crises econômicas e de crédito, levaram a mudanças revolucionárias em programas sociais e econômicos e a grandes transferências de riqueza manifestadas em sistemas diferentes de países distintos. Conflitos e guerras eclodiram para decidir quais desses sistemas eram melhores — capitalismo ou comunismo, democracia ou autocracia. **Sempre há discussões ou disputas entre aqueles que desejam promover grandes redistribuições de renda e aqueles que são contrários a esse movimento.** Nos anos 1930, a Mãe Natureza também impingiu aos Estados Unidos uma dolorosa seca.

Observando a totalidade dos casos que examinei, declínios econômicos e dos mercados de capitais do passado duraram em média três anos, alguns mais e outros menos, dependendo do tempo necessário para se reestruturar a dívida e/ou para financiá-la. Quanto mais rápida era a emissão de moeda para preencher os rombos da dívida, mais rápido era o fim da depressão deflacionária e mais cedo tinha início a preocupação acerca do valor do dinheiro. No caso dos Estados Unidos dos anos 1930, a bolsa de valores e a economia despencaram no dia em que o recém-eleito presidente Franklin D. Roosevelt anunciou que não cumpriria a promessa do governo de deixar as pessoas converterem o dinheiro delas em ouro, e que o governo criaria dinheiro e crédito suficientes para os cidadãos poderem retirar o dinheiro dos bancos e outros poderem obter dinheiro e crédito para comprar bens e investir. A contar do *crash* inicial da bolsa de valores, em outubro de 1929, foram três anos e meio.[6]

Ainda assim havia conflitos por riqueza e poder entre as nações e dentro delas. Alemanha e Japão, potências emergentes, desafiaram os maiores poderes mundiais existentes à época: a Grã-Bretanha, a França e, por fim, os Estados Unidos (que foram arrastados para a Segunda Guerra Mundial). O período da guerra fez o produto gerado por bens utilizados em combate crescer, mas chamar aqueles anos de "produtivos" seria um equívoco — ainda que, em uma estrita medição de produtividade per capita, tenham sido —, pois houve grande destruição. Ao final da guerra, o PIB global per capita havia caído cerca de 12%, muito em função do declínio econômico dos países derrotados no conflito. O teste de estresse que aque-

---

[6] Em 2008, levaram-se dois meses do *crash* até a emissão de moeda; em 2020, meras semanas.

les anos representaram deu cabo de muita coisa, deixou claro quem eram os vencedores e os perdedores e levou a um reinício e a uma nova ordem mundial em 1945. Seguiu-se, tipicamente, um longo período de paz e prosperidade que acabou se estendendo demais, e agora, 75 anos depois, todos os países estão mais uma vez passando por um teste de estresse.

A maioria dos ciclos históricos ocorre basicamente pelas mesmas razões. Por exemplo, o período 1907-19 teve início com o pânico financeiro de 1907 nos EUA, que, assim como a crise monetária e de crédito de 1929-32 na sequência dos Loucos Anos 1920, foi resultado de um período de prosperidade (a Era Dourada nos EUA, coincidindo com a Belle Époque na Europa continental e a Era Vitoriana na Grã-Bretanha), gerando uma bolha de dívida corporativa que levou às quedas econômicas e da bolsa. Tais movimentos descendentes também se deveram a grandes desigualdades que levaram à grande redistribuição de riquezas, contribuindo para uma guerra mundial. As redistribuições de renda, tais como as do período 1930-45, deram-se por meio do enorme aumento de impostos e gastos da parte do governo, de grandes déficits e de mudanças profundas de política monetária no intuito de financiar o déficit. A gripe espanhola intensificou o teste de estresse e o processo de reestruturação resultante. Esse teste de estresse e essa reestruturação econômica e geopolítica global levaram, em 1919, a uma nova ordem mundial, expressa através do Tratado de Versalhes, que trouxe o boom de dívida corporativa dos anos 1920, que, por sua vez, levou ao período 1930-45 e à repetição dos mesmos eventos.

Esses períodos de destruição/reconstrução devastam os fracos, deixam claro quem são os poderosos e estabelecem novas abordagens revolucionárias (isto é, novas ordens). Essas abordagens armam o palco para épocas de prosperidade, cuja longa duração gera bolhas de dívida com grandes hiatos de riqueza, o que leva à crise de endividamento, produzindo novos testes de estresse e períodos de destruição/reconstrução (isto é, guerras). Esses períodos levam a novas ordens, nas quais os fortes acabam por sair ganhando mais uma vez na comparação com os fracos e assim sucessivamente.

Como são os períodos de destruição/reconstrução para as pessoas que os vivem? Como você provavelmente nunca viveu algo assim e as histórias a respeito são horripilantes, a possibilidade de ter que passar por um o preocupa, assim como a muita gente. É verdade que tais períodos de destruição/reconstrução produziram enorme sofrimento humano, tanto do ponto de vista financeiro quanto — o mais importante — na forma de vidas perdidas ou prejudicadas. Ainda que as consequências sejam piores para alguns, praticamente ninguém escapa ileso. Ainda assim, sem querer minimizar, a história nos mostra que a maioria das pessoas costuma se manter empregada durante depressões, não é ferida em conflitos armados e sobrevive a catástrofes naturais.

Algumas pessoas forçadas a passar por épocas muito difíceis chegam a descrever coisas boas e importantes que esses períodos promovem, como reaproximar pessoas, desenvolver força de caráter, aprender a apreciar o básico etc. Por exemplo, Tom Brokaw batizou as pessoas que viveram o período de 1930-45 de "a Geração Grandiosa" devido à força de caráter que ganharam. Essa também é a visão de meus pais, meus tios e minhas tias que viveram a Grande Depressão e a Segunda Guerra Mundial, bem como a de outros de seu tempo com quem conversei em outros países, gente que passou por sua própria versão desse período de destruição. Tenha em mente que, em geral, períodos de destruição econômica e de guerra não duram muito — em média, dois ou três anos. E a duração e a gravidade de desastres naturais (tais como secas, enchentes e epidemias) variam, embora geralmente eles sejam menos dolorosos na medida em que adaptações são feitas. Quase nunca os três tipos de grandes crises ocorrem ao mesmo tempo — a econômica, uma revolução ou guerra e um desastre natural.

Meu argumento é que, **embora os períodos de revolução/guerra costumem causar muito sofrimento humano, nunca devemos perder de vista, sobretudo nos piores momentos, que é possível passar por eles de forma positiva — e que o poder de adaptação da humanidade e sua capacidade de logo atingir novos e mais elevados níveis de bem-estar são bem maiores do que tudo de ruim que possa nos atingir.** Por isso, creio ser sábio confiar e investir na adaptabilidade e inventividade humanas. Assim, ainda que eu tenha certeza de que, nos próximos anos, você, eu e a ordem mundial passaremos por grandes desafios e mudanças, creio também que a humanidade vai se tornar mais sábia e forte em sentidos muito práticos, que nos levarão a superar tais épocas desafiadoras e a atingir novos e mais elevados níveis de prosperidade.

Observemos, agora, os ciclos de ascensão e queda na riqueza e no poder dos países mais importantes ao longo dos últimos quinhentos anos.

A ORDEM MUNDIAL EM TRANSFORMAÇÃO

GRANDES MUDANÇAS NOS CICLOS DE RIQUEZA E PODER DO PASSADO

O gráfico de produtividade crescente anterior dizia respeito ao mundo inteiro (na medida em que somos capazes de mensurá-la). Não mostra as transformações em riqueza e poder ocorridas entre países. Para entender como elas acontecem, comecemos com o básico do panorama geral. Ao longo da história registrada, várias formas de organização humana (tribos, reinos, países etc.) obtiveram riqueza e poder, sejam gerados por eles mesmos, tomados de outros ou descobertos no solo. Quando acumularam mais riqueza e poder do que qualquer outro grupo, tornaram-se a maior potência do planeta, o que lhes permitiu determinar a ordem mundial. Ao perderem riqueza e poder, e isso sempre acaba acontecendo, a ordem mundial — e todos os aspectos da vida — mudou de maneiras profundas.

O gráfico a seguir mostra a relação de riqueza e poder dos onze principais impérios dos últimos quinhentos anos.

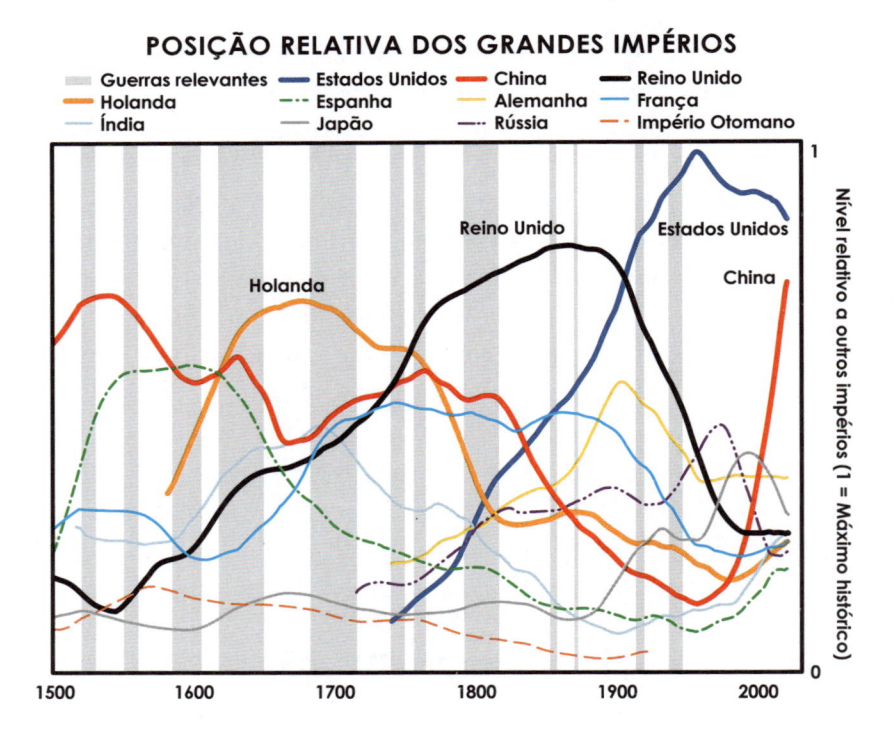

POSIÇÃO RELATIVA DOS GRANDES IMPÉRIOS

Cada um dos índices[7] de riqueza e poder é uma combinação de oito determinantes diferentes, os quais logo explicarei. Embora tais índices não sejam perfeitos, pois dados coletados ao longo da história não são, eles são excelentes para estabelecer o panorama geral. Como podemos ver, quase todos esses impérios viveram períodos de ascensão seguidos por outros de queda.

Dediquemo-nos por um instante a estudar as linhas mais grossas do gráfico, representativas dos quatro impérios mais importantes: o holandês, o britânico, o americano e o chinês. A esses impérios pertenceram as três últimas moedas de reserva — a atual, o dólar americano; a libra esterlina britânica, sua predecessora; e o florim neerlandês antes disso. A China foi incluída por hoje ter crescido a ponto de ser o segundo império/país mais importante e por ter sido consistentemente poderosa em muitos dos anos anteriores a 1850. Para resumir bastante a história, este gráfico mostra que:

- A China foi dominante por séculos (superava de forma consistente a Europa no campo econômico e não apenas nele), embora, a partir dos anos 1800, tenha iniciado uma queda acentuada.
- A Holanda, país relativamente pequeno, tornou-se o império mundial de moeda de reserva no século XVII.
- O Reino Unido seguiu caminho bem semelhante, atingindo o auge no século XIX.
- Por fim, os EUA ascenderam para tornarem-se superpotência mundial ao longo dos últimos 150 anos, mas em particular durante e após a Segunda Guerra Mundial.
- Os EUA vivem hoje uma queda relativa enquanto a China ascende novamente.

---

[7] Esses índices são compostos de uma série de estatísticas distintas, algumas diretamente comparáveis, outras análogas ou indicativas apenas de forma geral. Em alguns casos, uma série de dados que se interrompia em determinado momento teve que ser emendada a uma que cobria um maior período do passado. Além disso, as linhas exibidas no gráfico são médias móveis de períodos de trinta anos desses índices, mudadas de posição de forma a não haver defasagem. Preferi usar a série suavizada, pois a volatilidade da versão bruta era ampla demais, dificultando a visualização dos grandes movimentos. Daqui em diante, usarei versões bastante suavizadas ao analisar quadros de muito longo prazo e versões menos suavizadas ou brutas ao observar tais acontecimentos mais de perto, pois desta forma se capta melhor as ocorrências de maior importância.

Observemos agora o mesmo gráfico com dados partindo do ano 600. Centrei no primeiro gráfico (que cobre apenas os últimos quinhentos anos) em vez de no segundo (que cobre os últimos 1.400 anos) para ressaltar os impérios que estudei com mais afinco e por ser mais simples — muito embora, com onze países, doze grandes guerras e outros oito séculos, "simples" não seja a palavra exata. Ainda assim, o segundo é mais extenso e vale uma análise. Excluí o sombreamento dos períodos de guerra para reduzir sua complexidade. Como é possível notar, **no período anterior a 1500, a China era quase sempre a mais poderosa, ainda que os califados do Oriente Médio, os franceses, os mongóis, os espanhóis e os otomanos também fossem relevantes.**

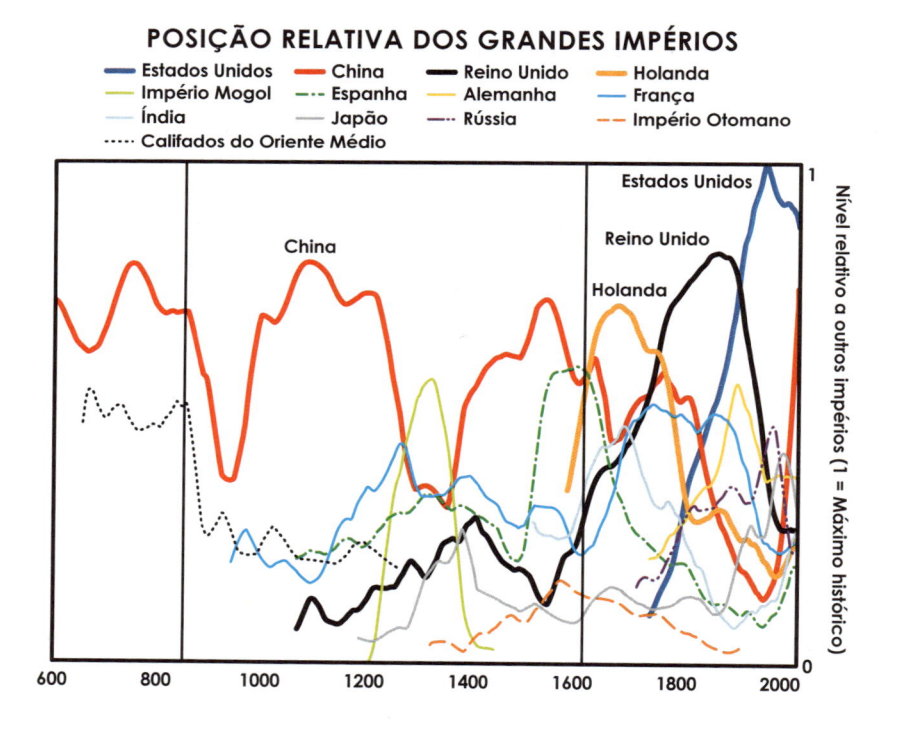

POSIÇÃO RELATIVA DOS GRANDES IMPÉRIOS

Algo importante a ser lembrado: se as grandes potências presentes neste estudo eram as mais ricas e poderosas, não necessariamente eram lugares de afluência, e isso se dava por duas razões. Em primeiro lugar, embora a riqueza e o poder sejam o que a maioria das pessoas quer e pelos quais mais vão brigar, alguns indivíduos e seus países não os consideram as coisas mais importantes nem pensariam em lutar por eles. Alguns creem que ter paz e aproveitar a vida é mais importante que dispor de riqueza e poder imensos e, por isso, não considerariam entrar em batalhas para obtê-los em níveis suficientes para integrar o presente estudo, muito embora alguns tenham gozado de paz em grau bem maior do que os que o fizeram. (A propósito, creio ser importante chamar a atenção para o ato de priorizar a paz e aproveitar a vida em detrimento da obtenção de riqueza e poder — um dado interessante é quão pouca correlação se verifica entre a riqueza e o poder de uma nação e a felicidade de seu povo, mas falaremos disso em outra ocasião.) Em segundo lugar, este estudo exclui aqueles que chamarei de "países de grife" (como a Suíça e Singapura), cuja riqueza e cujo padrão de vida são muito altos, mas que não são grandes o suficiente para figurar entre os maiores impérios.

OITO DETERMINANTES DE RIQUEZA E PODER

A medida única de riqueza e poder que apliquei a cada país nos gráficos anteriores é uma média mais ou menos igual de dezoito medidas de força. Vamos explorar a lista completa de determinantes mais à frente, mas, por ora, iniciemos destacando as oito medidas-chave exibidas no próximo gráfico: 1) Educação, 2) Competitividade, 3) Inovação e tecnologia, 4) Produto econômico, 5) Fatia do comércio internacional, 6) Poderio militar, 7) Força como centro financeiro e 8) Status de moeda de reserva.

O gráfico a seguir exibe a média de cada uma dessas medidas de força observadas em todos os impérios que estudei, com maior peso para os três mais recentes países detentores de moedas de reserva (Estados Unidos, Reino Unido e Holanda).[8]

---

[8] Mostramos onde os indicadores-chave se situam de acordo com seus históricos e calculando a média entre os casos. Da forma como o gráfico foi estruturado, um valor de 1 representa o auge daquele indicador no que tange à história do país, com o zero representando o ponto mais baixo. A linha do tempo aparece organizada por anos com o zero representando mais ou menos o ponto em que o país esteve no auge (ou seja, quando a média de todos os medidores esteve no auge). No restante do capítulo, analisaremos de forma mais detalhada cada um dos estágios do arquétipo.

ASCENSÃO E QUEDA ARQUETÍPICAS POR DETERMINANTE

— Educação — Inovação e tecnologia — Competitividade — Poderio militar
— Comércio — Produto econômico — Centro financeiro — Status de moeda de reserva

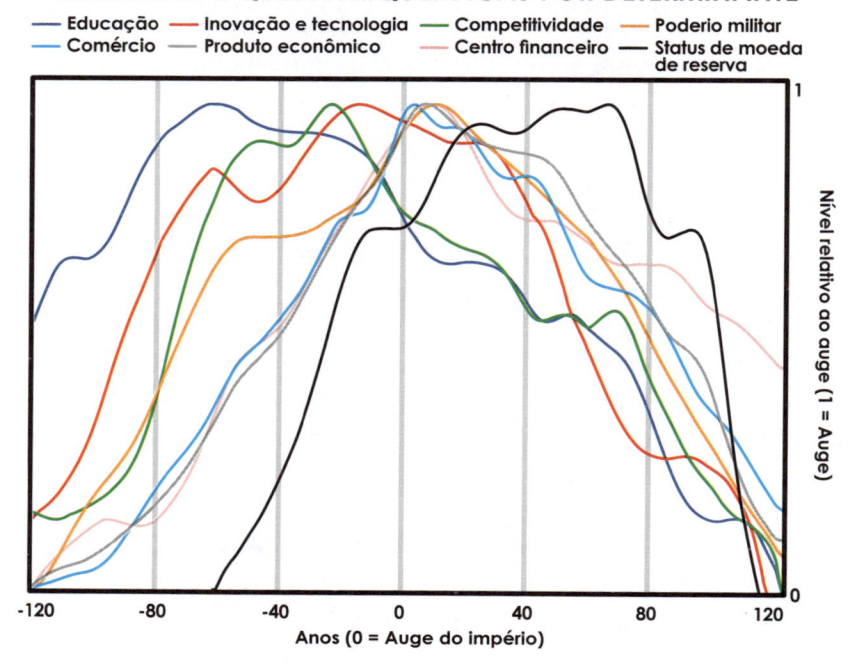

Eixo Y: Nível relativo ao auge (1 = Auge)
Eixo X: Anos (0 = Auge do império)

As linhas do gráfico mostram com bastante exatidão como e por que as ascensões e quedas ocorrem. É possível ver como a melhoria dos níveis de educação leva a um incremento de inovação e tecnologia, o que, por sua vez, conduz a uma maior fatia do comércio mundial, a um maior poderio militar, a uma maior força econômica, ao estabelecimento da condição de centro financeiro de destaque no mundo e, após certo tempo, à transformação de sua moeda em moeda de reserva. Pode-se ver ainda como a maioria desses fatores se manteve forte por um longo período e começou a declinar de forma parecida. A moeda de reserva comum, bem como a língua franca mundial, tende a se manter por algum tempo mesmo após o início da queda de um império, pois o hábito de usá-la é mais duradouro do que as forças que a levaram a se tornar de uso comum.

Denomino de Grande Ciclo esse movimento de ascensão e queda inter-relacionado. Lançando mão desses determinantes e de algumas dinâmicas adicionais, vou descrevê-lo a seguir em mais detalhes. Porém, antes de começar, vale a pena reiterar que todas essas medidas de força subiram e declinaram no intermédio do arco de um império. Porque tais **pontos fortes e fracos se reforçam mutuamente** — isto é, pontos fortes e fracos nos campos da educação, competitividade, produção econômica, fatia do comércio mundial etc. contribuem para que os outros sejam fortes ou fracos, por razões lógicas.

O GRANDE CICLO ARQUETÍPICO

Em linhas gerais, podemos observar três fases nos ciclos de ascensão e queda:

```
                    O AUGE

           A ASCENSÃO      A QUEDA

Nova ordem                        Nova ordem
```

Ascensão:
Período próspero de construção que se segue a uma nova ordem. É quando o país está fundamentalmente forte porque: a) seus níveis de endividamento são relativamente baixos; b) os hiatos de riqueza, de valores e de política são relativamente pequenos; c) seu povo realmente trabalha em conjunto no intuito de produzir prosperidade; d) sua educação e infraestrutura são boas; e) há lideranças fortes e competentes; e f) a ordem mundial está em paz, guiada por uma ou mais potências dominantes; o que nos leva para...

Auge:
Período caracterizado por excessos na forma de: a) altos níveis de endividamento; b) grandes hiatos de riqueza e valores, e cisão política; c) declínio da educação e da infraestrutura; d) conflitos entre diferentes classes de pessoas dentro de um mesmo país; e) surgimento de dificuldades entre países na medida em que impérios que estão no limite são desafiados por rivais emergentes; o que nos leva para...

Queda:
Período doloroso de batalhas e reestruturações que levam a grandes conflitos, mudanças significativas e ao estabelecimento de novas ordens internas e externas. Arma-se o palco para a próxima nova ordem e um novo período de construção próspera.

Vamos analisar com mais detalhes cada um destes:

A ASCENSÃO

Fase que se inicia quando há...
- **lideranças fortes e competentes o bastante para projetar um excelente sistema que incremente a riqueza e o poder do país.** Observando os impérios grandes do ponto de vista histórico, tal sistema costuma envolver...
- **uma forte educação,** que não se resume ao ensino de conhecimento e habilidades; inclui ainda o ensino de...
- **força de caráter, civilidade e desenvolvimento de uma ética de trabalho.** Tudo isso é geralmente ensinado nas esferas familiar, escolar e/ou das instituições religiosas. Quando bem-feito, gera respeito saudável a regras e leis, ordem dentro da sociedade e baixos níveis de corrupção, e tem efeito positivo para encorajar pessoas a trabalharem juntas e aumentarem a produtividade. Quanto melhor um país se sai nesse ponto, mais muda da produção de bens básicos para...
- **a inovação e a invenção de novas tecnologias.** Por exemplo, os holandeses foram formidavelmente inventivos — em seu auge, eles criaram um quarto de todas as maiores invenções do mundo. Uma delas foram os navios capazes de cruzar o mundo para coletar grandes riquezas. O capitalismo como o conhecemos foi também invenção deles. A inovação costuma ser aprimorada quando estamos...
- **abertos aos melhores pensamentos existentes no mundo,** de forma a podermos aprender as melhores formas de fazer as coisas e...

- de forma a termos a mão de obra, o governo e os militares trabalhando bem em conjunto.

Como resultado de tudo isso, o país...
- se torna mais **produtivo** e...
- mais **competitivo nos mercados mundiais,** o que se reflete no...
- **aumento de sua participação no comércio internacional.** É possível verificar isso hoje em dia, pois, tanto na produção econômica quanto na fatia do comércio internacional, os EUA e a China já se encontram em níveis mais ou menos iguais.
- Na medida em que a atuação comercial de um país se torna mais global, ele precisa proteger suas rotas comerciais e se blindar dos interesses estrangeiros, e deve estar preparado para se defender de ataques, desenvolvendo, para isso, **maior poderio militar.**

Quando bem-feito, esse ciclo virtuoso leva ao...
- **forte aumento de renda,** que pode ser usado para financiar...
- investimentos em infraestrutura, educação, pesquisa e desenvolvimento.
- **O país precisa desenvolver sistemas de modo a incentivar e fortalecer aqueles que têm a capacidade de gerar ou adquirir riquezas.** No passado, os impérios mais bem-sucedidos sempre se utilizaram de uma abordagem capitalista para incentivar e desenvolver empreendedores produtivos. Até mesmo a China, administrada pelo Partido Comunista Chinês, utiliza-se de um modelo de capitalismo de Estado para incentivar e formar indivíduos. Para melhor executar tais processos de incentivo e capacitação financeira, o país...
- precisa ter **mercados de capitais em desenvolvimento** — acima de tudo, mercados monetários interbancários de títulos e bolsa de valores. É o que permite às pessoas **converter as próprias economias em investimentos para financiar a inovação e o desenvolvimento** e compartilhar do êxito daqueles que fazem grandes coisas acontecerem. Os inventivos holandeses criaram a primeira empresa de capital aberto (a Companhia Holandesa das Índias Orientais) e a primeira bolsa de valores para financiá-la. Elas

foram partes integrais da máquina que produziu muita riqueza e poder.
- Como consequência natural, todos os maiores impérios desenvolveram **o principal centro financeiro do mundo** para atrair e distribuir o capital de sua época. Amsterdã era o centro financeiro do planeta no período em que os holandeses eram proeminentes, Londres detinha tal posto no auge dos britânicos, Nova York o detém agora, e a China rapidamente desenvolve seu centro financeiro em Xangai.
- Na medida em que o país expande suas transações internacionais para se tornar o maior império comercial, elas passam a poder serem pagas na própria moeda, e gente mundo afora passa a querer ter reservas dela, que então se torna **a principal moeda de reserva do mundo,** o que permite ao país contrair mais empréstimos a juros mais baixos do que os demais, pois é na sua moeda que outros passam a querer concedê-los.

Essa série de relações de causa e efeito gera potências financeiras, políticas e militares mutuamente protetoras e existe desde que o mundo é mundo. **Foi esse o caminho trilhado até o auge por cada império que veio a se tornar o mais poderoso da Terra.**

O AUGE

Na fase do auge, o país sustenta os êxitos que alimentaram sua ascensão, porém estão embutidas nessas recompensas as sementes da queda. Com o tempo, obrigações se acumulam, rompendo a cadeia de circunstâncias autorreforçantes que alimentaram a ascensão.

- À medida que o povo do país, agora rico e poderoso, passa a ganhar mais, sua força de trabalho se torna mais cara e sua **competitividade, mais baixa** do que a dos povos de outros países, dispostos a trabalhar por menos.
- Ao mesmo tempo, pessoas de **outros países copiam os métodos e as tecnologias da potência dominante,** o que reduz ainda mais sua

competitividade. Por exemplo, estaleiros britânicos contrataram projetistas holandeses para conceber navios melhores, cuja construção ficou a cargo de operários britânicos, mais baratos, o que tornou tais navios mais competitivos, levando à ascensão britânica e à queda holandesa.

- Além disso, **na medida em que as pessoas em uma grande potência se tornam mais ricas, elas tendem a não trabalhar com tanto afinco.** Gozam de mais lazer, buscam o lado mais aprazível e menos produtivo da vida e, em casos extremos, tornam-se hedonistas. Valores mudam de geração para geração durante a ascensão — dos que tiveram que lutar para obter a riqueza e o poder aos que os herdaram. A nova geração é menos endurecida de guerra, mergulhada em luxos, acostumada à boa vida e, assim, **mais vulnerável a desafios.**
- Além disso, **ao passo que as pessoas se habituam a estar bem de vida, apostam cada vez mais na continuidade dos dias de fartura — e tomam empréstimos para tal —, o que leva à formação de bolhas financeiras.**
- No contexto de sistemas capitalistas, **a prosperidade financeira se dá de forma desigual e os abismos de riqueza crescem.** Eles se retroalimentam, pois quem é rico usa seus maiores recursos para expandir seus poderes. **Tais pessoas também influenciam o sistema político em benefício próprio e legam maiores privilégios a seus filhos — como educação de melhor qualidade —, levando à criação de hiatos de valores, políticos e de oportunidades entre ricos e pobres. Os que têm vida mais dura acham o sistema injusto, e o ressentimento aumenta.**
- **Contanto que o padrão de vida da maioria continue a crescer, tais abismos e ressentimentos não explodem em conflito.**

No auge, o quadro financeiro da grande potência começa a mudar. Ser dotada da **moeda de reserva** confere-lhe o "privilégio exorbitante"[9] de poder contrair mais empréstimos, o que faz com que a dívida aumente.

---

[9] "Privilégio exorbitante" é uma expressão cunhada pelo ministro das Finanças da França Valéry Giscard d'Estaing para descrever a posição dos EUA em relação à moeda de reserva.

Isso impulsiona a capacidade de gastos da potência dominante em curto prazo e a enfraquece em longo prazo.

- Inevitavelmente, o país começa a contrair empréstimos em grau excessivo, o que contribui para a construção de grandes dívidas com credores externos.
- Embora impulsione a capacidade de gastos em curto prazo, **em longo prazo enfraquece a saúde financeira da nação e também sua moeda**. Em outras palavras, quando contrai empréstimos e efetua gastos em grande escala, o império aparenta ter força sólida, mas na verdade suas finanças estão sendo enfraquecidas, pois os empréstimos sustentam o poder do país para além de sua capacidade ao financiar tanto o consumo doméstico excessivo quanto **conflitos militares internacionais** exigidos para se manter o império de pé.
- Além disso, os custos de manutenção e defesa do império tornam-se maiores do que a receita, e **ser um império passa a dar prejuízo**. Por exemplo, o Império Britânico tornou-se gigantesco, burocrático e perdeu suas vantagens competitivas à medida que potências rivais — em particular a Alemanha — cresciam, o que levou a uma corrida armamentista cada vez mais dispendiosa e à guerra mundial.
- **Os países mais ricos contraem dívidas ao tomar empréstimos de países mais pobres que economizam mais** — esse é um dos primeiros sinais de uma reviravolta de riqueza e poder. Nos Estados Unidos, isso teve início nos anos 1980, quando a renda per capita era quarenta vezes a da China, e então o país começou a contrair empréstimos junto aos chineses, que queriam fazer reservas em dólar por ser a moeda de reserva internacional.
- Se o império começa a ficar sem novas opções de credores, os que detêm sua moeda começam a procurar vendê-la e pular fora em vez de comprá-la, estocá-la, emprestá-la e entrar no jogo — e assim a força do império começa a se esvair.

A QUEDA

A fase da queda costuma ser gerada por fragilidades econômicas internas somadas a conflitos também internos, por conflitos externos custosos ou por ambos. A queda do país se inicia tipicamente de forma gradual e então abrupta.

Internamente
- Quando as dívidas se tornam altas demais, **há uma desaceleração econômica** e o império já não tem mais como obter os empréstimos necessários para honrar as dívidas. Ocorrem então grandes dificuldades internas, e o país é forçado a escolher entre **dar calote em suas dívidas ou imprimir grandes quantidades de dinheiro.**
- **O país quase sempre escolhe imprimir grandes quantidades de dinheiro,** no início de forma gradual e depois massivamente, resultando na **desvalorização da moeda e em inflação.**
- Nos momentos em que o governo tem problemas para se financiar — e, ao mesmo tempo, as condições financeiras e econômicas não são boas e existem grandes hiatos políticos, de valores e de riqueza —, costuma ocorrer um acentuado **aumento de conflitos internos entre ricos e pobres, assim como entre diferentes grupos étnicos, religiosos e raciais.**
- Isso leva ao extremismo político, que se apresenta na forma de **populismo de esquerda ou de direita.** O de esquerda procura redistribuir a renda enquanto o de direita quer manter a riqueza na mão dos ricos. **Essa é a "fase anticapitalista", quando se aponta o dedo para o capitalismo, os capitalistas e as elites em geral como os culpados pelos problemas.**
- Em períodos assim, é comum **o aumento da taxação dos ricos, que, ao sentirem que sua afluência e seu bem-estar estão sendo retirados de suas mãos, transferem-nos para lugares, ativos e moedas com os quais se sentem mais seguros. O fluxo de saída reduz a receita fiscal do país, levando à clássica retroalimentação de fuga de capitais.**

- Quando a fuga do capital atinge determinado nível, o país a torna ilegal, fazendo com que os que querem fugir comecem a entrar em pânico.
- Tais condições turbulentas minam a produtividade, e isso, por sua vez, **murcha o bolo econômico** e causa **mais conflitos no que tange à divisão dos minguantes recursos**. Surgem, de ambos os lados, líderes populistas prometendo assumir o controle e restabelecer a ordem. **É quando a democracia se vê mais ameaçada, pois não consegue controlar a anarquia e porque se torna mais provável a guinada para uma liderança populista forte que traga ordem em meio ao caos.**
- Quando os conflitos internos do país se intensificam, levam a alguma forma de **revolução ou guerra civil para redistribuir a riqueza e forçar grandes mudanças**. Essas insurreições podem ser pacíficas e manter a ordem interna existente, mas é mais comum que sejam **violentas e modifiquem a ordem**. Por exemplo, a revolução de Roosevelt para redistribuir renda foi relativamente pacífica, enquanto as revoluções que modificaram a ordem doméstica na Alemanha, no Japão, na Espanha, na Rússia e na China, ocorridas também na década de 1930 e motivadas pelas mesmas razões, foram muito mais violentas.

Tais guerras civis e revoluções criam o que chamo de novas ordens internas. No Capítulo 5, vou explorar como ordens internas se modificam de forma cíclica. No entanto, o mais importante a se ressaltar por ora é que ordens internas podem mudar sem que isso acarrete uma alteração da ordem mundial. **É somente quando as forças que produzem a desordem interna e a instabilidade se alinham a um desafio externo que toda a ordem mundial pode mudar.**

Externamente:
- Quando há uma grande potência emergente capaz de desafiar a potência e a ordem mundial já existentes, há o risco crescente

de um enorme conflito internacional, em especial se a potência vigente estiver passando por conflitos internos. O oponente internacional em ascensão em geral vai tentar explorar essas fragilidades internas. Isso é algo particularmente arriscado caso a potência internacional emergente tiver construído poderio militar equivalente.
- **Defender-se de rivais estrangeiros exige altos gastos militares, que precisam ser feitos ainda que as condições econômicas internas estejam se deteriorando** e a grande superpotência não possa de fato custeá-los.
- Como não existe um sistema viável para julgar contendas internacionais de forma pacífica, **esses conflitos costumam ser resolvidos por meio de testes de poder.**
- À medida que é desafiada de forma mais ousada, **a potência dominante se vê diante da difícil escolha de lutar ou recuar.** Lutar e perder é o pior, mas recuar também é ruim, pois permite à oposição avançar e é uma demonstração de fragilidade a todos os demais países considerando de que lado devem ficar.
- Más condições econômicas causam ainda mais conflitos por riqueza e poder, o que inevitavelmente resulta em algum tipo de guerra.
- Guerras são terrivelmente caras. E, ao mesmo tempo, produzem os deslocamentos tectônicos necessários para que a ordem mundial seja realinhada à nova realidade de riqueza e poder.
- Quando aqueles que estocam a moeda de reserva e os débitos do império em queda perdem sua fé e a vendem, marcam o fim de seu Grande Ciclo.

Quando todas estas forças se alinham — endividamento, guerra civil/revolução interna, guerra no exterior e perda de fé na moeda —, uma mudança na ordem mundial geralmente se anuncia.

Pode-se ver tais forças resumidas na progressão típica no gráfico a seguir.

A ORDEM MUNDIAL EM TRANSFORMAÇÃO

O AUGE

A ASCENSÃO

A QUEDA

Nova ordem — Nova ordem

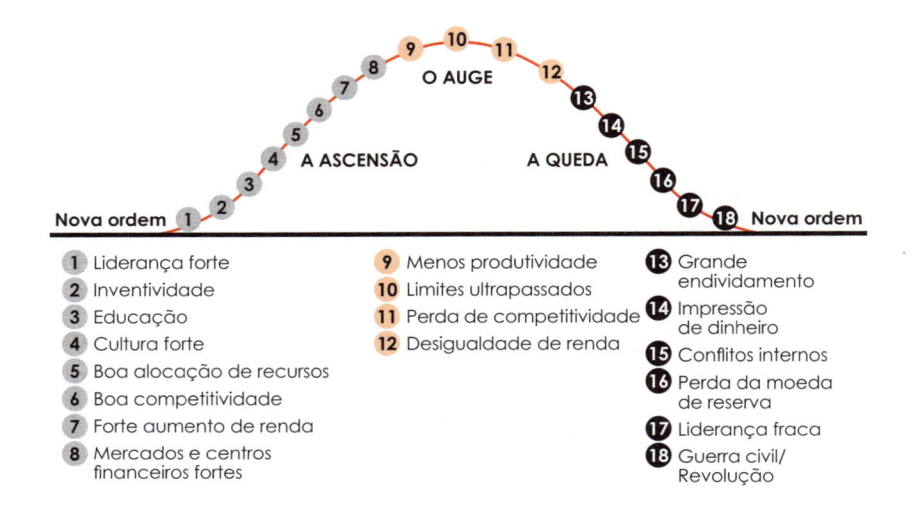

1. Liderança forte
2. Inventividade
3. Educação
4. Cultura forte
5. Boa alocação de recursos
6. Boa competitividade
7. Forte aumento de renda
8. Mercados e centros financeiros fortes
9. Menos produtividade
10. Limites ultrapassados
11. Perda de competitividade
12. Desigualdade de renda
13. Grande endividamento
14. Impressão de dinheiro
15. Conflitos internos
16. Perda da moeda de reserva
17. Liderança fraca
18. Guerra civil/Revolução

Nas últimas páginas, joguei um monte de informações em cima de você. Talvez valha a pena ler tudo de novo, dessa vez devagar para ver se a sequência faz sentido para você. Mais à frente, vamos nos debruçar sobre uma série de casos específicos em mais detalhes, e você verá os padrões desses ciclos emergirem, ainda que não de forma precisa. O fato de suas ocorrências e as razões pelas quais isso acontece são menos duvidosos do que o momento exato de seu surgimento.

Em suma, a tendência de alta de ganhos de produtividade que leva ao aumento da riqueza e à melhoria dos padrões de vida é envolta em ciclos que produzem períodos prósperos de fortalecimento do país, pois conta com níveis relativamente baixos de endividamento, hiatos políticos, de riqueza e de valores relativamente pequenos, um povo que trabalha unido de maneira eficaz para produzir prosperidade, boa educação, boa infraestrutura, líderes fortes e capazes, e uma ordem mundial pacífica guiada por uma ou mais potências mundiais dominantes. Esses são os períodos prósperos e agradáveis. Quando levados ao excesso, e isso sempre acontece, os resultados são os deprimentes períodos de destruição e reestruturação em que as fragilidades fundamentais da nação — altos níveis de endividamento, grandes conflitos políticos e de valores e desníveis de renda, várias facções de pessoas que já não são capazes de trabalhar bem juntas, educação e infraestrutura de baixa qualidade e o desafio de manter de pé um império esticado em excesso sob a ameaça de rivais emergentes — levam a um doloroso período de batalhas, destruição e, então, à reestruturação que estabelece uma nova ordem e às bases para um novo período de construção.

Como tais passos se sucedem em uma sequência lógica de relações de causa e efeito atemporais e universais, é possível a criação de um índice de saúde indicando, apenas ao olhar para tais medidas, o ponto em que um país se encontra. Quando as medidas estão fortes/boas, a condição do país é forte/boa e o período que se anuncia tem bem mais probabilidade de ser forte/bom; quando tais itens são classificados como fracos/ruins, essa é a condição do país e a probabilidade é a de que o período que se anuncia assim o seja.

Na tabela a seguir, para ajudar a ilustrar o cenário, converti a maioria de nossas medidas em cores, verde-escuro representando uma leitura muito favorável e vermelho-escuro, muito desfavorável. É a média dessas leituras que define em qual estágio do ciclo um país se encontra, da mesma forma que uso a média de oito medidas de poder como uma medida de poder total. Assim como essas medidas de poder, ainda que seja possível reconfigurar as informações e produzir leituras ligeiramente distintas, de maneira geral as tabelas produzem uma indicação bastante ampla. Aqui, exibo-as para exemplificar o processo típico, não para examinar qualquer caso específico. Contudo, mais à frente mostrarei leituras quantitativas específicas para todos os principais países.

A ORDEM MUNDIAL EM TRANSFORMAÇÃO

PONTUAÇÃO QUANTITATIVA APROXIMADA DE MEDIDAS POR ESTÁGIO NO CICLO

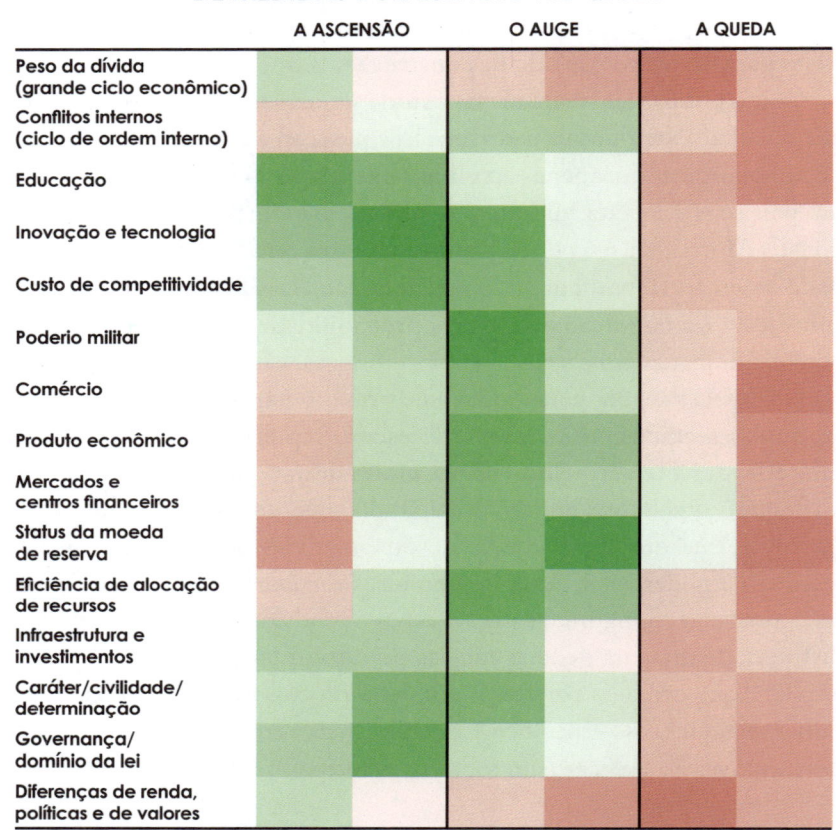

	A ASCENSÃO	O AUGE	A QUEDA
Peso da dívida (grande ciclo econômico)			
Conflitos internos (ciclo de ordem interno)			
Educação			
Inovação e tecnologia			
Custo de competitividade			
Poderio militar			
Comércio			
Produto econômico			
Mercados e centros financeiros			
Status da moeda de reserva			
Eficiência de alocação de recursos			
Infraestrutura e investimentos			
Caráter/civilidade/ determinação			
Governança/ domínio da lei			
Diferenças de renda, políticas e de valores			

Verde-escuro = Medidor é forte/bom
Vermelho-escuro = Medidor é fraco/ruim [10]

Como todos esses fatores, tanto os ascendentes quanto os descendentes, tendem a se reforçar mutuamente, não é coincidência que grandes desníveis de renda, crises de crédito, revoluções, guerras e mudanças na ordem mundial tenham a propensão de se agrupar como uma tempestade perfeita. O Grande Ciclo da ascensão e queda de um império tem a cara do gráfico a seguir. Os períodos ruins de destruição e reestruturação via depressão, revolução e guerra, que basicamente derrubam o sistema antigo e armam

---

[10] Fenômenos naturais, ordem externa e geologia não foram incluídos na análise dos ciclos. As leituras foram feitas por aproximação em casos de determinantes com histórico limitado.

o palco para a emergência de um novo, costumam levar de dez a vinte anos, embora as variações na faixa possam ser bem maiores. Tais períodos estão retratados nas áreas sombreadas. A eles seguem-se períodos mais extensos de paz e prosperidade nos quais pessoas inteligentes trabalham em conjunto de maneira harmônica e nenhum país quer enfrentar a potência mundial, de tão forte que ela é. Esses períodos de paz duram de quarenta a oitenta anos, embora variações na faixa possam ser bem maiores.

MUDANÇAS NA ORDEM MUNDIAL (EXEMPLO CONCEITUAL)

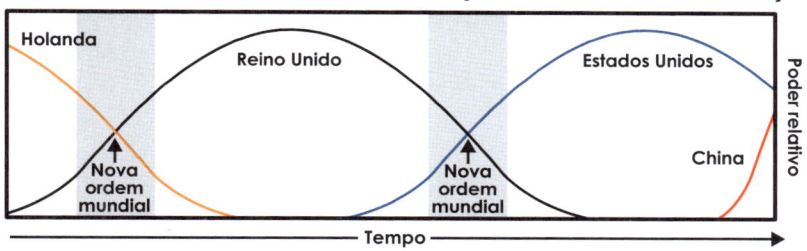

Por exemplo, quando o Império Holandês deu lugar ao Império Britânico e quando este deu lugar ao Império Americano, aconteceu tudo ou quase tudo listado abaixo:

Fim do antigo, início do novo (do holandês para o britânico)
- Reestruturação de dívida e crise de endividamento
- Revolução interna (pacífica ou violenta) que leva a uma grande transferência de renda dos ricos para os pobres
- Guerra externa
- Grande colapso da moeda
- Novas ordens doméstica e mundial

Fim do antigo, início do novo (do britânico para o americano)
- Reestruturação de dívida e crise de endividamento
- Revolução interna (pacífica ou violenta) que leva a uma grande transferência de renda dos ricos para os pobres
- Guerra externa
- Grande colapso da moeda
- Novas ordens doméstica e mundial

A ORDEM MUNDIAL EM TRANSFORMAÇÃO

UMA PRÉVIA DE ONDE ESTAMOS AGORA

Como explicado antes, o último grande período de destruição e reestruturação ocorreu entre 1930 e 1945, resultando no período de construção e na nova ordem mundial, que se iniciou em 1945 com a criação de um novo sistema monetário global (erguido em 1944 em Bretton Woods, New Hampshire) e de um sistema de governança mundial dominado pelos EUA (com as Nações Unidas sediadas em Nova York e o Banco Mundial e o Fundo Monetário Internacional, em Washington, D.C.). A nova ordem mundial foi a consequência natural de os EUA serem o país mais rico (na época, a nação detinha dois terços do estoque mundial de ouro, e ouro era então dinheiro), a potência econômica dominante (sua produção representava metade da mundial) e a maior potência militar (com o monopólio das armas nucleares e as mais poderosas forças convencionais).

Ao começar a escrever este livro, 75 anos já haviam transcorrido e os maiores impérios antigos, que também eram os maiores impérios de moeda de reserva, aproximam-se, da mesma forma que os outros, do fim de um ciclo de endividamento de longo prazo, quando os débitos são altos e as típicas políticas monetárias já não funcionam tão bem. Governos centrais politicamente fragmentados tentaram preencher seus rombos financeiros doando muito do dinheiro que tomaram emprestado, enquanto bancos centrais tentaram ajudá-los imprimindo bastante dinheiro (isto é, financiando a dívida do governo). Tudo isso acontece em um momento em que as disparidades de renda e valores são altas e uma potência mundial em ascensão compete com a potência dominante no comércio, no desenvolvimento tecnológico, nos mercados de capitais e na geopolítica. Além de tudo isso, ainda há, enquanto escrevo, uma pandemia com a qual lidar.

Ao mesmo tempo, o grande pensamento humano, trabalhando em conjunto com a inteligência artificial, cria formas de abordar tais desafios. Se formos capazes de lidar bem uns com os outros, certamente superaremos este período difícil e seguiremos rumo a uma nova época de prosperidade bem diferente. Ao mesmo tempo, estou igualmente convicto de que haverá mudanças radicais que serão traumáticas para muitos.

Assim funciona o mundo, em poucas palavras. Agora vou fazer uma descrição mais detalhada.

CAPÍTULO 2

OS DETERMINANTES

No capítulo anterior, descrevi em poucas palavras o Grande Ciclo. Neste e nos próximos capítulos da Parte I, vou detalhar como enxergo o funcionamento da máquina de moto-perpétuo. No presente capítulo, vou analisar os determinantes mais importantes e resumir como os inseri em meu "modelo".

Em inglês existe uma máxima, com a qual a maioria das pessoas há de concordar, que diz que "a história rima". Ela "rima" porque os eventos mais importantes se repetem, mas nunca exatamente da mesma maneira. Isso porque, embora as relações de causa e efeito por trás de tais eventos sejam atemporais e universais, todas as coisas evoluem e influenciam umas às outras de maneiras diferentes. Ao estudar diversos acontecimentos análogos em épocas e lugares distintos, suas causas e seus efeitos estruturais ficam mais claros. Aprendi que a história, sempre em evolução contínua, ocorre como uma máquina de moto-perpétuo guiada por relações de causa e efeito que evoluem e se repetem ao longo do tempo.

Para lidar com as realidades que chegam até mim, meu processo é:

- interagir com essa máquina e tentar entender como ela funciona;
- anotar minhas observações sobre seu funcionamento e os princípios que aprendi para lidar com elas;
- testar esses princípios ao longo do tempo;
- converter os princípios em equações e programá-los em um computador que me ajude na tomada de decisão;

- aprender com minhas experiências e reflexões acerca delas, para poder refinar meus princípios;
- repetir isso várias vezes.

Imagine um jogador de xadrez que registra seus critérios para fazer diferentes movimentos em situações variadas e depois os codifica em um computador que joga contra ele como um parceiro. Cada jogador leva o melhor de si para a partida. O jogador humano é mais criativo, com um pensamento mais lateral, e mais capaz de raciocinar, enquanto o computador pode calcular dados com maior rapidez, é melhor em identificar padrões e muito menos emotivo. Esse processo interminável de aprender, construir, usar e refinar em parceria com computadores descreve o que eu faço, só que, em vez de xadrez, meu jogo é o investimento macro global.

Neste capítulo, vou compartilhar minha descrição do funcionamento da máquina de moto-perpétuo, como passei a entendê-la até agora, a qual impulsiona as ascensões e quedas dos impérios e suas moedas de reserva, dando uma ideia de como faço meu jogo. Embora eu tenha certeza de que meu modelo mental está errado e incompleto de várias maneiras, é o melhor que tenho até o momento e se provou inestimável para mim. Estou passando esse modelo adiante para que você possa experimentar e explorar, pegar, largar ou melhorar, como quiser. Minha esperança é levar você e outras pessoas a pensar acerca das relações de causa e efeito atemporais e universais que impulsionam as realidades que chegam até nós e também quanto aos melhores princípios para lidar com elas. Com o teste de estresse e o aprimoramento desse modelo por meio de um debate aberto, chegaremos ao ponto de ter um modelo razoavelmente aceito dos processos e de suas causas. Ao usá-lo, podemos nos empenhar para chegar a um consenso quanto ao estágio em que cada um dos países se encontra e quais são as melhores práticas para interagir com eles, quer sejamos indivíduos que cuidam dos próprios interesses ou líderes que cuidam dos interesses da nação.

No capítulo anterior, apresentei uma descrição muito simplificada dos determinantes da evolução e das ascensões e quedas cíclicas dos impérios — e, sobretudo, do que acredito serem os principais impulsionadores dos Grandes Ciclos. Neste capítulo, vou explicar com muito mais detalhes esse modelo, que se baseia na repetição de acontecimentos ao longo do tempo que identifiquei nos onze impérios dominantes dos últimos quinhentos anos, nos vinte países mais importantes dos últimos cem anos e nas principais dinastias da China nos últimos 1.400 anos. Para deixar claro, não me considero um historiador especialista nesses casos, e eles representam apenas uma pequena parcela de todos os casos. Apenas dei uma olhada em alguns dos impérios mais importantes da história antiga, como os impérios romano, grego, egípcio, bizantino, mogol, árabe, persa, e nas dinastias Han e Sui, e ignorei por completo muitos dos outros impérios que ascenderam e declinaram em todo o globo — na África, na Ásia Meridional, nas Ilhas do Pacífico e nas Américas do Sul e do Norte pré-coloniais. Ou seja, o que não analisei é muito maior do que analisei de fato. Ainda assim, acredito ter visto o suficiente para desenvolver um bom modelo mental, o qual se aplica à maioria dos países e tem sido muito útil para meus esforços de entender o que está acontecendo hoje, além de me ajudar a formar uma imagem valiosa, ainda que nebulosa, do futuro.

A CONSTRUÇÃO DE MEU MODELO MENTAL DA MÁQUINA DE MOTO-PERPÉTUO

Assim como podemos ver o arco do ciclo da vida humana do nascimento à morte e a forma como uma geração impacta a seguinte, é possível fazer o mesmo com países e impérios. Podemos analisar como valores, ativos, passivos e experiências são transmitidos e como seus efeitos evolutivos se propagam ao longo das gerações. Podemos prever quando um império está se aproximando do auge e quando está em queda.

● *Todos os povos ao longo da história tiveram sistemas ou ordens para lidar uns com os outros. Chamo os sistemas dos países de "ordens internas", aqueles entre países de "ordens externas" e aqueles que se aplicam ao mundo todo de "ordens mundiais". Essas ordens afetam umas às outras e estão sempre mudando.* Elas sempre existiram em todos os níveis — dentro de famílias, empresas, cidades, estados e países, bem como internacionalmente. Determinam quem detém quais poderes e como são tomadas as decisões, incluindo como a riqueza e o controle político são divididos. O que são e como funcionam é um aspecto da natureza, da cultura e das circunstâncias humanas. Os EUA hoje têm um conjunto de condições políticas existentes em seu sistema democrático, mas tanto as condições quanto o sistema estão em constante mudança por conta da pressão de forças universais e atemporais.

A meu ver, em qualquer época há: 1) o conjunto corrente de condições que incluem as ordens domésticas e mundiais existentes, e 2) forças atemporais e universais que provocam mudanças nessas condições. A maioria das pessoas tende a prestar bem mais atenção aos eventos contemporâneos em detrimento das forças atemporais e universais que geram as mudanças. Já eu faço o oposto em minha tentativa de antecipar as mudanças. **Tudo que aconteceu e tudo que vai acontecer será gerado por determinantes. Se pudermos entender esses determinantes, vamos conseguir entender como a máquina funciona e antecipar o que deve vir a seguir.**

Como tudo o que aconteceu e ainda vai acontecer foi e é causado pelas interações das partes dessa máquina de moto-perpétuo, pode-se dizer que tudo está predestinado. Acredito que, se tivéssemos um modelo perfeito que levasse em consideração todas as relações de causa e efeito, poderíamos prever o futuro com perfeição — acredito também que a única pedra no meio do caminho é a incapacidade de modelar todas essas dinâmicas de causa e efeito. Embora possa ou não estar certo, o modelo lhe diz de onde venho e o que estou buscando.

A maioria das pessoas não entende as coisas assim. A maior parte acredita que o futuro é desconhecido e que destino não existe. Para ser claro, embora seja ótimo ter um modelo perfeito que oferece uma imagem quase exata daquele futuro predestinado, não espero que meu modelo chegue perto disso. Meu objetivo é só ter um modelo bruto, mas em evolução, que me dê uma vantagem em relação à concorrência e à posição em que eu estaria se não o tivesse.

Para construir esse modelo, analisei a história tanto quantitativa quanto qualitativamente porque, 1) ao medir as condições e suas mudanças, posso determinar com mais objetividade as relações de causa e efeito envolvidas, desenvolver uma gama provável de expectativas e sistematizar a tomada de decisão de acordo, mas 2) não é possível medir tudo do ponto de vista quantitativo.

Meu processo é analisar vários casos para observar como seus determinantes criaram os efeitos característicos de cada episódio. Para dar um exemplo simples, muitas dívidas (um determinante) somadas a dinheiro escasso (outro determinante) costumam gerar uma crise de endividamento (o efeito). Da mesma forma, quando os três grandes ciclos que descrevi no capítulo anterior se juntam de uma maneira ruim (endividamento massivo, com o banco central imprimindo muito dinheiro; conflito interno decorrente de disparidades na riqueza, nos valores e na política; e a ascensão de uma ou mais potências concorrentes), é normal que isso leve à queda de um império.

Em meu modelo mental, a relação entre os determinantes e seus efeitos nos diferentes casos é assim:

Como a máquina funciona = (f)...

	Caso 1	Caso 2	Caso 3	Caso 4	Caso 5	Caso 6	Caso 7	Caso 8	Caso 9	Caso 10, Etc.
Determinante 1	Efeito	Efeito	Efeito	Efeito	Efeito	Efeito	Efeito	Efeito	Efeito	Efeito
Determinante 2	Efeito	Efeito	Efeito	Efeito	Efeito	Efeito	Efeito	Efeito	Efeito	Efeito
Determinante 3	Efeito	Efeito	Efeito	Efeito	Efeito	Efeito	Efeito	Efeito	Efeito	Efeito
Determinante 4	Efeito	Efeito	Efeito	Efeito	Efeito	Efeito	Efeito	Efeito	Efeito	Efeito
Determinante 5	Efeito	Efeito	Efeito	Efeito	Efeito	Efeito	Efeito	Efeito	Efeito	Efeito
Determinante 6	Efeito	Efeito	Efeito	Efeito	Efeito	Efeito	Efeito	Efeito	Efeito	Efeito
Determinante 7	Efeito	Efeito	Efeito	Efeito	Efeito	Efeito	Efeito	Efeito	Efeito	Efeito
Determinante 8	Efeito	Efeito	Efeito	Efeito	Efeito	Efeito	Efeito	Efeito	Efeito	Efeito
Determinante 9	Efeito	Efeito	Efeito	Efeito	Efeito	Efeito	Efeito	Efeito	Efeito	Efeito
Determinante 10	Efeito	Efeito	Efeito	Efeito	Efeito	Efeito	Efeito	Efeito	Efeito	Efeito
Etc.										

Os determinantes levam a efeitos que se tornam determinantes subsequentes e que, então, geram efeitos subsequentes que, em muitos casos, se tornam conectados. Assim, podemos olhar para cada caso e ver o que aconteceu (o efeito) e o que o fez acontecer (seus determinantes). Ou podemos analisar os determinantes para ver os efeitos que tiveram e, assim, compor os diferentes casos. Os determinantes são, ao mesmo tempo, o que existe e a energia que gera mudanças; no fim das contas, energia e matéria são a mesma coisa. Eles criam novas circunstâncias e novos determinantes que, por sua vez, criam as próximas mudanças.

É assim que tento, literalmente, criar um modelo da máquina de moto-perpétuo.

OS 3, OS 5, OS 8 E OS 18 DETERMINANTES

No capítulo anterior, apresentei a você o que considero serem os três grandes ciclos e os oito determinantes mais importantes das ascensões e quedas dos impérios e de suas moedas. **Como pensar em todos esses determinantes e suas interações é complexo, sugiro que mantenha os três grandes ciclos em mente como as coisas mais importantes a serem observadas: 1) o ciclo de finanças boas e ruins (por exemplo, o ciclo de mercados de capitais); 2) o ciclo de ordem e desordem interno (por conta dos graus de cooperação por riqueza e poder ou disputa por eles, amplamente provocados pelos hiatos de riqueza e valores); 3) o ciclo de ordem e desordem externo (devido aos graus de competitividade dos poderes existentes na luta pela riqueza e pelo poder).** Espero que se junte a mim na tentativa de entender esses três ciclos e saber em que ponto cada país está. A história e a lógica mostram que, quando um país está com os três ciclos na fase boa ao mesmo tempo, está forte e em ascensão, e, quando os três estão na fase ruim, está fraco e em queda.

Se eu fosse acrescentar outros dois determinantes para observar, seriam: 4) o ritmo de inovação e desenvolvimento tecnológico para solucionar problemas e fazer melhorias; 5) fenômenos da natureza, sobretudo secas, enchentes e doenças. Isso porque a inovação e os avanços tecnológicos podem resolver a maioria dos problemas e acelerar a evolução, e os fenômenos naturais, como os citados, tiveram impactos enormes ao longo da história. Essas são as cinco forças mais importantes, as quais chamo de "As Grandes Cinco"; assim, quando estão se movimentando na mesma direção — no sentido de melhorar ou piorar —, quase todo o resto as segue.

Também apresentei os oito poderes que consegui mensurar e que pareciam ser os mais importantes. Você pode analisá-los com os grandes ciclos na lista a seguir. Esses indicadores refletem e impulsionam as ascensões e quedas. O gráfico da ascensão e queda arquetípicas por determinante no Capítulo 1 mostrou suas leituras médias ao longo do ciclo arquetípico. Cada um desses tipos de poder de ascensão e queda em ciclos acontece em conjunto com os outros ciclos para formar o Grande Ciclo de ascensão e queda do império.

E há ainda outros determinantes que também têm influência, como geologia e geografia, estado de direito e infraestrutura. A lista completa dos dezoito fatores[1] incluídos em meu modelo é mostrada a seguir. Você também pode ler uma descrição detalhada de todos no fim do Capítulo 14.

OS TRÊS GRANDES CICLOS

Saudável	Grande Ciclo de Endividamento/Monetário/ Mercados de Capitais/Econômico	**Não saudável**
Ordem	Grande Ciclo de Ordem e Desordem Interno	**Desordem**
Paz	Grande Ciclo de Ordem e Desordem Externo	**Guerra**

---

[1] Quero esclarecer a diferença entre um determinante e um ciclo, porque às vezes vou usar esses termos de maneiras que podem não estar evidentes. Um determinante é um fator (por exemplo, a oferta de dinheiro), enquanto um ciclo é uma série de determinantes que se autorreforçam e levam a eventos que transcorrem de determinada maneira — por exemplo, bancos centrais disponibilizando muito dinheiro e crédito acabam levando a um crescimento econômico forte, à inflação e às bolhas, o que leva os bancos centrais a reduzir a oferta de moeda, gerando desacelerações do mercado e da economia, o que, então, leva os bancos centrais a aumentar a oferta de dinheiro para... etc. Portanto, os ciclos em si são determinantes que, por sua vez, são uma coleção de forças complementares, as quais interagem em um processo gerador dos mesmos resultados repetidamente ao longo do tempo.

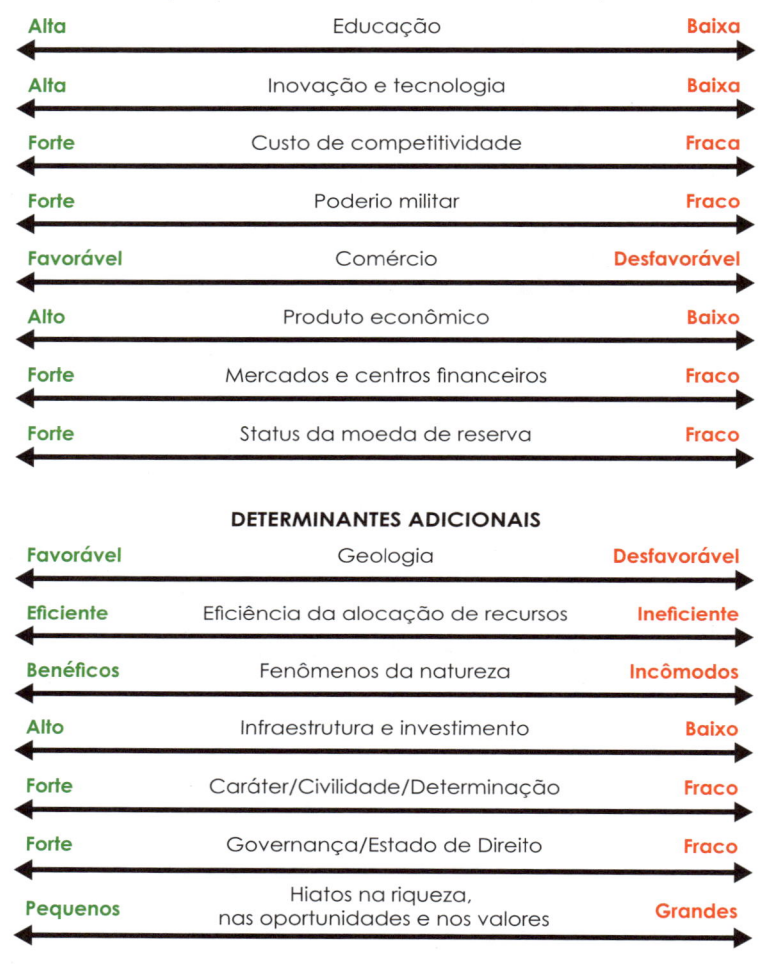

OUTROS DETERMINANTES-CHAVE
(OITO MEDIDAS IMPORTANTES DE PODER)

Alta ←	Educação	→ Baixa
Alta ←	Inovação e tecnologia	→ Baixa
Forte ←	Custo de competitividade	→ Fraca
Forte ←	Poderio militar	→ Fraco
Favorável ←	Comércio	→ Desfavorável
Alto ←	Produto econômico	→ Baixo
Forte ←	Mercados e centros financeiros	→ Fraco
Forte ←	Status da moeda de reserva	→ Fraco

DETERMINANTES ADICIONAIS

Favorável ←	Geologia	→ Desfavorável
Eficiente ←	Eficiência da alocação de recursos	→ Ineficiente
Benéficos ←	Fenômenos da natureza	→ Incômodos
Alto ←	Infraestrutura e investimento	→ Baixo
Forte ←	Caráter/Civilidade/Determinação	→ Fraco
Forte ←	Governança/Estado de Direito	→ Fraco
Pequenos ←	Hiatos na riqueza, nas oportunidades e nos valores	→ Grandes

Considero impossível mensurar e pesar todas essas coisas em minha cabeça, além de todas as outras dinâmicas importantes em jogo. É por isso que analiso esses dados com o auxílio de um computador. Vou compartilhar minha análise para os onze principais países no apêndice depois do Capítulo 14. Também há detalhes sobre alguns componentes para os vinte principais países em economicprinciples.org.

OS DETERMINANTES

Embora nenhum desses determinantes seja por si só definidor, acho que você vai descobrir que, quando considerados em conjunto, eles formam uma imagem bem clara da parte do ciclo de vida em que um país está e a direção para a qual está caminhando. Para se divertir, você pode fazer um pequeno exercício de marcar onde cada uma dessas medidas está para cada país de seu interesse. Classifique os atributos deles em uma escala de 1 a 10, começando com 10 na extrema esquerda e 1 na extrema direita. Depois de somar todas essas classificações, quanto mais alto for o número, maior a probabilidade de o país ascender de maneira relativa. E, quanto menor, maior a probabilidade de queda. Reserve um tempo para calcular onde estão os Estados Unidos, a China, a Itália, o Brasil, e assim por diante.

Como sistematizo tudo que posso, acabo me esforçando para quantificar o que for possível em um sistema de tomada de decisão. Então, com a ajuda de minha equipe, desenvolvi medidores que analisam fatores como conflitos internos e externos, lacunas políticas e coisas do tipo que ajudassem a entender melhor onde os países estão em seus respectivos ciclos. Alguns dos determinantes menos importantes são agregados como subcomponentes dos determinantes principais.

Embora eu mensure e descreva os determinantes de maneira distinta, eles não são separados. Pelo contrário, interagem entre si e se misturam, reforçando tanto um ao outro quanto a ascensão e queda do ciclo todo. Por exemplo, um nível mais alto de educação leva a um nível mais alto de inovação tecnológica, o que leva ao aumento da produtividade e ao aumento das participações comerciais, maior riqueza, maior poderio militar e, por fim, ao estabelecimento de uma moeda de reserva. Além disso, ter líderes fortes, uma população com estudo e civilizada, um sistema que aloca com eficiência o capital e outros bens, acesso a recursos naturais e a uma geografia favorável ajuda muito e, quando esses determinantes entram em declínio, tendem a fazer isso em conjunto.

É claro que nem todos os indicadores podem ser apresentados em números e equações; elementos como a natureza humana e os jogos de poder, que afetam comportamentos e resultados, são mais bem descritos em palavras. Chamo essas coisas de dinâmicas. A tabela a seguir mostra uma lista de outras dinâmicas importantes que considero enquanto tento avaliar onde as nações estão e o que deve vir a seguir.

DINÂMICAS PARA PRESTAR ATENÇÃO

Esquerda (verde)	Meio	Direita (vermelho)
País	Interesse próprio	Individual
Importante	Desejo de conquistar riqueza e poder	Não importante
Extenso	Aprendizado com a história	Limitado
Forte	Ciclo psicológico multigeracional	Decadente
Longo prazo	Tempo de tomada de decisão	Curto prazo
Competente	Liderança	Fraca
Aberto	Abertura ao pensamento global	Fechado
Produtiva	Cultura	Improdutiva
Colaborativas	Relações de classe	Desagregadoras
Moderada	Política de esquerda/direita	Radical
Cooperativo	Dilema do prisioneiro	Em guerra
Vence-Vence	Relacionamentos	Perde-Perde
Favorável	Equilíbrio de poder	Desfavorável
Paz	Ciclo de paz/guerra	Guerra

Isso já é bastante coisa. Na verdade é, ao mesmo tempo, coisa de menos e de mais — de menos para fazer justiça aos assuntos (que têm sido o foco de livros inteiros e teses de doutorado) e de mais para assimilar e digerir. Nos resumos adiante, tentei reunir uma pequena parte do que aprendi sobre esses determinantes. Relatos mais completos de várias dessas dinâmicas estão contidos em um adendo logo após este capítulo, para o caso de você estar interessado em mergulhar mais a fundo em alguma delas. **Embora eu tenha certeza de que o que se segue não inclui todos os determinantes mais relevantes, também sei que aqueles**

que destaco aqui e nos capítulos a seguir representam as influências mais importantes que repetidamente impulsionaram os eventos mais dignos de nota da história. Claro, espero ser corrigido e orientado por outros para tornar minhas descrições mais completas.

EXPLORANDO OS DETERMINANTES E AS DINÂMICAS

Acredito que conhecer as diferentes circunstâncias que os países enfrentam, bem como as estratégias e dinâmicas de grupo que usam em tais enfrentamentos, me ajude a presumir os próximos movimentos e seus efeitos nos determinantes-chave. Vou explicar um pouco mais sobre a impressão que tenho deles examinando a máquina de cima para baixo.

A meu ver, os determinantes e as dinâmicas que impulsionam os eventos se enquadram em dois tipos:

4. **Determinantes herdados:** Incluem os seguintes aspectos de um país: geografia, geologia e fenômenos da natureza, como clima e doenças.
5. **Determinantes do capital humano:** Incluem a maneira como as pessoas agem consigo mesmas e umas com as outras. São movidos pela natureza humana e por culturas diferentes (as quais diferenciam suas abordagens).

Essas duas grandes categorias contêm em si muitos fatores importantes, que vão desde qualidades altamente específicas de alguns países (como a geografia) até as universais (como a tendência humana de preferir o prazer a curto prazo a metas a longo prazo) e podem ser avaliados em todos os níveis, seja em indivíduos, cidades, países ou impérios.

DETERMINANTES HERDADOS

Quando falo em determinantes herdados do bem-estar de um país, refiro-me a geografia, geologia, genealogia e fenômenos da natureza.

Esses são os grandes impulsionadores da história de cada país e cada povo. Por exemplo, você não consegue entender o sucesso dos Estados Unidos sem reconhecer que o país é separado das potências europeias por um oceano e das asiáticas por outro, e abençoado com a maioria dos minerais, metais e outros recursos de que precisa para ser próspero e autossuficiente, incluindo terra fértil, água e um clima temperado que permite à nação produzir a maior parte de seu próprio alimento. Esses fatores lhe permitiram ser bem isolacionista até pouco mais de um século atrás, enquanto investia em educação, infraestrutura e inovação, de forma a torná-lo forte. Vamos analisá-los brevemente.

1. Geografia. O lugar onde o país está, o que há ao redor e a natureza do terreno são importantes fatores determinantes. Por exemplo, a geografia dos Estados Unidos e a da China — ambas com amplas extensões de terra delimitadas por grandes barreiras naturais de água e montanhas — criaram a predisposição para os dois países serem uma enorme massa, aumentando as semelhanças de seus povos (por exemplo, língua compartilhada, governo, cultura etc.). Em contraste, a geografia da Europa (ou seja, com muito mais limites naturais) reforçou as divisões em diferentes estados e países, levando a menos semelhanças entre seus povos (por exemplo, uma variedade de idiomas, governos, culturas etc.).

2. Geologia. Os recursos naturais sobre e sob a superfície de um país são muito importantes, mas a geologia não deve ser supervalorizada em relação ao capital humano. A história nos mostra que todas as *commodities* diminuíram seu valor (ajustado pela inflação), com grandes ciclos de alta e baixa em torno dessa tendência de queda. Isso ocorre porque a inovação muda o que está em demanda — por exemplo, novas fontes de energia substituindo as antigas, cabos de fibra óptica substituindo a fiação de cobre etc. —, e os recursos naturais se esgotam com o tempo. A riqueza, o poder e a relevância para o restante do mundo de muitos países do Oriente Médio aumentaram com a importância do petróleo e podem diminuir conforme o mundo se afasta dos combustíveis fósseis. A posição mais vulnerável é ter uma grande dependência de uma ou algumas *commodities*, porque elas são bastante cíclicas e, às vezes, perdem totalmente o valor.

3. Fenômenos da natureza. Podem assumir diversas formas, como doenças epidêmicas, inundações e secas. Ao longo da história, afetaram mais o bem-estar dos países e o curso de sua evolução do que guerras e depressões. A Peste Bubônica matou cerca de 75-200 milhões de pessoas por volta de 1350. O número de mortes por varíola ultrapassou 300 milhões de pessoas no século XX, mais do que o dobro das mortes nas guerras. Secas e inundações causaram fome generalizada e perda de vidas. Essas catástrofes tendem a surgir sem aviso e a agir como testes de estresse, revelando os pontos fortes e fracos das sociedades.

4. Genealogia. Não sou especialista em genética, por isso tenho pouco a oferecer nesse tópico além de afirmar que todas as pessoas vêm a este mundo com genes herdados, os quais, até certo ponto, afetam seu comportamento, então a lógica diz que a composição genética da população de um país deve ter algum efeito quanto a seus resultados. Dito isso, devo salientar que a maioria das evidências que tenho visto indica que apenas uma pequena porcentagem (15% ou menos) das variações no comportamento das pessoas entre as populações poderia ser explicada por diferenças genéticas; sendo assim, a genética parece ser um determinante menor em relação às outras influências que estou mencionando.

DETERMINANTES DO CAPITAL HUMANO

● *Embora os ativos e passivos herdados de um país sejam muito importantes, a história mostra que a maneira como as pessoas agem consigo mesmas e com as outras é o determinante mais importante.* Com isso, quero dizer que o principal é se elas mantêm altos padrões de comportamento, se são autodisciplinadas e se são civilizadas com os outros seres humanos para serem membros produtivos da sociedade. Essas qualidades, somadas à flexibilidade e à resiliência (ou seja, à capacidade de se adaptar a coisas "boas" e "ruins"), permitem que as pessoas minimizem os obstáculos e maximizem as oportunidades. Caráter, bom senso, criatividade e respeito na maioria da população contribuem para uma sociedade produtiva.

Como o capital é um ativo que gera renda, o capital humano pode ser definido como um ser humano que gera renda. ● ***Quando os humanos têm a capacidade de gerar mais receita do que gastam, há um bom capital humano e autossuficiência.*** Chamo isso de "autossuficiência extra", algo que as pessoas, as empresas e os países devem almejar para serem financeiramente fortes em termos individuais e coletivos. A probabilidade de ter um bom capital humano e ser autossuficiente é aumentada por meio de uma educação de qualidade, uma cultura de trabalho árduo e cooperação, treinamento etc. As sociedades que não têm um bom capital humano estão consumindo seus recursos ou mergulhando cada vez mais em dívidas que não serão capazes de pagar (ou seja, estão fadadas a ter problemas).

● ***Embora muitos países tenham recursos naturais aos quais recorrer, o capital humano é o capital mais sustentável, porque os ativos herdados que são utilizados uma hora ou outra podem acabar desaparecendo, enquanto o capital humano pode existir para sempre.***

O capital humano é o motivo pelo qual pessoas que geram novas ideias e as desenvolvem (por exemplo, empreendedores) derrotam gigantes com muitos recursos (basta olhar para Elon Musk e sua *start-up* Tesla, que rivaliza com a General Motors, a Ford e a Chrysler, que são ricas em recursos; ou Steve Jobs e Bill Gates, cujas *start-ups* de computadores derrotaram gigantes como a IBM; e assim por diante). Um excelente capital humano permite às pessoas superar fraquezas, além de identificar e explorar oportunidades. É o atributo que permitiu a países pequenos, como Holanda, Inglaterra, Suíça e Singapura, que conseguissem muita riqueza e (em alguns casos) poder.

OS MAIS IMPORTANTES DETERMINANTES DA NATUREZA HUMANA

Em todas as sociedades e ao longo do tempo, as pessoas compartilham a mesma natureza humana, o que faz as semelhanças serem muito maiores do que as diferenças. Quando enfrentam circunstâncias semelhantes, as pessoas se comportam de maneira semelhante, impulsionando os Grandes Ciclos.

5. Interesse próprio. O interesse próprio, sobretudo a própria sobrevivência, é o motivador mais poderoso para a maioria das pessoas, das organizações e dos governos. Por isso, o interesse próprio mais relevante em uma sociedade — por exemplo, o do indivíduo, o da família, o do país etc. — é um determinante crítico de seu sucesso. Consulte o adendo depois deste capítulo para saber mais.

6. O impulso para conquistar e preservar riqueza e poder. A busca por riqueza e poder é um poderoso motivador de indivíduos, famílias, empresas, estados e países, embora isso não seja uma verdade absoluta, pois diferentes indivíduos, famílias, empresas, estados e países valorizam a riqueza e o poder de maneira distinta. Para alguns, riqueza e poder não são tão importantes quanto outras coisas que a vida tem a oferecer. Mas para a maioria, ainda mais para aqueles que se tornam os mais ricos e poderosos, a busca por riqueza e poder consome tudo. **Para ter sucesso em longo prazo, um país deve ganhar uma quantia que seja ao menos igual à que gasta. Aqueles que ganham e gastam moderadamente — alcançando o superávit — alcançam um sucesso sustentável e maior do que o daqueles que ganham e gastam muito — atingindo déficits. A história mostra que, quando um indivíduo, uma organização, um país ou um império gasta mais do que ganha, a miséria e a turbulência vêm em seguida.** Para obter mais informações, consulte o adendo.

7. Mercados de capitais. A capacidade de economizar e obter poder de compra por meio dos mercados de capitais é essencial para o bem-estar de um país. Por esse motivo, o nível de desenvolvimento é um importante determinante para o sucesso.

8. A capacidade de aprender com a história. A maioria das pessoas não tem essa habilidade, o que é um obstáculo, embora varie de acordo com a sociedade. Por exemplo, os chineses são excelentes nessa questão. Aprender somente com as próprias experiências não é adequado porque, como explicado antes, muitas das lições mais importantes não acontecem durante a vida de uma pessoa. Na verdade, muitas experiências futuras terão mais contrastes do que semelhanças em relação às experiências pregressas. Uma vez que a época de paz/boom no início do ciclo gera contraste com a de guerra/colapso no fim, os períodos que as pessoas vivenciam mais tarde na vida são mais propensos a contrastarem com os iniciais. Mais especificamente, em minha opinião, se você não entende o que aconteceu desde pelo menos 1900 e como isso se relaciona ao que está acontecendo agora, há uma grande chance de você estar em maus lençóis.

9. O grande ciclo psicológico multigeracional. Gerações diferentes pensam de forma diferente porque têm experiências diferentes, o que as leva a ter um processo de tomada de decisões diferente, afetando o que acontece com elas e com as gerações seguintes. Isso se reflete na crença de que a riqueza só dura três gerações. Essa também é a duração de um típico ciclo de endividamento de longo prazo. No entanto, a história mostra que, quando esses ciclos são bem administrados — ou seja, um forte capital humano é mantido por uma vasta linhagem —, eles podem durar muitas gerações. Esse ciclo multigeracional ocorre em vários estágios descritos no adendo a este capítulo.

10. Priorizar o prazer em curto prazo em detrimento do bem-estar em longo prazo. Esse é outro diferencial do sucesso das pessoas e da sociedade. Aqueles que preferem o bem-estar em longo prazo em vez do prazer em curto prazo tendem a se sair melhor. A propensão humana à escolha pelo prazer naturalmente potencializa os altos e baixos do ciclo porque valoriza os bons momentos em detrimento do futuro. Isso acontece de muitas maneiras prejudiciais, e a mais clássica é criar o ciclo de crescimento e retração do endividamento. Os governos são mais vulneráveis a isso devido ao funcionamento da dinâmica política. Mais especificamente: a) os políticos são motivados a priorizar o curto prazo; b) eles não gostam de enfrentar limitações e *trade-offs* financeiros difíceis (por exemplo, escolher entre gastos com militares para defesa ou gastos com programas sociais); c) é uma ameaça política tirar dinheiro das pessoas por meio de tributos. Isso leva a uma série de problemas políticos e de outros tipos.

11. A inventividade humana. O maior poder da humanidade é o que move a evolução da espécie, que se manifesta no aumento da produtividade e em padrões de vida mais elevados. Ao contrário de outros animais, os humanos têm uma capacidade única de aprender e desenvolver a compreensão intelectual; além disso, são capazes de criar invenções que mudam de forma material suas circunstâncias, produzindo avanços generalizados. Tais avanços geram o movimento de saca-rolhas ascendente descrito no Capítulo 1. Para imaginar como seria se a humanidade não tivesse essa habilidade, olhe para outras espécies. Sem nossa capacidade única de inventar, nossa vida seria praticamente a mesma, geração após geração. Já que haveria muito menos coisas novas, haveria também menos surpresas e avanços. Na verdade, alguns períodos da história humana foram bem parecidos com isso. No entanto, a inventividade varia muito de uma sociedade para outra. Para obter mais informações, consulte o adendo do capítulo.

DETERMINANTES MOLDADOS PELA CULTURA

12. Cultura. Nos EUA, diz-se que "cultura é destino". As diferenças culturais — no modo como as pessoas acreditam que deveriam se comportar umas com as outras — importam muito. Todas as sociedades criam culturas com base em como acham que a realidade funciona e todas oferecem princípios para orientar como as pessoas devem lidar com a realidade e, o mais importante, como devem lidar umas com as outras. Ela impulsiona as maneiras formais e informais de funcionamento de cada sociedade. Indivíduos conhecidos e desconhecidos, como Jesus, Confúcio, Maomé, Buda, Mahavira, Guru Nanak, Platão, Sócrates, Marx e muitos outros, expressaram abordagens da vida que foram registradas em livros como a Bíblia Hebraica e o Novo Testamento, o Talmude, o Alcorão, o I Ching, os Cinco Livros e os Quatro Clássicos, os Analectos, os Upanishads, o *Bhagavad Gita*, os Brahma Sutras, os livros *Meditações*, *A república*, *Metafísica*, *A riqueza das nações* e *O capital*. Estes, em conjunto com as descobertas de cientistas, artistas, políticos, diplomatas, investidores, psicólogos etc. — todos encontrando suas realidades e se adaptando a elas à sua maneira —, são o que determina a cultura de um povo.

13. Abertura ao pensamento global. Esse é um bom indicador de poder, porque entidades isoladas tendem a deixar de lado as melhores

práticas do mundo, o que as enfraquece, enquanto aprender acerca do melhor que o planeta tem a oferecer ajuda as pessoas a serem melhores. O isolamento também as impede de se beneficiar do desafio de enfrentar os melhores concorrentes do mundo. A história está repleta de casos em que países ficaram segregados, às vezes por terem optado pelo isolamento para proteger a própria cultura (por exemplo, no fim da Dinastia Tang, no fim da Dinastia Ming e nos períodos iniciais da República Popular da China e no período Edo no Japão) e em outras por conta de circunstâncias como desastres naturais e guerras internas. Os dois motivos os levaram a ficar para trás em termos de tecnologia, resultando em consequências terríveis. Na verdade, essa é uma das razões mais comuns para o fracasso de impérios e dinastias.

14. Liderança. Tudo que mencionei até agora é influenciado pelas pessoas que estão em posição de liderança. A vida é como um jogo de xadrez ou como o jogo de tabuleiro chinês Go, em que cada movimento ajuda a determinar o resultado e em que alguns jogadores sabem fazer jogadas melhores do que outros. No futuro, cada vez mais esses movimentos serão feitos com o auxílio de computadores, mas, por enquanto, ainda são feitos por pessoas. Ao ler a história, é possível notar várias vezes como seu curso foi alterado pela singularidade — às vezes por ser excelente, às vezes por ser terrível — de relativamente poucas pessoas em áreas importantes, como governo, ciências, finanças e comércio, artes e assim por diante. Em cada geração, algumas centenas de pessoas fizeram toda a diferença. Estudar como eram essas pessoas-chave nessas funções-chave, o que elas fizeram em diferentes situações e as consequências do que fizeram nos ajuda a entender como essa máquina de moto-perpétuo funciona.

DETERMINANTES FORMADOS PELA MANEIRA COMO INDIVÍDUOS E GRUPOS INTERAGEM UNS COM OS OUTROS

15. Hiatos de riqueza. Amplos e crescentes hiatos de riqueza tendem a levar a períodos de maior conflito, ainda mais quando as condições econômicas se deterioram e as pessoas lutam para conseguir uma fatia do bolo que está acabando.

16. Hiatos de valores. Embora riqueza seja importante, não é a única coisa pela qual as pessoas lutam. Os valores (por exemplo, religiosos e ideológicos) também são muito importantes. A história nos mostra que o aumento das diferenças entre valores, ainda mais durante os períodos de estresse econômico, tende a levar a períodos de maior conflito, enquanto a redução desse hiato tende a levar a períodos de maior harmonia. Essa dinâmica é motivada pelo fato de que as pessoas tendem a se unir em tribos que são conectadas (muitas vezes de um jeito informal) pelo magnetismo das semelhanças entre seus membros. Naturalmente, tais tribos interagem umas com as outras de maneiras coerentes com seus valores compartilhados. Quando estão sob estresse, pessoas com maiores hiatos entre valores também demonstram ter conflitos maiores. É frequente demonizarem os membros de outras tribos em vez de reconhecerem que essas tribos, assim como eles, só estão fazendo o que é do próprio interesse da melhor maneira que sabem.

17. Lutas de classe. ● *Em todos os países ao longo do tempo, embora em graus variados, pessoas são divididas em "classes", seja porque optam por estar com pessoas semelhantes a elas ou porque terceiros as atribuem a uma classe.* Em geral, o poder é compartilhado entre três ou quatro classes que, em conjunto, constituem apenas uma pequena parcela da população. As classes em que as pessoas se encaixam normalmente determinam quem são seus amigos e aliados, e também quem são seus inimigos. Elas são inseridas nessas classes, gostem ou não, por conta de estereótipos. Embora ricos e pobres sejam as distinções de classe mais comuns, existem muitas outras importantes, como raça, etnia, religião, gênero, estilo de vida, localização (por exemplo, urbano *versus* rural) e política (direita *versus* esquerda). No início do Grande Ciclo, quando a situação está boa, costuma haver mais harmonia entre as classes, e, quando as coisas vão mal perto do fim, mais entraves. **A luta de classes tem efeitos profundos na ordem interna**, que vou explorar no Capítulo 5. Para mais informações sobre esse determinante, consulte o adendo a este capítulo.

18. O ciclo político de esquerda e direita. Em todas as sociedades, há oscilações entre a política de esquerda e a de direita, que definem como a riqueza e o poder são distribuídos. As oscilações às vezes são pacíficas e às vezes, violentas, e é sempre importante compreendê-las. Em geral, o grande ciclo nos mercados de capitais e os ciclos de riqueza, valores e divisões de classe impulsionam o ciclo político de esquerda e direita porque criam as motivações para a mudança política. Quando os mercados de capitais e as economias estão crescendo, os hiatos de riqueza costumam aumentar. Embora algumas sociedades consigam atingir um equilíbrio relativamente substancial e estável entre esquerda e direita, é mais comum vermos oscilações cíclicas entre os modelos. Essas oscilações costumam ocorrer ao longo das ascensões e quedas dos impérios, em ciclos de aproximadamente dez anos. As grandes crises econômicas que marcam o fim do Grande Ciclo costumam anunciar revoluções. Para mais informações, consulte o adendo a este capítulo.

19. O dilema do prisioneiro deve ser resolvido para que haja paz. O dilema do prisioneiro é um conceito da teoria dos jogos que explica por que, mesmo quando o melhor a ser feito entre duas partes é cooperar, a coisa lógica a se fazer é matar a outra primeiro. Isso porque a sobrevivência é de suma importância e, embora você não saiba com certeza se seu oponente vai atacá-lo, sabe que é do interesse dele derrotá-lo antes que seja ele o derrotado. É por esse motivo que guerras fatais são evitadas pelos dois lados, estabelecendo proteções mutuamente garantidas contra danos à sobrevivência. A troca de benefícios e a criação de interdependências cuja perda seria intolerável reduz ainda mais o risco de conflito.

20. A existência de relações em que todos ganham ou em que todos perdem. Cabe às duas partes escolher o tipo de relacionamento que querem ter. Isso se aplica a todos os níveis de relacionamento, desde indivíduos até países. O mais importante é que as partes podem escolher se querem ter um relacionamento cooperativo em que todos ganham ou um relacionamento perigoso em que todos saem como perdedores — ou seja, se querem ser aliados ou inimigos —, embora as ações de ambos determinem que tipo de relacionamento vão ter e se vai funcionar bem. Para ser claro, relações de ganho podem existir entre concorrentes, desde que cada lado não represente um risco existencial para o outro (veja o dilema do prisioneiro). Basta que conheçam e respeitem as fronteiras existenciais um do outro. As partes que estão em relações de ganho podem ter negociações difíceis, competindo como dois comerciantes amigáveis em um bazar ou duas equipes nos Jogos Olímpicos. Ter relações de ganho com certeza é melhor do que ter relações de perda, mas eventualmente há diferenças irreconciliáveis pelas quais se deve lutar, pois não são negociáveis.

21. O grande equilíbrio do ciclo de poder que movimenta o grande ciclo de paz/guerra dentro e entre países. A dinâmica do equilíbrio de poder é a dinâmica atemporal e universal de aliados e inimigos que trabalham para conquistar riqueza e poder. Ela impulsiona praticamente todas as lutas pelo poder, da política de um gabinete à política local e da política nacional à geopolítica. Em algumas culturas, esse jogo é feito de maneira um pouco diferente — por exemplo, na sociedade ocidental é jogado mais como xadrez, enquanto nas sociedades asiáticas é jogado mais como Go —, embora o objetivo seja o mesmo: dominar o outro lado. Essa dinâmica sempre existiu e ainda perdura em toda parte e parece ocorrer ao longo de uma série consistente de etapas, que vou descrever com mais detalhes ao discutir a ordem interna no Capítulo 5 (embora essas mesmas forças se apliquem igualmente às lutas internas e externas pelo poder). Para obter uma explicação mais completa de como funciona o ciclo de equilíbrio do poder, consulte o adendo a este capítulo.

22. Poderio militar e o ciclo de paz/guerra. A história nos mostra que o poderio militar — seja o próprio ou o de outrem por meio de alianças — é um determinante crítico dos resultados, às vezes porque a mera ameaça da força é o poder e em outras porque o uso da força é necessário. O poderio militar é observável e mensurável com facilidade, mas também pode ser avaliado de maneira qualitativa. Em termos internacionais, o poderio militar é mais importante, porque não existe um eficaz sistema judicial internacional e de aplicação da lei. Isso faz com que países precisem lutar para testar seus poderes relativos e leva a um ciclo de guerra e paz que vou explicar ao discutir o ciclo de ordem externo no Capítulo 6.

TUDO ISSO SE JUNTA PARA DETERMINAR AS ORDENS INTERNAS, AS ORDENS EXTERNAS E COMO ELAS MUDAM

Com frequência tenho visto todos esses fatores determinarem os níveis, as ascensões e as quedas na riqueza e no poder de todos os povos. Eu os vi criarem, juntos, as circunstâncias que o povo de um país e/ou seus líderes enfrentam e como as enfrentam. Elas conduzem às ordens e mudanças internas e mundiais.

● *Como tudo na vida, as ordens internas e mundiais estão em constante evolução e levando as circunstâncias adiante ao longo do tempo, conforme as circunstâncias existentes interagem umas com as outras e com as forças que agem sobre elas para gerar novas circunstâncias.*

A evolução ocorre por conta de relações lógicas de causa e efeito, nas quais as condições e os determinantes existentes impulsionam mudanças que geram um novo conjunto de condições e determinantes, e esses últimos, por sua vez, impulsionam as próximas mudanças e assim por diante — como matéria e energia interagindo em uma máquina de moto-perpétuo. Como determinado conjunto de circunstâncias cria um conjunto limitado de possibilidades, quando se identifica as circunstâncias e se entende as relações de causa e efeito, é possível melhorar a compreensão das possibilidades de futuro e de como tomar decisões sensatas.

Por exemplo, todos os países agora têm uma forma de escolher novos líderes. Nos Estados Unidos, o presidente é escolhido pelos eleitores de acordo com o sistema democrático estabelecido na Constituição e também pela forma como as pessoas decidem operar dentro do sistema. O nível de funcionamento disso depende da eficácia de ambos, que resulta de determinantes anteriores, como a eficácia com que as gerações anteriores lidaram com o sistema e o modificaram. As pessoas que agora interagem com esse sistema são diferentes daquelas de antes,

OS DETERMINANTES

que foram moldadas por circunstâncias distintas, e, por isso, devemos esperar resultados diversos com base em como as pessoas são hoje.

Não ter a perspectiva histórica para reconhecer essas diferenças é uma desvantagem. Depois que as vemos e entendemos como funciona a máquina de moto-perpétuo, podemos notar como sistemas diferentes — como comunismo, fascismo, autocracias, democracias e seus descendentes evolucionários e híbridos, como o capitalismo de Estado na China — evoluem ao longo do tempo. Vendo isso, podemos imaginar como novas formas de ordens internas para repartir a riqueza e alocar o poder político do governo podem evoluir e afetar nossa vida com base em como as pessoas decidem conviver e como a natureza humana entra em suas escolhas.

Agora que descrevi de um jeito meio superficial meu modelo mental de como o mundo funciona, no restante da Parte I vou me concentrar de forma mais detalhada nos determinantes mais importantes — a saber, os três grandes ciclos de endividamento e mercados de capitais, ordem interna e ordem externa. Também vou descrever o que acredito que tudo isso representa para os investimentos. Antes de prosseguir, dê uma olhada no adendo a este capítulo, o qual oferece mais detalhes de alguns dos determinantes que abordei de maneira breve aqui. Por outro lado, se estiver atolado de coisas para fazer, pode pular. Foi por isso que o fiz em forma de adendo.

CAPÍTULO 2

ADENDO AOS DETERMINANTES

No Capítulo 2, apresentei alguns conceitos que achei que valeria a pena explicar em mais profundidade, mas não queria incluir no corpo do texto porque esses aprofundamentos poderiam ser demasiados. Por isso, decidi reuni-los aqui como um adendo, para o caso de você ter interesse em explorá-los um pouco mais. Para ajudá-lo a fazer a conexão, faço referência a cada determinante ou dinâmica por título e número usados no Capítulo 2.

5. Interesse próprio. Embora o interesse próprio seja o principal motivador para a maioria das pessoas, organizações e governos, ainda temos a questão de qual "eu" é mais importante: **o indivíduo, a família, a comunidade, o estado, o país, o império, a humanidade, todas as coisas vivas ou o universo.** O diagrama a seguir mostra as unidades possíveis. As de cima são mais abrangentes e as de baixo são as menos consolidadas. **Pelo que a maioria das pessoas em sua sociedade — e você — está disposta a morrer?**

O UNIVERSO
↕
TODAS AS COISAS VIVAS
↕
HUMANIDADE
↕
IMPÉRIO
↕
PAÍS
↕
ESTADO
↕
TRIBO
(ou seja, comunidade)
↕
FAMÍLIA
↕
INDIVÍDUO

O "eu" a que as pessoas são mais apegadas é aquele que elas se esforçarão mais para proteger, e isso vai direcionar seus comportamentos. Por exemplo, quando a população está disposta a morrer pelo país, é mais provável que o país seja protegido do que nos contextos em que o eu individual é mais importante; nesse caso, os indivíduos fugirão de um combate mortal. Dentro dos países, é possível notar que comunidades são muito mais importantes do que nações, o que levaria a uma dinâmica totalmente diferente do que se o oposto fosse verdadeiro. É por isso que **acho que vale a pena ficar de olho nessa dinâmica**, sobretudo em conflitos.

Ao observar a história de vários países, **vi na unidade primária mudanças que a maioria das pessoas e sociedades aperfeiçoou.** Por exemplo, antes de cerca de 1650,[1] tribos e estados eram mais importantes do que países. A história mostra que há evolução nos agrupamentos que as pessoas formam e que são os mais importantes para elas. Reuniões de

---

[1] A Paz de Westfália em 1648 criou os países — ou seja, os Estados soberanos — como os conhecemos hoje.

indivíduos e famílias formam uma tribo (ou seja, uma comunidade); reuniões de tribos (ou comunidades) constituem estados (por exemplo, o estado da Geórgia); reuniões de estados constituem um país (por exemplo, os Estados Unidos); reuniões de estados ou países que estão sob controle unificado constituem um império (por exemplo, o Império Britânico). Às vezes, agrupamentos menores se juntam e formam grupos maiores, alterando os limites nesse processo. Por exemplo, nos últimos 150 anos na Europa, os estados se uniram e formaram nações, muitas das quais se juntaram para formar a União Europeia. E, às vezes, eles se dividem em unidades menores. Como no caso da União Soviética, que se dividiu em seus países constituintes, ou de alguns países do Oriente Médio, que se dividiram em tribos beligerantes.

Nos últimos anos, o mundo passou de mais globalista para mais nacionalista. Ao mesmo tempo, os Estados Unidos parecem estar perdendo sua coesão conforme a opinião das pessoas sobre as interações entre si se torna mais divergente. Isso, por sua vez, causa a migração para países que se alinham com suas preferências, fazendo com que estes sejam mais relevantes individualmente do que como partes de um todo unificado. A história e a lógica nos mostram que tais mudanças nas ordens domésticas e internacionais costumam ser acompanhadas de conflitos porque há muita discordância quanto a como deveriam funcionar — por exemplo, quais direitos dos estados são relativos aos direitos nacionais. Como a maioria das pessoas nunca viu essas mudanças, não consegue reconhecê-las pelo que são. É importante conhecê-las, pois mostram a mudança do lócus de controle, que normalmente sinaliza uma mudança nos direitos e nas obrigações de uma pessoa.

Pense nisso. O que está acontecendo a olhos vistos? Você está observando união ou dissolução? De qual nível para qual outro nível? Que implicações essas mudanças têm para você e onde deseja estar?

6. O impulso para conquistar e preservar riqueza e poder. Para discutir os grandes ciclos em capítulos posteriores, vale a pena definir a riqueza de um jeito um pouco mais específico e observar seu impacto nos países que a têm ou não. Acredito que, em geral, o seguinte é verdadeiro:

Riqueza = poder de compra. Sem entrar em detalhes, vamos considerar a riqueza como poder de compra para distingui-la de dinheiro e crédito. Essa diferença é importante porque o valor do dinheiro e do crédito muda. Por exemplo, quando são criados muito dinheiro e crédito, o valor de ambos diminui, então ter mais dinheiro não necessariamente dará a alguém mais riqueza ou poder de compra.

Riqueza real ≠ riqueza financeira. A riqueza real é o que as pessoas compram porque querem ter e usar, como uma casa, um carro, um serviço de *streaming* etc. A riqueza real tem valor intrínseco. Já a financeira consiste em ativos financeiros que são mantidos para a) receber uma renda contínua no futuro e/ou b) um dia serem vendidos para se obter dinheiro e comprar os ativos reais que as pessoas querem. A riqueza financeira não tem valor intrínseco.

Gerar riqueza = ser produtivo. No longo prazo, a riqueza e o poder de compra que uma pessoa tem dependem de quanto ela produz. Isso ocorre porque a riqueza real não dura muito, nem as heranças. É por isso que ser sempre produtivo é tão importante. Se você olhar para as sociedades que expropriaram a riqueza dos indivíduos ricos e tentaram viver dela sem serem produtivas (por exemplo, a Rússia depois das revoluções de 1917), vai ver que não demorou muito para que empobrecessem. Quanto menos produtiva uma sociedade, menos rica e, portanto, menos poderosa. A propósito, gastar dinheiro em investimento e infraestrutura, e não em consumo, tende a levar a uma produtividade maior. Assim, o investimento é um bom indicador de prosperidade.

Riqueza = poder. Isso porque, se uma pessoa tem riqueza suficiente, ela consegue comprar quase tudo — propriedade física, o trabalho e a lealdade de outras pessoas, educação, saúde, influências de todos os tipos (políticas, militares etc.) e assim por diante. Ao longo do tempo e em vários países, a história tem mostrado que existe uma relação simbiótica entre aqueles que têm riqueza e aqueles que têm poder político, e que o tipo de acordo que os dois grupos têm entre si determina a ordem dominante. Essa, por sua vez, continua até que os governantes sejam derrubados por outros que se apoderam da riqueza e do poder para si próprios.

Riqueza e poder apoiam-se de forma mútua. Por exemplo, em 1717, a Companhia Britânica das Índias Orientais efetivamente reuniu capital financeiro, indivíduos com habilidades comerciais e pessoas com habilidades militares para forçar o imperador mogol da Índia a negociar com eles, e esse foi o primeiro passo para a colonização britânica no país, seguida pela queda do Império Mogol no século XVIII e depois, no século XIX, por seu fracasso total, quando os britânicos exilaram o imperador e executaram seus filhos após a Revolta Indiana de 1857. Os britânicos fizeram essas coisas porque tinham riqueza e poder para fazê-las na busca por mais riqueza e poder.

Declínio de riqueza = Declínio de poder. Não existe indivíduo, organização, país ou império que não tenha fracassado depois de perder seu poder de compra. ● *Para ter sucesso, deve-se ganhar uma quantia que seja pelo menos igual à que será gasta.* Aqueles que gastam pouco e têm superávit alcançam um sucesso maior e mais sustentável do que os que ganham muito mais e têm déficits. A história mostra que, quando um indivíduo, uma organização, um país ou um império gasta mais do que ganha, a miséria e a turbulência vêm em seguida. A história também mostra que países com porcentagens mais altas de pessoas autossuficientes tendem a ser mais estáveis social, política e economicamente.

9. O grande ciclo psicológico multigeracional. As ascensões e quedas dos países correspondem a esses ciclos psicológicos e econômicos nas maneiras e estágios a seguir. Como esses estágios são muito úteis para entender o comportamento do povo e dos líderes de uma nação, estou sempre tentando avaliar em que estágio se encontra cada uma delas.

Estágio 1: o povo e seu país são pobres e se consideram pobres. Neste estágio, a maioria das pessoas tem renda muito baixa e um estilo de vida de subsistência. Como resultado, não desperdiçam dinheiro porque o valorizam muito e não têm muitas dívidas porque ninguém quer emprestar dinheiro a eles. Algumas pessoas têm potencial, e outras não, mas, na maioria dos casos, a pobreza e a falta de recursos as impedem de conseguir educação e outras habilidades que lhes permitiriam se erguer. As circunstâncias herdadas e a abordagem à vida são os maiores determinantes de quem sai mais rico desse estágio e de quem não sai.

A rapidez com que os países evoluem nesse estágio depende de sua cultura e suas habilidades. **Chamo os países nesse estágio de "países emergentes em estágio inicial".** Em geral, aqueles que avançam trabalham muito e aos poucos acumulam mais dinheiro do que o necessário para sobreviver, então economizam porque se preocupam em não ter o suficiente no futuro. A evolução desse estágio para o próximo costuma levar cerca de uma geração. Começando há cerca de quarenta anos até dez a quinze anos atrás, os "Tigres Asiáticos" — Hong Kong, Singapura, Taiwan e Coreia do Sul e depois a China — foram exemplos de economias nesse ponto do processo.

Estágio 2: O povo e seu país são ricos, mas ainda se consideram pobres. Como pessoas que cresceram com insegurança financeira não costumam perder a cautela, o povo nesse estágio ainda trabalha muito, vende muito para estrangeiros, tem taxas de câmbio fixas, economiza bastante e investe de forma eficiente em ativos imobiliários, como imóveis, ouro e depósitos bancários locais, além de títulos de países com moeda de reserva. Por terem mais dinheiro, podem e devem investir em coisas que os tornam mais produtivos — por exemplo, desenvolvimento de capital humano, infraestrutura, pesquisa e desenvolvimento etc. Essa geração de pais deseja educar bem os filhos e fazê-los trabalhar muito para ter sucesso. Também melhoram os sistemas de alocação de recursos, incluindo os mercados de capitais e os sistemas jurídicos. Essa é a fase mais produtiva do ciclo.

Os países nesse estágio passam, ao mesmo tempo, por um crescimento rápido da renda e da produtividade. O aumento da produtividade significa duas coisas: 1) a inflação não é um problema e 2) o país pode se tornar mais competitivo. Durante esse estágio, as dívidas não aumentam de maneira significativa em relação à renda e, às vezes, diminuem. É um período muito saudável e ótimo para investir em um país se ele tiver as proteções adequadas aos direitos de propriedade.

É possível fazer a distinção entre os países no primeiro grupo e os países no segundo, pois os que compõem esse último têm cidades novas e reluzentes ao lado das antigas, altas taxas de poupança, aumento rápido da renda e, em geral, um crescimento das reservas de moeda estrangeira. **Chamo os países nesse estágio de "países emergentes em estágio avançado".** Embora países de todos os tamanhos possam atravessar essa fase, quando países grandes passam por ela, em geral estão se tornando grandes potências mundiais.

Estágio 3: O povo e seu país são ricos e se consideram ricos. Aqui, a renda do povo é alta, por isso a mão de obra se torna mais cara. No entanto, os investimentos anteriores em infraestrutura, bens de capital e pesquisa e desenvolvimento ainda dão frutos, gerando ganhos de produtividade que sustentam o alto padrão de vida. As prioridades mudam, a ênfase deixa de ser trabalhar e economizar para se proteger de tempos difíceis e passa a ser saborear o lado bom da vida. As pessoas se sentem à vontade gastando mais. As artes e as ciências costumam prosperar. Essa mudança na psicologia predominante é reforçada conforme uma nova geração de pessoas que não viveram os tempos ruins se torna uma porcentagem cada vez maior da população. Os sinais dessa mudança de mentalidade refletem-se em estatísticas que mostram horas de trabalho reduzidas (por exemplo, costuma haver uma redução na semana de trabalho de seis para cinco dias) e grandes aumentos nos gastos com lazer e bens de luxo em relação às necessidades. Na melhor das hipóteses, esses são "períodos renascentistas" nos estágios inicial e intermediário.

Os grandes países nesse estágio quase sempre se tornam potências econômicas e militares mundiais.[2] Em geral, eles investem no desenvolvimento de poderio militar para projetar e proteger seus interesses globais. Antes de meados do século XX, os grandes países nesse estágio literalmente controlavam governos estrangeiros e criavam impérios a partir deles para os tornar fornecedores da mão de obra e dos recursos naturais mais baratos de que precisavam para se manter competitivos. Desde o início até meados do século XX, quando o Império Americano começou a governar "falando manso e carregando um grande porrete", a "influência" americana e os acordos internacionais permitiram aos países desenvolvidos ter acesso à mão de obra barata e às oportunidades de investimento proporcionadas pelos países emergentes, mas sem controlar

---

[2] O Japão de 1971 a 1990 é exceção no que diz respeito ao poderio militar.

de forma direta esses governos. Nesse estágio, os países estão sentados na janela e aproveitando a paisagem. **Chamo os países nesse estágio de "países no auge da saúde". Os Estados Unidos estiveram nele de 1950 a 1965. A China está entrando nele agora.** A chave é manter os determinantes que levam à força pelo maior tempo possível.

Estágio 4: O povo e seu país estão mais pobres e ainda se consideram ricos. Nesse estágio, as dívidas aumentam em relação à renda. A mudança psicológica por trás dessa alavancagem ocorre porque as pessoas que viveram os dois primeiros estágios morreram ou se tornaram irrelevantes, e aquelas cujo comportamento mais importa estão acostumadas a viver bem e a não se preocupar com o sofrimento de não ter dinheiro suficiente. Como os trabalhadores nesses países ganham e gastam muito, eles se tornam caros e, por isso, têm taxas de crescimento real da renda mais lentas. Como relutam em restringir os gastos de acordo com as taxas reduzidas de crescimento da renda, eles reduzem as taxas de poupança, aumentam as dívidas e pegam atalhos. Como os gastos permanecem altos, continuam aparentando ser ricos, embora os balanços patrimoniais estejam se deteriorando. O nível reduzido de investimentos eficientes em infraestrutura, bens de capital e em pesquisa e desenvolvimento desacelera os ganhos de produtividade. As cidades e a infraestrutura tornam-se mais antigas e menos eficientes do que nos dois estágios anteriores. Eles confiam cada vez mais na própria reputação, e não na competitividade, para financiar os déficits. Os países costumam gastar muito dinheiro com poderio militar nesse estágio para proteger seus interesses globais, às vezes em grandes quantias por conta de guerras. Com frequência, embora nem sempre, incorrem em "déficits gêmeos" — ou seja, tanto no balanço de pagamentos quanto nos déficits do governo. Nos últimos anos desse estágio, muitas vezes surgem bolhas.

Seja por guerras,[3] estouro de bolhas financeiras ou pelas duas coisas, o que caracteriza esse estágio é um acúmulo de dívidas que não podem ser quitadas em dinheiro não desvalorizado. **Chamo os**

---

[3] São clássicos exemplos: a Alemanha na Primeira Guerra Mundial e o Reino Unido na Segunda Guerra Mundial.

países nesse estágio de "países no início da queda". Embora países de todos os tamanhos possam passar por esse estágio, quando países grandes o vivem, em geral estão se aproximando de sua queda como grandes impérios.

Estágio 5: O povo e seu país são pobres e se consideram pobres. É quando as lacunas descritas no Estágio 4 deixam de existir e a ficha da realidade da situação do país começa a cair. Depois que as bolhas estouram e ocorrem desalavancagens, as dívidas privadas crescem, enquanto os gastos do setor privado, o valor dos ativos e o patrimônio líquido diminuem em um ciclo negativo que se autoalimenta. Para compensar, as dívidas e os déficits do governo crescem, e a "impressão" de dinheiro pelo banco central costuma aumentar. Os bancos centrais e os governos cortam as taxas de juros reais e aumentam o crescimento do PIB nominal para que fique confortavelmente acima das taxas de juros nominais, a fim de aliviar o fardo da dívida. Como resultado das baixas taxas de juros reais, moedas fracas e condições econômicas ruins, suas dívidas e seus ativos de patrimônio apresentam um mau desempenho. Cada vez mais, esses países têm que competir com países menos caros que estão nos estágios iniciais do desenvolvimento. Suas moedas se desvalorizam, e eles gostam disso, porque torna a desalavancagem menos dolorosa. Como uma extensão dessas tendências econômicas e financeiras, os países nessa fase veem seu poder diminuir ainda mais no mundo. **Nesse estágio, os chamo de "países claramente em queda".** Normalmente leva muito tempo — isso *se* acontecer — para que as mentalidades e os atributos de impérios claramente decadentes percorram o ciclo completo que os leva de volta aos antigos auges. Os romanos e os gregos nunca conseguiram, embora os chineses tenham feito isso algumas vezes.

11. A inventividade humana. ● *A capacidade da humanidade de inventar soluções para seus problemas e identificar como melhorar as coisas provou ser bem mais poderosa do que todos os problemas da humanidade combinados.* Como conhecimento é algo que se acumula mais do que se perde, ele costuma avançar em arranques e irrupções em vez de ciclos que apresentam altos e baixos. Os arranques ocorrem quando as sociedades estão nas oscilações ascendentes do Grande Ciclo, e as irrupções, quando estão nas oscilações descendentes. Os períodos renascentistas de grande inventividade que geram avanços em quase todas as áreas — nas ciências, nas artes, nas filosofias acerca de como as pessoas devem agir umas com as outras e governar etc. —, acontecem mais durante as partes pacíficas e prósperas do Grande Ciclo, quando os sistemas de criação de inovações são mais frutíferos do que infrutíferos.

Embora invenções específicas e seu surgimento tenham evoluído ao longo do tempo, elas avançaram inabaláveis no caminho do aperfeiçoamento, substituindo o trabalho manual por máquinas e automação, tornando as pessoas no mundo todo mais interconectadas. Sempre há novas invenções e melhorias. A tendência mais importante e inegável do avanço tecnológico tem sido em direção a padrões de vida mais elevados. É provável que essa tendência se acelere de maneiras inimagináveis. Além disso, a informatização está mudando o caráter da tomada de decisão, tornando-a mais rápida, menos emocional. Porém, por mais útil que isso seja, também apresenta alguns perigos.

● ***O grau de inventividade e inovação de uma sociedade é o principal impulsionador de sua produtividade.*** Um espírito inovador e comercial é a força vital de uma economia próspera. Sem inovação, o crescimento da produtividade estacionaria. As inovações que permitem aos trabalhadores de um país produzirem mais em relação ao restante do mundo contribuem para seu custo de competitividade, tornando esses países lugares mais atraentes para fazer negócios.

O impulso para experimentar e inventar, para descobrir, para melhorar a partir de falhas anteriores — é assim que as pessoas aprendem e encontram novas e melhores maneiras de criar coisas de valor. Em um sistema baseado no mercado, a forma mais poderosa de impulsionar a inovação é levar novas ideias para o mercado, comercializá-las e lucrar em cima delas. O mercado é incrivelmente eficiente em eliminar ideias ruins e definir o preço das boas. Dessa forma, os conceitos de inovação e comércio andam de mãos dadas. Eles captam se as pessoas de uma sociedade valorizam novos conhecimentos e criações, e se os incentivos estão alinhados para encorajá-las a buscar lucro comercializando-as.

ADENDO AOS DETERMINANTES

Em outras palavras:
- *Inovação + Espírito comercial + Mercados de capitais prósperos*
=
Grandes ganhos de produtividade
=
Aumentos na riqueza e no poder

Como há diferenças destoantes nas forças desses determinantes, tento mensurá-los e levá-los em consideração em meu modelo.

17. Lutas de classe. Em quase todas as sociedades um percentual muito pequeno da população (as "classes dominantes" ou "as elites") controla a maior parte da riqueza e do poder (embora esses percentuais variem).[4] Naturalmente, aqueles que se beneficiam e controlam o sistema em geral gostam dele e procuram mantê-lo. Como os ricos podem influenciar os poderosos e os poderosos podem influenciar os ricos, essas classes dominantes, ou elites, têm alianças entre si e querem manter a ordem existente com todos seguindo seus ditames e suas leis, mesmo quando o sistema aumenta as lacunas entre os que têm poder e riqueza e os que não os têm. Como resultado, todas as ordens internas são administradas por determinadas classes de pessoas que têm riqueza e poder, que operam em relações simbióticas umas com as outras para manter a ordem. Embora alinhadas para não prejudicar a ordem que as beneficia, ao longo do tempo essas elites lutaram entre si por riqueza e poder, e também contra quem não as integra e deseja riqueza e poder. Quando os tempos são bons e a maioria das pessoas prospera, as lutas são menores; quando os tempos estão ruins, elas se intensificam. E, quando as coisas estão bem ruins para um grande número de pessoas — por exemplo, há uma crise de endividamento sem solução, uma economia muito ruim, um fenômeno da natureza muito destrutivo —, o sofrimento, o estresse e as lutas resultantes costumam levar a revoluções e/ou guerras civis.

---
[4] Por exemplo, no século XX, a parcela de riqueza do 1% mais rico nos Estados Unidos variou de aproximadamente 50%, na década de 1920, para pouco mais de 20%, no fim da década de 1970; no Reino Unido, variou em mais de 70%, em 1900, para cerca de 15% na década de 1980, e atualmente está em torno de 20-25% (dados do World Inequality Database). Essas mudanças na desigualdade podem ser vistas pelo menos desde a República Romana, como Walter Scheidel descreve em *Violência e a história da desigualdade: da Idade da Pedra ao século XXI*.

Como disse Aristóteles: "Os pobres e os ricos disputam entre si, e o lado que se der melhor, em vez de estabelecer um governo justo ou popular, considera a supremacia política o prêmio da vitória."

Em termos clássicos, o Grande Ciclo transcorre com períodos de paz e produtividade que aumentam a riqueza de maneira desproporcional, o que leva uma porcentagem muito pequena da população a ganhar e controlar porcentagens excepcionalmente grandes de riqueza e poder, que por sua vez passam do limite, colocando-se em risco financeiro. Isso leva a tempos ruins que prejudicam em maior intensidade os menos ricos e poderosos, levando a conflitos que geram revoluções e/ou guerras civis, que por sua vez levam à criação de uma nova ordem e ao recomeço do ciclo.

● *Ao longo do tempo e em todos os países, as pessoas que possuem riqueza são aquelas que detêm os meios de produção de riquezas e, de forma a mantê-la, trabalham com os detentores do poder para definir e fazer cumprir as regras.* Embora sempre tenha sido assim, a forma exata evoluiu e continuará a evoluir.

Por exemplo, conforme explicado no Capítulo 1, durante a maior parte do período entre o século XIII e XIX, a ordem interna proeminente em todo o mundo consistia em uma classe dominante ou elite formada pela 1) monarquia, que governava em conjunto com 2) a nobreza, que controlava os meios de produção (na época em que o capital era a terra agrícola) e/ou 3) os militares. Os trabalhadores eram vistos como parte dos meios de produção e não tinham voz quanto ao modo como o pedido era executado.

Mesmo sociedades que tinham pouco ou nenhum contato umas com as outras se desenvolveram de maneiras semelhantes, porque tinham situações parecidas com as quais lidar e porque a natureza das tomadas de decisão era semelhante.[5] Em todos os países, sempre houve, e ainda há, diferentes níveis de governança em caráter nacional, estadual/provincial, municipal etc., e existem maneiras atemporais e universais de operar e interagir entre si que são bem consistentes no mundo inteiro. Os mo-

---

[5] Por exemplo, durante grande parte da história, a Europa, a China e a maioria dos países tiveram monarcas e nobres como classes dominantes, embora fossem um pouco diferentes. Na Europa, a igreja também fazia parte do grupo dominante. No Japão, a monarquia (o imperador e seus ministros), os militares e a comunidade empresarial (os mercadores e artesãos) eram as elites dominantes.

narcas precisavam de pessoas para cuidar das operações cotidianas. As pessoas mais importantes eram os ministros, que supervisionavam as burocracias das pessoas que faziam as diversas tarefas necessárias para o governo funcionar. O que existe hoje é simplesmente o resultado da evolução natural dessas formas atemporais e universais de interação, com a pitada cultural própria de cada país. Por exemplo, o papel dos ministros que ajudaram os monarcas evoluiu para o papel dos primeiros-ministros e outros ministros que agora existem em quase todos os países (embora nos Estados Unidos eles sejam chamados de "secretários").

Com o passar do tempo, esses sistemas evoluíram de maneiras variadas, mas lógicas, como resultado de lutas por riqueza e poder. Por exemplo, por volta de 1200, houve na Inglaterra uma luta por riqueza e poder que a princípio evoluiu aos poucos e de repente se transformou em uma guerra civil, que é como essas mudanças tendem a se desenrolar, entre a nobreza e a monarquia. Como a maioria desse tipo de disputa, essa também foi por dinheiro e pelo poder de determinar a quantidade de dinheiro que cada um recebia. A monarquia sob reinado do rei João queria aumentar a arrecadação por via de impostos, enquanto os nobres queriam pagar menos. Eles discordaram sobre até que ponto os nobres deveriam opinar no assunto, por isso tiveram uma guerra civil. Os nobres ganharam e conquistaram mais poder para definir as regras, o que levou ao que chamaram de "conselho", que logo se tornou o primeiro Parlamento, que então evoluiu para o que existe hoje na Inglaterra. O tratado de paz que formalizou esse acordo e o transformou em lei em 1215 é chamado de Magna Carta. Assim como a maioria das leis, ela não importava muito em relação ao poder, por isso houve outra guerra civil na qual os nobres e a monarquia mais uma vez lutaram por riqueza e poder. Em 1225, foi redigida uma nova Magna Carta sob o reinado de Henrique III (filho do rei João), a qual os detentores de poder interpretaram e aplicaram. Algumas décadas depois, a luta recomeçou. Nessa guerra, os nobres cortaram o pagamento de impostos para a monarquia, o que forçou Henrique III a ceder às suas exigências. Essas lutas eram constantes, fazendo com que as demandas evoluíssem.

Ao avançar rapidamente pelos séculos XV, XVI e XVII, podemos ver que houve grandes mudanças nas fontes de riqueza, primeiro devido à exploração global e ao colonialismo (começando com os portugueses e espanhóis), depois por causa da invenção do capitalismo (ações e títulos) e máquinas poupadoras de mão de obra que impulsionaram as Revoluções Industriais (ajudando especificamente os holandeses e depois os britânicos), deixando aqueles que lucraram com essas fontes de riqueza mais poderosos. Ou seja, as mudanças na riqueza e no poder ao longo desses séculos foram de a) nobres proprietários de terras (que detinham a riqueza) e monarquias (que detinham o poder político) até b) capitalistas (que no período posterior detinham a riqueza) e representantes eleitos ou líderes de governo autocráticos (que no período posterior detinham o poder político). Quase todos os países realizaram essas mudanças — alguns de maneira pacífica, mas a maioria de forma dolorosa.

Por exemplo, na França, durante a maior parte dos séculos XVII e XVIII, o rei governou em um acordo de equilíbrio de poder com três outras classes: 1) o clero, 2) a nobreza e 3) os plebeus. Havia representantes desses grupos que votavam. As primeiras duas classes, apenas 2% da população, tinham mais votos — ou, em alguns períodos, o mesmo número de votos — que os plebeus, que constituíam 98% da população. Essa ordem interna baseada em três classes recebeu o nome de *ancien régime* (ou antigo regime). Então, mais ou menos da noite para o dia, isso mudou de maneira drástica com a Revolução Francesa, que teve início em 5 de maio de 1789, quando a terceira classe — os plebeus — cansou daquele sistema, derrubou as outras classes e tomou o poder. Na maioria dos países do mundo à época, a mesma ordem dominante básica prevalecia — ou seja, a monarquia e os nobres, que representavam uma parcela bem pequena da população e detinham a maior parte da riqueza, governaram até que de repente houve uma guerra civil/revolução que levou a velha ordem a ser substituída por uma nova ordem dominante muito diferente.

Embora as ordens internas para administrar essas lutas de classes fossem e sejam distintas em diferentes países, elas evoluíram de maneira semelhante. Por exemplo, evoluíram tanto gradual (por meio de reformas) quanto abruptamente (por meio de guerras civis/revoluções), e evoluíram para as ordens que agora existem em todos os países. Suponho que vão continuar a evoluir gradual e abruptamente para gerar novas ordens internas. Embora as classes que detêm a riqueza e o poder político mudem, os processos que geram tais mudanças continuaram quase iguais ao longo do tempo até o momento presente. Elas ocorreram por meio de lutas que levaram a: a) reformas pacíficas por meio de negociações e b) reformas violentas por meio de guerras civis e revoluções. As reformas pacíficas tendem a acontecer mais no início do ciclo, e as guerras civis e reformas revolucionárias violentas, mais no fim do ciclo, por razões lógicas que analisaremos mais tarde.

É impossível enfatizar o suficiente a importância das lutas de classes em relação às lutas individuais. Nós, especialmente nos Estados Unidos, que é considerado um "caldeirão", tendemos a nos concentrar mais nas lutas individuais e não dar atenção adequada às lutas de classes. Não percebi, de verdade, a importância das lutas de classes até estudar história a fundo, o que me levou ao seguinte princípio:

● *Em todos os países ao longo do tempo, embora em graus variados, pessoas são divididas em "classes" porque optam por estar com indivíduos semelhantes ou porque terceiros as estereotipam como parte de um grupo.* O poder geralmente é compartilhado entre três ou quatro classes. O que parece determinar a classe (ou classes) que alguém integra são as pessoas com as quais ela se sente mais conectada, as que estão mais perto e com que mais se parecem; a maneira como as pessoas são classificadas determina quem são seus amigos ou aliados, e quem são seus inimigos. Embora ricos, pobres, direita (ou seja, capitalista) e esquerda (ou seja, socialista) sejam as distinções de classe mais comuns, existem várias outras que também são importantes, como raça, etnia, religião, gênero, estilo de vida (por exemplo, liberal ou conservador) e localização (por exemplo, urbano *versus* suburbano *versus* rural). De modo geral, as pessoas tendem a se agrupar nessas classes e, quando os tempos são favoráveis no início do ciclo, há mais harmonia entre elas. Porém, quando as coisas estão ruins, há mais brigas.

Embora eu adore o fato de os Estados Unidos serem o país onde essas distinções de classe menos importam, isso continua a ser um elemento relevante, e é muito mais importante durante momentos de crise, quando os conflitos de classe se intensificam.

Para ajudá-lo a entender o cenário de maneira mais profunda, vamos fazer um exercício básico. Suponha que a maioria das pessoas que não conhecem você bem o veja como membro de uma

ou várias classes, porque essa é uma boa suposição. Agora, para imaginar como elas o percebem, olhe a lista a seguir e pergunte-se em quais classes você se enquadra. Depois de responder, pergunte a si mesmo quais classes despertam sua afinidade e quais espera que sejam suas aliadas. De quais classes não gosta ou quais enxerga como inimigas? **Quais são as classes dominantes e quais são as classes revolucionárias que querem derrubá-las? Quais estão em ascensão e quais estão em queda?** Você pode anotar as respostas e pensar nelas se quiser, porque, durante os períodos de maior conflito, as classes em que está ou presume estar se tornarão mais importantes para determinar ao lado de quem você vai estar e contra quem, o que vai fazer e até onde vai.

1. Rico ou pobre?
2. Direita, esquerda ou centro?
3. Raça?
4. Etnia?
5. Religião?
6. Gênero?
7. Estilo de vida (por exemplo, liberal ou conservador)?
8. Localização (por exemplo, urbana, suburbana ou rural)?

Ainda hoje, só uma pequena porcentagem da população, que vem de apenas algumas dessas classes, detém a maior parte da riqueza e do poder e governa como "elite". Para mim, está claro que a classe capitalista agora detém o maior poder financeiro na maioria dos países, e o poder político nas democracias está nas mãos de todas as pessoas que decidem votar, enquanto nas autocracias está nas mãos de um número limitado de pessoas selecionadas pelo processo de escolha que usam.[6] Dessa forma, hoje, na maioria dos casos, essas são as "classes dominantes" e as "elites" que administram as ordens domésticas atuais, embora agora estejam sob ataque, então isso provavelmente está mudando. Por exemplo, existe agora um grande movimento nos Estados Unidos para

---

[6] Isso não significa que aqueles que governam por autocracias não deem algum grau de satisfação para o povo no fim das contas, porque o povo poderia derrubar o governo.

o país ser mais inclusivo com membros de diferentes classes, tanto no mundo capitalista que ganha dinheiro quanto no mundo político. Essas mudanças podem ser boas ou ruins, dependendo se forem feitas de maneira pacífica ou violenta, com inteligência ou estupidez. **Uma verdade atemporal e universal que vi quando estudei história, desde antes de Confúcio, que viveu por volta de 500 a.C., é que** 🔴 *as sociedades que atraem a mais ampla gama de pessoas e lhes dão responsabilidades com base em seus méritos, e não em privilégios, são, de maneira sustentável, as mais bem-sucedidas porque 1) encontram os mais talentosos para fazer bem o respectivo trabalho, 2) têm diversidade de perspectivas e 3) são consideradas as mais justas, e isso fomenta a estabilidade social.*

Presumo que as atuais ordens internas dos países, assim como as do passado, vão continuar evoluindo até se tornarem algo diferente por meio das lutas de diferentes classes para saber como dividir a riqueza e o poder político. Como essa dinâmica de riqueza e poder é muito importante, vale a pena observar de perto para discernir quais classes estão ganhando e quais estão perdendo riqueza e poder (por exemplo, os desenvolvedores de inteligência artificial e tecnologia da informação estão evoluindo para conquistá-los à custa das pessoas que estão sendo substituídas por essas tecnologias) e também para discernir as reações a essas alterações que levam os ciclos a mudar.

Portanto, a meu ver, tudo está mudando de maneira clássica, movido por uma máquina de moto-perpétuo testada e comprovada. Essa máquina produziu, e continua produzindo, diferentes sistemas, como o comunismo, o fascismo, as autocracias, as democracias e seus descendentes evolutivos e híbridos, como o "capitalismo de Estado" na China. Ela vai produzir novas formas de ordens internas para dividir a riqueza e alocar o poder político, que vão afetar muito nossa vida, tudo com base em como as pessoas escolhem agir umas com as outras e como a natureza humana interfere em seu modo de fazer escolhas.

18. O ciclo político de esquerda e direita. Capitalistas (ou seja, pessoas de direita) e socialistas (ou seja, pessoas de esquerda) não têm só interesses próprios diferentes — têm diferentes crenças ideológicas profundamente arraigadas pelas quais estão dispostos a lutar. A perspectiva típica do direitista/capitalista é que autossuficiência, trabalho árduo, produtividade, interferência governamental limitada, autorização para que as pessoas mantenham o que produzem e escolha individual são coisas moralmente boas, além de boas para a sociedade. Eles também acreditam que o setor privado funciona melhor do que o setor público, que o capitalismo funciona melhor para a maioria das pessoas e que os bilionários que venceram pelo próprio esforço são os que mais contribuem para a sociedade. Algo que costuma enlouquecer capitalistas são os apoios financeiros para pessoas que não produzem nem lucram. Para eles, ganhar dinheiro = ser produtivo = conseguir o que merece. Não dedicam muita atenção ao nível de oportunidades e prosperidade que a máquina econômica está — ou não — gerando para a maioria das pessoas. Eles também podem ignorar o fato de que sua forma de obter lucro não é a ideal em relação aos objetivos da maioria das pessoas. Por exemplo, em um sistema puramente capitalista, a oferta de uma educação pública excelente — que é claramente uma das principais causas de maior produtividade e maior riqueza em uma sociedade — não é muito prioritária.

A perspectiva típica do esquerdista/socialista é que ajudar uns aos outros, ter o governo apoiando as pessoas e compartilhar riqueza e oportunidades são coisas moralmente boas, além de serem boas para a sociedade. Eles acreditam que o setor privado costuma ser administrado por capitalistas gananciosos, enquanto os trabalhadores comuns, como professores, bombeiros e operários, contribuem bem mais para a sociedade. Socialistas e comunistas tendem a se concentrar em dividir direito o bolo, e, em geral, não são muito bons em aumentar seu tamanho. São a favor de maior intervenção governamental, acreditando que os governantes serão mais justos do que os capitalistas, que só estão tentando explorar as pessoas para ganhar mais dinheiro.

Tive contato com todos os tipos de sistemas econômicos em todo o mundo e vi por que ● *a capacidade de ganhar dinheiro, economizá-lo e transformá-lo em capital (ou seja, capitalismo) é um motivador eficaz de pessoas e um alocador de recursos que eleva o padrão de vida das pessoas. Mas o capitalismo também é uma fonte de oportunidades desiguais e de hiatos de riqueza que, além de injustos, podem ser contraproducentes, são altamente cíclicos e têm potencial desestabilizador. Em minha opinião, o maior desafio para as autoridades é criar um sistema econômico capitalista que aumente a produtividade e os padrões de vida sem piorar as desigualdades e instabilidades.*

21. O grande equilíbrio do ciclo de poder que impulsiona o grande ciclo de paz/guerra dentro e entre países. Ao estudar história a fundo e vivenciar um pequeno fragmento dela, vi como o equilíbrio da dinâmica de poder impulsiona praticamente todas as lutas por poder — por exemplo, política de gabinete em organizações, política local e nacional na configuração da ordem doméstica e política internacional na configuração da ordem mundial. Esse equilíbrio se aplica igualmente bem tanto às configurações quanto às mudanças nas ordens mundiais e nas internas. A dinâmica ocorre em uma série de passos explicados aqui, embora o modo exato como ela se desdobra dependa da ordem e das pessoas quando esses estágios se desdobram:

Passo 1: A formação de alianças. Quando quase não há poder igualitário (por exemplo, se nos Estados Unidos os democratas têm muito mais poder do que os republicanos ou vice-versa), o partido mais poderoso vai tirar vantagem e controlar o menos poderoso. Para neutralizar o partido mais forte, o partido mais fraco naturalmente encontra outros partidos para se juntarem a ele na oposição ao mais forte, de forma que juntos consigam ter o mesmo poder ou um poder maior. O partido mais fraco faz isso ao dar seu apoio em troca daquilo que os outros partidos querem. Se o partido que antes era mais fraco ganha mais poder em conjunto do que o partido que antes era mais forte, esse, então, faz acordos com outros partidos para se aliar a eles e acabar com a superioridade da oposição. Como resultado, aliados com interesses constituídos bem diferentes se unem em oposição ao inimigo comum — como diz o ditado, "o inimigo de meu inimigo é meu amigo". Essa dinâmica faz com que os diferentes lados tenham quantidades mais ou menos iguais de poder e divisões entre si. Às vezes, as diferenças entre os partidos são tão grandes que alguns segmentos querem destruir outros segmentos para obter o controle do partido deles. Essa dinâmica de formação de alianças e inimigos acontece em todos os níveis dos relacionamentos, desde alianças internacionais mais importantes que definem elementos fundamentais da ordem mundial até alianças mais importantes dentro dos países, que definem as ordens internas, até aquelas dentro de estados, cidades, organizações e entre indivíduos. A mudança evolutiva mais importante que as afetou foi o encolhimento do mundo para tornar os aliados e inimigos mais globais. Antes eram menos (países europeus formando alianças para lutar contra outros países europeus, países asiáticos faziam o mesmo na Ásia etc.), mas, como o mundo encolheu devido à melhoria do transporte e das comunicações, tornou-se mais interconectado, e alianças maiores e mais globais surgiram. Foi por isso que havia dois grandes lados na Primeira e na Segunda Guerras Mundiais, e isso deve continuar.

Passo 2: Guerra para determinar vencedores e perdedores. Grandes disputas costumam acontecer quando os dois lados têm poderes mais ou menos iguais e diferenças que tangem questões de sobrevivência. Grandes disputas não costumam ocorrer quando há grandes assimetrias de poder, porque seria burrice entidades obviamente mais fracas lutarem com outras claramente mais fortes e, se lutassem, seriam lutas em pequena escala. No entanto, às vezes, quando há níveis mais ou menos iguais de poder nos dois lados, podem ocorrer impasses e entraves, em vez de grandes brigas, se a disputa gerar ameaças à sobrevivência maiores do que os possíveis ganhos em uma luta até a morte. Quando a destruição é mutuamente garantida — por exemplo, como a que os EUA e a União Soviética enfrentaram —, é mais provável que haja um impasse do que uma luta.

Embora essas grandes disputas costumem ser violentas, é possível evitá-las se as entidades tiverem regras de engajamento não violentas que permitam sua resolução de disputas, sobretudo das relativas à sobrevivência. Por exemplo, na eleição de 2020 nos Estados Unidos, os dois partidos tinham quantidades mais ou menos iguais de poder e diferenças irreconciliáveis, de modo que enfrentaram uma grande luta pelo controle político. Essa disputa acirrada levou à invasão do Capitólio em 6 de janeiro de 2021, mas a transferência pacífica do poder acabou prevalecendo, conforme estabelecido na Constituição. A história tem mostrado que, quando não há regras claras e/ou quando as partes não as cumprem, a luta é bem mais violenta, muitas vezes até a morte.

Passo 3: Luta entre os vencedores. Depois da luta pelo poder em que um inimigo em comum é derrotado, aqueles que se uniram contra a ameaça mútua costumam disputar o poder entre si, ao passo que a parte perdedora pretende fazer o mesmo enquanto planeja o próximo ataque. Chamo isso de estado de "expurgação" da dinâmica de equilíbrio de poder. Aconteceu em todos os casos, sendo o Período de Terror na França e o Terror Vermelho na União Soviética os mais conhecidos. Esse mesmo tipo de luta aconteceu entre países, como com os Estados Unidos e a União Soviética, que foram aliados na Segunda Guerra Mundial. Da mesma forma, a frente única de comunistas e nacionalistas chineses que lutou contra os japoneses imediatamente entrou em disputa pelo poder quando a guerra acabou. Depois de entender essa dinâmica típica, é importante procurar as lutas internas entre os vencedores logo depois do término da grande guerra. Devemos sempre observar se as facções internas dos mesmos partidos estão propensas a lutar entre si pelo controle deles. Quando novos regimes (ou seja, os partidos vencedores) chegam ao poder, observe o que fazem com os inimigos derrotados. O que acontece a seguir depende do sistema e de seus líderes. Nos Estados Unidos e nas democracias em geral, as regras permitem aos perdedores que permaneçam ilesos e sem restrições, o que lhes permite tentar recuperar o poder e voltar a lutar. Em autocracias severas, os perdedores são eliminados de um jeito ou de outro.

Passo 4: A paz e a prosperidade ocorrem, mas acabam levando a excessos refletidos em grandes disparidades de riqueza e de oportunidades e no superendividamento. A história nos mostra que, por conta dessa dinâmica, o melhor dos tempos — ou seja, quando há paz e prosperidade — costuma acontecer após uma guerra, quando a liderança e a estrutura de poder estão estabelecidas com clareza, de modo que não há grandes lutas pelo poder dentro do país ou com outras nações — porque existe uma entidade obviamente mais poderosa que permite às entidades menos poderosas uma vida boa.

Passo 5: O conflito crescente leva a mudanças revolucionárias nas ordens domésticas e mundiais. Enquanto houver paz e prosperidade para a maioria do povo, o que só acontecerá se o sistema for justo e a maioria da população continuar autodisciplinada e produtiva, a paz e a prosperidade devem continuar. No entanto, conforme abordado antes, os períodos de paz e prosperidade também tendem a encorajar grandes disparidades de riqueza e bolhas de dívidas, o que leva a conflitos quando a prosperidade enfraquece e há outras coisas pelas quais lutar.

Esse ciclo controla os ciclos de ordem e desordem interno e externo, explorados nos Capítulos 5 e 6.

CAPÍTULO 3

O GRANDE CICLO DE MOEDA, CRÉDITO, DÉBITO E ATIVIDADE ECONÔMICA

O que a maioria das pessoas e seus países mais desejam é riqueza e poder, e moeda e crédito são as maiores influências sobre o processo de ascensão e declínio da riqueza e do poder. Quem não compreende como a moeda e o crédito funcionam não tem como entender bem o funcionamento do sistema. E, se não entender como funciona o sistema, não tem como entender o que lhe aguarda.

Por exemplo, se você não entende como os Loucos Anos 1920 levaram a uma bolha de dívida corporativa e a um grande hiato de riqueza, como o estouro de tal bolha levou à Grande Depressão de 1930-33 e como tal depressão acarretou conflitos por riqueza mundo afora, não entenderá como Franklin D. Roosevelt foi eleito presidente em 1932. Tampouco entenderá como, pouco depois de tomar posse, ele anunciou um novo plano, segundo o qual o governo central e o Federal Reserve forneceriam em conjunto bastante moeda e crédito, mudança semelhante à que ocorria em outros países na época e semelhante à que ocorre hoje em reação à crise gerada pela pandemia. A não ser que você entenda como moeda e crédito operam, não poderá entender por que o mundo mudou como aconteceu em 1933 ou o que ocorreu depois (a Segunda Guerra Mundial), como a guerra foi vencida e perdida e por que a nova ordem mundial foi criada no formato adotado em 1945. Porém, quando reconhece a mecânica subjacente que acarretou todas essas coisas no passado, pode entender também o que está acontecendo hoje e ter uma noção bem maior do que provavelmente ocorrerá no futuro.

Ao conversar com vários dos mais renomados historiadores e especialistas em política do mundo, incluindo chefes de Estado, ex-chefes de Estado, ministros de relações exteriores, ministros de finanças e diretores de bancos centrais, nos foi possível reconhecer que o quebra-cabeça do funcionamento do mundo está fragmentado em peças diferentes espalhadas pelas mãos de todos. A mim faltava o devido conhecimento prático de como funcionam a política e a geopolítica; a eles, o devido conhecimento prático de como dinheiro e crédito operam. Vários me disseram que compreender dinheiro e crédito dessa forma havia sido a grande lacuna em sua busca pela compreensão das lições da história, e lhes expliquei que suas perspectivas me ajudaram a compreender a dinâmica política que afeta determinadas escolhas. Este capítulo é focado na parte da moeda, do crédito e da economia.

Comecemos com moeda e crédito.

OS FUNDAMENTOS ATEMPORAIS E UNIVERSAIS DA MOEDA E DO CRÉDITO

● *Todas as entidades — o povo, as empresas, as organizações sem fins lucrativos e os governos — lidam com as mesmas realidades financeiras básicas e sempre lidaram.* Lidam com o dinheiro que entra (receita) e o dinheiro que sai (despesas), que, quando contabilizados, geram sua receita líquida. Tais fluxos são medidos em números que aparecem em declarações de renda. Se uma entidade arrecada mais do que gasta, tem lucros que engordam suas economias. Se gasta mais do que ganha, sua poupança mingua ou, para cobrir a diferença, ela busca dinheiro em outra parte ou contrai empréstimos. Se uma entidade possui mais ativos do que passivos (ou seja, um grande patrimônio líquido), pode gastar mais do que arrecada, recorrendo à venda de ativos até o dinheiro acabar, momento no qual terá que cortar despesas. Se seus ativos não forem lá muito maiores do que os passivos e a arrecadação cair abaixo do montante necessário para dar conta de despesas operacionais, juros e encargos da dívida, terá que cortar despesas, dar calote ou reestruturar suas dívidas.

A totalidade de ativos e passivos (ou dívidas) de uma entidade aparece no balanço. Estejam tais números organizados no papel ou não, são inerentes a países, empresas, organizações sem fins lucrativos e indivíduos. Quando economistas, por exemplo, combinam receita, despesas e poupança de cada entidade, obtêm um agregado da receita, despesa e poupança. 🔴 *A forma como entidades administram coletivamente suas finanças, tal como refletido em suas declarações de renda e balanços, é o grande catalisador de mudanças nas ordens interna e mundial.* **Se você for capaz de pegar como exemplo a compreensão de sua própria renda, despesas e poupança, imaginar como se aplica a terceiros e juntar os fatores, entenderá como a coisa toda funciona.**

Considere por um instante sua própria situação financeira. Hoje, de quanta renda você dispõe em comparação com as despesas, e quanto vai dispor no futuro? Quanto dinheiro tem guardado e no que está investido? Agora é imaginar os cenários. Se sua renda caísse ou desaparecesse, por quanto tempo suas economias durariam? Qual o grau de risco de seus investimentos e de suas economias? Se esse valor caísse pela metade, como ficaria sua saúde financeira? Seria fácil vender seus ativos e assim conseguir dinheiro para pagar despesas ou administrar suas dívidas? Quais são suas outras fontes de renda, seja do governo ou de outra parte? São esses os cálculos mais importantes que você pode fazer para garantir seu bem-estar financeiro. Agora observe os outros — pessoas, empresas, organizações sem fins lucrativos e governos — entendendo que o mesmo vale para eles. Perceba quão interconectados estamos e como as mudanças nas circunstâncias o afetariam e como, ao afetar terceiros, isso repercutiria até você. Como a economia é a soma dessas entidades operando dessa forma, isso o ajudará a entender o que ocorre hoje e o que provavelmente ocorrerá depois.

Por exemplo, como o gasto de uma entidade é a renda de outra, quando uma entidade corta despesas, isso não afeta somente a ela, mas também outras que dependem daqueles gastos para o próprio faturamento. Da mesma forma, como os débitos de uma são os ativos de outra, uma entidade que falte com seus compromissos reduzirá os ativos de outras, o que exigirá delas um corte de despesas. Dinâmicas assim produzem uma contração econômica e de endividamento des-

cendente e autorreforçante que vira questão política quando as pessoas debatem como dividir um bolo que encolhe.

Como princípio, ● *dívidas comem o patrimônio.* O que quero dizer com isso é: dívidas têm que ser pagas antes de qualquer outra coisa. Por exemplo, quando se é dono de uma casa (ou seja, dono de um "patrimônio") mas não se dá conta da hipoteca, a casa será vendida ou confiscada. Em outras palavras, o credor é pago antes do dono da casa. Como resultado, quando a renda é menor do que as despesas e os ativos são menores do que os passivos (ou seja, as dívidas), aproxima-se o momento em que será preciso vender os ativos.

Ao contrário do que muita gente pensa intuitivamente, **não há quantia fixa de moeda e crédito no mundo. Bancos centrais podem criá-los facilmente. Pessoas, empresas, organizações filantrópicas e governos adoram quando os bancos centrais põem muito dinheiro e crédito na praça, pois ganham em poder de compra. Quando dinheiro e crédito são gastos, a maioria dos bens, serviços e ativos de investimento sobe de preço. Esse processo também cria débitos que precisam ser pagos, o que força todos a gastarem menos do que ganham, algo difícil e doloroso. É por essa razão que moeda, crédito, dívidas e atividade econômica são inerentemente cíclicos. Na fase de criação de crédito, a demanda por bens, serviços e ativos financeiros, bem como sua produção, é forte. Na fase de reembolso de dívidas, é fraca.**

Mas e se nunca fosse necessário pagar dívidas? Não haveria arrocho financeiro nem o doloroso período do ajuste de contas. No entanto, isso seria terrível para os credores que perderiam dinheiro, certo? Pensemos por um momento e vejamos se há alguma solução que resolva questões relacionadas a dívidas sem prejudicar quem as contrai nem os credores.

Se os governos têm a capacidade tanto de criar moeda quanto de contrair empréstimos, por que o banco central não poderia emprestar dinheiro sem juros ao governo para distribuir como lhe conviesse e assim sustentar a economia? Não seria possível também emprestar a terceiros com juros baixos e perdoar-lhes a dívida? Em geral, devedores precisam pagar o montante original emprestado (o que em inglês é conhecido como *principal*) além de juros parcelados ao longo do tempo.

Mas o banco central tem poder para estipular uma taxa de juros de 0% e rolar a dívida eternamente, de forma que o devedor nunca a pague. Seria equivalente a simplesmente dar-lhe o dinheiro, mas não passaria tal impressão, porque o débito continuaria a ser contabilizado como um ativo de propriedade do banco central, que assim poderia dizer que continua desempenhando normalmente sua função de empréstimos. **É exatamente o que aconteceu na esteira da crise econômica causada pela pandemia de Covid-19. Várias versões desse processo ocorreram em inúmeros momentos da história. Quem paga essa conta? É ruim para aqueles fora do banco central que ainda contabilizam os débitos como ativos — dinheiro vivo e títulos — e assim não obterão retorno que lhes preserve o poder de compra.**

O maior problema que hoje enfrentamos coletivamente é que a renda de um número grande de pessoas, empresas, organizações filantrópicas e governos é baixa na comparação com suas despesas, e suas dívidas e outros passivos (tais como pensões, sistema de saúde e seguros) são muito altos na comparação com o valor de seus ativos. Pode não parecer — aliás, é bem comum que pareça o oposto —, porque um monte dessas pessoas, dessas empresas, dessas organizações sem fins lucrativos e desses governos aparentam riqueza quando estão em pleno processo de falência. Aparentam riqueza porque gastam muito, têm diversos ativos e até mesmo uma boa quantidade de dinheiro vivo. Mas quem olhar com cuidado saberá identificar quem parece rico, mas está com dificuldades financeiras devido a uma renda menor do que as despesas e/ou um passivo maior do que os ativos. Portanto, se formos projetar o que provavelmente ocorrerá com suas finanças no futuro, veremos que terão que cortar despesas e vender ativos de maneira dolorosa, o que os deixará falidos. Todos precisamos fazer tais projeções do que o futuro aponta para nossas próprias finanças, para as de outros que nos são caros e para a economia do mundo. Resumindo, para algumas pessoas, algumas empresas, algumas organizações filantrópicas e alguns governos, **os passivos são enormes em relação às receitas líquidas e aos valores dos ativos de que precisariam para cumprir com as obrigações. Financeiramente, estão em posição frágil, mas não é o que parece porque gastam muito, financiados por empréstimos.**

Se você achou algo do que escrevi confuso, insisto para que faça uma pausa e tente aplicá-lo às próprias circunstâncias. Ponha no papel o estado aparente de sua margem de segurança financeira (por quanto tempo você ficaria bem se o pior acontecesse — por exemplo, se perdesse o emprego e o valor de seus ativos financeiros caísse à metade, consideradas todas as possíveis quedas de preços, impostos e inflação). Faça então esse cálculo em nome de terceiros e some tudo, então terá um bom retrato do estado de seu mundo. Eu o fiz com a ajuda de meus parceiros da Bridgewater e considero uma forma preciosa de imaginar o que é provável acontecer.[1]

Em resumo, essas realidades financeiras básicas funcionam para as pessoas, as empresas, as organizações sem fins lucrativos e os governos da mesma forma que funcionam para mim e para você, com uma única grande e importante exceção que mencionei antes. A todos os países, é possível criar moeda e crédito do nada para financiar os gastos das pessoas ou lhes conceder empréstimos. Ao produzir dinheiro e dá-lo para os devedores necessitados, bancos centrais podem impedir a dinâmica da crise de endividamento que acabei de explicar. Por isso, modificarei o enunciado do princípio anterior: ● *dívidas comem o patrimônio, mas bancos centrais podem alimentá-las imprimindo moeda.* Não deveria espantar que os bancos centrais imprimam dinheiro quando crises de endividamento causam quantidades politicamente inaceitáveis de dívidas que comem patrimônios e a dor econômica relacionada.

Contudo, nem toda moeda que os governos imprimem tem o mesmo valor.

Moedas amplamente aceitas ao redor do mundo são chamadas de moedas de reserva. Enquanto escrevo, a moeda de reserva dominante no mundo é o dólar americano, que é criado pelo banco central dos EUA, o Federal Reserve. Outra moeda de reserva bem menos importante é o euro, produzido pelo banco central dos países da zona do euro, o Banco Central Europeu. O iene japonês, o renminbi chinês e a libra britânica são hoje em dia moedas de reserva de porte relativamente pequeno, embora o renminbi esteja crescendo rápido em importância.

● *Ter uma moeda de reserva é ótimo enquanto dura, pois confere a um país excepcional poder de contrair empréstimos e poder de*

---

[1] Vejam mais de minha perspectiva sobre o tema em vários artigos no economicprinciples.org.

compra, e é um poder significativo para determinar quem mais no mundo terá o dinheiro e o crédito necessários para comprar e vender internacionalmente. No entanto, dispor de uma moeda de reserva geralmente semeia o terreno para que um país perca essa vantagem mais à frente. Isso porque permite ao país contrair mais empréstimos do que conseguiria sustentar em outras circunstâncias e a criação de muito dinheiro e crédito para pagar a dívida deprecia o valor da moeda, e leva à perda de seu status de moeda de reserva. A perda desse status é terrível porque ● *uma moeda de reserva é um dos maiores trunfos ao alcance de um país, pois lhe confere enorme poder aquisitivo e geopolítico.*

Em contraste, países cuja moeda não tem esse caráter se encontram em constante necessidade de dinheiro em moeda de reserva (dólares, por exemplo) se tiverem muitas dívidas denominadas nela, e não têm como imprimi-la ou não tem muitas reservas nela, o que faz despencar sua capacidade de obter a moeda de que precisam. **Quando países precisam desesperadamente de moeda de reserva para financiar suas dívidas denominadas nela e para adquirir bens de vendedores que só aceitam moedas de reserva, podem ir à falência.** Isso já aconteceu muito no passado e, para uma série de países, é a situação em que agora se encontram. O mesmo vale para governos locais e para estados, e também para muitos de nós. Tal configuração de circunstâncias foi e é conduzida da mesma forma, então é fácil ver como a máquina funciona — e é isso que lhe mostrarei neste capítulo.

Comecemos com o básico e avancemos a partir dele.

O QUE É MOEDA?

Moeda é um meio de troca que também pode servir como reserva de valor.

Por "meio de troca", me refiro a algo que possa ser ofertado a terceiros para comprar coisas. Basicamente, as pessoas produzem coisas para trocá-las com gente que possui outras coisas que desejam. Como carregar a tiracolo objetos que não sejam dinheiro na esperança de trocá-los pelo que se deseja (permuta) não é eficiente, praticamente todas as sociedades que já existiram criaram algum tipo de moeda (por exemplo, o dinheiro), algo portátil sobre cujo valor todos concordam, de forma a poder ser usado para trocar pelo que se quer.

Por "reserva de valor", me refiro a um veículo para estocar poder de compra entre o momento em que é adquirido e o momento em que é gasto. Embora uma das atitudes mais lógicas para se estocar riqueza seja acumular moeda para que possa ser usada depois, as pessoas também o fazem por meio de ativos que, esperam, venham a reter ou aumentar em valor (ouro, prata, joias, obras de arte, imóveis, ações e títulos). Ao se agarrarem a algo que valorizam, consideram que podem se sair um pouco melhor do que se prendendo apenas ao dinheiro — e, sempre que precisarem, podem trocar por dinheiro o ativo que detêm e assim comprar o que desejam. É aqui que crédito e dívida entram na história. É importante entender a diferença entre moeda e dívida. Moeda é o que faz as transações valerem — paga-se as contas e pronto. Dívida é uma promessa de fornecer moeda.

Quem concede empréstimos, por exemplo, pressupõe que o dinheiro que lhe será devolvido com juros lhe comprará mais bens e serviços do que faria caso tivesse ficado parado na conta. Quando tudo dá certo, quem contrai o empréstimo usa o dinheiro de forma produtiva e obtém lucro também, de forma a conseguir pagar a dívida e ainda manter algo para si. Enquanto o empréstimo está por saldar, ele representa um ativo para quem o concedeu (títulos, por exemplo) e um passivo (dívida) para quem o contraiu. Quando essa dívida é paga, ativos e passivos desaparecem e os dois lados da equação estão em melhor situação, tendo basicamente dividido os lucros resultantes de um empréstimo produtivo. Isso é bom também para a sociedade, que se beneficia dos ganhos de produtividade resultantes.[2]

É importante perceber que **grande parte da moeda e do crédito (em especial a moeda emitida pelo governo vigente) não tem valor intrínseco. São só itens em um sistema contábil que pode facilmente ser modificado. O propósito desse sistema é ajudar a alocar de forma eficiente os recursos para que a produtividade cresça, recompensando as duas pontas do processo, só que o sistema periodica-**

---

[2] Ainda que quem contraia empréstimos esteja em geral disposto a pagar juros, sendo esse o incentivo maior de quem os concede, hoje em dia há alguns ativos financeiros com taxas de juros negativas, uma história esquisita que analisaremos depois.

mente dá defeito. Quando isso acontece (e sempre acaba acontecendo, desde o início dos tempos), o suprimento de dinheiro é "monetizado"[3] e seu valor cai ou é devastado, causando significativas transformações nos níveis de riqueza e enviando ondas de choque pela economia e mercados afora.

Isso tudo significa que a máquina de crédito e dívida não funciona perfeitamente. Oferta, demanda e o valor da moeda são definidos por ciclos, e esses oscilam para cima e para baixo. Quando a oscilação é ascendente, produzem alegre abundância. Quando é descendente, produzem reestruturações dolorosas.

Vamos agora analisar como tais ciclos funcionam, de seus fundamentos até o ponto onde nos encontramos.

MOEDA, CRÉDITO E RIQUEZA

Embora moeda e crédito sejam associados à riqueza, não são a mesma coisa. Como eles compram riqueza (isto é, bens e serviços), quanto se tem de moeda e crédito e quanto se tem de riqueza parecem ser equivalentes. Mas não se cria mais riqueza simplesmente criando mais moeda e crédito. Para criar mais riqueza, é preciso ser mais produtivo. A relação entre a criação de moeda e crédito e a criação de riqueza é frequentemente confundida, e ainda assim é a maior força motriz dos ciclos econômicos. Vamos observá-la mais de perto.

A relação que há entre a criação de moeda e crédito e a de bens, serviços e ativos financeiros costuma se reforçar mutuamente. Por isso existe a ilusão comum de que sejam a mesma coisa. **Pense assim: existe tanto uma economia monetária quanto uma economia real. Ainda que estejam relacionadas, são coisas diferentes. Cada uma tem os seus próprios fatores de oferta e demanda que as impulsionam.** Na economia real, oferta e demanda são ditadas pela quantidade de bens e serviços produzidos e a quantidade de pessoas que os desejam. Quando o nível de bens e serviços que se demanda é consistente e crescente, e não há capacidade suficiente para produzir os itens pelos quais há

---

[3] Monetizado significa a criação de moeda por um banco central para comprar dívida.

demanda, a capacidade de crescimento da economia real é limitada. Se a demanda continua a crescer com mais rapidez do que a capacidade de atendê-la, os preços sobem e a inflação explode. É onde entra a economia monetária. Face à inflação, bancos centrais costumam puxar o freio sobre a moeda e o crédito para diminuir a demanda da economia real; quando a demanda é pouca, fazem o oposto para fornecer moeda e crédito que a estimulem. **Ao aumentar e diminuir a oferta de moeda e crédito, bancos centrais são capazes de aumentar e diminuir a demanda e a produção de ativos financeiros, bens e serviços.** Mas não conseguem fazê-lo com perfeição, e isso nos leva ao ciclo da dívida de curto prazo, que vivemos na forma de períodos alternados de crescimento e recessão.

Há ainda a considerar, é claro, o valor da moeda e do crédito, cuja base está em suas próprias oferta e demanda. Quando se cria um excesso de determinada moeda referente à demanda por ela, seu valor cai. A direção do fluxo de dinheiro e crédito, assim, é importante para determinar o que vai acontecer. Por exemplo, quando ele já não alimenta os empréstimos que fomentam o crescimento da demanda econômica e, em vez disso, flui em direção a outras moedas e investimentos atrelados ao índice de inflação, deixa de estimular a atividade econômica, levando à perda de valor da moeda e ao crescimento do valor de investimentos atrelados ao índice de inflação. É em tais momentos que a inflação pode disparar, pois a oferta de moeda e crédito sobe na proporção da demanda por eles, o que chamamos de "inflação monetária". Isso pode ocorrer ao mesmo tempo que a demanda por bens, serviços e por venda de ativos é fraca, de forma que a economia real passa por uma deflação. É assim que ocorrem as depressões inflacionárias. Por esses motivos, **temos que observar movimentos nas cadeias de oferta e demanda tanto da economia real quanto da monetária para entendermos o que é mais provável de acontecer financeira e economicamente.**

Por exemplo, a forma como governos produzem ativos financeiros através de política fiscal e monetária tem um efeito enorme sobre o destino do poder de compra que eles geram, o que por sua vez determina no que ele é gasto. Moeda e crédito são normalmente criados por bancos centrais e desembocam em ativos financeiros. O sistema de crédito privado os usa para financiar os empréstimos e os gastos das pessoas. Porém, em momentos de crise, governos podem escolher para onde direcionar moeda, crédito e poder de compra em vez de deixar que o mercado os aloque, e assim o capitalismo como o conhecemos é suspenso. Foi o que ocorreu mundo afora em reação à pandemia de Covid-19.

Relacionada à confusão entre a economia monetária e a economia real está a relação entre o preço e o valor das coisas. **Como os dois tendem a se equivaler, há quem confunda e ache se tratar da mesma coisa. Tendem a se equivaler porque, quando as pessoas têm mais dinheiro e crédito, se inclinam a gastar mais e podem fazê-lo. Na medida em que tais gastos aumentam a produção econômica e fazem subir os preços de bens, serviços e ativos financeiros, pode-se dizer que aumentam a riqueza, pois as pessoas que já detêm tais ativos se tornam "mais ricas" se o medirmos pela forma que contabilizamos riqueza. Contudo, esse aumento da riqueza é mais ilusão do que realidade por duas razões: 1) o crédito estimulado que faz subir preços e produção terá que ser reembolsado em algum momento, o que, no frigir dos ovos, terá o efeito oposto quando a conta chegar, e 2) o valor intrínseco de algo não aumenta só porque seu preço subiu.**

Pense da seguinte forma: se você tem uma casa e o governo cria muita moeda e crédito, vários potenciais compradores podem surgir e jogar para cima o preço de sua casa. Mas ela continua a ser a mesma; sua riqueza de fato não aumentou, apenas o cálculo dela. O mesmo vale para qualquer outro ativo financeiro que você possua e cujo preço suba sempre que o governo cria moeda — ações, títulos etc. O cálculo da riqueza aumenta, mas não o montante de riqueza que se possui de fato, pois você continua dono da mesmíssima coisa antes de ela passar a ser considerada mais valiosa. Em outras palavras, o uso dos valores de mercado sobre algo para medir a riqueza de alguém cria uma ilusão de mudança de patamar de riqueza, que é inexistente. No que se refere à compreensão de como funciona a máquina econômica, o importante a se ter em mente é que **moeda e crédito são estimulantes quando distribuídos e deprimentes quando é preciso reembolsá-los. É por isso que moeda, crédito e crescimento econômico são em geral tão cíclicos.**

As entidades monetárias centrais que controlam moeda e crédito (como, por exemplo, os bancos centrais) variam os custos e a dispo-

nibilidade de moeda e crédito no intuito de controlar os mercados e a economia. Sempre que a economia está crescendo rápido demais e se deseja diminuir esse ritmo, tais entidades centrais diminuem a disponibilidade de moeda e crédito, o que encarece os dois. Isso encoraja as pessoas a emprestarem em vez de pegarem emprestado e gastar. Quando há muito pouco crescimento e as entidades centrais querem estimular a economia, tornam moeda e crédito baratos e abundantes, o que encoraja o povo a contrair empréstimos e investir e/ou gastar. Essas variações tanto no custo quanto na disponibilidade de moeda e crédito também fazem subir e cair preços e quantidades de bens, serviços e ativos financeiros. Mas bancos só têm como controlar a economia até o limite de suas capacidades de aumento de dinheiro e crédito, e esse limite é baixo.

Pensem no banco central como sendo portador de uma garrafa de estimulante que pode injetar na economia quando necessário. Se os mercados e a economia decaem, ele aplica injeções estimulantes de moeda e crédito para acordá-los. Se os mercados e a economia estão fortes demais, dão doses menores ou nenhuma do estimulante. Tais medidas acarretam aumentos e declínios cíclicos na quantidade e nos preços de moeda e crédito, assim como bens, serviços e ativos financeiros. Elas costumam tomar a forma de ciclos da dívida de curto prazo e ciclos da dívida de longo prazo. Ciclos de altos e baixos da dívida de curto prazo costumam durar algo como oito anos, mais ou menos. O timing é determinado pelo tempo que o estimulante leva para fazer a demanda crescer a ponto de atingir o limite da capacidade produtiva da economia real. A maioria das pessoas já viu tais ciclos da dívida de curto prazo — conhecidos popularmente como "o ciclo dos negócios" — em número suficiente para saber como são, a ponto de pensar equivocadamente que será daquele jeito que as coisas funcionarão para sempre. **Eu os diferencio do ciclo da dívida de longo prazo, que costuma se desdobrar de cinquenta a 75 anos (contendo, assim, de seis a dez ciclos da dívida de curto prazo).**[4] **Uma vez que as crises que ocorrem no bojo destes ciclos da dívida de longo prazo**

---

[4] Por sinal, entenda por favor que essas estimativas brutas de tempos de ciclo não passam de estimativas brutas e que, para saber em que ponto destes ciclos nos encontramos, precisamos olhar mais para as condições do que para o tempo transcorrido.

só acontecem uma vez na vida de cada pessoa, a maioria não está preparada para elas. Como resultado, tendem a pegar as pessoas de surpresa e provocar muitos estragos. O ciclo da dívida de longo prazo que hoje se encontra no ciclo moratório foi projetado em 1944 em Bretton Woods, New Hampshire, e teve início em 1945, quando a Segunda Guerra Mundial chegou ao fim e iniciou a ordem mundial dominada pelo dólar e pelos EUA.

Ciclos da dívida de longo prazo são impulsionados pela quantidade de estimulante que resta na garrafa do banco central. Têm início após a reestruturação de encargos de dívidas preexistentes, quando as garrafas estão completamente cheias. Acabam quando as dívidas estão altas e as garrafas de estimulante, quase vazias ou, mais especificamente, **quando o banco central perde sua capacidade de produzir um aumento de moeda e crédito através do qual o sistema econômico possa gerar crescimento econômico real.** Ao longo da história, governos e bancos centrais criaram moeda e crédito, enfraquecendo suas próprias moedas e fazendo subir seus níveis de inflação monetária para servir de compensação à deflação advinda do crédito deflacionário e de contrações econômicas. Isso costuma ocorrer quando os níveis de endividamento estão altos, as taxas de juros não podem ser devidamente baixadas e a criação de dinheiro e crédito faz subir os preços de ativos financeiros mais do que aumenta a atividade econômica em si. Em momentos como esses, aqueles a quem o dinheiro é devido (a dívida sendo a promessa de alguém de dar-lhes dinheiro) geralmente querem trocar a promessa por algum outro depósito de riqueza. Uma vez instalada a percepção geral de que moeda e ativos baseados em dívida já não são bons depósitos de riqueza, o ciclo da dívida de longo prazo se aproxima do fim e uma reestruturação de todo o sistema financeiro se torna necessária.

Como esses ciclos são importantes e aconteceram praticamente por toda parte desde que o mundo é mundo, precisamos compreendê-los e ter princípios atemporais e universais para lidar bem com eles. Mas a maioria das pessoas, e isso inclui inúmeros economistas, nem sequer percebe sua existência. Isso se deve ao fato de que, para as observações formarem uma amostra suficientemente significativa e diversa para conferir um bom entendimento da questão, é necessário tê-los estudado ao longo de muitas centenas de anos em muitos países diferentes. É justamente o que faremos na Parte II, onde examinaremos os mais importantes desses ciclos ao longo da história e pelo mundo inteiro, fazendo referência à mecânica atemporal e universal de por que moeda e crédito funcionam e deixam de funcionar como meios de troca e depósitos de riqueza. Neste capítulo, farei a síntese de todos os casos para mostrar-lhe como funcionam arquetipicamente.

Começarei com o básico do ciclo da dívida de longo prazo do passado e trarei você ao presente, oferecendo o modelo clássico. Deixo claro que minha intenção não é afirmar que todos os casos transcorram exatamente como esse, mas afirmo que quase todos seguirão de perto este padrão.

O CICLO DE ENDIVIDAMENTO DE LONGO PRAZO

O ciclo da dívida de longo prazo se verifica em seis estágios:

Estágio 1: Inicia-se com a) pouco ou nenhum endividamento e b) moeda sendo "forte".

O peso do endividamento do último ciclo foi basicamente dizimado pela reestruturação e monetização da dívida, e as consequências disso, em particular a inflação, levam a um retorno de uma moeda forte, como ouro e prata (e, às vezes, cobre e outros metais, como o níquel), ou, às vezes, com uma ligação a uma moeda forte. Por exemplo, após a destruição da dívida e da moeda na Alemanha da República de Weimar, sua moeda passou a ter como garantia ativos denominados em ouro e terras, e a ser atrelada ao dólar. Já na Argentina, no fim dos anos 1980, a destruição da moeda a atrelou ao dólar.

Nesse estágio, é importante a moeda ser "forte", pois não há nenhuma necessidade de confiança — ou de crédito — para que uma troca possa acontecer. Qualquer transação pode ser efetuada de cara, ainda que comprador e vendedor sejam desconhecidos ou inimigos. Costumava-se dizer que "o ouro é o único ativo financeiro que não é responsabilidade de outra pessoa". Quem ganha moedas de ouro de um comprador pode derretê-las, utilizar o metal para trocas e ainda assim receber quase o mesmo valor que receberia se as tivesse gastado, ao contrário de um ativo baseado em dívida como papel-moeda, que representa a promessa de fornecimento de um valor (promessa que pouco vale, dado quão fácil é imprimi-lo). Quando países estão em guerra e falta confiança em suas intenções ou condições de pagar, ainda assim podem pagar em ouro. Portanto, o ouro (e, em menor grau, a prata) pode ser usado tanto como um meio seguro de troca quanto como uma reserva de valor segura.

Estágio 2: Depois surgem as garantias da moeda forte (por exemplo, com o uso de notas ou papel-moeda).

Como carregar muito dinheiro em metal por aí é arriscado e inconveniente e criar crédito é atrativo tanto para quem empresta quanto para quem contrai o empréstimo, surgem partes confiáveis que guardam a moeda forte em lugar seguro e emitem garantias de papel sobre ele. Essas partes vieram a se tornar conhecidas como "bancos", embora de início incluíssem todo tipo de instituição em que as pessoas confiassem, como os templos na China. **Logo as pessoas começam a tratar essas "garantias de papel" sobre a moeda como se fossem dinheiro.** Afinal, representam a moeda tangível e é possível usá-las diretamente para comprar coisas. Esse tipo de sistema é chamado de "sistema monetário lastreado", pois o valor da moeda é lastreado ao valor de algo, em geral a moeda forte, como ouro e prata.

Estágio 3: O endividamento começa a aumentar.

A princípio, a quantidade de garantias sobre a moeda forte é a mesma que a reserva em si, guardada no banco. Depois os que detêm garantias em papel-moeda descobrem as maravilhas do crédito e do endividamento. Detentores de papel-moeda o emprestam aos bancos em troca do pagamento de juros. Os bancos gostam de fazê-lo porque podem eles mesmos emprestar dinheiro a outros que pagarão uma taxa de juros mais alta, permitindo-lhes lucrar. Quem toma empréstimos com os bancos gosta porque adquire um poder de compra que antes não tinha. E toda a sociedade gosta porque os preços dos ativos sobem e a produção aumenta. Estando todos felizes com a forma como as coisas estão tendem a usar muito o sistema. Mais e mais empréstimos ocorrem repetidas vezes, acontece um boom e a quantidade de garantias sobre o dinheiro (ou seja, ativos baseados em dívida) aumenta em relação à quantidade de bens e serviços que efetivamente podem ser comprados. Chega-se, enfim, a um ponto em que as garantias excedem em muito o lastro efetivamente guardado no banco.

O problema começa quando não há renda suficiente para pagar as dívidas ou quando a quantidade de garantias a que as pessoas se prendem, na expectativa de poder vendê-las em troca de dinheiro para obter bens e serviços, aumenta mais rápido do que a quantidade de bens e serviços, em um grau que torna impossível a conversão a partir daquele ativo baseado em dívida (títulos, por exemplo). Geralmente os dois problemas ocorrem juntos.

Com relação ao primeiro desses problemas, pense em dívida como ganhos em negativo e um ativo negativo que come ganhos (pois esses têm que ser usados para pagá-la) e come outros ativos (pois outros ativos precisam ser vendidos para se obter o dinheiro que pagará a dívida). Ela é sênior — em outras palavras, deve ser paga antes de qualquer outro tipo de ativo —, e, portanto, quando a renda e o valor dos ativos caem, há uma necessidade de corte de gastos e venda de ativos para levantar o dinheiro necessário. Quando isso não basta, é preciso: a) fazer reestruturações da dívida, através das quais dívidas e encargos de dívidas são reduzidos (o que é problemático tanto para o devedor quanto para o credor, porque as dívidas de uma pessoa são os ativos de outra); e/ou b) que o banco central imprima dinheiro enquanto o governo central distribui dinheiro e crédito para tapar os buracos na renda e nos balanços (eis o que ora ocorre).

Estágio 4: Começam as crises de crédito, os calotes e as desvalorizações, o que leva à impressão de dinheiro e ao rompimento do lastro.

Quanto ao segundo problema, ele se dá quando titulares de dívidas deixam de acreditar que vão conseguir um retorno adequado — em comparação com outras reservas de valores e com o custo de bens e serviços. Ativos baseados em dívida (títulos, por exemplo) são detidos por investidores que acreditam que eles são reservas de valor que possam ser vendidos para obter dinheiro, que por sua vez pode ser usado para a compra de coisas. Quando titulares de dívidas descobrem que não podem convertê-las em dinheiro vivo e em bens e serviços reais, há uma "corrida", termo com o qual quero dizer que vários titulares daquela dívida tentarão convertê-la em dinheiro, bens, serviços e outros ativos financeiros. O banco, seja privado ou não, se vê diante do dilema de ou permitir que o dinheiro flua para longe daquele ativo baseado em dívida — o que aumentará taxas de juros e fará piorar o endividamento e problemas econômicos — ou criar moeda, por meio de emissão de títulos e da compra desses títulos em número suficiente para impedir o aumento das taxas de juros, e, caso seja possível, reverter a debandada deles. Inevitavelmente o banco central rompe o elo, imprime o dinheiro e o desvaloriza, pois não fazer isso causa uma intolerável depressão deflacionária. A chave nesse estágio é criar moeda e desvalorização a tal ponto que compense a depressão deflacionária, mas não tanto que produza uma espiral inflacionária. Quando esse processo é bem conduzido, chamo-o de "uma maravilhosa desalavancagem" e descrevo-o de forma mais completa em meu livro *Principles for Navigating Big Debt Crises*. Às vezes, funciona por um tempo; contudo, se a proporção de garantias sobre a moeda (ativos baseados em dívida) para a quantidade disponível de reserva do lastro e de bens e serviços a comprar for alta demais, o banco se vê envolvido em uma enrascada difícil de resolver. Simplesmente não dispõe de lastro em quantidade suficiente para cobrir as garantias. Quando isso ocorre com um banco central, sua escolha é dar calote ou romper o elo com o lastro, imprimir dinheiro e desvalorizá-lo. Ele sempre optará pela desvalorização. Se as reestruturações de dívidas e desvalorizações da moeda forem grandes demais, levarão ao colapso e quiçá à destruição do sistema monetário. Quanto mais dívida houver (isto é, garantias sobre dinheiro e garantias sobre bens e serviços), mais necessário será desvalorizar o dinheiro.

Lembre-se, a quantidade de bens e serviços é sempre limitada devido à dependência da capacidade da economia de produzi-los. Também é necessário ter em mente que, como mostra nosso exemplo do papel-moeda como garantia sobre moeda conversível, esta última também existe em quantidade limitada (ouro em depósitos, por exemplo) ao passo que papel-moeda (garantia sobre tal lastro) e dívidas (garantias sobre o papel-moeda) crescem constantemente. Se as garantias em papel-moeda crescem em relação à quantidade de reserva de lastro no banco e a de bens e serviços na economia, aumenta o risco de que os titulares desses ativos baseados em dívida não consigam resgatá-los pela quantidade de moeda forte e de bens e serviços que esperavam receber por eles.

Um banco que não consiga lastrear sua moeda e dar conta das garantias feitas sobre ela está enrascado, seja ele privado ou um banco central, embora esse último tenha mais opções do que os bancos privados. Isso porque um banco privado não pode imprimir dinheiro ou modificar leis para tornar mais fácil o pagamento de suas dívidas, enquanto alguns bancos centrais podem. **Bancos privados precisam dar calote ou ser socorridos pelo governo quando se veem em apuros, ao passo que é possível aos bancos centrais desvalorizar suas garantias (por exemplo, reembolsar de 50% a 70%) se suas dívidas forem denominadas na moeda nacional. Se a dívida estiver denominada em uma moeda que não possam imprimir, aí também acabarão sendo forçados a dar calote.**

Estágio 5: É quando surge a moeda fiduciária, o que acaba por conduzir à depreciação do dinheiro.

Bancos centrais querem esticar o ciclo de dinheiro e crédito para fazê-lo durar o máximo possível, tão melhor ele é do que a alternativa. Por isso, quando o sistema de moeda lastreada e as garantias sobre ela se torna muito restritivo, os governos costumam abandoná-lo em favor de algo conhecido como "moeda fiduciária". O sistema dessa moeda simplesmente não envolve lastro; há tão somente papel-moeda, que o banco central pode imprimir à vontade. O resultado é que não há risco de o banco central ter sua reserva esgotada e ter que descumprir suas promessas de disponibilizá-la. Pelo contrário, o risco é de que, liberadas das restrições referentes à oferta tangível de ouro, prata ou qualquer outro ativo forte, as pessoas a cargo das impressoras (isto é, banqueiros centrais trabalhando em conjunto com banqueiros comerciais) criem cada vez mais moeda, ativos baseados em dívida e passivos em relação à quantidade de bens e serviços, sendo produzidos até chegar o momento em que os titulares de enormes quantidades de dívida tentarão trocá-la por bens e serviços. Isso terá o mesmo efeito de uma corrida aos bancos, resultando em calotes de dívidas ou na desvalorização do dinheiro.

A mudança de um sistema em que notas de débito são conversíveis em ativos tangíveis (ouro e prata, por exemplo) mediante uma taxa fixa para outro de moeda fiduciária, no qual tal convertibilidade não existe, ocorreu pela última vez nos EUA na noite de 15 de agosto de 1971. Como mencionei antes, eu estava assistindo à TV quando o presidente Nixon informou o mundo que o dólar não seria mais atrelado ao ouro. Achei que haveria um pandemônio, com ações despencando. Pois elas subiram. Como nunca havia visto uma desvalorização antes, não entendia como funcionava.

Nos anos imediatamente anteriores a 1971, o governo dos EUA gastara muito dinheiro em poderio militar e programas sociais, no que era então chamado de política de "armas e manteiga", e financiara tais gastos com dinheiro emprestado, criando endividamento. A dívida era uma garantia sobre dinheiro que poderia ser trocado por ouro. Investidores tratavam essa dívida como ativo, pois recebiam juros sobre ela e porque o governo dos EUA prometera permitir que os titulares dessas notas as trocassem pelo ouro guardado nos cofres do Tesouro. À medida que aumentavam os gastos e o déficit no orçamento, os EUA tiveram que emitir muito mais dívidas — ou seja, criar mais garantias sobre o ouro —, muito embora a quantidade de ouro nos bancos não tivesse aumentado. Investidores suficientemente astutos perceberam que a quantidade de garantias em aberto sobre o ouro era bem maior que a quantidade de ouro que havia nos bancos. Perceberam que, se continuasse assim, os EUA não poderiam honrar o compromisso e por isso reivindicaram suas garantias. É claro, a ideia de que o governo dos EUA, o mais rico e poderoso do mundo, fosse faltar com a promessa de entregar ouro àqueles que tinham garantias sobre ele parecia implausível na época. Por isso, ainda que muita gente tenha ficado surpresa com o anúncio de Nixon e seu efeito sobre o mercado, quem compreendia a mecânica que regia o dinheiro e o crédito não ficou.

Quando os ciclos de crédito atingem seu limite, a reação lógica e clássica de governos e seus bancos centrais é criar muito endividamento e imprimir dinheiro que será gasto em bens, serviços e ativos financeiros para manter a economia em movimento. Isso foi feito durante a crise financeira de 2008, quando taxas de juros não podiam mais ser baixadas, pois já haviam chegado ao zero. Aconteceu também com estardalhaço em 2020 em reação à queda desencadeada pela pandemia de Covid-19. E foi feito como reação à crise de dívida de 1929-32, quando taxas de juros, da mesma forma, haviam atingido 0%. Enquanto escrevo, há um aumento do endividamento e uma criação de moeda em uma quantidade maior do que em qualquer outra época desde a Segunda Guerra Mundial.

Para deixar claro, imprimir dinheiro e distribuí-lo para ser gasto em vez de apoiar gastos que contribuem para o crescimento do endividamento não deixa de ter benefícios — dinheiro vivo é gasto da mesma forma que o crédito, mas na prática (ainda que não na teoria) não é preciso reembolsá-lo. Nada há de errado em aumentar a circulação do dinheiro, e não o processo de endividamento e crédito, se isso for usado de forma produtiva. O risco é que não venha a ser. Se papel-moeda for impresso agressivamente e seu uso não for produtivo, as pessoas deixarão de usá-lo como reserva de valor e transferirão sua riqueza para outros lugares.

A história já mostrou que ● ***não se deve confiar em governos para a nossa proteção financeira.*** Ao contrário, devemos esperar da maioria dos governos que abusem de suas posições de privilégio como criadores e usuários de moeda e crédito pelas mesmas razões que você também cometeria tais abusos se estivesse na mesma posição. Isso acontece porque nenhum formulador de políticas tem controle de todo o ciclo. Cada um entra nele em um estágio distinto e faz o que é de seu interesse, dadas as circunstâncias do momento e o que acreditam ser o melhor (incluindo a quebra de promessas, ainda que a forma com que lidam de forma coletiva com o ciclo todo seja ruim).

Como no início do ciclo de endividamento os governos, além de serem considerados confiáveis, precisam de dinheiro e o querem em igual ou maior proporção do que quaisquer outros, costumam ser eles os que mais contraem empréstimos. Em um estágio posterior do ciclo, novos líderes governamentais e novos banqueiros centrais se veem diante do desafio de reembolsar dívidas com menos estimulante na garrafa. Para piorar, os governos ainda precisam socorrer endividados cujas falências lesariam o sistema — a síndrome do "grande demais para falir". Como resultado, tendem a se ver às voltas com confusões de fluxo de caixa muito maiores do que as de indivíduos, empresas e a maioria das demais entidades.

Em praticamente todos os casos, o governo contribui para a acumulação de dívidas por meio de seus atos e por tornar-se ele próprio um grande devedor. Quando a bolha da dívida estoura, o governo socorre a si próprio e a outros, comprando ativos e/ou imprimindo dinheiro e o desvalorizando. Quanto maior for a crise de dívida, mais isso será verdade. Embora seja indesejável, é compreensível. ● **Quando se pode produzir dinheiro e crédito e repassá-los a todos para que fiquem felizes, é dificílimo resistir à tentação de fazê-lo.**[5] Trata-se de uma clássica jogada monetária. **Ao longo da história, governantes acumularam dívidas que só vencem muito depois do fim de seus mandatos, deixando o pagamento da conta para os sucessores.**

Imprimir dinheiro e adquirir ativos financeiros (títulos, em geral) mantém as taxas de juros baixas, o que estimula empréstimos e negócios. Os investidores que detêm títulos são encorajados a vendê-los. Baixas taxas de juros ainda encorajam investidores, empresas e indivíduos a contrair empréstimos e investir em ativos de retorno mais alto, conseguindo aquilo que querem via pagamentos mensais que podem custear.

Isso leva bancos centrais a imprimir mais dinheiro, a comprar mais títulos e, às vezes, outros ativos financeiros. Normalmente funciona para fazer subir preços de ativos financeiros, mas é uma medida relativamente ineficiente quando a ideia é colocar dinheiro, crédito e poder de compra nas mãos dos que mais precisam deles. Foi o que aconteceu em 2008 e pela maior parte do tempo até a crise impulsionada pelo novo coronavírus em 2020. Quando imprimir dinheiro e comprar ativos financeiros não adianta para levar dinheiro e crédito na direção certa, o governo toma empréstimos do banco central (que imprime o dinheiro) para poder gastá-lo onde é necessário. O Fed anunciou esse plano em 9 de abril de 2020. A abordagem de imprimir dinheiro para financiar dívidas (chamada "monetização da dívida") é muito mais politicamente palatável como forma de transferir riquezas de quem a tem para quem dela precisa do que impor impostos, que enfureceram os taxados. **Por isso bancos centrais sempre acabam por imprimir papel-moeda e desvalorizá-lo.**

---

[5] Alguns bancos centrais dificultam a queda nesse tipo de tentação ao se separarem do controle direto de políticos, mas praticamente todos têm que socorrer seu governo em dado momento e, por isso, sempre há desvalorizações.

Quando os governos imprimem muito dinheiro e financiam dívidas demais, barateiam ambos, o que essencialmente taxa quem os possui e facilita a vida de devedores e de quem contrai empréstimos. Se ocorrer ao ponto de detentores de dinheiro e de ativos baseados em dívida se darem conta do que está acontecendo, eles tentarão vender seus ativos de dívida e/ou tomar dinheiro emprestado para entrar em endividamento que poderão reembolsar com dinheiro desvalorizado. Também é comum que transfiram sua riqueza para reservas melhores, como ouro e certos tipos de ações, ou para outro país que não tenha tais problemas. Nessas horas, bancos centrais tipicamente continuam a imprimir dinheiro e a financiar dívidas direta ou indiretamente (por exemplo, fazendo com que bancos as financiem em seu lugar) ao mesmo tempo que o fluxo de dinheiro para ativos que não são afetados pela inflação, moedas alternativas e locais alternativos são proibidos por lei.

Tais períodos de "reflação" estimulam uma nova expansão de dinheiro e crédito que financia outra expansão econômica (algo bom para ações), ou então desvalorizam o dinheiro de forma a fazê-lo produzir inflação monetária (bom para ativos que não são afetados pela inflação, tais como ouro, *commodities* e títulos atrelados ao índice de inflação). No início do ciclo de endividamento de longo prazo, quando dívidas em aberto ainda não estão em grande quantidade e há espaço de sobra para se estimular o processo baixando taxas de juros (e, se isso não der certo, imprimindo papel-moeda e comprando ativos financeiros), há uma forte probabilidade de que o aumento do crédito e o crescimento da economia sejam bons. Mais à frente no ciclo, quando já há muito endividamento e não sobra espaço suficiente para estimulá-lo, a probabilidade de que haja inflação monetária acompanhada de fragilidade econômica é bem maior.

Embora as pessoas tendam a acreditar que uma moeda é algo basicamente permanente e que "dinheiro vivo" é o ativo mais seguro a se ter em mãos, isso não é verdade. ● *Todas as moedas se desvalorizam ou morrem e, quando isso ocorre, dinheiro vivo e títulos (que são promessas de um dia recebê-lo) são desvalorizados ou dizimados.* **Isso porque imprimir grande quantidade de papel-moeda e desvalorizar dívidas é a maneira mais conveniente de reduzir ou dar cabo de encargos de dívidas.** Quando encargos de dívidas são suficientemente reduzidos ou eliminados, os ciclos de expansão de crédito/dívida podem começar de novo, como descrito no capítulo seguinte.

Como expliquei de forma detalhada em meu livro *Principles for Navigating Big Debt Crises*, **há quatro alavancas a que os proponentes de políticas podem recorrer para baixar os níveis de endividamento e de serviço da dívida em relação aos níveis de renda e fluxo de caixa necessários para o serviço das dívidas:**

9. Austeridade (gastar menos);
10. Calotes e reestruturações de dívidas;
11. Transferências de dinheiro e crédito dos que têm mais do que precisam para os que têm menos do que precisam (por meio do aumento de impostos, por exemplo);
12. Impressão e desvalorização de dinheiro.

Cada uma dessas alavancas costuma conduzir o processo à alavanca seguinte, por razões lógicas:

- Austeridade é deflacionária e não dura muito porque é dolorosa.
- Calotes e reestruturações de dívidas também são deflacionários e dolorosos porque as dívidas que são dizimadas ou que têm seu valor reduzido são ativos de alguém; assim, calotes e reestruturações são difíceis tanto para o devedor que se vê quebrado e tem seus ativos confiscados quanto para o credor que perde riqueza quando a dívida é deduzida.
- Transferências de dinheiro e crédito dos que têm mais do que precisam para os que precisam de mais do que têm (por exemplo, por meio de impostos para redistribuir renda) são politicamente desafiadoras, porém mais toleráveis do que os dois primeiros meios, e costumam fazer parte da resolução.
- Na comparação com o restante, 🔴 *imprimir dinheiro é a forma mais conveniente, menos entendida e mais comum de reestruturar dívidas.* Na verdade, para a maioria das pessoas parece bom, e não ruim, porque:
  – Ajuda a aliviar o aperto da dívida.
  – É difícil identificar partes prejudicadas das quais a riqueza tenha sido retirada para fornecer tal riqueza financeira (embora elas existam; são os detentores do dinheiro e dos ativos baseados em dívida).

- Na maioria dos casos, faz os ativos subirem de valor na moeda em depreciação pela qual as pessoas medem sua riqueza, e assim dá a elas a impressão de que estão ficando mais ricas.

Foi isso que se desenrolou durante a crise do novo coronavírus à medida que governos e bancos centrais liberaram grandes quantidades de dinheiro e de crédito. Repare que a criação de dinheiro e de crédito não foi motivo de reclamação; na realidade, existe a opinião de que os governos seriam muquiranas e cruéis se não disponibilizassem grandes quantidades a mais deles. Quase ninguém sabe que governos não têm todo esse capital para dar. Governos não são entidades ricas com dinheiro aos montes dando sopa. São apenas representantes do povo, que, em última análise, pagará pela criação e distribuição de dinheiro. Imaginem agora o que esses mesmos cidadãos diriam se autoridades cortassem despesas para equilibrar o orçamento e lhes pedissem para fazer o mesmo, levando vários à bancarrota, e/ou se procurassem redistribuir riqueza de quem tem muito para quem tem pouco por meio do aumento de impostos. O caminho da geração de dinheiro e crédito é muito mais aceitável politicamente do que qualquer uma dessas opções. É como se as regras do "Banco Imobiliário" fossem mudadas para permitir ao banqueiro produzir mais dinheiro e redistribuí-lo se a maioria dos jogadores estivesse indo à falência e ficando com raiva.

Estágio 6: Quando se retorna à moeda forte.
Quando sustentado além da conta, imprimir moeda fiduciária em excesso leva à venda de ativos baseados em dívida e à anteriormente mencionada dinâmica da "corrida bancária", que acaba por reduzir o valor do dinheiro e do crédito e incitar as pessoas a livrar-se da moeda e da dívida. A história nos ensina que as pessoas geralmente se voltam para o ouro, a prata, as ações que mantenham seu valor real e as moedas e os ativos em outros países onde não haja esses problemas. Alguns consideram que, para esse tipo de fuga ocorrer, é preciso haver uma moeda de reserva alternativa, mas isso não é verdade, pois a mesma dinâmica do colapso do sistema monetário e da corrida a outros ativos já ocorreu em casos em que não existia moeda alternativa (como, por exemplo, na China dinástica e durante a vigência do Império Ro-

mano). Quando o dinheiro é desvalorizado, as pessoas se refugiam em muita coisa, incluindo até mesmo pedras (usadas para construção) na Alemanha dos tempos da República de Weimar. A depreciação da moeda leva as pessoas a fugirem dela e de dívidas nela denominadas, rumo a alguma outra coisa.

Nesse estágio do ciclo da dívida costuma haver estresse econômico gerado por grandes hiatos de riqueza e de valores. Essas diferenças levam a impostos mais altos e conflitos entre ricos e pobres. Também faz os detentores de riqueza quererem transferi-la para ativos sólidos, outras moedas e outros países. Quem governa os países que sofrem com essa fuga de dívidas, de moeda e de país naturalmente quer tentar impedi-la. Assim, governos tornam mais difícil investir em ativos como ouro (por exemplo, tornando ilegais transações com o metal, bem como sua propriedade), moedas estrangeiras (eliminando a capacidade de transações com elas) e países estrangeiros (estabelecendo formas de controle que impeçam que o dinheiro deixe a nação). O endividamento acaba por ser amplamente dizimado, em geral ao tornar abundante e barato o dinheiro para saldá-lo, o que desvaloriza tanto o dinheiro quanto a dívida.

Quando as desvalorizações e os calotes se tornam tão extremos que o sistema de dinheiro e crédito entra em pane, a necessidade costuma impelir governos a retornar a algum tipo de moeda forte para reerguer a fé das pessoas no valor do dinheiro como reserva de valor. É muito comum, embora nem sempre ocorra, que o governo vincule sua moeda ao ouro ou a uma moeda de reserva forte, com a promessa de autorizar detentores daquele novo dinheiro a convertê-lo em dinheiro forte. Esse último, às vezes, é a moeda de outro país. Por exemplo, ao longo das últimas décadas muitos países de moeda fraca a vincularam ao dólar americano ou simplesmente dolarizaram sua economia (ou seja, lançaram mão do dólar como seu próprio meio de troca e reserva de valor).

Para resumir, deter dívida como um ativo que gera juros costuma ser interessante bem no início do ciclo de endividamento de longo prazo, quando não há muita dívida pendente, mas fazê-lo em um estágio mais à frente, com dívidas pendentes em grande quantidade, mais

próximas do calote ou da desvalorização, é arriscado na relação com a taxa de juros existente. Portanto, ser titular de uma dívida é um pouco como ter nas mãos uma bomba-relógio que o beneficia enquanto dura o tique-taque, mas que explode levando você junto quando o relógio para. E, como já vimos, essa grande explosão (isto é, o grande calote ou a grande desvalorização) ocorre mais ou menos uma vez a cada ciclo de 50 a 75 anos.

Esses ciclos nos quais dívidas crescem e são anuladas existem há milhares de anos e, em alguns casos, foram institucionalizados. Por exemplo, o Antigo Testamento descreve um ano de Jubileu a cada cinquenta anos, no qual dívidas eram perdoadas. Cientes de que o ciclo da dívida ocorreria daquela forma, todos conseguiam agir de forma racional a fim de se preparar para ele.

Ajudar você a compreender esse ciclo da dívida de forma a estar preparado para ele, e não ser pego de surpresa, é meu objetivo principal ao escrever este livro.

Ironicamente, **quanto mais próxima a maioria das pessoas está da explosão, que é também quando garantias pendentes são maiores em relação à quantidade de lastro e riqueza tangível disponíveis, mais arriscada é a situação, mas as pessoas tendem a se sentir seguras. Isso se deve ao fato de terem sido detentoras da dívida e gozado dos benefícios. Quanto mais tempo se passou desde a última explosão, mais distante é a lembrança das pessoas** — apesar de os riscos de ser titular da dívida aumentarem e os benefícios diminuírem. Para julgar adequadamente o risco e o benefício de ter essa bomba-relógio em mãos, deve-se estar sempre ciente do montante da dívida que precisa ser pago em relação ao montante de reserva existente para pagá-lo, o montante de parcelas da dívida que precisam ser pagas em relação ao montante de fluxo de caixa de que os devedores dispõem e o montante de juros que trazem.

SÍNTESE DO CICLO DE ENDIVIDAMENTO DE LONGO PRAZO

Por milhares de anos, tem havido três tipos de sistema monetário:

Tipo 1: Moeda forte (por exemplo, moedas de metal)
Tipo 2: Papel-moeda (garantias sobre dinheiro forte)
Tipo 3: Moeda fiduciária

Moeda forte é o sistema mais restritivo, pois não há como criar moeda sem aumentar o suprimento do metal ou de outra *commodity* de valor intrínseco que sirva de dinheiro. Moeda e crédito são criados com mais facilidade no segundo tipo de sistema, portanto a proporção de garantias sobre a moeda conversível em relação à reserva de fato disponível aumenta, o que acaba levando a uma corrida aos bancos. O resultado é: a) calotes, quando o banco fecha as portas e depositantes perdem seus ativos fortes, e/ou b) desvalorizações das garantias sobre o dinheiro, o que significa que depositantes recebem menos em troca. No terceiro tipo de sistema, governos podem criar moeda e crédito livremente, o que funciona enquanto as pessoas continuam a ter fé na moeda e fracassa quando a fé deixa de existir.

Ao longo da história, países transitaram entre diferentes tipos de sistemas por razões lógicas. Quando um país precisa de mais dinheiro e crédito do que dispõe no momento, seja para lidar com dívidas, guerras ou outros problemas, naturalmente transita do Tipo 1 para o Tipo 2, ou do Tipo 2 para o Tipo 3, a fim de ganhar mais flexibilidade para imprimir dinheiro. Então criar dinheiro e dívida em excesso deprecia seu valor, levando as pessoas a se livrarem da titularidade de dívidas e da posse de dinheiro como reserva de valor e voltarem a recorrer a ativos fortes (como ouro e prata) e outras moedas. Como isso costuma se dar quando há conflitos sobre riqueza e, às vezes, guerra, há também geralmente um desejo de sair do país. Tais países precisam restabelecer a confiança em sua moeda como reserva de valor antes de poderem recuperar seus mercados de crédito.

O diagrama seguinte comunica essas diferentes transições. Há uma série de exemplos históricos, da Dinastia Song na China à Alemanha da República de Weimar, de países fazendo a transição completa de sistemas monetários de tipo mais controlado (Tipos 1 e 2) à moeda fiduciária (Tipo 3), retornando depois a um sistema mais controlado quando há hiperinflação da moeda fiduciária.

Tipo 2: Garantias sobre moeda forte
(por exemplo, notas)
Expande o crédito,
compromete a credibilidade

Tipo 1: Moeda forte
(por exemplo, moedas de metal)
Maximiza a credibilidade, minimiza o crédito

Tipo 3: Moeda fiduciária
(por exemplo, dólares americanos hoje)
Maximiza o crédito, minimiza a credibilidade

Esse grande ciclo geralmente se estende por algo entre cinquenta e 75 anos; seu fim é caracterizado por uma reestruturação de dívidas e do próprio sistema monetário. As partes abruptas dessas reestruturações — isto é, os períodos de crise de dívida e da moeda — costumam ser rápidas, durando algo entre poucos meses e três anos, dependendo de quanto o governo demore para agir. Porém, seu efeito cascata pode ser de longa duração — por exemplo, quando uma moeda deixa de ser encarada como moeda de reserva. Dentro de cada um desses regimes monetários, normalmente há de duas a quatro grandes crises de crédito — isto é, grandes o bastante para gerar crises bancárias e extinções de dívidas ou desvalorizações de 30% ou mais —, mas não grandes o bastante para dar cabo do sistema monetário. Como investi em muitos países por quase meio século, já passei por dezenas delas. Todas transcorrem da mesma forma, o que explico em maiores detalhes em meu livro *Principles for Navigating Big Debt Crises*.

No próximo capítulo, entrarei em maiores detalhes sobre as causas que levam o dinheiro a mudar de valor e os riscos associados a isso, mostrando que tipo de situação já ocorreu no passado, o que é bastante assustador.

CAPÍTULO 4

A MUDANÇA DE VALOR DA MOEDA

Este capítulo analisa com mais detalhes os conceitos apresentados no capítulo anterior, para mostrar como são consistentes com os casos reais dos quais derivam. Apesar de entrarmos aqui um pouco mais na mecânica do que tratamos no Capítulo 3, escrevi este capítulo de um jeito que deve ser acessível ao leitor leigo e, ao mesmo tempo, preciso o suficiente para satisfazer as necessidades de economistas e investidores qualificados.

Conforme explicado antes, existe uma economia real e uma economia monetária; as duas estão intimamente interligadas, mas são diferentes. Cada uma tem sua própria dinâmica de oferta e demanda. Neste capítulo, vamos nos concentrar na dinâmica de oferta e demanda da economia monetária para explorar o que determina o valor da moeda.

A maioria das pessoas se preocupa se seus ativos estão aumentando ou diminuindo; em certos países, elas raramente prestam muita atenção ao valor do seu dinheiro. Pense nisso. Até que ponto você está preocupado com o declínio da sua moeda? E até que ponto está preocupado com o desempenho de suas ações ou seus outros ativos? Se você for como a maioria das pessoas, não está tão ciente do risco cambial quanto deveria.

Portanto, vamos explorar os riscos cambiais.

TODAS AS MOEDAS SÃO DESVALORIZADAS OU MORREM

Das cerca de 750 moedas que existiram desde 1700, apenas cerca de 20% ainda existem, e todas elas foram desvalorizadas. Se você voltar a 1850, por exemplo, as principais moedas do mundo não seriam nem um pouco parecidas com as de hoje. Embora o dólar, a libra e o franco suíço existissem em 1850, as moedas mais importantes daquela época morreram. No que hoje é a Alemanha, você teria usado o florim neerlandês ou o táler. O iene não existia, então no Japão você poderia ter usado o koban ou o ryo. Na Itália, teria usado uma ou mais das seis moedas. Também teria usado moedas diferentes na Espanha, na China e na maioria dos outros países. Algumas foram completamente extintas (na maioria dos casos, eram de países com hiperinflação e/ou que perderam guerras e tinham grandes dívidas por causa do conflito) e substituídas por moedas totalmente novas. Algumas foram fundidas e viraram moedas que as substituíram (por exemplo, as moedas europeias individuais foram fundidas e viraram o euro). E algumas continuam existindo, mas foram desvalorizadas, como a libra esterlina e o dólar americano.

ELAS SE DESVALORIZAM EM RELAÇÃO A QUÊ?

O objetivo da emissão de moeda é reduzir os encargos de dívidas. Portanto, o fator mais importante para a desvalorização das moedas é a dívida (ou seja, aumentar a quantidade de dinheiro em relação ao valor da dívida para facilitar o pagamento pelos devedores). A dívida é uma promessa de entregar dinheiro, portanto, dar mais dinheiro para aqueles que precisam diminui o peso da dívida. O local para onde fluem esse dinheiro e esse crédito recém-criados determina o que vai acontecer em seguida. **Nos casos em que o alívio da dívida facilita o fluxo desse dinheiro e desse crédito para a produtividade e para os lucros das empresas, os preços reais das ações — o valor das ações após o ajuste pela inflação — aumentam.**

Quando a criação de moeda prejudica suficientemente os retornos reais e futuros de caixa e de ativos de dívida, ela conduz os fluxos desses ativos para ativos que não são afetados pela inflação, como ouro, *commodities*, títulos indexados à inflação e outras moedas (incluindo as digitais). Isso leva a um declínio autorreforçante no valor do dinheiro. Às vezes, quando o banco central precisa escolher entre permitir que as taxas de juros reais (isto é, a taxa de juros menos a taxa de inflação) aumentem em detrimento da economia — para a raiva da maioria da população — ou impedir, por meio da impressão de dinheiro e da compra de caixa e ativos de dívida, que as taxas de juros reais aumentem, eles escolhem o segundo caminho. Isso reforça os retornos ruins de manter o caixa e os ativos de dívida.

Quanto mais tarde no ciclo da dívida de longo prazo isso acontecer, maior será a probabilidade de ocorrer um colapso do sistema cambial e monetário. Esse colapso tem maior possibilidade de ocorrer nos seguintes contextos: quando os montantes de dívida e dinheiro já estão altos demais para serem transformados em valor real destinado aos montantes de bens e serviços com os quais se vinculam; quando o nível das taxas de juros reais, que é baixo o suficiente para salvar os devedores da falência, está abaixo do nível necessário para que os credores mantenham a dívida como uma reserva de valor viável; quando deixam de funcionar as alavancas normais do banco central para alocação de capital por meio de mudanças nas taxas de juros (que chamo de Política Monetária 1 ou MP1) e/ou impressão de dinheiro e compra de dívida de alta qualidade (Política Monetária 2 ou MP2). Isso torna a política monetária um facilitador de um sistema político que aloca recursos de maneira não econômica.

Existem desvalorizações sistemicamente benéficas (embora sempre custem caro para os detentores de dinheiro e dívidas) e existem desvalorizações sistemicamente destrutivas, que prejudicam o sistema de crédito e alocação de capital, mas elas são necessárias para eliminar a dívida e criar uma nova ordem monetária. É importante ser capaz de distingui-las.

Para isso, vou começar mostrando como os valores das moedas mudaram em relação ao ouro e às cestas de bens e serviços ponderadas por índices de preços ao consumidor. Essas comparações são relevantes porque o ouro é a moeda alternativa atemporal e universal, enquanto o dinheiro é destinado à compra de bens e serviços, portanto seu poder de compra é de suma importância. Também vou abordar como o valor de uma moeda muda em relação a outras moedas/dívidas e em relação às ações, porque elas também podem ser reservas de valor. A imagem que todas essas medidas transmitem é bem parecida quando uma desvalorização é grande o suficiente. Muitas outras coisas (imóveis, arte etc.) também são reservas alternativas de valor, mas o ouro vai ilustrar melhor a questão.

EM RELAÇÃO AO OURO

O gráfico abaixo mostra as taxas de câmbio das três principais moedas de reserva em relação ao ouro desde 1600. Vamos analisar tudo isso em profundidade mais tarde. Por enquanto, gostaria de me concentrar nos retornos da taxa de câmbio à vista e nos retornos totais do dinheiro que gera juros em todas as principais moedas desde 1850.

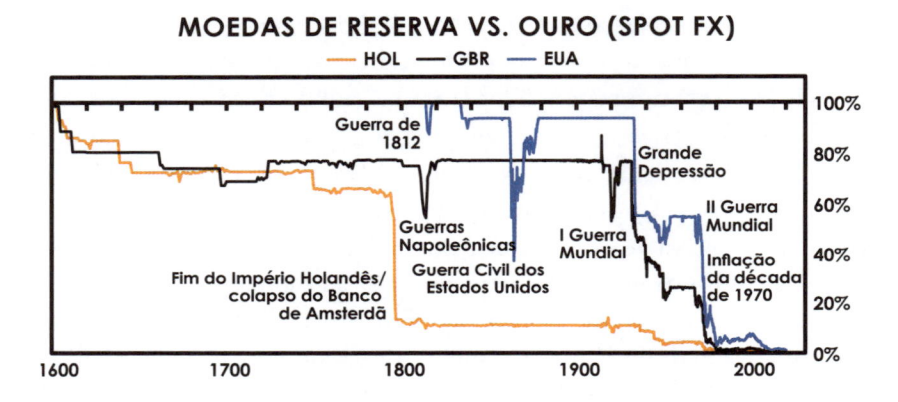

MOEDAS DE RESERVA VS. OURO (SPOT FX)
— HOL — GBR — EUA

Guerra de 1812
Guerras Napoleônicas
Guerra Civil dos Estados Unidos
Fim do Império Holandês/ colapso do Banco de Amsterdã
I Guerra Mundial
Grande Depressão
II Guerra Mundial
Inflação da década de 1970

Como mostram os dois gráficos a seguir, as desvalorizações costumam ocorrer de maneira bem abrupta durante crises de dívida separadas por períodos mais longos de prosperidade e estabilidade. **Observei seis desvalorizações**, mas é claro que, em relação a moedas menores, houve várias outras.

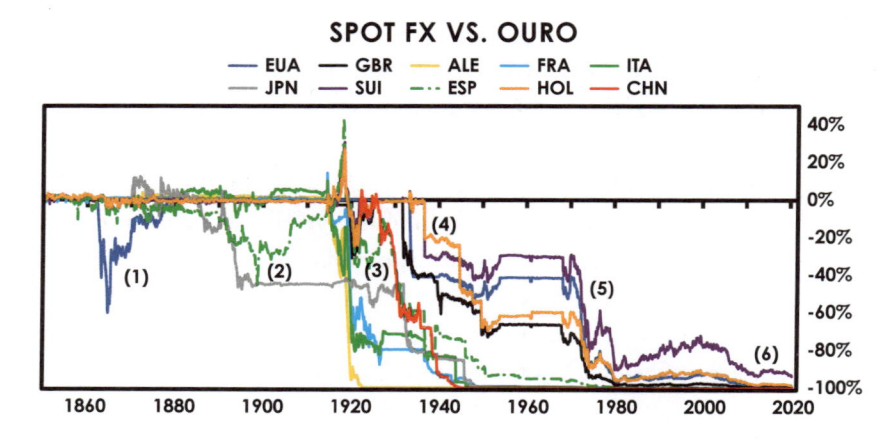

SPOT FX VS. OURO
— EUA — GBR — ALE — FRA — ITA
— JPN — SUI --- ESP — HOL — CHN

A MUDANÇA DE VALOR DA MOEDA

Para comparar de maneira adequada os retornos do ouro com os de manter dinheiro em alguma moeda, temos que levar em consideração os juros que seriam recebidos sobre o dinheiro. O gráfico abaixo mostra o retorno total — mudanças de preço mais juros recebidos — sobre o dinheiro em cada moeda principal *versus* ouro.

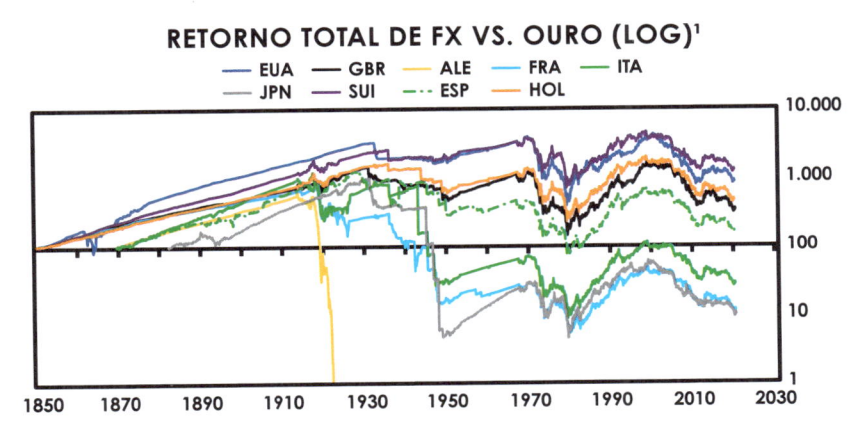

RETORNO TOTAL DE FX VS. OURO (LOG)[1]

— EUA — GBR — ALE — FRA — ITA
— JPN — SUI ---ESP — HOL

Aqui estão as conclusões mais notáveis:

- **As grandes desvalorizações são abruptas e episódicas, e não evolutivas.** Ao longo dos últimos 170 anos, houve seis períodos em que ocorreram desvalorizações muito grandes das principais moedas (e vários outros de moedas menores).
- Na década de 1860, durante a guerra civil, os Estados Unidos suspenderam a conversibilidade do ouro e do papel-moeda impresso (conhecido como *greenbacks*) para ajudar a monetizar as dívidas de guerra.
- Em meados da década de 1870, mais ou menos na época em que os Estados Unidos voltaram à indexação ao ouro, vários outros países aderiram a esse padrão; a maioria das moedas continuou fixa em relação a ele até a Primeira Guerra Mundial. As principais exceções foram o Japão (que usou um padrão vinculado à prata até a década de 1890, o que levou sua taxa de câmbio a desvalorizar em relação ao ouro à medida que os preços da prata caíram

---
[1] Por falta de dados, vários gráficos neste capítulo não mostram a China.

durante esse período) e a Espanha, que várias vezes suspendeu a conversibilidade para sustentar grandes déficits fiscais.
- Durante a Primeira Guerra Mundial, os países em guerra incorreram em enormes déficits, financiados pela impressão e pelo empréstimo de dinheiro dos bancos centrais. O ouro servia como dinheiro em transações estrangeiras, pois faltava confiança internacional (e, portanto, crédito). Quando a guerra acabou, uma nova ordem monetária foi criada com o ouro e as moedas dos países vencedores, que eram atreladas ao ouro.
- Ainda assim, entre 1919 e 1922, vários países europeus, sobretudo aqueles que perderam a guerra, foram forçados a imprimir e desvalorizar suas moedas. O marco alemão e a dívida do marco alemão afundaram entre 1920 e 1923. Alguns dos vencedores da guerra também tinham dívidas que tiveram que ser desvalorizadas para criar um recomeço.
- Depois de feitas as reestruturações das dívidas, da política interna e da geopolítica internacional, a década de 1920 vicejou, especialmente nos Estados Unidos, inflando uma bolha de dívida.
- A bolha de dívida estourou em 1929, exigindo que os bancos centrais imprimissem dinheiro e o desvalorizassem ao longo dos anos 1930. Mais impressão de dinheiro e mais desvalorizações de moedas foram necessárias durante a Segunda Guerra Mundial para financiar os gastos militares.
- Em 1944-45, com o fim da guerra, foi criado um novo sistema monetário que vinculava o dólar ao ouro e outras moedas ao dólar. As moedas e as dívidas da Alemanha, do Japão e da Itália, bem como as da China e de vários outros países, foram rápida e totalmente destruídas, enquanto as da maioria dos vencedores da guerra foram depreciadas de maneira lenta, mas ainda substancial. Esse sistema monetário permaneceu em vigor até o fim dos anos 1960.
- Em 1968-73 (principalmente em 1971), os gastos excessivos e a criação de dívidas (especialmente pelos EUA) exigiram a quebra do vínculo do dólar com o ouro, porque os créditos sobre o ouro que estavam sendo entregues eram bem maiores do que a quantidade de ouro disponível para resgatá-los.

- Isso levou a um sistema monetário fiduciário baseado no dólar, o qual permitiu o grande aumento do dinheiro e do crédito denominados em dólares que alimentou a inflação da década de 1970 e levou à crise da dívida na década de 1980.
- Desde 2000, o valor do dinheiro caiu em relação ao valor do ouro, por causa da criação de dinheiro e crédito e porque as taxas de juros estão baixas em relação às taxas de inflação. Como o sistema monetário tem flutuado livremente, ele não teve a experiência das interrupções abruptas do passado; a desvalorização tem sido mais gradual e contínua. Taxas de juros baixas e, em alguns casos, negativas não compensaram o aumento da quantidade de dinheiro e crédito e a inflação resultante (embora baixa).

Agora, vamos analisar mais de perto esses eventos:

Os retornos da reserva de moedas (em dívidas de curto prazo que rendem juros) em geral foram lucrativos entre 1850 e 1913 em relação aos retornos da reserva de ouro. A maioria das moedas conseguiu permanecer fixa em relação ao ouro ou à prata, e a concessão e a tomada de empréstimos funcionaram bem para quem as fez. Esse período próspero é chamado de Segunda Revolução Industrial, quando os tomadores de empréstimos transformavam o dinheiro que pegavam emprestado em ganhos que permitiam pagar suas dívidas a altas taxas de juros. Os tempos eram turbulentos, apesar de tudo. Por exemplo, no início dos anos 1900 nos Estados Unidos, um boom especulativo financiado por dívidas em ações cresceu demais, provocando uma crise bancária e de corretagem. Isso levou ao Pânico de 1907, ao mesmo tempo que o grande hiato de riqueza e outras questões sociais — como o sufrágio feminino e a sindicalização — provocavam tensões políticas. **O capitalismo foi desafiado, e os impostos começaram a aumentar para financiar o processo de redistribuição da riqueza.** Tanto o Federal Reserve quanto o imposto de renda federal dos Estados Unidos foram instituídos em 1913.

Embora esteja a um mundo de distância, a China foi afetada pela mesma dinâmica. Uma bolha do mercado de ações liderada por ações de fabricantes de borracha (o equivalente da China às bolhas de ações das ferrovias que contribuíram para o pânico nos Estados Unidos ao longo do século XIX) estourou em 1910, provocando o *crash* que alguns descreveram como um fator na recessão da dívida, do dinheiro e da economia que causou o fim da China Imperial.

Mas, ao longo da maior parte desse período, os sistemas monetários do Tipo 2 (isto é, aqueles com notas que podem ser convertidas em moeda metálica) permaneceram em vigor na maioria dos países, e os detentores dessas notas receberam boas taxas de juros sem que suas moedas fossem desvalorizadas. As grandes exceções foram a desvalorização dos Estados Unidos para financiar as dívidas da guerra civil na década de 1860, as frequentes desvalorizações da moeda da Espanha por causa de sua fraqueza como potência global e as acentuadas desvalorizações da moeda do Japão devido à sua permanência em um padrão vinculado à prata até a década de 1890, enquanto os preços da prata caíam em relação ao ouro.

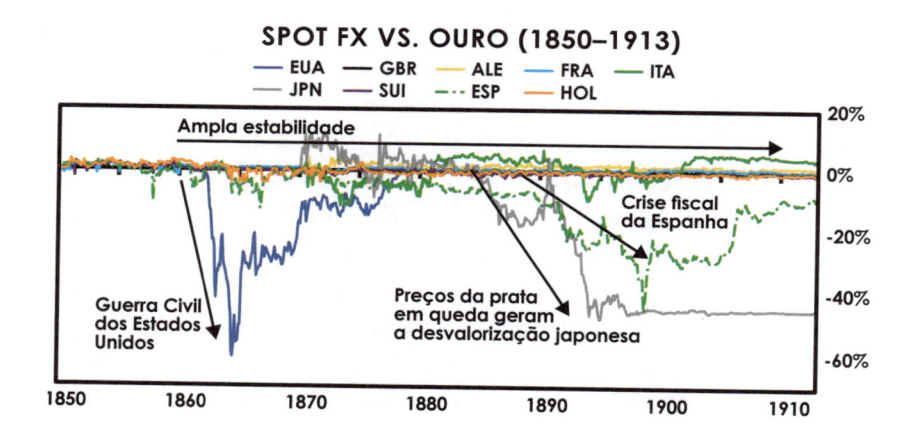

SPOT FX VS. OURO (1850–1913)

— EUA — GBR — ALE — FRA — ITA
— JPN — SUI - - - ESP — HOL

Ampla estabilidade

Guerra Civil dos Estados Unidos

Preços da prata em queda geram a desvalorização japonesa

Crise fiscal da Espanha

Com a eclosão da Primeira Guerra Mundial, em 1914, os países contraíram muitos empréstimos para financiá-la. Isso levou ao colapso do ciclo de moratória da dívida e às desvalorizações que ocorreram quando as dívidas de guerra tiveram que ser liquidadas, destruindo efetivamente os sistemas monetários dos perdedores. A Conferência de Paz de Paris, que encerrou a guerra em 1918, tentou instituir uma nova ordem internacional em torno da Liga das Nações. Contudo, esses esforços de cooperação não conseguiram evitar a crise de dívida e a instabilidade monetária causada pelas enormes indenizações de guerra cobradas das potências derrotadas, bem como as grandes dívidas de guerra que as potências aliadas vitoriosas deviam umas às outras (especialmente os EUA).

A Alemanha sofreu uma perda total do valor do dinheiro e do crédito, o que levou à hiperinflação mais icônica da história durante a República de Weimar (que descrevo em detalhes no livro *Principles for Navigating Big Debt Crises*). A pandemia de gripe espanhola também ocorreu nesse período, começando em 1918 e terminando em 1920. **Com exceção dos Estados Unidos, praticamente todos os países desvalorizaram suas moedas porque tiveram que monetizar algumas de suas dívidas de guerra.** Se não tivessem feito isso, não teriam sido capazes de competir nos mercados mundiais com os países que o fizeram. Perto do fim da guerra, a moeda chinesa baseada na prata subiu drasticamente em relação ao ouro (e às moedas vinculadas ao ouro) devido ao aumento dos preços do metal, mas depois desvalorizou automaticamente conforme os preços da prata caíram de forma acentuada em meio à deflação do pós-guerra nos EUA. **Esse período de guerra e desvalorização que estabeleceu a nova ordem mundial em 1918 foi seguido de um período extenso e produtivo de prosperidade econômica, sobretudo nos Estados Unidos, conhecido como Loucos Anos 1920. Assim como todos os períodos semelhantes, isso levou a grandes bolhas de dívidas e ativos e grandes hiatos de riqueza.**

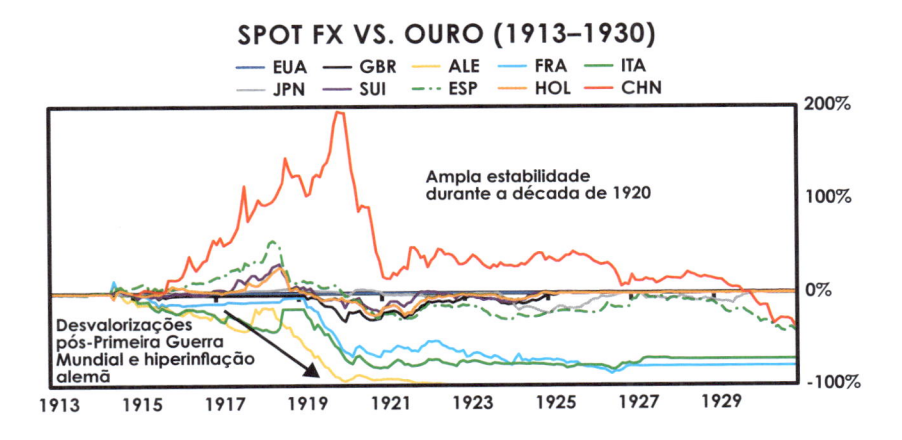

SPOT FX VS. OURO (1913–1930)

Diferentes versões da mesma situação aconteceram durante a década de 1930. Entre 1930 e 1933, uma crise de dívida global provo-

cou contrações econômicas que levaram à impressão de dinheiro e a desvalorizações competitivas em praticamente todos os países, corroendo o valor do dinheiro utilizado na Segunda Guerra Mundial. Os conflitos internos relacionados à riqueza nos países levaram a conflitos maiores entre eles. Todos os países em guerra acumularam dívidas com o conflito, enquanto os EUA ganharam muita riqueza na forma de ouro no período. **Depois da guerra, o valor do dinheiro e da dívida foi completamente eliminado para os perdedores (Alemanha, Japão e Itália), bem como para a China, e foi muito desvalorizado para o Reino Unido e a França, embora os dois estivessem entre os países vencedores. Uma nova ordem mundial e um período de prosperidade se seguiram à guerra.** Não vamos analisá-lo, a não ser para mencionar que o endividamento excessivo desencadeou a próxima grande desvalorização, ocorrida entre 1968 e 1973.

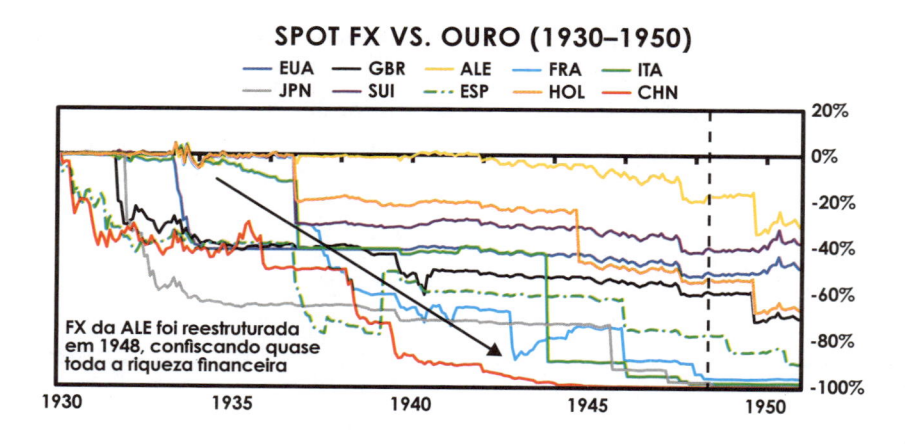

SPOT FX VS. OURO (1930–1950)

FX da ALE foi reestruturada em 1948, confiscando quase toda a riqueza financeira

Em meados da década de 1950, o dólar e o franco suíço eram as únicas moedas que valiam até metade de sua taxa de câmbio de 1850. Como mostra o gráfico a seguir, a pressão descendente sobre as moedas e a pressão ascendente sobre o ouro começaram em 1968. **Em 15 de agosto de 1971, o presidente Nixon acabou com a ordem monetária de Bretton Woods, desvalorizando o dólar e abandonando o sistema no qual o dólar era lastreado em ouro, instituindo um sistema monetário fiduciário. (Vou comentar esse episódio em mais detalhes no Capítulo 11.)**

SPOT FX VS. OURO (1966–1977)

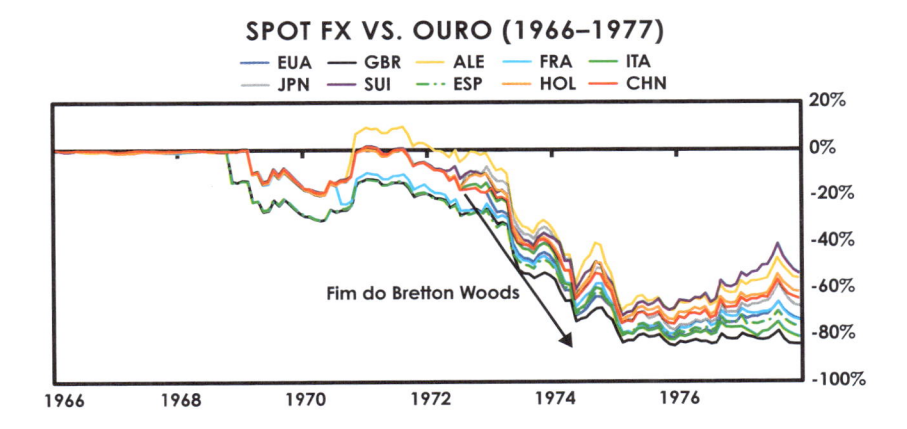

Fim do Bretton Woods

Desde 2000, temos visto uma perda mais gradual e ordenada do retorno total nas moedas quando medido em ouro, consistente com a ampla queda nas taxas reais de vários países.

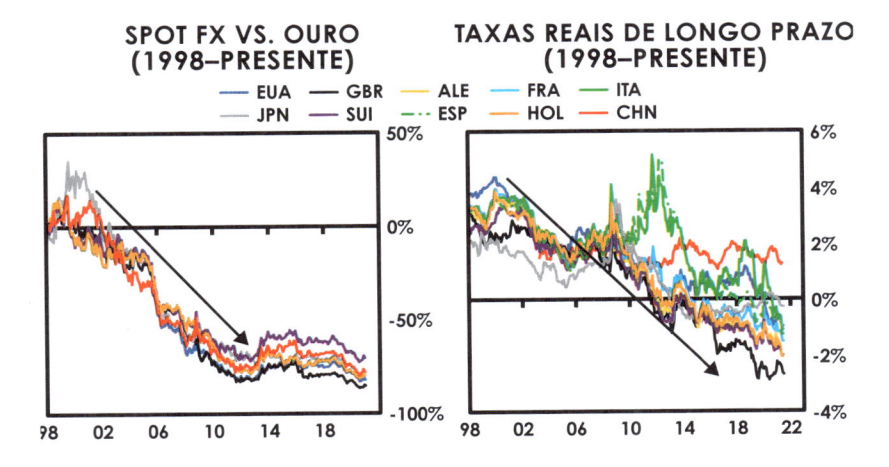

SPOT FX VS. OURO (1998–PRESENTE)

TAXAS REAIS DE LONGO PRAZO (1998–PRESENTE)

Em resumo:

- O retorno médio anual da moeda corrente que rende juros entre 1850 e o presente foi de 1,2%, um pouco maior do que o retorno real médio da reserva de ouro, que foi de 0,9%, embora tenha havido enormes diferenças nos retornos em diferentes períodos e em diferentes países.
- Você teria recebido um retorno real positivo por deter títulos em cerca de metade dos países durante aquele período e um retorno

real negativo na outra metade. No caso da Alemanha, teria ficado totalmente sem dinheiro duas vezes.
- A maioria dos retornos reais de reservas de moedas correntes que rendem juros teria ocorrido nos períodos de prosperidade, quando a maioria dos países seguia os padrões de ouro aos quais aderiram (por exemplo, durante a Segunda Revolução Industrial, quando os níveis de dívida e encargos de serviço da dívida eram relativamente baixos, e o crescimento do rendimento era quase igual ao crescimento da dívida).
- O retorno real dos títulos desde 1912 (a era fiduciária moderna) foi de -0,1%. O retorno real do ouro durante a mesma era foi de 1,6%. Você só teria obtido um retorno real positivo se tivesse uma reserva de moeda que rendesse juros em cerca de metade dos países durante esse período; teria perdido significativamente no restante (mais de 2% ao ano na França, na Itália e no Japão, e mais de 18% ao ano na Alemanha, por causa da hiperinflação).

RETORNOS REAIS DE MOEDA E OURO NOS PRINCIPAIS PAÍSES DESDE 1850 (VS. IPC, ANO)

País	Retornos reais (vs. IPC), Ano					
	1850-Presente		1850-1912		1912-Presente	
	Investimento contínuo em títulos	Ouro	Investimento contínuo em títulos	Ouro	Investimento contínuo em títulos	Ouro
Reino Unido	1,4%	0,7%	3,1%	-0,1%	0,5%	1,1%
Estados Unidos	1,6%	0,3%	3,6%	-1,0%	0,4%	1,0%
Alemanha	-12,9%	2,0%	3,0%	-0,9%	-18,2%	3,1%
França	-0,7%	0,6%	2,6%	-0,3%	-2,6%	1,1%
Itália	-0,6%	0,3%	4,7%	-0,5%	-2,6%	0,5%
Japão	-0,7%	1,0%	5,0%	0,4%	-2,2%	1,2%
Suíça	1,5%	0,0%	3,4%	-0,5%	0,5%	0,3%
Espanha	1,4%	1,1%	4,5%	0,1%	0,3%	1,5%
Holanda	1,4%	0,5%	3,3%	0,0%	0,4%	0,7%
China	—	3,3%	—	—	—	3,3%
Média	1,2%	0,9%	3,6%	-0,3%	-0,1%	1,6%

Os dados da Suíça são desde 1851; os da Alemanha, da Espanha e da Itália são desde 1870; os do Japão são desde 1882; os da China são desde 1926 (excluindo 1948-50). O retorno médio não é reequilibrado e não inclui a China.

O gráfico a seguir mostra os retornos reais da reserva de ouro entre 1850 e o presente. De 1850 a 1971, o ouro deu de retorno — por meio da valorização — uma quantia que quase se igualou à quantia média de dinheiro perdida com a inflação, embora tenha havido grandes variações em torno dessa média tanto entre os países (por exemplo, a Alemanha teve um desempenho bem superior ao ouro, enquanto países apenas com desvalorizações limitadas, como os EUA, viram os preços do ouro não acompanharem a inflação) quanto ao longo do tempo (por exemplo, as desvalorizações da moeda nos anos 1930 e as desvalorizações do dinheiro durante a Segunda Guerra Mundial, que eram parte da formação do sistema monetário de Bretton Woods em 1944). Depois da guerra, o preço do ouro se manteve estável na maioria dos países, enquanto o dinheiro e o crédito se expandiram até 1971. Nesse ano, houve uma mudança de um sistema monetário do Tipo 2 (notas lastreadas em ouro) para um sistema monetário fiduciário do Tipo 3. Essa desvinculação das moedas frente ao ouro deu aos bancos centrais a capacidade irrestrita de gerar dinheiro e crédito. Isso levou a uma alta inflação e a baixas taxas de juros reais, o que acarretou a grande valorização do preço real do ouro até 1980-81, quando as taxas de juros foram aumentadas significativamente acima da taxa de inflação, levando as moedas a se fortalecerem e o ouro a cair até 2000. Foi nesse momento que os bancos centrais reduziram as taxas de juros em relação às taxas de inflação e, quando não puderam reduzir as taxas por meios normais, imprimiram dinheiro e compraram ativos financeiros, o que sustentou o preço do ouro.

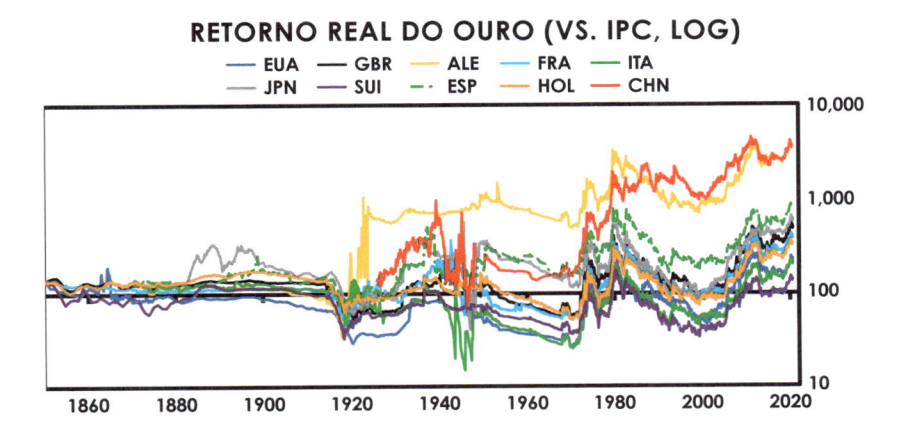

O VALOR DAS MOEDAS EM RELAÇÃO A BENS E SERVIÇOS

Até agora, analisamos os valores de mercado das moedas em relação ao valor de mercado do ouro. Isso nos faz questionar se o ouro é uma medida adequada de valor. **O gráfico a seguir mostra o valor da moeda que rende juros em termos das cestas de bens e serviços do Índice de Preços ao Consumidor (IPC) nessas moedas, refletindo suas mudanças no poder de compra.** Como pode ser visto com clareza, as duas Guerras Mundiais foram péssimas e houve altos e baixos desde então. Para cerca de metade das moedas, o dinheiro que rendia juros proporcionava um retorno acima da taxa de inflação. Para a outra metade, gerava retornos reais negativos. Em todos os casos, houve amplas oscilações ao longo de cerca de dez anos em torno dessas médias. Em outras palavras, **a história mostra que há riscos muito grandes em ter uma reserva de moeda que rende juros como reserva de valor, ainda mais no fim dos ciclos de dívida.**

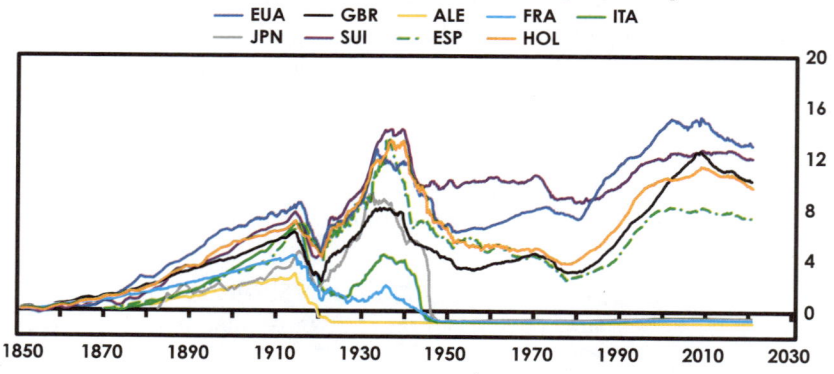

RETORNO REAL DOS TÍTULOS (VS. IPC)
— EUA — GBR — ALE — FRA — ITA
— JPN — SUI — ESP — HOL

OS PADRÕES DOS PAÍSES QUE DESVALORIZAM E PERDEM O STATUS DE SUA MOEDA DE RESERVA

Uma desvalorização da moeda e uma perda do status de moeda de reserva não são necessariamente a mesma coisa, embora as duas situações sejam causadas por crises de dívida. A perda do status de moeda de reserva é gerada por grandes desvalorizações crônicas. Conforme explicado antes, aumentar a oferta de dinheiro e de crédito reduz o valor do dinheiro e do crédito. Isso é ruim para os detentores de dinheiro e crédito, mas é um alívio para os devedores. Quando esse alívio da dívida permite que o dinheiro e o crédito fluam para a produtividade e os lucros das empresas, os preços reais das ações sobem. Contudo, pode também prejudicar os retornos reais e futuros do caixa e dos ativos de dívida, o suficiente para afastar as pessoas e direcioná-las a ativos de proteção contra a inflação e outras moedas. O banco central então imprime dinheiro e compra caixa e ativos de dívida, o que reforça os retornos ruins de mantê-los. Quanto mais tarde no ciclo da dívida de longo prazo isso acontecer, maior será a probabilidade de ocorrer um colapso do sistema cambial e monetário. Os legisladores e os investidores devem ser capazes de distinguir entre as desvalorizações sistemicamente benéficas e as sistemicamente destrutivas.

O que essas desvalorizações têm em comum?

- **Todas as economias dos principais casos que analisaremos em profundidade na Parte II experimentaram uma clássica dinâmica de "corrida", na qual havia mais créditos sobre o banco central do que moeda forte disponível para quitá-los.** Essa moeda forte costumava ser o ouro, embora fossem os dólares americanos no caso do declínio da moeda de reserva do Reino Unido, porque, naquela época, a libra era vinculada ao dólar.
- **As reservas líquidas do banco central começam a cair antes da desvalorização real; em alguns casos, anos à frente.** É importante notar também que, em vários casos, os países suspenderam a conversibilidade antes da desvalorização real da taxa de câmbio. O Reino Unido fez isso em 1947 e antes da desvalorização de 1949, e os EUA o fizeram em 1971.
- **A corrida pela moeda e as desvalorizações costumam ocorrer em conjunto com problemas de dívida significativos**, muitas vezes relacionados a gastos em épocas de guerra (por exemplo, a Quarta Guerra Anglo-Holandesa no caso da Holanda, as Guerras Mundiais no caso do Reino Unido e a Guerra do Vietnã no caso dos EUA), que pressionam o banco central a imprimir dinheiro. As piores situa-

ções se dão quando os países saem perdedores do conflito; isso costuma levar ao colapso total e à reestruturação das moedas e economias. No entanto, os vencedores que terminam com dívidas muito maiores do que seus ativos e com a competitividade reduzida (por exemplo, o Reino Unido depois das Guerras Mundiais) também perdem o status de moeda de reserva, mas de forma mais gradual.

- **Os bancos centrais costumam responder inicialmente permitindo que as taxas de curto prazo subam, mas isso é muito doloroso em termos econômicos, então eles logo capitulam e aumentam a oferta de dinheiro.** Depois que o dinheiro desvaloriza, eles em geral reduzem as taxas.
- **Os resultados divergem significativamente de um caso para outro, sendo que uma variável-chave é quanto poder econômico e militar o país retém no momento da desvalorização.** Quanto mais tem, mais os poupadores estarão dispostos a continuar mantendo seu dinheiro lá. Mais especificamente no caso das principais moedas de reserva:
    - Para os holandeses, o colapso do florim foi generalizado e relativamente rápido; ocorreu em menos de uma década, com a circulação real de florins caindo rapidamente no fim da Quarta Guerra Anglo-Holandesa em 1784. O colapso ocorreu quando a Holanda entrou em um declínio acentuado como potência mundial, primeiro perdendo para os britânicos e, depois, enfrentando a invasão da França.
    - Para o Reino Unido, o declínio foi mais gradual: foram necessárias duas desvalorizações antes de perder totalmente o status de moeda de reserva depois do acordo de Bretton Woods, embora tenha sofrido tensões periódicas no balanço de pagamentos durante o período interveniente. Muitos dos que mantinham reservas em libras continuaram a fazê-lo por pressões políticas, e seus ativos tiveram um desempenho significativamente inferior ao dos EUA durante o mesmo período.
    - No caso dos Estados Unidos, ocorreram duas grandes desvalorizações abruptas (em 1933 e 1971) e desvalorizações mais graduais em relação ao ouro desde 2000, mas não custaram ao país o status de moeda de reserva.

- Normalmente, uma nação perde o status de moeda de reserva quando há uma perda já estabelecida de primazia econômica e política para um rival em ascensão, o que cria uma vulnerabilidade (por exemplo, a Holanda ficando atrás do Reino Unido ou o Reino Unido ficando atrás dos EUA), e existem dívidas crescentes e de grande porte monetizadas pelo banco central imprimindo dinheiro e financiando a dívida pública. Isso leva a um enfraquecimento da moeda em uma corrida autorreforçante que não pode ser interrompida porque os déficits fiscais e de balanço de pagamentos são grandes demais para serem fechados por quaisquer cortes.

Na Parte II, veremos os últimos quinhentos anos como uma história contínua de ascensões e declínios de impérios e as razões para isso, e você verá que as mesmas relações de causa e efeito impulsionam as ascensões e os declínios. Mas, primeiro, precisamos explorar os grandes ciclos de ordem e desordem internos e externos — o que faremos nos dois capítulos seguintes.

CAPÍTULO 5

O GRANDE CICLO DE ORDEM E DESORDEM INTERNO

O modo como as pessoas se relacionam é o principal fator para os resultados que obtêm. Dentro dos países, existem sistemas ou "ordens" para governar a interação entre as pessoas. Esses sistemas e os comportamentos reais de quem atua dentro deles produzem consequências. Neste capítulo, vamos explorar as relações de causa/efeito universais e atemporais que moldam as ordens internas e os comportamentos que impulsionam as mudanças entre períodos de ordem e de desordem.

Por meio de minha pesquisa, vi como as mudanças nas ordens internas (ou seja, os sistemas dos países para governar internamente) e as mudanças na ordem mundial (ou seja, os sistemas que determinam o poder entre os países) acontecem continuamente, em todos os lugares, de maneiras semelhantes e cada vez mais interconectadas, fluindo juntas como uma narrativa abrangente, desde os primeiros registros históricos até este momento. Ver muitos casos interligados evoluindo juntos me ajudou a descobrir os padrões que os regem e a imaginar o futuro com base no que aprendi. Mais importante ainda, vi como a luta constante por riqueza e poder produziu sistemas/ordens internos e externos em evolução contínua, e vi como essas ordens internas e externas afetam uma à outra — com a situação toda (ou seja, a ordem mundial) funcionando como uma máquina de moto-perpétuo que evolui enquanto repete seus atos sem parar, basicamente pelos mesmos motivos.

● *O que mais afeta a maioria das pessoas na maior parte dos países ao longo do tempo é sua luta para criar, receber e distribuir riqueza e poder, embora elas também lutem por outras coisas, principalmente ideologia e religião.* Vi como essas lutas aconteciam de maneiras atemporais e universais, e como tinham enormes consequências em todos os aspectos da vida das pessoas, desde impostos e economia até a forma de se relacionar durante os períodos de crescimento e retração, de paz e de guerra, e como se desenrolavam de formas cíclicas, como a maré subindo e descendo.

Vi que, quando essas lutas assumiram a forma de competição saudável que encorajou a energia humana a ser empregada em atividades produtivas, geraram ordens internas prolíficas e tempos prósperos, e quando essas energias assumiram a forma de lutas internas destrutivas, sobrevieram a desordem interna e a dor de tempos difíceis. Vi por que as oscilações entre a ordem produtiva e a desordem destrutiva na maioria das vezes evoluíam em ciclos impulsionados por relações lógicas de causa/efeito, e percebi que aconteciam em todos os países e pelas mesmas razões. Constatei que aqueles que se ergueram para alcançar a grandeza o fizeram por conta de um entroncamento de forças-chave que se juntaram para gerá-la, e aqueles que declinaram o fizeram porque essas forças se dissiparam.

No período em que este livro foi escrito, uma desordem crescente imperava em vários países importantes ao redor do mundo, principalmente nos EUA. Eu queria colocar essa desordem em perspectiva, de modo que construí índices dela e conduzi a pesquisa que compartilho aqui. Uma vez que a maneira como os EUA lidam com sua desordem terá profundas implicações para os norte-americanos, para outras pessoas ao redor do mundo e para a maioria das economias e mercados, neste capítulo me concentrarei mais nesse país do que em outros.

O gráfico simplificado a seguir mostra aproximadamente onde os EUA e a China estão dentro do Grande Ciclo arquetípico, conforme medido pelos determinantes descritos antes. Os EUA estão em um estágio — que chamo de Estágio 5 — em que há o agravamento do conflito e das precárias condições financeiras enquanto o império-líder ainda tem outros grandes pontos fortes (tecnologia e poderio militar, por exemplo) que estão declinando em uma base relativa. Esse estágio sempre vem depois de períodos de gastos excessivos, dívidas, ampliação de hiatos políticos e de riqueza, e antes de revoluções e guerras civis.

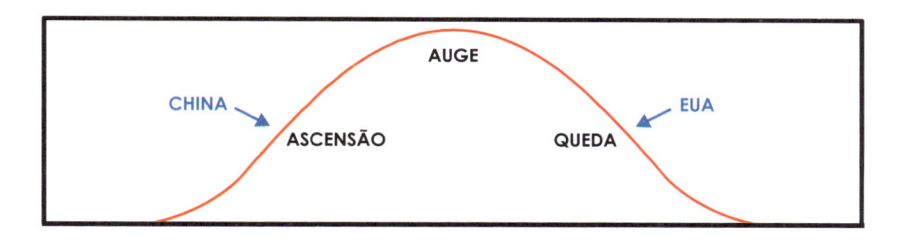

```
              AUGE
    CHINA →          ← EUA
       ASCENSÃO    QUEDA
```

Para ser claro, não estou dizendo que os EUA ou outros países estão inevitavelmente caminhando para um período de maior declínio ou de mais conflitos internos e externos. No entanto, quero ressaltar que é importante observar os marcadores para entender o que está acontecendo e toda a gama de possibilidades para o período à frente. Exploro tais marcadores neste capítulo, recorrendo a estudos de casos históricos análogos.

OS SEIS ESTÁGIOS DO CICLO INTERNO

As ordens internas em geral (embora nem sempre) mudam através de uma sequência de estágios relativamente padronizados, como a progressão de uma doença. Ao observar seus sintomas, podemos dizer em qual estágio os países se encontram. Por exemplo, assim como o câncer no estágio 3 se distingue do câncer no estágio 4 de maneiras definidas por particularidades provenientes de elementos que aconteceram em fases anteriores, o mesmo ocorre com os diferentes estágios do grande ciclo interno. Assim como as doenças, condições distintas justificam ações distintas para enfrentá-las e resultam em uma gama distinta de probabilidades a que essas ações levarão. Por exemplo, a série de possibilidades produzida por um conjunto de circunstâncias antigas e não saudáveis exige ações diferentes das que um conjunto jovem e saudável exige. **Tal como acontece com o câncer, é melhor interromper a progressão antes de passar para os estágios posteriores.**

Ao estudar a história, parece-me que os estágios do ciclo arquetípico da ordem à desordem internas e de volta ao início são os seguintes:

- **Estágio 1, quando começa a nova ordem e a nova liderança consolida o poder,** que leva ao...
- **Estágio 2, quando os sistemas de alocação de recursos e burocracias governamentais são montados e refinados,** o que, se for bem-feito, leva ao...
- **Estágio 3, quando há paz e prosperidade,** o que leva ao...
- **Estágio 4, quando há excessos de gastos e dívidas, ampliação dos hiatos de riqueza e das divergências políticas,** o que leva ao...
- **Estágio 5, quando existem condições financeiras muito ruins e conflito intenso,** o que leva ao...
- **Estágio 6, quando há guerras civis/revoluções,** o que leva ao...
- Estágio 1, que leva ao Estágio 2 etc., com todo o ciclo ocorrendo novamente.

Cada estágio apresenta um conjunto diferente de condições, com as quais as pessoas que as vivenciam precisam lidar. Algumas dessas circunstâncias são bem mais difíceis de resolver do que outras. Por exemplo, no início do ciclo de endividamento de longo prazo, quando os governos têm a capacidade de criar dívidas destinadas ao financiamento dos gastos, é mais fácil lidar com as circunstâncias do que no final do ciclo de endividamento de longo prazo, quando há pouca ou nenhuma capacidade de criar dinheiro e crédito para financiar gastos. Por essas razões, a gama de caminhos possíveis e os desafios que os líderes enfrentam dependem de onde o país se encontra no ciclo. Esses diferentes estágios apresentam desafios distintos, que requerem qualidades diversas, entendimentos e habilidades de liderança para lidar com eles de maneira eficaz.[1] O grau de adaptação a tais circunstâncias e de sua compreensão por aqueles que as enfrentam — por exemplo, você enfrentando suas próprias circunstâncias e nossos líderes enfren-

---

[1] Para obter uma imagem rica do que torna grande um líder em diferentes tipos de circunstâncias, recomendo o livro *Leadership: Six Studies in World Strategy*, de Henry Kissinger.

tando nossas circunstâncias coletivas — afeta a qualidade dos resultados dentro da gama de possibilidades existentes dado o contexto. Culturas diferentes estabeleceram maneiras diferentes de abordar tais circunstâncias. Os líderes e as culturas que as compreendem e conseguem se adaptar a elas produzirão resultados muito melhores do que aqueles que não as compreendem. É aí que entram os princípios universais e atemporais.

Embora o tempo transcorrido em cada um desses estágios possa variar muito, a evolução através deles geralmente dura cem anos, com uma margem de erro bem ampla e com grandes ondulações dentro do ciclo. Assim como a evolução em geral, a evolução das ordens internas ocorre de forma cíclica, quando um estágio costuma levar ao próximo através de uma progressão deles, que se repetem e, no processo, evoluem para patamares de desenvolvimento mais altos. Por exemplo, o Estágio 1 (quando a nova ordem interna é criada por novos líderes que chegaram ao poder através de uma guerra civil/revolução) normalmente vem após o Estágio 6 (quando há uma guerra civil/revolução, que é o ponto baixo do ciclo), que leva ao próximo estágio e assim por diante até o Estágio 3 (que é o ponto alto do ciclo, um estágio de muita paz e prosperidade), que é exagerado nos estágios 4 e 5 e assim por diante, levando à próxima nova ordem (Estágio 1). Isso acontece repetidamente, de maneira evolutiva. Mais uma vez, esse ciclo arquetípico costuma levar cerca de cem anos. Dentro de cada um deles, existem ciclos menores semelhantes. Por exemplo, há um ciclo de endividamento de curto prazo que leva a bolhas e recessões que ocorrem aproximadamente a cada oito anos, há ciclos políticos que movem o controle entre a direita e a esquerda que ocorrem com frequência aproximadamente igual etc. **Esse é o ciclo de todos os países em 2021, e muitos deles em diferentes estágios. Por exemplo, os estágios da China e da Índia no período são muito diferentes do estágio dos EUA e da maioria dos países europeus. O estágio em que os países se encontram em relação a outros afeta as relações entre eles e é o principal determinante da ordem mundial. Exploraremos tudo isso no último capítulo deste livro. A evolução arquetípica do ciclo ocorre conforme mostra o diagrama a seguir:**

A ORDEM MUNDIAL EM TRANSFORMAÇÃO

AUGE
ASCENSÃO
QUEDA

1. Nova ordem interna e nova liderança
2. Sistemas de alocação de recursos e burocracias governamentais são construídos e refinados
3. Paz e prosperidade
4. Excessos e ampliação de riqueza e outras disparidades
5. Condições financeiras precárias e conflitos intensos
6. Guerras civis e revoluções

Esse é o ciclo completo da ordem interna. Mas é claro que o ciclo se repete, com novos líderes substituindo os antigos e todo o ciclo começando outra vez. A rapidez com que uma nação é capaz de se reconstruir e alcançar novos patamares de prosperidade depende de: 1) quão severa foi a guerra civil/revolução que encerrou o ciclo anterior e 2) quão competentes são os líderes do novo ciclo em estabelecer o necessário para o sucesso.

Há ocorrências desses ciclos ao longo de toda a história registrada (e provavelmente desde antes), e muitos estão interligados e apresentam uma inclinação ascendente devido aos ganhos evolutivos obtidos ao longo do tempo.

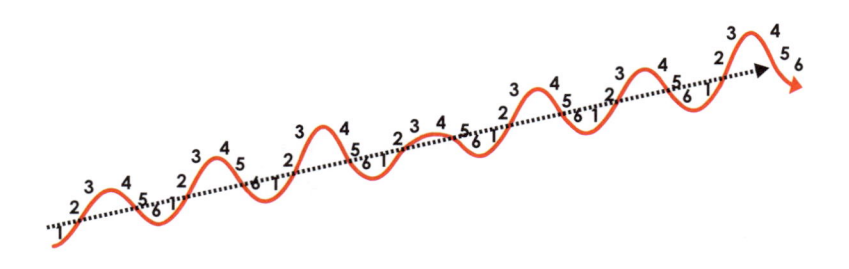

Para entender isso no contexto dos países, vejamos a China. **O gráfico a seguir mostra minhas estimativas dos poderes *absolutos* da China**

e seus **Grandes Ciclos figurativos, remontando ao ano 600.** É um gráfico muito simplificado (ou seja, houve muito mais dinastias e complexidades). Estou apresentando dessa forma exageradamente generalizada para que seja possível ver como essa evolução ocorreu.

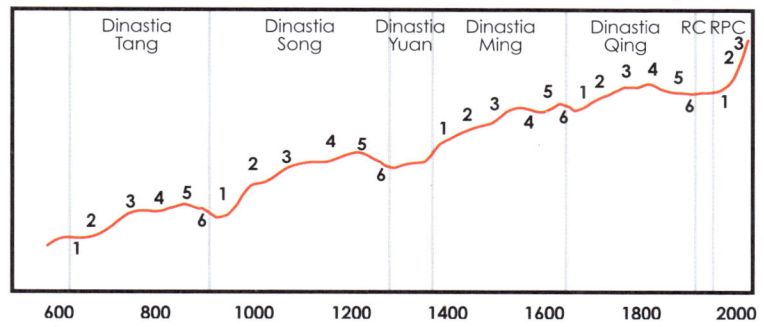

**PRINCIPAIS DINASTIAS CHINESAS E SEUS ESTÁGIOS
(COM EVOLUÇÃO ASCENDENTE INDICATIVA)**

O próximo gráfico mostra os poderes *relativos* da China. As diferenças entre os gráficos se devem ao fato de que o primeiro mostra o nível de poder absoluto enquanto o segundo mostra o nível de poder em relação a outros impérios.

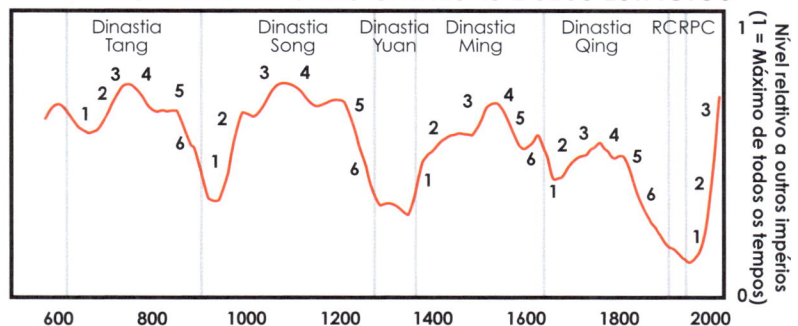

PRINCIPAIS DINASTIAS CHINESAS E SEUS ESTÁGIOS

A ORDEM MUNDIAL EM TRANSFORMAÇÃO

Já que diferentes países estão tipicamente em diferentes estágios do ciclo e extraem riqueza e poder político global uns dos outros, alguns deles crescem enquanto outros declinam, de modo que o todo é menos volátil do que qualquer país específico. Em outras palavras, as discrepâncias tiveram um efeito diversificador, o que fez o mundo como um todo evoluir de forma mais suave do que qualquer país individual. Isso é mostrado no próximo gráfico, que é uma atualização do gráfico do PIB real mundial que mostrei no Capítulo 1. Esse gráfico não é uma representação figurativa. É literalmente a melhor estimativa que temos do PIB real per capita. Incorporado nesse gráfico estão as ascensões e os declínios dos principais impérios (sobretudo os impérios holandês e britânico, e as dinastias Ming e Qing), numerosas guerras e vários crescimentos e declínios, todos devidamente destacados. Esses eventos não aparecem em nível global porque se diversificam e porque são pequenos em relação às grandes tendências, embora sejam enormes do ponto de vista das pessoas que os vivenciam.

PIBR MUNDIAL PER CAPITA (US$ 2017, LOG)

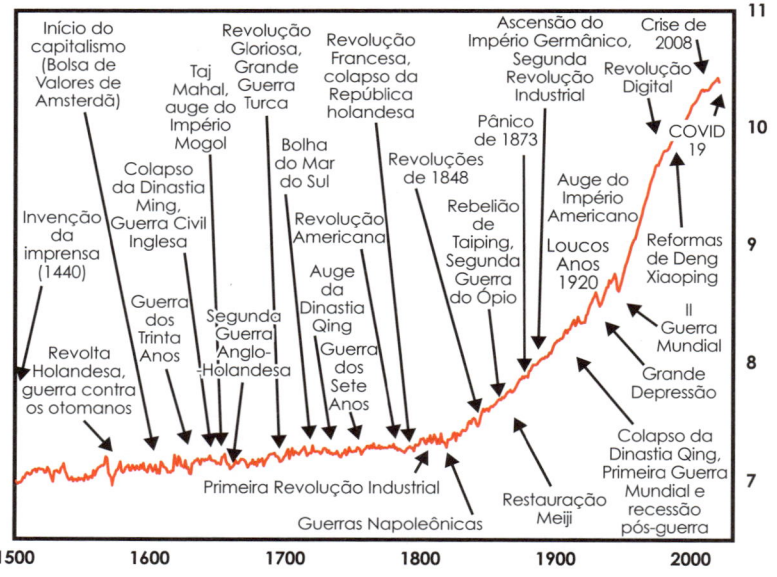

Eventos destacados no gráfico: Início do capitalismo (Bolsa de Valores de Amsterdã); Invenção da imprensa (1440); Revolta Holandesa, guerra contra os otomanos; Colapso da Dinastia Ming, Guerra Civil Inglesa; Guerra dos Trinta Anos; Taj Mahal, auge do Império Mogol; Revolução Gloriosa, Grande Guerra Turca; Segunda Guerra Anglo-Holandesa; Bolha do Mar do Sul; Auge da Dinastia Qing; Guerra dos Sete Anos; Revolução Americana; Revolução Francesa, colapso da República holandesa; Primeira Revolução Industrial; Guerras Napoleônicas; Revoluções de 1848; Rebelião de Taiping, Segunda Guerra do Ópio; Pânico de 1873; Ascensão do Império Germânico, Segunda Revolução Industrial; Auge do Império Americano; Restauração Meiji; Colapso da Dinastia Qing, Primeira Guerra Mundial e recessão pós-guerra; Loucos Anos 1920; Grande Depressão; II Guerra Mundial; Reformas de Deng Xiaoping; Crise de 2008; Revolução Digital; COVID 19.

Eixo X: 1500, 1600, 1700, 1800, 1900, 2000. *Eixo Y:* 7, 8, 9, 10, 11.

O PIBR global é sobretudo uma mistura de países europeus antes de 1870 devido à cobertura limitada de dados confiáveis em outros países antes desse momento.

O GRANDE CICLO DE ORDEM E DESORDEM INTERNO

Para reiterar, as imagens figurativas do ciclo arquetípico de seis estágios que acabei de demonstrar são versões simplificadas do que de fato ocorre. Queria mostrar uma versão simplificada que transmitisse a essência dos estágios e, então, entrar nos detalhes. Embora o ciclo geralmente progrida como descrevi, nem sempre ocorre de maneira exatamente igual. Por exemplo, assim como no caso dos estágios de uma doença (digamos, câncer no estágio 3), estar em um estágio não significa que seja inevitável a progressão para o próximo. Mas, claro, isso nos diz coisas extremamente valiosas. Tal como acontece com uma doença, certos sintomas patentes permitem identificar o estágio vigente do ciclo, e estar nele implica riscos e maneiras de tratar a situação que são fundamentais conhecer e que são distintos daqueles de outros estágios. Por exemplo, estar no Estágio 5 significa que há certas condições que tornam mais provável que o ciclo avance para o Estágio 6 do que se estivesse no Estágio 4 com condições de Estágio 4. Por ter marcadores evidentes e objetivos para identificar em qual estágio cada país (ou estado, ou cidade) está, e por termos uma compreensão das relações de causa/efeito que produzem mudanças, podemos conhecer melhor a gama de possibilidades e nos posicionarmos de acordo, embora nunca com precisão.

Como exemplo, fizemos um índice do número de sinais de alerta econômicos levantados em diferentes épocas da história, abarcando medidas de alta desigualdade, dívidas e déficits elevados, inflação e crescimento ruim, para mostrar como são indicativos de guerras civis e revoluções subsequentes. O gráfico a seguir mostra a probabilidade estimada de um conflito do tipo guerra civil com base no número de sinais de alerta. À luz do que vimos no passado, estimamos que, quando há 60%-80% de sinais de alerta, há cerca de uma chance em seis de conflito interno grave. Quando muitas dessas condições estão presentes (mais de 80%), há cerca de uma chance em três de uma guerra civil ou revolução — portanto, não é tão provável, mas é provável o suficiente para não ser uma situação confortável. Hoje, os EUA estão na faixa de 60%-80%.

PROBABILIDADE HISTÓRICA DE CONFLITO INTERNO BASEADO NA PARTICIPAÇÃO DE MEDIDAS ECONÔMICAS PIORES DO QUE O LIMIAR (>1Z)

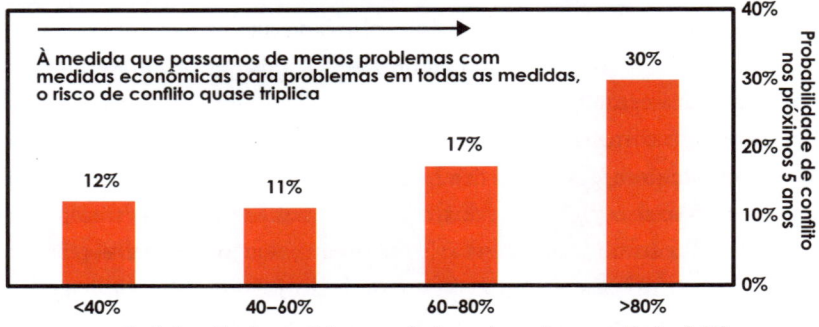

[Gráfico de barras: À medida que passamos de menos problemas com medidas econômicas para problemas em todas as medidas, o risco de conflito quase triplica. <40%: 12%; 40–60%: 11%; 60–80%: 17%; >80%: 30%. Eixo Y: Probabilidade de conflito nos próximos 5 anos.] [2]

Embora eu não discorra sobre todos os fatores em cada estágio e suas diversas configurações, delinearei as forças e os marcos a serem analisados com maior atenção em cada estágio, com ênfase especial no atual estado de desordem nos EUA e como as coisas estão progredindo.

Esmiuçando os seis Estágios do Ciclo

Agora nos aprofundaremos com mais detalhes nas características dos seis estágios arquetípicos para que possamos identificá-los facilmente quando os virmos e, assim, antecipar melhor o que pode vir a acontecer.

Estágio 1: Quando a nova ordem começa e a nova liderança consolida o poder

Uma guerra civil ou uma revolução — mesmo que pacífica — é um grande conflito no qual um lado vence e o outro perde, e o país sofre prejuízos.

---

[2] Este gráfico é baseado na análise histórica de nove grandes potências (cobrindo cerca de 2.200 anos de história). A probabilidade de conflito é baseada em casos importantes de guerra civil, rebelião e revolução, mas exclui revoluções pacíficas que não mudaram o sistema existente. A análise não inclui a probabilidade de surgimento de conflito em um período em que um país já está em meio a um conflito interno (e nos cinco anos seguintes), para evitar a contagem de períodos em que as condições econômicas eram ruins devido ao próprio conflito.

O Estágio 1 é o que se segue à guerra; é um período em que os vencedores assumem o controle e os perdedores devem se submeter. Embora os vencedores tenham sido fortes o suficiente para ganhar, eles também devem ser sábios o bastante para consolidar o poder e reconstruir o país nesse primeiro estágio da nova ordem.

Depois de conquistar o poder, os novos líderes geralmente eliminam a oposição remanescente e lutam entre si pelo comando. Na verdade, pode-se dizer que as revoluções costumam vir em duas partes: a primeira é a luta para derrubar os líderes e sistemas estabelecidos; a segunda é a luta para eliminar aqueles que eram leais aos antigos líderes e a luta pelo poder entre os vencedores. Chamarei a segunda parte de "expurgos" e a mencionarei nesta seção.

Esses períodos de consolidação de poder/expurgo variam amplamente em forma e gravidade, dependendo do grau de conflito entre os novos líderes e sua oposição, a quantidade de conflitos entre os novos líderes e os níveis de desenvolvimento dos diversos departamentos governamentais e burocracias que herdarão.

Essa é a fase em que, em alguns casos, o restante da oposição é morto ou preso para que os novos líderes tenham a garantia de que seus inimigos não voltarão a lutar. É também quando os revolucionários que estavam do lado vencedor lutam uns contra os outros pelo poder.

Este estágio ocorreu após praticamente todas as guerras civis/revoluções. Sua intensidade varia, geralmente em proporção à intensidade da guerra civil/revolução precedente. Na pior das hipóteses, essa luta pós-revolução para consolidar o poder produz alguns dos períodos mais brutais da história de um determinado país — como, por exemplo, o período pós-1789 da Revolução Francesa, chamado de Reinado de Terror, o período pós-1917 da Revolução Russa, chamado de Terror Vermelho, o período pós-Guerra Civil Chinesa de 1949, chamado de Campanha Antidireitista etc. Em alguns casos, esses expurgos aconteceram uma única vez logo após a revolução (por exemplo, o Reinado de Terror), enquanto em outros casos vieram e se foram episodicamente ao longo de décadas (por exemplo, a Revolução Cultural Chinesa ocorreu dezessete anos depois que o Partido Comunista Chinês chegou ao poder). Esses expurgos são feitos para consolidar o poder e perseguir inimigos ideológicos ou inimigos do Estado, e às vezes são mais brutais do que a própria revolução. Na melhor das hipóteses, e se as condições permitirem — devido à preservação e ao respeito ao sistema básico —, são como o período após a Guerra Civil dos EUA ou o da revolução pacífica de Roosevelt na década de 1930.

Durante essa fase, os líderes que se saem melhor são do tipo "consolidadores de poder". Em geral, têm qualidades semelhantes às daqueles que se saíram bem na revolução no estágio anterior — já que são combatentes fortes, inteligentes, bem-dispostos e capazes de vencer a qualquer custo. Porém, precisam ser muito mais astutos politicamente, pois os inimigos são bem menos evidentes. O imperador Taizong de Tang e César Augusto de Roma se destacaram nessa fase. Mais recentemente, líderes como os chamados pais fundadores dos EUA, Napoleão da França e Otto von Bismarck da Alemanha também exemplificam como passar efetivamente do período de guerra para o período de reconstrução.

Essa fase termina quando as novas autoridades são evidentes, todos estão cansados da guerra e a reconstrução está em estágio avançado.

Estágio 2: Quando os sistemas de alocação de recursos e as burocracias governamentais são construídos e refinados

Chamo essa fase de "prosperidade inicial", pois é tipicamente o início de um período de paz e prosperidade.
Depois que os novos líderes derrubam a velha ordem e consolidam o poder — ou se sobrepõem a esse período —, precisam começar a construir um novo sistema para melhor alocar os recursos. Esse é o estágio em que o desenvolvimento do sistema e da instituição é de suma importância. É necessário projetar e criar um sistema (ordem) que leve as pessoas a remarem na mesma direção em busca de objetivos semelhantes, com respeito às regras e às leis, e montar um sistema de alocação de recursos eficaz, que leve a uma rápida melhoria da produtividade em benefício da maioria. Esse período de redesenho e reconstrução deve ser levado a cabo mesmo após guerras perdidas, porque a recons-

trução ainda é necessária. Exemplos de países nesse estágio incluem os EUA nos quinze anos após sua declaração de independência em 1776; o início da era napoleônica, logo após Napoleão assumir o poder em um golpe de Estado ao fim da Revolução Francesa em 1799; o início do período de Restauração Meiji no Japão, imediatamente após a revolução política de 1868; os períodos pós-guerra no Japão, na Alemanha e na maioria dos países no final dos anos 1940 até a maior parte dos anos 1950; o período pós-guerra civil na China; e a Rússia após a dissolução da União Soviética.

Um princípio atemporal e universal a se ter em mente durante esse estágio é que, ● *para ter sucesso, o sistema deve produzir prosperidade para a maioria das pessoas, sobretudo para a grande classe média.* Como escreveu Aristóteles em sua *Política*: "Esses estados nos quais a classe média é grande e, se possível, mais forte do que as outras classes provavelmente serão bem administrados [e] é menos provável que haja facções e dissensões onde a classe média é grande (...) Pois, quando há pobreza excessiva e não há classe média, surgem problemas e o Estado logo chega ao fim."

Os líderes que se saem melhor nessa fase geralmente são muito diferentes daqueles que tiveram sucesso nas fases 6 e 1. Eu os chamo de "engenheiros civis". Embora precisem ser inteligentes e, preferencialmente, ainda sejam fortes e inspiradores, acima de tudo precisam ser capazes de projetar e construir um sistema que seja produtivo para a maioria, ou precisam ter pessoas trabalhando para eles que sejam capazes de fazer isso. As diferentes qualidades de liderança exigidas para se obter sucesso nos estágios revolucionários 6 e 1 e aquelas exigidas nesse Estágio 2 de reconstrução administrativa são exemplificadas pelo fato de Winston Churchill e Mao terem sido grandes "generais inspiradores" e péssimos "engenheiros civis". Exemplos de grandes líderes desse estágio incluem Konrad Adenauer na Alemanha, Lee Kuan Yew em Singapura e Deng Xiaoping na China, que chegaram ao poder após guerras e construíram sistemas que produziram prosperidade muito além de seus tempos de vida.

Os líderes mais extraordinários são aqueles que levaram seus países do princípio ao fim dos estágios 6, 1 e 2 — ou seja, através da guerra civil/revolução, através da consolidação do poder e através da cons-

trução de instituições e sistemas que funcionaram fabulosamente por muito tempo depois deles — e o fizeram em grande escala. Os melhores de todos provavelmente foram Taizong de Tang (um dos fundadores revolucionários da dinastia Tang na China do século VII, que foi seguido por cerca de um século e meio de paz e prosperidade e que levou a China a se tornar o maior e mais forte país do mundo); César Augusto (que se tornou o primeiro imperador de Roma em 27 a.C. e deu início a cerca de duzentos anos de relativa paz e prosperidade nos quais Roma se tornou o maior império do mundo); e Gêngis Khan (que fundou e liderou o Império Mogol a partir de 1206, tornando-se o maior e mais forte império do mundo ao longo de um século de prosperidade, embora o fracasso em estabelecer uma sucessão sustentável tenha produzido guerras civis, inclusive logo após sua morte).

Essa sequência de reconstrução acontece o tempo todo em vários graus, dependendo da quantidade de mudança necessária. Em alguns casos, ocorre após revoluções brutais, quando é necessário reconstruir quase tudo, e, em outros, quando as instituições e os sistemas existentes precisam apenas ser modificados para se adequar ao novo líder.

Estágio 3: Quando há paz e prosperidade

Também chamo essa fase de "prosperidade intermediária". É o ponto ideal do ciclo de ordem interno. É quando as pessoas têm muitas oportunidades de serem produtivas, ficam entusiasmadas com isso, trabalham bem juntas, produzem bastante, ficam ricas e são admiradas por seu sucesso. Nesse estágio, as condições estão melhorando para quase todos, então a maioria dos membros da próxima geração está em melhor situação do que os da geração anterior, de modo que há muito otimismo e entusiasmo em relação ao futuro. A história nos mostra que, quando benfeito, há amplo e quase igual acesso à educação e colocações profissionais baseadas em mérito. Isso atrai o maior número possível de pessoas para determinar talentos e produz um sistema que a maioria dos indivíduos acredita ser justo. Empreendedores, inventores e aventureiros de sucesso produzem novas ideias e levam a sociedade a novos patamares; tornam-se os heróis que outros aspiram ser devido ao modo como trazem novas ideias revolucionárias, tornam a vida das pessoas melhor e são recompensados por isso. O crescimento da dívida alimenta a produtividade e, por sua vez, o crescimento da renda real, o que facilita o serviço das dívidas e proporciona lucros excedentes, que tornam excelentes os retornos das ações. As receitas excedem as despesas, as economias excedem as dívidas e as poupanças financiam o investimento no futuro. O Estágio 3 é um período emocionante, com profunda inventividade, produtividade e energia.

Exemplos desse período incluem o maior intervalo da Era Vitoriana na Grã-Bretanha (cobrindo grande parte do século XIX e marcado pelas invenções da Segunda Revolução Industrial que produziram um rápido aumento na prosperidade); o Império Alemão no final dos anos 1800 (com rápida industrialização, inovação tecnológica e um ligeiro fortalecimento militar); e os EUA na década de 1960. O projeto Apollo, por exemplo, exemplificou o conceito de missão compartilhada. O país inteiro se uniu e aplaudiu quando o pouso lunar ocorreu.

Esse é o momento do "visionário inspirador" que pode: a) imaginar e transmitir uma imagem emocionante de um futuro que nunca existiu antes, b) realmente construir esse futuro e, em seguida, c) usar a prosperidade conquistada para ampliar sua abrangência e investir no futuro. Eles fazem isso enquanto d) mantêm finanças sólidas e e) buscam excelentes relações internacionais que protejam ou expandam seus impérios sem serem debilitados financeira ou socialmente por guerras. Os exemplos incluem:

- No Império Britânico da Era Vitoriana, de meados até o final do século XIX, o primeiro-ministro William Gladstone simultaneamente manteve altos níveis de produtividade, impôs controles orçamentários estritos que resultaram em finanças fortes e apoiou tanto a população em geral que ficou conhecido como "William do povo". Também conduziu uma política externa próspera e pacífica.
- No Império Alemão em fins do século XIX, o chanceler Otto von Bismarck uniu populações díspares de 39 estados e religiões diferentes para construir a Alemanha como um país e uma potência econômica. Sob seu governo, a Alemanha teve um crescimento

econômico com finanças sólidas enquanto conduzia as relações internacionais de maneira brilhante, e, assim, se beneficiou internamente e evitou grandes guerras debilitantes.
- O primeiro-ministro Lee Kuan Yew conduziu Singapura através desses estágios com sucesso, administrando o país como primeiro-ministro de 1959 a 1990 e como conselheiro até sua morte, em 2015. Yew criou princípios e moldou a cultura para ser bem-sucedida por um longo tempo após seu mandato, evitando guerras sem perder o poder.
- Nos EUA do pós-guerra, John F. Kennedy, em seus curtos 34 meses como presidente (de 20 de janeiro de 1961 a 22 de novembro de 1963), inspirou o país a ir à lua, avançou o movimento pelos direitos civis, empreendeu a guerra contra a pobreza com o vice-presidente Lyndon Johnson, e manteve os EUA fora de grandes conflitos, ao mesmo tempo que continha fortemente a oposição ao Império dos EUA.
- Na China, Deng Xiaoping fez a transição de um sistema comunista fraco e ineficaz para um sistema de capitalismo de Estado altamente produtivo, alterando a psicologia da nação para fazer essas mudanças com slogans como "É glorioso ser rico" e "Não importa se o gato é preto ou branco, desde que pegue o rato"; construiu a economia e as finanças da China com vistas a serem muito fortes; melhorou bastante a educação e a qualidade de vida da maioria da população; aumentou drasticamente a expectativa de vida e reduziu as taxas de pobreza; liderou a China com sucesso através de conflitos políticos internos; e mantêve a soberania chinesa com rigor ao mesmo tempo que evitou grandes conflitos externos.

Quanto mais os países permanecem nesse estágio, mais tempo duram seus bons momentos.

Durante essa fase, os desdobramentos que merecem atenção e que refletem os grandes riscos, que ocorrem e prejudicam naturalmente os bons resultados autossustentáveis, são a ampliação das disparidades de oportunidade, renda, riqueza e valores acompanhada de condições ruins e injustas para a maioria, condições luxuosas e in-

justamente privilegiadas para as elites, produtividade em declínio e finanças ruins na qual se acumulam dívidas excessivas. Os grandes impérios e as grandes dinastias que conseguiram se sustentar permaneceram no Estágio 3, evitando tais riscos. O fracasso em evitar tais riscos leva ao Estágio 4, que é um período de excessos. Esse é o estágio em que a tentação de fazer tudo (e pedir dinheiro emprestado para tal) pode levar ao limiar do conflito.

Estágio 4: Um período de excessos

Também chamo esse estágio de "fase de prosperidade da bolha". Eu o descreverei apenas brevemente porque já abordamos esses elementos antes. De modo geral:

- Há um rápido aumento de aquisição de bens, serviços e ativos de investimento financiados por dívidas, de modo que o crescimento de dívidas ultrapassa a capacidade dos fluxos de caixa futuros de pagarem o serviço delas. Então, criam-se bolhas. Essas compras financiadas por dívidas surgem porque investidores, líderes empresariais, intermediários financeiros, indivíduos e formuladores de políticas tendem a presumir que o futuro será como o passado, de modo que apostam fortemente na continuidade das tendências. De forma errônea, acreditam que os investimentos que aumentaram muito são bons em vez de caros, então pedem dinheiro emprestado para comprá-los, o que eleva seus preços e reforça esse processo de bolha. Isso porque, à medida que seus ativos valorizam, seu patrimônio líquido e seu nível de gasto/receita crescem, o que aumenta sua capacidade de endividamento, que dá suporte ao processo de alavancagem, e assim a espiral continua até as bolhas estourarem. O Japão em 1988-90, os EUA em 1929, os EUA em 2006-07 e o Brasil e a maioria dos outros produtores de *commodities* latino-americanos em 1977-79 são exemplos clássicos.
- Há uma mudança na qual se aplica mais tempo e dinheiro em bens de luxo e consumo do que em investimentos lucrativos. O nível reduzido de investimentos em infraestrutura, bens de capital,

pesquisa e desenvolvimento retarda os ganhos de produtividade do país e faz com que suas cidades e sua infraestrutura se tornem retrógradas e menos eficientes.
- Há muitos gastos militares nesse estágio para expandir e proteger seus interesses globais, sobretudo se o país for uma potência mundial líder.
- As posições da balança de pagamentos do país se deterioram, refletindo o aumento do endividamento e a redução da competitividade. Se o país for detentor de moeda de reserva, esse empréstimo é facilitado porque os poupadores de país cuja moeda não é de reserva preferem economizar/emprestar na moeda de reserva.
- As disparidades de riqueza e oportunidade são grandes e surgem ressentimentos entre as classes.

Durante essa fase, o melhor líder arquetípico é o "líder bem fundamentado e disciplinado", que entende e transmite comportamentos fundamentais e sólidos — que geram produtividade e finanças sólidas — e faz restrições quando a população quer exagerar. Esses líderes são os que levam o país a continuar a reinvestir uma parte significativa de seus ganhos e seu tempo em produtividade quando se tornarem mais ricos. Como mencionado, Lee Kuan Yew, o ex-primeiro-ministro de Singapura, garantiu que seu país e seus concidadãos tivessem a cultura para se tornarem bem-educados, disciplinados e de caráter forte, mesmo depois de se tornarem ricos e bem-sucedidos. No entanto, esses líderes são raros e distantes entre si, porque lutar contra a ebulição das massas é bastante impopular. Em quase todos os casos, depois de enriquecer, os países (e seus líderes) tornam-se decadentes, gastam demais, tomam empréstimos para financiar o consumo excessivo e perdem competitividade. Esse período de declínio é exemplificado por líderes decadentes como o notório imperador Nero (que usou o incêndio da cidade de Roma para confiscar terras e construir um amplo palácio), Luís XIV (que, no ápice de seu poder, expandiu o Palácio de Versalhes enquanto a produtividade caía e as pessoas enfrentavam dificuldades) e o imperador Wanli da Dinastia Ming (que se retirou do governo ativo e se concentrou na construção de sua própria tumba imensa).

Estágio 5: Quando há condições financeiras precárias e intenso conflito

A influência mais importante que transparece em um Grande Ciclo é a do endividamento, do dinheiro e da atividade econômica. Como cobri esse ciclo de forma abrangente nos Capítulos 3 e 4, agora não o explicarei em detalhes. Contudo, para entender o Estágio 5, você precisa saber que segue o Estágio 3, no qual há paz e prosperidade, dívidas e condições de crédito favoráveis, e o Estágio 4, no qual o excesso e a decadência começam a produzir condições piores. Esse processo culmina no estágio mais difícil e doloroso — o Estágio 6 —, quando a entidade fica sem dinheiro e costuma explodir um conflito terrível sob a forma de revolução ou guerra civil. O Estágio 5 é o período durante o qual as tensões entre as classes que acompanham a piora das condições financeiras chegam ao auge. O modo como diferentes líderes, formuladores de políticas e grupos de pessoas lidam com o conflito tem um enorme impacto na forma como o país enfrenta as mudanças necessárias — de maneira pacífica ou violenta.

Você pode ver sinais de que isso está acontecendo agora em diversos países. Aqueles que têm condições financeiras adequadas (ou seja, receitas maiores do que suas despesas e ativos maiores do que os seus passivos) estão em situação relativamente boa. Aqueles que não têm estão em situação relativamente ruim. Querem dinheiro dos outros. O problema é que existem bem mais países em situação financeira precária do que países em boa forma financeira.

Você também pode ver que essas diferentes condições são grandes impulsionadores das distinções no que está acontecendo agora com a maioria dos aspectos desses países, estados, cidades, empresas e pessoas — por exemplo, educação, saúde, infraestrutura e bem-estar. Você também pode ver grandes diferenças culturais na maneira como esses países lidam com suas condições estressantes, com alguns abordando-as de forma mais harmoniosa do que outros, que estão mais propensos a brigar.

Como o Estágio 5 é crucial no ciclo interno e é o estágio em que muitos países — principalmente os EUA — se encontram, dedicarei algum tempo para analisar a relação de causa/efeito em jogo e os principais indicadores a serem observados ao examinar sua progressão. Em seguida, voltarei mais especificamente para a posição dos EUA.

A clássica mistura tóxica

● *A clássica mistura tóxica de forças que gera grandes conflitos internos consiste em: 1) o país e as pessoas do país — ou estado, ou cidade — estarem em más condições financeiras (por exemplo, tendo grandes dívidas e obrigações não relacionadas a dívidas), 2) grandes hiatos de renda, riqueza e valores dentro dessa entidade, e 3) um severo choque econômico negativo.*

Essa confluência geralmente traz desordem, conflito e, às vezes, guerras civis. O choque econômico pode ocorrer por vários motivos, incluindo o estouro de bolhas financeiras, fenômenos naturais (como pandemias, secas e inundações) e guerras. Isso cria um teste de estresse financeiro. As condições financeiras (medidas por receitas relativas a despesas e ativos relativos a passivos) existentes no momento do teste de estresse são os amortecedores. Os tamanhos dos hiatos de receitas, riqueza e valores são os graus de fragilidade do sistema. Quando os problemas financeiros ocorrem, costumam atingir primeiro o setor privado e, em seguida, o setor público. Como os governos nunca permitirão que os problemas financeiros do setor privado afundem o sistema inteiro, o que mais importa é a condição financeira do governo. Quando o governo fica sem poder de compra, ocorre o colapso. Contudo, há muita luta por dinheiro e poder político até chegarmos a esse colapso.

Ao estudar mais de cinquenta guerras civis e revoluções, ficou claro que o indicador antecedente mais confiável de guerra civil ou revolução são as finanças públicas falidas combinadas com grandes hiatos de riqueza. Isso porque, quando o governo não tem dinheiro, não pode salvar financeiramente as entidades do setor privado que precisa socorrer para manter o sistema funcionando (como muitos governos, encabeçados pelos EUA, fizeram em fins de 2008), não pode comprar o que precisa e não pode pagar às pessoas para fazerem o que é necessário. Não há mais poder algum.

Um clássico indicador de Estágio 5 e importante indicador da perda de poder de compra e empréstimo — que é um dos gatilhos para se entrar no Estágio 6 — surge quando o governo tem grandes défi-

cits, que estão criando mais dívida do que os compradores (com exceção do próprio banco central do governo) estão dispostos a financiar. **Esse indicador principal é ativado quando os governos que não podem imprimir dinheiro precisam aumentar impostos e cortar gastos, ou quando aqueles que podem imprimir muito dinheiro o fazem em excesso e financiam várias dívidas governamentais.** Para ser mais específico, quando um governo fica sem dinheiro (por ter um grande déficit, grandes dívidas e não ter acesso a crédito adequado), fica com opções limitadas. Pode aumentar impostos e cortar gastos, ou realizar uma larga impressão de dinheiro, o que deprecia seu valor. Os governos que têm a opção de imprimir dinheiro sempre o fazem, pois esse é um caminho bem menos doloroso, mas leva os investidores a ficarem sem o dinheiro e sem a promessa de pagamento dos títulos da dívida que possuem. Os governos que não podem imprimir dinheiro precisam aumentar os impostos e cortar gastos, o que leva os cidadãos que têm dinheiro a fugirem do país (ou do estado, ou da cidade), pois pagar mais impostos e perder serviços é intolerável. Se essas entidades que não podem imprimir dinheiro têm grandes hiatos de riqueza entre seus constituintes, esses movimentos normalmente levam a alguma forma de guerra civil/revolução.[3]

No momento em que esse livro é escrito, essa dinâmica do ciclo moratório de endividamento está ocorrendo nos EUA tanto em nível estadual quanto federal, sendo a principal diferença entre eles a possibilidade de o governo federal imprimir dinheiro para pagar suas dívidas, recurso indisponível no nível estatal. O governo federal e muitos governos estaduais e municipais têm grandes déficits, grandes dívidas e grandes disparidades de riqueza, e o banco central dos EUA (o Federal Reserve) tem o poder de imprimir dinheiro. Portanto, no período em que este livro foi escrito, o banco central americano imprimia muito dinheiro e financiava muitas dívidas do governo federal, o que financia os gastos do governo, bem maiores do que as entradas do governo federal. Isso foi um auxílio ao governo federal dos EUA e àqueles que ele estava tentando ajudar, embora também tenha custado muito em poder de compra real para aqueles que detêm dólares e dívidas nessa moeda.

---

[3] Para ser claro, quando as finanças de um governo estão em condições precárias, isso não significa necessariamente que ele ficará sem poder de compra. Mas significa que há um risco maior de isso acontecer do que se o governo estivesse em uma posição financeiramente forte.

● *Os lugares (cidades, estados e países) que apresentam as maiores disparidades de riqueza, as maiores dívidas e as piores quedas de renda têm maior probabilidade de sofrer os maiores conflitos.* Curiosamente, os estados e as cidades dos EUA que têm a maior renda per capita e os mais altos níveis de riqueza tendem a ser os estados e as cidades mais endividados e com os maiores hiatos de riqueza — por exemplo, cidades como São Francisco, Chicago e Nova York, e estados como Connecticut, Illinois, Massachusetts, Nova York e Nova Jersey.

Diante dessas condições, é necessário cortar gastos ou arrecadar mais dinheiro de algum modo. A próxima questão é quem vai pagar por isso, os "que têm" ou os "que não têm"? Obviamente, não podem ser os que não têm. Os cortes de despesas são mais intoleráveis para os mais pobres. Portanto, é necessário haver maior tributação para as pessoas que podem pagar mais, e há um risco maior de algum tipo de guerra civil ou revolução. **Contudo, quando percebem que serão tributados para pagar o serviço da dívida e reduzir os déficits, os ricos costumam ir embora, causando o processo de esvaziamento.** Atualmente, isso está motivando mudanças de alguns estados para outros nos EUA. A ocorrência de más condições econômicas acelera o processo. Essas circunstâncias impulsionam bastante o ciclo tributário.

● *A história mostra que o aumento de impostos e o corte de gastos quando há grandes hiatos de riqueza e condições econômicas precárias, mais do que qualquer outra coisa, têm sido um indicador importante de guerras civis ou de revoluções de algum tipo.* Para ser claro, esses conflitos não precisam ser violentos, embora possam vir a ser.

Vejo esses ciclos transpirarem em minhas interações pessoais. Por exemplo, vivo no estado de Connecticut, que tem a maior renda per capita, a maior disparidade de riqueza e de renda, e uma das maiores dívidas per capita e obrigações de pensão não financiadas do país. Vejo como os que têm e os que não têm estão focados em suas próprias vidas e passam pouco tempo se preocupando uns com os outros, pois é escasso o contato entre eles. Tenho janelas para ver como é a vida dos que têm e dos que não têm, porque tenho contato com as pessoas em nossa comunidade dos que têm e porque o trabalho que minha esposa faz em comunidades vulneráveis para ajudar alunos do ensino médio desmotivados e desconectados a põe em contato com pessoas que vivem em comunidades pobres. Vejo como as condições são terríveis nessas comunidades dos que não têm e como os que têm, (que parecem ricos e decadentes para os que não têm) não se sentem ricos. Vejo como todos estão focados em suas próprias batalhas — a luta dos que têm quanto ao equilíbrio trabalho/vida, certificando-se de que seus filhos recebam uma boa educação etc., e a luta dos que não têm para conseguir renda, segurança alimentar, evitar a violência, tentando dar aos filhos uma educação de qualidade etc.[4]

Vejo como os dois grupos são mais propensos a terem impressões críticas e estereotipadas um do outro, o que os torna mais inclinados à antipatia mútua do que à empatia entre membros de uma comunidade na qual devem se ajudar. Vejo como pode ser difícil ajudar uns aos outros por causa desses estereótipos e porque os que têm não sentem que possuem mais do que o suficiente ou pensam que os que não têm não merecem seu apoio financeiro. Temo o que o futuro pode vir a trazer devido às circunstâncias existentes e como é provável que elas se agravem. Vi de perto como os choques orçamentários e de saúde infligidos pela Covid-19 trouxeram à tona as terríveis condições dos que não têm e estão piorando as disparidades financeiras que poderiam contribuir para a dinâmica da clássica mistura tóxica.

● ***As médias não importam tanto quanto o número de pessoas que estão sofrendo e seu poder.*** Aqueles que favorecem políticas que são boas para o todo — livre comércio, globalização, avanços na tecnologia que substituam as pessoas, por exemplo — sem pensar no que acontecerá se o todo não for dividido de uma forma que beneficie a maioria

---

[4] É claro que esses dois tipos de luta não são equivalentes. Ainda assim, em ambos os casos, descobri que as pessoas estão focadas em seus problemas e suas comunidades, e não entendem as circunstâncias daqueles com quem não têm contato direto. Em muitas comunidades, as pessoas — e, mais dolorosamente, as crianças — são desesperadamente pobres e negligenciadas. Há uma escassez aguda de dinheiro para o básico, como material escolar adequado, nutrição e saúde, e um ambiente de violência e traumas que perpetua um ciclo no qual as crianças crescem intelectual e fisicamente desnutridas e traumatizadas; isso as deixa em desvantagem à medida que chegam à idade adulta, o que torna difícil para elas ganharem a vida, o que perpetua o ciclo. Considere este fato: um estudo recente que nossa fundação financiou mostrou que 22% dos alunos do ensino médio em Connecticut — o estado mais rico do país em renda per capita — estão "desmotivados" ou "desconectados". Um aluno desmotivado é aquele que tem uma taxa de faltas superior a 25% e está reprovando nas matérias. Um aluno desconectado é aquele que o sistema não consegue rastrear porque desistiu. Imagine as consequências em dez anos e os custos humanos e sociais desse ciclo. Nossa sociedade não estabeleceu limites para quão terríveis as condições vão se tornar.

não percebem que o todo está em risco. ● **Para ter paz e prosperidade, uma sociedade deve ter uma produtividade que beneficie a maioria das pessoas.** Você acha que temos isso hoje?

Que caminho a história propõe para que governos falidos alcancem um aumento de produtividade benéfico à maioria das pessoas? Ela mostra que a reestruturação e/ou a desvalorização da dívida e das obrigações não relacionadas à dívida criadas anteriormente ajuda muito. Isso é clássico nos estágios 5 e 6. Uma vez que a reestruturação ou desvalorização reduz os encargos da dívida, o que é tipicamente doloroso quando ocorre, os encargos da dívida reduzidos permitem uma reconstrução.

● **Um ingrediente essencial para o sucesso é que a dívida e o dinheiro criados sejam usados para gerar ganhos de produtividade e retornos favoráveis sobre o investimento, em vez de apenas serem doados sem gerar ganhos de produtividade e renda. Sem esse resultado, o dinheiro será desvalorizado a ponto de deixar o governo e qualquer pessoa com pouco poder de compra.**

● **A história mostra que emprestar e gastar com itens que produzam ganhos de produtividade de base ampla e retornos sobre o investimento que excedam os custos dos empréstimos resultam em aumento de padrões de vida com dívidas sendo pagas. Portanto, são boas políticas.** Se a quantia emprestada para financiar a dívida for inadequada, é perfeitamente normal que o banco central imprima dinheiro e seja o emprestador de último recurso, desde que o dinheiro seja investido para gerar um retorno grande o bastante para pagar o serviço da dívida. A história mostra e a lógica dita que investir bem em todos os níveis educacionais (incluindo treinamento profissional), em infraestrutura e em pesquisa que resulte em descobertas produtivas funciona de forma excelente. Grandes programas de educação e infraestrutura geram frutos quase o tempo todo (por exemplo, na Dinastia Tang e em muitas outras dinastias chinesas, no Império Romano, no Califado Omíada, no Império Mogol na Índia, na Restauração Meiji do Japão e nos programas de desenvolvimento educacional da China nas últimas duas décadas), embora tenham longos prazos de entrega. Na verdade, melhorias na educação e infraestrutura, mesmo aquelas financiadas por dívidas, foram ingredientes essenciais por trás do aumento de praticamente todos os impérios, e quedas na qualidade desses investimentos quase sempre foram ingredientes por trás da queda dos impérios. Caso sejam bem-feitas, essas intervenções podem mais do que contrabalançar a clássica mistura tóxica.

Em geral, a clássica mistura tóxica vem acompanhada de outros problemas. Quanto mais as seguintes condições estiverem presentes, maior será a probabilidade de haver um conflito grave, como uma guerra civil ou revolução:

+ **Decadência**

Embora no início do ciclo haja normalmente mais gastos de tempo e dinheiro em coisas produtivas, em um ponto posterior do ciclo o tempo e o dinheiro são destinados a indulgências (coisas mais finas como residências caras, obras de arte, joias e roupas, por exemplo). Esse processo começa no Estágio 4, quando esses gastos entram na moda, mas no Estágio 5 começam a parecer grotescos. Muitas vezes, esses gastos decadentes são baseados em dívidas, o que piora as condições financeiras. A mudança na psicologia que costuma acompanhar tais mudanças é compreensível. Os que têm sentem que ganharam e merecem seu dinheiro, de modo que podem gastá-lo em luxos se quiserem, enquanto os que não têm consideram que, em vista de seu sofrimento, tais gastos são injustos e egoístas. Além de aumentar os ressentimentos, e, ao contrário da prática de economizar e investir, os gastos decadentes reduzem a produtividade.

● *Aquilo no que uma sociedade gasta dinheiro importa. Quando gasta em itens de investimento que geram ganhos de produtividade e renda, contribui para um futuro melhor do que quando gasta em itens de consumo que não aumentam a produtividade e a renda.*

+ **Burocracia**

● *Embora no início do ciclo de ordem interno a burocracia seja baixa, ela é alta no fim do ciclo, o que torna a tomada de decisões sensatas e necessárias mais difícil.* Isso ocorre porque as coisas tendem a ficar mais complexas à medida que se desenvolvem, até o ponto em que mesmo as coisas obviamente boas não podem ser feitas — exigindo-se mudanças revolucionárias. Em um sistema legal e baseado em contratos (que tem muitos benefícios), isso pode se tornar um problema, porque a lei talvez impeça que coisas obviamente boas sejam feitas. Darei um exemplo do qual estou próximo, pois minha esposa e eu nos preocupamos com isso.

Como a Constituição dos EUA não torna a educação uma responsabilidade do governo federal, essa tem sido predominantemente uma responsabilidade estadual e municipal, com escolas sendo financiadas pela receita arrecadada por impostos locais de pequenos e grandes municípios. Embora varie de estado para estado, em geral as crianças de cidades mais ricas em estados mais ricos recebem uma educação bem melhor do que as de cidades mais pobres em estados mais pobres. Isso é obviamente injusto e improdutivo; afinal, a maioria das pessoas concorda que as crianças devem ter oportunidades iguais na educação. No entanto, como a estrutura está tão arraigada em nosso sistema político, é quase impossível consertá-la sem uma reinvenção revolucionária do modo como a abordamos. Há mais exemplos de burocracias que impedem a realização de coisas sensatas e produtivas do que tenho tempo e espaço para transmitir aqui. Atualmente, esse é um grande problema nos EUA.

+ Populismo e extremismo
Da desordem e do descontentamento surgem líderes que têm personalidade forte, são antielitistas e afirmam lutar pelo homem comum. São chamados de populistas. O populismo é um fenômeno político e social que atrai pessoas comuns que sentem que suas preocupações não estão sendo atendidas pelas elites. Normalmente se desenvolve quando há hiatos de riqueza e de oportunidades, ameaças culturais percebidas por aqueles com valores diferentes, tanto dentro quanto fora do país, e "elites estabelecidas" em posições de poder que não estão trabalhando de maneira eficaz para a maioria das pessoas. Os populistas chegam ao poder quando essas condições despertam a revolta das pessoas comuns que desejam que aqueles com poder político lutem por elas. Os populistas, sejam de direita ou de esquerda, são bem mais extremistas do que os moderados, e tendem a apelar para as emoções das pessoas comuns. São tipicamente beligerantes, em vez de colaborativos, e exclusivos, em vez de inclusivos. Isso leva a diversas brigas entre populistas de esquerda e populistas de direita por diferenças irreconciliáveis. A gravidade da revolução ocorrida sob eles varia. Na década de 1930, por exemplo, o populismo da

esquerda assumiu a forma de comunismo e o da direita assumiu a forma de fascismo, enquanto mudanças revolucionárias não violentas ocorreram nos EUA e no Reino Unido. Mais recentemente, nos EUA, a eleição de Donald Trump em 2016 foi um movimento do populismo de direita, enquanto a popularidade de Bernie Sanders, Elizabeth Warren e Alexandria Ocasio-Cortez reflete o populismo de esquerda. Há crescentes movimentos políticos em direção ao populismo em vários países. Pode-se dizer que a eleição de Joe Biden reflete um desejo de menos extremismo e mais moderação, mas só o tempo vai confirmar.

Observe o populismo e a polarização como marcadores. Quanto mais populismo e polarização existem, mais avançada a nação está no Estágio 5 e mais perto está da guerra civil e da revolução. No Estágio 5, os moderados se tornam minoria. No Estágio 6, deixam de existir.

+ Luta de classes

No Estágio 5, a luta de classes se intensifica. Isso porque, ● *durante os tempos de maiores dificuldades e conflitos, há geralmente uma maior tendência de se olhar para as pessoas de maneiras estereotipadas como membros de uma ou mais classes e de olhar para essas classes como inimigas ou aliadas.* No Estágio 5, isso começa a se tornar mais aparente. No Estágio 6, torna-se perigoso.

Um marcador clássico no Estágio 5 que se intensifica no Estágio 6 é a demonização daqueles de outras classes, o que costuma produzir uma ou mais classes como bodes expiatórios aos quais se atribui a fonte dos problemas. Isso leva a um impulso para excluí-las, aprisioná-las ou destruí-las, o que acontece no Estágio 6. Grupos étnicos, raciais e socioeconômicos são frequentemente demonizados. O exemplo mais clássico e horrível disso vem do tratamento dado pelos nazistas aos judeus, que foram culpados e perseguidos por praticamente todos os problemas da Alemanha. As minorias chinesas que vivem em países não chineses foram demonizadas e transformadas em bodes expiatórios durante períodos de estresse econômico e social. No Reino Unido, os católicos foram demonizados e usados como bodes expiatórios em vários períodos estressantes, como a Revolução Gloriosa e a Guerra Civil Inglesa. Capitalistas ricos são comumente demonizados, sobretudo aqueles que são vistos como gente que ganha dinheiro à custa dos pobres. A demonização e a criação de bodes expiatórios são sintomas e problemas clássicos nos quais devemos ficar de olho.

+ A Perda da verdade no domínio público
A dúvida sobre a verdade causada por distorções na mídia e na propaganda aumenta à medida que as pessoas se tornam mais polarizadas, mais emotivas e mais politicamente motivadas.

No Estágio 5, as partes beligerantes em geral trabalham com a mídia para manipular as emoções das pessoas, de modo a obter apoio e destruir a oposição. Em outras palavras, a mídia de esquerda se junta a outros da esquerda e a mídia de direita se junta a outros da direita nessa luta suja. A mídia enlouquece e assume o papel de justiceira: as pessoas são comumente atacadas, essencialmente julgadas e consideradas culpadas, e têm suas vidas arruinadas sem juiz ou júri. Um movimento comum entre populistas de esquerda (comunistas) e de direita (fascistas) na década de 1930 foi assumir o controle da mídia e estabelecer "ministros da propaganda" para orientá-la. A mídia por eles produzida visava colocar a população contra os grupos que os governos consideravam "inimigos do Estado". O governo do Reino Unido, democraticamente gerido, criou um "Ministério da Informação" durante a Primeira e a Segunda Guerra Mundial para espalhar a propaganda governamental, e os principais editores de jornais eram promovidos pelo governo caso fizessem o que ele queria, de modo a ganhar a guerra da propaganda,[5] ou eram vilipendiados e sofriam retaliações caso não cooperassem. Revolucionários distorcem a verdade em todos os tipos de publicação. Durante a Revolução Francesa, os jornais dirigidos por revolucionários promoveram o sentimento antimonarquista e antirreligioso, mas, quando esses mesmos revolucionários chegaram ao poder, fecharam os jornais de oposição durante o Reinado de Terror. Em tempos de grande disparidade de riqueza e pensamento populista, as matérias atacando as elites são populares e lucrativas, especialmente aquelas que atacam as elites de esquerda em veículos de mídia de direita e aquelas que atacam

---

[5] O visconde Northcliffe, que controlava quase metade da circulação de jornais diários no Reino Unido por volta da Primeira Guerra Mundial, era conhecido pela cobertura antialemã e, em 1918, foi nomeado "diretor de propaganda nos países inimigos" pelo governo.

as elites de direita em veículos de mídia de esquerda. A história mostra que aumentos significativos nessas atividades são um problema típico do Estágio 5, e que, quando combinada com a capacidade de infligir outras punições, a mídia se torna uma arma poderosa.

É bem sabido que isso ocorre no período em que este livro foi escrito. A verdade percebida na mídia, tanto tradicional quanto social, é menor do que em qualquer outro momento de nossas vidas. Por exemplo, uma pesquisa da Gallup, feita em 2019, descobriu que apenas 13% dos americanos pesquisados têm "muita" confiança na mídia e apenas 41% dos entrevistados têm "alguma" ou "grande" confiança na mídia. Comparemos isso aos 72% que confiavam na mídia em 1976. Esse não é apenas um problema de mídia marginal; é um problema da grande mídia e um problema para toda a sociedade. A redução drástica da confiabilidade atingiu até mesmo antigos ícones da confiança jornalística, como o *The Wall Street Journal* e o *The New York Times*, que viram seus índices de confiança despencarem. Além de ter motivação política, as histórias sensacionalistas se tornaram comercialmente recompensadoras em um momento em que o setor de mídia se vê com problemas financeiros. A maioria das pessoas da mídia com quem falo compartilha de minhas preocupações, embora em geral não as verbalizem abertamente. Ainda assim, ao refletir sobre o problema, Martin Baron, então editor executivo do *The Washington Post*, disse: "Se você tem uma sociedade onde as pessoas não conseguem concordar sobre fatos básicos, como pode ter uma democracia em funcionamento?" Essa dinâmica está impedindo a liberdade de expressão porque as pessoas não falam abertamente; estão com medo de serem atacadas nas mídias tradicionais e sociais através de distorções que pretendem derrubá-las.

Mesmo pessoas bastante capazes e poderosas agora têm muito medo da mídia para falar sobre assuntos importantes ou concorrer a cargos públicos. Uma vez que a maioria das pessoas que têm alguma relevância é atacada, quase todas com quem falo concordam que é perigoso ser alguém expressivo e destacado que lute pela verdade e pela justiça, ainda mais se ofender pessoas que tendem a usar a mídia como arma. Embora não seja discutido em público devido ao medo de represálias da mídia, esse assunto é continuamente discutido em particular. Por exemplo, durante um almoço que tive há pouco tempo com um general que ocupava uma posição política muito alta e acabara de deixar o serviço público, conversamos sobre o que ele faria a seguir. Perguntei pelo que ele era mais apaixonado, e sua resposta foi: "Obviamente, sou apaixonado por servir ao país." Então perguntei se ele consideraria se candidatar a um cargo público, e ele explicou que, embora estivesse disposto a morrer pela nação, não poderia se candidatar a um cargo público devido ao modo como seus inimigos usariam a mídia e as redes sociais para engendrar mentiras que prejudicariam a ele e sua família. Esse general e quase todas as pessoas que conheço, às quais deveríamos ouvir, têm medo de falar abertamente porque temem que os ataques de extremistas que se opõem a eles sejam ativados e amplificados pela mídia sensacionalista. Muitos de meus amigos me dizem que sou louco por falar tão abertamente sobre coisas polêmicas, como as abordadas neste livro, porque é inevitável que algumas pessoas ou certos grupos tentem me derrubar através da mídia. Acho que eles provavelmente estão certos, mas não vou deixar os riscos me dissuadirem.[6]

+ Desaparece o cumprimento de regras e começa a luta bruta
● *Quando as causas pelas quais as pessoas lutam apaixonadamente são mais importantes para elas do que o sistema de tomada de decisões, o*

---

[6] O que pode ser feito? A imprensa é a única indústria que opera sem controle de qualidade ou verificação de seu poder. Eu e muitos outros acreditamos que seria terrível para nosso governo regulamentar isso e, ao mesmo tempo, acreditamos que algo deve ser feito para resolver o problema. Talvez, se as pessoas protestassem o suficiente, a mídia poderia se sentir motivada a estabelecer uma organização autorreguladora para criar e regular as classificações nos moldes de como fazia a Motion Picture Association. Não tenho a menor ideia do que deva ser feito, porque esse problema não está em minhas áreas de especialização e não é minha função oferecer sugestões para tentar resolvê-lo; no entanto, é minha responsabilidade apontar que estamos em uma era em que o sensacionalismo, o consumismo e os desejos políticos de manipular as opiniões da população substituíram a precisão e a integridade jornalística como objetivos primários de maior parte da mídia, e, assim, se tornaram um câncer que ameaça nosso bem-estar. Se você acredita que mídia falsa e distorcida é um problema e se estiver interessado em observar a imprensa/propagandas em busca de pistas sobre se e como isso está acontecendo, aqui vão algumas coisas que em geral se recomenda que se observe. Pergunte a si mesmo:
  1) A matéria consiste em acusações não comprovadas, emocionais e sensacionalistas, ou os fatos são comprovados e as fontes fornecidas? Quando os fatos são postos de lado para a criação de uma história emocionante e as fontes não são reveladas, não acredite na matéria.
  2) O autor aceita respostas ou argumentos que refutem o que está afirmando e se mostra disposto a publicá-los junto com sua matéria?
  3) As acusações da matéria são consistentes com o que foi identificado e comprovado no sistema jurídico? Se pessoas ou grupos são acusados na mídia de fazer coisas erradas, mas não foram acusados e julgados por ter feito coisas erradas pelo sistema legal (que segue um processo que tenta pesar as evidências para se chegar ao que é verdadeiro), ao menos se pergunte por que isso acontece e provavelmente não acredite na matéria.
  4) Se o autor ou veículo de imprensa já se mostrou tendencioso, suponha que ele e suas matérias sejam tendenciosos.

sistema inteiro corre perigo. Regras e leis funcionam apenas quando são cristalinas, quando as pessoas valorizam trabalhar de acordo com elas e estão suficientemente dispostas a se comprometerem com seu bom funcionamento. Se essas duas coisas não são excelentes, o sistema legal corre perigo. Se as partes adversárias não estiverem dispostas a tentar ser razoáveis umas com as outras e a tomar decisões civicamente em busca do bem-estar de todos, o que exigirá a desistência de algumas reivindicações que poderiam conquistar por meio de um conflito, haverá uma espécie de guerra civil que testará os poderes relativos das partes relevantes. Nessa fase, vencer a todo custo é o jogo e jogar sujo é a norma. No final do Estágio 5, a razão é abandonada em favor da paixão. ● *Quando vencer se torna a única coisa que importa, a luta antiética se torna progressivamente mais vigorosa de maneiras que se autorreforçam. Quando todos têm causas pelas quais lutar e ninguém consegue concordar em nada, o sistema está à beira de uma guerra civil/revolução.*

Isso normalmente acontece de duas maneiras:

- **No final do Estágio 5, é comum que os sistemas legal e policial sejam usados como armas políticas por aqueles que podem controlá-los.** Também se formam sistemas policiais privados — bandidos que espancam as pessoas e roubam seus pertences, e guarda-costas contratados para evitar que essas coisas aconteçam com elas. Por exemplo, o partido nazista formou uma ala paramilitar antes de chegar ao poder, que se tornou uma força oficial quando ele enfim ocupou o poder. A efêmera União Britânica de Fascistas da década de 1930 e a Ku Klux Klan nos EUA também foram grupos paramilitares efetivos. Esses casos são bastante normais; portanto, encare seu desenvolvimento como um marcador da passagem para o próximo estágio.
- **No final do Estágio 5, há um número crescente de protestos que se tornam cada vez mais violentos.** Como nem sempre há uma linha clara entre um protesto saudável e o início de uma revolução, os líderes no poder muitas vezes se encontram com dificuldades para permitir protestos sem dar a liberdade para se iniciar uma revolta contra o sistema. Os líderes devem gerenciar bem tais situações. Um dilema clássico surge quando as manifestações começam

a se transformar em revoluções. Tanto dar liberdade para protestar quanto suprimir protestos são caminhos arriscados para os líderes, já que qualquer um deles pode levar a uma revolução a se fortalecer o suficiente para derrubar o sistema. Nenhum sistema permite que as pessoas derrubem o sistema — na maioria das vezes, as tentativas de se fazer isso são consideradas traições, geralmente punidas com a morte. No entanto, o trabalho dos revolucionários é derrubar os sistemas, de modo que governos e revolucionários testam uns aos outros para verem quais são os limites. Quando o descontentamento de base ampla borbulha e aqueles que estão no poder permitem que cresça, a insatisfação pode transbordar a ponto de explodir em meio às tentativas de contê-la. Os conflitos na parte final do Estágio 5 tipicamente aumentam em um processo que desencadeia o confronto violento, que marca a transição para aquilo que os historiadores definem como períodos oficiais de guerra civil, que identifico como o Estágio 6 no Grande Ciclo.

● *Pessoas morrendo no conflito é o marcador que quase certamente significa a progressão para a próxima e mais violenta fase da guerra civil, que continuará até que vencedores e perdedores sejam claramente determinados.*

Isso me leva ao próximo princípio: ● *em caso de dúvida, vá embora — se não quiser se ver em meio a uma guerra civil ou uma guerra entre países, deve ir embora enquanto puder.* Normalmente, isso ocorre no final do Estágio 5. A história mostra que, quando as coisas ficam ruins, as portas costumam se fechar para as pessoas que querem ir embora. O mesmo se aplica aos investimentos e ao dinheiro, já que, nessas épocas, os países introduzem controles de capital e outras medidas.

● *A passagem do Estágio 5 (quando há péssimas condições financeiras e intensos conflitos internos e externos) para o Estágio 6 (quando há guerra civil) é feita quando o sistema para solucionar discordâncias deixa de funcionar.* Em outras palavras, isso acontece quando o sistema está danificado além de qualquer reparo, as pessoas são violentas umas com as outras e a liderança perdeu o controle da situação.

Como é de se imaginar, é bem mais traumático destruir um sistema/ordem e construir um novo do que fazer mudanças revolucionárias dentro de um sistema/ordem existente. Embora destruir um sistema/ordem seja mais traumático, não é necessariamente pior do que atuar dentro dele.

Decidir manter e renovar um sistema antigo que não está funcionando bem ou descartá-lo e substituí-lo por algo novo nunca é fácil, sobretudo quando o novo não é claramente conhecido e o que está sendo substituído é algo tão importante quanto a ordem interna. No entanto, isso acontece, embora não costume ser decidido intelectualmente; de modo geral, é motivado sobretudo por fatores emocionais.

● *Quando se está no Estágio 5 (como os EUA estão agora), a questão mais importante é até que ponto o sistema envergará antes de quebrar.* O sistema democrático, que permite que a população faça praticamente tudo o que decidir fazer, fornece maior flexibilidade porque as pessoas podem fazer mudanças de liderança e podem culpar apenas a si mesmas. Nesse sistema, as mudanças de regime podem ocorrer de maneira mais pacífica. No entanto, o processo democrático de "uma pessoa, um voto" tem a desvantagem de gerar líderes selecionados através de concursos de popularidade por pessoas que, em grande parte, não fazem o tipo de revisão cuidadosa das capacidades que a maioria das empresas faria ao tentar encontrar o indivíduo certo para um cargo importante. A democracia também se deteriora em tempos de grandes conflitos.

A democracia requer tomada de decisão por consenso e acordo, o que requer que muitas pessoas com pontos de vista opostos trabalhem bem umas com as outras dentro do sistema. Isso garante que os partidos com constituintes significativos possam ser representados, mas, assim como todos os grandes comitês de pessoas que têm pontos de vista muito diferentes (e podem até não gostar umas das outras), o sistema de tomada de decisão não se presta a uma tomada de decisão eficiente. ● *O maior risco para as democracias é o fato de produzir decisões tão fragmentadas e antagônicas que podem vir a ser ineficazes, o que leva a maus resultados, o que, por sua vez, conduz a revoluções lideradas por autocratas populistas que representam grandes segmentos da população que querem ter um líder forte, capaz de assumir o controle do caos e fazer o país funcionar bem para eles.*

Também digno de nota: a história mostra que, durante tempos de grande conflito, as democracias federalistas (como os EUA) costumam enfrentar conflitos entre os estados e o governo central por causa de seus poderes relativos. Esse é um marcador que ainda não surgiu nos EUA; seu advento significaria uma progressão contínua em direção ao Estágio 6.

Há muito mais casos de colapsos de democracias do que aqueles que podemos explorar ou descrever. Embora eu tenha analisado vários para conhecer os padrões, não os examinei em sua totalidade e não mergulharei neles aqui. Direi apenas que, quando exacerbados, os fatores descritos nas explicações do Estágio 5 — os mais importantes sendo péssimas finanças, decadência, conflito interno e desordem e/ou conflito externo significativo — levam a um conjunto disfuncional de condições e uma luta por poder encabeçada por um líder forte. Exemplos arquetípicos incluem a Atenas de fins dos anos 400 a.C. aos anos 300 a.C., o fim da República Romana no século que precedeu o ano de 27 a.C.,[7] a República de Weimar da Alemanha na década de 1920 e as débeis democracias da Itália, Japão e Espanha nas décadas de 1920 e 1930, que se voltaram para autocracias de direita (fascismo) de modo a trazer ordem ao caos.

● *Diferentes estágios requerem diferentes tipos de líderes para se obter os melhores resultados.* **O Estágio 5 é uma conjuntura na qual um caminho pode levar à guerra civil/revolução e o outro pode levar a uma coexistência pacífica e, idealmente, próspera.** É claro que o caminho pacífico e próspero é o ideal, mas é muito mais difícil de trilhar, já que requer um "pacificador forte" que remova as pedras do caminho para unir o país, incluindo se aproximar do outro lado para envolvê-lo na tomada de decisões e reformular a ordem de uma maneira que a maioria das pessoas concorde ser justa e funcional (ou seja, altamente produtiva de uma maneira que beneficie a maioria dos cidadãos). **Há poucos casos desse tipo na história. Suplicamos por eles.** O segundo tipo é um "guerreiro forte" capaz de conduzir o país através do inferno da guerra civil/revolução.

---

[7] Tanto a República Romana quanto Atenas tinham elementos democráticos, mas nem todos podiam participar ou votar igualmente. Embora as democracias existam há milhares de anos, apenas recentemente a maioria das pessoas pôde votar. Nos EUA, por exemplo, os homens afro-americanos só foram universalmente autorizados a votar em 1870 e as mulheres de todas as etnias apenas em 1920.

Estágio 6: Quando há guerras civis

🔴 *As guerras civis ocorrem inevitavelmente, daí que, em vez de presumir que "isso não vai acontecer aqui", que é o que a maioria das pessoas na maioria dos países supõe após um longo período sem guerras civis, é melhor ter cuidado e observar os marcadores para indicar quão perto estamos dela.* Embora na seção passada tenhamos examinado as revoluções não violentas que ocorreram dentro da ordem, nesta seção examinaremos os marcadores e os padrões de guerras civis e revoluções que quase sempre foram violentas, derrubaram a velha ordem e a substituíram por uma nova. **Embora existam inúmeros exemplos que eu poderia ter examinado para entender como funcionam, escolhi aqueles que acredito serem os 29 mais significativos, exibidos na tabela a seguir. Dividi esse grupo entre aqueles que produziram grandes mudanças no sistema/regime e aqueles que não produziram.** Por exemplo, a Guerra Civil dos EUA foi uma guerra muito sangrenta, mas que não conseguiu derrubar o sistema/ordem, de modo que está no segundo grupo, na parte inferior da tabela, enquanto aqueles que derrubaram o sistema/ordem estão no topo. Essas categorias são imprecisas, é claro, mas, novamente, não deixemos que a imprecisão nos impeça de ver o que não poderíamos ver caso insistíssemos na precisão. A maioria desses conflitos, embora não todos, ocorreu da maneira arquetípica descrita nesta seção.

CONFLITO	PAÍS	COMEÇOU EM...	
Revolta Holandesa	HOL	1566	
Guerra Civil Inglesa	GBR	1642	
Revolução Gloriosa	GBR	1688	
Revolução Americana	EUA	1775	
Revolução Francesa	FRA	1789	
Triênio Liberal	ESP	1820	
Revolução Francesa de 1848	FRA	1848	Casos que produziram mudanças no sistema ou regime
Restauração Meiji	JPN	1868	
Revolução Xinhai	CHN	1911	
Revolução e Guerra Civil Russa	RUS	1917	
Revolução Alemã/Fim da Monarquia	ALE	1918	
Ascensão de Hitler / Violência Política	ALE	1929	
Ascensão dos Militaristas Japoneses	JPN	1932	
Guerra Civil Espanhola	ESP	1936	
Guerra Civil Chinesa	CHN	1945	
Levantes Jacobitas	GBR	1745	
Revolta de Pugachev	RUS	1773	
Revolta Patriota Holandesa	HOL	1781	
Rebelião do Lótus Branco	CHN	1794	
Revoluções Alemãs de 1848	ALE	1848	
Rebelião Taiping	CHN	1851	
Rebelião Panthay	CHN	1856	Casos que não produziram mudanças no sistema ou regime
Guerra Civil Americana	EUA	1861	
Rebelião Muçulmana	CHN	1862	
Comuna de Paris	FRA	1871	
Rebelião dos Boxers	CHN	1899	
Revolução Russa de 1905	RUS	1905	
Guerra de Proteção Nacional	CHN	1915	
Crise de 6 de fevereiro de 1934	FRA	1934	

Um exemplo clássico de uma guerra civil que destruiu o sistema existente e teve que construir um novo é o da Revolução/Guerra Civil

Russa de 1917. Ela instaurou a ordem interna comunista que acabou entrando no Estágio 5 no final da década de 1980, o que levou o país a tentar fazer mudanças revolucionárias dentro do sistema — chamadas de *perestroika* (ou seja, reestruturação) —, que falharam e foram seguidas pelo colapso da ordem da União Soviética em 1991. A ordem doméstica comunista durou 74 anos (de 1917 a 1991). Essa ordem foi substituída pelo novo sistema/ordem que agora governa a Rússia e que, após o colapso da velha ordem, foi construído nas maneiras clássicas descritas anteriormente neste capítulo em minhas explicações dos Estágios 1 e 2.

Outro exemplo foi a Restauração Meiji do Japão, que surgiu como resultado de uma revolução de três anos (1866-1869) e que ocorreu porque os japoneses se fecharam para o mundo exterior e não conseguiam progredir. Os americanos forçaram os japoneses a se abrir, o que levou um grupo revolucionário a lutar e a derrotar os governantes (liderados pelo xogum militar) em batalha, conduzindo à derrubada da ordem interna então administrada pelas quatro classes — militares, camponeses, artesãos e mercadores — que governavam o Japão. Essa velha ordem japonesa dirigida por pessoas tradicionais era ultraconservadora (por exemplo, a mobilidade social era proibida) e foi substituída por revolucionários que eram relativamente progressistas e mudaram tudo ao restabelecer os poderes de um imperador modernizador. No início desse período, houve muitas disputas trabalhistas, greves e motins, deflagrados pelos clássicos gatilhos de hiatos de riqueza e más condições econômicas. No processo de reforma, a liderança proporcionou educação elementar universal para meninos e meninas, adotou o capitalismo e abriu o país para o mundo exterior. Fizeram isso com novas tecnologias, o que os levou a se tornarem muito competitivos e acumularem riqueza.

Há vários casos de países que fizeram as coisas certas para introduzir melhorias revolucionariamente benéficas, assim como há vários casos de revolucionários que fizeram coisas erradas e infligiram um sofrimento terrível ao povo durante décadas. A propósito, como resultado de suas reformas, o Japão atravessou os estágios clássicos do Grande Ciclo. Tornou-se extremamente bem-sucedido e rico. Com o tempo, porém, tornou-se decadente, sobrecarregado e fragmentado, enfrentou uma depressão econômica e travou guerras caras, o que o levou a uma falência clássica. Sua ordem Meiji e seu Grande Ciclo clássico duraram 76 anos, de 1869 a 1945.

● *Guerras civis e revoluções ocorrem inevitavelmente para mudar a ordem interna de forma radical. Incluem reestruturações totais de poder político e de riqueza, o que abrange a tomada de decisões políticas e reestruturações completas de dívida e propriedade financeira.* Essas mudanças são a consequência natural da necessidade de empreender grandes mudanças que não podem ser feitas no sistema existente. Quase todos os sistemas as encontram. Isso porque quase todos eles beneficiam algumas classes em detrimento de outras, o que acaba se tornando insuportável a ponto de acontecer uma luta para definir o caminho a seguir. Quando as disparidades de riqueza e valores se tornam muito amplas e ocorrem condições econômicas ruins, de modo que o sistema não funcione para uma grande porcentagem da população, as pessoas lutam para mudá-lo. Aqueles em maior sofrimento econômico lutarão para extrair mais riqueza e poder daqueles que os têm, beneficiados pelo sistema existente. É óbvio que os revolucionários querem mudar o sistema radicalmente, portanto estão dispostos a desrespeitar as leis que as pessoas em controle impõem. Tais mudanças revolucionárias em geral ocorrem com violência através de guerras civis, embora, como descrito antes, possam ocorrer pacificamente, sem a derrubada do sistema.

Períodos de guerra civil costumam ser muito brutais. No início esses conflitos pelo poder se caracterizam por batalhas enérgicas e ordenadas, mas, conforme a luta e as emoções se intensificam e os lados fazem qualquer coisa para vencer, os níveis de brutalidade aumentam inesperadamente, de tal forma que os níveis que ocorrem nas guerras civis e revoluções do Estágio 6 teriam sido considerados implausíveis no Estágio 5. As elites e os moderados geralmente fogem do país, são presos ou mortos. Ler as histórias de guerras civis e revoluções — como a Guerra Civil Espanhola, a Guerra Civil Chinesa, a Revolução Russa e a Revolução Francesa — me provoca arrepios.

Como ocorrem? Anteriormente, descrevi a dinâmica do Estágio 5 que nos leva ao Estágio 6. Durante este estágio, tudo se intensifica muito. Explico a seguir.

Como acontecem as guerras civis e as revoluções

Conforme descrito antes, o ciclo de acumulação e disparidade de riqueza, que leva uma parte muito pequena da população a controlar uma enorme porcentagem da riqueza, acaba resultando na maioria pobre derrubando a minoria rica através de guerras civis e revoluções. Isso aconteceu mais vezes do que podemos imaginar.

Embora a maioria das guerras civis e revoluções arquetípicas tenham mudado o poder da direita para a esquerda, muitas mudaram a riqueza e o poder para a direita e para longe da esquerda. No entanto, houve menos conflitos desse tipo, e eram diferentes. Normalmente aconteciam quando as ordens existentes caíam em anarquias disfuncionais e uma grande porcentagem da população ansiava por uma liderança forte, disciplina e produtividade. Exemplos de revoluções da esquerda para a direita incluem Alemanha, Espanha, Japão e Itália na década de 1930; a queda da União Soviética na década de 1980 até o início da década de 1990; o golpe de 1976 na Argentina, que substituiu Isabel Perón por uma junta militar; e o golpe que levou ao Segundo Império Francês em 1851. Todos os que examinei funcionaram ou não pelo mesmo motivo. Assim como as da esquerda, essas novas ordens internas foram bem-sucedidas quando produziram resultados econômicos de base ampla e fracassaram quando não os produziram. Como a ampla prosperidade econômica é o maior motivo de sucesso ou fracasso de um novo governo, as tendências de longo prazo têm sido tanto de maior riqueza total quanto de uma distribuição mais ampla da riqueza (ou seja, melhores condições econômicas e de saúde para o cidadão comum). Esse quadro mais amplo pode facilmente passar despercebido quando se está vivendo uma parte do Grande Ciclo.

Geralmente, aqueles que lideraram as guerras civis/revoluções eram (e ainda são) pessoas com bom nível educacional, oriundas da classe média. Por exemplo, três dos principais líderes revolucionários da Revolução Francesa foram: Georges-Jacques Danton, um advogado de família burguesa; Jean-Paul Marat, médico, cientista e jornalista de família burguesa; e Maximilian de Robespierre, advogado e estadista também de família burguesa. Essa revolução foi apoiada inicialmente por muitos aristocratas liberais, como o marquês de La Fayette, Gilbert du Motier, oriundos de famílias relativamente abastadas. Da mesma forma, os líderes da Revolução Russa foram Vladimir Lênin, que estudou Direito, e Leon Trotsky, criado em uma família de intelectuais burgueses. A Guerra Civil Chinesa foi liderada por Mao, que pertencia a uma família relativamente abastada e estudou uma variedade de assuntos, como Direito, Economia e teoria política, e Zhou Enlai, que pertencia a uma família de classe média de funcionários públicos eruditos. **Esses líderes também eram (e ainda são) tipicamente carismáticos, capazes de liderar e trabalhar bem com outros na construção de grandes e bem administradas organizações com o poder de levar revoluções a cabo. Se quiser descobrir quais serão os revolucionários do futuro, fique de olho naqueles que têm essas qualidades. Com o tempo, em geral evoluem de intelectuais idealistas a favor de um sistema mais justo para revolucionários brutais empenhados em vencer a qualquer preço.**

Embora as grandes disparidades de riqueza durante tempos economicamente difíceis muitas vezes tenham sido a maior fonte de conflito, sempre houve outros motivos que acrescentavam muita oposição à liderança e ao sistema. Durante as revoluções, os revolucionários com queixas diferentes se uniam para fazer mudanças revolucionárias; embora parecessem unidos durante a revolução, costumavam lutar entre si por questões divergentes e pelo poder depois de vencê-la.

Como mencionado, **durante o estágio de guerra civil/revolução do ciclo, os governos no poder quase sempre têm uma grave escassez de dinheiro, crédito e poder de compra. Tal escassez cria o desejo de pegar dinheiro de quem o possui, o que leva aqueles que têm dinheiro a movê-lo para lugares e ativos seguros, o que leva os governos a interromper esses movimentos impondo controles de capital, ou seja, controles sobre os movimentos para outras jurisdições (por exemplo, outros países), para outras moedas ou para ativos mais difíceis de tributar e/ou que são menos produtivos (como o ouro, por exemplo).**

Para piorar as coisas, quando há desordem interna, os inimigos estrangeiros são mais propensos a desafiar o país. Isso acontece porque o conflito interno causa vulnerabilidades que tornam guerras externas mais prováveis. O conflito interno divide as pessoas dentro de um país, é financeiramente desgastante e exige atenção, o que deixa menos tempo para os líderes cuidarem de outras questões — o que, por sua vez, provoca vulnerabilidades das quais as potências estrangeiras tiram proveito. Essa é a principal razão pela qual as guerras internas e externas tendem a se aproximar. Outras razões incluem: o fato de emoções e ânimos estarem exacerbados e de líderes populistas fortes que tendem a chegar ao poder nessas ocasiões serem guerreiros por natureza; o fato de, quando há conflitos internos, os líderes perceberem que a noção de ameaça de um inimigo externo pode vir a unir o país em apoio a seu líder, de modo que tendem a encorajar o conflito; e o fato de pessoas/países que passam por dificuldades estarem mais dispostos a lutar por aquilo de que precisam, inclusive os recursos de outras nações.

● *Quase todas as guerras civis tiveram algumas potências estrangeiras participando na tentativa de influenciar o resultado do conflito em seu benefício.*

● *O começo das revoluções e guerras civis não é claro no momento em que ocorre, embora seja evidente quando se está no meio delas.* Embora os historiadores atribuam datas ao início e ao fim das guerras civis, essas datas são arbitrárias. A verdade é que quase ninguém sabe quando uma guerra civil começou ou terminou, mas sabe quando está dentro dela. Por exemplo, diversos historiadores designaram 14 de julho de 1789 como o dia em que a Revolução Francesa começou porque uma multidão invadiu uma prisão e um arsenal chamado Bastilha. Mas ninguém na época pensava que aquilo era o início da Revolução Francesa ou fazia ideia de quão brutal aquela guerra civil e revolução se tornaria. Embora não saibamos o que está por vir, podemos observar marcadores imprecisos que nos ajudam a nos localizar, a ver a direção na qual estamos seguindo e saber algo sobre como será o próximo estágio.

As guerras civis são incrivelmente brutais porque são lutas até a morte. Todo mundo se torna extremista porque todo mundo é forçado a escolher um lado e lutar — e até os moderados se entregam a lutas de faca.

O tipo de líder ideal para guerras civis e revoluções é o dos "generais inspiradores" — pessoas fortes o bastante para reunir apoio e

vencer os diversos tipos de batalha que precisam ser vencidos. Como a luta é brutal, precisam ser brutais o suficiente para fazerem o que for necessário para vencer.

O tempo que os historiadores definem como o período de guerra civil normalmente dura alguns anos e determina os vencedores e perdedores oficiais, o que é estabelecido por aqueles que conseguem ocupar os prédios públicos na capital. Contudo, assim como seu início, o fim das guerras/revoluções civis não é tão claramente definido quanto relatam os historiadores. A luta para consolidar o poder pode perdurar por muito tempo após o fim oficial da guerra civil.

Embora, de modo geral, as guerras civis e revoluções sejam extremamente dolorosas, frequentemente levam a reestruturações que, quando benfeitas, podem estabelecer a base para melhores resultados futuros. O futuro após uma guerra civil/revolução depende de como os próximos estágios serão tratados.

CONCLUSÃO

Meu estudo da história me ensinou que nada é para sempre, a não ser a evolução, e que, dentro da evolução, há ciclos que sobem e descem como marés e são difíceis de mudar ou combater. Para lidar bem com tais mudanças, é essencial saber em qual estágio do ciclo estamos e os princípios atemporais e universais para lidar com ele. À medida que as condições mudam, as melhores abordagens se modificam — ou seja, o que é melhor depende das circunstâncias e, como acabamos de ver, as circunstâncias estão sempre mudando. Por esse motivo, é um erro acreditar piamente que qualquer sistema econômico ou político sempre será o melhor, porque sem dúvida haverá momentos em que esse sistema não será o melhor para as circunstâncias em questão e, se uma sociedade não se adaptar, morrerá. É por isso que reformar os sistemas para que se adaptem bem à mudança é sempre a melhor escolha. O teste de qualquer sistema é simplesmente quão bem ele funciona para fornecer o que a maioria das pessoas deseja, e isso pode ser medido de forma objetiva, o que podemos e continuaremos a fazer. Dito isso, a lição da história que nos chega de forma mais alta e clara é que colaborações habilidosas para produzir relações produtivas em que todos ganhem, de modo a aumentar e dividir bem o bolo para que a maioria das pessoas seja feliz, são muito mais gratificantes e menos dolorosas do que travar guerras civis por riqueza e poder que levam um lado a subjugar o outro.

CAPÍTULO 6

O GRANDE CICLO DE ORDEM E DESORDEM EXTERNO

As relações entre as pessoas e as ordens que as governam, sejam internas ou externas, basicamente funcionam da mesma maneira e se fundem. Na verdade, até pouco tempo atrás não havia distinções entre ordens interna e externa porque não existiam fronteiras claramente definidas e mutuamente reconhecidas entre os países. Por esse motivo, **o ciclo de seis estágios de transição entre ordem e desordem descrito no capítulo anterior acerca do que acontece dentro dos países funciona da mesma maneira entre eles, com uma grande exceção:** ● *as relações internacionais são movidas muito mais pela dinâmica bruta de poder.* Isso se dá porque todos os sistemas de governança exigem: 1) leis e habilidades legislativas eficazes e de comum acordo, 2) capacidade de aplicação da lei (por exemplo, polícia), 3) maneiras de julgar (ou seja, juízes) e 4) consequências claras e específicas a serem executadas em caso de crimes (por exemplo, multas e encarceramentos), elementos que orientam as relações dentro das fronteiras, mas inexistentes ou ineficazes no trato entre países.

Apesar das tentativas de tornar a ordem externa mais obediente às regras (por exemplo, através da Liga das Nações e das Nações Unidas), elas em geral falharam porque tais organizações não tinham mais riqueza e poder do que os países mais poderosos. **Quando países individuais têm mais poder do que um grupo de países, os países individuais mais poderosos governam. Por exemplo, se os EUA, a China ou outros países tiverem mais poder do que as Nações Unidas, então caberá aos EUA, à China ou a outros países determinar como vão ser as coisas em vez de às Nações Unidas. Isso acontece porque *o poder prevalece*, e a riqueza e o poder entre iguais raramente são conquistados sem luta.

Quando países poderosos têm disputas, não mandam seus advogados pleitearem os casos a juízes. Em vez disso, ameaçam uns aos outros, chegam a acordos ou entram em conflito. **A ordem internacional segue a lei da selva bem mais do que o direito internacional.**

Existem cinco principais tipos de conflito entre países: guerras comerciais/econômicas, guerras tecnológicas, guerras geopolíticas, guerras de capitais e guerras militares. Comecemos definindo-as brevemente.

13. **Guerras comerciais/econômicas:** Conflitos a respeito de tarifas, restrições de importação/exportação e outras maneiras de prejudicar economicamente um rival.
14. **Guerras tecnológicas:** Conflitos acerca de quais tecnologias são compartilhadas e quais são mantidas como aspectos protegidos de segurança nacional.
15. **Guerras geopolíticas:** Conflitos quanto a território e alianças que são resolvidos através de negociações e compromissos explícitos ou implícitos, sem luta.
16. **Guerras de capital:** Conflitos impostos através de ferramentas financeiras, como sanções (por exemplo, cortar dinheiro e crédito ao punir instituições e governos que os ofereçam) e limitando acesso estrangeiro aos mercados de capitais.
17. **Guerras militares:** Conflitos que envolvem ação armada e mobilização de forças militares.

A maioria dos conflitos entre nações se enquadra em uma ou mais dessas categorias (a guerra cibernética, por exemplo, tem um papel em todas elas). São travados por riqueza, poder e ideologias pertinentes. **Embora a maioria desses tipos de guerra não envolva conflitos armados e mortes, todas são lutas por poder.** Na maior parte das vezes, os primeiros quatro tipos evoluem para intensas competições entre nações rivais até que se inicie uma guerra militar. **Esses conflitos, envolvendo ou não armas e mortes, são exercícios de poder de** um lado sobre o outro. Podem ser gerais ou contidos, dependendo da importância da questão e de quais são os poderes relativos dos oponentes. Contudo, assim que uma guerra militar começa, todas as outras quatro dimensões são militarizadas em sua maior extensão possível.

Como discutido nos últimos capítulos, todos os fatores que impulsionam os ciclos internos e externos tendem a melhorar e a piorar juntos. Quando as condições ficam ruins, há mais pelo que disputar, o que aumenta a tendência para o conflito. Essa é a natureza humana, e é por isso que temos o Grande Ciclo, que se alterna entre tempos bons e ruins.

● *Guerras generalizadas normalmente ocorrem quando questões de sobrevivência (aquelas que são tão essenciais para a existência do país que as pessoas estão dispostas a lutar e a morrer por elas) estão em jogo e não podem ser resolvidas por meios pacíficos. As guerras que delas resultam deixam claro qual lado fará valer seus objetivos e terá supremacia em questões subsequentes.* Essa clareza acerca de quem estabelece as regras torna-se, então, a base de uma nova ordem internacional.

O gráfico a seguir mostra os ciclos interno e externo de paz e conflito na Europa a partir de 1500, refletidos nas mortes que causaram. Como é possível notar, **houve três grandes ciclos de conflito crescente e decrescente, com uma média de 150 anos cada um. Embora durem pouco tempo, as grandes guerras civis ou externas costumam ser o auge dos conflitos duradouros que levaram a elas.** Embora a Primeira e a Segunda Guerra Mundial tenham sido impulsionadas separadamente pelo ciclo clássico, também estavam inter-relacionadas.

ESTIM MORTES POR CONFLITOS EURO
(% POP, MM 15A)

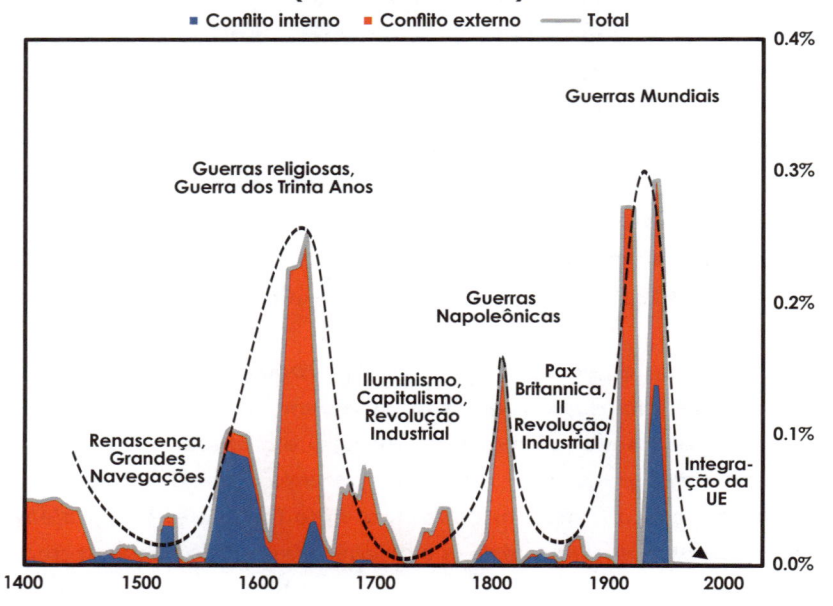

- Conflito interno
- Conflito externo
- Total

Guerras Mundiais

Guerras religiosas, Guerra dos Trinta Anos

Guerras Napoleônicas

Iluminismo, Capitalismo, Revolução Industrial

Pax Britannica, II Revolução Industrial

Renascença, Grandes Navegações

Integração da UE

Como podemos ver, **cada ciclo consistiu em um período relativamente longo de paz e prosperidade (por exemplo, a Renascença, o Iluminismo e a Revolução Industrial) que plantou as sementes de guerras externas, as quais foram terríveis e violentas (por exemplo, a Guerra dos Trinta Anos, as Guerras Napoleônicas e as duas Guerras Mundiais).** Tanto as altas (períodos de paz e prosperidade) quanto as baixas (períodos de depressão e guerra) afetaram o mundo inteiro. Nem todos os países prosperam ao mesmo tempo que as principais potências, pois as nações ganham à custa das outras. Por exemplo, o declínio da China de 1840 a 1949, conhecido como o "século da humilhação", ocorreu porque as potências ocidentais e o Japão exploraram a China.

Enquanto você continua a leitura, tenha em mente ● *que as duas coisas que mais podemos esperar de uma guerra são: 1) que ela não sairá da forma planejada e 2) que será muito pior do que se pode imaginar.* É por esses motivos que muitos dos princípios a seguir abordam maneiras de evitar guerras. Ainda assim, seja por bons ou maus motivos, conflitos armados acontecem. Para ser claro, embora por um lado eu acredite que a maioria dessas guerras seja trágica e travada por razões absurdas, por outro lado acredito que algumas valem a pena, porque as consequências de ficar inerte seriam intoleráveis (a perda da liberdade, por exemplo).

AS FORÇAS ATEMPORAIS E UNIVERSAIS QUE PRODUZEM MUDANÇAS NA ORDEM EXTERNA

Como expliquei no Capítulo 2, depois de interesses e sobrevivência próprios, a busca por riqueza e poder é o que mais motiva indivíduos, famílias, empresas, estados e países. Como riqueza é igual a poder em termos da capacidade de reunir poderio militar, controlar o comércio e influenciar outras nações, ● **as forças doméstica e militar caminham de mãos dadas.** É preciso dinheiro para comprar armas (poderio militar) e também para comprar manteiga (necessidades de gastos sociais internos). Quando um país deixa de fornecer quantidades adequadas de qualquer um desses itens, torna-se vulnerável às oposições interna e externa. A partir de meu estudo das dinastias chinesas e dos impérios europeus, aprendi que ● *a segurança financeira para gastar mais do que os rivais é uma das forças mais importantes que um país pode ter.* Foi assim que os Estados Unidos venceram a União Soviética na Guerra Fria. Gaste dinheiro suficiente da maneira certa e você não vai precisar de um conflito armado. O sucesso a longo prazo depende de sustentar tanto as "armas" quanto a "manteiga" sem produzir os excessos que levam a sua queda. Em outras palavras, um país deve ser financeiramente forte para dar ao povo um bom padrão de vida e proteção contra inimigos externos. Os países realmente bem-sucedidos têm sido capazes de fazer isso por períodos de duzentos a trezentos anos. Nenhum foi capaz de fazê-lo para sempre.

O conflito ocorre quando o poder dominante começa a enfraquecer ou um poder emergente começa a alcançar força equivalente — ou ambos. ● *O maior risco de guerra militar é quando ambas as partes têm 1) poderes militares aproximadamente comparáveis e 2) diferenças existenciais e irreconciliáveis.* No momento em que este livro foi escrito, o conflito com maior potencial explosivo é entre os Estados Unidos e a China por conta de Taiwan.

A decisão que os países rivais precisam tomar — lutar ou recuar — é muito difícil. Ambas as alternativas saem caro — lutar, em termos de vidas e dinheiro; recuar, em termos de perda de status, uma vez que revela fraqueza, o que leva a uma redução de apoio. Quando duas entidades rivais têm o poder de destruir uma à outra, ambas devem ter uma confiança muitíssimo alta de que não vão ser inaceitavelmente prejudicadas ou mortas pela outra. Gerenciar bem o dilema do prisioneiro, no entanto, é raríssimo (consulte o adendo ao Capítulo 2 para uma explicação completa).

Embora não existam regras nas relações internacionais além daquelas que os mais poderosos se impõem, certas abordagens produzem resultados melhores. Em especial, aquelas que têm maior probabilidade de levar a resultados em que todos ganham são melhores do que aquelas em que todos perdem. Por isso este princípio é muito importante: ● *para obter mais resultados em que todos ganham, é necessário negociar levando-se em conta o que é mais importante para a outra parte e também para si mesmo, e saber como conduzir tal negociação.*[1][2]

Colaborações competentes que produzam relacionamentos em que todos ganham — nos quais a riqueza e o poder aumentam e são bem partilhados entre ambos — são muito mais recompensadoras e muito menos dolorosas do que guerras que levem à subjugação de um dos lados. Ver as coisas através dos olhos de seu adversário, identificar seus

---

[1] Para dar um exemplo bastante simplificado de uma abordagem em que todos ganham, se cada país escolhesse os dez principais itens que deseja obter ou dos quais deseja se proteger e alocar cem pontos no total para expressar até que ponto desejam tais itens, esses países poderiam determinar quais seriam as melhores negociações. Por exemplo, imagino que no topo da lista da China esteja a reunificação com Taiwan — tão no topo, na verdade, que o país estaria disposto a entrar em guerra por isso. Não creio que os EUA queiram impedir isso de forma pacífica, a ponto de levar o tópico tão ao topo de sua lista, mas há outros tópicos que são de fato uma prioridade americana, os quais ambas as partes estariam dispostas a negociar em benefício mútuo.

[2] Embora possa parecer ingênuo, gostaria que o poder da divergência ponderada pudesse ser aproveitado para lidar com as guerras EUA-China. Por exemplo, imagino como seria maravilhoso se os líderes ou representantes de cada país tivessem uma série de divergências ponderadas veiculadas publicamente, como em debates presidenciais, e as populações desses países pudessem assisti-los de modo a conhecer os pontos de vista de ambos os lados. Tenho certeza de que isso nos deixaria muito mais bem informados e empáticos, além de melhorar as chances de soluções pacíficas.

limites e comunicá-los com clareza (ou seja, o que não pode ser comprometido) são as chaves para se fazer isso benfeito. • **Vencer significa obter o que é mais relevante para um país sem perder as coisas que são mais importantes; portanto, guerras que custam muito mais em vidas e dinheiro do que os benefícios que geram são estúpidas.** Mas ainda assim acontecem guerras "estúpidas" o tempo todo, e explicarei suas razões.

É muito fácil entrar em guerras estúpidas devido aos seguintes fatores: a) o dilema do prisioneiro; b) um processo de agravamento de políticas de "olho por olho"; c) os custos percebidos de capitular para o poder em decadência; d) mal-entendidos ocorridos quando a tomada de decisão precisa ser rápida. Geralmente, grandes potências rivais encontram-se no dilema do prisioneiro; precisam ter formas de garantir à outra parte que não vão tentar matá-la, desde que essa outra parte não tente matá-las primeiro. Os agravamentos de políticas de "olho por olho" são perigosos porque exigem que cada lado supere ou perca o que o inimigo capturou no último movimento. Porém, se um deles forçar demais a mão, haverá um choque frontal.

Apelos mentirosos e baseados em emoção que mobilizam as pessoas aumentam os perigos de guerras estúpidas, por isso é melhor para os líderes que sejam verdadeiros e cuidadosos ao explicar a situação e a forma como estão lidando com ela (isso é especialmente essencial em uma democracia, na qual as opiniões da população importam). A pior coisa é quando os líderes são mentirosos e apelam para a emoção ao lidar com suas respectivas populações, e fica ainda pior quando assumem o controle da mídia.

De modo geral, a tendência de alternar entre relacionamentos em que todos ganham e relacionamentos em que todos perdem acontece de forma cíclica. Pessoas e impérios são mais propensos a ter relacionamentos cooperativos durante os tempos bons e a lutar em tempos difíceis. Uma grande potência que esteja em decadência em relação a uma potência em ascensão tem uma tendência natural de querer manter o *status quo* ou as regras já existentes, enquanto a potência em ascensão desejará mudá-las para que se adéquem ao novo terreno.

No ditado "no amor e na guerra vale tudo", embora eu não tenha certeza no tocante ao amor, sei que a parte da guerra está correta. Por exemplo, na Guerra de Independência dos Estados Unidos, quando os britânicos se alinhavam em fileiras para o combate e os revolucionários americanos atiravam neles de trás das árvores, os britânicos acharam aquilo injusto e reclamaram. Os vencedores revolucionários consideraram os britânicos tolos, visto que a causa da independência e da liberdade justificava a mudança das regras de guerra. É assim que a carruagem anda.

Isso me leva a um princípio final: ● *tenha poder, respeite o poder e use o poder com sabedoria.* Ter poder é bom porque ele vence acordos, regras e leis o tempo todo. Quando chega a hora, aqueles que têm o poder de fazer cumprir sua interpretação das regras e das leis ou de derrubá-las vão obter o que desejam. É importante respeitá-lo porque não é inteligente travar uma guerra em que se vai perder; é preferível negociar o melhor acordo possível (a menos que se queira ser um mártir, o que costuma ocorrer por razões estúpidas de ego, não por razões estratégicas sensatas). Também é importante usar o poder com sabedoria. E fazer isso não necessariamente implica forçar o outro a lhe dar o que você quer, ou seja, intimidá-lo. Na verdade, inclui o reconhecimento de que a generosidade e a confiança são forças poderosas para produzir relacionamentos em que todos ganham, que são bem mais recompensadores do que relacionamentos em que todos saem perdendo. Em outras palavras, em geral é preferível usar os "poderes *de convencimento*" em vez dos "poderes *coercitivos*".[3]

Ao pensar em como usar o poder com sabedoria, também é importante decidir quando chegar a um acordo e quando lutar. Para fazer isso, uma parte deve imaginar como seu poder mudará com o tempo. É desejável usar o poder para negociar um acordo, fazer cumprir um acordo ou lutar uma guerra quando seu poder for maior. Isso significa que vale a pena lutar logo quando o poder relativo de alguém estiver diminuindo

---

[3] Por exemplo, embora eu sempre tivesse o poder de proprietário para tomar decisões autocráticas na Bridgewater, optei por não fazê-lo. Em vez disso, criei e operei um sistema meritocrático de ideias (o qual descrevi em meu livro *Princípios*). Também escolhi ser muito mais generoso do que deveria com as pessoas com quem trabalhei, mantendo padrões extremamente altos, porque eu sabia que operar dessa forma produziria os incríveis relacionamentos e resultados que experimentamos — muito melhores do que se eu tivesse usado meus "poderes coercitivos" com demasiada força. Portanto, é importante lembrar que grandes relacionamentos proporcionam grandes poderes e que, por si só, são recompensas maravilhosas. Não há nada mais poderoso e gratificante para o indivíduo e o coletivo do que a cooperação de pessoas capazes, que cuidam umas das outras e se dão tudo o que podem.

ou lutar mais tarde quando este estiver aumentando.

Se uma parte estiver em um relacionamento em que todos perdem, então precisa sair dele de uma maneira ou de outra, de preferência através da separação, embora possivelmente seja por meio de guerra. Para lidar com o poder de forma sábia, em geral é melhor não o demonstrar, porque isso pode levar os outros a se sentirem ameaçados e a aumentarem seus próprios poderes ameaçadores, o que então causará uma escalada mútua que ameaçará a ambos. O poder é comumente mais bem manuseado como uma faca escondida que pode ser sacada em caso de luta. Mas há momentos em que mostrar seu poder e ameaçar usá-lo é mais eficaz para melhorar sua posição de negociação e evitar um conflito. Saber o que é mais ou menos importante para a outra parte, sobretudo os motivos pelos quais ela vai ou não lutar, permite a você que trabalhe em direção a um equilíbrio que ambas as partes considerem uma solução justa à disputa.

Embora geralmente seja desejável ter poder, também é desejável não ter um poder que não lhe seja necessário. Isso porque manter o poder consome recursos, principalmente tempo e dinheiro. Além disso, com o poder vem o peso da responsabilidade. Com frequência, fico impressionado porque, muitas vezes, as pessoas com menos poder são as mais felizes.

ESTUDO DE CASO: SEGUNDA GUERRA MUNDIAL

Agora que cobrimos a dinâmica e os princípios que movem o ciclo de ordem e desordem externo, derivados da análise de muitos casos, gostaria de dar uma breve olhada no caso da Segunda Guerra Mundial por ser o exemplo mais recente da icônica dinâmica de ir da paz à guerra. Embora seja apenas um caso, mostra de forma explícita como a confluência dos três grandes ciclos — ou seja, as forças sobrepostas e inter-relacionadas do ciclo de moeda e crédito, do ciclo de ordem/desordem interno e do ciclo de ordem/desordem externo — criou condições para uma guerra catastrófica e lançou as bases de uma nova ordem mundial. Embora as histórias desse período sejam interessantíssimas por si sós, são especialmente importantes porque fornecem lições que nos ajudam a pensar acerca do que está acontecendo agora e do que pode estar por vir. Mais importante ainda, os Estados Unidos e a China estão em uma guerra econômica que pode evoluir para uma guerra militar, e as comparações entre os anos 1930 e os dias de hoje fornecem informações valiosas sobre o que pode acontecer e como evitar uma terrível guerra.

O CAMINHO PARA A GUERRA

Para ajudar a pintar um cenário da década de 1930, vou passar pelos destaques geopolíticos que levaram ao início oficial da guerra na Europa, em 1939, e ao bombardeio de Pearl Harbor, em 1941. Em seguida, vou abordar a guerra e o início da nova ordem mundial em 1945, com os EUA no auge de seu poder.

A depressão global que se seguiu ao Crash da Bolsa de 1929 fez com que quase todos os países tivessem grandes conflitos internos por conta de riqueza. Isso os levou a se voltarem para políticas e líderes mais populistas, autocráticos, nacionalistas e militaristas. Esses movimentos ou tenderam para a direita ou para a esquerda, e ocorreram em vários graus, de acordo com as circunstâncias dos países e a força de suas tradições democráticas ou autocráticas. Na Alemanha, Japão, Itália e Espanha, péssimas circunstâncias econômicas e tradições democráticas menos estabelecidas levaram a conflitos internos extremos e à busca por líderes populistas/autocráticos de direita (ou seja, fascistas), assim como em diferentes momentos do tempo a União Soviética e a China, que também suportaram circunstâncias extremas e não tinham experiência com a democracia, voltaram-se para líderes populistas/autocráticos de esquerda (ou seja, comunistas). Os EUA e o Reino Unido tinham tradições democráticas bem mais sólidas e condições econômicas menos severas, de modo que se tornaram mais populistas e autocráticos do que antes, mas não tanto quanto outras nações.

Alemanha e Japão

Embora a Alemanha tenha sido anteriormente sobrecarregada com enormes dívidas de reparação após a Primeira Guerra Mundial, em 1929 o país estava começando a emergir de seu jugo através do Plano Young, o qual previa um alívio considerável da dívida e a retirada das tropas estrangeiras do país em 1930.[4] Contudo, a depressão global atingiu duramente o país, levando-o a uma taxa de quase 25% de desemprego, falências massivas e extensa pobreza. Como é típico em cenários como esse, houve conflito entre populistas de esquerda (comunistas) e populistas de direita (fascistas). Adolf Hitler, o líder populista/fascista, aproveitou o clima de humilhação nacional para insuflar um furor nacionalista, identificando como inimigos o Tratado de Versalhes e os países que o impuseram. Hitler, então, criou e mobilizou apoio para um programa nacionalista de 25 pontos. Em resposta às lutas internas e ao desejo de restaurar a ordem, foi nomeado chanceler em janeiro de 1933, obtendo grande apoio para seu Partido Nazista, composto de industriais que temiam os comunistas. Dois meses depois, o Partido Nazista conquistou mais apoio e mais cadeiras no Parlamento alemão (o Reichstag).

Em 1934, Hitler recusou-se a pagar quaisquer dívidas de reparação adicionais, deixou a Liga das Nações e assumiu o controle autocrático da Alemanha. Ocupando duplo papel, o de chanceler e o de presidente, tornou-se o líder supremo do país. Nas democracias, sempre há algumas leis que permitem aos líderes a obtenção de poderes especiais; Hitler se apropriou de todas elas. Invocando o artigo 48 da Constituição de Weimar, pôs fim a muitos direitos civis, suprimiu a oposição política dos comunistas e forçou a aprovação da Lei de Concessão de Plenos Poderes, que lhe permitia instituir leis sem a sanção do Reichstag e do presidente. Ele foi implacável contra qualquer oposição — censurou ou assumiu o controle de jornais e empresas de radiodifusão, criou uma força policial secreta (a Gestapo) para erradicar e esmagar a oposição, privou os judeus de seus direitos de cidadania, confiscou as finanças da Igreja Protestante e prendeu autoridades eclesiásticas que se opuseram a ele. Declarando a raça ariana superior, proibiu os não arianos de trabalhar no governo.

Hitler adotou a mesma abordagem autocrática/fascista para reconstruir a economia da Alemanha, juntamente de grandes programas de estímulo fiscal e monetário. Privatizou empresas estatais e incentivou o investimento corporativo, agindo de forma agressiva para elevar o padrão de vida dos alemães arianos. Por exemplo, montou a Volkswagen para

---

[4] Desenvolvimentos específicos e detalhes sobre esse período são explicados em meu livro *Principles for Navigating Big Debt Crises*.

tornar os carros baratos e acessíveis e dirigiu a construção das Autobahn. Financiou esse aumento substancial dos gastos governamentais forçando os bancos a comprar títulos do governo. As dívidas geradas foram pagas com os lucros das empresas e do banco central (Reichsbank), monetizando a dívida. Em geral, essas políticas fiscais funcionaram bem para Hitler alcançar seus objetivos. Esse é outro exemplo de como empréstimos na própria moeda aliados ao aumento da própria dívida e do déficit podem vir a ser algo bastante produtivo, caso o dinheiro emprestado seja aplicado em investimentos que ampliem a produtividade e produzam fluxos de caixa mais do que suficientes para o serviço da dívida. Mesmo que não cubra 100% do serviço da dívida, pode ter um bom custo-benefício para atingir as metas econômicas do país.

Quanto aos efeitos econômicos dessas políticas, quando Hitler chegou ao poder, em 1933, a taxa de desemprego era de 25%. Em 1938, era nula. A renda per capita aumentou 22% nos cinco anos após Hitler assumir o poder, e o crescimento real foi em média de 8% ao ano entre 1934 e 1938. Como mostrado nos gráficos a seguir, as ações alemãs subiram quase 70% em uma tendência constante entre 1933 e 1938, até o início do conflito armado.

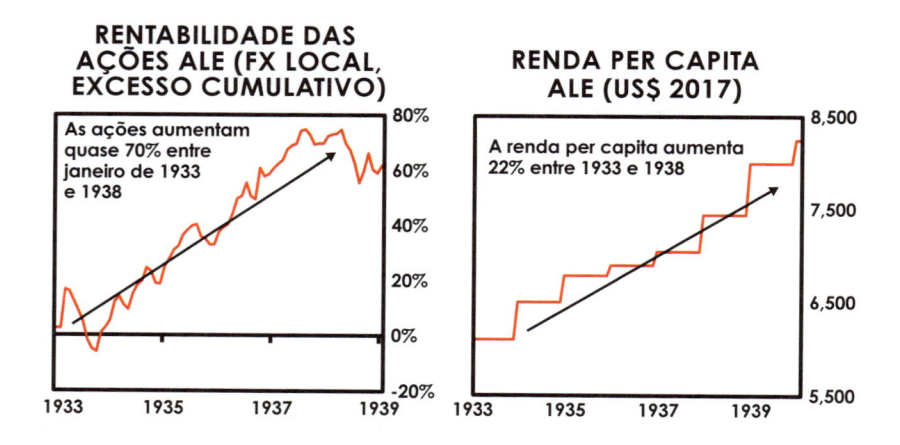

RENTABILIDADE DAS AÇÕES ALE (FX LOCAL, EXCESSO CUMULATIVO)

As ações aumentam quase 70% entre janeiro de 1933 e 1938

RENDA PER CAPITA ALE (US$ 2017)

A renda per capita aumenta 22% entre 1933 e 1938

Em 1935, Hitler começou a desenvolver seu poderio militar, tornando obrigatório o serviço militar para arianos. Os gastos bélicos da Alemanha aumentaram muito mais rápido do que os de qualquer outro país, porque **a economia alemã precisava de mais recursos para se abastecer e pretendia usar o poderio militar para apreendê-los.**

Assim como a Alemanha, **o Japão também foi excepcionalmente atingido pela depressão e, em resposta, tornou-se mais autocrático.** O país era especialmente vulnerável à depressão porque, como uma nação insular sem recursos naturais adequados, dependia das exportações para obter receitas que cobrissem as importações. Quando suas exportações caíram cerca de 50% entre 1929 e 1931, o Japão ficou economicamente devastado. **Em 1931, o país quebrou** — ou seja, foi forçado a reduzir suas reservas de ouro, abandonar o padrão-ouro e fazer flutuar sua moeda, desvalorizada a ponto de a nação ficar sem poder de compra. **Essas condições terríveis e as grandes disparidades de riqueza levaram a conflitos entre a esquerda e a direita. Em 1932, houve um aumento latente do nacionalismo e do militarismo de direita, na esperança de que a ordem e a estabilidade econômica pudessem ser restauradas à força. O Japão decidiu confiscar de outros países os recursos naturais (por exemplo, petróleo, ferro, carvão e borracha) e humanos (ou seja, trabalho escravo) de que precisava, invadindo a Manchúria em 1931 e se espalhando pela China e Ásia. Assim como no caso da Alemanha, pode-se argumentar que o caminho de agressão militar para obter os recursos necessários teve um maior custo-benefício para o Japão do que depender de práticas comerciais e econômicas clássicas.** Em 1934, ocorreu uma fome severa em partes do país, causando ainda mais turbulência política e reforçando o movimento de direita, militarista, nacionalista e expansionista.

Nos anos que se seguiram, a economia fascista sob um comando de cima para baixo se fortaleceu no Japão, que construiu um complexo militar-industrial para proteger suas bases existentes no Leste Asiático e no norte da China e para apoiar suas excursões a outros países. Como também aconteceu na Alemanha, embora a maioria das empresas japonesas permanecesse privada, sua produção era controlada pelo governo.

O que é fascismo? Considere as três grandes escolhas que um país deve fazer ao selecionar sua abordagem de governança apresentadas a seguir: 1) tomada de decisão de baixo para cima (democrática) ou de cima para baixo (autocrática); 2) propriedade de produção capitalista ou comunista (com socialismo no meio-termo); 3) abordagem individualista (que confere extrema importância ao bem-estar do indivíduo) ou coletivista (que confere extrema importância ao bem-estar de todos). Escolha uma opção de cada categoria que você acredita ser a ideal para os valores e ambições da nação em que vive e, então, terá sua abordagem preferida. O fascismo é autocrático, capitalista e coletivista. Os fascistas acreditam que a liderança autocrática de cima para baixo, na qual o governo dirige a produção de empresas privadas de modo que a gratificação individual seja subordinada ao sucesso nacional, é a melhor maneira de tornar o país e seu povo mais ricos e poderosos.

Os EUA e os Aliados

Nos Estados Unidos, problemas com dívidas tornaram-se catastróficos para os bancos norte-americanos depois de 1929, o que restringiu seus empréstimos para o restante do mundo, prejudicando os tomadores de empréstimos internacionais. Ao mesmo tempo, a depressão tornou a demanda fraca, o que levou ao colapso das importações dos EUA e das vendas de outros países aos EUA. Com o enfraquecimento da renda, a demanda caiu e mais problemas de crédito ocorreram em uma espiral econômica descendente autorreforçada. Os EUA responderam em 1930, tornando-se protecionistas para salvaguardar os empregos, aumentando as tarifas através da aprovação da Lei de Tarifas Smoot-Hawley, o que deprimiu ainda mais as condições econômicas em outros países.

● *O aumento de tarifas para proteger empresas e empregos domésticos durante tempos econômicos difíceis é comum, mas leva à redução da eficiência, pois a produção não ocorre onde poderia ser feita com maior efetividade.* **Em última análise, as tarifas contribuem para um maior enfraquecimento econômico mundial, pois as guerras tarifárias fazem com que os países que as impõem percam exportações. As tarifas, no entanto, beneficiam as entidades por elas protegidas e podem criar apoio político para os líderes que as impõem.**

A União Soviética ainda não tinha se recuperado de sua devastadora revolução e guerra civil de 1917-22, de uma guerra perdida para a Alemanha, de uma dispendiosa guerra com a Polônia e de uma crise de fome em 1921, além de ter sido devastada por expurgos políticos e dificuldades econômicas ao longo da década de 1930. A China também sofreu com uma guerra civil, pobreza e crise alimentar entre 1928 e 1930. **Assim, quando as coisas se agravaram em 1930 e as tarifas entraram em vigor, as más condições tornaram-se desesperadoras nesses países.**

Para piorar ainda mais as coisas, houve secas nos Estados Unidos e na União Soviética na década de 1930. ● *Fenômenos naturais nocivos (como secas, inundações e pragas, por exemplo) muitas vezes causam períodos de grande dificuldade econômica que, quando combinados com outras condições adversas, levam a períodos de grande conflito.* Em combinação com políticas governamentais extremas, milhões morreram na URSS. Ao mesmo tempo, lutas políticas internas e o medo da Alemanha nazista levaram ao expurgo de centenas de milhares de pessoas acusadas de espionagem e fuziladas sem julgamento.

● *As depressões deflacionárias são crises da dívida provocadas por não haver dinheiro suficiente nas mãos dos devedores para pagar o serviço de suas dívidas. Elas inevitavelmente levam a impressão de dinheiro, reestruturações de dívidas e programas de gastos do governo que aumentam a oferta e reduzem o valor do dinheiro e do crédito. A única variável é quanto tempo leva para os funcionários do governo fazerem essas mudanças.*

No caso dos Estados Unidos, passaram-se três anos e meio entre a quebra, em outubro de 1929, e as providências do presidente Franklin D. Roosevelt, em março de 1933. **Nos primeiros cem dias no cargo, Roosevelt criou uma série de programas de gastos maciços do governo, pagos através de uma grande alta nos impostos e grandes déficits orçamentários financiados por dívidas monetizadas pelo Federal Reserve.** Roosevelt instituiu programas de empregos, seguro-desemprego, auxílios da Previdência Social e programas favoráveis aos trabalhadores e aos sindicatos. Depois de sua lei tributária de 1935, popularmente chamada de "Soak the Rich Tax" (algo como "imposto de assalto aos ricos"), a maior taxa marginal de imposto de renda para indivíduos subiu para 75% (chegou a ser de 25% em 1930). Em 1941, a maior taxa de imposto pessoal era de 81% e a maior taxa de imposto corporativo era de 31%, tendo começado em 12% em 1930. Roosevelt também impôs diversos outros impostos. Apesar deles e da aceleração da economia, que ajudou a aumentar a receita tributária, os déficits orçamentários subiram de cerca de 1% para cerca de 4% do PIB, pois os aumentos de gastos foram muito altos.[5] **De 1933 até fins de 1936, o mercado de ações deu mais de 200% de retorno e a economia cresceu a uma taxa real média alucinante de cerca de 9%.**

Em 1936, o Federal Reserve apertou a oferta de dinheiro e crédito para combater a inflação e desacelerar o superaquecimento da economia, fazendo com que a frágil economia dos EUA voltasse à recessão e as outras economias importantes enfraquecessem, aumentando as tensões dentro dos países e entre eles.

Enquanto isso, na Europa, o conflito na Espanha entre populistas de esquerda (comunistas) e populistas de direita (fascistas) explodiu na brutal Guerra Civil Espanhola. Com o apoio de Hitler, o direitista Franco conseguiu expurgar a oposição de esquerda no país.

● *Durante períodos de grave crise econômica e grandes discrepâncias de riqueza, em geral ocorrem redistribuições de riqueza revolucionariamente grandes.* **Quando isso é feito de maneira pacífica, tais resultados são alcançados por meio de grandes aumentos de impostos sobre os ricos e grandes aumentos na oferta de dinheiro, que desvalorizam as dívidas. Quando feito de forma violenta, os resultados são alcançados através de confiscos forçados de ativos.** Nos Estados Unidos e no Reino Unido, embora houvesse redistribuição de riqueza e poder político, o capitalismo e a democracia foram mantidos. Na Alemanha, Japão, Itália e Espanha, não.

● *Antes de haver uma guerra armada, geralmente há uma guerra econômica.* Como também é típico nesses cenários, antes que as guerras generalizadas sejam declaradas, há cerca de uma década de guerras econômicas, tecnológicas, geopolíticas e de capital, durante as quais os poderes conflitantes intimidam uns aos outros, testando os limites de força. Embora os anos 1939 e 1941 sejam conhecidos como o início oficial das guerras na Europa e no Pacífico, os conflitos de fato começaram cerca de dez anos antes. **Além dos conflitos de motivação econômica dentro dos países e das mudanças políticas que geraram, todos esses países enfrentaram conflitos econômicos externos cada vez mais profundos enquanto lutavam por maiores fatias de um bolo econômico que estava**

---

[5] Desenvolvimentos específicos durante a Grande Depressão são explicados em detalhes em meu livro *Principles for Navigating Big Debt Crises*, ainda sem tradução no Brasil.

diminuindo de tamanho. Como o que governa as relações internacionais é o poder e não a lei, a Alemanha e o Japão tornaram-se mais expansionistas e passaram a testar cada vez mais o Reino Unido, os Estados Unidos e a França na competição por recursos e influência sobre territórios.

Antes de passar a descrever o conflito armado, quero discorrer sobre as táticas comuns usadas quando as ferramentas econômicas e de capital são transformadas em armas. Tais táticas foram e ainda são:

1. **Congelamento/apreensão de ativos:** Impedir que um inimigo/rival use ou venda ativos estrangeiros dos quais depende. Essas medidas podem ir desde o congelamento de ativos para grupos-alvo em um país (por exemplo, as atuais sanções dos EUA à Guarda Revolucionária do Irã ou o congelamento inicial de ativos dos EUA imposto ao Japão na Segunda Guerra Mundial) até medidas mais severas, como o repúdio unilateral da dívida ou a apreensão total de ativos de um país (como, por exemplo, o fato de alguns dos principais formuladores de políticas dos EUA exporem a ideia de não pagar as dívidas americanas com a China).
2. **Bloqueio do acesso aos mercados de capitais:** Impedir que um país acesse seus próprios mercados de capitais ou os de outro país (por exemplo, em 1887, a Alemanha proibiu a compra de títulos e dívidas russas para impedir o crescimento militar da Rússia; atualmente, os EUA ameaçam fazer o mesmo com a China).
3. **Embargos/bloqueios:** Bloqueio do comércio de bens e/ou serviços no próprio país e, em alguns casos, com terceiras partes neutras, objetivando enfraquecer o país-alvo ou impedi-lo de obter itens essenciais (por exemplo, o embargo do petróleo dos EUA ao Japão e o impedimento do acesso de seus navios ao canal do Panamá durante a Segunda Guerra Mundial), ou bloquear as exportações do país-alvo para outros países, cortando assim suas receitas (por exemplo, o bloqueio da França ao Reino Unido durante as Guerras Napoleônicas).

Se você estiver interessado em ver como essas táticas foram aplicadas de 1600 até os dias de hoje, elas estão disponíveis em inglês no site economicprinciples.org.

COMEÇA O CONFLITO ARMADO

Em novembro de 1937, Hitler secretamente se reuniu com seus principais oficiais para anunciar os planos de expansão da Alemanha, de modo a obter recursos e unificar a raça ariana. Então colocou-os em prática, primeiro anexando a Áustria e depois apreendendo uma parte do que era na época a Tchecoslováquia, que possuía recursos de petróleo. A Europa e os Estados Unidos observaram com cautela, não querendo ser arrastados para outro conflito em um intervalo tão curto após a devastação provocada pela Primeira Guerra Mundial.

Como em todas as batalhas, o desconhecido era muito maior do que o conhecido porque: a) poderes rivais entram em guerra apenas quando suas forças são quase equivalentes (caso contrário, seria um ato estupidamente suicida para o poder obviamente mais fraco) e b) há muitas possíveis ações e reações a serem antecipadas. As únicas coisas das quais se tem certeza no início de um conflito armado são que será muito doloroso e que há alta possibilidade de devastação. Como resultado, líderes inteligentes normalmente só entram em uma guerra se o outro lado os forçar a uma posição de combate ou de derrota ao recuar. Para os Aliados, esse momento veio em 1º de setembro de 1939, quando a Alemanha invadiu a Polônia.

A Alemanha parecia irrefreável; em pouco tempo, capturou a Dinamarca, a Noruega, a Holanda, a Bélgica, Luxemburgo e a França, e fortaleceu as alianças com o Japão e com a Itália, que tinham inimigos em comum e estavam ideologicamente alinhados. Ao tomar território rapidamente (por exemplo, a Romênia, rica em petróleo), o exército de Hitler foi capaz de conservar seus recursos de petróleo e logo conquistar novos. A sede por recursos naturais e a aquisição deles continuaram sendo um dos principais estimuladores da máquina de guerra nazista, que estendia suas campanhas para a Rússia e para o Oriente Médio. A guerra com os soviéticos era inevitável; a única questão era quando aconteceria. Embora a Alemanha e a URSS tivessem assinado um pacto de não agressão, a Alemanha invadiu a Rússia em junho de 1941, o que a lançou em uma guerra extremamente dispendiosa em duas frentes.

Em 1937, o Japão expandiu sua ocupação na China, assumindo brutalmente o controle de Xangai e Nanquim, matando, entre civis e combatentes desarmados, cerca de 200 mil chineses apenas na captura de Nanquim. Embora os EUA tenham permanecido isolacionistas, forneceram ao governo de Chiang Kai-shek aviões de caça e pilotos para combater os japoneses, entrando de leve na guerra. Os conflitos entre os EUA e o Japão começaram a soltar faísca. Em Nanquim, um soldado japonês deu um soco no rosto do cônsul dos EUA, John Moore Allison, e aviões de combate japoneses afundaram um navio de guerra dos EUA.

Em novembro de 1940, Roosevelt foi reeleito após fazer campanha com a promessa de manter os EUA longe da guerra, embora o país já estivesse tomando medidas econômicas para proteger seus interesses, em especial no Pacífico, fazendo uso de auxílios econômicos para ajudar os países com os quais simpatizava e sanções econômicas contra aqueles com os quais antipatizava. No início de 1940, o secretário da Guerra, Henry Stimson, iniciou agressivas sanções econômicas contra o Japão, culminando na Lei de Controle de Exportação de 1940. Em meados desse ano, os EUA transferiram a Frota do Pacífico dos EUA para o Havaí. Em outubro, aumentaram o embargo, restringindo "todo o ferro e aço para destinos que não a Grã-Bretanha e nações do hemisfério ocidental". O plano era cortar os recursos do Japão para forçá-lo a recuar da maioria das áreas que havia conquistado.

Em março de 1941, o Congresso aprovou a Lei do Lend-Lease, que permitia aos Estados Unidos emprestar (*lend*) ou arrendar (*lease*) suprimentos de guerra para nações que considerassem estar agindo de maneira "vital para a defesa dos Estados Unidos", o que incluía a Grã-Bretanha, a União Soviética e a China. Ajudar os Aliados foi bom para os EUA tanto geopolítica quanto economicamente, porque o país ganhou muito dinheiro vendendo armas, alimentos e outros itens para esses países que em breve seriam coligados, os quais lutavam para manter a produção enquanto travavam a guerra. Mas suas motivações não eram inteiramente mercenárias. A Grã-Bretanha estava ficando sem dinheiro (ou seja, ouro), então os EUA permitiram o adiamento de pagamentos até depois da guerra (em alguns casos, renunciando totalmente a eles). Entretanto, embora não fosse uma declaração de guerra direta, o Lend-Lease acabou com a neutralidade dos Estados Unidos.

● ***Quando países estão fracos, os oponentes tiram proveito de suas fraquezas para obter vantagens.*** França, Holanda e Grã-Bretanha tinham colônias na Ásia. Sobrecarregadas pelos combates na Europa, foram incapazes de defendê-las dos japoneses. A partir de setembro de 1940, o Japão invadiu várias colônias no Sudeste Asiático, começando com a Indochina

Francesa, adicionando o que chamou de Zona de Recursos do Sul à sua Esfera de Coprosperidade da Grande Ásia Oriental. Em 1941, o Japão apreendeu reservas de petróleo nas Índias Orientais Holandesas.

Essa expansão territorial japonesa era uma ameaça às próprias ambições dos EUA no Pacífico. Em julho e agosto de 1941, Roosevelt respondeu congelando todos os ativos japoneses nos Estados Unidos, fechando o canal do Panamá aos navios japoneses e embargando as exportações de petróleo e gás para o país. Isso cortou três quartos do comércio do Japão e 80% de seu petróleo. O Japão calculou que ficaria sem petróleo em dois anos, o que o colocou na posição de ter que escolher entre recuar ou atacar os EUA.

Em 7 e 8 de dezembro de 1941, o Japão lançou ataques coordenados contra as forças militares dos Estados Unidos em Pearl Harbor e nas Filipinas. Isso marcou o início da guerra declarada no Pacífico, a qual levou os Estados Unidos a também entrar na guerra na Europa. Embora o Japão não tivesse um plano amplamente reconhecido para vencer o conflito, os líderes japoneses mais otimistas acreditavam que os EUA perderiam porque estavam lutando em duas frentes e porque o sistema político individualista/capitalista era inferior aos sistemas autoritários/fascistas do Japão e da Alemanha, com seus complexos militares-industriais superiores. Também acreditavam que tinham maior disposição para suportar a dor e morrer por seu país, que é um grande fator para a vitória. ● **Na guerra, a capacidade de resistir à dor é ainda mais importante do que a de infligi-la.**

POLÍTICAS ECONÔMICAS DE TEMPOS DE GUERRA

Assim como vale a pena observar quais são as táticas clássicas de guerra econômica, também vale observar quais são as políticas econômicas clássicas de tempos de guerra dentro dos países. Isso inclui o controle do governo sobre quase tudo, à medida que o país transfere seus recursos da geração de lucro para a realização da guerra — por exemplo, o governo determina a) quais itens podem ser produzidos, b) quais itens podem ser comprados e vendidos em quais quantidades (racionamento), c) quais itens podem ser importados e exportados, d) preços, salários e lucros, e) acesso aos próprios ativos financeiros e f) a capacidade de mover o próprio dinheiro para fora do país. Como as guerras são caras, tipicamente o governo g) emite muitas dívidas, que são monetizadas, h) depende de dinheiro que não seja de crédito, como o ouro, para transações internacionais porque o crédito não é aceito, i) governa de forma mais autocrática, j) impõe vários tipos de sanções econômicas aos inimigos, incluindo o corte de acesso ao capital, e k) experimenta essas mesmas sanções impostas pelo inimigo.

Quando os Estados Unidos entraram nas guerras da Europa e do Pacífico após o ataque a Pearl Harbor, a maioria dos países adotou políticas econômicas clássicas de tempo de guerra, postas em prática por líderes cujas abordagens mais autocráticas eram amplamente apoiadas por suas populações. A tabela a seguir mostra esses controles econômicos em cada um dos principais países.

CONTROLES ECONÔMICOS EM TEMPO DE GUERRA

	Racionamento	Controle de produção	Controle de preços e salários	Restrições de importação e exportação	Tomada do banco central
Aliados					
EUA	Sim	Sim	Sim	Sim	Sim
Reino Unido	Sim	Sim	Sim	Sim	Parcial
Eixo					
Alemanha	Sim	Sim	Sim	Sim	Sim
Japão	Sim	Sim	Sim	Sim	Sim

Os movimentos de mercado durante os anos de conflito armado foram fortemente afetados, tanto pelo controle do governo quanto pelo modo como os países se saíam nas batalhas à medida que mudavam as chances de ganhar ou perder. A tabela a seguir mostra as limitações acerca dos mercados e fluxos de capital que foram implementadas pelos principais países durante os anos de guerra.

REGULAÇÕES COM IMPACTO SOBRE ATIVOS

	Fechamentos de mercado	Controle de preços de ativos	Restrições à propriedade de ativos	Controle cambial	Taxa marginal máxima	Limites a novos seguros	Limites aos lucros das empresas
Aliados							
EUA	Não	Sim	Sim	Sim	94%	—	Sim
Reino Unido	Sim	Sim	Sim	Sim	98%	Sim	Sim
Eixo							
Alemanha	Sim	Sim	Sim	Sim	60%	Sim	Sim
Japão	Sim	Sim	Sim	Sim	74%	Sim	Sim

Fechamentos de mercados de ações foram comuns em diversos países, deixando investidores sem acesso ao capital deles. Devo também observar que dinheiro e crédito não eram comumente aceitos entre países não aliados durante a guerra devido a uma incerteza justificável quanto ao valor da moeda. Como observado antes, o ouro — ou, em alguns casos, a prata ou a permuta — é a moeda vigente durante as guerras. Nessas ocasiões, normalmente os preços e fluxos de capital são controlados, por isso é difícil dizer quais são os preços reais de muitas coisas.

Como perder guerras costuma levar à destruição total da riqueza e do poder, os movimentos dos mercados de ações que permaneceram abertos nos anos de conflito foram, em grande parte, impulsionados pelo desempenho dos países em batalhas-chave, uma vez que esses resultados mudavam a probabilidade de vitória ou derrota para cada lado. Por exemplo, as ações alemãs tiveram um desempenho superior no início da Segunda Guerra Mundial, quando a Alemanha conquistou territórios e estabeleceu seu domínio militar, mas tiveram um desempenho inferior depois que as potências aliadas, como os EUA e o Reino Unido, viraram a sorte da guerra. Após a Batalha de Midway, em 1942, as ações dos Aliados subiram quase continuamente até o final do conflito, enquanto as ações do Eixo permaneceram estáveis ou em baixa. Conforme demonstrado, os mercados de ações da Alemanha e do Japão foram fechados no final da guerra, não reabriram por cerca de cinco anos e praticamente foram destruídos quando o fizeram, enquanto as ações dos EUA estavam extremamente fortes.

ÍNDICE DE RETORNO DE AÇÕES (US$)
— EUA — GBR — ALE — JPN

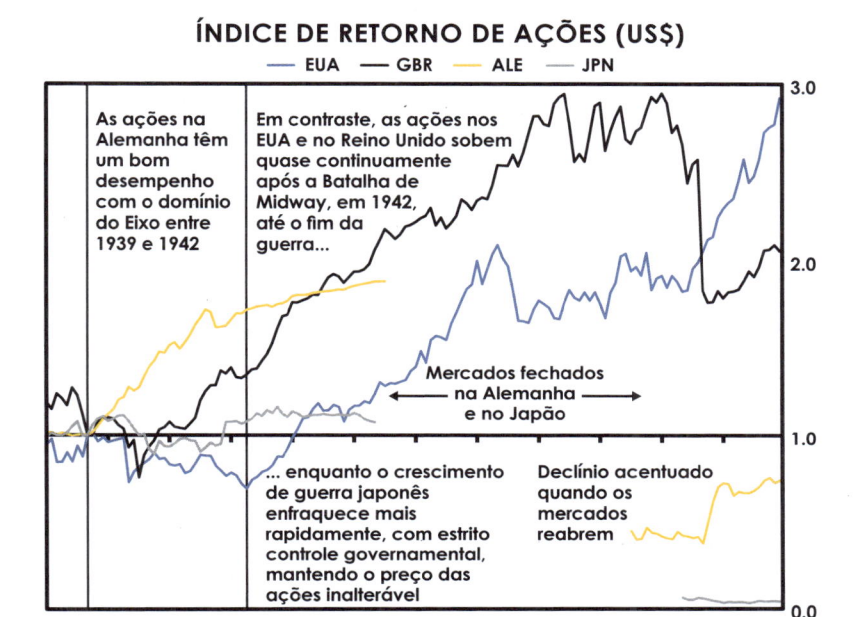

As ações na Alemanha têm um bom desempenho com o domínio do Eixo entre 1939 e 1942

Em contraste, as ações nos EUA e no Reino Unido sobem quase continuamente após a Batalha de Midway, em 1942, até o fim da guerra...

Mercados fechados na Alemanha e no Japão

... enquanto o crescimento de guerra japonês enfraquece mais rapidamente, com estrito controle governamental, mantendo o preço das ações inalterável

Declínio acentuado quando os mercados reabrem

Proteger riqueza em tempos de guerra é difícil, pois as atividades econômicas normais são reduzidas, os investimentos tradicionalmente seguros não são mais seguros, a mobilidade do capital é limitada e impostos altos são forçados quando pessoas e países estão lutando pela sobrevivência. Proteger a riqueza de quem a possui não é prioridade em relação à necessidade de redistribuir a riqueza para levá-la aonde é mais necessária. Quanto a investir, venda todas as dívidas e compre ouro, porque as guerras são financiadas por empréstimos e impressão de dinheiro, o que desvaloriza a dívida e o dinheiro, e porque há uma relutância justificável em aceitar crédito.

CONCLUSÃO

Toda potência mundial tem seu momento de glória, graças à singularidade de suas circunstâncias e à natureza de seu caráter e sua cultura (por exemplo, têm os elementos essenciais de uma forte ética de trabalho, inteligência, disciplina, educação etc.), mas todas acabam em queda. Algumas declinam com mais elegância do que outras, com menos trauma, mas, mesmo assim, entram em decadência. Quedas traumáticas podem levar a alguns dos piores períodos da história, quando grandes disputas por riqueza e poder se revelam caríssimas, tanto economicamente quanto em vidas humanas.

Ainda assim, o ciclo não precisa ocorrer dessa maneira se os países em seus estágios ricos e poderosos permanecerem produtivos, ganharem mais do que gastam, fizerem o sistema funcionar bem para a maioria de suas populações e descobrirem maneiras de criar e sustentar relações nas quais todos ganham com seus rivais mais importantes. Vários impérios e dinastias mantiveram-se por centenas de anos, e os Estados Unidos, com 245 anos, provou ser um dos mais duradouros.

Na Parte II, voltarei aos Estados Unidos, aos dois impérios de moeda de reserva que o precederam e àquele que poderá vir a seguir. À medida que continuemos, espero que essa explicação do Grande Ciclo arquetípico e dos três ciclos que o compõem o ajude a ver os padrões da história e o que esses padrões pressagiam. Mas, antes de nos aprofundarmos mais na história, primeiro gostaria de compartilhar como esses três grandes ciclos influenciam minha abordagem como investidor.

CAPÍTULO 7

INVESTINDO À LUZ DO GRANDE CICLO

O jogo em que me baseio para administrar minha vida e minha carreira consiste em tentar compreender como funciona o mundo, desenvolver princípios para lidar bem com ele e então fazer minhas apostas. Esse é o propósito da pesquisa que compartilho com vocês neste livro. Quando contemplo tudo sobre o que falamos até aqui, naturalmente penso em como se aplica a meus investimentos. Para ter segurança em meus investimentos, preciso saber como minha abordagem teria funcionado ao longo do tempo. Se eu não for capaz de explicar com confiança o que ocorreu no passado ou ao menos tiver uma estratégia para lidar com os fatos à luz do que não sei, me considero perigosamente negligente.

Como você viu em meu estudo dos últimos quinhentos anos até hoje, houve Grandes Ciclos de grandes acumulações e grandes perdas de riqueza e poder. Dentre eles, o maior fator de contribuição foi o ciclo de endividamento e de mercados de capitais. Da perspectiva de um investidor, isso poderia ser chamado Grande Ciclo de Investimentos. Senti que precisava entender esses ciclos bem o bastante para diversificar ou mover taticamente meu portfólio, a fim de me proteger deles e/ou lucrar com eles. Entendendo-os e, na medida do possível, percebendo em que estágio de seus ciclos os países se encontram, posso fazê-lo.

Em mais ou menos cinquenta anos como macroinvestidor global, descobri diversas verdades universais e atemporais que formam meus princípios como investidor. Ainda que não vá me aprofundar em todos aqui, mas vá discutir a maior parte em meu próximo livro, *Principles: Economics and Investing*, transmitirei um princípio importante.

● **Todos os mercados são primordialmente impulsionados por apenas quatro determinantes: crescimento, inflação, prêmios de risco e taxas de desconto.**

Isso ocorre porque investimentos são trocas de pagamentos feitos no presente e à vista por pagamentos futuros. Crescimento e inflação são o que determina qual será o valor desses pagamentos futuros em dinheiro vivo, o prêmio de risco é o risco que os investidores estão dispostos a assumir ao investir neles em comparação a ter dinheiro em mãos, e a taxa de desconto é o que determina quanto tais investimentos valem no momento, o chamado "valor presente".[1]

Como esses quatro determinantes mudam é a chave para quanto mudará o retorno dos investimentos. Diga-me o que acontecerá com cada um desses determinantes e poderei lhe dizer o que acontecerá com os investimentos. Saber disso me diz como conectar o que ocorre no mundo com o que ocorre nos mercados e vice-versa. Também me mostra como equilibrar meus investimentos para que meu portfólio não tenha qualquer viés a algum tipo de ambiente, o que é a fórmula para a boa diversificação.

Governos influenciam tais fatores através de suas políticas fiscal e monetária. Como resultado, interações entre o que governos querem que aconteça e o que de fato está acontecendo são o que impulsiona os ciclos.[2] Por exemplo, quando crescimento e inflação são baixos demais, bancos centrais criam mais dinheiro e crédito na praça, o que gera poder de compra, que, a princípio, leva o crescimento econômico a acelerar e mais tarde tem o mesmo efeito sobre a inflação. Quando bancos centrais restringem o crescimento do dinheiro e do crédito, ocorre o oposto: crescimento econômico e inflação desaceleram.

---

[1] A taxa de desconto é a taxa de juros que se usa para calcular o que vale hoje uma quantia futura. Para fazer tal cálculo, compara-se que quantia atual, investida sob tal taxa de juros (a taxa de desconto), equivaleria a um determinado montante em um momento específico do futuro.

[2] Se os governos e seus sistemas entrarem em colapso, forças não direcionadas pelo governo assumem o comando, que é uma outra história na qual não pretendo entrar agora.

Há uma diferença entre o que fazem governos e bancos centrais para impulsionar os retornos do mercado e as condições econômicas. Governos centrais determinam de onde vem e para onde vai o dinheiro que usam, pois podem taxá-lo e gastá-lo, mas não podem criar dinheiro nem crédito. Um banco central, por outro lado, pode criar dinheiro e crédito, mas não tem como determinar qual será o destino deles na economia real. Tais ações da parte de governos e bancos centrais influenciam as compras e vendas de bens, serviços e ativos financeiros, fazendo com que seus preços subam ou caiam.

Para mim, cada ativo financeiro reflete esses determinantes de sua própria maneira, ou seja, uma maneira lógica à luz dos efeitos em seus fluxos de caixa futuros. Cada ativo financeiro é um bloco de montar na construção de um portfólio, e o desafio é construir um bom portfólio à luz disso tudo. Por exemplo, quando o crescimento é mais forte do que se esperava, com todas as demais condições sendo iguais, os preços das ações provavelmente subirão, e quando crescimento e inflação forem maiores do que o esperado, os preços de títulos provavelmente cairão. Minha meta é, através de todos esses blocos, montar um portfólio bem diversificado e taticamente inclinado, com base nos acontecimentos mundiais — vigentes ou vindouros — que afetam esses quatro determinantes. Tais blocos de montar podem ser separados por país, por viés ambiental e assim por diante, chegando ao nível de setores e companhias específicas. Quando esse conceito é aplicado a um portfólio bem balanceado, a aparência é a do gráfico seguinte. É por essa lente que observo a história dos acontecimentos, a história dos mercados e o comportamento dos portfólios.

OS BLOCOS DE MONTAR DE UM PORTFÓLIO BEM DIVERSIFICADO

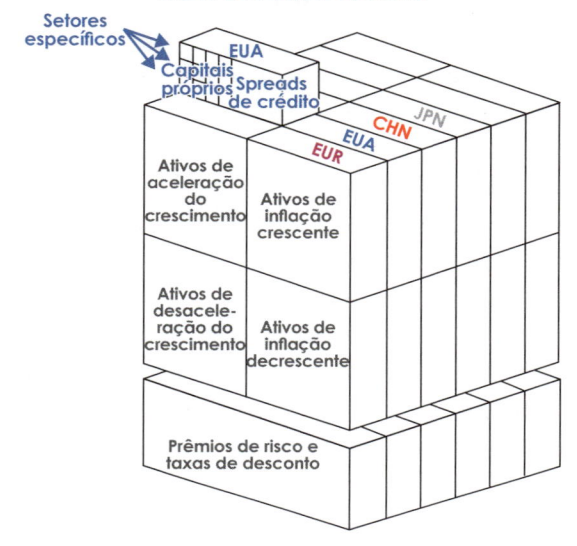

- Setores específicos
- Capitais próprios
- Spreads de crédito
- EUA
- JPN
- CHN
- EUR
- Ativos de aceleração do crescimento
- Ativos de inflação crescente
- Ativos de desaceleração do crescimento
- Ativos de inflação decrescente
- Prêmios de risco e taxas de desconto

Entendo que minha abordagem é diferente daquela da maioria dos investidores por duas razões. Em primeiro lugar, a maioria dos investidores não busca se informar sobre períodos históricos análogos por acharem que a história e antigos retornos de investimentos são basicamente irrelevantes para eles. Em segundo lugar, não observam retornos de investimentos pela mesma lente que acabei de descrever. Creio que, devido a essa perspectiva, eu e a Bridgewater temos uma vantagem competitiva, mas cabe a você segui-la ou não.

A maioria dos investidores baseia suas expectativas no que vivenciaram, e alguns mais diligentes analisam a história para checar como as regras que pautam suas decisões teriam funcionado nos anos 1950 ou 1960. Não conheço um investidor ou formulador sênior de política econômica que tenha uma compreensão excelente do que ocorreu no passado e por quê — sendo que conheço muitos e conheço os melhores. A maioria dos investidores interessados em retornos de longo prazo só considera relevante o passado nos EUA e no Reino Unido (países que venceram as duas grandes guerras mundiais). A razão disso é o fato de que poucos mercados de ações e títulos sobreviveram à Segunda Guerra Mundial. No entanto, esses países e períodos históricos não são representativos devido a seu viés de sobrevivência. Quando se observa os retornos dos EUA e do Reino Unido, o que se vê são países com um nível singular de privilégio no período singularmente pacífico e produtivo que compreende a melhor parte do Grande Ciclo. Não observar o que ocorreu em outros países e em épocas anteriores gera uma perspectiva distorcida.

Raciocinando a partir do que sabemos sobre Grandes Ciclos, quando ampliamos nossa perspectiva apenas umas poucas décadas para trás e observamos o que ocorreu em lugares distintos, a perspectiva que obtemos é chocantemente diferente. Vou lhe mostrar, pois acho que precisa dela.

Nos 35 anos anteriores a 1945, praticamente toda a riqueza foi destruída ou confiscada na maioria dos países. Em alguns, muitos capitalistas foram mortos ou aprisionados devido à raiva que despertaram quando mercados de capitais e o capitalismo fracassaram com outros aspectos da velha ordem. Ao observarmos o que ocorreu ao longo dos últimos séculos, percebemos que ciclos com altos e baixos extremos ocorreram regularmente — houve ciclos regulares de capital e períodos de boom capitalista (como a Segunda Revolução Industrial e a Era Dourada ocorrida entre o fim do século XIX e o início do XX) seguidos por períodos de transição (como o de 1900 a 1910, de aumento dos conflitos internos e dos conflitos internacionais por riqueza e poder) que levaram a grandes conflitos e períodos de depressão econômica (semelhantes àqueles ocorridos entre 1910 e 1945). Podemos ver também que as relações de causa e efeito por trás dos movimentos desses períodos de alta e baixa estão agora mais alinhadas com os períodos de queda e reestruturação do fim dos ciclos do que com os de boom e construção do início.

Minha meta era simplesmente observar e tentar entender o que ocorreu no passado e mostrá-lo a você de forma eficiente. É o que vou tentar fazer agora. Partiremos de 1350, embora a história comece bem antes.

O GRANDE CICLO DO CAPITALISMO E DOS MERCADOS

Até cerca de 1350, tanto o cristianismo quanto o islamismo proibiam os empréstimos com juros — no judaísmo, eram vetados dentro da própria comunidade — devido aos terríveis problemas que causavam, com a natureza humana levando as pessoas a contraírem mais empréstimos do que seriam capazes de pagar, o que criava tensões e frequentemente violência entre as partes. Como resultado dessa ausência de empréstimos, usava-se dinheiro "forte" (ouro e prata). Cerca de um século depois, na Era das Grandes Navegações, exploradores lançaram-se mundo afora para coletar ouro e prata e outros ativos fortes para ganhar mais dinheiro. Assim foram construídas as grandes fortunas da época. Os exploradores e aqueles que os financiavam repartiam os lucros. Um sistema eficiente com base em incentivos para enriquecer.

A alquimia dos empréstimos como os conhecemos hoje data da Itália de cerca de 1350. As regras para empréstimos mudaram e novos tipos de moeda surgiram: depósitos em dinheiro, títulos e ações, todos conceituados de uma forma bem semelhante à atual. A riqueza ganhou o formato de promessas de disponibilizar dinheiro — o que chamo de "riqueza financeira".

Pense no enorme impacto que tiveram a invenção e o desenvolvimento dos títulos e das bolsas de valores. Antes, toda a riqueza era tangível. Pense na grande quantidade adicional de "riqueza financeira" que foi gerada com a criação desses mercados. Para imaginar a diferença, considere quanta "riqueza" você teria hoje em dia se seus depósitos em dinheiro e promessas de parte de ações e títulos como pagamentos futuros não existissem. Não teria muito. Se sentiria falido e agiria de forma diferente — por exemplo, acumularia mais economias em riqueza tangível. Era basicamente como as coisas funcionavam antes da criação de depósitos em dinheiro, títulos e ações.

Com a invenção e o crescimento da riqueza financeira, a moeda já não era limitada pelo vínculo ao ouro e à prata. Como dinheiro e crédito, e consequentemente o poder de compra, ficaram menos restritos, era prática corrente de empreendedores com boas ideias criar empresas e contrair empréstimos, e/ou se desfazer de parte delas via venda de ações para obter dinheiro e comprar o que quisessem. Isso era possível porque promessas de pagamento se tornaram dinheiro, na forma de itens de registro. Em 1350, aqueles que podiam agir assim, notoriamente o clã Médici, de Florença, podiam criar dinheiro. Se você é capaz de criar crédito — cinco vezes mais que a quantidade de dinheiro de fato disponível, digamos (algo que bancos podem fazer) —, pode produzir muito poder de compra e, assim, não necessitar tanto do outro tipo de dinheiro (ouro e prata). Criar novas formas de dinheiro era e ainda é uma certa alquimia. Quem fosse capaz de criá-lo e usá-lo — banqueiros, empreendedores e capitalistas — tornava-se muito rico e poderoso.[3]

Esse processo de expansão da riqueza financeira chega até os dias de hoje, quando assumiu proporções tais que ter uma moeda forte (ouro, prata) e outras riquezas tangíveis (terras) se tornou relativamente desimportante. Mas é claro, quanto mais promessas existirem na forma de riqueza financeira, maior o risco de que elas simplesmente não possam ser cumpridas. É esse o motor do clássico grande ciclo de endividamento/da moeda/econômico.

Pense em quanta riqueza financeira há hoje comparada à riqueza real e imagine se você e outros que a detêm tentassem convertê-la em riqueza real de fato — ou seja, vendê-la para comprar outras coisas. Seria como uma corrida aos bancos. Não poderia acontecer. O valor dos títulos e das ações é por demais significativo na comparação com seu poder de compra. Mas lembre-se de que, via moeda fiduciária, bancos centrais podem imprimir e disponibilizar o dinheiro necessário para dar conta da demanda. Essa verdade é atemporal e universal.

Lembre-se ainda de que papel-moeda e ativos financeiros (ações e títulos, por exemplo) que são essencialmente promessas de pagamento não são lá de muita utilidade; só o que eles podem comprar é que é.

Como discutido em detalhes no Capítulo 3, **quando se cria crédito, cria-se poder de compra em troca de uma promessa de reembolso, algo que estimula a curto prazo e deprime a longo prazo.** Isso cria ciclos. Ao longo da história, o desejo de obter dinheiro (tomando-o emprestado ou por meio da venda de ações) e o desejo de poupá-lo (investindo-o por meio da concessão de empréstimos ou da compra de ações) vivem uma relação simbiótica. **Isso levou ao crescimento na forma de poder de compra e, finalmente, a muito mais promessas de pagamento do que é possível de fato pagar, crises por quebras de promessas na forma de depressões por calote de dívidas e quebras de bolsas de valores.**

É quando se chega a esse ponto que banqueiros e capitalistas são enforcados nos sentidos figurado e literal, enormes quantidades de riqueza e vidas são dizimadas e enormes quantidades de moeda fiduciária (dinheiro que pode ser impresso e não tem valor intrínseco) são impressas para tentar aliviar a crise.

---

[3] É possível ver esse tipo de alquimia em curso nos dias de hoje na forma de moedas digitais.

O QUADRO MAIS COMPLETO DO GRANDE CICLO DA PERSPECTIVA DE UM INVESTIDOR

Analisar tudo o que houve de historicamente relevante entre 1350 e agora seria muito cansativo para mim e para você, mas vou lhe mostrar como teria sido o quadro se tivesse começado a investir em 1900. Antes de fazê-lo, quero explicar como penso sobre riscos, pois os destacarei no que vou exibir adiante.

Na minha visão, **risco de investimento é não conseguir ganhar dinheiro suficiente para dar conta de suas necessidades.** Não é a volatilidade medida pelo desvio padrão, apesar de essa ser praticamente a única medida de risco geralmente aplicada.

Para mim, **os três maiores riscos que grande parte dos investidores enfrenta são seus portfólios não garantirem retornos necessários para dar conta de seus gastos, seus portfólios serem arruinados e uma grande parcela de sua riqueza lhes ser retirada (por exemplo, por meio da alta taxação).**

Embora os dois primeiros riscos soem análogos, na realidade são distintos, pois é possível vivenciar um ou mais períodos de perdas devastadoramente altas ainda que, em média, seu retorno seja superior ao necessário.

Para obter certa perspectiva, me imaginei transportado a 1900 para checar como meus investimentos se sairiam em cada década desde então. Optei por analisar as dez maiores potências do período de 1900, deixando de lado países menos estabelecidos, que eram mais propensos a desfechos ruins. Praticamente cada um desses países foi ou poderia ter se tornado um grande e rico império, e todos eram lugares razoáveis para se investir, ainda mais para quem estivesse em busca de um portfólio diversificado.

Sete desses dez países tiveram a riqueza praticamente dizimada pelo menos uma vez, e mesmo aqueles com os quais isso não aconteceu tiveram seu punhado de décadas terríveis em termos de retornos de ativos e quase foram destruídos financeiramente por elas. Dois grandes países desenvolvidos — a Alemanha e o Japão, nos quais, em alguns momentos, teria sido fácil apostar como vencedores — tiveram praticamente toda sua riqueza e muitas vidas destruídas nas Guerras

Mundiais. Vi que em muitos outros países os resultados foram semelhantes. Os EUA e o Reino Unido (além de alguns outros) foram os casos de êxito singular, mas até mesmo eles vivenciaram períodos de grande destruição da riqueza.

Se eu não tivesse analisado esses retornos do período anterior ao início da nova ordem mundial, em 1945, não teria encontrado esses períodos de destruição. E se não tivesse pesquisado quinhentos anos para trás mundo afora, não teria visto que isso ocorreu repetidas vezes em quase toda parte.

Os números exibidos nessa tabela são retornos reais anualizados de cada década, indicando que, para a década como um todo, as perdas são cerca de oito vezes maiores que o retratado e os ganhos, cerca de quinze vezes maiores.[4]

UM OLHAR SOBRE RETORNOS DE ATIVOS ENTRE GRANDES POTÊNCIAS
(Retornos reais, Janela 10A, Ano)

	ESTADOS UNIDOS			GRÃ-BRETANHA			JAPÃO			ALEMANHA		
	Ações	Título	Dinheiro	Ações	Título	Dinheiro	Ações	Título	Dinheiro	Ações	Título	Dinheiro
1900–10	9%	0%	1%	3%	2%	2%	4%	1%	4%	3%		2%
1910–20	-2%	-4%	-3%	-6%	-7%	-5%	1%	-5%	-4%	-14%	-10%	-14%
1920–30	16%	7%	5%	10%	8%	7%	-3%	12%	10%	-24%	-95%	-86%
1930–40	0%	7%	3%	1%	5%	1%	6%	4%	-1%	7%	11%	6%
1940–50	3%	-2%	-5%	3%	-1%	-4%	-28%	-34%	-33%	-4%	-16%	-19%
1950–60	16%	-1%	0%	13%	-1%	-1%	27%	-1%	5%	26%	5%	2%
1960–70	5%	-1%	2%	4%	0%	2%	8%	8%	2%	3%	5%	1%
1970–80	-2%	-1%	-1%	-4%	-3%	-3%	3%	-2%	-1%	-7%	4%	0%
1980–90	13%	9%	4%	16%	8%	5%	19%	9%	4%	10%	6%	3%
1990–00	14%	6%	2%	12%	8%	5%	-7%	9%	2%	13%	7%	3%
2000–10	-3%	8%	0%	0%	4%	2%	-3%	4%	1%	-2%	6%	2%
2010–20	11%	4%	-1%	5%	5%	-1%	10%	2%	0%	7%	5%	-1%

---

[4] Quando compactados ao longo de uma década, os ganhos superam as perdas porque se continua a construir a partir deles, ao passo que, quando se vivencia perdas e se chega ao zero, perdas percentuais futuras importam menos ao serem contabilizadas em dólar. A comparação de ganhos anualizados vs. perdas representa uma compactação de ganhos anualizados a partir de 10% e de perdas anualizadas a partir de -5% em média. Nas mudanças mais extremas, a partir desses pontos os multiplicadores mudam.

UM OLHAR SOBRE RETORNOS DE ATIVOS ENTRE GRANDES POTÊNCIAS
(Retornos reais, Janela 10A, Ano)

	FRANÇA			HOLANDA			ITÁLIA		
	Ações	Título	Dinheiro	Ações	Título	Dinheiro	Ações	Título	Dinheiro
1900–10	1%	3%	2%	5%	1%	1%		3%	4%
1910–20	-7%	-8%	-6%	1%	-6%	-3%	-9%	-8%	-6%
1920–30	-2%	-1%	-4%	1%	11%	6%	-6%	-5%	-1%
1930–40	-10%	2%	0%	2%	6%	3%	4%	5%	5%
1940–50	-20%	-22%	-23%	2%	-3%	-6%	-13%	-30%	-30%
1950–60	17%	0%	-2%	14%	0%	-2%	20%	2%	1%
1960–70	0%	2%	1%	2%	0%	0%	0%	2%	0%
1970–80	-2%	-3%	0%	-3%	2%	-2%	-13%	-8%	-1%
1980–90	16%	9%	5%	16%	7%	5%	15%	4%	6%
1990–00	13%	10%	5%	20%	7%	4%	9%	15%	6%
2000–10	-2%	5%	1%	-6%	5%	1%	-4%	5%	1%
2010–20	7%	6%	-1%	8%	5%	-1%	3%	8%	-1%

	RÚSSIA			CHINA			ÁUSTRIA-HUNGRIA		
	Ações	Título	Dinheiro	Ações	Título	Dinheiro	Ações	Título	Dinheiro
1900–10	-2%	3%	4%	7%	6%	3%	4%	3%	2%
1910–20	-100%	-100%	-36%	3%	1%	4%	-9%	-10%	-8%
1920–30				9%	6%	1%	-6%	-44%	-44%
1930–40				2%	-7%	-6%			
1940–50				-100%	-100%	-73%			
1950–60									
1960–70									
1970–80									
1980–90									
1990–00									
2000–10	15%		-2%	4%		1%			
2010–20	7%	4%	1%	2%	2%	0%			

[5] Para a China e a Rússia, os dados de títulos pré-1950 estão formulados através de retornos de títulos em moeda forte detidos como se limitados à moeda local por um investidor doméstico; ações e títulos são modelados com base no calote total na época da revolução. Retornos anualizados pressupõem períodos completos de dez anos, mesmo que os mercados tenham estado fechados durante a década.

Talvez o próximo gráfico pinte um retrato mais claro, pois mostra qual a porcentagem de países que tiveram perdas de um portfólio de ações/títulos com a proporção de 60/40 ao longo de períodos de cinco anos.

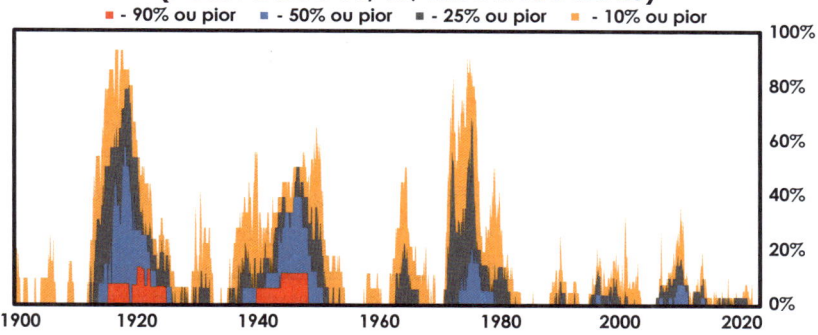

PORCENTAGEM DE PORTFÓLIOS COM PERDAS DE X% AO LONGO DE 5 ANOS POR PAÍS (PORTFÓLIOS 60/40, RETORNOS REAIS)
- ■ - 90% ou pior ■ - 50% ou pior ■ - 25% ou pior ■ - 10% ou pior

A tabela seguinte exibe em detalhes os piores casos de investimentos em países líderes. Repare que os EUA não aparecem porque não estiveram entre os piores casos. **Os EUA, o Canadá e a Austrália foram os únicos países que não vivenciaram períodos contínuos de perdas.**

PIORES EXPERIÊNCIAS DE INVESTIMENTOS
(ENTRE PAÍSES LÍDERES)
Casos destacados de retornos reais de 60/40 abaixo de -40% ao longo de uma janela de vinte anos

País	Janela de 20 anos	Pior retorno em 20 anos (real, cumulativo)	Detalhamento
Rússia	1900-18	-100%	A Guerra Civil Russa terminou sob regime comunista, repúdio das dívidas e destruição de mercados financeiros.
China	1930-50	-100%	Mercados de ativos fecharam durante a Segunda Guerra Mundial e foram destruídos quando os comunistas assumiram o poder no fim dos anos 1940.
Alemanha	1903-23	-100%	A hiperinflação na República de Weimar levou a um colapso dos ativos após a Primeira Guerra Mundial.
Japão	1928-48	-96%	Mercado e moeda japonesa ruíram quando os mercados reabriram após a Segunda Guerra Mundial, e a inflação foi às alturas.
Áustria	1903-23	-95%	Semelhante à República de Weimar (ainda que menos infame); a hiperinflação levou a retornos fracos de ativos no pós-Primeira Guerra Mundial.
França	1930-50	-93%	A Grande Depressão, seguida pela Segunda Guerra Mundial e a ocupação alemã, levou a retornos fracos e à alta inflação.
Itália	1928-48	-87%	Semelhante ao que houve com outros países do Eixo; mercados italianos entraram em colapso ao término da Segunda Guerra Mundial.
Itália	1907-27	-84%	No pós-Primeira Guerra Mundial, a Itália sofreu com depressão econômica e alta inflação, que ajudaram na ascensão de Mussolini.
França	1906-26	-75%	O início do século XX viu a Primeira Guerra Mundial, seguida pela crise financeira da França com a inflação do início dos anos 1920.
Itália	1960-80	-72%	A Itália passou por uma série de recessões, altas taxas de desemprego e inflação, e o declínio da moeda nas décadas de 1960 e 1970.
Índia	1955-75	-66%	Após a independência, uma série de grandes secas levou ao fraco crescimento econômico e à alta inflação na Índia.
Espanha	1962-82	-59%	A transição pós-Franco para a democracia, somada ao clima inflacionário dos anos 1970, tensionaram a economia espanhola.
Alemanha	1929-49	-50%	A Grande Depressão, seguida pela devastação da Segunda Guerra Mundial, levou a um período terrível para os ativos alemães.
França	1961-81	-48%	Como outras nações europeias, viveu um crescimento mais baixo, declínio da moeda e alta inflação nas décadas de 1960 e 1970.
Reino Unido	1901-21	-46%	No início do século XX, viveu a Primeira Guerra Mundial, seguida pela depressão de 1920-21.

[6]

---

[6] Casos de retorno fraco de ativos em países menores como Bélgica, Grécia, Nova Zelândia, Noruega, Suécia, Suíça e pelo mundo emergente afora não entraram nessa tabela. Importante observar que, por questões de concisão, é exibida a pior janela de vinte anos para cada país/período histórico (isto é, a inclusão da Alemanha de 1903 a 1923 implica a exclusão da Alemanha de 1915 a 1935). Para nossos portfólios de 60/40, o pressuposto foi o de reequilíbrio mensal ao longo da janela de vinte anos.

Naturalmente penso em como teria navegado nesses períodos se os tivesse vivido. Estou certo de que, mesmo se tivesse percebido os sinais daquilo que se anunciava — sobre os quais chamo atenção neste livro —, nunca teria feito previsões confiantes de desfechos tão ruins — como apontei antes, sete de dez países tiveram sua riqueza dizimada. No início do século XX, mesmo quem estivesse se dedicando a examinar as décadas anteriores não teria previsto isso, pois havia uma série de razões para otimismo com base no que havia ocorrido durante a segunda metade do século XIX.

Hoje em dia é comum pessoas partirem do pressuposto de que teria sido fácil antever a Primeira Guerra Mundial nos anos imediatamente anteriores, mas não foi o caso. Antes da guerra, haviam se passado cerca de cinquenta anos quase sem conflitos entre grandes potências mundiais. O mundo vivenciara naquele período as maiores taxas de crescimento em inovação e produtividade já registradas, e isso acarretara enorme riqueza e prosperidade. A globalização atingia então um novo ápice, com exportações batendo vários recordes nos cinquenta anos que antecederam a Primeira Guerra. Os países estavam mais interconectados que nunca. EUA, França, Alemanha, Japão e Áustria-Hungria eram impérios que cresciam rápido e vivenciavam avanço tecnológico estonteante. O Reino Unido ainda era a potência global dominante. A Rússia se industrializava em alta velocidade. Dentre os países que aparecem na tabela das piores experiências para investidores, só a China vivia um declínio óbvio. Fortes alianças entre potências europeias eram vistas na época como uma forma de manter a paz e preservar o equilíbrio de poder. Na chegada do século XX, tudo parecia ótimo, exceto pelas desigualdades sociais e ressentimentos estarem aumentando, e o endividamento tomando vulto.

Entre 1900 e 1914, essas condições pioraram e as tensões internacionais aumentaram. Vieram então os períodos de retornos terríveis que descrevi.

Mas a situação era pior do que meros retornos terríveis.

Somaram-se a eles o enorme impacto do confisco de riquezas, impostos confiscatórios, controles de capital e mercados fechados sobre a riqueza. Muitos investidores dos Estados Unidos hoje em dia não sabem de nada disso e julgam tais ocorrências implausíveis, pois não as teriam enxergado analisando as décadas mais recentes. A tabela a seguir mostra em quais décadas esses acontecimentos ocorreram. Naturalmente, os casos mais severos de confisco de riquezas se deram durante períodos em que as desigualdades sociais eram grandes, bem como os conflitos internos por riqueza, quando as condições econômicas eram ruins e/ou ocorria uma guerra.

PERÍODOS DE CONFISCO DE RIQUEZA

	1900	1920	1940	1960	1980	2000
Reino Unido						
EUA	Sim	Sim				
China			Sim	Sim		
Alemanha		Sim				
França						
Rússia	Sim	Sim	Sim			
Áustria-Hungria						
Itália		Sim				
Holanda						
Japão			Sim			

PERÍODOS DE CRESCENTES E RIGOROSOS CONTROLES DE CAPITAL

	1900	1920	1940	1960	1980	2000
Reino Unido	Sim	Sim	Sim	Sim		
EUA	Sim	Sim				
China			Sim	Sim	Sim	
Alemanha	Sim	Sim	Sim	Sim		
França	Sim			Sim		
Rússia	Sim	Sim	Sim	Sim	Sim	Sim
Áustria-Hungria	Sim					
Itália		Sim				
Holanda				Sim		
Japão		Sim		Sim		

[7]

---

[7] Embora esse diagrama não seja completo, incluo instâncias nas quais encontrei evidências claras de cada ocorrência no período de vinte anos. Para essa análise, confisco de riqueza foi definido como sendo uma apreensão significativa de ativos privados, incluindo vendas forçadas em larga escala, impostas a partir de parâmetros não econômicos pelo governo (ou por revolucionários, no caso de revoluções). Controles de capital relevante estão definidos como restrições de peso sobre a liberdade de investidores transferirem seu dinheiro e ativos para outros países (embora não incluam medidas direcionadas apenas a países específicos, tais como sanções).

A próxima tabela mostra o percentual de grandes países que fecharam as bolsas de valores ao longo do tempo. O fechamento dos mercados de ações em tempo de guerra era comum, e os países comunistas, é claro, mantiveram-nos fechados ao longo de toda uma geração.

FECHAMENTOS DE BOLSAS DE VALORES NAS MAIORES ECONOMIAS

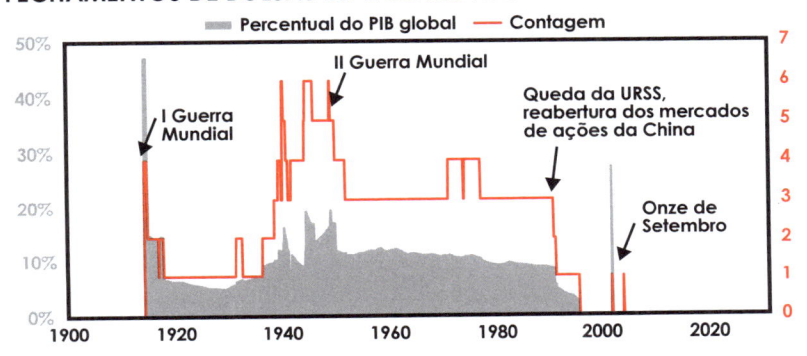

Gráfico com Percentual do PIB global e Contagem, marcando I Guerra Mundial, II Guerra Mundial, Queda da URSS, reabertura dos mercados de ações da China, e Onze de Setembro.

As partes desfavoráveis de todos os ciclos ocorridos antes de 1900 foram ruins de formas semelhantes. Para piorar ainda mais, **tais períodos de lutas internas e externas por riqueza e poder causaram muitas mortes.**

MORTES EM GRANDES CONFLITOS VIOLENTOS (% POPULAÇÃO)
INTERNOS E EXTERNOS

	1900	1910	1920	1930	1940	1950	1960	1970	1980	1990	2000	2010
Reino Unido	0%	2%	0%	0%	1%	0%	0%	0%	0%	0%	0%	0%
EUA	0%	0%	0%	0%	0%	0%	0%	0%	0%	0%	0%	0%
China	0%	0%	1%	2%	3%	1%	1%	1%	0%	0%	0%	0%
Alemanha	0%	3%	0%	9%	15%	0%	0%	0%	0%	0%	0%	0%
França	0%	4%	0%	0%	1%	0%	0%	0%	0%	0%	0%	0%
Rússia	0%	4%	5%	10%	13%	0%	0%	0%	0%	0%	0%	0%
Áustria-Hungria	0%	2%										
Itália	0%	2%	0%	0%	1%	0%	0%	0%	0%	0%	0%	0%
Holanda	0%	0%	0%	1%	2%	0%	0%	0%	0%	0%	0%	0%
Japão	0%	0%	0%	1%	4%	0%	0%	0%	0%	0%	0%	0%

Até para os investidores de sorte localizados em países que ganharam as guerras (como os EUA, o maior vencedor em ambas as ocasiões), houve ainda duas instâncias de vento contrário: o timing da bolsa e os impostos.

A maioria dos investidores vende próximo à baixa, quando as coisas vão mal, porque precisam do dinheiro e porque tendem a entrar em pânico; tendem a comprar próximo à alta porque lhes sobra dinheiro e porque se deixam levar pela euforia. Isso significa que os retornos que de fato obtêm são piores que os retornos de mercado que mostrei. Um estudo recente mostrou que investidores americanos tiveram performance anual em torno de 1,5% pior que as das ações americanas entre 2000 e 2020.

No que se refere aos impostos, essa tabela estima seu impacto médio para investidores no S&P 500 ao longo de todos os períodos de vinte anos (usando a alíquota média do maior quintil atual ao longo do período de análise). As diferentes colunas representam formas distintas de investir no mercado de ações dos EUA, incluindo uma conta de aposentadoria com imposto diferido (ou seja, pago apenas ao final do investimento) e de deter patrimônio físico reinvestindo dividendos anualmente como se as ações estivessem presas a uma conta de corretagem. Ainda que as diferentes implementações tenham diferentes implicações no que se refere a impostos (sendo as contas de aposentadoria as menos impactadas), todas exibem um impacto significativo, em especial nos retornos reais, porção significativa dos quais pode ser erodida pelos impostos. Investidores americanos perderam cerca de um quarto de seus retornos reais de patrimônio líquido, em média, através do pagamento de impostos em qualquer período de vinte anos.

IMPACTO DE IMPOSTOS NO TOTAL DE RETORNOS DO S&P EM PERÍODOS DE 20 ANOS

	Antes dos impostos	Depois dos impostos (401 [k])	Depois dos impostos (Corretagem)
Med retorno total ano	9,5%	8,2%	7,9%
Redução em função de impostos Med (Retorno total ano)		-1,3%	-1,6%
Redução em função de impostos Med (% do retorno total)		-14%	-17%
Med retorno real ano	6,2%	4,9%	4,6%
Redução em função de impostos Med (Retorno real Ano)		-1,2%	-1,6%
Redução em função de impostos Med (% do retorno real)		-20%	-26%

[8] O impacto dos impostos segundo o método 401(k) aplica uma alíquota de imposto de renda de 26% (a alíquota média federal para o maior quintil, na prática, segundo a Comissão de Orçamento do Congresso em valores de 2017) ao final de cada período de investimento de vinte anos (isto é, o período em que o investimento cresce sem taxação). O impacto dos impostos segundo o método da corretagem taxa em separado dividendos (com a mesma alíquota de 26%) e ganhos de capital, pagando impostos sobre todos os ganhos de capital (a 20%) contando tanto investimento original quanto reinvestimentos de dividendos ao final de cada período de investimento de vinte anos e comparando as perdas líquidas com quaisquer ganhos.

REVISANDO O GRANDE CICLO DOS MERCADOS DE CAPITAIS

Já expliquei como funciona o clássico grande ciclo de endividamento e mercados de capitais. Para reiterar, **o endividamento aumenta na onda ascendente, com riqueza financeira e obrigações crescendo em relação à riqueza tangível, ao ponto de promessas de pagamento futuro (o valor do dinheiro vivo, de ações e de títulos, por exemplo) já não poderem ser cumpridas. Isso gera problemas de crédito ao estilo "corrida aos bancos", o que, por sua vez, leva à impressão de dinheiro para tentar aliviar contratempos com calotes de dívida e queda do preço de ações, o que acarreta a desvalorização do papel-moeda e, então, a perda de valor da riqueza financeira na comparação com a real. Tudo isso até o valor real (ajustado segundo a inflação) dos ativos financeiros voltar a ser baixo na comparação com a riqueza tangível. E aí o ciclo recomeça.** Essa é uma descrição simplificada, mas compreensível — durante a onda descendente nesse ciclo, há retorno real negativo de ativos financeiros em relação a ativos reais e vive-se tempos ruins. É a parte anticapital e anticapitalista do ciclo que continua até se atingir o oposto extremo.

Esse ciclo se reflete nas próximas duas tabelas. **A primeira traz o valor dos ativos financeiros totais relativo ao valor total de ativos reais. A segunda traz o retorno real em dinheiro.** Uso números dos Estados Unidos e não os globais porque são os que mais se mantêm contínuos desde o ano de 1900. **Como é possível notar, quando existe muita riqueza financeira relativa à riqueza real, há uma reversão e os retornos reais da riqueza financeira, em especial ativos baseados em dívida (como títulos) e em dinheiro vivo, são ruins. Isso acontece porque taxas de juros e retornos para os titulares de dívidas têm que ser baixos e ruins, no intuito de aliviar a situação dos devedores com excesso de dívidas e de estimular um aumento do endividamento como forma de aquecer a economia.** Dentro do ciclo de endividamento de longo prazo, essa é a clássica fase do ciclo moratório. Ocorre quando a impressão de dinheiro é usada para reduzir encargos de dívidas e novas dívidas são criadas para aumentar o poder de compra. Isso desvaloriza a moeda em relação a outras reservas de valor e também a bens e serviços. **Quando enfim chega o momento em que o valor dos ativos financeiros decai a ponto de fica-**

rem baratos em relação aos ativos reais, o extremo oposto é atingido e revertido, a paz e a prosperidade retornam, o ciclo volta para sua fase de ascensão e ativos financeiros têm excelentes retornos reais.

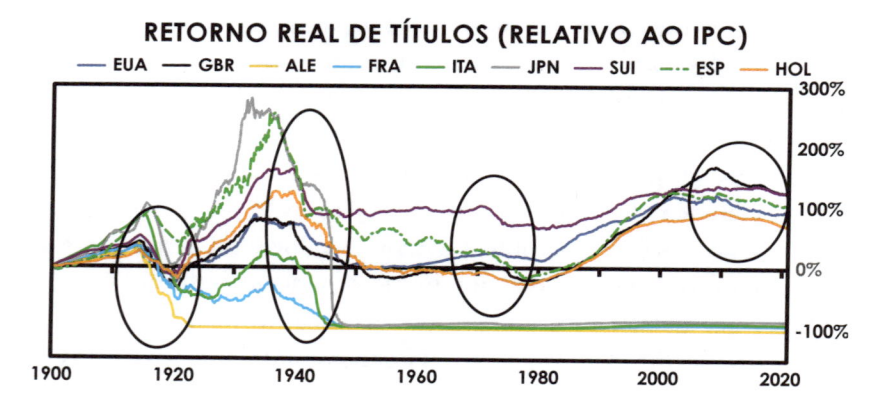

PERCENTUAL DE ATIVOS FINANCEIROS NOS ATIVOS TOTAIS (EUA)

- Bolha da bolsa de valores de 1929
- Franklin Delano Roosevelt
- Nifty Fifty
- Bolha da internet
- Bolha imobiliária
- I Guerra Mundial
- II Guerra Mundial
- Desvalorização dos anos 1970
- Aperto de Volcker / Revolução de Reagan

RETORNO REAL DE TÍTULOS (RELATIVO AO IPC)

EUA — GBR — ALE — FRA — ITA — JPN — SUI — ESP — HOL

Como explicado antes, moeda forte e ativos fortes têm um valor crescente em relação ao dinheiro vivo durante os períodos de desvalorização da moeda. Por exemplo, o próximo gráfico mostra que períodos nos quais o valor do clássico portfólio 60/40 de ações/títulos decaiu foram os mesmos em que o preço do ouro aumentou. Não entro no mérito de o ouro ser um investimento bom ou ruim. Limito-me a descrever a mecânica econômica e de mercado, e como ela se manifestou em movimentos passados do mercado e no retorno dos investimentos. Meu propósito é compartilhar minha perspectiva sobre o que ocorreu, o que poderia vir a ocorrer e por quê.

RETORNOS DO OURO EM REBAIXAMENTOS 60/40

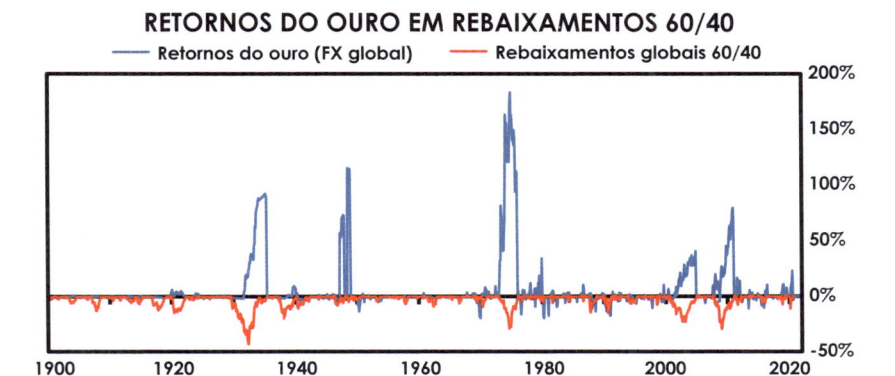

— Retornos do ouro (FX global)   — Rebaixamentos globais 60/40

Uma das perguntas mais importantes que investidores devem fazer a si próprios regularmente é se o valor dos juros que está sendo pago faz mais do que apenas compensá-los pelo risco de desvalorização que correm.

O clássico grande ciclo de endividamento/dinheiro/mercados de capitais, repetido pelo mundo ao longo da história e refletido nas tabelas que acabo de lhe mostrar, se verifica nos valores relativos de 1) dinheiro real/tangível e riqueza real/tangível e 2) dinheiro financeiro e riqueza financeira. Esses últimos só têm valor na medida em que sirvam para fornecer o dinheiro e a riqueza reais cujo valor é real (ou seja, intrínseco). O funcionamento desses ciclos sempre consistiu, na fase de ascensão, no aumento da quantidade de dinheiro financeiro e riqueza financeira (isto é, criação de endividamento e ativos financeiros) em relação à quantidade de dinheiro e riqueza real à que estão atrelados. Isso ocorre porque: a) é lucrativo para capitalistas, cujo negócio é criação e venda de ativos financeiros; b) aumentar a quantidade de dinheiro e de crédito na praça, bem como a de outros ativos do mercado de capitais, é uma maneira efetiva de criar prosperidade para os formuladores de políticas, visto que isso financia a demanda; c) cria a ilusão de que as pessoas estão mais ricas, pois os valores declarados de investimentos financeiros sobem quando o valor do dinheiro e dos ativos baseados em dívida cai. Assim, governos e bancos centrais sempre criaram muito mais garantias sobre dinheiro e riqueza reais do que seria possível de fato verter para a realidade.

Nas fases de ascensão do ciclo, ações, títulos e outros ativos financeiros aumentam de valor enquanto as taxas de juros caem porque, via de regra, taxas de juros em queda fazem o preço dos ativos subir. Sem contar que injetar mais dinheiro no sistema aumenta a demanda por ativos financeiros, o que diminui os prêmios de risco. Esses investimentos parecem mais atraentes quando sobem devido a juros mais baixos e à injeção de dinheiro no sistema, ao mesmo tempo que os juros e a expectativa de retornos futuros de ativos financeiros baixam. Quanto mais garantias pendentes houver em relação às reservas sobre as quais as garantias existem, maior é o risco. Uma taxa de juros mais alta deveria servir de compensação, mas em geral não serve, porque, naquele momento, as condições parecem boas e as lembranças de crises de endividamento e mercado de capitais são difusas.

Os gráficos que lhe mostrei antes para retratar tais ciclos não pintam um retrato completo sem a companhia de outros gráficos de taxas de juros. Nas próximas quatro imagens, retrocedemos até 1900 para avaliar essas taxas. Elas mostram rendimentos reais (ajustados de acordo com a inflação) e nominais (não ajustados) de títulos e taxas básicas de juros reais e nominais para EUA, Europa e Japão em vigor enquanto este livro era escrito. Como exibido, eram muito mais altos, e hoje são muito baixos. Os rendimentos reais dos títulos soberanos de moeda de reserva durante o período em que escrevi este livro estão próximos da marca mais baixa da história. Os nominais estão próximos a 0%, também próximos da marca mais baixa já registrada. Como se vê, os rendimentos reais sobre dinheiro estão mais baixos ainda, ainda que não tão negativos quanto eram durante os grandes períodos de monetização de 1915-20 e de 1930-45. Os rendimentos nominais sobre o dinheiro estão próximos da marca mais baixa já registrada.

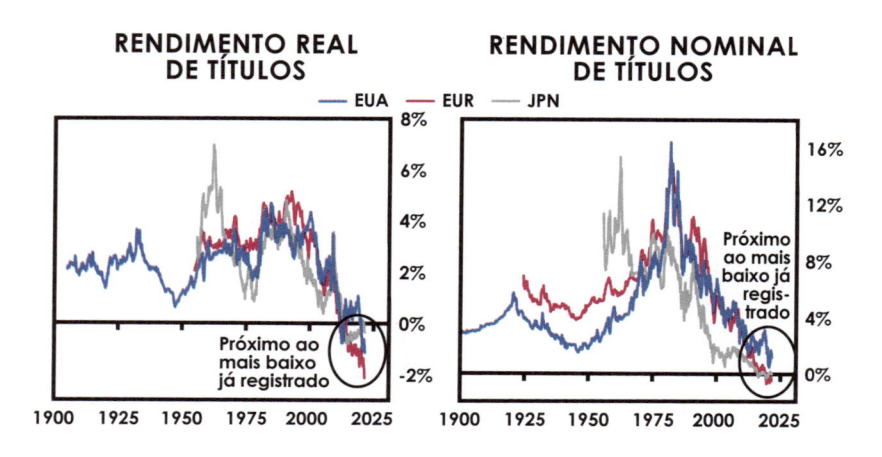

TAXA BÁSICA DE JUROS REAL

TAXA BÁSICA DE JUROS NOMINAL

— USA — EUR — JPN

Mais baixo desde a II Guerra Mundial

Próximo ao mais baixo já registrado

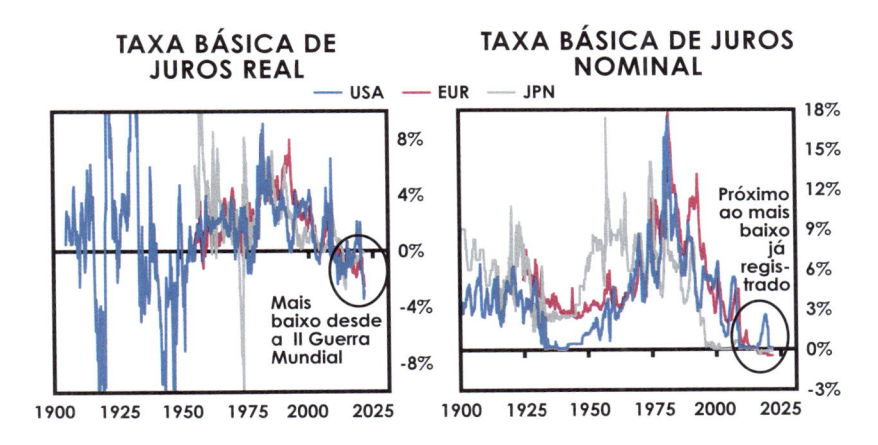

O que isso significa para os investidores? Todo o propósito de investir é ter dinheiro em uma reserva de valor que se possa converter mais tarde em poder de compra. Quem investe faz um pagamento em montante fixo à espera de obter pagamentos no futuro. Analisemos como nos parece tal negócio no momento em que escrevo. Se você der 100 dólares hoje, por quantos anos precisará aguardar até ter seus 100 dólares de volta e então começar a contabilizar a recompensa além do montante inicial? Em títulos americanos, japoneses, chineses e europeus, talvez tenha que esperar em torno de 45 anos, 150 anos e 30 anos,[9] respectivamente, para recuperar o dinheiro (provavelmente obtendo pouco ou nada em termos de retornos nominais), sendo que, no caso da Europa, a julgar pelo quadro no momento em que escrevo, o provável seria não recuperar o dinheiro jamais, dadas as taxas de juros nominais negativas. De qualquer maneira, como você está tentando armazenar poder de compra, precisa levar em consideração a inflação. Enquanto elaborava esta obra, talvez seu poder de compra nos EUA e na Europa não fosse recuperado jamais (e no Japão, só depois de mais de 250 anos). Na realidade, nesses países com taxas de juros reais negativas, é quase certo que você terá muito menos poder de compra no futuro. Em vez de receber menos do que a inflação, por que não comprar alguma coisa — qualquer coisa — que equivalha ou supere a inflação? Vejo uma série de investimentos que espero que rendam significativamen-

---

[9] Com base em níveis de agosto de 2021 de rendimentos de títulos nominais de trinta anos (tratados como uma perpetuidade).

te mais do que a inflação. Os gráficos seguintes nos mostram tais períodos de retorno para manter dinheiro e títulos nos EUA, em termos tanto nominais quanto reais. Conforme o exibido, é o mais longo da história e obviamente uma quantidade de tempo absurda.

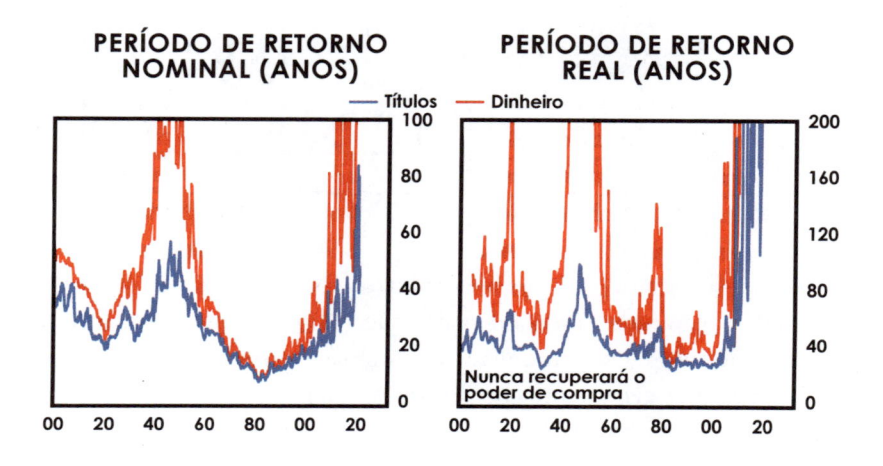

PERÍODO DE RETORNO NOMINAL (ANOS)

PERÍODO DE RETORNO REAL (ANOS)

— Títulos — Dinheiro

Nunca recuperará o poder de compra

CONCLUSÃO

O que lhe mostrei aqui foi o Grande Ciclo da perspectiva de um investidor desde 1900. Vasculhando o mundo até quinhentos anos para trás e retrocedendo 1.400 anos no caso da China, vi praticamente os mesmos ciclos ocorrerem uma série de vezes basicamente pelas mesmas razões.

Como discutido antes neste livro, os períodos terríveis nos anos anteriores ao estabelecimento da nova ordem mundial em 1945 são típicos do estágio de transição tardio do Grande Ciclo, quando ocorrem as transformações revolucionárias e as reestruturações. Embora tenham sido terríveis, foram mais do que compensados pelas incríveis ondas favoráveis que se seguiram à dolorosa transição da antiga para a nova ordem. Como tais dinâmicas ocorreram muitas vezes, e como não posso garantir o que vai ocorrer no futuro, não posso investir sem contar com proteções contra a possibilidade de esse tipo de coisa acontecer e de eu mesmo estar errado.

PARTE II

COMO FUNCIONOU O MUNDO NOS ÚLTIMOS 500 ANOS

CAPÍTULO 8

UM RESUMO DOS ÚLTIMOS 500 ANOS

Na Parte I, descrevi como acredito que a máquina de moto-perpétuo funciona. Na Parte II, vou mostrar o que essa máquina produziu nos últimos 500 anos de história. Assim como na Parte I, vou começar explicando tudo em poucas palavras. O presente capítulo prepara o terreno para os próximos capítulos da Parte II, que vão abordar em detalhes como o Grande Ciclo se desenrolou na Holanda, na Grã-Bretanha, nos Estados Unidos e na China. Por fim, na Parte III, tentarei prever o futuro compartilhando o que meu modelo diz acerca de alguns dos principais países de hoje. Mas, antes de chegarmos lá, precisamos voltar a 1500 para entender melhor como era o mundo quando essa história começou.

O MUNDO EM 1500

O mundo era mesmo muito diferente em 1500, mas funcionava da mesma forma que nos dias atuais. Isso porque, embora as coisas tenham evoluído muito desde então, evoluíram do mesmo jeito de sempre, com tendências de alta evolucionárias gerando avanços e grandes ciclos criando oscilações e solavancos em torno de tais tendências de alta.

Em 1500, o mundo era diferente de hoje em dia, por isso vou apresentar a seguir algumas das distinções mais importantes:

O mundo era muito "maior" naquela época. Quinhentos anos atrás, era possível viajar cerca de quarenta quilômetros por dia a cavalo. Hoje, nesse mesmo tempo, é possível viajar para o outro lado do planeta. Os astronautas da Apollo foram até a lua e voltaram em um intervalo muito mais curto do que um viajante levava para ir de Paris a Roma em 1500. Como resultado, as áreas geográficas relevantes — por exemplo, quem poderia impactar quem — eram bem menores e, portanto, o mundo parecia muito maior. A Europa era um mundo, a Rússia era outro, e a China e as regiões ao redor eram um mundo ainda mais remoto. Em retrospecto, países que são vistos como minúsculos e numerosos não eram nem um pouco assim naquela época. Como as fronteiras nacionais não existiam como hoje, havia lutas quase constantes com vizinhos por riqueza e poder.

Mas, em 1500, esse cenário mudava rapidamente. As potências europeias estavam bem adiantadas na Era das Grandes Navegações, lideradas pelos portugueses e espanhóis, e isso as colocou em contato com impérios longínquos. Assim como todos os períodos de grande evolução, a Era das Grandes Navegações foi possibilitada por desenvolvimentos tecnológicos que podiam enriquecer as pessoas — nesse caso, a invenção de navios que eram capazes de viajar pelo globo para acumular riquezas, negociando ou tirando-as daqueles que os exploradores encontravam. Na época, governantes ricos financiavam as expedições em troca de uma parte do tesouro que os exploradores traziam de volta.

Os países não existiam — em vez disso, territórios eram administrados por famílias. Em 1500, não havia Estados soberanos com fronteiras e ordens dominantes. Eles ainda não tinham sido inventados. Em vez disso, havia **grandes propriedades familiares chamadas de reinos e dinastias, administradas por reis e imperadores que quase sempre lutavam com os vizinhos por riqueza e poder.** Quando um reino conquistava, crescia e abrangia uma determinada extensão, era chamado de império. Como a ordem dominante era centrada nas famílias, os reinos e as dinastias daquela época podiam herdar outras terras caso os governantes morressem e não houvesse nenhum parente mais próximo, semelhante a alguém herdar uma propriedade ou empresa familiar hoje. Os casamentos arranjados eram a maneira lógica de o império continuar nas mãos de um grupo familiar restrito, em vez de se ramificar e se dissipar ao longo das gerações.

As religiões e os líderes religiosos eram muito mais poderosos — e a ciência como a conhecemos hoje não existia. Na maior parte do mundo, as elites (ou seja, aquela pequena parcela da população que detinha a maior parte da riqueza e do poder) consistiam em monarcas que supostamente receberam seu poder dos deuses, no clero que representava esses deuses e em nobres proprietários de terras que supervisionavam os camponeses, tratados como animais de carga enquanto trabalhavam na terra. Os monarcas tinham ministros, burocratas e militares que controlavam e defendiam seus territórios.

Embora a Europa e a China estivessem em lados opostos do mundo e praticamente não tivessem contato, funcionavam mais ou menos do mesmo jeito, embora as instituições da China fossem maiores, mais desenvolvidas e menos religiosas que as da Europa.

O mundo era muito menos igualitário. Não existiam, à época, as ideias de que todas as pessoas devem ser a) tratadas com igualdade e b) julgadas pela lei. Isso era verdadeiro tanto dentro dos reinos quanto entre eles; em ambos os casos, dominava o poder garantido por meio das armas e da violência. Até os séculos XIV e XV, a servidão (ou seja, os camponeses sendo tratados como propriedade dos soberanos) existia na maior parte da Europa Ocidental, o que significava que a única maneira de a maioria das pessoas reivindicar o poder era por meio da revolta. Embora isso tenha mudado muito em 1500, os direitos das pessoas comuns continuaram quase inexistentes até o Iluminismo, no século XVIII.

OS IMPÉRIOS DO MUNDO EM 1500

Europa

- **A dinastia da família Habsburgo controlava a Espanha e todos os territórios dominados pelo país, além de uma miríade de regiões que formavam o Sacro Império Romano.** Isso incluía partes do que hoje chamamos de Holanda, Bélgica, Itália, Alemanha e Áustria. Foi o império mais poderoso do mundo ocidental.
- **A dinastia da família Valois (e, mais tarde, dinastia dos Bourbon), principal rival dos Habsburgo, controlava a França.** Isso provocou muitas brigas entre essas famílias.
- **A Dinastia Tudor controlava a Inglaterra**, mas ainda não era uma potência importante na Europa, embora estivesse ficando mais poderosa.
- **Florença, Veneza e Milão, que com frequência eram administradas como repúblicas com famílias proeminentes,** eram o palco da ação. A maior parte das inovações financeiras, comerciais, intelectuais e artísticas da Europa em 1500 originou-se nesses estados. Eram riquíssimos e desempenharam um papel central na formação da Europa e do mundo ocidental — naquela época e nos séculos seguintes — por conta das ideias revolucionárias que fomentaram, ideias que vou explorar com mais detalhes depois.
- **Os Estados Papais eram administrados pelo papa e pela Igreja Católica.** Em toda a Europa cristã, as relações entre monarcas, nobres e a igreja seguiram a fórmula típica das elites, as quais trabalhavam em apoio mútuo para fazer com que as ordens dominantes as beneficiassem. Como resultado, a igreja conquistou uma enorme riqueza, obtida em grande parte de camponeses pobres que davam dinheiro para a igreja (pelo sistema de dízimos) e trabalhavam de graça nas terras agrícolas da igreja.
- **A dinastia de Rurik, e mais tarde os Romanov, governava a Rússia,** que era uma potência periférica na época e parecia remota para os europeus.

- **O Império Otomano, que recebeu o nome da família que o governava,** tinha seu centro em Constantinopla, conquistada por eles em 1453.

Além disso, havia centenas, talvez milhares, de Estados administrados por famílias em toda a Europa. Lutavam o tempo todo porque sempre tinham que se defender e brigar contra os vizinhos. Aliados e inimigos sempre foram importantes e passavam por constantes mudanças. O mapa a seguir mostra as principais potências da Europa em 1550. Havia muitos outros pequenos Estados que não conseguimos inserir aqui.

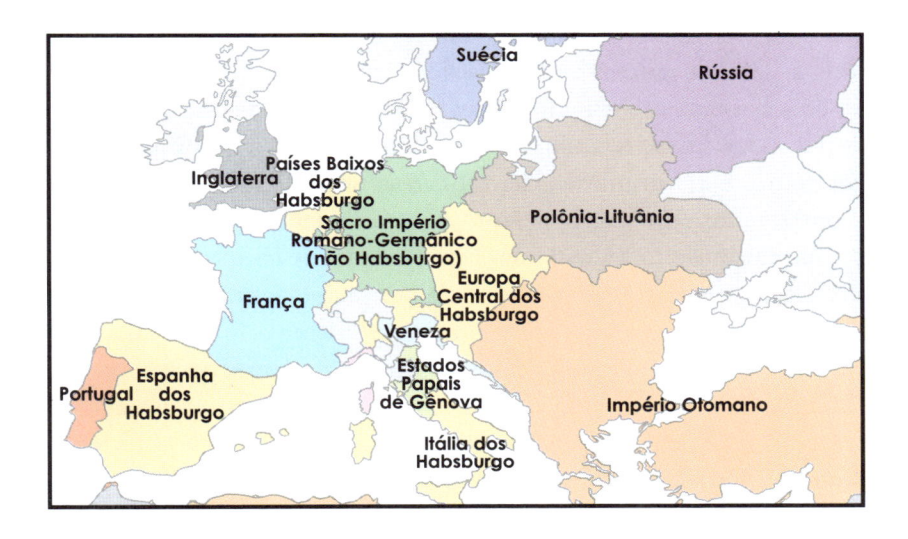

Ásia

A Dinastia Ming controlava quase toda a China e era o império mais avançado e poderoso do mundo. Assim como os impérios europeus, era controlado por uma família com um imperador que tinha um "mandato do céu". O imperador supervisionava uma burocracia administrada e protegida por ministros e líderes militares, que trabalhavam em relações simbióticas — embora às vezes contenciosas — com famílias nobres de proprietários de terras, os quais supervisionavam o trabalho dos camponeses. Em 1500, a Dinastia Ming se aproximava de seu ápice e, em termos de riqueza, tecnologia e poder, estava muito à frente da Europa. Ela tinha uma enorme influência cultural e política em todo o Leste Asiático e no Japão.[1]

Na época, estudiosos confucionistas ocupavam uma camada próxima ao topo da hierarquia social, e isso os ajudava a progredir na política. Para avançar, era necessário estudar o confucionismo a fundo e passar em provas muito competitivas. As decisões políticas se baseavam em geral nas interpretações do governante acerca dos ideais confucionistas. O "neoconfucionismo", dominante na época, mudou o foco do sistema de crenças para uma forma mais racional, filosófica, acadêmica e humanística. Essa maneira de pensar, que era prática, baseada em evidências e científica, foi um dos principais motivos pelos quais a China avançou bem mais do que a Europa na Idade Média. Na época, acadêmicos e cientistas tinham um poder significativo, o que levou a avanços tecnológicos notáveis (pólvora, prensa tipográfica, arquitetura e muito mais). Além disso, as taxas de alfabetização eram extremamente altas em relação a outros lugares, e a China também era mais avançada na medicina. Por exemplo, os chineses tinham um amplo programa de combate à varíola por meio de uma forma precoce de vacinação, séculos antes da Europa. Seu sistema financeiro era relativamente bem desenvolvido, com formas primitivas de corporações e bancos, um histórico de uso (e mau uso) de dinheiro impresso e mercados financeiros relativamente sofisticados. E era muito forte no campo militar. A Dinastia Ming tinha a maior marinha do mundo e um exército permanente com 1 milhão de soldados.

O historiador Paul Kennedy descreveu bem em seu maravilhoso livro *Ascensão e queda das grandes potências*:

> De todas as civilizações dos tempos pré-modernos, nenhuma parecia mais avançada ou superior à China. Sua população considerável, 100 a 130 milhões, em comparação com os 50 a 55 milhões da Europa

---

[1] A propósito, a existência de relações familiares em uma dinastia chinesa não deve ser confundida com relações amorosas e carinhosas, já que, assim como na Europa, as brigas entre parentes pelo controle das dinastias eram brutais e muitas vezes levavam à morte.

no século XV; sua cultura notável; suas planícies extremamente férteis e irrigadas, ligadas por um esplêndido sistema de canais desde o século XI; e sua administração hierárquica unificada, gerida por uma burocracia confucionista bem instruída, deram à sociedade chinesa uma coerência e sofisticação que causavam inveja nos visitantes estrangeiros.

De maneira irônica e típica, a enormidade da riqueza e do poder da Dinastia Ming é uma possível explicação para sua derrocada. Acreditando que não precisavam de mais nada, os imperadores acabaram com a exploração chinesa do mundo, fecharam as portas, aposentaram-se para levar uma vida prazerosa e entregaram a gestão do governo aos ministros e eunucos, o que levou a lutas internas disfuncionais, corrupção, fraqueza e vulnerabilidade a ataques. Houve uma mudança do estudo científico pragmático e da inovação em prol do academicismo pedante. Como veremos no Capítulo 12, isso ajudou a impulsionar o declínio da China em relação à Europa.

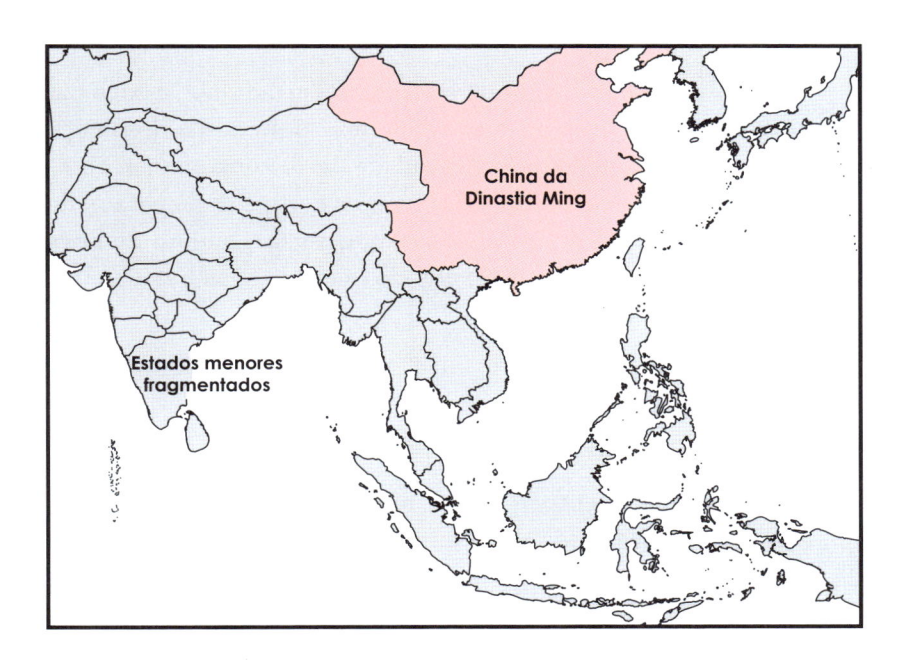

No restante da Ásia, a história em 1500 era de fragmentação. A Índia era dividida em vários reinos, incluindo o Sultanato de Delhi, no norte, e o Império Vijayanagara, hindu, no sul. **Não era um império digno de nota, embora estivesse prestes a ser,** já que, na década de 1520, o Império Mogol iniciou sua conquista da Índia, levando-a a figurar entre os mais poderosos do mundo. Da mesma forma, **o Japão em 1500 era dividido em muitas entidades, viveu uma guerra civil e era isolado, por isso também não era uma potência digna de nota.**

Oriente Médio

- O já mencionado Império Otomano também passou a controlar grande parte do Oriente Médio em meados de 1500, com um rival importante na nova Dinastia Safávida da Pérsia (atual Irã).

As Américas

- Os maiores impérios foram o Asteca, centrado no México (sua capital, Tenochtitlán, provavelmente tinha uma população maior do que qualquer outra cidade da Europa na época), e o Inca, na América do Sul. Mas logo os europeus chegaram, devastando as duas potências e levando ao surgimento de novas colônias, plantando as sementes do que seriam os Estados Unidos 276 anos depois.

África

- **Um vasto continente três vezes maior que a Europa, era dividido em dezenas de reinos, muitas vezes separados por grandes áreas com população escassa.** No ano de 1500, o maior era o Império Songai, na África Ocidental, que tinha a reputação de centro comercial e de erudição islâmica.

Essa era a configuração do planeta em 1500. **A ordem mundial estava prestes a mudar por completo.**

O QUE ACONTECEU DESDE 1500

Como você pode imaginar, muitas coisas importantes aconteceram desde 1500 para que eu possa relatá-las em poucas palavras. No entanto, posso apresentar os destaques da história de como o mundo mudou de lá para cá, com ênfase nos principais temas e transformações que detalharei nos próximos capítulos. **As mais importantes foram as mudanças de pensamento que levaram as pessoas a alterar o comportamento, sobretudo quanto ao modo como a riqueza e o poder deviam ser compartilhados. Foram elas que fizeram a história acontecer da forma como conhecemos.** É fácil identificar os maiores períodos de mudança porque, em geral, são denominados como "revoluções" e "eras" (embora às vezes sejam denominadas de outras formas).

Ao ler o breve resumo dos últimos 500 anos, observe as evoluções e os ciclos. Você vai ver que houve 1) várias revoluções nas formas de pensar que levaram a uma tremenda evolução e um grande progresso ao longo de centenas de anos e também 2) muitos ciclos de períodos pacíficos e prósperos alternados com depressões e guerras que marcaram o fim de velhas ordens e o começo de novas.

A Revolução Comercial (séculos XII-XVI)

A Revolução Comercial foi a mudança de uma economia baseada exclusivamente na agricultura para uma que incluía o comércio de diversos bens. Essa evolução começou no século XII e, por volta de 1500, era centrada nas cidades-Estado italianas por conta de uma confluência de dois fatores, que permitiram a elas que se tornassem muito ricas. Primeiro, as guerras entre a Europa cristã e o Império Otomano reduziram de maneira significativa o comércio por terra (especialmente o de especiarias e artigos de luxo) entre a Europa e o restante do mundo, o que criou uma abertura muito relevante para o comércio marítimo. Em segundo lugar, várias cidades-Estado italianas desenvolveram governos republicanos nos moldes da República Romana. Eram governos mais criativos e responsivos do que os do restante da Europa, o que permitiu o desenvolvimento de uma forte classe de comerciantes.

Veneza era um excelente exemplo disso, pois seu sistema de governança fora projetado com múltiplos pesos e contrapesos para garantir que houvesse uma abordagem mais meritocrática do governo do que existia no restante da Europa. O líder de Veneza — chamado de doge — não tinha o direito de nomear um sucessor e era impedido de colocar membros da família no governo. Os novos doges eram escolhidos por votação através de uma série de comitês, cujos membros, em alguns casos, eram selecionados por sorteio entre várias centenas de famílias aristocráticas. Os italianos criaram mercados de capitais que funcionavam bem, apoiados por novos avanços na contabilidade e nas instituições imparciais para fazer cumprir os contratos. Embora os empréstimos privados e governamentais não fossem novos, no período até 1500 eles costumavam ser acordos bilaterais entre cidadãos ricos, e a inadimplência dos credores (ou a expulsão e até mesmo a execução deles) era muito comum. Como aqueles que ganhavam dinheiro com o comércio — a classe mercantil — podiam se beneficiar de um sistema financeiro em bom funcionamento, no qual as economias podiam ser aplicadas em investimentos que alimentavam a produtividade, eles criaram uma série de inovações financeiras, incluindo os mercados de crédito.

Com a renda do comércio fluindo e a necessidade de uma cunhagem padronizada, as moedas produzidas nas cidades-Estado italianas, especialmente o florim de ouro de Florença, eram de valor sólido, reconhecidas como tal e, como resultado, começaram a ser aceitas como moedas globais. Com base em suas moedas sólidas, essas cidades-Estado desenvolveram empréstimos eficazes e um mercado de títulos negociado publicamente. Veneza estabeleceu um título permanente no início do século XII com um cupom de 5% que o governo emitia (ou seja, tomava emprestado) ou comprava de volta, dependendo das finanças/necessidades da época. Os mercadores venezianos possuíam títulos e influência significativa sobre o governo, por isso a inadimplência era o último recurso. Os séculos em que o título existiu sem inadimplência deram aos credores confiança nele, e as instituições que negociavam títulos em mercados secundários o tornaram uma forma líquida de investimento.

Uma enorme vantagem para Veneza era a capacidade de emprestar dinheiro com rapidez a taxas razoáveis. Embora, por fim, Veneza tenha ficado inadimplente após perder uma série de guerras por volta de 1500, os mercados de títulos líquidos se popularizaram em outros lugares, incluindo Holanda e Reino Unido.

O Renascentismo (séculos XIV-XVII)

Uma nova maneira de pensar em muitos aspectos, modelada a partir dos antigos gregos e romanos, começou nas cidades-Estado italianas por volta do século XIV e se espalhou pela Europa até o século XVII, em um período conhecido como Renascimento. Os pensadores renascentistas deram um grande impulso em direção ao uso do raciocínio lógico em vez da intervenção divina como forma de explicar o funcionamento do mundo. Essa mudança contribuiu para descobertas vertiginosamente rápidas, as quais levaram a avanços artísticos e tecnológicos na Europa. Tudo começou nas cidades-Estado do norte da Itália, onde a Revolução Comercial tinha gerado riquezas que provocaram avanços no comércio, na produção e no sistema bancário, os quais foram possibilitados pelo intelectualismo e pela inventividade. **O Renascentismo foi um dos maiores casos históricos de ciclo autorreforçado que descrevi no Capítulo 5: períodos pacíficos em que a inventividade e o comércio reforçam um ao outro para gerar um boom econômico e grandes avanços.**

No meio desse ciclo, e impulsionando-o para a frente, estavam pessoas e famílias como os Médici, que eram mercadores e banqueiros, não reis feudais. Eles usavam suas riquezas para apoiar as artes, a arquitetura e a ciência.² Junto do florescimento da arte e da arquitetura, houve enormes avanços na ciência, na tecnologia e nos negócios. **O conhecimento e as ideias se espalharam rapidamente por conta da invenção da prensa tipográfica em meados do século XV.**

PRODUÇÃO DE LIVROS/MANUSCRITOS NOS PRINCIPAIS PAÍSES EUROPEUS (MLN)

Centenas de milhões de textos produzidos em cada um dos séculos subsequentes

Prensa tipográfica

A propósito, muitas das inovações do Renascimento europeu já existiam na China havia séculos, porque os chineses descobriram muito antes os elementos fundamentais para produzi-las — por exemplo, a prensa tipográfica, o método científico e as nomeações meritocráticas de pessoas em empregos. Pode-se pensar no neoconfucionismo da China, descrito anteriormente, como sendo o Renascimento desse país porque, assim como o da Europa, ele levou a um pensamento mais lógico, baseado em evidências, e a visões de mundo mais criativas do que religiosas.

---

² A família Médici, que governou e desenvolveu Florença durante esse período (embora Florença tecnicamente tenha continuado a ser uma república durante grande parte de seu governo), conquistou sua riqueza e seu poder como líderes comerciais e banqueiros. Os Médici usaram a riqueza, o poder e a inteligência para adquirir mais riqueza e poder e dar uma enorme contribuição às artes e às ciências. Também conquistaram um poder político significativo na Europa. Por exemplo, para obter poder e/ou prestar serviço público, quatro papas saíram da família Médici durante seu reinado. Vários Médici eram artistas e líderes políticos que buscavam ajudar não apenas os ricos, mas também a classe média e as classes mais pobres da cidade. No entanto, assim como muitas famílias e monarquias multigeracionais, após algumas gerações, um fraco chefe de família e líder do estado em conjunto com excessos percebidos em um momento de estresse econômico levou a uma revolução. Os Médici perderam o controle de Florença em várias ocasiões. E, embora tenham voltado ao poder nos três séculos subsequentes e o Renascimento tenha continuado, os Médici lutaram e fracassaram em meados do século XVI, como resultado de guerras, mudanças nas rotas comerciais e empréstimos ruins, que prejudicaram suas finanças, e das mudanças nas normas sociais e nas práticas políticas.

Conforme as novas ideias se espalhavam pela Europa no fim do século XVI e início do XVII, eruditos como Shakespeare e Francis Bacon, na Inglaterra, Descartes, na França, e Erasmo, na Holanda, causaram um amplo impacto. Os padrões de vida melhoraram drasticamente, embora muito mais para as elites do que para os camponeses. Na Itália, esse período de relativa paz e prosperidade acabou levando a excessos, decadência e queda à medida que as cidades-Estado se tornaram menos competitivas e suas condições financeiras se deterioraram.

A Era das Grandes Navegações e do Colonialismo (séculos XV-XVIII)

A Era das Grandes Navegações começou no século XV, quando os europeus viajaram por todo o mundo em busca de riqueza, gerando um amplo contato entre diversos povos diferentes pela primeira vez e começando a encolher o mundo. Esse período quase coincidiu com o Renascimento, porque as maravilhas tecnológicas do Renascimento se traduziram em progressos na construção naval e na navegação, e as riquezas que esses navios levaram para seus respectivos países de origem financiaram novos avanços.

As famílias governantes apoiaram essas explorações lucrativas e dividiram os ganhos com os exploradores. Por exemplo, Henrique, o Navegador, irmão do chefe da família real portuguesa, patrocinou algumas das primeiras viagens e estabeleceu um império comercial na África e na Ásia. A Espanha seguiu o exemplo, logo conquistando e colonizando partes significativas do hemisfério ocidental, incluindo os impérios asteca e inca, ricos em metais preciosos. Embora Portugal e Espanha fossem rivais, o mundo inexplorado era enorme e, quando havia disputas entre os dois, estas eram mediadas com sucesso. A integração da Espanha ao Império Habsburgo e seu controle sobre minas de prata muito lucrativas a tornaram mais forte do que Portugal no século XVI e, por um período de cerca de sessenta anos, começando no fim do século XVI, o rei dos Habsburgo também governou Portugal. Ambos traduziram sua riqueza em eras de ouro na arte e na tecnologia. O Império Espanhol cresceu tanto que ficou conhecido como "o império no qual o sol nunca se põe" — uma expressão que mais tarde seria usada para descrever o Império Britânico.

Quando as nações europeias encontraram maneiras de tornar suas explorações mais lucrativas, o aumento do comércio global transformou suas economias. De forma mais notável, o fluxo de novas riquezas (especialmente a prata) para a Europa alimentou um aumento nos preços de bens e serviços básicos. Conhecida como a Revolução de Preços Espanhola, **a Europa passou de centenas de anos de preços estáveis para uma duplicação deles em intervalos de poucas décadas, um lembrete de como grandes mudanças podem ter impactos econômicos que parecem inimagináveis com base em experiências mais recentes.**

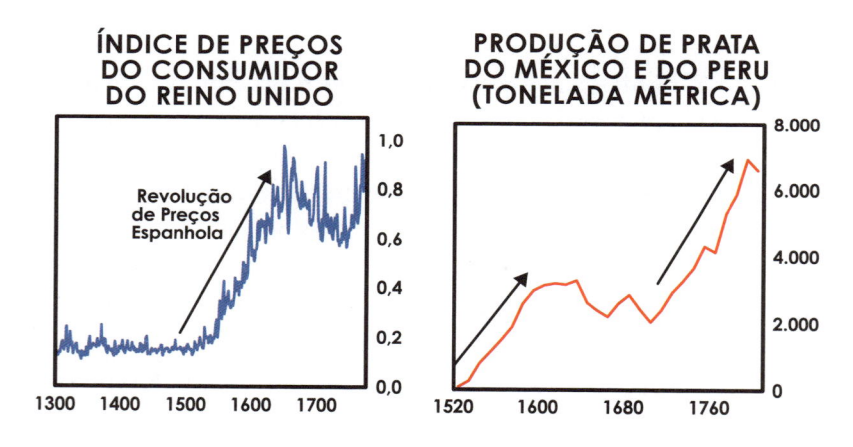

ÍNDICE DE PREÇOS DO CONSUMIDOR DO REINO UNIDO

PRODUÇÃO DE PRATA DO MÉXICO E DO PERU (TONELADA MÉTRICA)

Esse impulso para a exploração acabou levando a Europa a negociar com a Ásia, principalmente com a China, o Japão e o subcontinente indiano — e explorar esses países. **Os portugueses foram os primeiros a se aproximarem da China, em 1513, embora outros exploradores europeus, como Marco Polo, já tivessem feito contato.** Os europeus ficaram deslumbrados com a qualidade da porcelana, da seda e de outras mercadorias chinesas, que se tornaram muito visadas, mas os chineses não tinham interesse em comprar mercadorias europeias, que consideravam inferiores. No entanto, avidamente aceitaram a prata, que era dinheiro na China e na Europa, como forma de pagamento. Como veremos mais tarde, a China lutou durante séculos contra a escassez dos metais preciosos de que precisava para ter um suprimento suficiente de dinheiro. Porém, os europeus não tinham prata suficiente para negociar, e os chineses não tinham interesse em outros bens, o que acabou levando às Guerras do Ópio e a outras histórias interessantes que exploraremos mais tarde.

A Dinastia Ming, da China, tinha sua própria versão da Era das Grandes Navegações, mas a abandonou. A partir do início do século XV, o imperador da Dinastia Ming, Yongle, autorizou seu almirante de maior confiança, Zheng He, a liderar sete grandes expedições navais — "a frota do tesouro" — pelo mundo. Embora não fossem expedições colonizadoras (e historiadores debatem até que ponto eram comerciais), essas missões navais ajudaram a projetar o poder da China no exterior. A marinha de Yongle era a maior e mais sofisticada do mundo, com navios maiores e mais bem construídos do que qualquer país da Europa produziria por pelo menos um século.

A influência internacional da China, conforme indicado pelo número de cidades estrangeiras engajadas em relações tributárias formais com o continente, aumentou depressa. No entanto, os imperadores Ming decidiram encerrar essas viagens e fazer o império recuar. Ainda é uma conjectura se isso aconteceu porque as expedições militares e navais de Yongle eram caras ou porque os imperadores acreditavam que tinham tudo de que precisavam na China e, portanto, não havia necessidade dessa exploração.

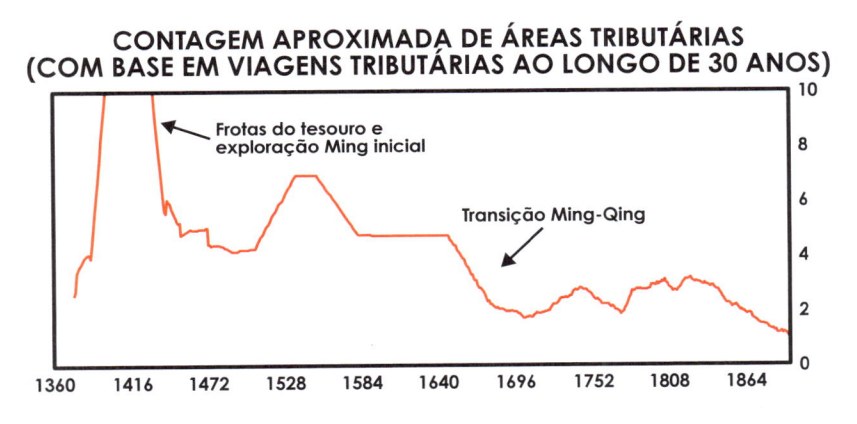

CONTAGEM APROXIMADA DE ÁREAS TRIBUTÁRIAS (COM BASE EM VIAGENS TRIBUTÁRIAS AO LONGO DE 30 ANOS)

Frotas do tesouro e exploração Ming inicial

Transição Ming-Qing

O resultado desse retrocesso foi uma Era de Isolacionismo na China e também no Japão, onde era chamada de *Sakoku*. **Nos séculos seguintes, a China e o Japão recuaram muito, de maneira intermitente, na questão da abertura a estrangeiros, e optaram pela distância e pelo isolamento.**

A Reforma (1517-1648)

A partir do século XVI na Europa, os movimentos religiosos protestantes iniciaram uma revolução contra a Igreja Católica Romana, que contribuiu para uma série de guerras e a derrubada da ordem europeia existente. Conforme explicado antes, naquela época a ordem existente consistia em monarcas, nobres e a Igreja em relações simbióticas. A Reforma mirava no poder e na corrupção da Igreja Católica Romana e buscava uma religião independente, na qual as pessoas lidassem diretamente com Deus, em vez de uma religião mediada pelas regras do clero. Na época, muitos bispos católicos e outros clérigos do alto escalão viviam como príncipes em palácios e, além disso, a igreja vendia "indulgências" (uma suposta redução no tempo que as pessoas teriam que passar no purgatório). A Igreja Católica Romana era uma nação e uma religião, administrando diretamente uma parte considerável da Itália moderna (os Estados Papais).

A Reforma começou em 1517, quando Martinho Lutero publicou as *95 teses*, desafiando o monopólio papal sobre a interpretação da Bíblia e o poder dele em geral. Quando se recusou a se retratar, foi declarado herege e excomungado. Mesmo assim, suas ideias — e as de outros teólogos — espalharam-se por grande parte da Europa, graças ao apoio político de nobres importantes, bem como à nova tecnologia da prensa tipográfica. **Esse movimento, junto da habitual e constante luta pelo poder, fez desmoronar a ordem mundial existente na Europa.**

Em praticamente todas as principais potências cristãs, o impacto imediato da Reforma foram os aumentos do conflito interno e da instabilidade, que também se estendeu entre os países. **As guerras religiosas se misturaram com as guerras contra as ordens e elites existentes. Incluíram uma prolongada guerra civil na França, na qual morreram cerca de 3 milhões de pessoas, e mais tarde contribuíram para uma prolongada guerra civil no Reino Unido. No fim das contas, a Reforma fez com que os protestantes conquistassem direitos e liberdades substanciais.** Ela também minou o poder do Sacro Império Romano e dos Habsburgo, deixou a Alemanha com profundas divisões que aumentariam até o fim da incrivelmente brutal Guerra dos Trinta Anos, em meados do século XVII, e levou a guerras civis por mais de cem anos. Como costuma acontecer, a grande guerra levou a uma nova ordem, seguida por um período de paz e prosperidade.

A nova ordem mundial após a Guerra dos Trinta Anos (1648)

Na superfície, a Guerra dos Trinta Anos contrapôs os países protestantes aos católicos; no entanto, a história completa era mais complicada, com interesses geopolíticos mais amplos, relacionados à riqueza e ao poder, desempenhando um papel de quem se alinhava com quem. No fim da guerra, a nova ordem foi acordada na Paz de Westfália. Os avanços mais importantes que resultaram disso foram o estabelecimento de fronteiras geográficas e os direitos soberanos das pessoas dentro delas para decidir o que acontecia em seus domínios. Assim como na maioria dos períodos depois de grandes guerras e da constituição de novas ordens, houve um longo período de paz entre os países, com os holandeses emergindo do caos como a principal potência econômica global. No entanto, batalhas por riqueza e poder — principalmente entre as monarquias em declínio e seus súditos — continuaram em todo o continente.

A invenção do capitalismo (século XVII)

Começando com os holandeses, o desenvolvimento de mercados de ações disponíveis ao público e usados popularmente permitiu aos poupadores transferir seu poder de compra a empresários capazes de dar um uso produtivo e lucrativo a ele. Isso melhorou de forma significativa a alocação de recursos e foi estimulante para as economias, pois gerou um novo poder de compra. Também deu origem aos ciclos dos mercados de capitais. Embora houvesse vários elementos envolvidos na criação do capitalismo, uma série de desenvolvimentos econômicos e financeiros relacionados estão associados a ele — de maneira específica, o desenvolvimento dos mercados de ações e títulos negociados publicamente, como a abertura da Bolsa de Valores de Amsterdã em 1602 e a primeira emissão de títulos do governo pelo Banco da Inglaterra (para financiar a guerra com a França) em 1694. Junto dos avanços da Revolução Científica, a invenção do capitalismo foi um dos principais motivos por trás da mudança do crescimento lento do PIB real para um crescimento mais rápido, como pode ser visto no gráfico apresentado no Capítulo 1. Vamos explorar essa inovação e seu tremendo impacto em mais detalhes no próximo capítulo.

A Revolução Científica (séculos XVI-XVII)

A Revolução Científica foi uma extensão da mudança da Era Renascentista, na qual a busca religiosa da verdade foi trocada pela busca da verdade por meio do raciocínio lógico, aliada ao impulso de questionamento às autoridades e de pensamento autônomo propagado pela Reforma. Esses fatores levaram ao desenvolvimento do método científico, que melhorou a compreensão que a humanidade tinha do mundo, estabelecendo protocolos pelos quais as descobertas científicas poderiam ser investigadas e comprovadas, e dando início a muitas invenções que elevaram os padrões de vida.

O pioneiro do método científico foi Francis Bacon, no início do século XVII, embora diversos avanços importantes na astronomia — em especial o trabalho de Copérnico e Galileu — tenham ocorrido antes, no século XVI. Essas descobertas expandiram muito o conhecimento europeu do sistema solar pela primeira vez desde o período greco-romano e foram acompanhadas por muitas outras na anatomia, na matemática, na física (por exemplo, as leis do movimento de Isaac Newton) e em vários outros campos. Os governos europeus começaram a apoiar e patrocinar essa pesquisa, com o exemplo mais famoso sendo a Royal Society, no Reino Unido, fundada em 1660 e que se provou fundamental na promoção da troca de ideias e descobertas (Newton foi seu presidente de 1703 a 1727). Ao longo dos séculos que se seguiram, as descobertas da Revolução Científica ajudaram a desencadear o crescimento econômico e uma maior competitividade nas principais potências europeias, especialmente o Reino Unido. As ideias e os métodos que apoiaram a revolução foram aplicados a outros campos pelo movimento conhecido como Iluminismo.

A Primeira Revolução Industrial (séculos XVIII-XIX)

Começando no Reino Unido no século XVIII, dar capital às pessoas e permitir que fossem criativas e produtivas levou muitas sociedades a mudar para novos processos de manufatura por meio de máquinas, criando o primeiro período sustentado e generalizado de crescimento da produtividade em milhares de anos. Essas melhorias começaram com invenções agrícolas que aumentavam a produtividade, o que levou a um boom populacional e a uma mudança secular em direção à urbanização conforme o volume do trabalho agrícola diminuía. Quando as pessoas migraram para as cidades, a indústria se beneficiou da oferta cada vez maior de mão de obra, criando um círculo virtuoso e levando a mudanças na riqueza e no poder dentro das nações e entre elas. As novas populações urbanas precisavam de novos tipos de bens e serviços, o que exigiu do governo que crescesse e gastasse dinheiro em itens como habitação, saneamento e educação, bem como na infraestrutura para o novo sistema capitalista industrial, como tribunais, agências regulatórias e bancos centrais. O poder passou para as mãos dos burocratas do governo central e dos capitalistas que controlavam os meios de produção.

Em termos geopolíticos, esses desenvolvimentos ajudaram muito o Reino Unido, que foi pioneiro em muitas das inovações mais importantes. Por volta de 1800, o Reino Unido alcançou a Holanda em produção per capita, antes de ultrapassá-la em meados do século XIX, quando o Império Britânico atingiu seu pico de participação na produção mundial (cerca de 20%).

O Iluminismo e a Era das Revoluções (séculos XVII-XVIII)

Também conhecido como Era da Razão, o Iluminismo era, em sua essência, o método científico aplicado ao modo como os humanos deveriam se comportar. Essa forma de pensar se difundiu na Europa nos séculos XVIII e XIX, derivando da diminuição cada vez maior dos direitos monárquicos e eclesiásticos associada a um aumento dos direitos do indivíduo, característico dos movimentos intelectuais anteriores. Novos campos, como a economia, se expandiram graças a pensadores como Adam Smith, enquanto figuras como John Locke e Montesquieu forçaram a filosofia política a seguir em novas direções. Especificamente, as ideias iluministas dessas e de outras figuras promoveram a racionalidade e as liberdades individuais, minando os poderes monárquicos e religiosos em um movimento para derrubar as famílias reais, que ficou conhecido como a Era das Revoluções. Essa onda de revoluções incluiu a norte-americana, a francesa, a espanhola, a alemã, a portuguesa e a italiana. Como é típico, essa era de turbulência levou algumas nações a buscar líderes fortes que pudessem colocar ordem no caos. No caso da França, esse líder foi Napoleão, que mudou o curso não apenas da história francesa, mas também da europeia, ao tentar conquistar toda a Europa. Napoleão foi o clássico grande ditador benevolente que converteu o caos em ordem e prosperidade, expandindo o império com suas proezas militares. Como costuma acontecer, ele se expandiu demais e, então, fracassou.

As Guerras Napoleônicas e a subsequente Nova Ordem Mundial (1803-15)

As Guerras Napoleônicas duraram de 1803 a 1815, quando a Grã-Bretanha e seus aliados derrotaram Napoleão e seus aliados. Como de costume, os vencedores se uniram para criar uma nova ordem mundial, que foi discutida no Congresso de Viena. Ele traçou novas fronteiras para garantir que nenhuma potência europeia se tornasse dominante demais, com base em conceitos de equilíbrio de poder que evitariam a guerra. Os britânicos emergiram como o principal império mundial e, como sempre acontece depois da guerra e do estabelecimento de uma nova ordem, houve um longo período de paz e prosperidade — a *Pax Britannica*.

As potências ocidentais deslocam-se para a Ásia (século XIX)

Os britânicos e outras potências ocidentais levaram suas canhoneiras para a Índia, a China e o Japão em meados do século XVIII e o início do século XIX, provocando transtornos drásticos no curso da história desses países. Na época, tanto a China quanto o Japão eram isolacio-

nistas. A Índia era controlada pelo Império Mogol, que se expandiu e se tornou uma grande potência no sul da Ásia, mas teve um rápido declínio no século XVIII. As potências ocidentais, que eram significativamente mais avançadas no campo militar naquela época, queriam forçar o comércio em todos os três países. Os chineses tentaram lutar contra os britânicos, mas perderam; os japoneses viram isso acontecer e se abriram para o comércio depois que o comandante americano Matthew Perry entrou com quatro navios de guerra na baía de Tóquio, em 1853. **Esses acontecimentos levaram à queda da Dinastia Qing, à renúncia do governo japonês e ao controle contínuo da Índia pelos britânicos. Especialmente no Japão e na China, também levaram à constatação de que eles precisavam se modernizar, o que levou à Restauração Meiji (no Japão) e ao Movimento de Autofortalecimento (na China). Essa mudança foi muito bem-sucedida no Japão, mas não na China, que continuou a sofrer durante o que os chineses chamam de Século da Humilhação.**

Segunda Revolução Industrial (anos 1850-início do século XX)

Em meados do século XIX, começou uma segunda grande onda de inovação, centrada primeiro na locomoção a vapor (por exemplo, ferrovias) e, em seguida, na eletricidade, nos telefones, em peças de fabricação intercambiáveis e outras inovações na virada do século XX. Enquanto a Primeira Revolução Industrial foi centrada no Reino Unido, a Segunda beneficiou principalmente os Estados Unidos. **Como costuma acontecer, esse período gerou grandes riquezas — e grandes disparidades de riqueza — e excessos nos mercados de capitais, levando a um período conhecido como Era Dourada nos Estados Unidos.**

Invenção do comunismo (1848)

A invenção e o desenvolvimento do comunismo, em meados do século XIX, surgiu como uma reação ao capitalismo e aos hiatos de riqueza criados por ele, e também ao fato de que os benefícios das Revoluções

Industriais iam mais para os proprietários das novas tecnologias do que para os trabalhadores. Os conflitos entre os comunistas e as potências estabelecidas se intensificaram na virada do século e levaram a uma série de grandes revoluções no século XX, inclusive na Rússia e na China, onde governos comunistas assumiram o poder.

Isso nos leva ao século XX, que teve dois grandes ciclos de boom, falências, guerras e novas ordens, sendo que o segundo desses ciclos parece estar nos estágios finais. Como vou analisá-los de forma abrangente nos Capítulos 10 a 13 e como são muito mais familiares para a maioria dos leitores, vou encerrar esta visão geral aqui e mergulhar na história dos holandeses e em como eles se tornaram o primeiro império global com moeda de reserva.

CAPÍTULO 9

O GRANDE CICLO DE ASCENSÃO E QUEDA DO IMPÉRIO HOLANDÊS E DO FLORIM

Após uma série de tentativas de revoltas em meados de 1500, os holandeses, que estavam sob o controle da Espanha dos Habsburgo, enfim se tornaram poderosos o suficiente para conquistar sua independência de fato em 1581. De 1625 até 1795 — o seu colapso —, os holandeses acumularam riqueza e poder suficientes para eclipsar os Habsburgo e a China como o império mais rico do mundo.

O Império Holandês surgiu por todas as clássicas razões explicadas nos capítulos anteriores, tendo seu ápice por volta de 1650, no que agora é lembrado como a Idade de Ouro holandesa. Embora sua pequena população e seu diminuto território impedissem o país de ser a potência militar dominante no continente europeu, a Holanda mais do que compensou isso através de uma combinação de força econômica, sofisticação financeira e marinha forte, capaz de proteger seu grande império de feitorias e colônias em todo o mundo. Isso permitiu que a moeda deles, o florim neerlandês, emergisse como a primeira moeda de reserva mundial.

O gráfico a seguir mostra as oito potências que alimentaram a ascensão e a inevitável queda dos holandeses.

A ORDEM MUNDIAL EM TRANSFORMAÇÃO

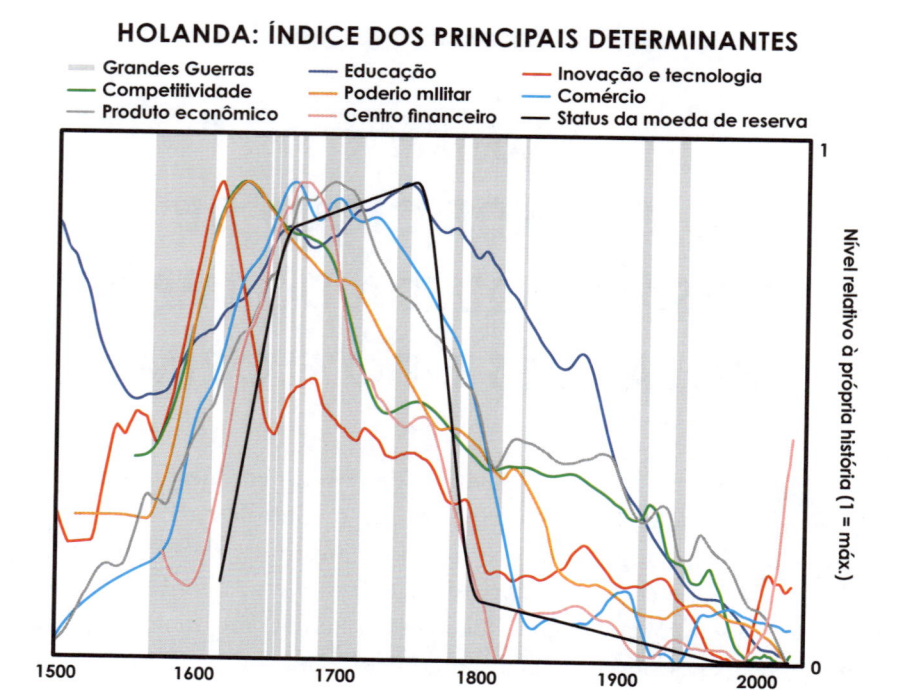

HOLANDA: ÍNDICE DOS PRINCIPAIS DETERMINANTES

- Grandes Guerras
- Educação
- Inovação e tecnologia
- Competitividade
- Poderio militar
- Comércio
- Produto econômico
- Centro financeiro
- Status da moeda de reserva

O que o gráfico não mostra é o declínio de poder da liderança anterior, o Império Habsburgo, o qual você pode ver no gráfico a seguir, que descreve todo o arco do Império Holandês com os principais eventos apontados. Os números marcam os tempos aproximados dos seis estágios do ciclo de ordem interno.

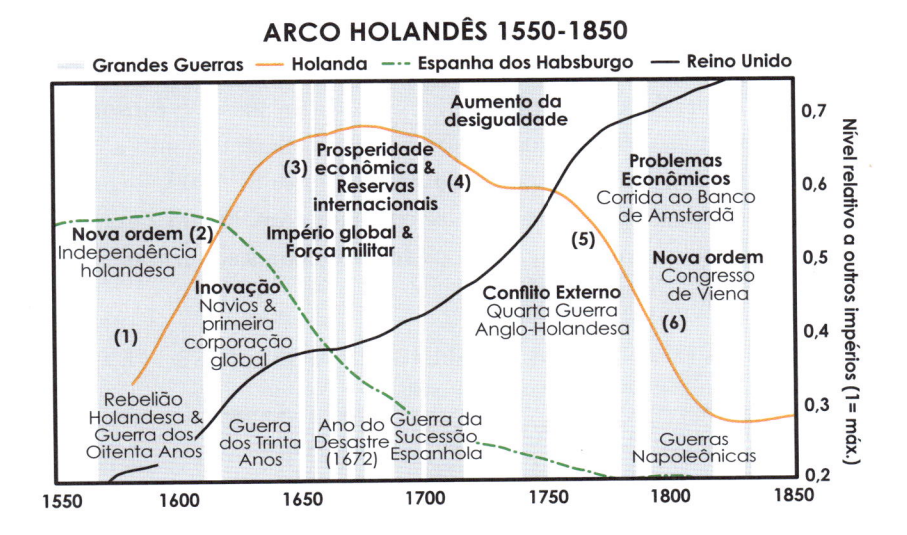

O GRANDE CICLO DE ASCENSÃO E QUEDA DO IMPÉRIO HOLANDÊS E DO FLORIM

ARCO HOLANDÊS 1550-1850

A história começa com o declínio dos Habsburgo espanhóis, o que deu início à primeira fase do Grande Ciclo holandês.

A transição do Império Espanhol/Habsburgo para o Império Holandês

Novos impérios surgem quando os antigos se tornam fracos e decadentes. A história do Império Holandês também começou quando o Império Habsburgo se tornou fraco, decadente e exagerado de todas as formas clássicas.

Carlos V foi o Sacro Imperador Romano-Germânico e chefe do Império Habsburgo de 1519 a 1556. A união dos territórios que ele controlava — que incluía a maior parte do que hoje são Holanda, Bélgica, Itália, Alemanha, Áustria e Espanha modernas — formou o Império Habsburgo, a família imperial mais poderosa da Europa. **A Espanha era** especialmente forte[1] devido à riqueza e ao poder que adquiriu na Era das Grandes Navegações. A frota espanhola era a marinha mais poderosa da Europa. A cunhagem de prata espanhola quase se tornou uma moeda de reserva — era usada em lugares tão distantes quanto a China. As coisas começaram a mudar em meados dos anos 1500, quando **as sementes da queda plantadas na fase superior começaram a germinar e uma mudança revolucionária no poder começou a se formar.**

O ARCO DA ESPANHA DOS HABSBURGO NOS SÉCULOS XVI E XVII

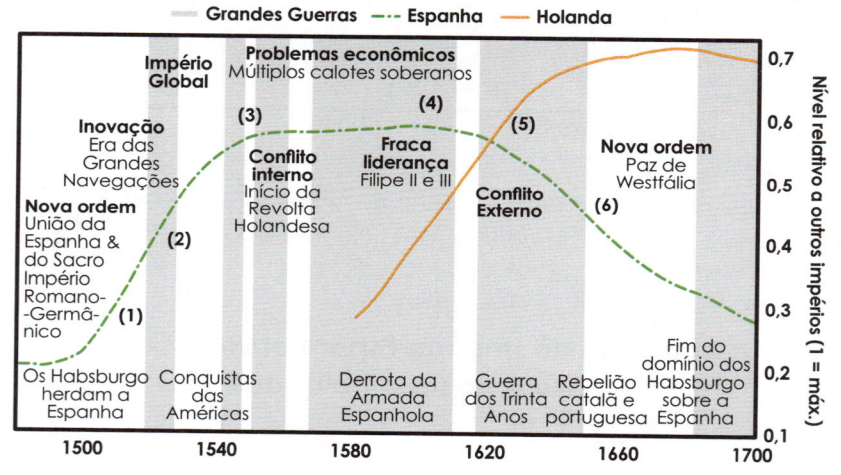

Grandes Guerras — Espanha — Holanda

- (1) **Nova ordem** União da Espanha & do Sacro Império Romano-Germânico / Os Habsburgo herdam a Espanha
- (2) **Inovação** Era das Grandes Navegações / Conquistas das Américas
- (3) **Império Global**
- (4) **Problemas econômicos** Múltiplos calotes soberanos / **Conflito interno** Início da Revolta Holandesa / Derrota da Armada Espanhola
- (5) **Fraca liderança** Filipe II e III / Guerra dos Trinta Anos
- (6) **Conflito Externo** / Rebelião catalã e portuguesa / **Nova ordem** Paz de Westfália / Fim do domínio dos Habsburgo sobre a Espanha

Eixo y: Nível relativo a outros impérios (1 = máx.), variando de 0,1 a 0,7
Eixo x: 1500, 1540, 1580, 1620, 1660, 1700

---

[1] Em 1500, o território da Espanha moderna estava cada vez mais unificado após mais de quinhentos anos de conflito entre reinos cristãos e potências muçulmanas que governavam a maior parte da área desde os anos 700. Os dois maiores reinos, Castela e Aragão, foram unificados após o casamento de seus governantes em 1469 e, em 1492, conquistaram o último reino muçulmano da Espanha, em Granada. A potência espanhola emergente tinha laços militares fortes e estreitos com a Igreja Católica — partes significativas da Reconquista da Espanha muçulmana assumiram a forma de cruzadas apoiadas pelo papa, e as autoridades religiosas e monárquicas estavam frequentemente alinhadas, como na Inquisição Espanhola.

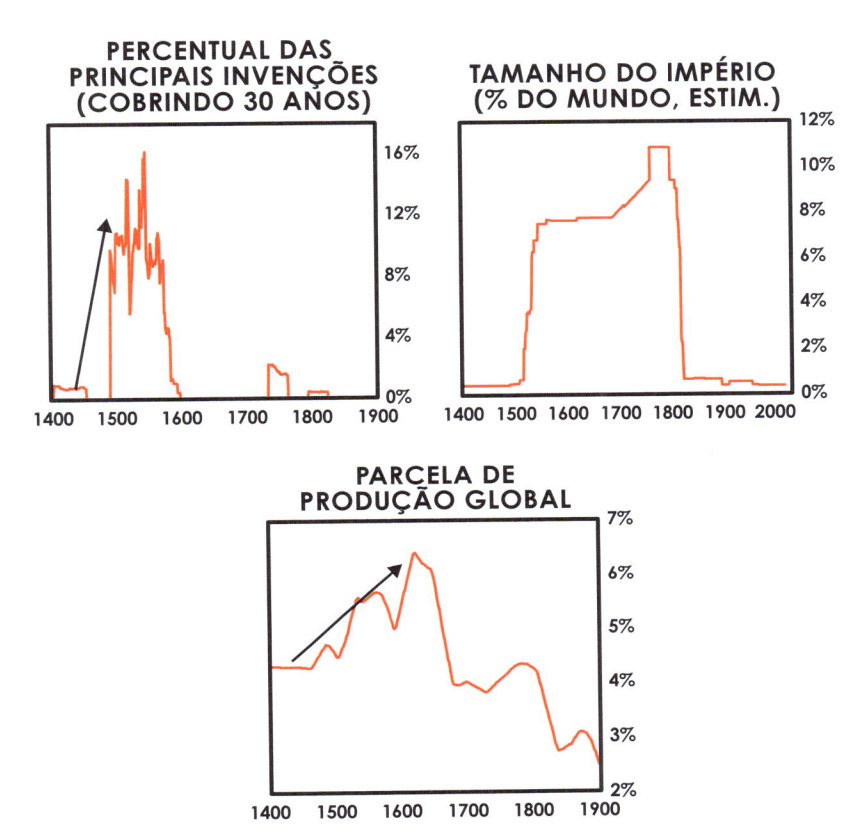

O GRANDE CICLO DE ASCENSÃO E QUEDA DO IMPÉRIO HOLANDÊS E DO FLORIM

PERCENTUAL DAS PRINCIPAIS INVENÇÕES (COBRINDO 30 ANOS)

TAMANHO DO IMPÉRIO (% DO MUNDO, ESTIM.)

PARCELA DE PRODUÇÃO GLOBAL

O declínio dos Habsburgo aconteceu seguindo muitos dos padrões clássicos. Revoluções contra as elites que detinham a riqueza e o poder foram instauradas por aqueles que não os detinham, desafiando a ordem existente. Por exemplo: como expliquei no capítulo anterior, novas ideias religiosas emergiram com a Reforma, uma revolução contra a Igreja Católica Romana, então percebida como decadente e exploradora. Na época, a Igreja Católica e o Sacro Império Romano- -Germânico eram uma força política rica e poderosa, parte integrante da ordem existente. **A revolução começou quando uma reunião de grupos religiosos de oposição, geralmente conhecidos como protestantes, desafiou o sistema.** Martinho Lutero publicou as suas *95 teses* em 1517, desafiando a interpretação papal da Bíblia e o poder papal em geral. Quando Lutero se recusou a se retratar, foi declarado herege e excomungado. Suas ideias, no entanto, se espalharam em grande parte da Europa graças ao apoio político de nobres importantes, bem como à nova tecnologia de impressão do continente.

Isso aconteceu em um momento economicamente difícil, quando os conflitos estavam se intensificando, levando à instabilidade e a terríveis guerras civis,[2] **culminando na brutal Guerra dos Trinta Anos em meados de 1600. Seu maior impacto negativo foi sobre o Sacro Império Romano-Germânico e os Habsburgo.**

Carlos V não antecipou os impactos revolucionários da Reforma e os danos à ordem existente que ela causou. Foi forçado a assinar a Paz de Augsburgo em 1555, que enfraqueceu o Sacro Império Romano-Germânico e a dinastia dos Habsburgo. Ele abdicou e dividiu seus domínios em duas partes: o Sacro Império Romano-Germânico, que passou para o irmão, Fernando I, e a maior porção do que restava do Império Habsburgo — sobretudo a Espanha, mas também a Holanda, a Bélgica, porções significativas da Itália e as colônias espanholas no exterior —, que passou para seu filho, Filipe II. Desse ponto em diante, a queda seguiu o roteiro clássico:

- **O império foi expandido de forma exagerada do ponto de vista militar.** A Espanha não apenas enfrentou uma longa revolta contra seu impopular domínio na Holanda, como também lutou contra o Império Otomano, diversos estados italianos, franceses e britânicos. Essas guerras foram caras e desgastaram a dinastia dos Habsburgo antes mesmo da Guerra dos Trinta Anos.
- **As péssimas finanças nacionais causaram a clássica mistura tóxica de aumento de impostos, emissão de moeda e aumento da dívida.** Durante seu reinado, Filipe II deixou de pagar dívidas em quatro ocasiões.
- **As classes baixa e média sofreram com o aumento dos preços dos alimentos**, que escalaram a uma taxa sem precedentes desde a Revolução dos Preços espanhola.
- **O conflito interno cresceu,** por todas as razões mencionadas anteriormente.

---

[2] Por exemplo, as Guerras Religiosas na França causaram milhões de mortes de 1550 a 1600, enquanto a Inglaterra mudou radicalmente de fé em vários momentos no século XVI, à medida que novos monarcas subiam ao trono. Mesmo mais tarde, as devastadoras Guerras Civis Inglesas de meados dos anos 1600 foram significativamente impulsionadas por conflitos religiosos.

- **A liderança se deteriorou.** Filipe II e seu filho, Filipe III, preferiram uma vida luxuosa a governar e, por fim, usaram a impressão de dinheiro para cobrir os grandes déficits, que levaram a uma alta inflação e a problemas econômicos. Aqueles em seu entorno se comportaram de maneira semelhante.

O gráfico a seguir mostra o valor da moeda de circulação comum mais popular em termos de prata. Adicionar metais básicos baratos ao suprimento monetário era a forma popular de "imprimir" e desvalorizar o dinheiro na época. Como se vê, isso começou no início de 1600.

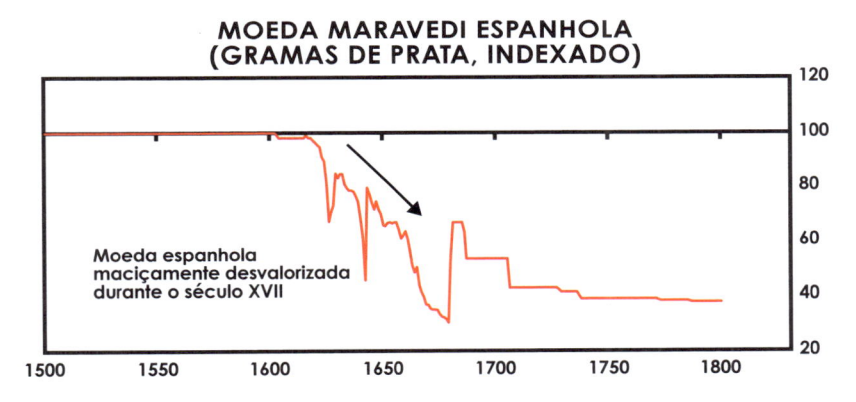

**MOEDA MARAVEDI ESPANHOLA
(GRAMAS DE PRATA, INDEXADO)**

Moeda espanhola maciçamente desvalorizada durante o século XVII

Os eventos de 1500 não foram o fim do Império Habsburgo nem mesmo de sua reivindicação de controlar a Holanda — isso só aconteceu com o fim da Guerra dos Trinta Anos, em 1648. Mas criaram as condições que permitiram a ascensão dos holandeses.

A ASCENSÃO

De 1581 até cerca de 1625, o Império Holandês foi construído seguindo os estágios clássicos de um império em ascensão, descritos no Capítulo 1. Mais especificamente:

- Liderados por Guilherme, o Silencioso, os holandeses se revoltaram com sucesso contra a Espanha na Guerra dos Oitenta Anos, o que resultou na República Holandesa afirmando sua independência em 1581. Guilherme, que foi basicamente o pai dos Países Baixos, era um habilidoso líder militar e uniu as diversas províncias holandesas contra os espanhóis.

- Embora espanhóis e holandeses tenham continuado a lutar nas décadas seguintes, os holandeses foram capazes de ganhar a independência e as sementes foram plantadas para o surgimento de uma República Holandesa mais unificada (em particular porque Filipe II cortou o comércio com os holandeses, forçando-os a expandir para o exterior por conta própria).
- **Como a república foi criada para permitir que cada uma das províncias subjacentes mantivesse um alto grau de soberania, a ascensão do Império Holandês foi impulsionada por um coletivo de estadistas, e não por um único monarca ou líder.** Embora os nobres desempenhassem as funções mais importantes, esse sistema criou freios e contrapesos e uma parceria que se mostrou eficaz.
- **Os valores e a cultura holandeses enfatizavam a educação, a economia, o mérito e a tolerância.**
- A ruptura com a Espanha permitiu aos holandeses criar uma **sociedade mais aberta e inventiva.**
- **Os holandeses construíram navios que podiam dar a volta ao mundo para coletar riquezas, capitalismo capaz de financiar empreendimentos produtivos como esses e muitos outros avanços que os tornaram ricos e poderosos. Criaram a primeira megacorporação do mundo, a Companhia Holandesa das Índias Orientais, que respondia por cerca de um terço do comércio mundial.**[3] A abertura holandesa a novas ideias, pessoas e tecnologia fomentou um rápido crescimento.
- Para apoiar o comércio, **o governo holandês aumentou os investimentos militares,** o que permitiu que o país controlasse ainda mais o comércio ao conter os britânicos em uma série de conflitos militares.
- **Os holandeses também criaram a primeira moeda de reserva do mundo — afora o ouro e a prata —, o florim neerlandês,** apoia-

---

[3] Estimativa aproximada com base em meus cálculos.

do por um sistema bancário e monetário inovador implementado através da fundação do Banco de Amsterdã.[4]

Como resultado desses passos clássicos e fundamentais, os holandeses enriqueceram — a renda per capita no país aumentou mais de duas vezes em relação à da maioria de outras potências europeias. Os holandeses continuaram a investir pesado em educação e infraestrutura para construir seus sucessos. As taxas de alfabetização holandesa atingiram o dobro da média mundial. Também continuaram a desenvolver seus mercados de capital, e **Amsterdã se tornou o centro financeiro mais importante do mundo.** Os holandeses fizeram tudo isso com uma população de apenas 1-2 milhões de pessoas.

Os gráficos a seguir fornecem algumas perspectivas sobre a natureza única da educação, da inovação e do comércio holandês no século XVII e o impacto que essas forças tiveram sobre a renda holandesa, que exploraremos mais adiante neste capítulo.

Em suma, os holandeses eram pessoas ostensivamente educadas, muito trabalhadoras e inventivas — na verdade, quando estavam no auge, foram responsáveis por cerca de um quarto de todas as grandes invenções do mundo, um pico que começou pouco antes de sua independência da Espanha.

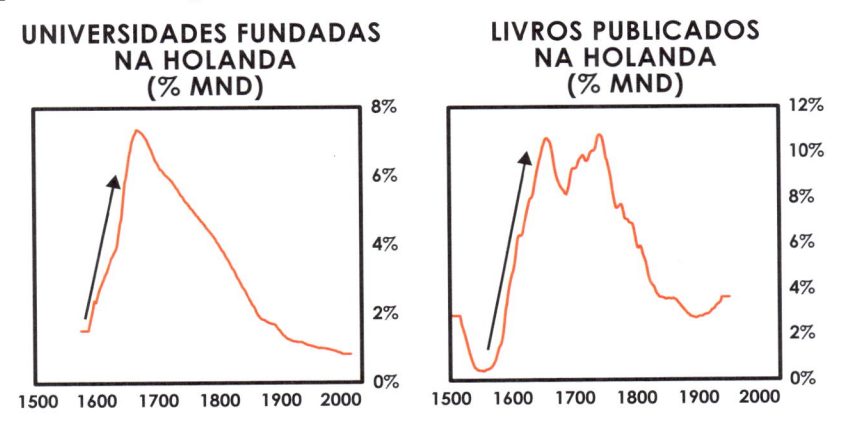

UNIVERSIDADES FUNDADAS NA HOLANDA (% MND)

LIVROS PUBLICADOS NA HOLANDA (% MND)

---

[4] Neste capítulo, quando falamos sobre o "florim", geralmente nos referimos aos títulos bancários do florim, que eram usados no Banco de Amsterdã, em vez da moeda física (também chamada de "florim"), que era feita de metal precioso (ou seja, dinheiro Tipo 1).

PARCELA HOL. DE PRINCIPAIS INVENÇÕES (EM 30 ANOS)

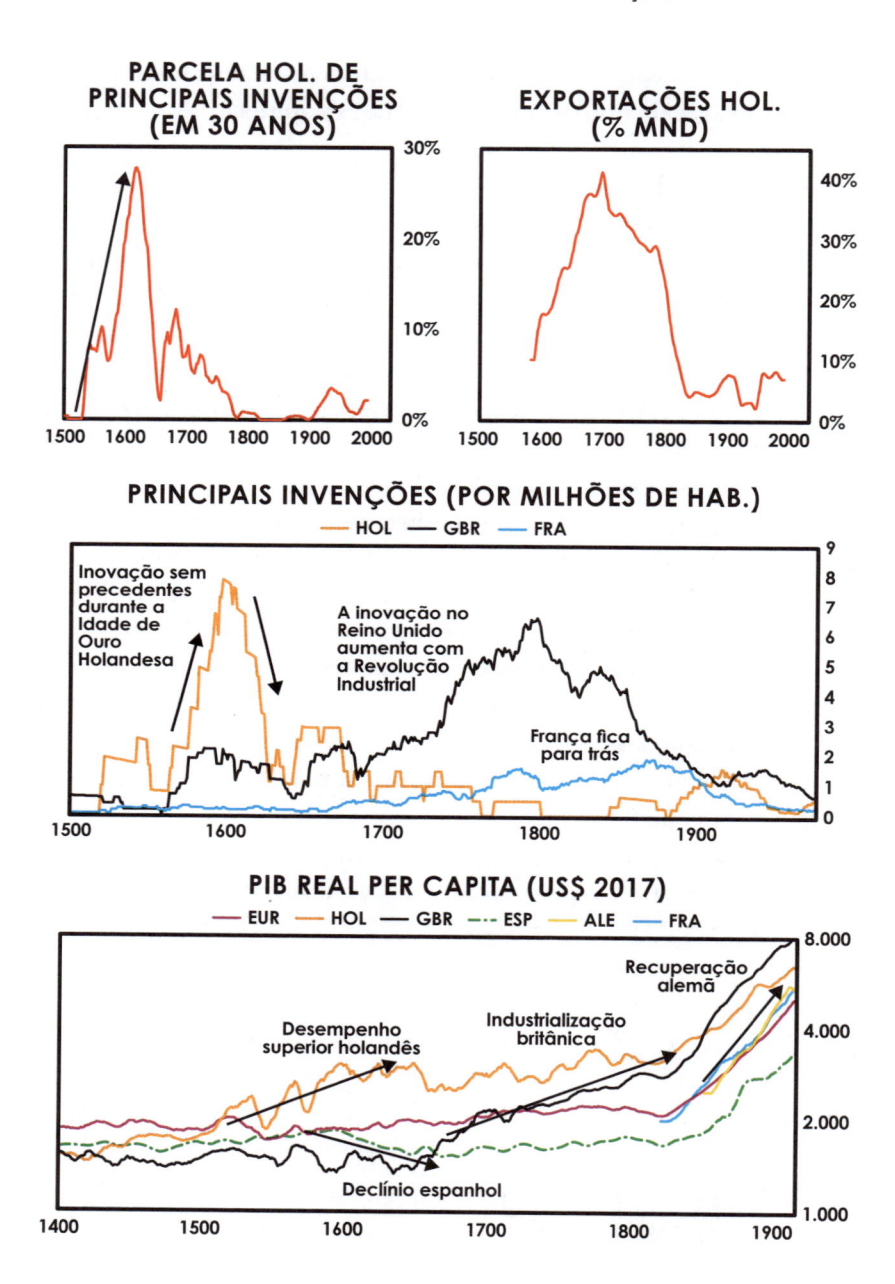

EXPORTAÇÕES HOL. (% MND)

PRINCIPAIS INVENÇÕES (POR MILHÕES DE HAB.)
— HOL — GBR — FRA

Inovação sem precedentes durante a Idade de Ouro Holandesa

A inovação no Reino Unido aumenta com a Revolução Industrial

França fica para trás

PIB REAL PER CAPITA (US$ 2017)
— EUR — HOL — GBR ---ESP — ALE — FRA

Desempenho superior holandês

Industrialização britânica

Recuperação alemã

Declínio espanhol

Reiterando: as duas invenções mais importantes que os holandeses criaram foram: 1) os navios a vela excepcionalmente eficazes que poderiam levá-los ao redor do mundo, o que, com as habilidades militares que adquiriram a partir das lutas que travaram na Europa, permitiu-lhes coletar grandes riquezas; e 2) o capitalismo que alimentou tais esforços.

O ciclo dos mercados de capital dos holandeses

Os holandeses inventaram o capitalismo tal qual o conhecemos. Isso foi ótimo para eles e também para o mundo, mas, assim como a maioria das grandes invenções, trouxe também algumas consequências potencialmente mortais. Embora a produção, o comércio e a propriedade privada já existissem, **não era possível que um grande número de pessoas comprasse coletivamente a propriedade de empreendimentos rentáveis através dos mercados públicos de ações. Os holandeses criaram essa possibilidade quando inventaram a primeira empresa de capital aberto do planeta (a Companhia Holandesa das Índias Orientais) e a primeira bolsa de valores, em 1602.**

Assim como a maioria das invenções, esses desenvolvimentos do mercado de capital surgiram por necessidade e interesse próprio. As viagens ao redor do mundo em busca de novas rotas comerciais eram empreendimentos arriscados, de modo que fazia sentido para os comerciantes vender parte do risco associado à viagem para outros, que, em troca, receberiam parte dos lucros futuros. Em meados do século XVI, os holandeses introduziram ações de capital social em suas viagens, o que foi revolucionário. Até 1600, essas ações eram detidas por apenas um pequeno número de comerciantes, diversas careciam de transparência e eram ilíquidas, de modo que sua atratividade para investidores externos era limitada.

A formação da Bolsa de Valores de Amsterdã em agosto de 1602 e a inclusão da Companhia Holandesa das Índias Orientais no pregão ampliaram em muito a propriedade acionária (mais de um em cada cinquenta holandeses adultos possuía ações), e as regras claras quanto a propriedade e transferência de ações tornaram o mercado bem mais transparente. **A Companhia Holandesa das Índias Orientais foi uma invenção igualmente revolucionária.** A primeira corporação transnacional do mundo tinha diversas das características que vemos nas empresas atuais: acionistas, logotipo corporativo, conselho administrativo etc. Os mercados de capital permitiam que os investidores economizassem, os comerciantes levantassem fundos e todos tivessem um mercado líquido no qual as transferências de capital poderiam ocorrer de maneira fácil e eficiente, alimentando uma nova era de acumulação de riqueza. Em seu pico, no início do século XVIII, os dividendos da Companhia Holandesa das Índias Orientais representaram quase 1% do total do PIB holandês.

É importante ressaltar que os holandeses superaram os espanhóis e os portugueses, e isso os levou a ganhar o prêmio principal — uma participação maior no comércio entre a Europa e a Ásia, sobretudo a China e a Indonésia, o que era muito lucrativo.

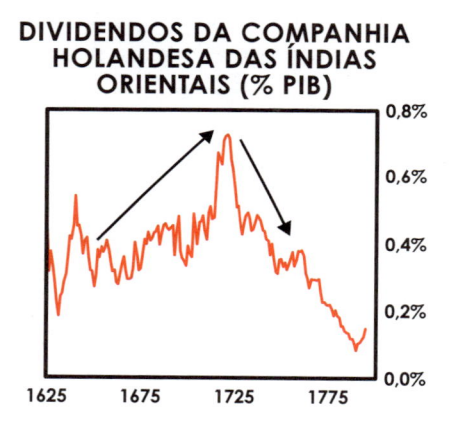

DIVIDENDOS DA COMPANHIA HOLANDESA DAS ÍNDIAS ORIENTAIS (% PIB)

Além de criar um mercado de ações, os holandeses desenvolveram um sistema bancário inovador, que cresceu com rapidez e passou a financiar o comércio internacional para comerciantes holandeses e não holandeses. Antes das inovações bancárias holandesas, a situação da moeda internacional era uma bagunça. Em fins dos anos 1500, cerca de oitocentas moedas estrangeiras e nacionais diferentes circulavam na Holanda, muitas das quais estavam degradadas (ou seja, tinham um conteúdo reduzido de metais preciosos) e eram difíceis de diferenciar das falsificações. Isso criou incerteza sobre o valor do dinheiro, o que tornou o comércio internacional mais lento e caro.

Em 1609, o Banco de Amsterdã foi estabelecido como um banco de câmbio para proteger os credores comerciais de moedas não confiáveis em circulação geral. O Banco de Amsterdã empreendeu atividades que gerariam estabilidade monetária e colocariam a moeda da Holanda, as cartas de crédito bancárias e o sistema financeiro holandês no centro das finanças globais. Notavelmente, o banco de florins, embora apoiado em moeda forte, era essencialmente dinheiro do Tipo 2. Isso configurou o florim como uma verdadeira moeda de reserva, a primeira do tipo.

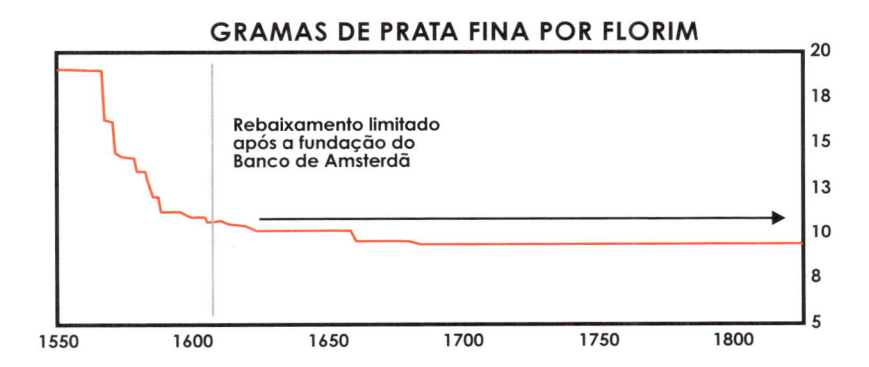

GRAMAS DE PRATA FINA POR FLORIM

(Rebaixamento limitado após a fundação do Banco de Amsterdã)

Como resultado desse sistema, o florim permanece eficaz tanto como meio de troca quanto como depósito de riqueza. **As letras de câmbio do Banco de Amsterdã melhoraram seu status como moeda de reserva. O comércio do Báltico e da Rússia se baseava exclusivamente em florins e em letras de câmbio do Banco de Amsterdã para a definição de preços e liquidação de contratos.**[5]

A nova ordem mundial: A Guerra dos Trinta Anos e a Paz de Westfália

Então veio a Guerra dos Trinta Anos (1618-48). Embora os holandeses tenham desempenhado um papel relativamente menor no conflito europeu, vale a pena cobrir esta guerra com alguns detalhes, dada sua importância para as ordens interna e externa da Europa em geral. É também um caso clássico de como essas ordens funcionam juntas.

---

[5] Em 1650, era muito comum, digamos, um comerciante em Londres pagar por mercadorias importadas de Moscou com um título a ser debitado de sua conta de depósito em Amsterdã. Tanto o número de contas quanto a base de depósitos do banco aumentaram continuamente ao longo da década de 1650.

Todo o equilíbrio clássico da dinâmica de poder entrou em jogo. Nesse caso, a Guerra dos Trinta Anos foi uma tradicional luta por riqueza e poder, só que muito mais longa. De um lado estava o imperador católico da Áustria dos Habsburgo, aliado dos territórios católicos alemães (com destaque para a Baviera), bem como da Espanha e dos Estados Papais. Do outro lado estavam os nobres protestantes alemães, aliados em diferentes momentos com a Dinamarca, a Holanda, a Suécia e a França. A luta era por dinheiro, religião (protestantes contra católicos) e geopolítica. As alianças eram muito complexas. Por exemplo, a monarquia francesa, apesar de ser católica e praticar a política dinâmica do cardeal Richelieu,[6] era aliada (a princípio em segredo, depois abertamente) tanto da Suécia luterana quanto da Holanda, em grande parte calvinista. Isso porque dinheiro e geopolítica importavam mais do que ideologias religiosas.

Os Habsburgo perderam a guerra. Isso os deixou em uma posição significativamente enfraquecida. O tratado que estabeleceu a nova ordem internacional, a Paz de Westfália, expandiu a autonomia dos príncipes individuais do Sacro Império Romano-Germânico, erodindo ainda mais a limitada autoridade do imperador austríaco sobre outros estados. Mais importante, **o acordo de Westfália inventou os países tal qual os conhecemos hoje, o que quer dizer que permitiu a soberania do Estado com a capacidade de fazer escolhas dentro de suas fronteiras geográficas** (como, por exemplo, de religião, idioma e de todas as suas regras) e fez com que essas fronteiras fossem respeitadas para que não mais ocorressem livres apropriações de poder além delas (sem, é claro, a compreensão de que você estaria iniciando uma grande guerra). O surgimento do conceito de Estado levou ao nacionalismo e à busca dos interesses nacionais, o que reformulou o conceito de equilíbrio de poder

---

[6] O cardeal Richelieu era o líder mais importante na França na época, servindo como ministro-chefe de 1624 a 1642. Richelieu foi um homem brilhante, que aconselhou os dois rivais pelo controle da monarquia na França, a rainha-mãe e seu jovem filho, Luís XIII. (Impossível inventar uma história dessas.) Richelieu tinha sua visão particular de como uma ordem interna deveria funcionar, que era a de que o Estado deveria ser todo-poderoso — mais importante do que a monarquia, a igreja ou a nobreza desejavam. Além de ser um grande pensador, Richelieu foi um grande administrador que fez o sistema funcionar bem. Ele melhorou a eficiência em todo o reino, efetivamente cobrando impostos e controlando o poder sobre a nobreza e as autoridades locais. Também criou as noções de interesse nacional e equilíbrio de poder — concentrando a política no objetivo de fazer a França equilibrar a hegemonia dos Habsburgo, por exemplo. Isso não foi muito depois das teorias de Maquiavel começarem a circular. Seu conceito de manter a Europa Central dividida e equilibrada (porque, unida, dominaria outras áreas) funcionou de 1624 até a Revolução Francesa (para mais informações, consulte *Ordem mundial*, de Henry Kissinger).

entre Estados rivais. **Também tornou as autoridades religiosas bem menos poderosas.**

A Paz de Westfália refletiu o que chamo de "esgotamento da guerra", que contribuiu para o longo período de paz e prosperidade que se seguiu. Como todos os grandes conflitos, a Guerra dos Trinta Anos produziu perdas devastadoras de vidas, propriedades e riquezas. Um quarto da população da Europa morreu em combate, de doença ou de fome. **Como o terror das guerras é muito maior até do que a imaginação de seus desejosos pode alcançar, elas levam a tratados que redefinem a ordem e são seguidas por períodos de paz, até que a próxima grande guerra ocorra.**

Os holandeses se beneficiaram bastante com o novo equilíbrio de poder e período de relativa estabilidade; provavelmente o mais importante é que tal equilíbrio os protegeu da ameaça de dominação dos Habsburgo.

Também é verdade que ● *as guerras são financeiramente devastadoras; isso é verdadeiro para os vencedores e ainda mais para os perdedores.* Por exemplo, a França, embora uma "vencedora" e apenas indiretamente envolvida em grande parte da guerra, experimentou instabilidade e problemas financeiros tão graves que se viu frente a rebeliões generalizadas. O perdedor, o Império Habsburgo, foi ainda mais devastado. Em comparação com franceses e espanhóis, os holandeses foram os menos prejudicados do ponto de vista financeiro. Eles se beneficiaram da paz que promoveu a Idade de Ouro holandesa. Também se beneficiaram dos desenvolvimentos militares que ocorreram durante a guerra porque, quando associada às capacidades navais da Companhia Holandesa das Índias Orientais, essa forte combinação naval e militar expandiu o poder holandês ao redor do mundo.

O AUGE

A Idade de Ouro holandesa levou seu povo a redirecionar suas atenções para "viver a vida boa" de uma maneira que enfraqueceu suas finanças. Outros poderes também se levantaram e começaram a desafiá-los. O advento do capitalismo, combinado com as novas abordagens do Iluminismo, conduziu a uma transformação econômica chamada Revolução Industrial, que teve como centro a Grã-Bretanha. Os holandeses, que foram líderes incomparáveis em inovação, comércio e riqueza no século XVII, não acompanharam esse movimento e o custo de manutenção de um império em declínio e de extensão excessiva acabou se tornando insustentável.

O gráfico a seguir mostra uma série de etapas principais:

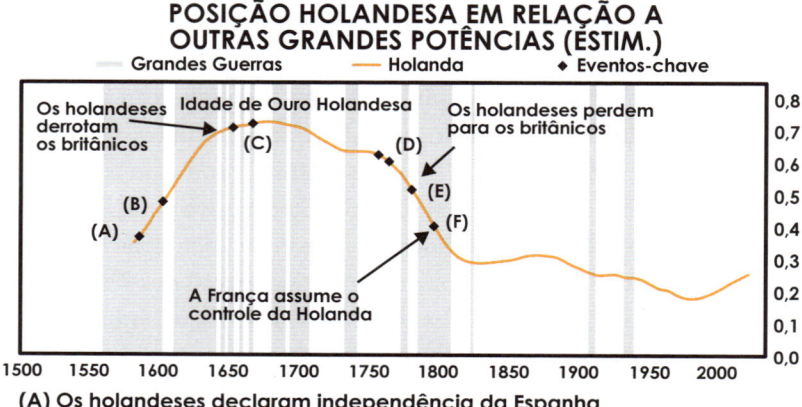

POSIÇÃO HOLANDESA EM RELAÇÃO A OUTRAS GRANDES POTÊNCIAS (ESTIM.)

- (A) Os holandeses declaram independência da Espanha
- (B) Fundação da Companhia Holandesa da Índias Orientais, do Banco de Amsterdã e da bolsa de valores
- (C) Primeira e Segunda Guerras Anglo-Holandesas
- (D) Guerra dos Sete Anos e Crise do Sistema Bancário Paralelo de 1763
- (E) Quarta Guerra Anglo-Holandesa; corrida ao Banco de Amsterdã
- (F) Nacionalização da Companhia das Índias Orientais Holandesas; queda do Império Holandês

Em seu auge, os holandeses viram uma reversão de muitos dos ingredientes clássicos que já discutimos:

- **Houve o desgaste da vantagem educacional e tecnológica.**
- Os holandeses tornaram-se **não competitivos** tanto em geral quanto por meio do declínio da Companhia Holandesa das Índias Orientais.
- **No século XVIII, a Revolução Industrial levou os britânicos a ultrapassarem os holandeses como potência econômica e financeira proeminente na Europa.**
- O crescimento econômico mais lento em relação a outras potências tornou mais difícil pagar pelo seu vasto império e mantê-lo (especialmente um império controlado por uma nação tão pequena). Os crescentes conflitos militares (na tentativa de proteger sua vasta riqueza em todo o mundo) deixaram os holandeses **sobrecarregados e endividados.**

- Tudo isso preparou o terreno para **o declínio do status do florim como moeda de reserva**, que acabou se deteriorando depois que os holandeses perderam uma guerra (e, com ela, ativos importantes) para os britânicos.
- Com o Império Holandês enfraquecido, seu **centro financeiro** sofreu erosão, sobretudo após uma série de crises da dívida e uma corrida ao banco central e à moeda.

Embora a Paz de Westfália tenha trazido relativa trégua e estabilidade para a Europa, os holandeses ainda se envolveram em uma série de conflitos ao longo de seu tempo como império, pois oponentes viram suas fraquezas e atacaram, especialmente por guerras navais pelo comércio. A seguir, um breve resumo das guerras que os holandeses lutaram para construir e manter o império:

- **Guerra dos Oitenta Anos (1566-1648):** Foi a revolta da Holanda Protestante contra a Espanha Católica. Os holandeses declararam independência pela primeira vez em 1581, mas sua independência total só foi concretizada após a Paz de Westfália (1648) encerrar a Guerra dos Trinta Anos e a Guerra dos Oitenta Anos.
- **Primeira Guerra Anglo-Holandesa (1652-1654):** Foi uma guerra comercial que começou quando o Parlamento inglês aprovou o Ato de Navegação de 1651, determinando que todas as mercadorias de suas colônias americanas fossem transportadas por navios ingleses. A guerra foi em grande parte um impasse e não conseguiu resolver a rivalidade comercial entre as nações.
- **Guerra Dano-Sueca (1657-1660):** Começou quando a Suécia declarou guerra à Dinamarca, aliada da Holanda, ameaçando as altamente lucrativas rotas comerciais do Báltico. Os holandeses derrotaram os suecos.
- **Segunda Guerra Anglo-Holandesa (1665-1667):** Inglaterra e Holanda lutaram por outra disputa comercial, que terminou com uma vitória holandesa.
- **Guerra Franco-Holandesa (1672-1678) e Terceira Guerra Anglo-Holandesa (1672-1674):** Essas também foram disputas pelo comércio. Os holandeses frustraram os planos franceses de con-

quistar a Holanda e os forçaram a reduzir algumas de suas tarifas, mas a um custo tremendo.
- **Quarta Guerra Anglo-Holandesa (1780-1784):** Os britânicos começaram essa guerra em retaliação ao apoio holandês às colônias durante a Revolução Americana. Terminou com uma derrota significativa para a Holanda, inaugurando o fim do florim como moeda de reserva.

Ironicamente, foi uma vitória militar, a mesma que deu início a quase um século de paz, que fez com que o poder se afastasse da Holanda. Em 1688, Guilherme III de Orange casou-se com Maria II — filha do impopular rei inglês —, invadiu a Inglaterra e assumiu o poder. Essa ofensiva ficou conhecida como a Revolução Gloriosa e criou uma nova ordem interna na Grã-Bretanha. Embora a curto prazo fosse bom para os holandeses ter Guilherme III no trono britânico, **as consequências de segunda ordem da integração econômica e da cooperação militar desempenharam um papel importante no declínio do poder econômico holandês e do florim no século seguinte.**

Após 1688, à medida que a Grã-Bretanha se tornava mais competitiva, os mercadores holandeses mudavam suas operações para Londres, acelerando a ascensão dessa cidade como centro financeiro internacional. A aliança também deu aos mercadores ingleses acesso ao comércio holandês. Guilherme III mudou-se para a Inglaterra em vez de concentrar a atenção em governar a Holanda. Quando morreu sem herdeiros em 1702, a conexão direta entre as duas nações foi rompida, e as diversas províncias holandesas unificadas durante seu reinado começaram a se fragmentar. Embora a Inglaterra e a Holanda tenham mantido suas parcerias militares contra os franceses durante a maior parte dos mais de oitenta anos que antecederam a Quarta Guerra Anglo-Holandesa, em meados do século XVIII, as duas estavam começando a esbarrar uma na outra em muitos desses mesmos mercados.

Por volta desse período, o império holandês deixou de ser o principal império do mundo. A Grã-Bretanha aprendeu com as inovações holandesas e fez seus próprios investimentos em educação para fortalecer as capacidades de seu povo. Essas habilidades, aliadas à aplicação do capitalismo, levaram aos avanços que deram origem à Revolução Industrial, que trouxe constantes aprimoramentos aos conceitos existentes para tornar a produção mais eficiente, como padronizar os insumos e passar a produção dos artesãos individuais para as fábricas. Também levou a novas e transformadoras invenções. Isso permitiu que os britânicos se tornassem mais produtivos, expandissem mais seu comércio e aumentassem seu poderio militar.

Além disso, e como é clássico, **à medida que os holandeses se tornavam extremamente ricos, se tornavam menos competitivos** — por exemplo, seus salários eram geralmente mais altos do que o de outras partes da Europa. A Companhia Holandesa das Índias Orientais também perdeu sua vantagem competitiva. Para exemplificar, a empresa era ineficaz na comercialização de novos produtos populares, como o chá. **O crescimento econômico holandês desacelerou em relação ao de outras potências, o que tornou mais difícil para os holandeses financiar e manter seu vasto império.** Os crescentes conflitos militares para proteger sua fortuna os deixaram **sobrecarregados**.

Assim, de cerca de 1725 a cerca de 1800, o declínio financeiro se desenrolou das formas clássicas. Os gráficos a seguir ilustram bem a ascensão e o declínio do Banco de Amsterdã:

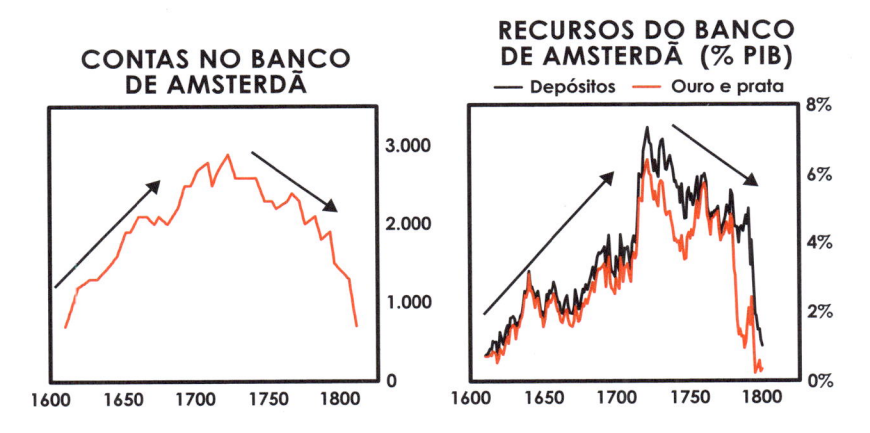

Como é clássico, o status de moeda de reserva do florim permaneceu forte, mesmo quando outros poderes da Holanda começaram a entrar em declínio. Como as letras de câmbio eram o veículo dominante para o crédito de comércio internacional, todos os comerciantes que desejassem negociar com os holandeses eram forçados a abrir uma conta no Banco de Amsterdã, o que levou a **cerca de 40% do comércio global ser baseado lá, utilizando florins bancários.** A importância dos holandeses no comércio e nas transações financeiras, as políticas do Banco de Amsterdã que tornaram o florim muito eficaz como meio de troca e depósito de riqueza, e o fato de as entidades comerciais e dos bancos holandeses insistirem em seu uso, tudo isso consolidou o florim como a primeira moeda de reserva mundial,[7] o que deu aos holandeses o "extraordinário privilégio" de poderem se endividar muito.

A QUEDA

Por volta de 1750, os britânicos (e os franceses) tornaram-se mais fortes do que os holandeses, tanto pelo aumento de seu próprio poder quanto pelo enfraquecimento dos holandeses. Como é clássico, os holandeses a) ficaram mais endividados, b) vivenciaram muitas lutas internas por riqueza[8] e c) enfraqueceram militarmente. Tudo isso os tornou vulneráveis à queda e a ataques.

À medida que os ganhos no exterior diminuíam, ricos poupadores holandeses transferiam seu dinheiro para investimentos britânicos, que eram mais atraentes devido ao forte crescimento e rendimentos mais altos.[9] Apesar disso, o florim permaneceu amplamente utilizado como moeda de reserva mundial. Conforme explicado antes, o status da moeda de reserva geralmente não acompanha o declínio de outros principais impulsionadores da ascensão e queda dos impérios. Então, **como é típico, uma grande potência em ascensão desafiou a grande potência existente para uma guerra.**

A partir da década de 1770, os ingleses começaram a interferir na navegação holandesa, agravando o conflito depois que os holandeses negociaram armas com as colônias durante a Revolução Americana. Em retaliação, os ingleses desferiram um duro golpe na marinha holandesa no Caribe em 1781, conquistando territórios holandeses tanto ali quanto nas Índias Orientais. Tendo perdido metade de seus navios e o acesso às suas principais rotas comerciais, a Companhia Holandesa das Índias

---

[7] Os dados de pagamento disponíveis apoiam a afirmação de que o florim era responsável por uma grande parte do comércio mundial: o valor anual dos pagamentos feitos através do banco atingiu o pico na década de 1760, cerca de 1,5 vezes o PIB anual da República Holandesa (com algumas estimativas de mais do que o dobro disso). Índices semelhantes para o Reino Unido em 1868 e para os EUA em 1955 eram de 3,6 e 2,7, respectivamente.

[8] Um bom exemplo disso é a popularidade do Movimento Patriota na Holanda nessa época.

[9] Houve um aumento geral do investimento estrangeiro dos holandeses durante esse período. Os exemplos incluem compras holandesas de ações da Companhia Britânica das Índias Orientais e a cidade de Londres vendendo anuidades a prazo (títulos) para investidores holandeses. Para obter uma descrição mais detalhada, consulte M. Hart, J. Jonker e J. L. van Zanden, *A Financial History of the Netherlands*.

Orientais precisou tomar muitos empréstimos do Banco de Amsterdã para se manter viva. Potências rivais aproveitaram a derrota holandesa como uma oportunidade para se apropriarem ainda mais dos negócios de navegação holandeses. Os bloqueios britânicos na Holanda e nas Índias Orientais causaram uma crise de liquidez. As consequências financeiras desses eventos podem ser averiguadas nos gráficos a seguir:

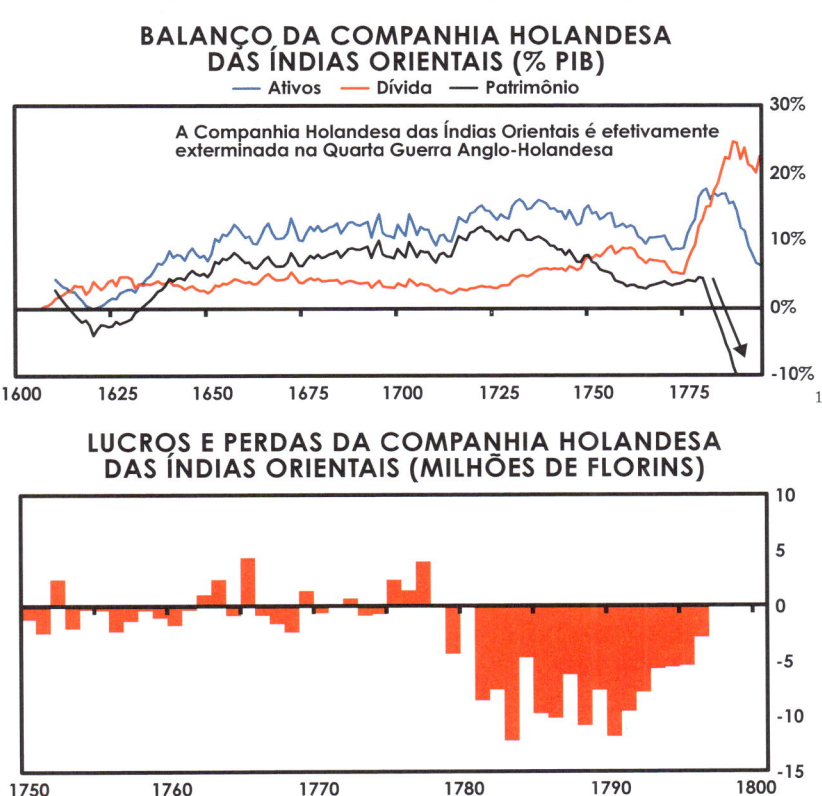

BALANÇO DA COMPANHIA HOLANDESA DAS ÍNDIAS ORIENTAIS (% PIB)
— Ativos — Dívida — Patrimônio

A Companhia Holandesa das Índias Orientais é efetivamente exterminada na Quarta Guerra Anglo-Holandesa

[10]

LUCROS E PERDAS DA COMPANHIA HOLANDESA DAS ÍNDIAS ORIENTAIS (MILHÕES DE FLORINS)

Perdas financeiras e grandes dívidas levaram à estratégia clássica do banco central de imprimir mais dinheiro. Enquanto o Banco de Amsterdã imprimia mais e mais papel-moeda para fornecer empréstimos à Companhia Holandesa das Índias Orientais, logo ficou claro que não haveria ouro e prata suficientes para cobrir todas as reivindicações de papel sobre

---

[10] Este gráfico mostra apenas os resultados financeiros da Companhia Holandesa das Índias Orientais relatados *in patria*, ou seja, na Holanda. Não inclui as partes da receita e dívida de suas operações na Ásia, embora inclua a receita de bens adquiridos na Ásia e vendidos na Europa.

ela. Isso levou à recorrente dinâmica de "corrida ao banco", na qual os investidores trocavam seu papel-moeda por metais preciosos. Com o estoque de metais preciosos do banco esgotado, a oferta de florins disparou, mesmo com a queda da demanda por eles, conforme mostrado no gráfico a seguir.

RESERVAS DO BANCO DE AMSTERDÃ (% PIB)
— Ouro e prata

À medida que os titulares de depósitos trocam os seus florins por ouro e prata, o Banco de Amsterdã perde as suas reservas de metais preciosos

O próximo gráfico mostra essa explosão de empréstimos no balanço do banco durante a Quarta Guerra Anglo-Holandesa. (Para referência, o balanço patrimonial completo no início da guerra tinha cerca de 20 milhões de florins bancários pendentes, então isso representava uma expansão de cerca de 50% no balanço patrimonial do Banco de Amsterdã.) O Banco de Amsterdã não tinha escolha; a Companhia Holandesa das Índias Orientais era grande demais para falir, porque o governo dependia de empréstimos da empresa.

EMPRÉSTIMOS PENDENTES DO BANCO DE AMSTERDÃ (MILHÕES DE FLORINS)
■ Governo   ■ Câmara Municipal   ■ Companhia Holandesa das Índias Orientais

O Banco de Amsterdã começa a imprimir para salvar a Companhia Holandesa das Índias Orientais

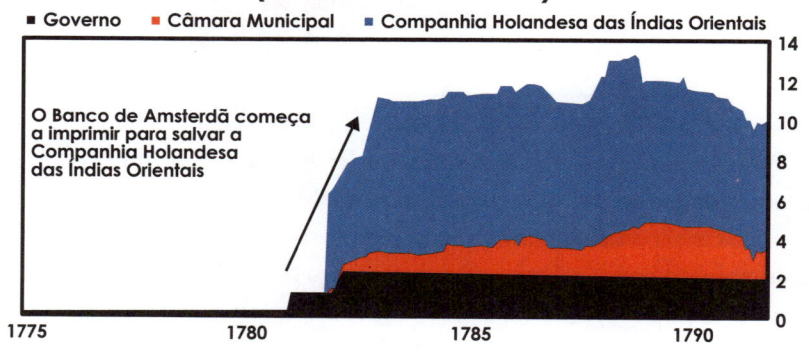

As taxas de juros aumentaram, e o Banco de Amsterdã precisou desvalorizar, minando a credibilidade do florim como depósito de ri-

queza.[11] Como resultado, a libra esterlina substituiu o florim neerlandês como principal moeda de reserva.

O que aconteceu aos holandeses foi clássico, conforme descrito no resumo do Capítulo 1 sobre as razões da ascensão e queda de impérios, e na descrição do Capítulo 3 sobre o funcionamento da moeda, do crédito e da dívida. **O Banco de Amsterdã começou com um sistema monetário Tipo 1 (metal precioso) que se transformou em um sistema monetário Tipo 2 (papel-moeda ligado ao metal precioso).** Como de costume, essa transição ocorreu em um momento de estresse financeiro e conflito militar. Era arriscado porque a transição diminuía a confiança na moeda e aumentava o risco de uma dinâmica de corrida aos bancos, que foi exatamente o que aconteceu. Os depósitos do Banco de Amsterdã (ou seja, títulos de dívida de curto prazo) foram um depósito confiável de riqueza por quase dois séculos. Começaram a ser negociados com grandes descontos em moedas de florim (que eram feitas de ouro e prata). O banco usou seus estoques de moedas e metais preciosos (ou seja, suas reservas) para comprar sua moeda no mercado aberto para sustentar o valor dos depósitos, mas não tinha reservas de moeda estrangeira suficientes para fazer isso indefinidamente. As contas bancadas por moedas mantidas no banco despencaram de 17 milhões de florins em março de 1780 para apenas 300 mil florins em janeiro de 1783, à medida que os proprietários dessas moedas de ouro e prata as exigiam de volta. A corrida aos bancos marcou o fim do Império Holandês e do florim como moeda de reserva. Em 1791, o banco foi adquirido pela cidade de Amsterdã e, em 1795, o governo revolucionário francês derrubou a República Holandesa, estabelecendo um Estado cliente em seu lugar. Após ser nacionalizada em 1796, tornando suas ações sem valor, o alvará da Companhia Holandesa das Índias Orientais expirou em 1799.

Os gráficos a seguir mostram as taxas de câmbio entre o florim, a libra e o ouro. Como ficou claro que o banco não tinha mais credibilidade, os investidores fugiram para outros ativos e moedas.[12]

---

[11] O Banco de Amsterdã estava à frente de seu tempo e usava registros contábeis em vez de "papel-moeda" de verdade. Ver S. Quinn e W. Roberds, "The Bank of Amsterdam Through the Lens of Monetary Competition".
[12] Dados históricos sugerem que em 1795 os depósitos bancários eram negociados com um desconto de -25% em relação à moeda real. Consulte S. Quinn e W. Roberds, "Death of a Reserve Currency".

FLORIM NEERLANDÊS
— vs. Ouro — GBP

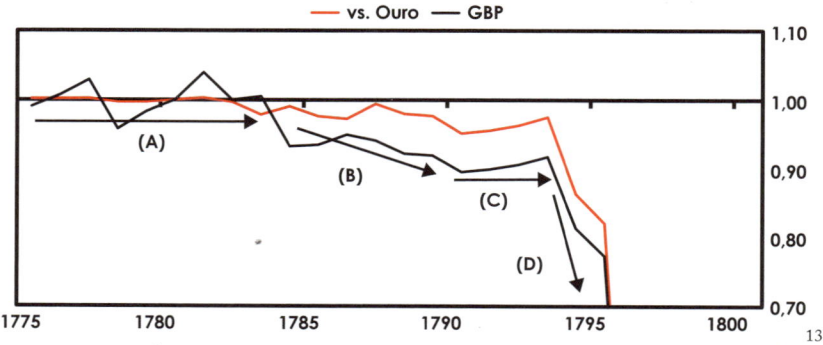

(A) Florim estável durante a maior parte da era de declínio
(B) Quarta Guerra Anglo-Holandesa leva à impressão de dinheiro e pressão inicial sobre o florim (corrida ao Banco de Amsterdã)
(C) Curto período de estabilização enquanto os investidores procuram refúgios seguros no início da Revolução Francesa
(D) Os franceses vencem os holandeses; contas no banco basicamente esvaziadas

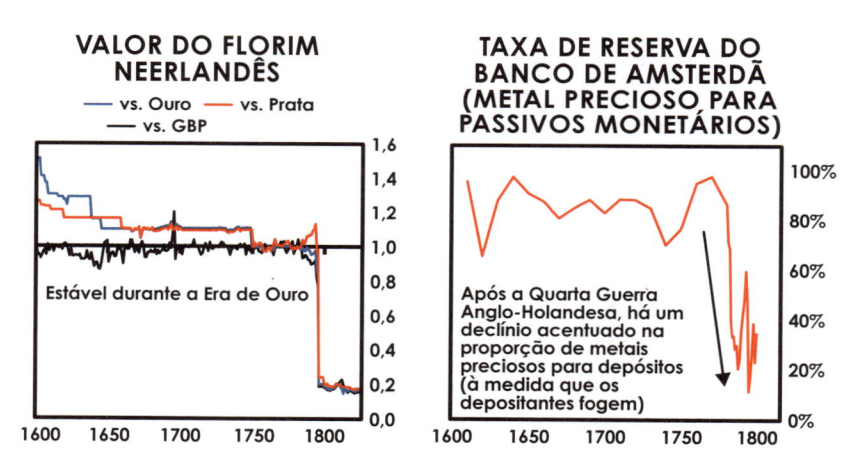

VALOR DO FLORIM NEERLANDÊS
— vs. Ouro — vs. Prata
— vs. GBP

Estável durante a Era de Ouro

TAXA DE RESERVA DO BANCO DE AMSTERDÃ (METAL PRECIOSO PARA PASSIVOS MONETÁRIOS)

Após a Quarta Guerra Anglo-Holandesa, há um declínio acentuado na proporção de metais preciosos para depósitos (à medida que os depositantes fogem)

O próximo gráfico mostra os retornos das ações da Companhia Holandesa das Índias Orientais em vários anos. Tal como acontece com a maioria das empresas de bolha, ela se saiu muito bem no início e parecia

---

[13] Para representar integralmente a economia provável de um detentor de depósito no Banco de Amsterdã, presumimos que cada depositante recebeu sua parcela proporcional de metal precioso ainda nos cofres do banco ao fechar (isso era cerca de 20% do valor total garantido, portanto, uma desvalorização total de aproximadamente 80%).

ter ótimos fundamentos. Isso atraiu ainda mais investidores, mesmo depois que esses fundamentos começaram a enfraquecer. Por fim, seus fundamentos fracassados e cargas excessivas de dívidas a levaram à falência.

**RETORNO TOTAL DO INVESTIMENTO INICIAL POR ANO CHIO
(100 = RIQUEZA INICIAL, INTERVALOS 50A, LOG)**

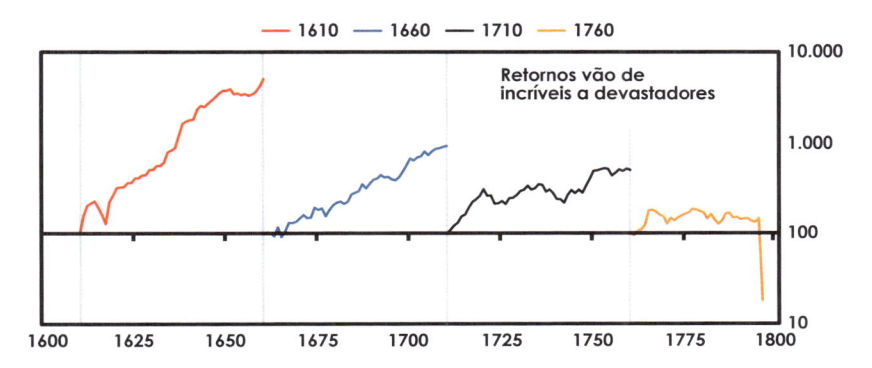

— 1610 — 1660 — 1710 — 1760

Retornos vão de incríveis a devastadores

Como de costume, os retornos dos ativos de investimento no império em queda diminuem em relação aos retornos de investimento no império em ascensão. Por exemplo: o retorno de investimento na Companhia Britânica das Índias Orientais excedeu em muito o da Companhia Holandesa das Índias Orientais, e os retornos dos títulos do governo holandês foram péssimos em comparação com os títulos do governo britânico.

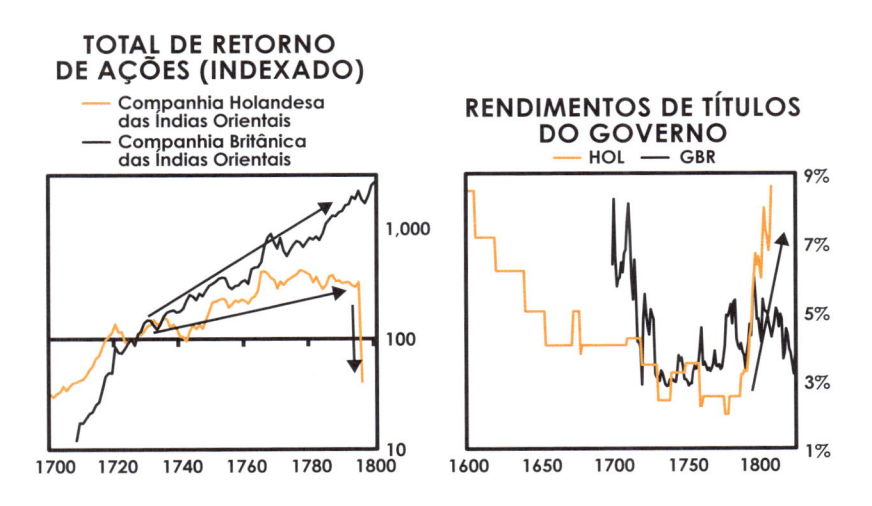

TOTAL DE RETORNO DE AÇÕES (INDEXADO)
— Companhia Holandesa das Índias Orientais
— Companhia Britânica das Índias Orientais

RENDIMENTOS DE TÍTULOS DO GOVERNO
— HOL — GBR

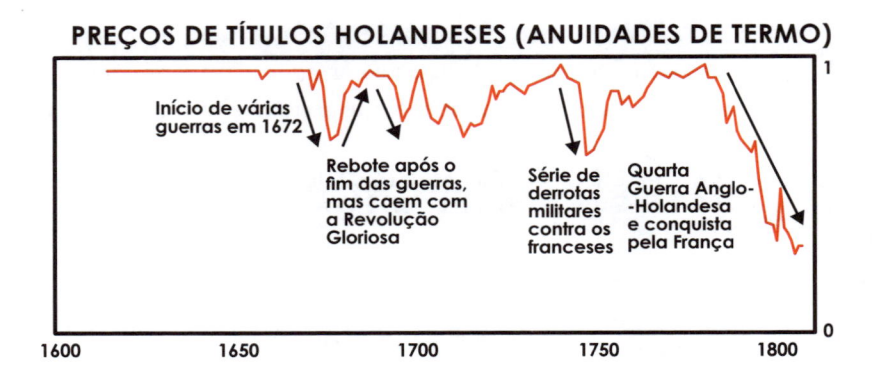

PREÇOS DE TÍTULOS HOLANDESES (ANUIDADES DE TERMO)

- Início de várias guerras em 1672
- Rebote após o fim das guerras, mas caem com a Revolução Gloriosa
- Série de derrotas militares contra os franceses
- Quarta Guerra Anglo-Holandesa e conquista pela França

A queda do Império Holandês levou ao próximo Grande Ciclo da história mundial: a ascensão e queda do Império Britânico e sua moeda de reserva. Essa história — que é basicamente a mesma, só que um século ou mais depois, tecnologicamente mais evoluída, com pessoas com roupas diferentes e falando um idioma diferente — é contada no próximo capítulo.

CAPÍTULO 10

O GRANDE CICLO DE ASCENSÃO E QUEDA DO IMPÉRIO BRITÂNICO E DA LIBRA

Mudanças na ordem mundial acontecem quando dois ou mais países (ou alianças entre países) de poder comparável lutam e o vencedor se torna dominante o suficiente para estabelecer as novas regras, que formam a nova ordem mundial. Antes que isso aconteça, o país em ascensão precisa se colocar em uma posição de força comparável em relação ao país dominante, de modo que a história da ascensão de qualquer grande país começa bem antes de ele se tornar uma grande potência. Da mesma forma, a história de sua queda se estende até muito depois de ele deixar de ser uma grande potência. Isso se reflete no gráfico que mostra a versão simplificada dos ciclos dos impérios holandês, britânico, americano e chinês que compartilhei com você antes e que compartilho de novo aqui.

MUDANÇAS NA ORDEM MUNDIAL (EXEMPLO CONCEITUAL)

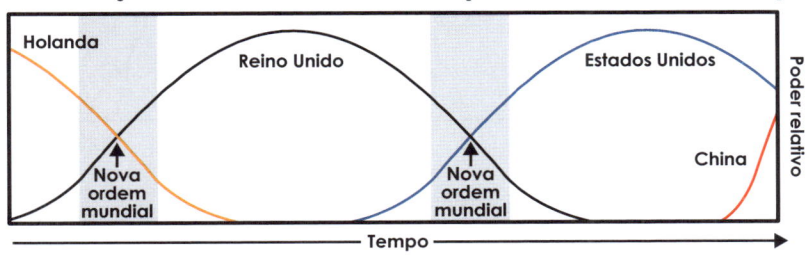

A ascensão do Império Britânico começou muito antes de ele se tornar proeminente, pois primeiro precisou construir suas forças educacionais, institucionais e tecnológicas para se tornar mais competitivo e só então desafiar e derrotar os holandeses. Esse gráfico mostra meus indicadores das oito medidas de poder em favor do Império Britânico de 1600 até o presente. Conforme apresentado, os níveis de competitividade, educação, inovação e tecnologia aumentaram acentuadamente no início do século XVII e continuaram a crescer de forma constante entre os séculos XVII e XIX, dando frutos do século XVIII ao século XX, à medida que a produção, a participação no comércio mundial e o poderio militar do Reino Unido se expandiram juntos. Com a defasagem típica, seguiu-se o desenvolvimento dos mercados financeiros britânicos e de seu centro financeiro (Londres) para o país se tornar líder mundial, e, com uma defasagem maior, a libra ultrapassou o florim como moeda de reserva global.

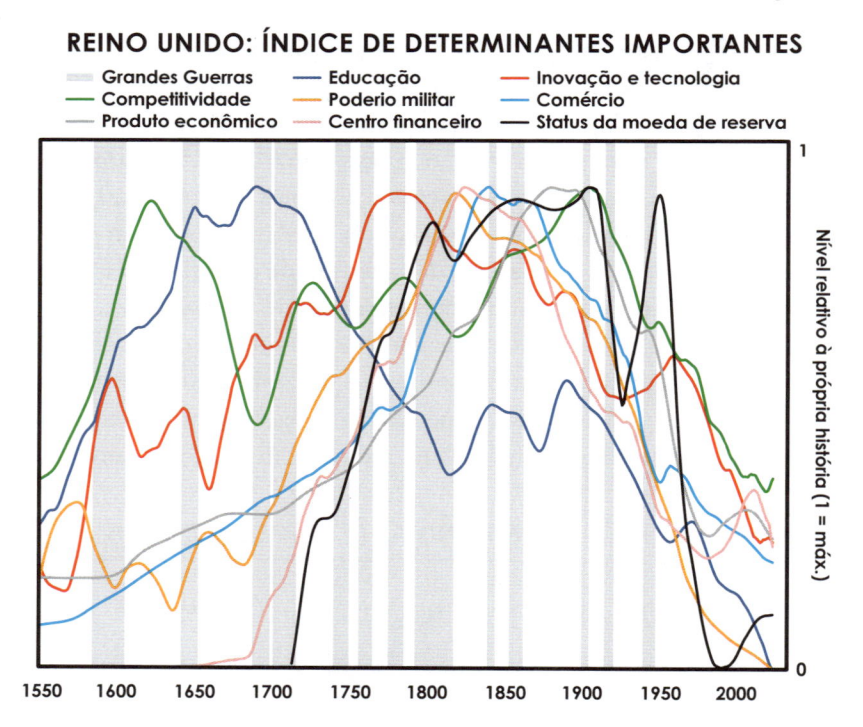

REINO UNIDO: ÍNDICE DE DETERMINANTES IMPORTANTES

- Grandes Guerras
- Competitividade
- Produto econômico
- Educação
- Poderio militar
- Centro financeiro
- Inovação e tecnologia
- Comércio
- Status da moeda de reserva

Embora a queda dos holandeses no fim do século XVIII tenha eliminado o principal concorrente comercial e financeiro do Reino Unido, a ascensão da Grã-Bretanha só foi concluída no início do século XIX, porque ela tinha uma última grande potência rival a derrotar: a França, liderada por Napoleão. Por meio das Guerras Napoleônicas, o general tinha o ímpeto de conquistar a Europa e tornar-se a maior potência. Isso criou o tipo comum de grande rivalidade entre potências e o equilíbrio da dinâmica de luta pelo poder que descrevi no Adendo ao Capítulo 2, com todas as alianças e a escalada formando um grande crescendo. Mais adiante neste capítulo, vou falar brevemente da história francesa, também icônica, como parte da explicação sobre a ascensão do Império Britânico. Mas, por enquanto, vou simplesmente pular para a moral da história, que é o fato de que **a Grã-Bretanha venceu por meio de uma eficaz guerra econômica e militar. Então, seguindo o roteiro clássico do Grande Ciclo do que acontece depois das guerras que estabelecem o poder dominante, os vencedores instituíram uma nova ordem mundial, seguida de um longo período — neste caso, cem anos — de relativa paz e prosperidade. Foi aí que o Império Britânico se tornou o maior de todos os tempos.** Em seu ápice, com apenas 2,5% da população mundial no Reino Unido, o Império Britânico produziu mais de 20% da renda mundial, controlou mais de 20% do território do planeta e regeu mais de 25% da população global.

Mas estou me adiantando. Conforme mostrado no gráfico anterior, a história da ascensão da Grã-Bretanha teve início por volta de 1600, então devemos começar por lá. O gráfico a seguir mostra o arco e o cronograma dos principais eventos. Os números marcam os momentos aproximados dos seis estágios do ciclo de ordem interno.

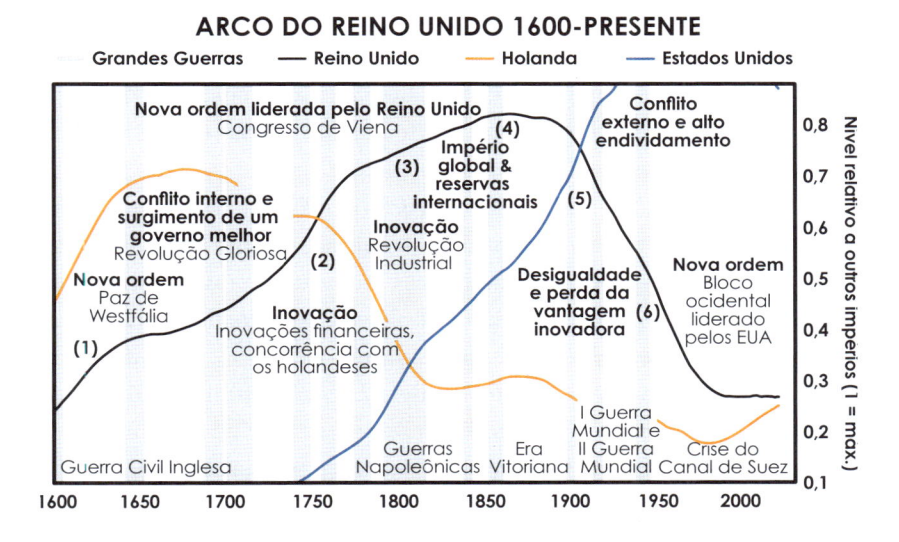

ARCO DO REINO UNIDO 1600-PRESENTE

A ASCENSÃO

Para entendermos a ascensão do Reino Unido, precisamos descrever sua situação, bem como o cenário mais amplo da Europa, no fim do século XVII. Para ambos, o início do século XVII teve conflitos graves que mudaram radicalmente ou subverteram todas as ordens anteriores. Conforme explicado no capítulo anterior, **houve no continente grande devastação e mudança como resultados da Guerra dos Trinta Anos, pois foi uma guerra entre ideologias, religiões e classes econômicas que criou uma nova ordem europeia por meio da Paz de Westfália. Esse tratado estabeleceu os países como os conhecemos e criou uma Europa fragmentada, o que levou a diferentes escolhas em diferentes países.** A Grã-Bretanha teve sua própria luta por riqueza e poder sob a forma da Guerra Civil Inglesa — uma continuação brutal e violenta dos séculos de batalhas entre classes — e da Revolução Gloriosa — que, de uma forma menos violenta, fez o governante holandês Guilherme III virar rei da Inglaterra. O que esses conflitos têm em comum é que eles enfraqueceram a monarquia e fortaleceram o Parlamento. Também estabeleceram os termos das relações entre os reinos da Inglaterra, da Escócia e da Irlanda. **A Guerra Civil Inglesa levou especificamente ao julgamento e à execução do rei (Carlos I) e à substituição da monarquia pela Comunidade da Inglaterra sob o governo do general que liderou a revolta, Oliver Cromwell.**

Esses conflitos estabeleceram o império da lei em vez do império monárquico e criaram um novo equilíbrio de poder entre o rei e o Parlamento que fundou as bases para a posterior ascensão da Grã-Bretanha. Isso porque um Parlamento forte permitia uma seleção moderadamente meritocrática de líderes nacionais, já que o primeiro-ministro tinha que conquistar a confiança do Parlamento, em vez de ser apenas um favorito da corte real. Os estadistas que lideraram a Grã-Bretanha durante a ascensão e o pico posteriores — como William Pitt, o Velho, e seu filho, Will Pitt, o Novo; Robert Peel; William Gladstone; e Benjamin Disraeli — foram forças importantes na modelagem da Grã-Bretanha. Todos vinham de famílias de mercadores, e não de ricos proprietários de terra.

Esse fortalecimento revolucionário do Parlamento foi muito influenciado pelo novo pensamento iluminista sobre quem deveria ter quais poderes e como os governos deveriam funcionar, que se espalhou pela Europa a partir do fim do século XVII e foi moldado pelo pensamento científico anterior do inglês Francis Bacon (1561-1626). **No cerne dessa nova filosofia centrada no ser humano estava a ideia de que a sociedade deve se basear na razão e na ciência, e que o poder do governo vem do povo, não de Deus.**

O debate e o ceticismo eram encorajados. **Melhorias na educação básica (que aumentaram as taxas de alfabetização), a disseminação de ideias por meio de materiais impressos (as primeiras enciclopédias e dicionários foram impressos em massa nessa época) e um número crescente de elites transnacionais (que liam muito e cultivavam contatos além das fronteiras) criaram uma "esfera pública" nova e mais ampla de pensamento político e social. Os principais pensadores dessa época produziram ideias e conceitos que ainda são importantes no mundo ocidental.**

As ideias iluministas influenciaram vários países de maneiras diferentes, desde monarcas mais autocráticos, como Catarina, a Grande, na Rússia, até a forma mais representativa de governo adotada pelos Pais Fundadores dos Estados Unidos. **O Reino Unido colheu os benefícios das fortes instituições políticas e do império da lei do Iluminismo, junto com sua ênfase na ciência, o que apoiou grandes descobertas.**

Embora esses pontos fortes não tenham gerado uma prosperidade imediata, **o respeito do sistema britânico pelo estado de direito, combinado com uma educação sólida, com o tempo criou a base para obter vantagens competitivas no comércio e nas inovações que se seguiram e levaram à ascensão do Império Britânico.**

Ao mesmo tempo, **a Inglaterra se tornou financeiramente forte ao criar uma autoridade fiscal poderosa e centralizada, que permitiu que o Estado arrecadasse significativamente mais receita do que seus rivais internacionais. No século XVIII, a carga tributária na Grã-Bretanha era quase o dobro da francesa. A criação do Banco da Inglaterra em 1694 ajudou a padronizar e aumentar a liquidez da dívida do governo do Reino Unido, melhorando sua capacidade de contrair empréstimos.** Consistentes com essas reformas, os rendimentos dos títulos do governo caíram drasticamente, tanto de maneira direta quanto em relação a outros países no início do século XVIII.

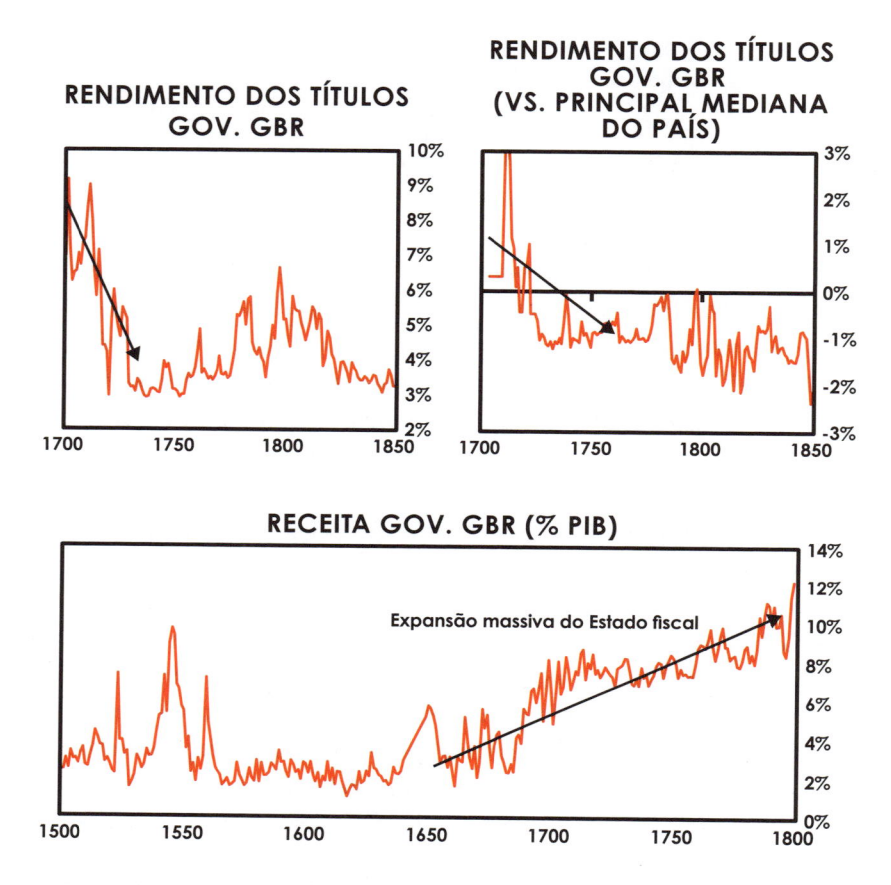

RENDIMENTO DOS TÍTULOS GOV. GBR

RENDIMENTO DOS TÍTULOS GOV. GBR (VS. PRINCIPAL MEDIANA DO PAÍS)

RECEITA GOV. GBR (% PIB)

Expansão massiva do Estado fiscal

No início do século XVIII, havia vários outros sinais clássicos de um império em ascensão. Nesses gráficos, você pode ver a liderança da Grã-Bretanha em termos de inovação em comparação com seus principais rivais na época.

PRINCIPAIS INVENÇÕES (MLH. HABITANTES)

— HOL — GBR — FRA

PERCENTUAL DAS PRINCIPAIS INVENÇÕES

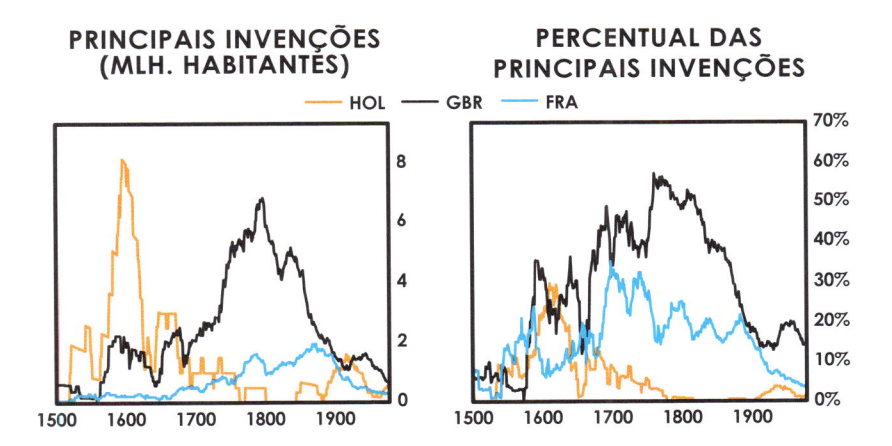

A Revolução Industrial

Uma população instruída, aliada a uma cultura de inventividade e disponibilidade de capital para apoiar financeiramente o desenvolvimento de novas ideias — em especial o aumento de eficiência das máquinas empregadas em trabalhos que precisavam de muitas pessoas para serem executados —, gerou uma grande onda de competitividade e prosperidade. As fundações geológicas de ferro e carvão da Inglaterra deram um grande impulso na produção dessa transformação econômica conhecida como Primeira Revolução Industrial. Conforme descrito no Capítulo 8, essa mudança fez a Europa passar de uma sociedade basicamente rural e agrária, em que a maioria das pessoas era pobre e o poder era concentrado pelas elites proprietárias de terras, para uma sociedade urbana e industrial, na qual as pessoas como um todo ficaram muito mais ricas (embora os benefícios tenham sido acumulados de forma desproporcional pelas elites) e o poder residia nos principais burocratas do governo e nos capitalistas. Em termos geopolíticos, esses pontos fortes levaram o país a ultrapassar os holandeses como potência econômica e financeira proeminente na Europa por volta de 1750, trinta anos antes de o Reino Unido derrotar os holandeses na guerra e se tornar claramente o principal império mundial.

A revolução da produtividade começou na agricultura. As invenções agrícolas aumentaram a produtividade, o que reduziu a intensidade da mão de obra nas fazendas. Também tornaram os alimentos mais abundantes e baratos, o que levou a um boom populacional. Juntas, essas forças levaram as pessoas a se aglomerar nas cidades, o que beneficiou a indústria com a oferta cada vez maior de mão de obra. A Revolução Industrial foi impulsionada não só pelas novas invenções, como a máquina a vapor, mas também pela adaptação e melhoria de conceitos existentes para tornar a produção mais eficiente, como a padronização de insumos e a transferência da produção de artesãos individuais para fábricas. Uma ampla mão de obra, energia e mercados globais conectados ajudaram a apoiar o surto de inovação. Esta lista dá uma ideia do cronograma e do ritmo de inovação no Reino Unido:

- 1712: Invenção da máquina a vapor.
- 1719: Estabelecimento da fábrica de seda.
- 1733: Invenção da lançadeira (máquina de tecelagem básica).
- 1764: Invenção da máquina de fiar Jenny (máquina de fiação multifuso).
- 1765: Invenção do condensador separado (para máquinas a vapor).
- 1769: Invenção da máquina de fiar hidráulica (força hidráulica para máquinas têxteis); melhoria da máquina a vapor.
- 1785: Invenção do tear Power Loom; desenvolvimento do refino de ferro.
- 1801: Invenção da locomotiva a vapor sobre rodas.
- 1816: Patenteamento da locomotiva a vapor sobre trilhos.
- 1825: Início da construção da ferrovia em uma linha que conectava Manchester e Liverpool.

Por meio dessas mudanças revolucionárias na agricultura e na indústria, a Europa se tornou urbana e industrial, com produtos feitos por máquinas nas fábricas das cidades. A nova população urbana precisava de novos tipos de bens e serviços, o que exigiu que o governo crescesse e gastasse dinheiro em coisas como habitação, saneamento e educação, bem como na infraestrutura para o novo sistema capitalista industrial, como tribunais, agências regulatórias e bancos centrais. **O poder estava** nas mãos dos principais burocratas do governo e dos capitalistas que controlavam os meios de produção.

Tudo isso aconteceu principalmente no **Reino Unido, pioneiro de muitas das inovações mais importantes, tornando-se a principal superpotência mundial ao empregar os novos métodos de produção para se destacar em relação a outras nações.** Conforme refletido na produção per capita, os padrões de vida do Reino Unido alcançaram os da Holanda por volta de 1800 e os ultrapassaram em meados do século XIX, quando o Reino Unido se aproximou do zênite de sua participação na produção mundial (cerca de 20%). Em paralelo a esse crescimento econômico — e ajudando a reforçá-lo —, o Reino Unido se tornou a principal nação comercial do mundo, avançando ostensivamente à frente dos holandeses no fim do século XVIII e mantendo essa posição ao longo do século XIX. Ao mesmo tempo, houve uma aceleração na produção de todos os países durante a maior parte do século XIX, e a maioria deles estava nos Estágios 3 e 4 do ciclo de ordem interno na época.

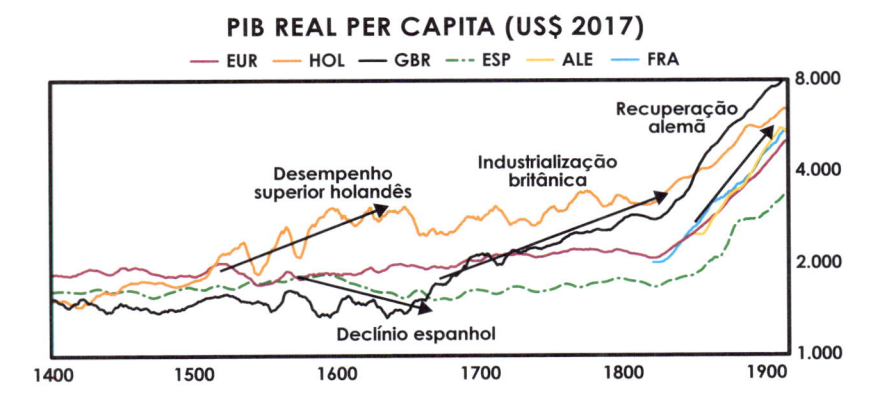

PIB REAL PER CAPITA (US$ 2017)
— EUR — HOL — GBR ---- ESP — ALE — FRA

- Desempenho superior holandês
- Industrialização britânica
- Recuperação alemã
- Declínio espanhol

Naturalmente, ao se tornar uma potência econômica mundial, o Reino Unido precisava ser capaz de lutar militarmente para proteger e fazer valer seus interesses. **Seu poderio militar — sobretudo a marinha — ajudou a estabelecer suas colônias e assumir o controle de outras potências europeias, bem como a garantir seu controle sobre as rotas comerciais globais. A lucratividade do império mais do que compensou os gastos militares, porque apoiou as atividades econômicas.** Graças às inovações financeiras do Banco da Inglaterra e ao colapso do florim,

Londres se tornou o centro financeiro mundial, e a libra esterlina, a moeda de reserva mundial. Em outras palavras, a Grã-Bretanha seguiu os passos clássicos do Grande Ciclo de um império em ascensão.

A Grã-Bretanha também assumiu o manto da Holanda como principal parceira comercial da China. Com a Revolução Industrial, a Europa já não exigia tanto na forma de bens manufaturados de luxo da China, mas buscava uma *commodity*: o chá. A China, por sua vez, não tinha interesse nos produtos europeus e continuava querendo ser paga em metais preciosos. Isso plantou as sementes do grande conflito britânico-chinês que levou às Guerras do Ópio e ao Século da Humilhação da China. Quem teria imaginado?

A história da ascensão da Grã-Bretanha é óbvia em retrospecto. É fácil olhar para o passado e descrever o que aconteceu. Outra coisa é se posicionar bem para enxergar isso, se antecipando e vendo acontecer na hora. Pergunto-me o que eu teria achado na época. Pergunto-me se, ao pensar nas situações após averiguar as leituras de meus indicadores e sistemas, minha aposta seria boa. Por isso é tão importante, para mim, ter os dados e as regras de decisão para ver o que realmente teria feito e quais teriam sido os resultados. Agora consigo enxergar o que os indicadores teriam mostrado na época e sei que eles teriam pintado o cenário que acabei de descrever. E consigo concluir a partir disso que não teria sido tão clara a imagem de que o Império Britânico chegaria ao ponto de se tornar o império dominante no mundo. Se eu estivesse vivo no início do século XVIII e analisasse meus indicadores, teria visto os holandeses ainda no ápice, e a França dos Bourbon também como uma grande potência em ascensão, além de enxergar condições otimistas para ambos naquela época.

Por que não os franceses?

No início do século XVIII, a França era um centro de educação e aprendizagem, um eixo do Iluminismo com pensadores famosos — como Voltaire e Montesquieu — e um lar para a indústria editorial em expansão, por isso meus indicadores teriam mostrado que os franceses eram tão fortes quanto as potências holandesa e britânica. De 1720 a 1780, o número de livros sobre artes e ciências publicados em Paris dobrou. Enquanto a quantidade de informações aumentava, também aumentava a alfabetização das pessoas; ao longo do século XVIII, as taxas de alfabetização na França quase dobraram.

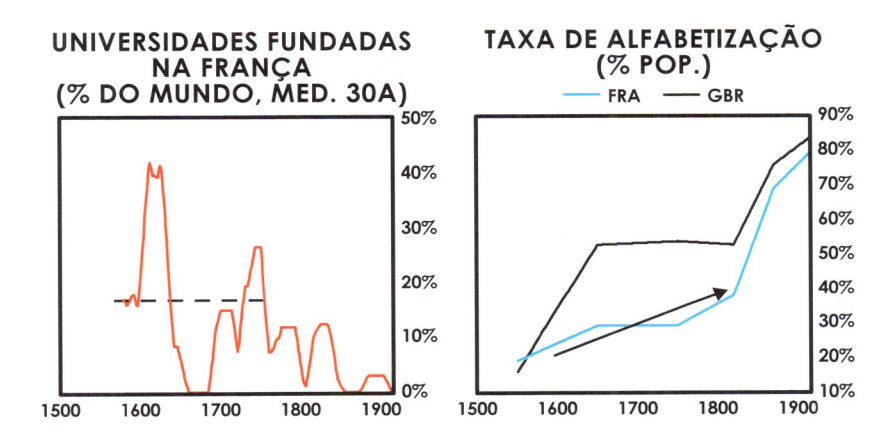

UNIVERSIDADES FUNDADAS NA FRANÇA (% DO MUNDO, MED. 30A)

TAXA DE ALFABETIZAÇÃO (% POP.) — FRA — GBR

A França também teria se mostrado economicamente forte no estágio inicial de uma grande recuperação do ciclo da dívida. Isso ocorreu pouco antes de um boom de investimentos estar prestes a se transformar em uma bolha, que mais tarde evoluiu para um colapso. Na época, o economista mais famoso da França era John Law (escocês de nascimento), que pensava que a criação de novo dinheiro estimularia a economia. Em 1716, ele fundou um banco nacional com a capacidade de emitir papel-moeda lastreado em terras, ouro, prata e títulos do governo. Isso deu início à recuperação do ciclo. O capital original desse banco, o Banque Générale, foi fornecido pelos acionistas, que também fizeram parte do conselho do banco. A França tinha um mercado de ações desde 1673, quando o decreto comercial do ministro das Finanças, Jean-Baptiste Colbert, foi transformado em lei comercial,[1] de modo que o país tinha todos os ingredientes para uma clássica recuperação dos mercados de capitais. Ao mesmo tempo, Law também criou a Companhia do Oeste. A Companhia do Oeste, ou Companhia do Mississippi, era uma empresa comercial com direitos de monopólio sobre a Louisiana francesa

---

[1] Essa lei criou sociedades por ações monopolísticas para o comércio nas Índias Orientais e Ocidentais. O decreto de Colbert foi motivado pelo desejo de financiar as empresas comerciais usando fundos privados, e não por meio do governo.

(metade dos atuais Estados Unidos). A lei permitia que os títulos de dívida do governo francês fossem usados para comprar ações da Companhia do Mississippi. Com uma nova empresa que prometia explorar as oportunidades da nova fronteira e um banco e finanças governamentais para apoiar esse esforço, todos os ingredientes certos estavam disponíveis. Conforme a empresa se expandia, os detentores de títulos de dívida do governo aproveitavam a capacidade de converter seus títulos em ações. Isso criou o que foi considerado um grande investimento. Você teria comprado? Será que eu teria comprado? Se não o fizéssemos, teríamos nos arrependido? As ações dispararam e acabaram se tornando uma bolha, seguindo a trajetória clássica de como essas coisas ocorrem. Quando estourou, tanto as ações quanto os títulos perderam rapidamente o valor pelo motivo convencional de que os créditos em aberto sobre ativos reais eram bem maiores do que os ativos reais que estavam garantindo os créditos.

Naturalmente, os franceses deixaram para trás o papel-moeda em depreciação e foram em busca da cunhagem de moeda forte. Novas leis proibiam a cobrança de taxas de juros acima de 5%, o que significava que apenas os tomadores de empréstimos mais dignos de crédito e os investimentos mais estáveis poderiam receber capital. Como resultado, tornou-se quase impossível novos negócios receberem financiamento. Não havia dinheiro real suficiente.

Além disso, e de um jeito bastante típico, guerras caras pioraram as condições financeiras. A seguir, uma lista parcial das guerras em que a França esteve:

- **Guerra da Liga de Augsburgo (1688-97):** A França, sob a liderança de Luís XIV, se expandiu para a Alemanha Ocidental dos dias modernos, estimulando a guerra contra a Inglaterra, a Espanha, a Áustria e vários estados alemães.
- **Guerra de Sucessão Espanhola (1701-14):** A França, aliada à Espanha, lutou contra uma aliança formada por Inglaterra, Áustria e Holanda para contestar a herança do trono espanhol. A guerra terminou com o herdeiro francês assumindo o trono da Espanha, mas com várias concessões feitas às outras potências (incluindo a entrega do território espanhol da Itália e da Bélgica à Áustria, e

a França dando à Inglaterra e à Holanda concessões coloniais e comerciais).
- **Guerra de Sucessão Austríaca (1740-48):** A França, em aliança com a Espanha, a Prússia e outros principados alemães, lutou contra a Áustria e o Reino Unido em apoio às ambições territoriais dos príncipes alemães contra a Áustria.
- **Guerra dos Sete Anos (1756-63):** A França, aliada à Áustria, à Suécia e à Rússia, lutou contra a Grã-Bretanha e a Prússia por territórios alemães e por colônias francesas e britânicas no exterior, especialmente na América do Norte. (Essa guerra também é conhecida como Guerra Franco-Indígena.)
- **Revolução Americana (1775-1783):** França e Espanha se aliaram às forças revolucionárias americanas contra o governo britânico.

Embora várias dessas guerras tenham gerado ganhos territoriais e estratégicos para a França, elas acabaram tendo um custo muito maior do que a receita, o que acabou prejudicando gravemente as finanças do governo francês. Sem um sistema financeiro moderno, a França tinha mais dificuldade para financiar seu governo por meio de títulos de dívida do que a Grã-Bretanha, por isso teve que depender mais de impostos pesados, que eram impopulares. Um exemplo da posição financeira inferior da França afetando sua posição geopolítica são as diferenças nas experiências dos britânicos e dos franceses durante a Revolução Americana. Os franceses pagaram por todo o esforço de guerra com empréstimos flutuantes, com taxas de juros de pelo menos o dobro daquelas que o governo britânico cobrava. Isso fez com que os pagamentos do serviço da dívida da França aumentassem para mais de 14 milhões de libras, em comparação com os 7 milhões de libras da Grã-Bretanha (os dois países tinham dívidas nacionais de cerca de 220 milhões de libras). Como a nobreza, o clero e até algumas cidades privilegiadas costumavam pagar impostos mais baixos, altos níveis de tributação eram cobrados do restante da sociedade. Isso exacerbou a já elevada desigualdade de renda na França. Muitos trabalhadores franceses lutavam para atender a suas necessidades básicas. Isso gerou mais luta de classes.

Junto com a extrema desigualdade de renda, havia corrupção e extravagância no topo. A corte do rei Luís XVI era famosa pelos gastos frívolos — por exemplo, o Hamlet de Maria Antonieta, uma fazenda ornamental perto dos Jardins de Versalhes construída com alto custo para reproduzir uma vila rústica. **Duas guerras importantes — a Guerra dos Sete Anos e a Revolução Americana — levaram a déficits enormes.** Durante a Revolução Americana, os déficits foram de cerca de 2 a 3% do PIB e cerca de um terço da receita tributária anual da França. Enquanto isso, a Revolução Americana popularizou ainda mais as ideias iluministas de liberdade e igualdade, enquanto **as más colheitas em 1788 e 1789 levaram ao aumento do preço do pão e a crises de fome.** Era uma receita para a revolução.

Por causa do sistema de tomada de decisões políticas ineficiente e pouco representativo da França, o governo foi incapaz de aumentar as receitas necessárias e de executar as mudanças urgentes. As decisões do antigo regime podiam ser e foram muitas vezes minadas em quase todos os níveis inferiores. A nobreza e o clero resistiram às decisões que os prejudicavam e conseguiram obter diversos privilégios. As autoridades locais (chamadas de *parlements*) eram necessárias para executar a política tributária, mas muitas vezes resistiam a fazê-lo. O mais próximo que a França tinha de um corpo legislativo eram os Estados Gerais, nos quais representantes dos três Estados da França (o clero, a nobreza e os plebeus) se reuniam para aprovar uma legislação quando convocados pelo rei. Seu consentimento era visto como necessário para arrecadar novos impostos nacionais; no entanto, seus poderes e procedimentos não eram claros, e questões básicas — como a forma pela qual os representantes eram escolhidos e quantos votos cada Estado tinha — eram incertas. Em 1789, o Terceiro Estado — representando os plebeus, que constituíam 98% da população — formou uma assembleia própria, convidando membros do Primeiro e do Segundo Estado a se juntarem a ela. Para impedir que essa Assembleia Nacional se reunisse, o rei fechou o salão de reuniões.

Houve protestos, tumultos e insurreições. **Em 1791, uma recém-eleita Convenção Nacional declarou a França uma república** e, em janeiro de 1793, Luís XVI (na época, oficialmente chamado de "Cidadão Luís Capeto") foi condenado à morte. Como é clássico nas revoluções, a violência teve início logo depois, e aqueles considerados insuficientemente zelosos eram expurgados. Estima-se que entre 20 mil e 30 mil pessoas tenham sido executadas durante o Período do Terror na França. Em

1795, a França estava falida e o assignat — a moeda que o país imprimia para financiar os gastos do governo — sofria uma hiperinflação.

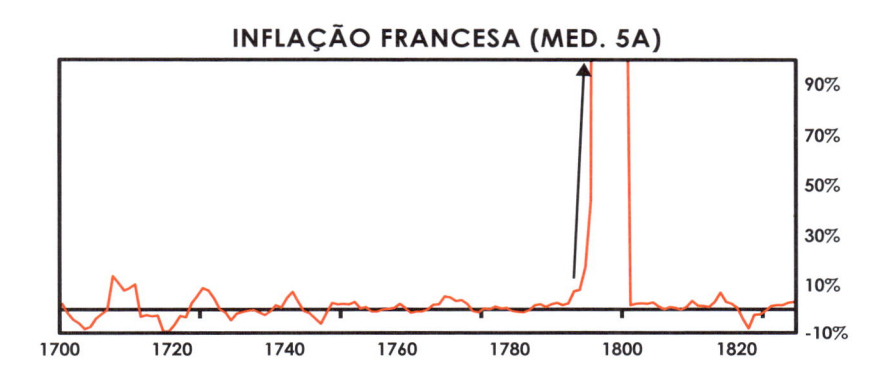

INFLAÇÃO FRANCESA (MED. 5A)

Como também é típico, a revolução levou a uma contrarreação na qual os próprios líderes da revolução foram presos e uma nova constituição foi redigida e aprovada. O novo sistema (o Diretório) se mostrou ineficaz e ficou imediatamente debilitado por problemas financeiros. Mesmo assim, **o governo continuou a imprimir dinheiro e forçou os cidadãos ricos a lhe emprestarem fundos.** No fim das contas, a espiral inflacionária foi interrompida pela introdução da moeda forte adquirida por meio das conquistas militares bem-sucedidas de Napoleão na Itália e pela decisão de declarar a falência de dois terços da dívida do governo. Medidas adicionais, como aumento de impostos, fortaleceram ainda mais a condição fiscal do governo. Em 1796, o governo realizou uma cerimônia em que destruiu as máquinas que usava para imprimir dinheiro.

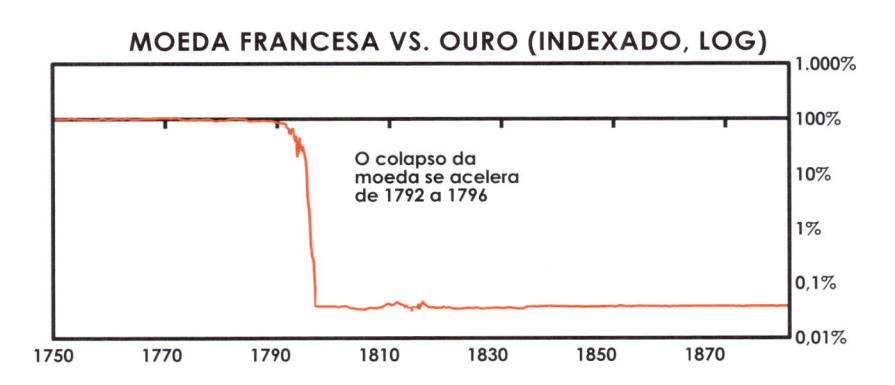

MOEDA FRANCESA VS. OURO (INDEXADO, LOG)

O colapso da moeda se acelera de 1792 a 1796

Entra Napoleão

A bolha, os grandes hiatos de riqueza e os altos gastos com a guerra levaram ao colapso e depois à revolução, que derrubou a velha ordem e instituiu uma nova. Essa nova ordem consistia em líderes revolucionários que lutavam entre si, gerando dez anos de caos doloroso que exigia um representante forte para controlar a confusão. Tudo era consistente com o roteiro clássico e melodramático que foi reproduzido inúmeras vezes no passado. **Como se recebesse uma deixa, Napoleão entrou em cena. Ele foi o herói clássico que lidou bem com a situação.** Conquistou uma reputação excelente como comandante militar quando a França tentou espalhar seu sistema republicano pela Europa e era muito popular. Assim, em 1799, liderou um golpe para se instalar como primeiro cônsul e, depois, imperador, e manteve poderes ditatoriais até 1814. **Armado com um poder centralizado e amplo apoio, Napoleão estabilizou a economia e profissionalizou o governo**; a França era vista como um império em ascensão e um formidável rival de outras potências europeias.

Quando a Áustria e a Rússia declararam guerra à França, Napoleão obteve consideráveis vitórias militares no início. Em pouco tempo, ele controlava Espanha, Portugal, Itália e grande parte da Alemanha. Não vou contar toda a história das Guerras Napoleônicas, me limitando a dizer que, assim como outros líderes, ele tentou ir longe demais. A invasão da Rússia virou a maré da guerra contra ele. **No fim, a França foi derrotada. A Grã-Bretanha e a Rússia foram as principais vencedoras.**

É importante apontar que um fator significativo na guerra foi o poder financeiro muito maior do Reino Unido. Por sua solidez financeira, **o Reino Unido conseguiu emprestar muito dinheiro para as forças da coalizão europeia contra a França.** Foram seus recursos financeiros e seu poderio naval que permitiram à Grã-Bretanha permanecer na guerra, mesmo quando ela e seus aliados sofreram repetidas derrotas.

Nova ordem mundial: O Congresso de Viena

A essa altura, você já sabe como as coisas acontecem. Depois de uma guerra, os vencedores se unem e criam uma nova ordem mundial. Foi assim também no Congresso de Viena. Assim como os vencedores da Guerra dos Trinta Anos fizeram na Westfália, **a quádrupla aliança entre Grã-Bretanha, Áustria, Prússia e Rússia reorganizou a ordem mundial a seu favor no Congresso de Viena (1814-1815), criando um sistema de controles e equilíbrios entre as potências europeias, que seriam mais ou menos válidos para o próximo século.** A importância geopolítica desses desenvolvimentos é bem descrita por Henry Kissinger:

> Pode não ter cumprido todas as esperanças de uma geração idealista, mas deu a esta geração algo talvez mais precioso: um período de estabilidade que permitiu que as esperanças se cumprissem sem uma grande guerra ou uma revolução permanente (...) O período de estabilidade que se seguiu foi a melhor prova de que uma ordem "legítima" fora construída, uma ordem aceita por todas as grandes potências, de modo que dali em diante elas passaram a buscar ajustes de acordo com sua estrutura, e não em sua derrubada.

Todas as grandes potências estavam representadas em Viena, embora as decisões mais importantes tenham sido negociadas pelo grupo central e pela própria França. Como os Estados Unidos na Conferência de Paz de Paris após a Primeira Guerra Mundial e nas negociações após a Segunda Guerra Mundial, o Reino Unido não procurou ganhar novos territórios significativos. **Seu objetivo principal era lidar com os desequilíbrios de poder na Europa que levaram às guerras. Áreas que antes consistiam em Estados fracos e divididos, como Itália, Alemanha e Países Baixos, viram uma consolidação territorial significativa para contrabalançar Estados mais centralizados, como a França**, enquanto acordos sobre a navegação de rios internacionais apoiaram a expansão do comércio. Taticamente, os Tratados de Paris visavam conter — mas não destruir — a França, que sofreu apenas uma perda mínima de território.[2]

As potências vitoriosas eram todas monarquias, e muitas das políticas que implementaram visavam restaurar o antigo *status quo* (por exemplo, retornar a dinastia dos Bourbon ao poder na França). Mesmo assim, as novas ideias do Iluminismo continuaram a ter influência. **Os governos mudaram para sistemas mais representativos e com base no estado de direito, embora em graus variáveis (a Rússia czarista permaneceu amplamente autocrática).** Na Inglaterra, a liberalização ocorreu como resultado de reformas graduais, enquanto no continente uma série de revoluções (as mais famosas foram as revoluções liberais de 1848) impulsionou as mudanças. **Com o tempo, movimentos nacionalistas levaram à unificação da Alemanha e da Itália, bem como à desestabilização dos impérios multiétnicos austríaco e otomano.**

O poder britânico se aproxima do auge

Nenhuma potência se beneficiou mais com a nova estabilidade do que o Império Britânico. **Não só os principais rivais econômicos e militares da Grã-Bretanha foram enfraquecidos, como também o equilíbrio de poder permitiu que o Reino Unido evitasse conflitos militares caros perto de casa e se concentrasse no comércio e em suas colônias, uma política conhecida como "isolamento esplêndido", que preparou o terreno para o "Século Imperial".** É claro que durante esses anos houve alguns períodos econômicos ruins (por exemplo, o Pânico de 1825, no Reino Unido, e os pânicos de 1837 e 1873, nos Estados Unidos) e conflitos militares (por exemplo, a Guerra da Crimeia entre a Rússia, de um lado, e o Império Otomano e uma coalizão de potências da Europa Ocidental do outro). Mas não foram significativos o suficiente para mudar o

---

[2] O Tratado de Paris em 1814 fez a França restaurar suas fronteiras ao que eram em 1792, indicando que a França realmente havia recuperado alguns dos territórios coloniais que o Reino Unido conquistara durante as guerras. O Tratado de Paris em 1815, depois que Napoleão voltou do exílio e foi derrotado pela segunda e última vez, foi menos favorável, exigindo que a França pagasse uma grande indenização, aceitasse um exército de ocupação e cedesse mais território, mas ainda deixou o país com a grande maioria das terras que controlava na época da Revolução Francesa.

cenário geral, que era de um período muito próspero, com os britânicos no auge. Conforme mencionado, em seu auge no fim do século XIX, por volta de 1870, os britânicos produziam 20% da renda mundial e controlavam 40% das exportações globais, 20% dos territórios do mundo e 25% da população mundial. E a libra, é claro, se tornou a incontestável moeda de reserva do mundo. Os gráficos a seguir ajudam a mostrar o cenário da força dominante da Grã-Bretanha.

Geopoliticamente, o Reino Unido continuou a se expandir no exterior ao longo do século XIX, abrangendo Canadá, Austrália, Índia e grandes partes da África.[3] E mesmo nos locais onde o Império Britânico não assumiu explicitamente o controle, foi cada vez mais capaz de intervir no exterior a fim de obter acesso ao comércio em termos desiguais (por exemplo, as Guerras do Ópio contra a China terminaram com um tratado que garantia a capacidade do Reino Unido de exportar ópio para a China, apesar das leis chinesas locais contra isso). A manutenção dessas colônias deu ao Reino Unido uma fonte garantida de *commodities*, riqueza e renda, além de acordos comerciais preferenciais. O gráfico a seguir pinta o quadro claramente.

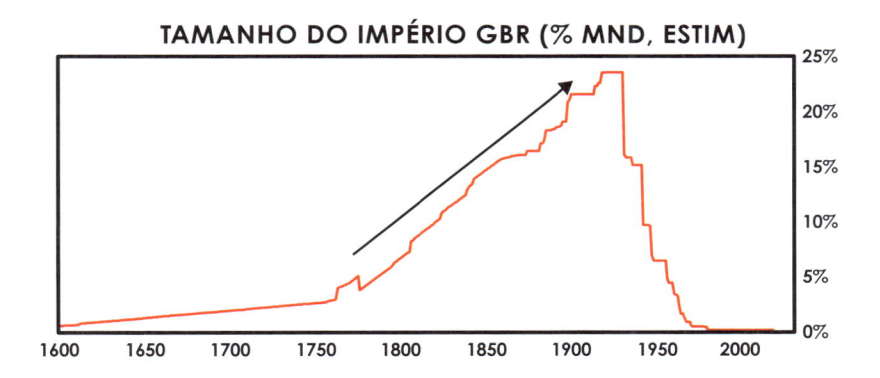

TAMANHO DO IMPÉRIO GBR (% MND, ESTIM)

---

[3] Uma dimensão crucial da expansão inicial do Reino Unido foi o papel desempenhado pela Companhia Britânica das Índias Orientais, que, a partir do fim do século XVIII e ao longo do século XIX, consolidou seu controle político e econômico sobre a Índia, o Paquistão e Bangladesh dos tempos modernos. Esta ampla região continuou sob o controle privado da companhia até que uma grande rebelião em 1857 levou a Grã-Bretanha a intervir e assumir o controle da Índia como território britânico.

O AUGE

O status da libra como moeda de reserva complementou seu domínio na expansão colonial, no alcance militar, no comércio global e nos fluxos de investimento. **A participação do Reino Unido nas exportações globais aumentou com a Revolução Industrial e a expansão do império, chegando a um pico por volta de 1850, com cerca de 40% das exportações globais. Além disso,** a participação do comércio denominado em libras esterlinas era maior do que a participação do Reino Unido sozinho. De 1850 a 1914, cerca de 60% do comércio global era denominado em libras. Esse conjunto de condições plantou as sementes da queda que tipificam a fase do auge do Grande Ciclo.

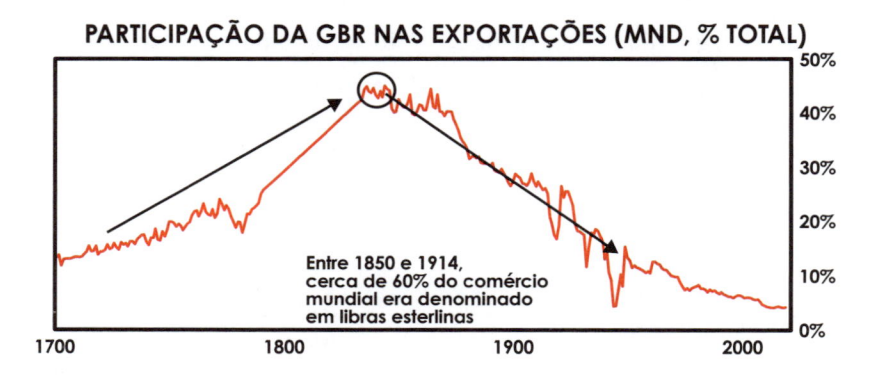

PARTICIPAÇÃO DA GBR NAS EXPORTAÇÕES (MND, % TOTAL)

Entre 1850 e 1914, cerca de 60% do comércio mundial era denominado em libras esterlinas

Mesmo com a queda da participação nas exportações mundiais, o Reino Unido teve um persistente superávit em conta-corrente ao longo desse período. Depois de 1870, ele foi composto de um déficit comercial duradouro, financiado por retornos de investimentos estrangeiros. A receita dos superávits em conta-corrente financiou uma parcela cada vez maior do investimento internacional conforme outros países se tornaram mais atraentes para investir.

INVESTIMENTOS INTERNACIONAIS (% DESENV. PIB MND)
■ GBR ■ HOL ■ FRA ■ ALE ■ EUA

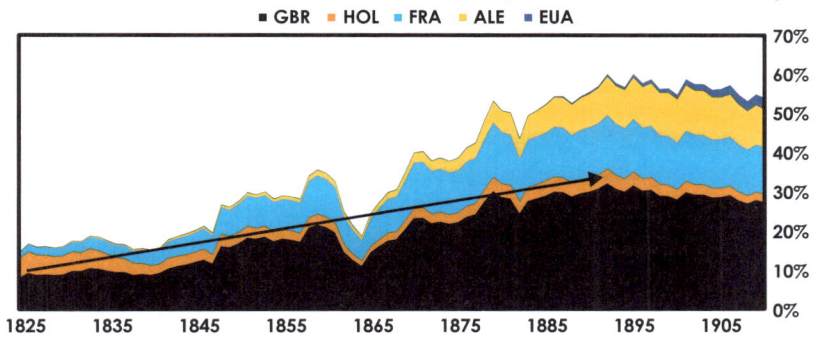

Em 1818, o banco inglês Rothschild fez seu primeiro grande empréstimo governamental — para a Prússia. À medida que a libra se tornou cada vez mais líquida, uma onda de outros tomadores de empréstimos soberanos surgiu, e a dívida, o comércio e os fluxos de capital globais passaram a ser cada vez mais denominados em libras esterlinas.[4] A confiança na libra foi reforçada pela gestão econômica do Banco da Inglaterra, que operava cada vez mais como um "emprestador de última instância" para mitigar os efeitos dos pânicos bancários.[5]

---

[4] Embora houvesse uma ampla distribuição internacional de libras esterlinas, é importante notar que, durante a maior parte do século XIX, não havia muito na forma de participações do banco central, especialmente em relação ao papel que o dólar desempenha nas carteiras dos bancos centrais hoje. Durante a Primeira Guerra Mundial, os ativos do banco central, além de sua própria moeda, costumavam ser mantidos em metais preciosos.

[5] O Pânico de 1866 demonstra bem isso. Para simplificar os acontecimentos, os mercados financeiros de Londres eram os mercados mais líquidos para o financiamento do comércio, mas, depois de uma década de boom, muitos credores estavam sobrecarregados, e um dos grandes (Overend, Gurney & Co.) faliu. Era o equivalente ao Lehman Brothers no século XIX. No entanto, a crise foi resolvida em poucos dias, quando a disposição demonstrada pelo Banco da Inglaterra para servir como "emprestador de última instância" estancou a perda de confiança no sistema.

PERCENTUAL DA DÍVIDA GLOBAL EM GBP (ESTIM)

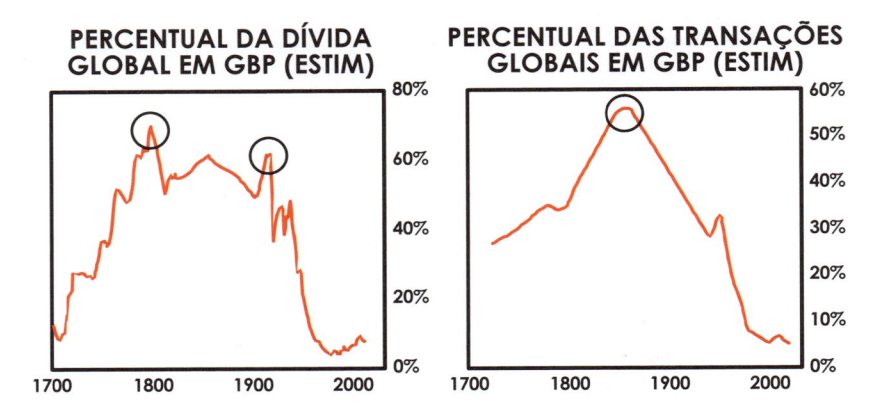

PERCENTUAL DAS TRANSAÇÕES GLOBAIS EM GBP (ESTIM)

Mesmo enquanto o Império Britânico continuava a expandir seu alcance territorial e financeiro nas últimas décadas do século XIX, as sementes de sua queda eram evidentes, impulsionadas pelos fatores clássicos de 1) declínio da competitividade, 2) aumento da desigualdade e do conflito, e 3) surgimento de novos rivais, especialmente Alemanha e Estados Unidos.

Declínio da competitividade

Retrocedendo, a história mais ampla de crescimento econômico de meados até o fim do século XIX foi a Segunda Revolução Industrial, um longo período de inovação em que a ciência e a engenharia desempenharam um papel importante, visto que produtos sintéticos e novas ligas eram produzidos e o uso de novas fontes de energia, como petróleo e eletricidade, decolaram. Foi nesse período que o telefone e a lâmpada incandescente foram desenvolvidos, e os automóveis surgiram pouco depois. **O transporte, as comunicações e a infraestrutura melhoraram**, e a ascensão do capitalismo corporativo aumentou a produtividade. **O resultado foi um aumento considerável na produção por trabalhador nos países capazes de fazer a mudança com eficiência — sobretudo os Estados Unidos e a Alemanha.** O Reino Unido não acompanhou isso, embora as invenções britânicas tenham sido fundamentais para muitos desses novos desenvolvimentos. O fracasso do Reino Unido em reorganizar suas indústrias levou a quedas marcantes na produção por trabalhador em relação às outras grandes potências industriais. É possível ver a mudança secular na inovação e no poder econômico nos gráficos a seguir.

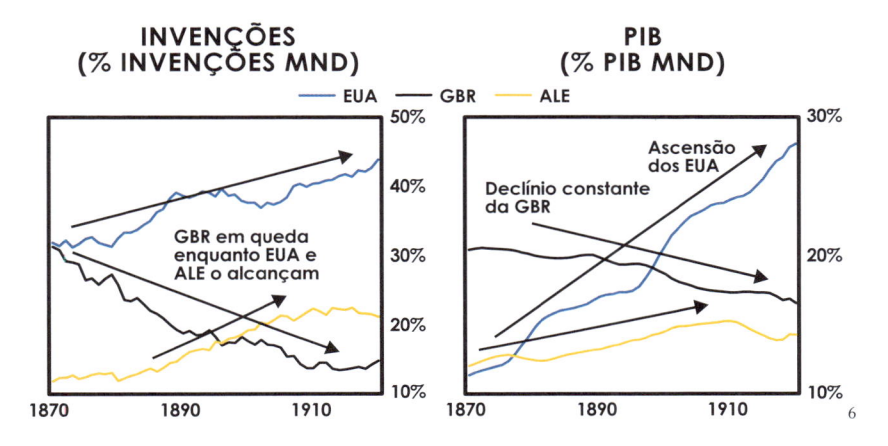

INVENÇÕES (% INVENÇÕES MND)

PIB (% PIB MND)

- EUA — GBR — ALE

GBR em queda enquanto EUA e ALE o alcançam

Ascensão dos EUA

Declínio constante da GBR

Aumento da desigualdade

Os ganhos com a industrialização foram distribuídos de forma muito discrepante no Reino Unido, gerando níveis extremos de desigualdade. No fim do século XIX, o 1% mais rico da população possuía mais de 70% de toda a riqueza, nível superior ao de outros países. Os 10% mais ricos do Reino Unido possuíam impressionantes 93% de sua riqueza.[7] Conforme mostrado no gráfico a seguir, o pico do hiato de riqueza coincidiu com o auge do Império Britânico por volta de 1900, que foi o início da próxima onda de conflito sobre riqueza e poder devido a grandes hiatos de renda e às clássicas condições do Grande Ciclo tardio descrito na Parte I.

---

[6] O percentual do PIB da GBR inclui receitas de países controlados pelo Império Britânico.
[7] Para efeito de comparação, a participação do 1% mais rico no Reino Unido hoje é de cerca de 20% e a participação dos 10% mais ricos é de cerca de 50%.

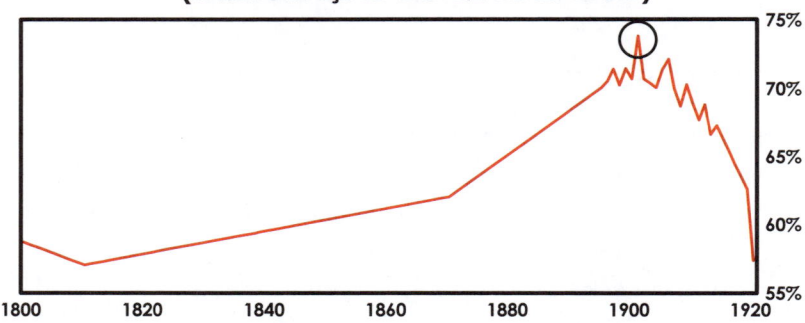

HIATO DE RIQUEZA DO REINO UNIDO
(PARTICIPAÇÃO DO 1% MAIS RICO)

A combinação de mudança social e aumento da desigualdade gerou tensões significativas. A resposta política da Inglaterra em meados do século XIX se concentrou principalmente em projetos de reforma que expandiram os direitos de voto e reduziram as práticas corruptas que tinham tornado as eleições menos democráticas. No início do século XX, essas reformas políticas foram seguidas por reformas sociais, que incluíram a introdução de um sistema público de pensões, seguro-saúde e seguro-desemprego, e o fornecimento de merenda gratuita para crianças em idade escolar. A mão de obra sindicalizada também estava em alta, fortalecendo o poder de barganha dos trabalhadores. Em 1911, cerca de 25% dos homens elegíveis eram membros do sindicato, e o Partido Trabalhista se tornou uma força significativa na política. Esse poder superior assumiu a forma de greves cada vez maiores — por exemplo, a primeira greve nacional dos mineiros de carvão em 1912, que resultou em um salário mínimo para os mineiros.

Surgimento de rivais geopolíticos

Além de seus problemas internos, o Reino Unido enfrentou desafios a seu império no exterior, competindo por influência com a França na África, a Rússia no Oriente Médio e na Ásia Central, e os Estados Unidos nas Américas. **Sua rivalidade mais significativa, entretanto, era com a Alemanha.** Os Estados Unidos, a outra grande potência em ascensão, felizmente permaneceram isolacionistas, com um grande oceano que lhes permitia ignorar em grande parte os conflitos na Europa.

Quando a nova ordem mundial começou no Congresso de Viena, a Alemanha ainda estava dividida em vários estados menores. Enquanto o Império Austríaco, governado pelos Habsburgo, tinha muita influência, a Prússia crescia rapidamente e tinha um dos exércitos mais fortes da Europa. **No século seguinte, ela unificou com sucesso os outros estados alemães, se tornando uma potência de primeira classe. Conseguiu isso principalmente graças à brilhante liderança estratégica e diplomática de Otto von Bismarck[8] e aos outros ingredientes clássicos do sucesso: alto nível de educação e competitividade.**

Uma vez unificada, a Alemanha experimentou o clássico círculo virtuoso de uma potência em ascensão. Vendo que um sistema educacional eficaz era um passo crucial na busca para elevar sua economia ao nível da Grã-Bretanha, a nova Alemanha — e seus estados predecessores — construiu um desde o início, com foco no ensino de habilidades práticas de comércio e conhecimento científico, teórico e aplicado de alto nível. A partir da década de 1860, a educação primária era obrigatória para todos e imposta por lei. A Alemanha também inaugurou três novas universidades de pesquisa.

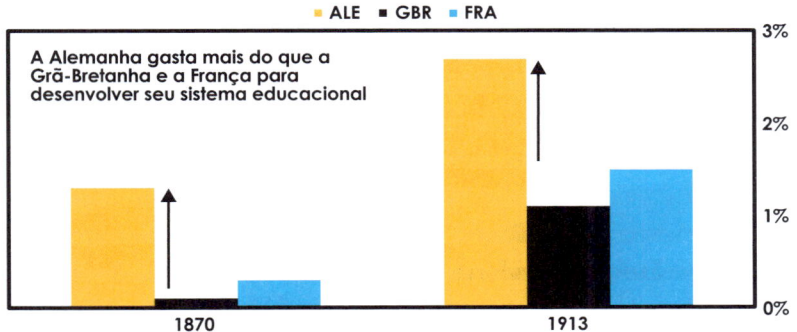

DESPESAS COM EDUCAÇÃO PÚBLICA (% PIB)

■ ALE ■ GBR ■ FRA

A Alemanha gasta mais do que a Grã-Bretanha e a França para desenvolver seu sistema educacional

---

[8] Enquanto a Prússia e, mais tarde, o Império Alemão eram monarquias governadas pela família Hohenzollern, Bismarck tinha poderes imensamente eficazes, tendo sido primeiro nomeado pelo monarca como ministro-presidente da Prússia e depois como chanceler da Alemanha desde a unificação em 1871 até 1890. De acordo com o historiador Eric Hobsbawm, Bismarck "foi o campeão mundial indiscutível no jogo de xadrez diplomático multilateral por quase vinte anos após 1871".

A ORDEM MUNDIAL EM TRANSFORMAÇÃO

Para criar uma cultura de inovação, o governo alemão forneceu crédito às empresas, além de consultoria e assistência técnica; concedeu bolsas a inventores e empreendedores imigrantes; cedeu máquinas de graça; e permitiu descontos e isenções de impostos sobre as importações de equipamentos industriais. A Alemanha também manteve um forte estado de direito, que visava explicitamente o desenvolvimento econômico.

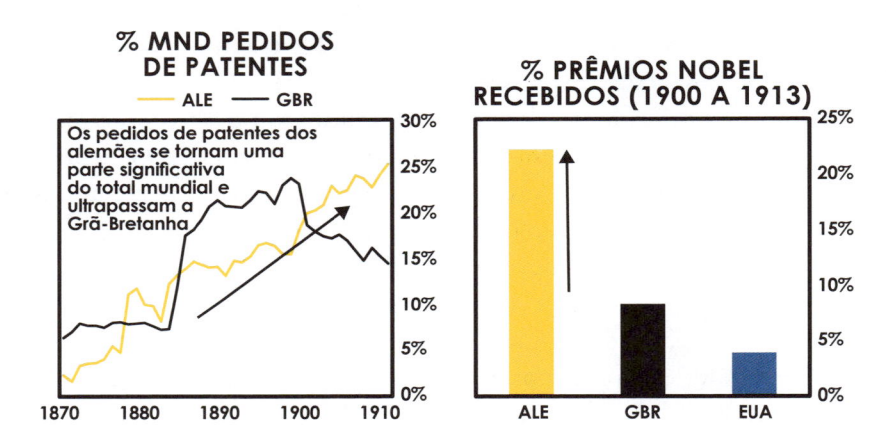

% MND PEDIDOS DE PATENTES
— ALE — GBR

Os pedidos de patentes dos alemães se tornam uma parte significativa do total mundial e ultrapassam a Grã-Bretanha

% PRÊMIOS NOBEL RECEBIDOS (1900 A 1913)
ALE / GBR / EUA

Como resultado desses esforços, a participação do país na produção industrial mundial aumentou de cerca de 5% para 13% entre 1860 e 1900, enquanto a participação das outras potências europeias estagnou ou diminuiu. **Em 1900, o PIB da Alemanha ultrapassou o da Grã-Bretanha (excluindo seu império), embora o segundo país ainda fosse o principal país comercial do mundo.**

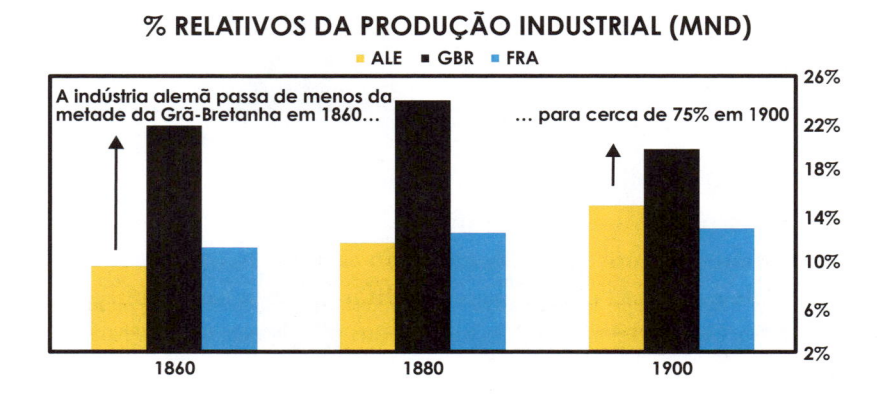

% RELATIVOS DA PRODUÇÃO INDUSTRIAL (MND)
■ ALE ■ GBR ■ FRA

A indústria alemã passa de menos da metade da Grã-Bretanha em 1860... ...para cerca de 75% em 1900

Enquanto Bismarck foi um diplomata habilidoso que priorizou o desenvolvimento econômico e a diplomacia com concorrentes internacionais, seus sucessores foram menos habilidosos e mais agressivos. **Quando Guilherme II se tornou imperador, em 1888, ele forçou Bismarck a renunciar e adotou uma política de transformar a Alemanha em uma potência mundial.** Isso levou outras potências, sobretudo a Rússia e o Reino Unido, a se alinharem cada vez mais com a França (um amargo rival da Alemanha desde a Guerra Franco-Prussiana em 1871) em um esforço para conter a Alemanha. **Guilherme decidiu aumentar as forças armadas alemãs, especialmente a marinha, iniciando uma corrida armamentista com o Reino Unido.** Isso deu início a uma nova rivalidade entre as grandes potências.

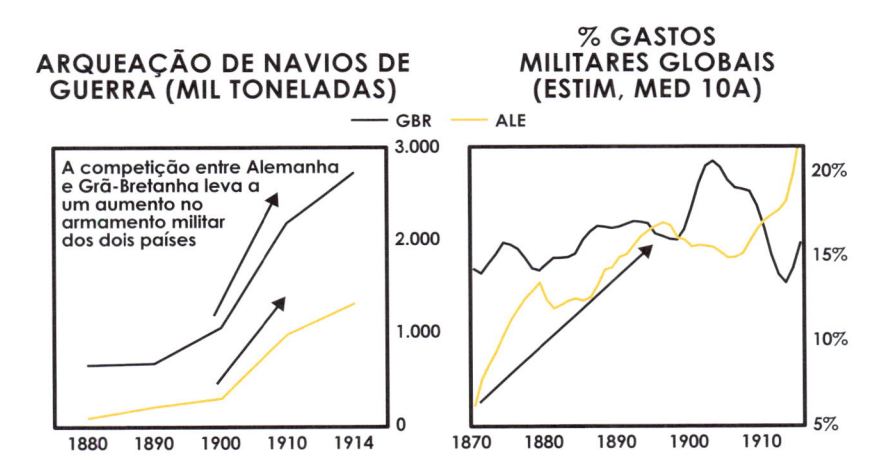

O Reino Unido manteve sua vantagem naval, mas a corrida armamentista afetou as finanças das grandes potências e desestabilizou ainda mais a ordem geopolítica. **A rivalidade entre o Reino Unido e a Alemanha era apenas uma das muitas que se desenvolviam na Europa — a França e a Alemanha estavam em conflito, a Alemanha estava cada vez mais preocupada com a industrialização russa, e a Áustria e a Rússia lutavam pela influência nos Bálcãs.** Embora esses países estivessem mais do que nunca interligados pelo casamento e pelo comércio, e apesar de a maioria das pessoas acreditar que isso não aconteceria, em 1914 o barril de pólvora explodiu em uma guerra generalizada. Essa foi a primeira guerra mundial porque era a primeira vez que o mundo havia se tornado tão pequeno e tão interconectado a ponto de envolver suas principais partes de um jeito ou de outro.

Dadas a complexidade e a escala da Primeira Guerra Mundial, e também quanto já se escreveu sobre o assunto, vou tentar apenas demonstrar o cenário geral: foi terrível. **A guerra matou cerca de 8,5 milhões de soldados e 13 milhões de civis, deixando toda a Europa exausta, enfraquecida e endividada.** A Rússia foi levada à revolução em 1917; em 1918, a gripe espanhola chegou, matando de 20 a 50 milhões de pessoas em todo o mundo nos dois anos seguintes. Em termos de percentual da população europeia, mais pessoas morreram durante esse período do que nas Guerras Napoleônicas ou na Guerra dos Trinta Anos. Entretanto, o conflito terminou, e a próxima nova ordem mundial foi criada.

Em 1919, os vencedores — Estados Unidos, Grã-Bretanha, França, Japão e Itália — se reuniram na Conferência de Paz de Paris para estabelecer a nova ordem mundial no Tratado de Versalhes. Os Estados Unidos, agora reconhecidos como uma grande potência, tiveram um importante papel nas negociações. Na verdade, o termo "nova ordem mundial" foi cunhado para descrever a visão do presidente dos Estados Unidos, Woodrow Wilson, de um sistema de governança global (a Liga das Nações, embora ela tenha logo fracassado). Se o Congresso de Viena em 1815 havia criado uma ordem relativamente sustentável, os termos da Conferência de Paz de Paris fizeram o oposto — tornaram uma segunda guerra inevitável, embora não fosse evidente na época. Os territórios das potências perdedoras (Alemanha, Áustria-Hungria, Império Otomano e Bulgária) foram divididos, e esses países foram obrigados a pagar indenizações aos vencedores. **O peso dessa dívida contribuiu para uma depressão inflacionária na Alemanha de 1920 a 1923. Em outros lugares, grande parte do mundo entrou em uma década de paz e prosperidade, os Loucos Anos 1920. Como de costume, as dívidas e o hiato de riqueza que se acumularam explodiram em 1929, causando a Grande Depressão. Esses dois grandes ciclos de boom e falência aconteceram em períodos extraordinariamente próximos, embora tenham seguido os estágios clássicos.** Não vou divagar sobre a sequência do boom à falência na década de 1920 aqui, porque já a abordei em outra parte deste livro. Mas retomarei a história a partir da Grande Depressão.

A Grande Depressão, em conjunto com os grandes hiatos de renda, levou a um aumento do populismo e do extremismo em quase todos os grandes países. Em alguns — por exemplo, Estados Unidos e Reino Unido —, isso levou a profundas redistribuições de riqueza e poder político enquanto o capitalismo e a democracia eram mantidos. Em outros, especialmente naqueles com economias mais fracas (Alemanha, Japão, Itália, Espanha), ditadores populistas assumiram o controle e tentaram expandir seus impérios.

De maneira clássica, antes do início das guerras generalizadas, costuma haver cerca de uma década de conflitos econômicos, tecnológicos, geopolíticos e de capital. O tempo entre a depressão e a Segunda Guerra Mundial foi consistente com essa regra. Conforme a Alemanha e o Japão se tornavam mais expansionistas, competiam cada vez mais com o Reino Unido, os Estados Unidos e a França por recursos e influência sobre territórios. No final, essas tensões se transformaram em guerra.

A Segunda Guerra Mundial, apenas duas décadas depois da Primeira Guerra Mundial, custou ainda mais vidas e dinheiro. A Alemanha e o Japão perderam, e os Estados Unidos, o Reino Unido e a União Soviética ganharam, embora economicamente o Reino Unido e a União Soviética também tenham perdido, e os Estados Unidos tenham conquistado muito em termos de riqueza relativa. O PIB per capita na Alemanha e no Japão caiu pelo menos pela metade, e suas moedas entraram em colapso após a guerra, como mostram os gráficos. **Como sempre, os vencedores da guerra se reuniram e determinaram uma nova ordem mundial em 1945.**

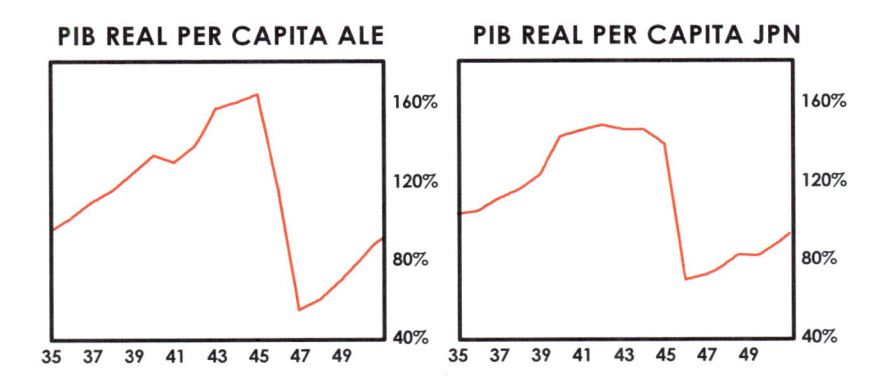

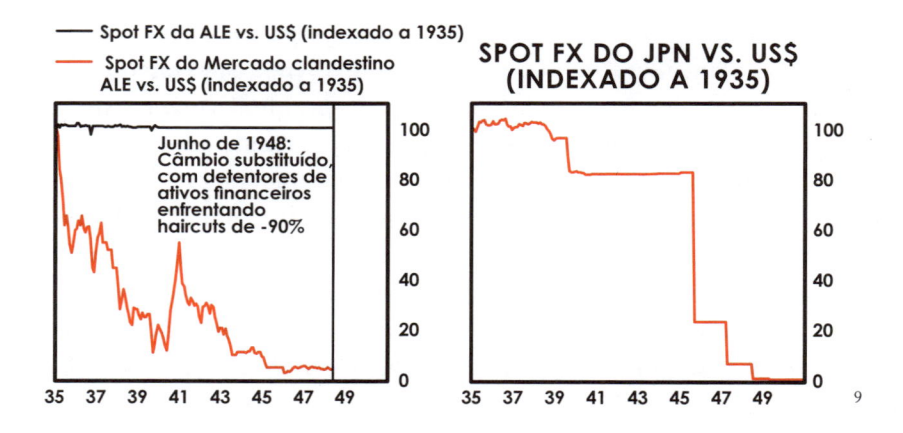

A QUEDA

A vitória dos Aliados em 1945 gerou um tremendo deslocamento de riqueza e poder, com os Estados Unidos emergindo como o império dominante do mundo, assim como aconteceu com os britânicos depois das Guerras Napoleônicas. Os britânicos ficaram com grandes dívidas, um imenso império que era mais caro de manter do que lucrativo, vários rivais que eram mais competitivos e uma população com grandes disparidades econômicas que, por sua vez, levaram a grandes disparidades políticas.

Demorou mais vinte anos para a libra esterlina perder totalmente seu status de moeda de reserva internacional. Assim como é difícil substituir o uso da língua inglesa no comércio internacional e nas comunicações diplomáticas, o mesmo se aplica às moedas de reserva. Os bancos centrais de outros países continuaram a deter parcelas consideráveis de suas reservas em libras ao longo da década de 1950, e um terço de todo o comércio internacional ainda era denominado em libras esterlinas em 1960. **Mas a libra vinha perdendo status desde o fim da guerra** porque investidores inteligentes reconheceram o grande contraste entre as condições financeiras do Reino Unido e dos Estados Unidos, o aumento

---

[9] Este gráfico mostra a taxa de câmbio oficial entre dólares e marcos alemães, bem como uma taxa não oficial (mercado clandestino) baseada nas transações reais entre Nova York e Alemanha durante aquele período. A taxa não oficial mostra que o verdadeiro valor do marco alemão estava em colapso durante o período.

da dívida e as baixas reservas líquidas do Reino Unido, o que tornaria a detenção de dívida em libra esterlina um mau negócio.

O declínio da libra esterlina foi um caso prolongado que envolveu diversas desvalorizações significativas. Depois do fracasso das tentativas de tornar a libra conversível em 1946-47, em 1949 ela foi desvalorizada em 30% em relação ao dólar. Embora isso tenha funcionado no curto prazo, o declínio da competitividade da Grã-Bretanha nas duas décadas seguintes levou a repetidas tensões na balança de pagamentos, que culminaram na desvalorização de 1967. Por volta dessa época, o marco alemão ocupou o lugar da libra como a segunda moeda de reserva mais amplamente mantida no mundo. Os gráficos a seguir ilustram o cenário.

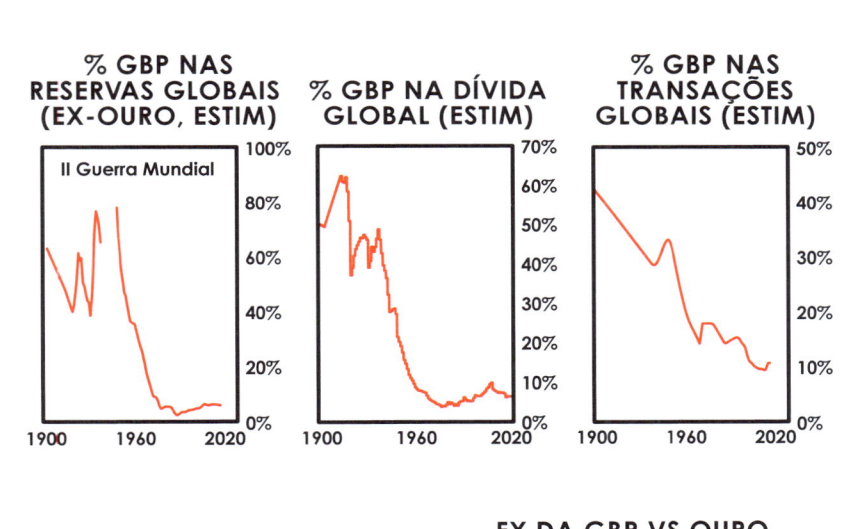

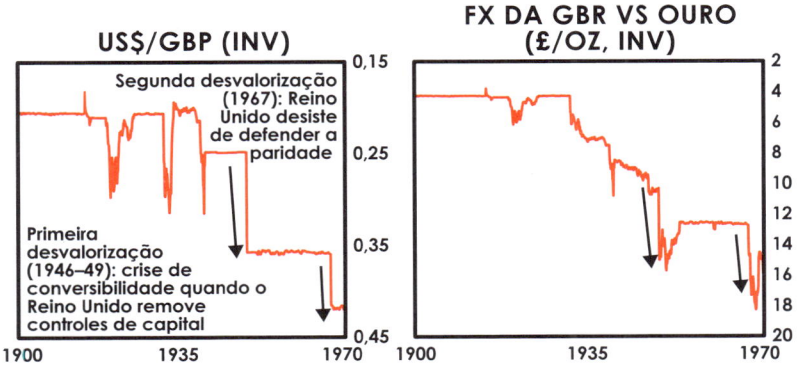

A ORDEM MUNDIAL EM TRANSFORMAÇÃO

A conversibilidade suspensa da libra em 1947 e sua desvalorização em 1949

Os anos 1940 costumam ser chamados de "anos de crise" para a libra. A guerra exigiu que o Reino Unido tomasse empréstimos imensos de seus aliados e suas colônias, e essas obrigações deveriam ser mantidas em libras esterlinas. Quando a guerra terminou, o Reino Unido não conseguiu cumprir suas obrigações de dívida sem aumentar os impostos ou cortar os gastos do governo, portanto decretou que seus ativos de dívida (ou seja, seus títulos) não poderiam ser vendidos de forma proativa por suas antigas colônias. Os Estados Unidos estavam ansiosos para que o Reino Unido restaurasse a conversibilidade o mais rápido possível, pois as restrições estavam reduzindo a liquidez na economia global, afetando os lucros das exportações dos Estados Unidos. O Banco da Inglaterra também estava ansioso para remover os controles de capital, a fim de restaurar o papel da libra como moeda de comércio global, aumentar as receitas do setor financeiro em Londres e encorajar os investidores internacionais a continuar economizando em libras esterlinas. **Em 1946, chegou-se a um acordo no qual os Estados Unidos forneceriam ao Reino Unido um empréstimo de 3,75 bilhões de dólares (cerca de 10% do PIB do Reino Unido)** para oferecer uma proteção contra uma potencial corrida à libra. Como esperado, a libra sofreu uma pressão de venda considerável quando a conversibilidade parcial foi introduzida em julho de 1947, e o Reino Unido e os países da zona esterlina recorreram à austeridade para manter a paridade da libra com o dólar. Restrições à importação de bens de luxo foram impostas, gastos com defesa foram cortados, reservas em dólar e ouro foram sacadas, e acordos foram feitos entre as economias que usavam a libra esterlina para não diversificar suas reservas em dólares. O primeiro-ministro Clement Attlee fez um discurso dramático, apelando para o espírito de sacrifício da época de guerra:

> Estamos engajados em outra batalha pela Grã-Bretanha. Esta batalha não pode ser vencida por poucos. Ela exige um esforço conjunto de toda a nação. Estou confiante de que este esforço vai ocorrer e que vamos vencer mais uma vez.

Imediatamente após o discurso, a corrida à libra acelerou. **No fim de agosto, a conversibilidade foi suspensa, provocando a ira dos Estados**

Unidos e de outros investidores internacionais que haviam comprado ativos em libras esterlinas antes da conversibilidade.** O administrador do Banco Nacional da Bélgica ameaçou interromper as transações em libras esterlinas, exigindo uma intervenção diplomática. **A desvalorização veio dois anos depois, quando os legisladores do Reino Unido e dos Estados Unidos perceberam que a libra não poderia retornar à conversibilidade pela taxa atual.** A competitividade voltou, a conta-corrente melhorou e, de meados até o fim da década de 1950, a conversibilidade total foi restaurada. Os gráficos a seguir pintam o cenário.

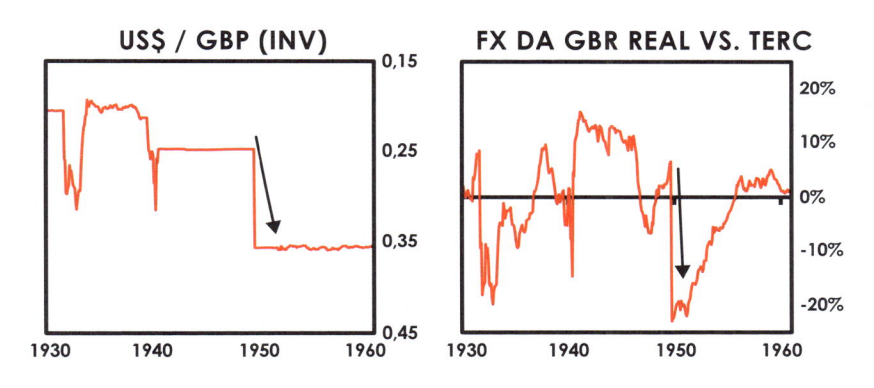

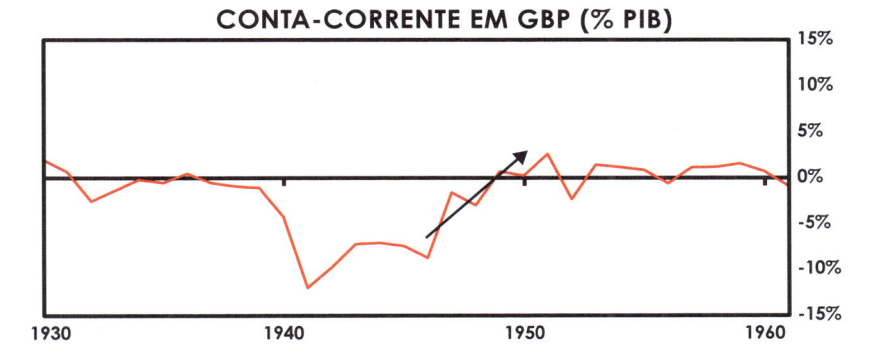

A desvalorização não levou ao pânico da libra esterlina, embora os fundamentos continuassem ruins, porque grande parte dos ativos do Reino Unido era detida pelo governo dos Estados Unidos, que estava disposto a sofrer o impacto da valorização a fim de restaurar a conversibilidade, e pelas economias da zona esterlina, como Índia e Austrália, cujas moedas estavam atreladas à libra por razões políticas. Ainda assim, a experiência imediata do pós-guerra deixou claro para observadores experientes que a libra não teria o mesmo papel internacional que tinha antes da Segunda Guerra Mundial.

Os esforços internacionais fracassados para apoiar a libra nas décadas de 1950 e 1960 e a desvalorização de 1967

Embora a desvalorização de 1949 tenha ajudado no curto prazo, a libra enfrentou tensões recorrentes na balança de pagamentos. Elas foram muito preocupantes para os formuladores de políticas internacionais, que temiam que um colapso no valor da libra esterlina ou uma rápida mudança para o dólar pudesse ser altamente prejudicial para o novo sistema monetário de Bretton Woods (sobretudo devido ao cenário da Guerra Fria e de preocupações em torno do comunismo). **Como resultado, inúmeros esforços foram feitos para sustentar a libra e preservar seu papel como fonte de liquidez internacional.** Além disso, o Reino Unido determinou que todo o comércio dentro do Mercado Comum fosse denominado em libras esterlinas e todas as suas moedas fossem atreladas à libra esterlina. O resultado foi que, nos anos 1950 e início dos anos 1960, o Reino Unido era visto mais como uma potência econômica regional e a libra esterlina como uma moeda de reserva regional. Mesmo assim, essas medidas não resolveram o problema: o Reino Unido estava bastante endividado e pouco competitivo; não conseguia pagar suas dívidas e ainda comprar o que precisava importar. A libra esterlina teve que ser desva-

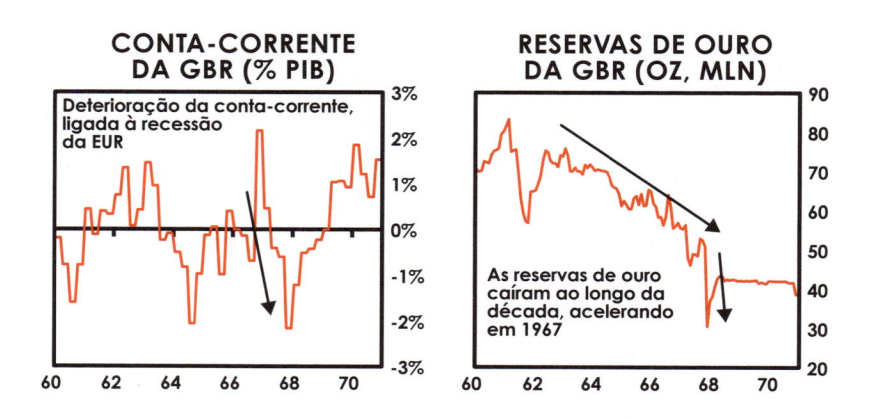

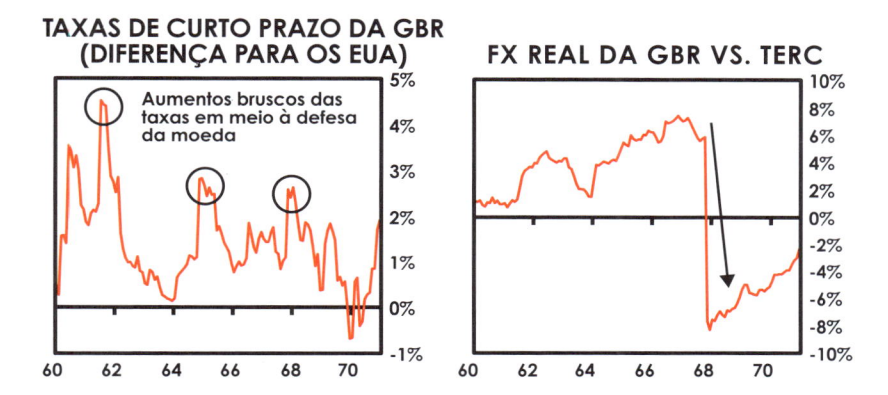

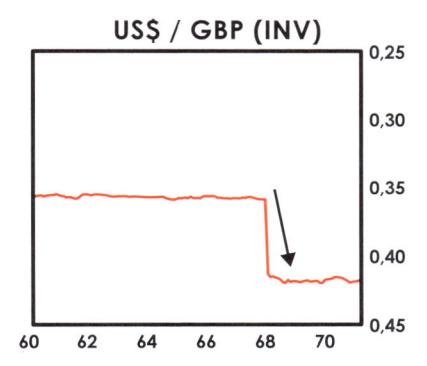

TAXAS DE CURTO PRAZO DA GBR (DIFERENÇA PARA OS EUA)

Aumentos bruscos das taxas em meio à defesa da moeda

FX REAL DA GBR VS. TERC

US$ / GBP (INV)

lorizada de novo em 1967. **Depois disso, a menos que o Reino Unido tivesse garantido seu valor subjacente em dólares, nem os países da Área da Libra Esterlina quiseram manter suas reservas em libras.**

Após a desvalorização, a libra ficou um pouco desacreditada. Os bancos centrais começaram a vender suas reservas em libras esterlinas e a comprar dólares, marcos alemães e ienes, em vez de simplesmente acumular menos libras em novas reservas. O percentual médio de libra esterlina nas reservas do banco central entrou em colapso em dois anos. **Os países que continuaram a deter um alto percentual de suas reservas em libras depois de 1968 estavam, na verdade, detendo dólares, porque o Acordo da Libra Esterlina de 1968 garantia 90% de seu valor em dólares.**

PERCENTUAL MÉDIO DE LIBRAS NAS RESERVAS DO BANCO CENTRAL (% TOTAL)

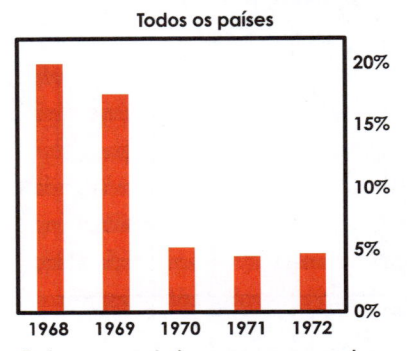

Todos os países

Os bancos centrais começam a vender suas reservas em libras esterlinas depois da desvalorização. O percentual de libras desaba.

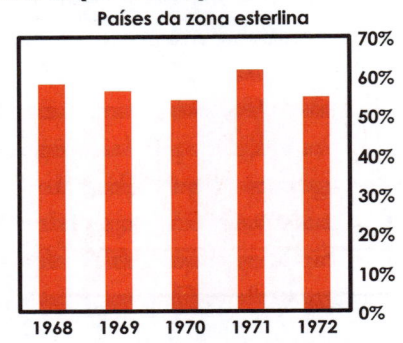

Países da zona esterlina

Os países do Acordo da Libra Esterlina prometem continuar detendo libras, mas apenas se 90% de seu valor em dólares for garantido pelo governo britânico.

A Europa depois da Segunda Guerra Mundial

Como vimos várias vezes, os terríveis custos da guerra levam os países a criarem novas ordens mundiais em sequência, em uma tentativa de garantir que essas guerras nunca voltem a acontecer. Naturalmente, as novas ordens mundiais giram em torno do vencedor, que costuma ser o império com ascensão mais recente. Depois da Segunda Guerra Mundial, esse império era claramente os Estados Unidos.

Os elementos geopolíticos mais importantes da ordem pós-guerra foram:

- **Os Estados Unidos eram a potência dominante, o que os tornava a força policial global na prática.** Naturalmente, surgiram tensões quase imediatas entre os Estados Unidos e a segunda potência mundial, a União Soviética. Os Estados Unidos e seus aliados formaram uma aliança militar chamada Otan, os Estados soviéticos formaram o Pacto de Varsóvia, e os dois se enfrentaram na Guerra Fria.
- **As Nações Unidas foram estabelecidas para resolver disputas globais.** Como é típico, sua sede ficava no coração do império ascendente (no caso, Nova York), com seu principal órgão de poder,

o Conselho de Segurança, dominado pelos vencedores da guerra, como também é clássico.

Os elementos financeiros mais importantes da nova ordem mundial consistiam em:

- Sistema monetário de Bretton Woods, que estabeleceu o dólar como moeda de reserva mundial.
- FMI e Banco Mundial, destinados a apoiar o novo sistema financeiro global.
- Nova York como o novo centro financeiro global.

Do ponto de vista europeu, o aspecto principal da nova ordem mundial foi o deslocamento de um equilíbrio de poder no qual as potências europeias proeminentes estavam no topo para um mundo no qual estavam exauridas e ofuscadas por novas superpotências que minimizavam todos os Estados europeus (sobretudo conforme suas colônias conquistavam a independência). Por causa dessas pressões e da lição clara sobre os custos da divisão que as Guerras Mundiais tinham ensinado, o valor da unidade europeia era evidente. Esse foi o ímpeto para a nova ordem europeia, que aos poucos se transformou na União Europeia (UE).

A história de Robert Schuman, um dos principais fundadores da UE, ajuda a explicar por que a Europa se uniu. O pai de Schuman era um cidadão francês que se tornou cidadão alemão quando sua região natal, a Alsácia-Lorena, foi anexada pelos alemães em 1871. Schuman nasceu cidadão alemão, mas se tornou cidadão francês quando a Alsácia-Lorena foi devolvida à França depois da Primeira Guerra Mundial. Como político na Segunda Guerra Mundial, ele se juntou ao governo de Vichy antes de abandoná-lo pela Resistência Francesa. Terminou a guerra escondido, com uma recompensa de 100 mil reichsmarks por sua cabeça. Um parceiro fundamental de Schuman foi o primeiro chanceler da Alemanha Ocidental do pós-guerra, Konrad Adenauer. Prefeito centrista, foi expulso da vida política pelos nazistas e enviado para um campo de concentração em 1944. Depois de sua eleição como chanceler democrata-cristão em 1949, suas políticas se concentraram na reconstrução da economia alemã, na reconciliação com outras potências europeias e na oposição ao comunismo. O projeto de Schuman e Adenauer, junto com o restante dos fundadores da UE, era tornar a guerra "não apenas impensável, mas materialmente impossível".

O primeiro passo foi criar a Comunidade Europeia do Carvão e do Aço. Parece um pacto econômico estreito, mas seu objetivo explícito era criar uma federação europeia. A partir da Declaração de Schuman:

> A união da produção de carvão e aço deve proporcionar o estabelecimento imediato de bases comuns para o desenvolvimento econômico como primeiro passo para a federação da Europa e mudará os destinos das regiões que há muito se dedicam à fabricação de munições de guerra, das quais têm sido as vítimas mais constantes.

O acordo criou órgãos supranacionais — uma Alta Autoridade, uma Assembleia Comum e um Tribunal de Justiça — que vinculavam os países individuais às suas decisões e regulamentos, tinham a capacidade de arrecadar impostos, podiam liberar empréstimos e estabelecer programas de assistência aos trabalhadores. Seis nações concordaram, e outras se juntaram com o tempo. No fim das contas, ela evoluiu para uma união aduaneira (em 1957, por meio do Tratado de Roma), abriu as fronteiras dos países (em 1985, por meio do Acordo de Schengen) e, por fim, fez um acordo para a estrutura de uma união política e econômica, incluindo uma cidadania europeia compartilhada (em 1992, via Tratado de Maastricht).

Como é clássico, essa nova ordem geopolítica europeia foi acompanhada de uma nova ordem econômico-financeira. O Tratado de Maastricht criou a base para uma nova moeda comum (o euro) e regras econômicas comuns, incluindo regras sobre déficits públicos. A integração dos 27 estados-membros (e seus mais de 400 milhões de habitantes), muitos dos quais estiveram em guerra entre si no passado, é um feito impressionante — que coloca a UE em posição semelhante às outras grandes potências.

A ZONA DO EURO EM COMPARAÇÃO COM OS EUA E A CHINA

	EUR	EUA	CHN
Pontuação do Império (0 a 1)*	0,55	0,87	0,75
PIB *per capita* (2017 USD, PPC Ajt)	41.504	60.236	16.411
PIB (% MND, PPC Ajt)	13%	17%	23%
População (% MND)	4%	4%	18%
Exportações (% MND)	12%	11%	15%
Gastos militares (% MND)	9%	28%	19%
Formação universitária (% MND)	13%	20%	22%
Patentes (% MND)	11%	17%	41%
Prêmios Nobel (% MND)	11%	32%	2%
Capitalização do mercado de ações (% MND)	8%	55%	10%
Transações internacionais em moeda (% MND)	28%	55%	2%
Reservas oficiais mantidas em moeda (% MND)	21%	62%	2%

*O Europe Empire Arc trata os principais países da zona do euro como uma única unidade para fins de comparação.

Os declínios e as crises relativas da União Europeia no início do século XXI ocorreram pelas razões clássicas dos declínios do Grande Ciclo, que se refletem nas oito medidas de poder e outros indicadores descritos no Capítulo 2. São os mesmos motivos pelos quais outros impérios passaram por crises. Mais especificamente, a dívida da Europa é grande, sua economia é fundamentalmente fraca, seus conflitos internos são relativamente grandes, sua vitalidade e seu nível de inventividade são relativamente fracos e seu poderio militar não é forte. As desigualdades de riqueza e renda entre os países-membros e dentro deles alimentaram o aumento de populistas, muitos dos quais se opõem à União Europeia e conseguiram fazer com que o Reino Unido a deixasse. Em resumo, de sua posição de império líder há não muito tempo, a Europa como um todo (e o Reino Unido também) caiu para uma posição de poder secundário.

**PIB PER CAPITA
(2010 US$)**

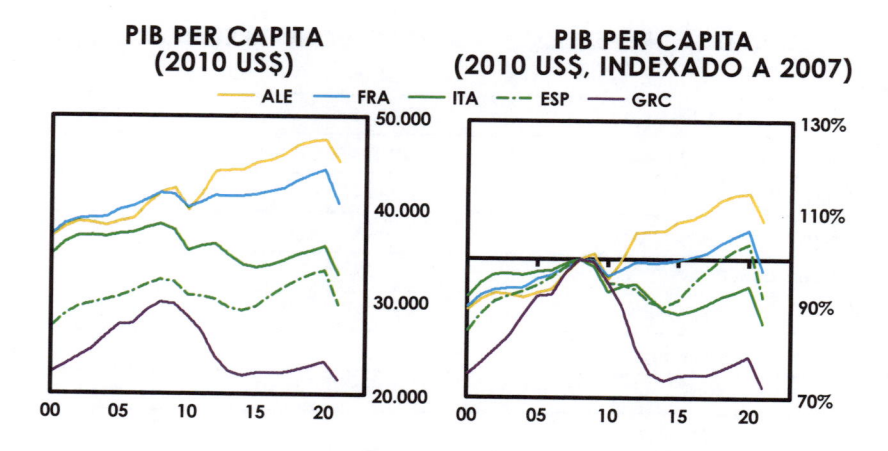

— ALE — FRA — ITA —·— ESP — GRC

**PIB PER CAPITA
(2010 US$, INDEXADO A 2007)**

Agora vamos voltar nossa atenção para a potência americana e a chinesa.

CAPÍTULO 11

O GRANDE CICLO DE ASCENSÃO E QUEDA DOS ESTADOS UNIDOS E DO DÓLAR

O presente capítulo cobre o Grande Ciclo da ascensão dos EUA a partir do século XIX, a gradual sobreposição ao Reino Unido no posto de império mais poderoso do mundo e sua recente queda. Devido à história dos EUA como principal império mundial ainda estar se desdobrando e sua relevância para o mundo atual ser das maiores, vou analisar seu Grande Ciclo com mais detalhes do que dediquei ao holandês e ao britânico, em especial por conta da relação que guarda com o status do dólar como moeda de reserva global e com as forças econômicas e de política monetária que o impactaram.

O próximo gráfico mostra os oito tipos de poder que compõem, no geral, o arco americano. **Por meio deles, pode-se observar a história por trás da ascensão e queda dos EUA desde 1700.** O forte desenvolvimento e a excelência na educação conduziram o país a avanços na inovação e na tecnologia, à competitividade nos mercados mundiais e na produção econômica, fatores que impulsionaram o desenvolvimento de mercados financeiros e dos EUA como seu centro, sua liderança em poderio militar e comércio internacional, e — um significativo tempo depois — a emergência do dólar como moeda de reserva. As relativas vantagens na educação, na competitividade e no comércio não existem mais, ao passo que permanecem fortes aquelas nos quesitos da inovação, da tecnologia, do status de moeda de reserva, dos mercados financeiros e do status de centro financeiro. **O que esse gráfico não mostra são as anormalidades nas condições da renda norte-americana e do balanço patrimonial,**

bem como os conflitos internos, ambos mais preocupantes. (Para um quadro atual mais completo, ver o capítulo final deste livro.)

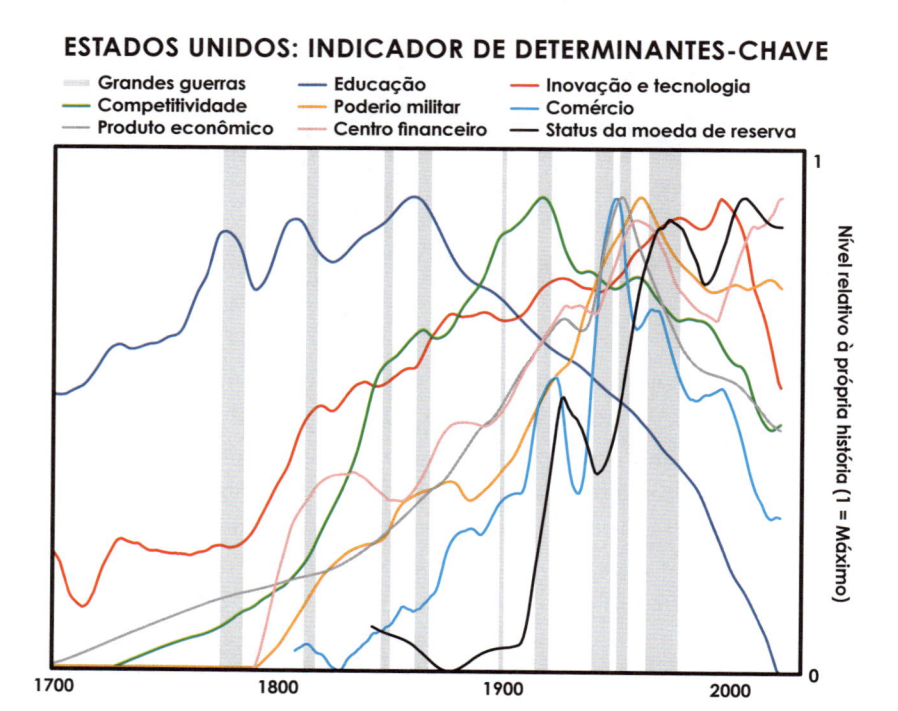

ESTADOS UNIDOS: INDICADOR DE DETERMINANTES-CHAVE

- Grandes guerras
- Educação
- Inovação e tecnologia
- Competitividade
- Poderio militar
- Comércio
- Produto econômico
- Centro financeiro
- Status da moeda de reserva

Nível relativo à própria história (1 = Máximo)

O gráfico a seguir combina todos os fatores para apresentar o arco geral dos EUA desde antes da Guerra de Independência, marcando os eventos-chave ao longo do caminho. Os números marcam os momentos aproximados dos seis estágios do ciclo de ordem interno.

ARCO DOS EUA – 1750-PRESENTE

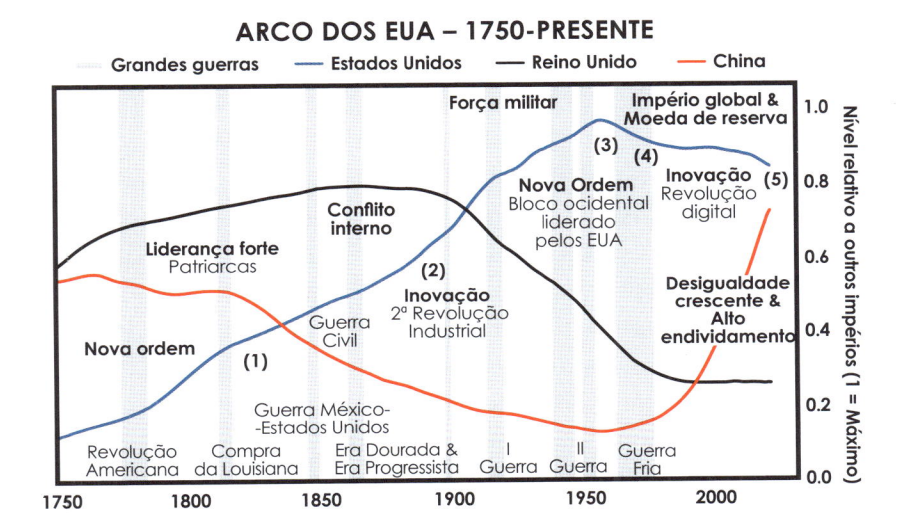

Gráfico mostrando o arco dos EUA de 1750 até o presente, com linhas para Grandes guerras, Estados Unidos, Reino Unido e China. Eventos indicados: Revolução Americana, Nova ordem (1), Liderança forte / Patriarcas, Compra da Louisiana, Guerra México-Estados Unidos, Guerra Civil, Conflito interno, Inovação / 2ª Revolução Industrial (2), Era Dourada & Era Progressista, Força militar (3), I Guerra, II Guerra, Nova Ordem / Bloco ocidental liderado pelos EUA, Império global & Moeda de reserva (4), Guerra Fria, Inovação / Revolução digital (5), Desigualdade crescente & Alto endividamento. Eixo Y: Nível relativo a outros impérios (1 = Máximo).

Agora vamos repassar toda a história dos EUA, do início até o momento em que escrevo.

A ASCENSÃO

Como acontece com todos os novos países e dinastias, **os EUA passaram pelo processo habitual de revolução e pós-revolução, no qual criaram uma nova ordem doméstica em que 1) um grupo coordenado de líderes fortes lutou para obter controle, 2) conquistou-o e consolidou-o, e então 3) a população deu apoio à visão dos novos líderes, mas 4) se dividiu em facções que divergiam sobre o que o governo deveria fazer para implementar tal visão. As facções acabaram por 5) definir um sistema de controle e detalhá-lo através de acordos (no caso dos EUA, primeiro via Artigos da Confederação, depois via Constituição), 6) estabelecer como ia funcionar o governo (o sistema de dinheiro e crédito, o sistema legal, sistemas legislativos, o sistema militar etc.) e 7) empregar as pessoas e fazer tudo funcionar.** No caso dos EUA, tudo isso foi alcançado de forma singularmente pacífica, via negociações, respeito quase total por acordos e bons conceitos de governança, o que já foi um ótimo início.

No gráfico detalhando os oito tipos de poder, podemos ver que níveis cada vez mais elevados de educação precederam os grandes saltos em inovação, em tecnologia e em competitividade, um processo que durou até as Guerras Mundiais, interrompido apenas durante a Guerra Civil Americana. Houve muitos altos e baixos nas circunstâncias econômicas, militares e de dinheiro e crédito tanto na esfera doméstica quanto na internacional. Não vou me alongar em detalhes, ainda que ressalte que todos seguiram os padrões arquetípicos gerados pelas mesmas relações de causa e efeito básicas descritas antes. Embora a ascensão dos EUA tenha se tornado mais pronunciada após a Segunda Guerra, só começou de fato no fim dos anos 1800. Retomamos a história deste ponto.

Depois da Guerra Civil Americana, ocorreu a Segunda Revolução Industrial, um daqueles clássicos momentos em que a busca pacífica por riqueza e prosperidade criou grandes ganhos em renda, tecnologia e riqueza na Inglaterra, na Europa continental e nos Estados Unidos.

Nos EUA, tais ganhos foram financiados através de um sistema de capitalismo de livre mercado que, como de hábito, produziu riqueza aos montes na mesma medida em que gerou grandes hiatos de renda. Eles, por sua vez, levaram ao descontentamento e às políticas da Era Progressista, que quebraram monopólios ricos e poderosos (legislação antitruste) e aumentaram a taxação dos ricos, a começar pela passagem de uma emenda constitucional, em 1913, permitindo a criação de impostos federais sobre a renda. Os trunfos reforçados dos EUA refletiram-se em suas fatias cada vez maiores da produção econômica global e do comércio mundial, bem como em seu crescente poder financeiro (exemplificado na transformação de Nova York em maior centro financeiro do mundo), liderança contínua na inovação e grande uso de seus produtos financeiros.

A longa ascensão do dólar e dos mercados de capitais dos estados unidos

O caminho que levou o dólar à condição de moeda de reserva dominante mundo afora nada teve de simples. No primeiro século de existência dos EUA, seu sistema financeiro era totalmente subdesenvolvido. Os bancos funcionavam no país da mesma maneira que operavam na maioria dos países, como descrevi nos Capítulos 3 e 4. Em outras palavras, moeda forte era depositada em bancos que, juntos, emprestavam muito mais do que tinham. Esse esquema de pirâmide desmoronou, os bancos não conseguiram dar conta de seus compromissos, e o dinheiro se desvalorizou. O país não contava com um banco central capaz de controlar os mercados financeiros ou agir como balcão de empréstimos de último recurso. **Os EUA viveram muitos ciclos de sucesso e fracasso, nos quais se repetiu o modelo clássico em que grande quantidade de investimentos com base em dívida (em terra, ferrovias etc.) passava da medida, levando a perdas para credores e à trituração do crédito. Como resultado, o pânico vivia acometendo o sistema bancário.** Só em Nova York, entre 1836 e 1913, ocorreram oito crises de pânico significativas. Crises desse tipo no âmbito regional também eram comuns. E ocorriam porque o sistema bancário altamente fragmentado tinha uma quantidade fixa de papel-moeda, nenhum seguro sobre depósitos e um sistema de reserva piramidal (um pequeno número de grandes bancos de Nova York servia como "correspondente" ou titular de reservas em troca de uma alta porcentagem dos bancos da nação) que aumentava os riscos de contágio caso algum banco perecesse.

Como Londres, Nova York havia se estabelecido como centro comercial bem antes de se tornar um centro financeiro global, um movimento que só ocorreu após a virada do século XX. Somente dois bancos americanos apareciam na lista dos vinte maiores bancos globais em 1913, na 13ª e na 17ª posições. Em comparação, bancos britânicos ocupavam nove posições, incluindo três das cinco primeiras. Para acrescentar o contexto, a essa altura os EUA superavam de longe o Reino Unido em produção econômica e os dois países disputavam de forma acirrada o mercado de exportações.

Muitas das mais importantes inovações financeiras no emergente centro financeiro de Nova York foram oriundas de suas necessidades de grande centro comercial. A atividade de bancos de investimentos decolou nos EUA e emergiu no século XIX como câmara de compensação para o capital — em grande parte vindo da Europa —, que financiou o boom americano ao longo do período. Como ocorrera em Londres, as seguradoras se desenvolveram com mais rapidez que os bancos; no período pré-guerra, os grandes fundos de seguros eram maiores do que os grandes bancos.

O fato de a economia dos EUA ser mais dinâmica e mudar com mais rapidez em comparação aos mercados europeu e britânico também se refletia no mercado de ações americano, que viveu um grande boom logo após a Guerra Civil. Como já expliquei, **a segunda metade do século XIX foi um período de crescente paz e prosperidade que já foi chamado de "Segunda Revolução Industrial", "Era Dourada" e "Era dos Barões Ladrões". Foi o período em que floresceram o capitalismo e as inovações, disparidades de renda se ampliaram consideravelmente, a decadência era aparente e o ressentimento cresceu.** A reação teve início por volta de 1900, e em 1907 houve uma clássica crise de dívida. A turbulência levou à criação do sistema de banco central do Federal Reserve em 1913. Por volta de 1910, a capitalização do mercado de ações americano havia superado a da Grã-Bretanha. Novos setores e empresas rapidamente obtinham posições de destaque, como a US Steel, fundada em 1901 e que quinze anos depois já era a companhia do país de maior valor.

Em 1914, e durando até 1918, se iniciou a Primeira Guerra Mundial, um conflito que poucos esperavam acontecer e ninguém imaginava que duraria tanto. Os EUA estiveram fora da Primeira Guerra durante a maior parte dela e foram a única potência a manter a convertibilidade do ouro durante o conflito. Não só economias e mercados da Europa foram terrivelmente prejudicados pelos esforços de guerra, como as políticas adotadas pelos governos europeus ajudaram a minar a confiança em suas moedas. Em contraste, a posição dos Estados Unidos nos campos financeiro e econômico foi beneficiada pela guerra. As dívidas dos Aliados eram, em grande parte, com bancos americanos, o que alavancou o uso do dólar para denominar o endividamento governamental global.

Seguindo o roteiro padrão, as potências vencedoras — nesse caso, os EUA, o Reino Unido, a França, o Japão e a Itália — encontraram-se ao final da guerra para estabelecer a nova ordem mundial. O encontro, batizado de Conferência de Paz de Paris, aconteceu no início de 1919, teve seis meses de duração e levou ao Tratado de Versalhes. Por meio do tratado, os territórios das potências derrotadas (a Alemanha, a Áustria-Hungria, o Império Otomano e a Bulgária) foram retraçados e postos sob o controle dos impérios vencedores. As potências perdedoras se endividaram profundamente com as vencedoras para reembolsar-lhes os custos da guerra. E essas dívidas eram pagáveis em ouro.

SPOT FX VS. US$ (INDEXADO)
— GBR — FRA — ALE

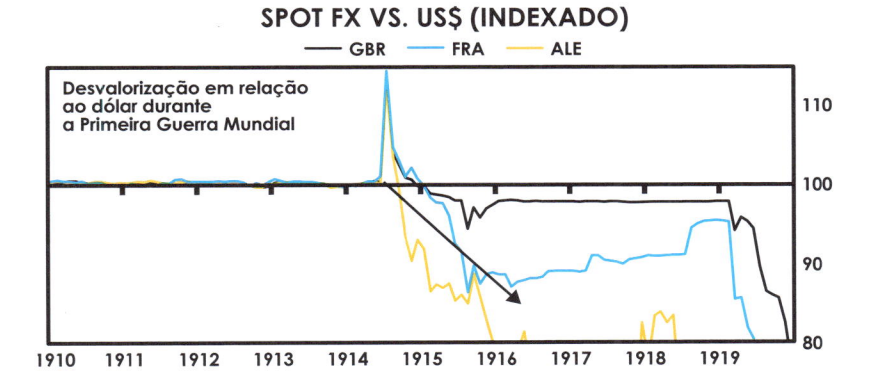

Desvalorização em relação ao dólar durante a Primeira Guerra Mundial

Geopoliticamente, os Estados Unidos também se beneficiaram devido ao papel-chave que tiveram na moldagem da nova ordem mundial, embora tenham se mantido mais isolacionistas. Já o Reino Unido continuava a expandir e supervisionar seu império colonial global. O sistema monetário imediato ao pós-guerra estava em transformação. Enquanto a maior parte dos países se empenhava em restaurar a convertibilidade do ouro, a estabilidade da moeda em relação ao ouro só ocorreu após um período de profundas desvalorizações e inflação.

Como de praxe, após os anos da guerra e o advento da nova ordem mundial vieram tanto um período de paz e prosperidade — que foi alimentado por grandes inovações e produtividade — quanto o boom do mercado de capitais, que gerou enorme endividamento e grandes disparidades de renda na fase final da ascensão. Nos Loucos Anos 1920, muita dívida (promessas de entrega de papel-moeda conversível em ouro) foi criada para financiar a compra de ativos especulativos (ações em particular). Para reduzi-la, o Federal Reserve apertou a política monetária em 1929, o que levou ao estouro da bolha e ao início da Grande Depressão global. Praticamente todas as nações sofreram economicamente, o que levou a disputas por riqueza dentro de países e entre eles, o que conduziria aos conflitos armados que tiveram início uma década depois.

No Capítulo 6, cobri a fundo os eventos que levaram à Segunda Guerra Mundial e também aqueles ocorridos durante o conflito como exemplo do grande ciclo externo de ordem/desordem em tempos de guerra. O importante a lembrar aqui é que a vitória dos Aliados, em 1945, produziu na ordem mundial a guinada seguinte. Foi uma tremenda mudança de riqueza e poder. **Em termos relativos, os EUA saíram como grandes vencedores, pois venderam e emprestaram muito antes e durante a guerra, praticamente todo o combate transcorreu fora de seu território, mantendo-o intacto, e, em número, a quantidade de mortes de americanos foi pequena se comparado ao da maioria das outras potências.**

O AUGE

O sistema geopolítico e militar do pós-guerra

Seguindo o roteiro padrão, as potências vitoriosas encontraram-se para determinar a nova ordem mundial e seus novos sistemas monetário e de crédito.

Os EUA, a Rússia (na época, URSS) e a Grã-Bretanha emergiram do conflito como as maiores potências mundiais, sendo os EUA sem dúvida a mais rica e com maior poderio militar. Alemanha, Japão e Itália foram basicamente destruídos, a Grã-Bretanha estava essencialmente falida, e a França, devastada pela guerra, pouco contribuíra para a vitória. A China estava em guerra civil, retomada logo após a rendição do Japão. **Embora a cooperação entre EUA e Rússia logo após a guerra tenha sido relativamente boa, não demoraria para as duas maiores potências com ideologias opostas entrarem em uma guerra "fria".** O próximo gráfico mostra os índices de poder agregado para os EUA, o Reino Unido, a Rússia e a China desde o fim da Segunda Guerra Mundial. Como é possível notar, a Rússia seguiu um padrão de crescimento em relação aos EUA até 1980, sem jamais chegar a ter poder sequer comparável, ainda que fosse muito mais poderosa do que a China. Depois de 1980, a Rússia inicia sua queda, e a China, sua rápida ascensão, enquanto os Estados Unidos continuam seu processo de queda gradual.

POSIÇÃO RELATIVA DOS GRANDES IMPÉRIOS

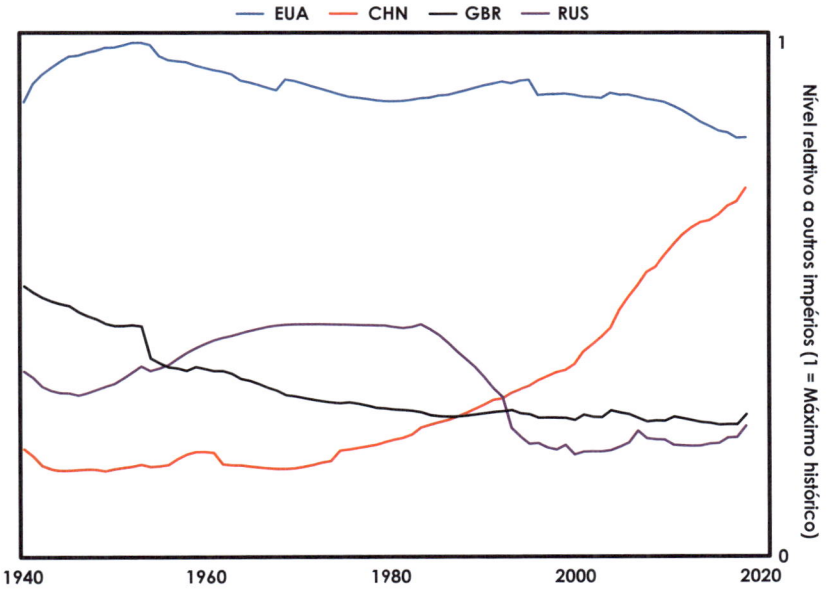

A separação entre os blocos controlados por EUA e Rússia estava clara desde o início. O presidente Harry Truman delineou o que hoje se chama de Doutrina Truman em um discurso em março de 1947:

> Toda nação precisa escolher entre modos alternativos de vida. Tal escolha com muita frequência não é livre. Um modo de vida tem por base a vontade da maioria e se distingue por instituições livres, governo representativo, eleições livres, garantias de liberdade individual, liberdade de expressão e de religião e ausência de opressão política. O segundo modo de vida tem por base a vontade de uma minoria imposta à força à maioria. Lança mão do terror e da opressão, do controle da imprensa e do rádio, de eleições armadas e da supressão de liberdades individuais. Creio que deva ser a política dos Estados Unidos apoiar povos livres que resistem a tentativas de subjugá-los da parte de minorias armadas ou de pressões externas.

A ORDEM MUNDIAL EM TRANSFORMAÇÃO

Como expliquei no Capítulo 6, se comparadas à governança doméstica, 🔴 *as relações internacionais são muito mais movimentadas por uma dinâmica crua de poder.* Isso ocorre porque, internamente, países têm leis e padrões de comportamento, ao passo que, nas relações entre os países, poder puro e simples tem mais peso, e mesmo leis, regras, tratados mutuamente acordados e organizações de mediação (como a Liga das Nações, as Nações Unidas e a Organização Mundial do Comércio) não importam tanto. **Por isso é tão crucial ter força e alianças militares de peso.** Em 1949, doze países aliados dos EUA (outros se juntariam mais tarde) formaram a aliança militar conhecida como Organização do Tratado do Atlântico Norte (Otan). Em 1954, a Organização do Tratado do Sudeste Asiático (na sigla em inglês, SEATO) foi estabelecida entre EUA, Reino Unido, Austrália, França, Nova Zelândia, Filipinas, Tailândia e Paquistão. Oito países do bloco soviético formaram, em 1955, o Pacto de Varsóvia.

Como se vê no gráfico seguinte, americanos e soviéticos investiram massivamente na construção de um arsenal nuclear e alguns outros países os acompanharam. Atualmente, onze países possuem armas nucleares ou estão a ponto de tê-las, em número e grau de capacidade variados. Ter armas nucleares sem dúvida aumenta muito as fichas de um país na mesa de negociação mundial, e é compreensível que algumas nações as queiram, enquanto outras tentam impedir essa aquisição. Embora não tenham ocorrido guerras nucleares, os EUA entraram em uma série de conflitos não tão grandes desde a Segunda Guerra Mundial, os quais notoriamente são as guerras da Coreia nos anos 1950, do Vietnã nas décadas de 1960 e 1970, ambas as guerras do Golfo, em 1990 e 2003, e a do Afeganistão, de 2001 a 2021. Todos esses conflitos custaram muito ao país em termos de dinheiro, vidas e apoio público. Valeram a pena? Não é minha função decidir. Para a União Soviética, cuja economia era bem menor e mais fraca que a dos EUA, gastar o bastante para competir militarmente com os EUA e manter seu império foi o que causou sua falência.

ARSENAL DE ARMAS NUCLEARES (#OGIVAS, LOG)

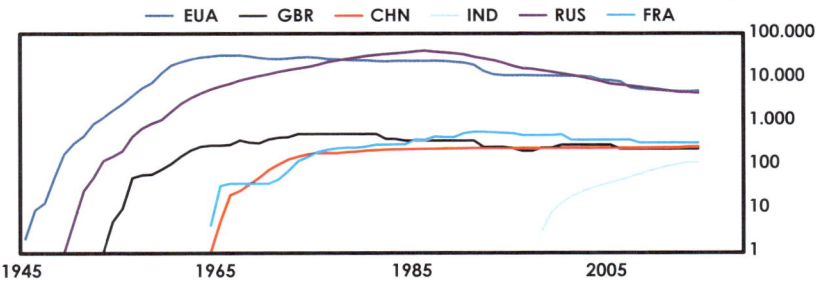

— EUA — GBR — CHN — IND — RUS — FRA

Poderio militar, é claro, consiste em bem mais do que armas nucleares, e muita coisa mudou desde a Guerra Fria. Embora eu não seja especialista em assuntos militares, comunico-me com alguns, e esses me levaram a crer que, ainda que os EUA continuem a ser de maneira geral a maior potência militar, não têm domínio sobre todas as partes do mundo em todas as formas, e seu poderio militar tem sido cada vez mais desafiado. As chances de os EUA perderem guerras — ou de, pelo menos, sofrerem injúrias inaceitáveis — contra China e Rússia nas áreas geográficas em que esses países têm mais peso são significativas, e injúrias inaceitáveis impostas por potências de segunda linha também não são impossíveis. Já não vivemos mais os bons tempos logo após 1945, quando os EUA eram a única potência dominante. Embora haja uma série de possibilidades de alto risco, em minha opinião a mais preocupante é a de uma ação violenta da China para reaver o controle de Taiwan.

Qual será a cara do próximo conflito militar de grandes proporções? Em função das novas tecnologias, será bem diferente dos anteriores. Tipicamente, países que vencem guerras são os que gastam mais, investem mais e veem seu poderio durar mais que o dos oponentes. Porém, trata-se de um equilíbrio delicado.

● *Como gastos militares implicam menos investimento do governo em programas sociais e como tecnologias militares andam de mãos dadas com as do setor privado, o maior risco militar para as potências dominantes é o de perder as guerras econômica e tecnológica.*

Em negociações entre países, as transações são mais regidas pela plena concorrência. Isso quer dizer que tornar uma moeda artificialmente barata e prejudicar quem a detém exige um menor grau de dificuldade, e assim moedas negociadas internacionalmente têm maior probabilidade de serem valorizadas. Isso é relevante quando moedas são reservas de valor na forma de dívidas nela denominadas. Às vezes, o endividamento mundo afora está alto demais e é do interesse de todos os governos desvalorizar a própria moeda. Em tais momentos, pode ser preferível ouro (e mais recentemente moedas digitais). Neles, também se torna mais provável que governos ilegalizem essas moedas alternativas, embora não possam bani-las por completo. Quando sistemas financeiros e de crédito baseados em moeda fiduciária entram em colapso, isso acaba por levar a sistemas baseados em moeda forte.

Os sistemas econômicos e monetários do pós-guerra

Quanto aos novos sistemas econômicos e monetários do pós-guerra, havia um para a zona de influência dos EUA e um para a da URSS, ainda que também houvesse alguns países não alinhados com suas próprias moedas não alinhadas, que não eram largamente aceitas. Representantes de 44 países reuniram-se em Bretton Woods, New Hampshire, em 1944, para criar um sistema monetário que ligasse o dólar ao ouro e as moedas de outros países ao dólar. O sistema da URSS era vinculado ao rublo, que ninguém queria. ● *Transações entre países são muito diferentes das que ocorrem dentro deles.* Governos querem controlar o dinheiro utilizado dentro de suas fronteiras, pois aumentar e diminuir sua oferta, seu custo de empréstimo e seu valor lhes dá enorme poder.

Dinheiro e economia são tão importantes que eu gostaria de retornar ao tema, revisitando como o sistema funciona até hoje. No sistema monetário do pós-guerra, dentro dos países, pessoas e empresas usavam papel-moeda controlado pelo governo. **Quando queriam comprar algo de outro país, o comum era trocarem o papel-moeda de seu próprio país pelo do outro com a ajuda de seu banco central, que estabelecia um acordo baseado no ouro com o banco central do outro país.** Se fossem americanos, pagavam em dólar, e o vendedor do outro país trocava o dinheiro por sua moeda local com o banco central ou o guardava na crença de ser uma melhor reserva de valor do que seu próprio dinheiro. Como resultado, o ouro saía das reservas do banco central dos Estados

Unidos, rumo às reservas do banco central do outro país, e dólares se acumulavam no exterior.

Como resultado do Acordo de Bretton Woods, o dólar se tornou a principal moeda de reserva do mundo. Foi algo natural, visto que as duas Guerras Mundiais haviam alçado, de longe, os EUA ao posto de país mais rico e poderoso. Ao final da Segunda Guerra Mundial, os EUA haviam reunido sua maior reserva histórica de ouro/dinheiro — cerca de dois terços de todo o ouro/dinheiro guardado por governos no mundo, o equivalente a oito anos de compras de importação. Até mesmo depois da guerra, continuaram a ganhar muito dinheiro por meio de exportação.

As economias da Europa e do Japão haviam sido destruídas pela guerra. Como solução, e para combater a expansão do comunismo, os EUA supriram tais países com grandes pacotes de ajuda (batizados de planos Marshall e Dodge), que foram a) bons para essas nações devastadas, b) economicamente bons para os EUA, pois esses países usaram o dinheiro na compra de bens norte-americanos, c) bons para a influência geopolítica dos EUA e d) bons para reforçar a posição do dólar como moeda de reserva dominante do mundo.

Com relação à política monetária, de 1933 a 1951 era responsabilidade do Federal Reserve estabelecer o montante, o rumo e o custo (ou seja, taxas de juros) do dinheiro, decisões tomadas em nome dos objetivos maiores do país e não do livre mercado.[1] Em especial, o Federal Reserve imprimia muito dinheiro para comprar dívida, estabelecia o limite para as taxas de juros que emprestadores poderiam cobrar e controlava no que se poderia investir dinheiro. Assim, a alta inflação não acarretava a elevação de taxas de juros a níveis inaceitáveis e a regulamentação impedia que outras opções de investimento se tornassem muito mais atraentes do que a dívida na qual o governo desejava que as pessoas aplicassem. **Após uma breve recessão pós-guerra devido à queda dos gastos militares, os EUA ingressaram em um período prolongado de paz e prosperidade típico de quando um novo Grande Ciclo se inicia.**

---

[1] O período de 1933 a 1951 vai do abandono do padrão-ouro por Roosevelt ao Acordo Monetário entre o Federal Reserve e o Tesouro, mas a política explícita de controle da curva de produção, através da qual o Federal Reserve moderava o diferencial entre taxas de juros de curto e longo prazo, vai de 1942 a 1947.

A recessão do pós-guerra viu o índice de desemprego dobrar (para cerca de 4%), pois aproximadamente 20 milhões de pessoas tiveram de buscar empregos fora da esfera das Forças Armadas e ocupações adjacentes. Mas, ao mesmo tempo, a suspensão das leis de racionamento, que limitava a capacidade da população de adquirir bens de consumo imediato, alavancou uma onda de gastos de consumo. Hipotecas baratas foram disponibilizadas para veteranos da guerra, o que levou a um boom imobiliário. O retorno das atividades baseadas em lucro aumentou a demanda por mão de obra, e logo o índice de desemprego caiu. As exportações viviam um momento intenso, pois os planos Marshall e Dodge alimentavam o apetite de países estrangeiros por bens norte-americanos; o setor privado dos EUA também tomou o rumo global, investindo em outros países de 1945 até a década de 1970. As ações eram baratas, e os retornos de dividendos, altos; o resultado foi um mercado de ações a pleno vapor por várias décadas, reforçando o domínio de Nova York na condição de centro financeiro mundial, trazendo mais investimentos e reforçando ainda mais o dólar como moeda de reserva. Tudo isso se deu por meio do figurino clássico; uma onda ascendente de Grande Ciclo mutuamente autorreforçante.

Havia dinheiro suficiente para os EUA melhorarem a educação, inventarem tecnologias fabulosas (por exemplo, as que lhes permitiram ir à Lua) e muito mais. A bolsa de valores chegou ao ápice em 1966, ano que marcaria o fim dos bons tempos por um período de dezesseis anos, embora ninguém na época soubesse disso. Foi por volta dessa época que comecei a entrar em contato direto com os acontecimentos. Comecei a investir em 1961, aos doze anos de idade. Claro, não sabia o que estava fazendo e não fazia ideia da sorte que meus contemporâneos e eu tínhamos. Havia nascido na hora certa e no lugar certo. Os EUA eram o maior país produtor em todo o mundo, e, portanto, o trabalho tinha valor. A maioria dos adultos conseguia arrumar bons empregos, e seus filhos podiam ir para a faculdade e ascender sem limitações. A maioria das pessoas era de classe média, e, assim, feliz.

Os EUA tomaram todas as clássicas providências que ajudaram o mundo a se tornar mais dolarizado. Seus bancos aumentaram as operações, incluindo as de concessão de empréstimos, em países estrangeiros. Em 1965, apenas treze bancos americanos tinham braços estrangeiros. Em 1970, já eram 79, e, em 1980, praticamente todo banco importante dos Estados Unidos havia se ramificado para ao menos um país estrangeiro. Chegava a 787, então, o número total de ramificações. A concessão de empréstimos globais estourara. Contudo, como também sempre acontece, a) quem prosperou exagerou ao operar de forma financeiramente imprudente e b) a competição global, em especial da parte de Alemanha e Japão, aumentou. Como resultado, concessões de empréstimos por bancos dos Estados Unidos e as finanças do país começaram a se deteriorar na medida em que desapareciam seus excedentes comerciais.

Os americanos nunca pensaram em quanto custariam o programa espacial, a Guerra à Pobreza e a Guerra do Vietnã. Sentiam-se ricos, o posto de moeda de reserva do dólar parecia seguro, e assim partiram do pressuposto de que poderiam sustentar por tempo indeterminado uma política fiscal de "armas e manteiga". Ao final dos anos 1960, o crescimento real do PIB estava próximo de 0%; a inflação, em torno de 6%; a taxa de juros de curto prazo do governo, em torno de 8%; e o desemprego, em torno de 4%. Ao longo daquela década, ações norte-americanas haviam dado retorno de 8% em uma base anual, enquanto títulos claudicavam, com títulos com volatilidade equivalente à do patrimônio líquido resultando em um retorno anual de -3%. O preço oficial do ouro havia permanecido fixo com relação ao dólar — teria uma modesta valorização ao final da década —, e as commodities, continuado fracas, com retorno anual de 1%.

Os Anos 1970: o problema do equilíbrio dos pagamentos se revela — baixo crescimento, alta inflação

Como explicado no Capítulo 3, quando introduzidas as garantias acerca da moeda forte (notas ou papel-moeda), elas a princípio equivalem à quantidade de moeda forte guardada no banco. Contudo, titulares das garantias de papel e bancos logo descobrem as maravilhas do sistema de crédito e dívida. Titulares de dívidas gostam do sistema porque podem emprestar ao banco essas garantias de papel em troca do pagamento de juros e assim ficar com estes. Os bancos que tomam o dinheiro emprestado gostam porque podem emprestá-lo a outros, que pagam uma taxa de juros ainda mais alta, e assim os bancos lucram. Quem contrai os empréstimos junto aos bancos gosta porque assim consegue um poder de compra que antes não tinha. E toda a sociedade gosta porque os preços dos ativos e a produtividade sobem.

Após 1945, bancos centrais estrangeiros podiam optar entre a titularidade de dívidas com pagamento de juros ou a posse de ouro, que não rendia juros. Uma vez que as dívidas denominadas em dólar foram consideradas tão boas quanto ouro, eram conversíveis em ouro e geraram ganhos mais altos devido aos juros, os bancos diminuíram a titularidade de ouro em relação à de dívidas denominadas em dólar entre 1945 e 1971. **Como explicado no Capítulo 4, tal movimento por parte de investidores é clássico e termina quando a) garantias quanto ao dinheiro real (ouro) excedem de forma substancial a quantidade de dinheiro real no banco e b) dá para notar que a quantidade de dinheiro real no banco (reservas de ouro) está diminuindo. Ou seja, quando nenhuma taxa de juros será alta o bastante para que a titularidade da dívida (isto é, deter garantias sobre dinheiro real) faça sentido e converter o papel-moeda em ouro parece melhor. A corrida aos bancos acontece nesse momento, e calotes e reestruturação de dívidas têm que ocorrer. Foi isso que levou à quebra do sistema monetário vinculado ao ouro de Bretton Woods.**

Com a aceleração da inflação e o enfraquecimento da economia em 1969-70, o Federal Reserve já não tinha como manter uma política monetária rígida, e assim, com a piora da balança de pagamentos dos EUA, o dólar despencou. Em vez de um superávit, os EUA tiveram que lidar com um déficit insustentavelmente alto na balança de pagamentos (isto é, o país mais comprava do restante do mundo do que vendia). No verão de 1971, americanos em viagens pela Europa tinham dificuldade para trocar dólares por marcos na Alemanha, francos na França e libras no Reino Unido. **O governo Nixon prometeu que não iria "desvalorizar" o dólar, mas, em agosto de 1971, os EUA deram calote na promessa de pagamentos em ouro, oferecendo papel-moeda.** Deixou de haver controle acerca do crescimento do dinheiro e do crédito, e teve início a década de estagflação. Ao mesmo tempo, outros países industrializados haviam recuperado sua força econômica, tornando-se muito competitivos nos mercados mundiais.

Em vez de enxergar esses problemas como sinais do que estava por vir, os americanos acharam se tratar de nada mais do que contratempos de caráter temporário. E, no entanto, com o andar da década, problemas econômicos contribuíram para a criação de problemas políticos, e vice-versa. A Guerra do Vietnã e o caso Watergate se arrastavam, e havia o aumento dos preços do petróleo induzido pela OPEP e repentinos aumentos do preço de produtos alimentícios devido a secas. Com o crescimento dos custos, os americanos contraíram mais empréstimos para manter seu padrão de vida, e o Federal Reserve (Fed) permitiu o crescimento acelerado da oferta de dinheiro para dar conta do alto índice de empréstimos e impedir taxas de juros inaceitavelmente altas.

Os dólares produzidos por esses déficits foram para países que detinham sobras orçamentárias e as depositaram em bancos dos Estados Unidos, que, por sua vez, os emprestaram a países latino-americanos e outros emergentes, produtores de commodities. Instituições de poupança e crédito contraíam empréstimos de curto prazo através de operações de venda a descoberto para montar hipotecas de mais longo prazo e outros empréstimos, usando o diferencial entre taxas de curto prazo (sob as quais contraíam empréstimos) e as de longo prazo (sob as quais emprestavam) como fonte de lucro. A inflação e seus efeitos sobre os mercados vieram em duas grandes ondas delimitadas por períodos de extremo arrocho monetário, quedas acentuadas na bolsa de valores e recessões profundas. **No início da década de 1970, a maioria dos americanos nunca havia passado por uma inflação e, por não estarem alertas, permitiram que ela se instalasse. Ao final da década, traumatizados, achavam que ela jamais chegaria ao fim.**

Ao final dos anos 1970, o crescimento real do PIB estava em torno de 2%; a inflação, em torno de 14%; taxas de juros de curto prazo, em torno de 13%; e o desemprego, em torno de 6%. Ao longo da década, o ouro subiu muito de valor e as commodities acompanharam a alta da inflação. Seus respectivos retornos eram em torno de 30% e 15% em uma base anualizada. Mas a alta taxa de inflação dizimou o modesto retorno nominal anual de 5% das ações e o retorno de 4% para ativos do Tesouro com volatilidade equivalente à do patrimônio líquido.

O sistema pós-Bretton Woods

Após a desvinculação do dólar e de outras moedas do ouro em 1971, o mundo passou a usar um sistema monetário fiduciário sem âncora (ou Tipo 3, como expliquei no Capítulo 3) e o dólar perdeu valor em relação ao ouro, a

outras moedas, a ações e a basicamente tudo. O novo sistema monetário foi negociado pelos principais formuladores de políticas econômicas dos Estados Unidos, da Alemanha e do Japão.[2] Subsecretário de Assuntos Monetários Internacionais na época em que Nixon cortou o elo do dólar com o ouro, Paul Volcker foi presidente do Federal Reserve de 1979 a 1987. Fez mais do que qualquer outra pessoa para formatar e orientar o sistema monetário baseado no dólar antes, durante e depois desse período. Tive a sorte de conhecê-lo bem e posso atestar que era uma pessoa de grande caráter, capacidade, influência e humildade — um herói/modelo de comportamento clássico em um mundo em que isso era raro, sobretudo no serviço público econômico. Creio que ele e seu pensamento merecem ser mais estudados.

Lembro-me muito bem da psicologia da inflação daquele período; ela fez os norte-americanos contraírem mais empréstimos e de imediato aplicar seus salários na compra de bens "para ganhar da inflação". Também foi forte a tendência de compra de bens que não podiam ser reproduzidos, como ouro e propriedades à beira-mar. O pânico do endividamento em dólar também levou taxas de juros a subir e fez o preço do ouro subir de 35 dólares, o valor fixado em 1944 e que foi o oficial até 1971, para 850 dólares em 1980.

Embora a maioria das pessoas não entendesse como operava a dinâmica de dinheiro e crédito, sentiam a dor na forma de inflação alta e altas taxas de juros, e isso a tornava uma questão de política crônica. Ao mesmo tempo, havia vários conflitos e diversas rebeliões devido à Guerra do Vietnã, embargos de petróleo que levavam à alta dos preços do combustível e ao racionamento, conflitos entre os sindicatos e as empresas em nome de melhores salários e benefícios, Watergate e o impeachment de Nixon etc. Esses problemas chegaram ao ápice no final da década de 1970, quando 52 cidadãos dos Estados Unidos foram mantidos reféns por 444 dias na embaixada do país em Teerã. Os americanos sentiam o país desmoronar. O que a maioria não compreendia era que as condições econômicas em nações comunistas eram ainda piores.

Como vamos ver no próximo capítulo, a morte de Mao Tse-tung, em 1976, pôs Deng Xiaoping no poder em uma China cuja economia tro-

---

[2] Se quiserem ler uma ótima descrição acerca desse processo de descoberta de como passar do antigo sistema monetário para o novo, fiduciário, recomendo *Changing Fortunes*, de Paul Volcker e Toyoo Gyohten.

peçava e que vivia conflitos internos. As reformas de mercado de Deng levaram a uma mudança de políticas econômicas, passando a incluir elementos capitalistas como propriedade privada de negócios, o desenvolvimento dos mercados de dívida e de ações, inovações em empreendedorismo tecnológico e comercial, e até o surgimento de capitalistas bilionários — tudo sob o rígido controle do Partido Comunista Chinês. Essa mudança de liderança e abordagem, ainda que aparentemente insignificante na época, germinaria a maior força isolada a moldar o século XXI.

A guinada de 1979-82 rumo ao arrocho monetário e ao conservadorismo

O presidente Jimmy Carter, que, como a maioria dos líderes políticos, não entendia muito bem a mecânica monetária, sabia que algo precisava ser feito para frear a inflação e, em agosto de 1979, designou um experiente formulador de políticas econômicas (Volcker) como presidente do Federal Reserve. Em outubro de 1979, **Volcker anunciou que limitaria o crescimento de moeda (M1) a 5,5%.** Fiz as contas, e isso me levou a perceber que, se ele realmente fizesse aquilo, haveria uma grande escassez de dinheiro que levaria as taxas de juros à estratosfera, falindo devedores que fossem incapazes de obter o crédito necessário para cobrir suas despesas com os encargos da dívida. Apesar da forte reação política, Volcker se manteve firme, levando as taxas de juros aos níveis mais altos "desde o tempo de Jesus Cristo", segundo o chanceler alemão Helmut Schmidt.

Na eleição presidencial de 1980, Carter foi destituído do poder e substituído por Ronald Reagan, visto como um conservador que iria impor a disciplina onde fosse preciso. As grandes potências da época (refletidas no G7, que consistia nos EUA, no Reino Unido, na Alemanha, no Japão, na França, na Itália e no Canadá, mostrando quão diferente era o equilíbrio mundial de poder quarenta anos atrás) fizeram movimentos análogos, elegendo conservadores para disciplinar o caos inflacionário. No início de seus mandatos, tanto Reagan, nos EUA, quanto Margaret Thatcher, no Reino Unido, tiveram brigas épicas com os sindicatos.

A ORDEM MUNDIAL EM TRANSFORMAÇÃO

● *O pêndulo da economia e da política oscila entre a esquerda e a direita em variáveis, à medida que os excessos dos extremos se tornam intoleráveis e as lembranças dos problemas do polo anterior se apagam.* É como na moda — a largura das gravatas e o comprimento das saias mudam ao longo do tempo. Quando um extremo é muito popular, pode-se esperar que não demore até haver uma guinada comparável na direção oposta. A mudança para o arrocho monetário quebrou as pernas dos devedores e reduziu a tomada de empréstimos, levando a economia mundial à pior desaceleração desde a Grande Depressão. O Federal Reserve começou aos poucos a abater as taxas de juros, mas os mercados continuaram em queda. Foi quando o México, em outubro de 1982, deu calote em sua dívida. E o mercado de ações dos EUA, em um movimento intrigante, recobrou forças em resposta.

O que aconteceu a seguir criou uma experiência chocantemente dolorosa de aprendizado para mim. Embora tenha conseguido prever a crise de dívida, o que me gerou lucros, eu também: a) previ uma depressão engatilhada pelo calote da dívida, o que jamais aconteceu, e b) ao apostar nela, perdi muito dinheiro. Como resultado de meu prejuízo pessoal e do prejuízo de meus clientes, tive que demitir todos os funcionários de minha tenra empresa, a Bridgewater Associates, e fiquei duro a ponto de ter que pedir 4 mil dólares emprestados a meu pai para ajudar a pagar as contas de casa. Ao mesmo tempo, foi uma das melhores coisas que me aconteceu, pois modificou por completo meu processo de tomada de decisões. Eis o que eu não havia percebido: quando o endividamento se dá na mesma moeda que um banco central tem capacidade de imprimir e reestruturar, crises de dívida podem ser bem administradas e não ameaçam o sistema. O Federal Reserve era capaz de fornecer dinheiro aos bancos que haviam concedido empréstimos, os quais não estavam sendo pagos, e, assim, eles não tiveram problemas de fluxo de caixa. E, como o sistema norte-americano de contabilidade não exigia que os bancos levassem os maus empréstimos como perdas, não havia nenhum grande problema que não pudesse ser solucionado. Aprendi que **o valor dos ativos é a recíproca do valor de dinheiro e crédito (isto é, quanto mais baratos dinheiro e crédito forem, mais caros serão os preços dos ativos) e o valor do dinheiro é a recíproca da quantidade que dele houver em** existência. **Portanto, sempre que bancos centrais produzem muito dinheiro e crédito e o tornam barato, é bom ser mais agressivo na propriedade de ativos.**

Os desinflacionários e efervescentes anos 1980

Nos anos 1980, houve um boom na economia e no mercado de ações acompanhado por queda da inflação e das taxas de juros nos EUA, ao mesmo tempo que as economias emergentes oprimidas pelo endividamento e sem bancos centrais capazes de socorrê-las passavam por depressões inflacionárias. O processo de reestruturação das dívidas progrediu devagar de 1982 a 1989, quando um acordo chamado de Plano Brady — batizado com o nome de Nicholas Brady, então secretário do Tesouro dos Estados Unidos — foi criado e começou a dar fim à "década perdida" nesses países (pois foram fechados acordos com diferentes países ao longo da primeira metade dos anos 1990). **Todo esse ciclo de aumento e queda de dívida que vai de 1971 a 1991, e cujo efeito foi profundo sobre praticamente todos no planeta, resultou do abandono do padrão-ouro pelos EUA, da consequente inflação e da necessidade de impedi-la através de políticas monetárias rígidas, que tornaram o dólar forte e fizeram a inflação despencar.** Nos mercados, esse grande ciclo se mostrou por meio: a) da subida da inflação e de ativos protegidos contra ela, mais a tendência de queda dos títulos públicos nos anos 1970, b) do arrocho monetário arrasador de 1979-81, que fez do dinheiro vivo o melhor investimento e levou a muita reestruturação deflacionária de dívidas por devedores não americanos, e, por fim, c) de índices decrescentes de inflação e excelente performance de títulos, ações e outros ativos desinflacionários na década de 1980. Os gráficos a seguir retratam isso muito bem, pois exibem a subida e a descida das taxas de inflação denominada em dólares e as taxas de juros de 1945 até o presente. É preciso ter em mente tais movimentos e a mecânica por trás deles quando se pensa no futuro.

A ORDEM MUNDIAL EM TRANSFORMAÇÃO

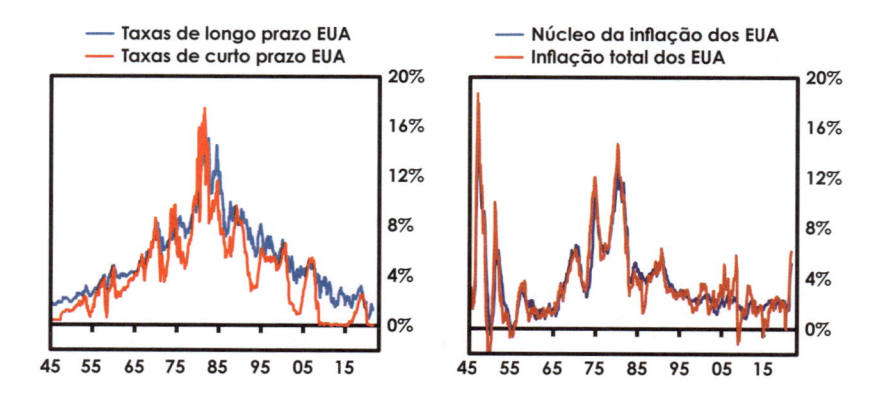

Ao longo de todo o processo, o dólar continuou a ser a principal moeda de reserva do mundo. Todo esse período foi uma demonstração convincente dos benefícios para os EUA de terem a moeda na qual a maior parte das dívidas do mundo está denominada.

1990-2008: globalização, digitalização e efervescência financiada por endividamento

Devido aos fracassos econômicos, a União Soviética não teve como sustentar: a) seu império, b) sua economia e c) seu poderio militar face à ênfase de gastos de Reagan na corrida armamentista. Como resultado, a União Soviética desmoronou em 1991. Era visível que o comunismo fracassara ou estava fracassando por toda parte, assim muitos países se afastaram desse modelo, e o mundo adentrou um período bastante próspero de globalização e de capitalismo de livre-mercado.

Desde então, três ciclos econômicos nos trouxeram à conjuntura na qual escrevo este livro — uma cujo auge foi em 2000, com a bolha da internet, que levou à recessão subsequente; outro cujo auge foi em 2007, com a bolha que levou à crise financeira global de 2008; e uma última cujo auge foi em 2019, imediatamente antes de o novo coronavírus provocar uma nova desaceleração. Além do declínio da União Soviética, esse período também testemunhou a escalada da China, a globalização e os avanços tecnológicos que substituíram pessoas, o que foi bom para os lucros corporativos, mas ampliou desigualdades sociais e de oportunidades.

Países e suas fronteiras diminuíram de importância; bens e a renda gerada eram produzidos, de maneira geral, onde houvesse a melhor relação custo-benefício, levando à produção e ao desenvolvimento em países emergentes, e acelerando a mobilidade de pessoas entre países, reduzindo desigualdades de riqueza entre nações e aumentando-as vertiginosamente dentro delas. A mão de obra de renda média e baixa em países desenvolvidos sofreu, ao passo que os trabalhadores em países emergentes produtivos tiveram grandes ganhos relativos. Ainda que seja simplificar demais, não é errado dizer que **foi um período em que trabalhadores em outros países — sobretudo a China — e máquinas substituíram os trabalhadores de classe média nos Estados Unidos.**

O gráfico seguinte exibe as balanças de bens e serviços[3] para os Estados Unidos e a China desde 1990 em valores reais (ajustados mediante a inflação) em dólar. Como você verá no próximo capítulo, as reformas econômicas na China e a política de portas abertas após a chegada de Deng Xiaoping ao poder em 1978, bem como sua entrada na Organização Mundial do Comércio em 2001, levaram a uma explosão da competitividade e exportações do país. Repare nas acelerações dos superávits chineses e dos déficits norte-americanos de 2000, mais ou menos, até em torno de 2010, e então algum estreitamento nas diferenças (que recentemente cresceram durante a pandemia), mas ainda com a China tendendo ao superávit e os EUA, ao déficit. Esses superávits representam grandes reservas para a China e, portanto, grande poder financeiro.

---

[3] Isso mede se o país, de maneira geral, gasta mais do que arrecada.

EXPORTAÇÕES DE BENS E SERVIÇOS MENOS IMPORTAÇÕES DE BENS E SERVIÇOS (VLR REAL, BIL US$, 12MMM)
— EUA — CHN

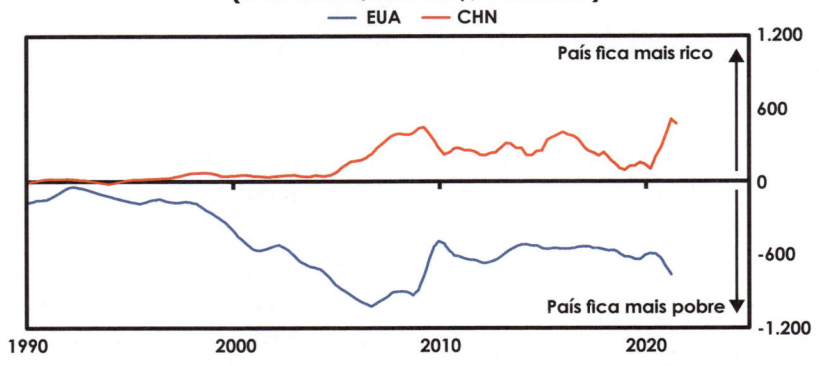

● *A maioria das pessoas presta atenção no que obtém e não em de onde vem o dinheiro para custear aquilo. Por isso, políticos eleitos têm motivações fortes para gastar muito dinheiro emprestado e fazer várias promessas para dar aos eleitores o que eles querem e assumir dívidas e outras responsabilidades que podem causar problemas mais adiante.* Foi certamente esse o caso no período entre 1990 e 2008.

Durante o ciclo da dívida em longo prazo, de 1945 a 2008, o Federal Reserve baixava as taxas de juros sempre que queria aquecer a economia e tornava dinheiro e crédito mais acessíveis, o que fazia subir os preços de ações e títulos e também a demanda. Assim foi feito até 2008 — isto é, taxas de juros foram baixadas e dívidas cresceram mais rápido que a renda, criando bolhas insustentáveis. Isso mudou quando a bolha estourou em 2008 e taxas de juros chegaram a 0% pela primeira vez desde a Grande Depressão. Como explico de forma mais detalhada em meu livro *Principles for Navigating Big Debt Crises*, há três tipos de política monetária: 1) a conduzida pelas taxas de juros (chamo-a de Política Monetária 1, por ser a primeira usada e a forma preferível de gerir política financeira); 2) a impressão de dinheiro e a compra de ativos financeiros, títulos públicos em especial (chamo-a de Política Monetária 2, e hoje é comum referirem-se a ela como "flexibilização quantitativa"); 3) a coordenação entre políticas fiscal e monetária através da qual o governo central faz uma quantidade de gastos financiados por dívida e o banco central compra tal dívida (chamo-a de Política Monetária 3, pois é a terceira e última a ser usada quando as duas anteriores não produzem mais resultados). Os próximos gráficos mostram como as crises de dívida de 1933 e 2008 levaram a taxas de juros que bateram 0%, seguidas por impressão de dinheiro em grande quantidade por parte do Federal Reserve.

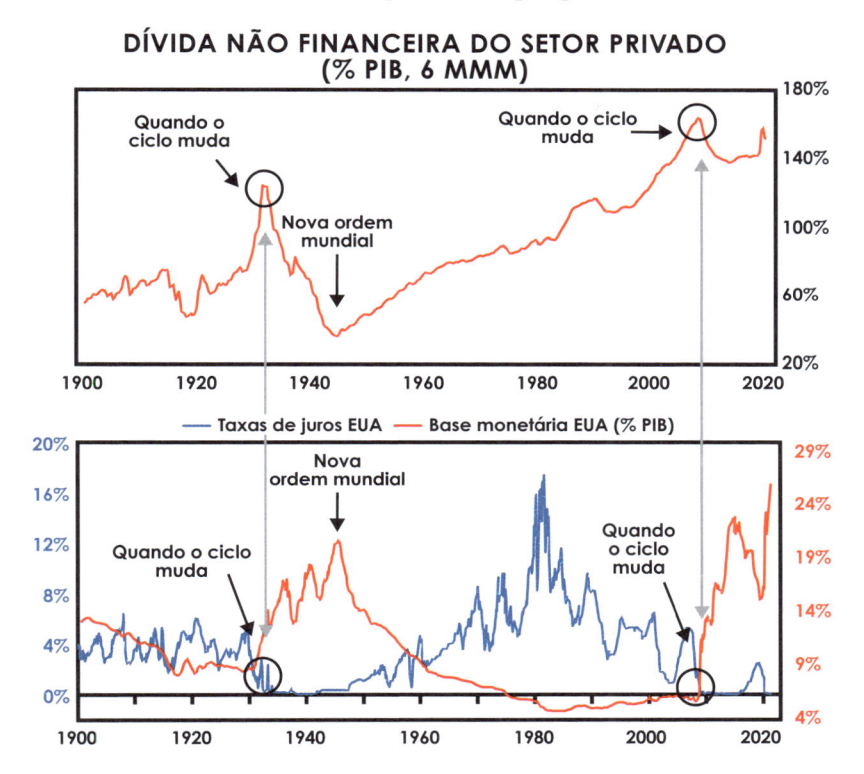

Essa mudança na política monetária teve grandes efeitos e implicações.

O boom capitalista financiado por dinheiro de 2008 a 2020

Em 2008, a crise de dívida levou as taxas de juros a serem reduzidas até chegarem a 0%, o que fez os três maiores bancos centrais de moedas de reserva (liderados pelo Federal Reserve) passarem de uma política monetária definida a partir de taxas de juros para outra à base da impressão de dinheiro e da compra de ativos financeiros. Bancos centrais imprimiram dinheiro e compraram ativos financeiros, o que capitalizou investidores que compraram outros ativos, levando à subida de seus preços, o que ajudou a economia e beneficiou particularmente os ricos, o bastante para deterem a propriedade de ativos, aumentando a desigualdade. Basicamente, dinheiro emprestado era essencialmente de graça e, portanto, no universo de investidores e no corporativo houve quem se aproveitasse disso para botar as mãos nele e usá-lo para fazer compras, que aumentaram o preço das ações e os lucros corporativos. Esse dinheiro não se espalhou pirâmide abaixo de forma proporcional, e o hiato de riqueza e renda continuou a crescer, tornando-se a maior desde o período de 1930-45.

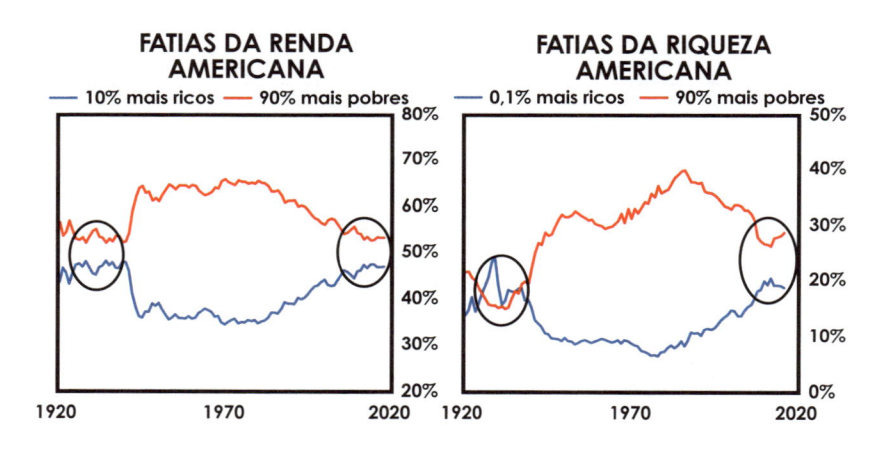

FATIAS DA RENDA AMERICANA
— 10% mais ricos — 90% mais pobres

FATIAS DA RIQUEZA AMERICANA
— 0,1% mais ricos — 90% mais pobres

Em 2016, Donald Trump, um empresário e capitalista populista da direita, liderou uma revolta contra políticos estabelecidos e "elites", elegendo-se presidente com a promessa de apoiar as pessoas de natureza conservadora que haviam perdido empregos e passavam por dificuldades. Ele viria a abater impostos corporativos e a rolar um grande déficit orçamentário, que o Fed aceitou. Embora tal crescimento da dívida tenha financiado um crescimento relativamente alto da economia de mercado e gerado alguns benefícios para pessoas de baixa renda, veio acompanhado da ampliação da disparidade de riqueza e valores, tornando os "despossuídos" cada vez mais ressentidos com os "abastados". **Ao mesmo tempo, o hiato político se alargou, com posturas cada vez mais radicais de republicanos de um lado e de democratas do outro.** Isso se reflete nos próximos dois gráficos. O primeiro mostra quão conservadores passaram a ser os Republicanos e quão liberais se tornaram os Democratas em relação ao passado, tanto no Senado quanto na Câmara. Com base nessa medida, os dois lados se tornaram mais extremos e sua divergência, maior do que nunca. Não tenho certeza da exatidão desses dados, mas creio estarem certos de maneira geral.

POSIÇÕES IDEOLÓGICAS DOS PRINCIPAIS PARTIDOS

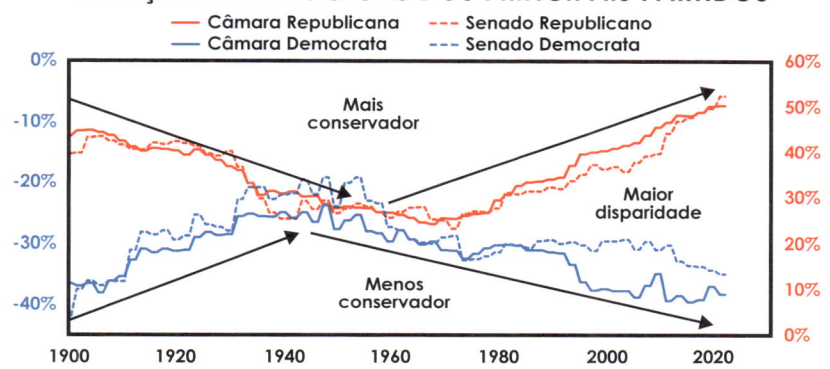

O próximo gráfico exibe a porcentagem de votos alinhados ao partido para a média dos congressistas, que é a mais alta da história. Isso continua a se refletir na pouca disposição de cruzar as fronteiras dos partidos e fazer concessões para chegar a acordos. Em outras palavras, as divisões políticas no país tornaram-se profundas e intransigentes.

PORCENTAGEM DE VOTOS ALINHADOS AOS RESPECTIVOS PARTIDOS DOS MEMBROS DO CONGRESSO

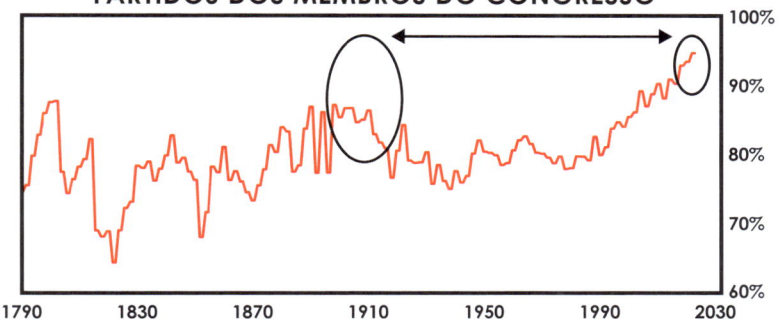

Esse gráfico mostra, em média, até que ponto a ideologia de esquerda/direita de um congressista de Câmara ou Senado é capaz de determinar como serão seus votos em cada sessão do Congresso, segundo a medida do NOMINATE, um modelo acadêmico de preferência ideológica.

Trump adotou uma postura mais agressiva nas negociações referentes a discordâncias econômicas e geopolíticas com rivais internacionais, em particular China e Irã, e aliados como Europa e Japão no tocante ao comércio e ao custeio de despesas militares. Os conflitos referentes a comércio, tecnologia, geopolítica e capital com a China vinham se intensificando quando seu mandato terminou, em 2021; sanções econômicas tais como as que foram usadas no período 1930-45 estavam em vigor ou foram colocadas na mesa como possibilidades.

Em março de 2020, com a chegada da pandemia do novo coronavírus, renda, oferta de empregos e atividade econômica despencaram com a entrada do país (e da maior parte do mundo) em lockdown. O governo dos EUA assumiu diversas dívidas para dar ao povo e às empresas muito dinheiro, e o Federal Reserve imprimiu muito dinheiro e comprou muita dívida. Outros bancos centrais fizeram o mesmo. Como reflexo, os gráficos seguintes mostram as taxas de desemprego e as folhas de balanço dos bancos centrais das grandes potências retornando no tempo até onde há dados disponíveis. Como se vê, todos os níveis de impressão de dinheiro e de compra de ativos financeiros por parte de bancos centrais subiram, aproximando-se dos recordes anteriores, registrados nos anos de guerra, ou superando-os.

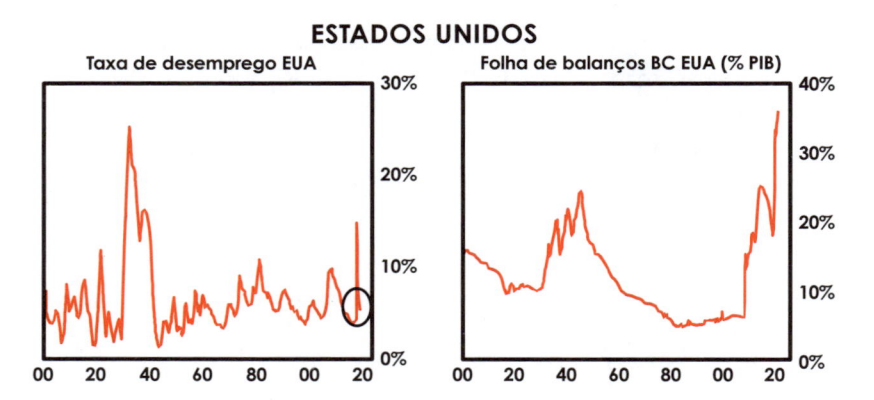

ESTADOS UNIDOS

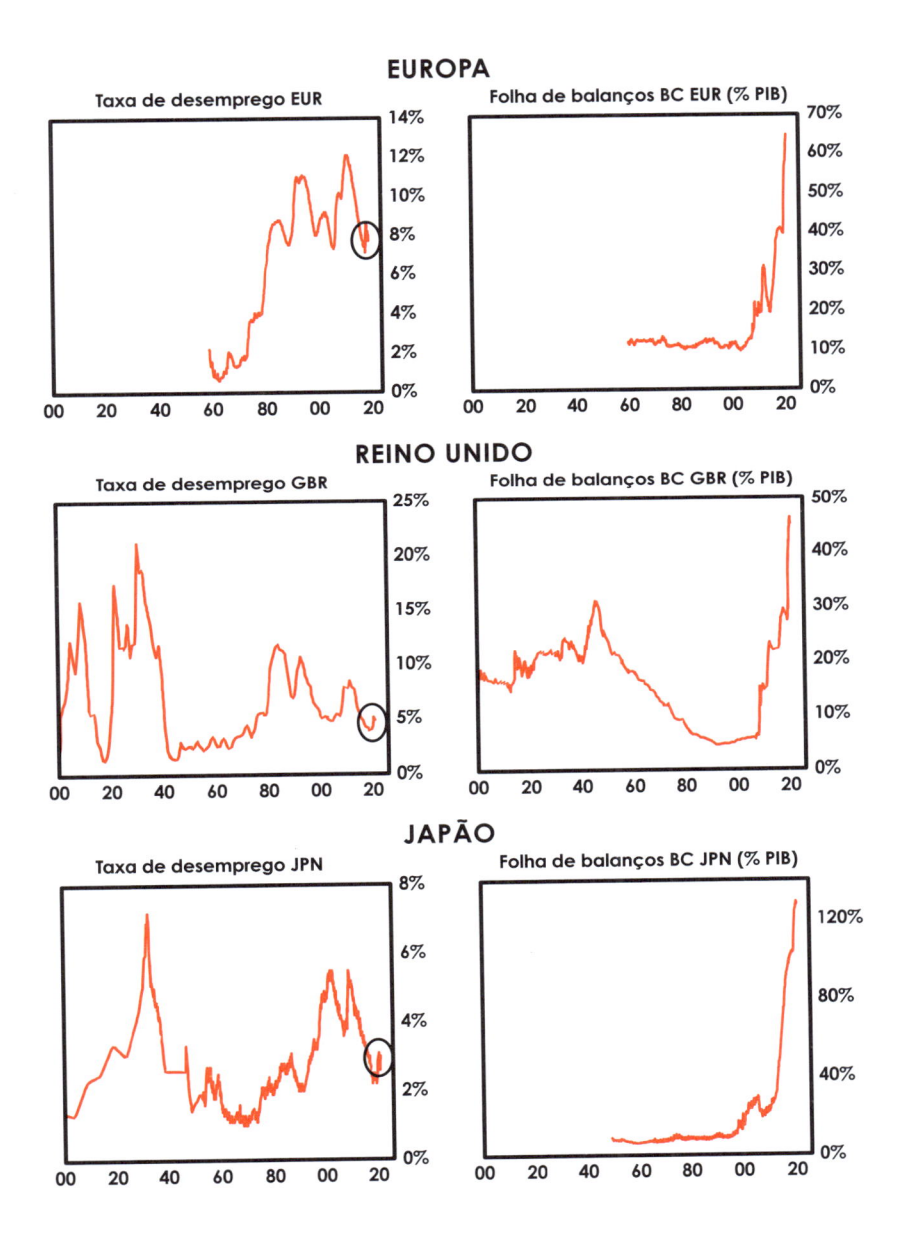

EUROPA

Taxa de desemprego EUR

Folha de balanços BC EUR (% PIB)

REINO UNIDO

Taxa de desemprego GBR

Folha de balanços BC GBR (% PIB)

JAPÃO

Taxa de desemprego JPN

Folha de balanços BC JPN (% PIB)

Como a história nos mostra e como explica o Capítulo 4, ● *quando dinheiro e crédito aumentam demais, o valor de ambos cai, fazendo subir o de outros ativos financeiros.*

O movimento de impressão de papel-moeda e compra de dívida feito em 2020 pelo Fed foi semelhante ao de Roosevelt em março de 1933, ao de Nixon em agosto de 1971, ao de Volcker em agosto de 1982, ao de Ben Bernanke em novembro de 2008 e ao de Mario Draghi em julho de 2012. Virou prática padrão para os bancos centrais e continuará a ser usada até que pare de funcionar.

ONDE ESTÃO OS EUA NO GRANDE CICLO ATUAL

As estatísticas em meu modelo sugerem que o Grande Ciclo dos EUA já cumpriu mais ou menos 70% de seu percurso, com uma margem de erro de 10%. Os Estados Unidos ainda não cruzaram a linha que leva à sexta fase, a da guerra civil/revolução, quando os confrontos começam de fato, mas **os conflitos internos estão acirrados e só crescem**. Nas eleições de 2020, ficou claro quão dividido o país está — quase 50/50, ao longo de linhas aparentemente irreconciliáveis.

O próximo gráfico representa como era a cara da população cinquenta anos atrás — isto é, a maioria de ambos os partidos era de moderados, e mesmo os extremistas eram menos extremos.

ESPECTRO POLÍTICO 50 ANOS ATRÁS

Agora, a aparência já é essa — ou seja, com uma maior concentração e um maior número de pessoas nas extremidades.

ESPECTRO POLÍTICO 2021

[4]

---

[4] A gradação de tonalidade indica o grau de polarização.

A história nos mostra que 🔴 *a maior polarização pode significar a) maior risco de impasse político, o que reduz as chances de mudanças revolucionárias que corrijam os problemas, ou b) alguma forma de guerra civil/revolução.*

No Capítulo 5, descrevi os sinais clássicos que apontam as probabilidades de a situação degringolar do Estágio 5 para o Estágio 6. **Os três sinais mais importantes que observo atualmente são: 1) as regras sendo deixadas de lado, 2) ambos os lados se atacando de forma exaltada e 3) sangue sendo derramado.**

No capítulo final deste livro, vou compartilhar as medidas quantitativas que utilizo para mapear o andamento das coisas. Continuarei a observá-las e compartilhá-las no site economicprinciples.org. Mas, antes, vamos analisar uma potência mundial em ascensão, a China, e as formas pelas quais o país está entrando em conflito com os EUA.

CAPÍTULO 12

A ASCENSÃO NO GRANDE CICLO DA CHINA E DO RENMINBI

O clima anda tão pesado entre os Estados Unidos e a China que muitas pessoas me aconselharam a não publicar este capítulo. Estamos em uma espécie de guerra, dizem; qualquer elogio que eu escrever sobre a China alienará os leitores dos EUA, enquanto as críticas à China enfurecerão os chineses — e a mídia vai piorar a situação, distorcendo tudo o que for dito. Deve ser verdade, mas não posso deixar de me expressar abertamente a esse respeito porque o relacionamento dos EUA e da China é muito importante para não ser mencionado por alguém que conhece os dois países tão bem quanto eu. Não falar honestamente me custaria o respeito que tenho por mim mesmo.

Não tenho medo de críticas. São bem-vindas. O que estou expondo aqui é apenas a última iteração de meu processo de aprendizagem, que é desenvolver minhas perspectivas através de experiências e pesquisas diretas, escrever o que aprendi, submeter isso a um teste de estresse mostrando o resultado para pessoas inteligentes, explorar as diferenças se e quando as tivermos, evoluir um pouco mais meu pensamento, e fazer isso de novo e de novo até morrer. Embora este estudo reflita quase quarenta anos desse processo com a China, ainda está incompleto; é certo e errado de maneiras que ainda não foram descobertas, e o forneço para que você o use ou critique com o espírito de descobrir o que é verdade.

Este capítulo enfoca a China e a história chinesa; o capítulo seguinte é sobre as relações EUA-China. O que espero fornecer no capítulo atual é um melhor entendimento das origens chinesas — de como eles enxergam os outros e a si mesmos como resultado de suas vivências históricas. Apesar de não ser um estudioso da cultura chinesa e da maneira chinesa de agir, acredito que meus inúmeros encontros diretos com a China, minha pesquisa histórica e econômica e meu ponto de vista norte-americano e global me dão uma noção única de seu passado e presente. Depois de ler, você poderá decidir por si mesmo se isso é verdade ou não.

A cultura chinesa, ou seja, as expectativas inatas de seu povo sobre como as famílias e as comunidades devem se comportar umas com as outras, e como os líderes devem liderar e os seguidores devem seguir, evoluiu ao longo de milhares de anos através das ascensões e quedas de suas muitas dinastias e do desenvolvimento das filosofias confucionista e neoconfucionista, bem como de outras crenças. Tenho visto esses valores e modos de operar tipicamente chineses se manifestarem continuamente; por exemplo, nas abordagens econômica e de liderança de dois homens: Lee Kuan Yew, o ex-primeiro-ministro de Singapura, e Deng Xiaoping, que iniciou a reforma e a abertura da China. Ambos combinaram valores confucionistas com práticas capitalistas, no caso de Deng criando uma "economia de mercado socialista com características chinesas".

Nos últimos dois anos, como parte de meu estudo sobre a ascensão e queda dos impérios e de suas moedas, também empreendi um estudo da história chinesa para me ajudar a entender como os chineses pensam — especialmente seus líderes, que são muito influenciados pela história. Comecei minha pesquisa no ano 600, pouco antes da Dinastia Tang.[1] Embora eu possa ter certeza das minhas impressões a respeito das pessoas e coisas com as quais tive contato direto, é claro que não posso ter tanta certeza daquelas com quem não tive. Meus pensamentos sobre figuras históricas como Mao Tse-tung são baseados em fatos recolhidos, opiniões de especialistas obtidas em conversas e livros, e em conjecturas. O que posso dizer é que, entre minha própria experiência, os esforços de minha equipe de pesquisa e minha extensa triangulação com alguns dos mais experientes profissionais e estudiosos da China, tenho um alto grau de confiança em minhas conclusões.

---

[1] O relatório completo sobre as dinastias chinesas está disponível em economicprinciples.org.

Desde minha primeira viagem à China, em 1984, passei a conhecer muitos chineses, do mais humilde ao mais hierarquicamente superior, de uma forma próxima e pessoal, e vivenciei a história recente do país tão diretamente quanto vivenciei a dos EUA. Como resultado, acredito entender muito bem as perspectivas americana e chinesa. Estimulo aqueles de vocês que não passaram um tempo considerável na China a olharem para além das imagens caricaturais que muitas vezes são pintadas por partidos tendenciosos e se livrarem de quaisquer estereótipos baseados no que pensam saber sobre a antiga "China comunista" — porque estão errados. Relacione tudo o que você está ouvindo ou lendo com pessoas que passaram muito tempo trabalhando com o povo chinês no país deles. Como um aparte, acho que as distorções generalizadas da mídia e as lealdades cegas e quase violentas que impedem a exploração cuidadosa de nossas diferentes perspectivas são um sinal assustador de nossos tempos.

Para ser claro, não sou ideológico. Não escolho um lado de uma questão com base em seu alinhamento com as crenças americanas, chinesas ou com minhas próprias crenças pessoais. Sou prático. Abordo as coisas como um médico que confia na lógica e nas relações de causa/efeito e que acredita naquilo que funciona bem ao longo do tempo. A única coisa que posso fazer é implorar por sua paciência e mente aberta enquanto compartilho o que aprendi.

Apresentei os fatores que acredito ser os mais importantes para a saúde de um país quando discuti os dezoito determinantes no início deste livro. Desses, destaquei oito medidas de poder: educação, competitividade, inovação/tecnologia, comércio, produto econômico, poderio militar, status de centro financeiro e status de moeda de reserva. Quando julgo os pontos fortes e fracos da China, é à luz desses fatores. Também tento entender as circunstâncias do país como os próprios chineses entendem, por meio de seus olhos.

Para refrescar sua memória, o próximo gráfico mostra a posição relativa dos principais países do mundo, aferida em índices que medem oito tipos diferentes de poder. Ao examinar as ascensões e as quedas dos grandes impérios desde 1500, examinei cada uma dessas medidas. Agora

A ORDEM MUNDIAL EM TRANSFORMAÇÃO

farei o mesmo com a China, transmitindo brevemente o longo arco de sua história enquanto me aprofundo em seus destaques de uma forma mais granular.

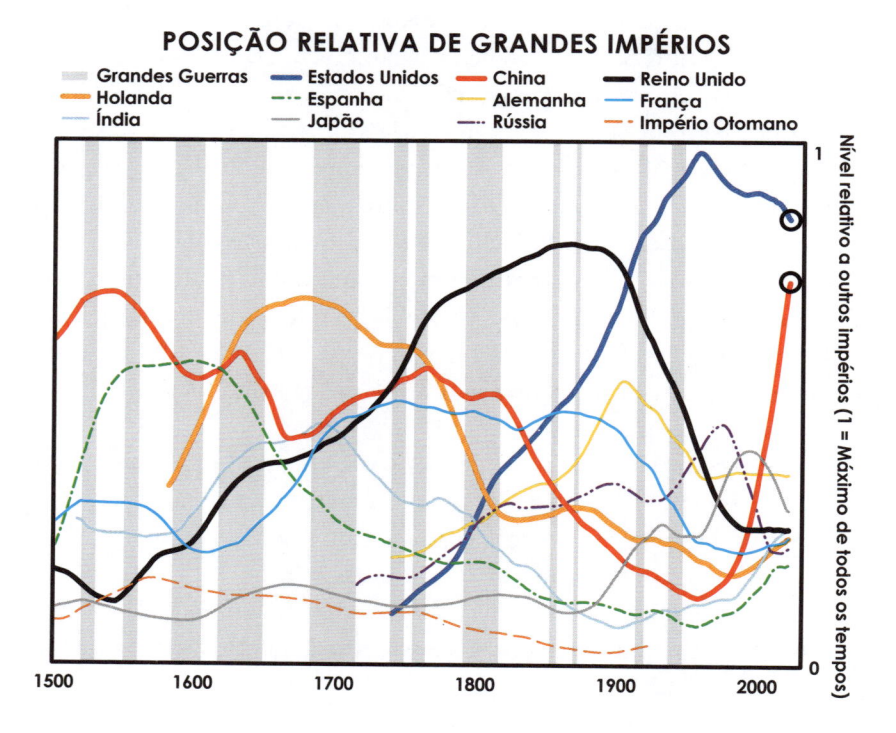

POSIÇÃO RELATIVA DE GRANDES IMPÉRIOS

Legenda: Grandes Guerras, Estados Unidos, China, Reino Unido, Holanda, Espanha, Alemanha, França, Índia, Japão, Rússia, Império Otomano

Eixo Y: Nível relativo a outros impérios (1 = Máximo de todos os tempos)

Esmiuçando ainda mais essa ascensão, o gráfico a seguir exibe as oito medidas de poder da China entre 1800 e o presente.

CHINA: ÍNDICE DOS PRINCIPAIS DETERMINANTES

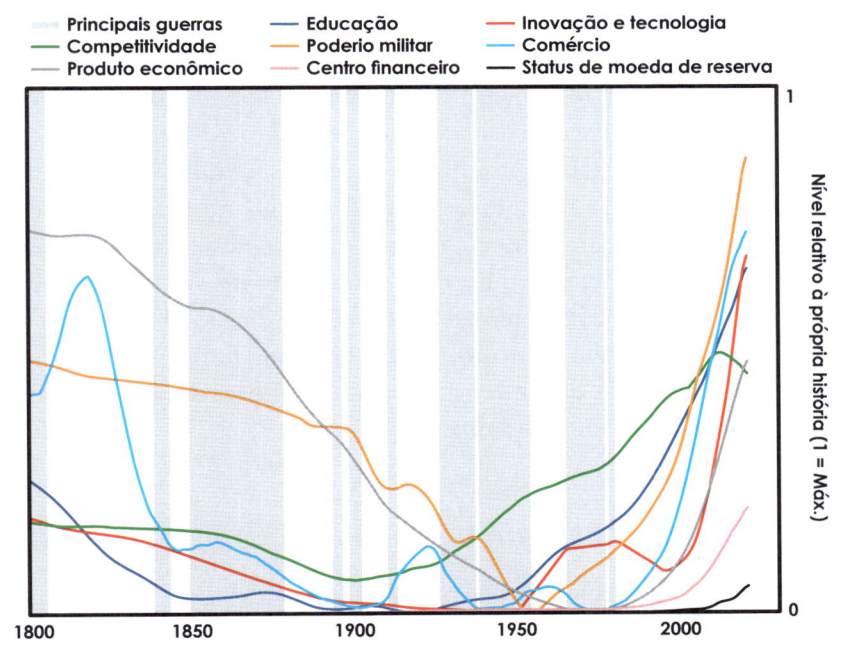

- Principais guerras
- Competitividade
- Produto econômico
- Educação
- Poderio militar
- Centro financeiro
- Inovação e tecnologia
- Comércio
- Status de moeda de reserva

Ao contrário dos ciclos dos impérios holandês, britânico e americano, que começaram com suas ascensões e foram seguidos por suas longas quedas, o ciclo da China nos últimos duzentos anos foi um longo declínio seguido por uma rápida ascensão. Embora a ordem seja invertida, as mesmas forças impulsionaram o ciclo. Sete dos oito poderes atingiram os pontos mais baixos no período de 1940-50. Desde então, a maioria desses poderes — notavelmente, competitividade econômica, educação e poderio militar — melhorou gradualmente até a década de 1980, quando a competitividade econômica e o comércio chinês decolaram. Isso ocorreu logo após o início das políticas de portas abertas e da reforma de Deng Xiaoping. Não é uma coincidência. Desde minha primeira visita à China, em 1984, até cerca de 2008, o crescimento da dívida estava alinhado com o crescimento econômico, que era muito forte. Em outras palavras, foram feitas melhorias extremamente rápidas sem sobrecarregar a economia com dívidas. Então veio a crise financeira de 2008 e a China, assim como o restante do mundo, gerou muitas dívidas para estimular sua economia, de modo que as dívidas aumentaram em relação à renda. Quando Xi Jinping chegou ao poder, em 2012, melhorou drasticamente a gestão da economia e da dívida chinesas, continuou o crescimento em inovação e tecnologias, fortaleceu a educação e o poderio militar e enfrentou um conflito maior com os EUA. **A China está agora praticamente empatada com os EUA como potência líder em comércio, produção econômica e inovação e tecnologia, e é uma potência militar e educacional forte e em rápido crescimento. É uma potência emergente no setor financeiro, mas está atrasada como centro financeiro e de moeda de reserva.** Posteriormente neste capítulo, vamos explorar tudo isso com mais detalhes, mas, para entender a China atual, precisamos primeiro mergulhar em sua longa história.

A GIGANTESCA HISTÓRIA DA CHINA EM POUCAS PALAVRAS

Qualquer pessoa que queira ter uma compreensão basilar da China precisa conhecer os fundamentos de sua história, os diversos padrões que se repetem nessa história e os princípios atemporais e universais que seus líderes aprenderam ao estudar tais padrões. Obter uma compreensão, básica que seja, da história chinesa é uma tarefa considerável. Abrangendo cerca de 4 mil anos, essa história é tão vasta e complexa, e inspirou tantas interpretações diferentes e, às vezes, contraditórias, que tenho certeza de que não há uma fonte de verdade absoluta — e estou especialmente confiante de que não sou essa fonte. Ainda assim, há muitas coisas com as quais pessoas experientes concordam, e vários estudiosos e profissionais, tanto chineses quanto não chineses, compartilharam comigo ideias valiosas. Tentar juntar tudo o que aprendi foi para mim uma experiência valiosa e também fascinante. Embora não possa garantir que meus pontos de vista sejam os melhores, posso garantir que foram bem discutidos com algumas das pessoas mais informadas do mundo.

A civilização chinesa começou por volta de 2000 a.C. com a Dinastia Xia, que durou cerca de quatrocentos anos e é conhecida por ter trazido a Idade do Bronze para a Ásia. Confúcio, que desenvolveu a filosofia que mais influencia o modo como os chineses se comportam entre si até hoje, viveu de 551 a 479 a.C. A Dinastia Qin uniu a maior parte da área geográfica que agora chamamos de China por volta de 221 a.C. e foi seguida pela Dinastia Han, que durou quatrocentos anos e foi pioneira em sistemas de governo que ainda estão em uso. A Dinastia Tang surgiu em 618 d.C.

O gráfico a seguir aplica à China o mesmo medidor de poder geral que exibi no gráfico dos grandes impérios, cobrindo mais de 1.400 anos, do ano 600 até hoje. Com a notável exceção do período de cerca de 1840 a 1950, quando passou por um declínio acentuado, a China historicamente sempre se posicionou entre os impérios mais poderosos do mundo. À medida que emergia da guerra civil, começou a subir de novo, primeiro lenta e, então, muito rapidamente. Hoje só está atrás dos EUA e prestes a superá-los.

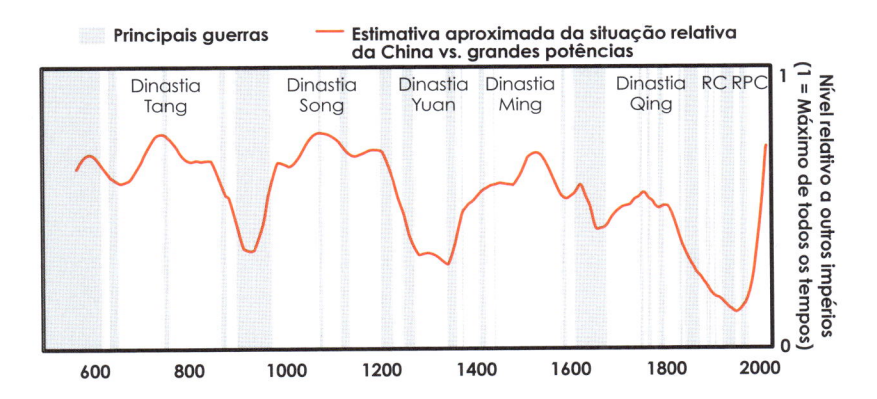

A maioria das dinastias que governaram a China ao longo desse período era culta e poderosa. (Cito apenas as mais proeminentes no gráfico; houve várias outras.) Cada uma dessas dinastias tem sua própria história fascinante, mas fazer justiça a todas elas exigiria muito mais espaço do que caberia neste capítulo.

- **A Dinastia Tang (618-907) é considerada por muitos chineses um ponto alto da China Imperial.** Chegou ao poder após um período prolongado de desunião e guerra civil, que culminou com a reunificação da China pela curta Dinastia Sui, que precedeu a Tang. A dinastia foi estabelecida por líderes fortes, uma dupla de pai e filho — o filho, o segundo imperador Taizong de Tang, foi especialmente notável. Eles não apenas unificaram militarmente a China como também estabeleceram um sistema de governo estável e políticas altamente eficazes, produzindo educação de qualidade, excelente desenvolvimento de tecnologias, comércio internacional e diversas ideias. Taizong foi um grande líder revolucionário capaz de consolidar o poder, construir uma grande dinastia e promover uma boa transição para que a dinastia permanecesse forte sem ele. Um período de grande prosperidade durou cerca de 150 anos, com um exército particularmente forte que ajudou os Tang a controlar valiosas rotas comerciais na Ásia Central. Em fins dos anos 700, no entanto, a Dinastia Tang entrou em declínio pelas razões clássicas: a qualidade de governo caiu, a fragmentação sobre as disparidades econômicas e de valores levou a um governo central enfraquecido e corrupto (o que, combinado com conflito interno, levou a uma série de rebeliões), suas finanças se deterioraram e o impacto dos desastres naturais aumentou.

- **Então, vieram as dinastias Song do Norte e do Sul (960-1279), durante as quais a China foi a economia mais inovadora e dinâmica do mundo.** A deterioração da Dinastia Tang levou ao seu próprio período de guerra civil e desunião no século X. Em 960, após esse conflito, a Dinastia Song chegou ao poder sob o governo do imperador Taizu. Taizu foi um exemplo clássico de líder revolucionário forte que precisava e podia trazer ordem ao caos. Ele chegou ao poder como líder militar e implementou amplas reformas para: a) unir as diferentes facções que antes lutaram pelo poder, b) criar um sistema de governo militar e civil centralizado e de cima para baixo e c) expandir a educação e a qualidade de governo (particularmente através da reforma do sistema de exames imperiais). Sob Taizu e seus sucessores, esses investimentos em educação e meritocracia colocaram a Dinastia Song no bom caminho clássico que levou a imenso avanço científico e tecnológico.[2] No entanto, após algumas gerações, por

---

[2] Entre as muitas invenções da Dinastia Song estavam a prensa de impressão móvel, a bússola para navegação e o papel-moeda.

volta do ano 1100, a dinastia entrou em queda devido a uma combinação de liderança fraca, problemas financeiros e outros fatores clássicos. Em seu estado enfraquecido, tornou-se vulnerável a poderes externos. Durante os anos 1100 e 1200, os Song primeiro perderam o controle da metade norte da China e, após um período de renascimento conhecido como Dinastia Song do Sul, foram conquistados pelo líder mongol Kublai Khan.

- **Kublai Khan fundou a relativamente curta Dinastia Yuan (1279-1368).** Durante grande parte de seu governo, Kublai Khan governou bem e se comportou como um fundador dinástico clássico: incentivou a educação, unificou o Estado e, em relação a muitos outros líderes mongóis, destacou-se por sua mente aberta e estilo meritocrático de governar. Sob ele, a economia e o comércio chinês se fortaleceram após um longo período de conflito. Ao mesmo tempo, a Dinastia Yuan travou caras guerras de conquista. Mais tarde em seu governo, a corrupção aumentou e o fracasso em estabelecer uma estrutura de sucessão estável levou a frequentes crises e guerras civis após sua morte. Essa corrupção e instabilidade ajudaram a produzir rebeliões que levaram ao fim da dinastia após menos de um século.

- **A Dinastia Ming (1368-1644) governou um império que, em grande parte, foi próspero e pacífico. Foi fundada pelo imperador Hongwu, que nasceu na pobreza e se tornou um grande general capaz de conquistar Pequim e expulsar os governantes mongóis. Ele consolidou seu poder com um expurgo de catorze anos que resultou em cerca de 30 mil execuções.** Depois de conquistar o poder através de uma rebelião bem-sucedida contra a impopular Dinastia Yuan, os primeiros líderes Ming construíram uma sociedade meritocrática, com excelente educação e comportamento civil que fomentaram a inovação. Com o tempo, a Dinastia Ming expandiu o comércio com a Europa (já que os produtos chineses eram de qualidade superior), o que trouxe enormes quantidades de prata e redirecionou as energias da nação da agricultura de subsistência para a indústria. No entanto, o fracasso dos Ming em administrar bem a política monetária e fiscal, em apoiar de maneira consistente a influência da China no comércio internacional e em responder adequadamente a uma série de crises deixou o país exposto e vulnerável. Para piorar as coisas, a Pequena Idade do Gelo levou a um desastre agrícola e fome. No fim, guerra, fome e desastre ecológico — combinados com um Estado engessado e ineficaz — criaram uma catástrofe irrecuperável que levou ao colapso da Dinastia Ming, após quase três séculos, por volta de 1644.

- **A Dinastia Qing (1644-1912) chegou ao poder quando um povo vizinho, os manchu, aproveitou a instabilidade e as rebeliões na China da Dinastia Ming para desafiá-la.** Isso culminou com o saque de Pequim pelos rebeldes, durante o qual o último imperador Ming cometeu suicídio. **Então, o ciclo recomeçou na Dinastia Qing. A China alcançou sua expansão territorial máxima, governando mais de um terço da população mundial, enquanto as reformas sob os reinados de longa duração de três imperadores levaram a um extenso período de prosperidade econômica.**[3] Depois chegaram as potências europeias. No início deste livro, vimos como, durante a Era das Grandes Navegações, as potências europeias usaram seu poderio militar para comercializar e explorar países estrangeiros ricos em recursos, mas militarmente mais fracos. Foi o que aconteceu no início do século XIX, que deu início ao que na China é chamado de Século da Humilhação. Os europeus chegaram propondo negócios, mas os chineses não queriam nada que eles tivessem a oferecer. Isso levou os britânicos a levar ópio para a China a fim de viciar os chineses e ter com o que negociar. Uma série de confrontos militares se seguiu durante os anos 1800 (mais notavelmente as Guerras do Ópio), o que acelerou a queda chinesa. Os movimentos chineses para conter o declínio falharam e houve grande conflito interno e levantes (mais notavelmente a Rebelião Taiping), que continuaram até o colapso da Dinastia Qing, em 1912.

---

[3] A participação da China no PIB mundial aumentou para 30%, e a população mais que dobrou durante o século XVIII.

As lições que essa história oferece permanecem na mente dos líderes da China atual e são fascinantes para mim, sobretudo no contexto dos padrões da história.

Como ocorre o típico ciclo dinástico

A grande dinastia chinesa típica, assim como o império típico, durou cerca de 250 anos, com uma margem de erro de 150 anos para mais ou para menos, e, em geral, seguiu o mesmo padrão de ascensões e quedas.[4] É possível ver o ciclo de ordem interno, descrito no Capítulo 5, entrando diversas vezes no jogo. Relembrando o ciclo:

- **Estágio 1, quando começa a nova ordem e a nova liderança consolida o poder,** que leva ao...
- **Estágio 2, quando os sistemas de alocação de recursos e burocracias governamentais são montados e refinados,** o que, se bem-feito, leva ao...
- **Estágio 3, quando há paz e prosperidade,** o que leva ao...
- **Estágio 4, quando há grandes excessos de gastos e dívidas e a ampliação dos hiatos de riqueza e discrepâncias políticas,** o que leva ao...
- **Estágio 5, quando existem condições financeiras muito ruins e conflito intenso,** o que leva ao...
- **Estágio 6, quando há guerras civis/revoluções,** o que leva ao...
- Estágio 1, que leva ao Estágio 2 etc., com todo o ciclo ocorrendo novamente.

---

[4] Para fazer um adendo, a maioria das dinastias chinesas foi pequena, de curta duração ou regional, tendo ascendido e caído rapidamente durante períodos de instabilidade. Fontes diferentes fornecem números diferentes para o número total de dinastias porque não está claro o que constituía uma dinastia menor ou regional em comparação com alguma outra forma de administração. Com relação às principais dinastias, houve cerca de nove que unificaram a China e muitas vezes governaram por longos períodos. Esse grupo inclui os cinco focos de nosso estudo de caso do ano 600 até o presente (Tang, Song, Yuan, Ming e Qing) e quatro dos oitocentos anos anteriores (Qin, Han, Jin e Sui).

Revisemos rapidamente esse ciclo. **O ciclo típico começa com líderes fortes que ganham o controle e implementam as melhorias necessárias para construir um grande império.** Como acontece com a maioria dos outros impérios, a vitória inicial da guerra pelo controle é comumente seguida pela **luta para colocar a maior parte da população na linha e uni-la** (muitas vezes através de conflitos para estabelecer o poder de liderança). Isso em geral é seguido por um período de paz, que se deve ao fato de nenhuma entidade querer desafiar o poder dominante (Estágio 1).

Então, o novo governante começa a construir o império. Para ter sucesso, um império precisa de **uma população inteligente e determinada que trabalhe bem entre si**. Também precisa ser **forte financeiramente**. Tais coisas são obtidas por meio de sistemas que treinam e produzem pessoas com **educação forte e autodisciplina. Colocar gente mais capaz nas funções mais importantes requer a seleção meritocrática de pessoal.** Nas dinastias chinesas, os exames imperiais costumavam desempenhar esse papel, e era comum que novas dinastias implementassem reformas educacionais. Também requer **um sistema eficaz de alocação de recursos** (Estágio 2).

Durante esse período de paz e poder emergente, o império normalmente funciona bem do ponto de vista econômico e melhora sua condição financeira. Embora o império costume começar com recursos financeiros limitados e poucas dívidas — porque as dívidas do império anterior foram liquidadas —, em alguns casos possui ativos que foram adquiridos como resultado da guerra anterior que venceu. No caso da história chinesa, as variáveis-chave eram a distribuição de propriedade de terra e sua tributação — frequentemente, a chegada de uma nova dinastia enfraquecia ou derrubava as "elites corruptas" do sistema anterior, melhorando em muito os recursos disponíveis para o Estado. Com tais recursos, a dinastia lucra e se expande. Desenvolve forças comerciais, tecnológicas e militares que se reforçam mutuamente. Por exemplo, ter tecnologias fortes ajuda a dinastia econômica e militarmente porque tais tecnologias podem ser usadas para ambos os fins e porque ser forte militarmente garante os interesses comerciais do país (protegendo suas rotas comerciais, por exemplo), o que também fortalece a dinastia financeiramente. No auge, o governo da dinastia funciona bem, seus recursos e seu pessoal são empregados de forma produtiva e os investimentos anteriores rendem novos lucros. A economia é forte e autossustentável, e as pessoas são prósperas e realizam grandes conquistas em estudos, artes, comércio, arquitetura e outros elementos característicos de grandes civilizações (Estágio 3).

A queda do império normalmente acontece porque as forças que o muniram esmaecem e surge um poder rival. A liderança enfraquece, muitas vezes se torna corrupta e/ou permite a corrupção de outros.[5] Além disso, a dinastia normalmente se prolonga em excesso e com frequência fica altamente endividada, o que faz com que tenha problemas de dívida em geral resolvidos com a impressão de muito dinheiro, o que, por sua vez, desvaloriza a moeda. A população da dinastia também se torna cada vez mais fragmentada, perdendo sua unidade de propósito e sua capacidade de trabalhar bem em conjunto. O hiato de riqueza aumenta, o que prejudica a produtividade e leva a conflitos políticos. Em muitos casos, há alguma forma de desastre natural, frequentemente uma seca ou uma enchente, que agrava os problemas da dinastia. Quanto mais dessas coisas acontecerem ao mesmo tempo, maior será a chance de a dinastia cair.

A queda em si vem com o aumento de rebeliões e, em seguida, uma sangrenta guerra civil (Estágios 5 e 6). Por fim, um novo líder forte emerge, vence o conflito e recomeça o ciclo com uma nova dinastia (Estágio 1 outra vez).

Há **temas comuns na queda das diferentes dinastias — temas também visíveis no declínio de algumas das outras potências mencionadas neste livro:**

---

[5] Normalmente, os "maus" imperadores se distanciavam da administração dos negócios do império e toleravam a corrupção — ou até chegavam a participar dela — ignorando as necessidades de investimento público. Vários eram conhecidos por sua maior rigidez ideológica, pelas escolhas erradas deles mesmos e de seus principais conselheiros, e por estarem mais preocupados com os luxos que suas posições lhes proporcionavam. Os últimos imperadores da maioria das dinastias vieram muitas vezes depois que a dinastia já estava enfraquecida e frequentemente tinham limitações de controle e de envolvimento em eventos políticos (como, por exemplo, no caso dos imperadores infantes).

1. **A crescente desigualdade e os problemas fiscais ao longo da dinastia são fatores essenciais para a queda.** As dinastias muitas vezes começaram com uma distribuição de terras e bens mais igualitária, visto que as propriedades concentradas das elites da antiga dinastia eram redistribuídas — o que não apenas ajudava a prevenir conflitos sociais como também melhorava a situação fiscal (uma vez que as elites costumavam ser mais capazes de se proteger dos impostos do que a base mais ampla de pequenos proprietários). Contudo, com o passar dos anos, a terra se concentrou em cada vez menos famílias, que podiam sonegar impostos (através de suborno, usando influência oficial e encontrando outras maneiras de esconder/proteger sua riqueza do fisco), o que, por sua vez, lhes permitiu aumentar ainda mais sua riqueza. A desigualdade que isso produziu ajudou diretamente a gerar conflitos, enquanto o enfraquecimento da base tributária do Estado o tornou mais fraco e mais vulnerável a crises.
2. **Problemas monetários contribuíram frequentemente para a queda dos impérios.** Nas dinastias Song, Yuan e Ming, o governo se esforçou para manter um suprimento grande o suficiente de dinheiro na forma de moedas de metal e recorreu inclusive à impressão de dinheiro, sobretudo em tempos de guerra e de desastres naturais ou humanos. Os problemas com a arrecadação de impostos estimulavam ainda mais a impressão de dinheiro. Isso causou alta inflação ou hiperinflação, piorando as coisas.
3. **A qualidade do governo e da infraestrutura tendia a aumentar no início e a decair ao longo da dinastia.** No final das dinastias Song, Ming e Qing, seguiram-se anos de poucos investimentos em obras públicas, deixando a China vulnerável a fomes e inundações. E embora seja difícil generalizar ao se tratar de dezenas de imperadores, o visionário fundador de uma dinastia (por exemplo, os fundadores das dinastias Song e Yuan, que abraçaram a tecnologia e a ciência) foi geralmente sucedido por governantes que eram mais rígidos e conservadores (por exemplo, na Dinastia Qing), muito focados na riqueza e nos luxos imperiais (por exemplo, os últimos governantes da Dinastia Song do Norte) e/ou menos favoráveis ao comércio exterior (como na Dinastia Ming).

4. **O conflito interno geralmente surgia de diferenças econômicas combinadas com tempos difíceis (causados com frequência por problemas agrícolas, dívidas altas, governo deficiente e desastres naturais e, às vezes, por conflitos com forças externas).** Desastres naturais significativos e períodos de rápida mudança climática, além de dolorosamente disruptivos, muitas vezes coincidiram com a queda de dinastias. As etapas da clássica espiral descendente se deram da seguinte maneira: 1) tecnologia e investimentos inadequados (tanto novos projetos quanto a manutenção de projetos antigos) deixa a infraestrutura suscetível a desastres naturais; 2) ocorre um desastre (no caso da China, isso geralmente sobreveio por meio de secas e inundações de seus principais rios), o que prejudica a produtividade das colheitas e, em alguns casos, destrói as comunidades, já que as colheitas mais reduzidas levam à escassez de alimentos e à fome; e 3) levantes populistas internos resultam de tais desastres. Esse processo desempenhou um papel significativo na queda das dinastias Song, Yuan, Ming e Qing.
5. **Más condições e grandes disparidades de riqueza levaram aos levantes mais significativos,** resultados da rebelião do homem comum contra os excessos da elite (por exemplo, a Rebelião Fang La na Dinastia Song, a Rebelião dos Turbantes Vermelhos na Dinastia Yuan e a Rebelião do Lótus Branco na Dinastia Qing). Por outro lado, a estabilidade interna como resultado de boas condições para a maioria das pessoas é característica fundamental dos períodos mais prósperos.
6. **O isolamento e as influências culturais confucionistas que privilegiavam a educação ao comércio, à tecnologia e ao poderio militar levaram à diminuição da competitividade da China nos negócios, em tecnologia e em poderio militar, o que a conduziu à derrota ou ao atraso em relação aos "bárbaros" mais fortes** — como, por exemplo, os mongóis, as potências estrangeiras nas Guerras do Ópio e o restante do mundo no período de isolamento de Mao.

A geografia física e a geologia da China também tiveram um grande impacto na ascensão e queda de suas dinastias. A principal coisa a saber é que o terreno da China é variado e muitas vezes inconstante. Por exemplo, o norte é mais frio, mais plano e seco, e o sul é mais montanhoso, muito mais quente e úmido, o que faz com que as diferentes áreas da China tenham uma produção agrícola em muitos casos inconsistente. De qualquer maneira, uma China unida é amplamente autossuficiente, porque a diversificação e a coordenação das partes a tornam assim. Contudo, tais condições, somadas à escassez de água potável, terras cultiváveis e áreas de pesca costeira, historicamente tornaram a China vulnerável à escassez de alimentos. Por esse motivo, **o país enfrentou insegurança alimentar diversas vezes** e ainda hoje importa muitos alimentos. **A China também precisa lidar com a escassez de recursos naturais importantes,** como petróleo, alguns minerais e certos alimentos. **Além disso, tem uma péssima qualidade de ar devido à poluição, o que afeta negativamente a saúde de seu povo e sua agricultura, embora essas condições estejam melhorando rapidamente.**

Tais eventos levaram os **antigos e atuais líderes da China a aprenderem lições e a criarem salvaguardas contra a repetição e as consequência inaceitáveis desses desastres naturais e políticos.** Em outras palavras, há muitas lições embutidas nessas histórias e — acredite — todas influenciam a tomada de decisão dos líderes da China contemporânea, estejam planejando a longo prazo ou lidando com o que têm em mãos.

O que é especialmente interessante para mim é ver quão longe na história vão os padrões do Grande Ciclo arquetípico, já que a história da China é tão antiga e tão bem documentada. Também fiquei fascinado ao ver o que aconteceu quando os mundos oriental e ocidental interagiram de forma mais significativa do século XVII ao século XIX e como, à medida que o mundo se tornava menor e mais interconectado, os grandes ciclos chinês e ocidental afetaram um ao outro.

Provavelmente, a coisa mais importante que adquiri ao estudar a história de tantos países foi a capacidade de ver os grandes padrões de causas e efeitos. Mudar minha perspectiva para o longuíssimo prazo foi como afastar o zoom no Google Maps, porque me permitiu ver contornos que eu não conseguia enxergar antes e como as mesmas histórias se repetiam diversas vezes, basicamente pelos mesmos motivos. Também vim a entender como o fato de ter tanta história a estudar afetou o modo chinês de pensar, que é muito diferente do modo americano, este último muito mais focado no que acontece agora. A maioria da população dos Estados Unidos acredita que sua história tem apenas trezentos ou quatrocentos anos (já que acredita que o país começou com a colonização europeia), e não está muito interessada em aprender com isso.

Quer esteja interessada ou não, trezentos anos parece muito tempo para os norte-americanos, mas não para os chineses. Embora a perspectiva de uma revolução ou guerra que derrube o sistema dos EUA seja inimaginável para a maioria da população do país, ambas parecem inevitáveis para os chineses, porque eles viram tais coisas ocorrerem repetidamente e estudaram os padrões que inevitavelmente as precedem. Enquanto a maioria da população dos Estados Unidos se concentra em eventos específicos, especialmente aqueles que estão acontecendo no momento, a maioria dos líderes chineses vê os eventos atuais no contexto de padrões maiores e mais evolucionários.

Os americanos são impulsivos e táticos; lutam pelo que desejam no presente. Em sua maioria, os chineses são estratégicos; planejam como podem a conquista futura do que desejam. Também descobri que os líderes chineses são muito mais filosóficos (literalmente, pois são leitores de filosofia) do que os líderes dos EUA. Por exemplo, tive uma reunião com um líder chinês que, preocupado com a possibilidade de um conflito EUA-China, acabara de se reunir com o presidente Donald Trump. Ele me explicou como abordou a reunião, o que me pareceu totalmente diferente de como o presidente Trump provavelmente a abordara. Esse líder e eu nos conhecemos há muitos anos, durante os quais conversamos principalmente sobre a economia, os mercados chineses e os mundiais. Ao longo desses anos, desenvolvemos uma amizade. Ele é um homem muito habilidoso, sábio, humilde e agradável. Indo para a reunião com Trump, me explicou, ele estava preocupado com a pior das hipóteses: uma escalada olho por olho que saísse de controle e levasse à guerra. Fez referências à história e contou um relato pessoal de seu pai para transmitir seu ponto de vista de que as guerras eram inimaginavelmente prejudiciais e que os danos da próxima poderiam ser bem piores do que os da última, que mataria mais pessoas do que qualquer outra. Como exemplo, se concentrou na Primeira Guerra Mundial. Ele disse que, para se acalmar e alcançar a serenidade, leu a *Crítica da razão pura*, de Immanuel Kant, e se deu conta de que só lhe cabia fazer o que era melhor e que, então, os resultados viriam. Falei para ele sobre a Oração da Serenidade[6] e sugeri que meditasse. Fui para casa e li *Crítica da razão pura* outra vez, o que achei desafiador. Eu o admirava e ainda admiro, e valorizo muito seu ponto de vista.

Conto essa história para compartilhar a perspectiva de um líder chinês sobre o risco de guerras e também para dar um exemplo das muitas interações que tive com esse líder, com outros líderes chineses e com o povo chinês para ajudar você a vê-los através dos meus olhos e dos olhos deles.

A história e a filosofia chinesa, principalmente as filosofias confucionista/taoista/legalista/marxista, têm uma influência muito maior no pensamento chinês do que a história dos Estados Unidos e suas raízes filosóficas judaico-cristãs/europeias têm no pensamento americano. Um respeitado historiador chinês me disse que Mao leu a gigantesca crônica de vinte volumes do *Espelho abrangente de ajuda à governança*, que cobre as dezesseis dinastias e 1.400 anos de história chinesa, de cerca de 400 a.C. a 960 d.C., e as ainda mais gigantescas *Vinte e quatro histórias* diversas vezes, bem como numerosos volumes sobre a história chinesa e os escritos de filósofos não chineses, principalmente Marx. Também escreveu e fez palestras filosóficas, escreveu poesia e praticou caligrafia. Se você está interessado no que Mao pensava ou, mais importante, como pensava, sugiro que leia *Sobre a prática e a contradição* e, é claro, *O livro vermelho*, que é um compêndio de suas citações a respeito de vários assuntos.[7]

O horizonte de planejamento com o qual os líderes chineses se preocupam abrange bem mais do que um século, porque esse é o mínimo de tempo que dura uma boa dinastia. Eles entendem que o típico arco de desenvolvimento tem diferentes fases de várias décadas, para as quais se planejam.

A primeira fase do atual Império Chinês ocorreu sob a liderança de Mao, quando houve a revolução, a conquista do controle do país e a

---

[6] "Deus, conceda-me serenidade para aceitar aquilo que não posso mudar, coragem para mudar aquilo que posso mudar e sabedoria para perceber a diferença."
[7] Gostaria de agradecer a Kevin Rudd, ex-primeiro-ministro da Austrália e atual presidente e CEO do Asia Society Policy Institute, por me indicar esses livros e me ajudar a entender a política chinesa.

consolidação do poder e das instituições. A segunda fase de construção de riqueza, poder e coesão sem ameaçar a principal potência mundial (ou seja, os Estados Unidos) ocorreu sob a liderança de Deng e seus sucessores até Xi. A terceira fase de construção a partir de tais realizações e do impulsionamento da China em direção ao ponto planejado para o centésimo aniversário da República Popular da China, em 2049 — que é o de ser um "país socialista moderno próspero, forte, democrático, culturalmente avançado e harmonioso" —, está ocorrendo sob Xi e seus sucessores. **O objetivo final é tornar a economia chinesa cerca de duas vezes maior do que a dos Estados Unidos e ter os benefícios de seu crescimento amplamente compartilhados.**[8] Metas de curto prazo e formas de alcançá-las foram estabelecidas no plano *Made in China 2025*,[9] no novo plano *China Standards 2035* de Xi e nos habituais planos quinquenais.[10]

Os líderes chineses não apenas tentam implementar seus planos; eles estabelecem métricas claras para julgar seu desempenho e alcançam a maioria de seus objetivos. Não estou dizendo que esse processo é perfeito, porque não é. Também não estou afirmando que eles não enfrentam desafios políticos e de outros tipos que levam a desentendimentos, incluindo disputas brutais a respeito do que deveria ser feito, porque enfrentam (em particular). O que estou dizendo é que os chineses têm perspectivas e horizontes de planejamento de muito mais longo prazo e de base histórica, que se dividem em planos e formas de operar de mais curto prazo, e que fizeram um excelente trabalho seguindo essa abordagem para alcançar o que se propuseram. Coincidentemente, minha própria busca por padrões na história e minha maneira de lidar com as decisões táticas tiveram um efeito semelhante sobre como vejo e faço as coisas — por exemplo, agora vejo os últimos quinhentos anos como história recente, os arcos históricos mais relevantes parecem ter mais de cem anos de duração, e os padrões que obtive a partir dessa perspectiva

---

[8] Como a população da China é cerca de quatro vezes maior que a dos EUA, basta uma renda que seja a metade per capita para ter o dobro no total. Não vejo o que possa impedir a China e os EUA de terem rendas per capita comparáveis ao longo do tempo, o que tornará a China quatro vezes maior.
[9] O plano *Made in China 2025* prevê que a China será amplamente autossuficiente na maioria das áreas e se tornará líder mundial em campos de alta tecnologia, incluindo inteligência artificial, robótica, semicondutores, farmacêutica e aeroespacial.
[10] Em março de 2021, a China divulgou seu 14º Plano Quinquenal e metas para 2035.

me ajudam a antecipar como os eventos provavelmente acontecerão e como eu deveria me posicionar em relação a eles nas próximas semanas, meses e anos.

AS LIÇÕES DA CHINA E SUAS MANEIRAS DE OPERAR

A cultura chinesa se desenvolveu como uma extensão da vivência e aprendizado de seu povo ao longo de milênios. Tais lições foram estabelecidas em filosofias sobre o funcionamento das realidades e a melhor maneira de lidar com elas, e deixaram claro como as pessoas deveriam se relacionar umas com as outras, como a tomada de decisões políticas deveria ser feita e como os sistemas econômicos deveriam funcionar. No mundo ocidental, as filosofias dominantes são judaico-cristãs, democráticas e capitalistas/socialistas, e cada indivíduo praticamente escolhe entre elas uma combinação que melhor lhe convenha. Na China, as principais filosofias eram confucionistas, taoístas e legalistas até o início do século XX, quando o marxismo e o capitalismo entraram na mistura. Em geral, os imperadores escolhem as próprias preferências, colocam-nas em prática, aprendem e se adaptam. Se a mistura funcionar, a dinastia sobrevive e prospera (como eles dizem, tem o "mandato do céu"). Caso contrário, fracassa e é substituída por outra. Esse processo acontece desde antes de a história ser registrada e continuará enquanto houver pessoas que decidam coletivamente como fazer as coisas.

Embora eu não seja capaz de fazer justiça a essas filosofias em apenas algumas frases, aqui vão minhas tentativas:

- **O confucionismo busca a harmonia ao se certificar de que as pessoas conheçam seus papéis na hierarquia e como representá-los bem,** começando dentro da família (entre o marido e a mulher, o pai e o filho, o irmão mais velho e o irmão mais novo etc.) e estendendo-se até o governante e seus súditos. Cada pessoa respeita e obedece quem está acima dela, que é benevolente e, ao mesmo tempo, impõe padrões rígidos de comportamento. Espera-se que todas as pessoas sejam gentis, honestas e justas. O

confucionismo valoriza a harmonia, a educação de base ampla e a meritocracia.
- **O legalismo favorece a rápida conquista e unificação de "tudo sob o céu" por um líder autocrático.** Argumenta que o mundo é uma selva em que ou se mata ou se morre na qual a estrita obediência ao governo central do imperador é necessária, sem receber muita benevolência em troca. O equivalente ocidental do legalismo é o fascismo.
- **O taoismo ensina que é de suma importância viver em harmonia com as leis da natureza.** Os taoistas acreditam que a natureza é composta de opostos — yin e yang — e que a harmonia é alcançada quando esses opostos estão bem equilibrados.

Até o início do século XX, quando o marxismo caiu nas boas graças de Mao e de seus sucessores, o confucionismo e o neoconfucionismo eram as filosofias mais influentes, geralmente com algum legalismo incluído. Explicarei brevemente o marxismo quando entrarmos no século XX.

Todos esses sistemas chineses são hierárquicos e não igualitários. Wang Qishan, o vice-presidente da China e um notável historiador e estudioso de diferentes culturas, me disse que a principal diferença entre americanos e chineses é que os americanos colocam o indivíduo acima de tudo, enquanto os chineses colocam a família e o coletivo acima de tudo. **Os EUA são governados de baixo para cima (por exemplo, democracia) e otimizados para o indivíduo; a China é governada de cima para baixo e otimizada para o coletivo.** A palavra chinesa para "país" é constituída pelos dois caracteres para "Estado" e "família", explicou ele, de modo que os líderes chineses procuram administrar seu Estado da maneira que acham que os pais deveriam administrar suas famílias, com cada pessoa conhecendo seu lugar e tendo respeito filial por aqueles que estão acima. Como resultado, os chineses são mais humildes, respeitosos e afeitos às regras, enquanto os americanos são mais arrogantes, igualitários e avessos a regras. Observei que, enquanto os chineses estão mais interessados em fazer perguntas e aprender, os americanos estão mais interessados em dizer o que pensam.

Quanto à estrutura de governo (ou seja, quem se reporta a quem dentro da hierarquia do governo central e como isso se estende às interações com os governos regionais e locais), os chineses aprimoraram abordagens bem elaboradas ao longo de muitas dinastias e milhares de anos; aprofundá-las exigiria uma digressão bastante extensa.

Ao contrário de outros grandes impérios, que conquistaram e ocuparam outros países, era relativamente incomum a China ocupar Estados distantes. **A China é basicamente uma gigantesca planície cercada por grandes fronteiras naturais (montanhas e mares), com a maior parte de sua população espalhada por essa planície. A maior parte do mundo chinês estava confinada dentro dessas fronteiras, e a maioria de suas guerras foi travada pelo controle dessas fronteiras, principalmente entre chineses, embora, às vezes, entre chineses e invasores estrangeiros.**

A filosofia militar tradicional chinesa ensina que a maneira ideal de vencer uma guerra não é lutando, mas sim desenvolvendo seu poder silenciosamente, a ponto de a mera exibição desse poder fazer com que o oponente desista. Também exige uso intensivo de psicologia para influenciar o comportamento dos oponentes.[11] **Ainda assim, houve inúmeras guerras dinásticas violentas dentro da China. As poucas guerras travadas fora de seu território foram com o propósito de estabelecer o poder relativo da China e abrir o comércio.**

Os estudiosos acreditam que a China era avessa à própria expansão imperial porque sua extensão territorial já era grande demais e difícil de controlar, e porque preferia manter uma pureza cultural mais bem alcançada por meio do isolamento. **Tradicionalmente, os chineses preferiram estabelecer relações com impérios fora de suas fronteiras de uma maneira semelhante ao que se poderia esperar das filosofias mencionadas antes — ou seja, com as partes conhecendo seu lugar e agindo de acordo com ele.** Se a China fosse mais poderosa, o que geralmente era o caso, os Estados menos poderosos pagavam "tributo" com presentes e favores, e costumavam receber em troca garantias de paz, reconhecimento de sua autoridade e oportunidades comerciais. Esses países subordinados

---

[11] Se você ainda não leu *A arte da guerra*, de Sun Tzu, sugiro que o faça para ter uma ideia sobre o que estou dizendo.

geralmente mantinham seus costumes e não sofriam nenhuma interferência na forma como eram administrados.[12]

HISTÓRIA MONETÁRIA E ECONÔMICA DA CHINA

Quanto a dinheiro, crédito e economia, a história é muito longa e complicada. Dito isso, a China passou por toda a gama de sistemas e ciclos monetários, econômicos e de crédito que descrevi anteriormente ao discutir o grande ciclo da moeda e do crédito. A moeda que os chineses mais usavam era o metal (sobretudo moedas de cobre e um pouco de prata no mercado interno), o que continuou por muito tempo mesmo depois que a China inventou o papel-moeda no século IX, até a introdução do yuan no final do século XIX. A prata era a principal moeda usada internacionalmente, embora às vezes também se usasse ouro.

Compreender os diferentes sistemas é especialmente importante para a China, visto que eles eram alternados com frequência — o que ajudou a produzir prosperidade ou ruína em diferentes períodos, dependendo de como o sistema era administrado. A China experimentou diversos ciclos de 1) transição de moeda forte para papel lastreado em moeda forte (Tipo 1 para Tipo 2) e, em seguida, 2) aumento da confiança na moeda até o papel-moeda começar a circular sem lastro (Tipo 2 para Tipo 3), e, então 3) o colapso do papel-moeda devido ao excesso de impressão e perda de crédito, levando ao retorno para uma moeda forte (Tipo 3 para Tipo 1).

---

[12] Em seu excelente livro *The Chinese World Order: Traditional China's Foreign Relations*, o historiador John Fairbank descreveu as relações da China com países não chineses da seguinte maneira: "A hierarquia graduada e concêntrica das relações externas da China incluía outros povos e países que podemos agrupar em três zonas principais: a primeira, a Zona Sínica, que consiste nos tributários mais próximos e culturalmente semelhantes, Coreia e Vietnã, partes dos quais já haviam sido governadas pelo império chinês em tempos remotos, e também as Ilhas Liu-ch'iu (Ryukyu) e, em breves oportunidades, o Japão. A segunda, a Zona da Ásia Interior, que consistia em tribos tributárias e Estados de povos nômades ou seminômades da Ásia Interior que não apenas eram étnica e culturalmente não chineses, como também estavam fora ou à margem da área cultural chinesa, embora, às vezes, pressionassem a fronteira da Grande Muralha. A terceira, a Zona Externa, que geralmente consistia nos 'bárbaros externos' (wai-i), a uma distância maior por terra ou mar, finalmente incluindo o Japão e outros Estados do Sudeste e do Sul da Ásia e da Europa, que deveriam enviar tributos ao fazer comércio."

A ORDEM MUNDIAL EM TRANSFORMAÇÃO

Como expliquei no Capítulo 3, existem três tipos básicos de sistemas monetários. No primeiro, que chamo de sistema monetário Tipo 1, o dinheiro tem valor intrínseco (porque as moedas são feitas de ouro, prata e cobre). No segundo, que chamo de sistema monetário Tipo 2, o dinheiro está vinculado a ativos que têm valor intrínseco (normalmente sob a forma de notas de papel que podem ser trocadas por ouro ou prata a um preço fixo). Em um sistema monetário Tipo 3 (ou fiduciário), o dinheiro não está vinculado a nada objetivo. O diagrama a seguir apresenta uma imagem ultrassimplificada de como esses sistemas monetários giraram ao longo da história da China desde a Dinastia Tang. Na verdade, diferentes partes do país tinham moedas diferentes e, às vezes, usavam moedas e lingotes de outros países (por exemplo, dólares de prata espanhóis no final do século XVI). Ainda assim, **o diagrama é amplamente indicativo e pretende mostrar que a China tinha a mesma gama de sistemas monetários que o restante do mundo, e que eles funcionavam essencialmente das mesmas maneiras, e, mais importante, com ciclos em que o dinheiro forte era abandonado devido a problemas de dívida, levando a inflação, hiperinflação e, finalmente, a um retorno ao dinheiro forte.**

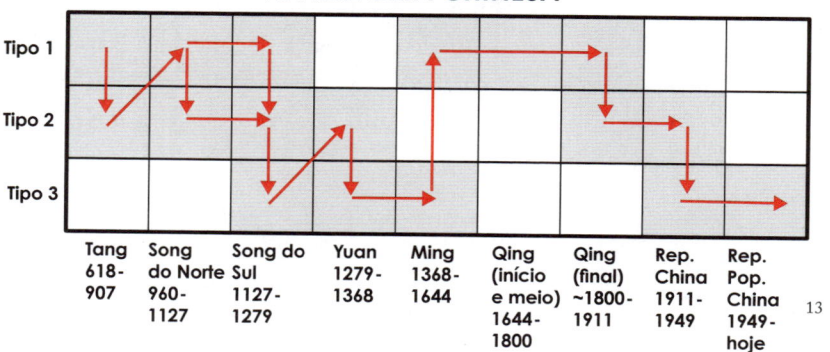

TRANSIÇÕES ENTRE DIFERENTES TIPOS DE DINHEIRO NA HISTÓRIA CHINESA

	Tang 618-907	Song do Norte 960-1127	Song do Sul 1127-1279	Yuan 1279-1368	Ming 1368-1644	Qing (início e meio) 1644-1800	Qing (final) ~1800-1911	Rep. China 1911-1949	Rep. Pop. China 1949-hoje
Tipo 1									
Tipo 2									
Tipo 3									

[13] Produzi esse diagrama trabalhando com o professor Jiaming Zhu.

No início da Dinastia Tang, o dinheiro consistia principalmente em moedas de cobre (ou seja, moeda forte). Contudo, como sempre acontece, o fornecimento de moeda forte provou ser restritivo — a China estava crescendo rapidamente e o suprimento de cobre não estava crescendo para fornecer dinheiro suficiente. Além disso, cada moeda de cobre era de baixo valor e, portanto, para negociar, os mercadores eram obrigados a carregar fisicamente talvez centenas de milhares delas, o que era impraticável. Tais pressões levaram à invenção das primeiras formas de instrumentos parecidos com papel-moeda. O "dinheiro voador" começou essencialmente como minutas bancárias (como cheques), mas os comerciantes as faziam circular como dinheiro. Por fim, o governo Tang começou a supervisionar seu uso e emissão.[14] Dito isso, as transações monetárias do dia a dia continuaram a ser feitas principalmente em moedas de cobre.

O verdadeiro papel-moeda (ou seja, projetado para ser amplamente utilizado como moeda corrente) veio um pouco mais tarde na história chinesa. No início do século XII, durante a Dinastia Song, o governo assumiu o controle da indústria de fazer dinheiro e criou o primeiro papel-moeda lastreado em commodities. O papel-moeda logo foi aceito e aquilo que o lastreava assumiu uma importância secundária. Essa foi a primeira versão de um sistema monetário fiduciário. Contudo, assim como os títulos, o papel-moeda tinha uma data de vencimento, após a qual era retirado de circulação.

A Dinastia Song não apenas inventou a moeda fiduciária como também foi a primeira a imprimir e a desvalorizar o papel-moeda. Em meados do século XII, as demandas financeiras do tesouro Song eram extremamente altas, devido a guerras no exterior e revoltas internas. Como é típico na queda dos impérios, em vez de aumentar impostos ou cortar gastos, o que eles não queriam porque aumentaria o descontentamento, imprimiram moeda fiduciária para financiar seus déficits. Inicialmente, a monetização dos déficits foi administrável — a primeira moeda fiduciária, conhecida como notas huizi, foi emitida em quantidades modestas

---

[14] Essas notas promissórias eram semelhantes àquilo que hoje chamamos de letras de câmbio. As notas promissórias anteriores eram denominadas em unidades variáveis, mas, finalmente, as notas emitidas pelo governo ganharam denominações fixas. O governo emitia essas notas (conhecidas como jiaozi e huizi) em troca de moedas.

a partir de 1160 e negociada perto de seu valor nominal por mais de trinta anos. Mas o governo Song logo começou a imprimir com maior liberdade, mais do que triplicando a quantidade de huizi em circulação. Conforme os conflitos internos e externos continuaram a pressionar o tesouro imperial, a oferta de dinheiro quase triplicou novamente entre 1209 e 1231. Como resultado, o valor de mercado desse papel-moeda (medido em moedas em espécie) caiu mais de 90% entre 1195 e 1230.

Os mesmos padrões se repetiram diversas vezes. Sentindo-se restringida pela moeda metálica, a Dinastia Yuan criou um novo papel-moeda (que deixou Marco Polo maravilhado), mas acabou imprimindo em excesso, provocando seu colapso. Também sentindo-se limitada pela moeda metálica, a Dinastia Ming inicialmente utilizou papel-moeda para obter fundos e estabelecer um novo Estado, mas acabou imprimindo em excesso, o que provocou o colapso da moeda. São histórias fascinantes nas quais não vou me aprofundar agora.

Após o fracasso da moeda fiduciária no início da Dinastia Ming, a China abandonou a experimentação com moedas de papel até o século XX. Em vez disso, de meados do século XIV até cerca de 1933, teve diferentes tipos de moedas metálicas, principalmente prata. O valor intrínseco dessa prata constituía a maioria significativa de seu valor, embora houvesse algum prêmio atribuído às próprias moedas. Na maior parte desse tempo, sobretudo até 1933, a China não cunhou, e as moedas vinham primeiro da Espanha e, depois, do México e da América do Norte. Em 1933, os chineses optaram por criar e pôr em circulação sua própria moeda nacional. Dois anos mais tarde, o governo decidiu substituir o yuan pelo fabi (que significa "moeda legal"), de modo a passar de uma moeda que não podiam imprimir para outra que podiam. Por sua vez, o fabi experimentou uma hiperinflação cada vez mais galopante devido à impressão excessiva feita pelo governo da República da China na Segunda Guerra Mundial e nas fases finais da Guerra Civil Chinesa. Após a fundação da República Popular da China (RPC), o renminbi foi introduzido e permanece em uso até hoje.

Quanto à economia mais ampla da China, essa deixou de ser basicamente agrícola e feudal através de uma variedade de encarnações manufatureiras, como a Idade do Bronze e a Idade do Ferro, e desenvolveu diversas abordagens para o comércio com estrangeiros (principalmente através da Rota da Seda). Isso deu origem a uma rica classe de comerciantes, produzindo ciclos nos quais grandes disparidades de riqueza se desenvolveram, seguidas por levantes durante os quais a sua riqueza foi confiscada. Como a China sempre foi uma sociedade inteligente e engenhosa, inúmeras invenções tecnológicas impulsionaram a economia. Empreendimentos privados também surgiram em diferentes momentos da história chinesa, produzindo ciclos nos quais as disparidades de riqueza aumentaram até os governos expropriarem e redistribuírem a riqueza de várias maneiras. A China também experimentou ciclos da dívida como os descritos no Capítulo 3, que ocorreram pelos mesmos motivos. Houve períodos estáveis dentro desses grandes ciclos de endividamento, nos quais o crescimento da dívida não era excessivo; períodos de bolha quando era; períodos de crise quando não havia dinheiro suficiente para pagar o serviço da dívida; e períodos inflacionários (e às vezes hiperinflacionários) quando o dinheiro era impresso para aliviar as crises da dívida.

É interessante notar que, embora os impérios mais poderosos tivessem moedas de reserva mundial, o mesmo não ocorreu durante as dinastias mais poderosas da China.

Isso porque:

- Antes de viagens oceânicas se tornarem frequentes, não existia uma moeda de reserva mundial (o comércio era limitado e geralmente efetuado em metais preciosos) e, ao longo de sua história, a China nunca se tornou um império extenso o suficiente (ou seja, uma "potência mundial") para que grande parte do mundo quisesse negociar e manter suas notas promissórias como depósitos de riqueza. O país nunca estabeleceu um centro financeiro que rivalizasse com os da Europa e era muito menos comercial. Embora estivesse à frente no desenvolvimento do mercado financeiro na Dinastia Song (estabelecendo as primeiras sociedades por ações e usando papel-moeda), por volta dos anos 1600 os desenvolvimentos do mercado financeiro e de capitais na China estavam muito atrás dos da Europa. Culturalmente, ser comercial não era tido em alta conta pelos líderes chineses, por isso havia menos desenvolvimento do sistema jurídico comercial e dos mercados financeiros. Graças a esse baixo desenvolvimento comercial e de suas políticas

mais isolacionistas, a China geralmente ficava atrás da Europa em termos de inovação, o que discutiremos mais tarde.
- Além disso, o apoio da China ao comércio privado e aos mercados financeiros era inconsistente — mais forte nos períodos Song e Tang e, em seguida, mais hostil nos períodos Ming e Qing, quando os impérios de comércio mundial estavam sendo estabelecidos pela primeira vez. Como resultado, as estruturas sociais e jurídicas eram menos propícias a acumulação/investimento de capital (por exemplo, a legislação societária era bem menos desenvolvida do que na Europa e as empresas chinesas tendiam a ser familiares). Ademais, o Estado costumava ter menos disposição e menos capacidade de investir em indústrias estratégicas ou impulsionar a inovação. A ideologia confucionista provavelmente desempenhou um papel nisso, já que os comerciantes e homens de negócios tinham status inferior em comparação aos eruditos; um ponto de vista que se fortaleceu à medida que as tendências mais conservadoras do confucionismo ganharam força nas dinastias Ming e Qing.

A dívida cresceu drasticamente durante a agitação civil e as guerras das décadas de 1920 e 1930, o que levou ao ciclo clássico no qual as promessas de entregar dinheiro excedem em muito a capacidade de fazê-lo. Isso provocou calotes generalizados, o que logicamente levou ao abandono do padrão-metal e à proibição das moedas de metal e da propriedade privada de prata. Conforme explicado antes, **as moedas são usadas para 1) transações domésticas, das quais o governo detém o monopólio de controle (e que, portanto, podem ser realizadas com moedas fiduciárias ou, mesmo, sem valor real) e 2) transações internacionais, caso em que as moedas devem ter valor real ou não são aceitas. O teste do valor real de uma moeda é se ela é ativamente usada e negociada com a mesma taxa de câmbio internacional e doméstica. Quando há controles de capital que impedem a livre troca de uma moeda nacional internacionalmente, essa moeda é mais suscetível a ser desvalorizada. Por definição, as moedas de reserva não têm tais controles. Portanto, como princípio:** ● *ao ver controles de capital sendo impostos a uma moeda, especialmente quando houver um grande problema de dívida interna, fuja dessa moeda.*

A China tinha duas moedas na década de 1930 — uma moeda fiduciária de papel para transações nacionais e outra de ouro para pagamentos internacionais. O papel fiduciário foi impresso abundantemente e frequentemente desvalorizado. Após a turbulência da Segunda Guerra Mundial e da Guerra Civil Chinesa, em dezembro de 1948, o primeiro renminbi foi emitido como moeda fiduciária e mantido em estoque limitado para acabar com a hiperinflação. Em 1955, foi feita uma segunda emissão de renminbi e, em 1962, uma terceira. De 1955 a 1971, a taxa de câmbio foi fixada em 2,46 dólares. Em seguida, houve outra rodada de inflação alta nas décadas de 1970 e 1980, causada pela desvalorização global do dinheiro em relação ao ouro em 1971, por pressões inflacionárias mundiais, pelo fato de a China estar eliminando aos poucos seus controles de preços, pelo crédito fácil e pela falta de controle de gastos nas empresas estatais. Em 2005, a vinculação ao dólar foi encerrada.

O próximo gráfico mostra as taxas de inflação chinesas remontando a 1750, incluindo os períodos de hiperinflação. A era de inflação relativamente estável no início foi em grande parte o resultado de a China usar metais (prata e cobre) como moeda, os quais eram avaliados por peso. Quando a Dinastia Qing acabou, as províncias declararam independência e emitiram as próprias moedas de prata e cobre, que também eram avaliadas pelo peso. Por isso, não houve níveis excepcionalmente altos de inflação, mesmo durante esse período terrível.

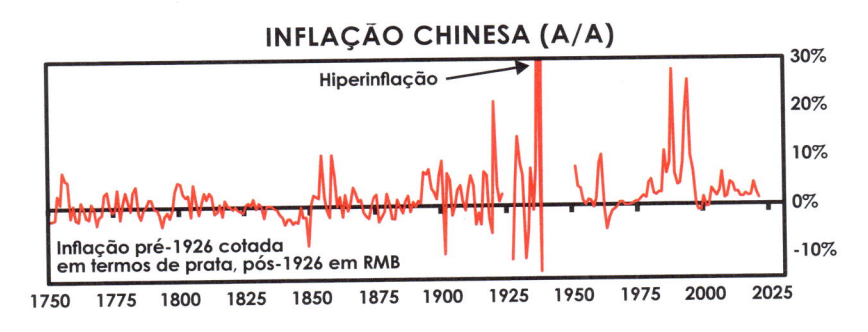

INFLAÇÃO CHINESA (A/A)

Os gráficos a seguir mostram o valor da moeda chinesa em termos de dólar e ouro desde 1920, mais a inflação e as taxas de crescimento nesse período. Como podemos ver, ocorreram dois grandes períodos de desvalorização: o primeiro em 1948, quando a nova taxa de câmbio foi instituída, e entre 1980 e 1990, quando houve uma série de desvalorizações destinadas a apoiar os exportadores e administrar os déficits em conta-corrente,[15] o que causou uma inflação muito alta. Como mostrado, o crescimento foi relativamente rápido e irregular até cerca de 1978, depois rápido e muito menos irregular até a recente queda devido à pandemia de Covid-19.

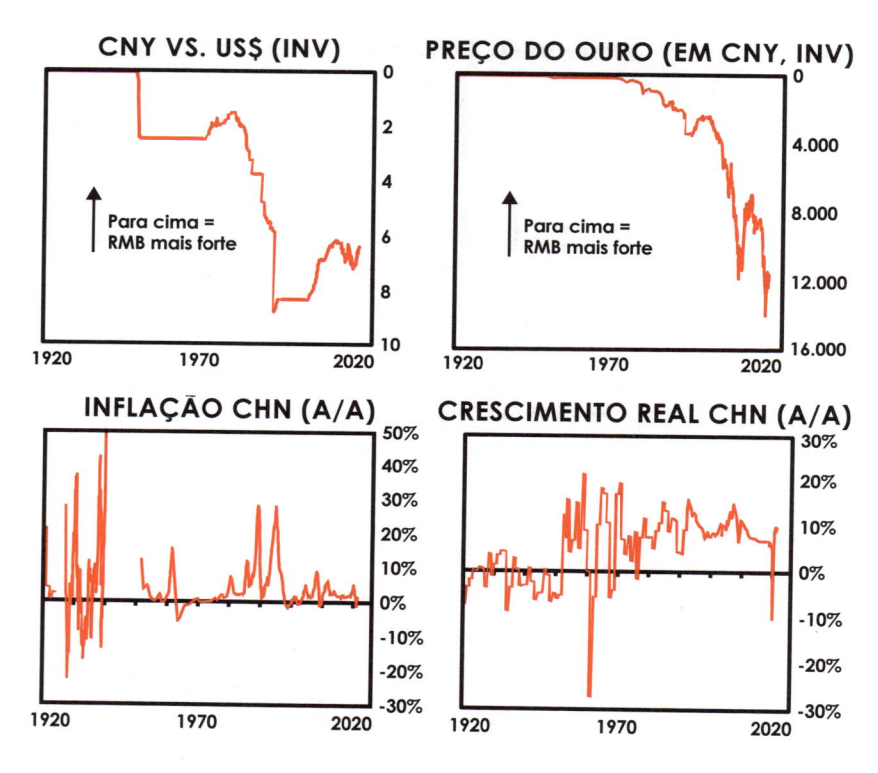

CNY VS. US$ (INV)

PREÇO DO OURO (EM CNY, INV)

INFLAÇÃO CHN (A/A)

CRESCIMENTO REAL CHN (A/A)

Embora a maioria dos chineses tenha um forte desejo de economizar e um senso adequado de risco que os leva inatamente a armazenar sua riqueza em ativos líquidos seguros (por exemplo, depósitos em dinheiro) e ativos tangíveis (por exemplo, imóveis e ouro), certos investidores têm

---

[15] As desvalorizações em 1985-86 e 1993 ocorreram após um período de abertura comercial e expansão das Zonas Econômicas Especiais. Tais aberturas criaram uma demanda imensa por moeda estrangeira e importações para aumentar a capacidade de produção — mas ainda demoraria alguns anos para que essas zonas produzissem exportações bem maiores. Esse descompasso contribuiu para o crescente déficit em conta-corrente da China.

pouca experiência com ativos mais arriscados, como ações e dívidas de risco, e, portanto, podem ser ingênuos, ainda que estejam aprendendo muito rápido. Contudo, no que diz respeito à compreensão que os formuladores de política chineses têm a respeito de dinheiro, crédito, política monetária, política fiscal e como reestruturar dívidas inadimplentes, descobri que eles têm o mesmo tipo de abordagem profunda e atemporal que aplicam ao restante de sua história.

DE 1800 ATÉ AGORA

Começarei com uma breve visão geral do período entre 1800 e a fundação da República Popular da China, em 1949, examinarei o período Mao um pouco mais de perto e, em seguida, aprofundarei a análise do período que abrange a ascensão de Deng Xiaoping (de 1978 a 1997) e o advento de Xi Jinping ao poder (em 2012) até agora. Então, no próximo capítulo, examinaremos as relações EUA-China.

A queda de 1800 a 1949

A queda da China pós-1800 começou quando a) a última dinastia real chinesa (a Dinastia Qing) se tornou decadente e fraca ao mesmo tempo que b) os britânicos e alguns outros países ocidentais se tornaram fortes, o que levou os britânicos e outros capitalistas/colonialistas a gradativamente assumirem o controle econômico da China. Enquanto isso, c) o sistema financeiro e monetário da China quebrou sob o peso de dívidas que não puderam ser pagas e a impressão de dinheiro que causou um colapso em seu valor, enquanto d) houve grandes rebeliões internas e guerras civis.[16] O declínio do Grande Ciclo, no qual todas as principais forças sofriam quedas livres que se reforçavam mutuamente, continuou por volta de 1840 até 1949. O fim da Segunda Guerra Mundial, em 1945, levou à repatriação da maioria dos estrangeiros na

---

[16] Entre os principais conflitos dessa época, pode-se citar a rebelião dos Nien, o Levante dos Boxers e a grande Rebelião Taiping. Essa última foi uma das guerras mais sangrentas da história da humanidade, que causou 20 a 30 milhões de mortes e deixou uma crise gigantesca em seu rastro.

China (exceto em Hong Kong e Taiwan) e uma guerra civil para determinar como a riqueza e o poder seriam divididos, ou seja, uma guerra entre os comunistas e os capitalistas na China continental. **Esse longo período de declínio foi um caso clássico do Grande Ciclo arquetípico, seguido por um caso igualmente clássico de ascensão do Grande Ciclo, no qual um novo líder ganha o controle, consolida o poder e começa a construir as estruturas básicas que são passadas para as gerações seguintes, que constroem sobre as realizações umas das outras.**

Conforme discutido nos capítulos anteriores, **o início do século XIX foi a época da ascensão e expansão da Grã-Bretanha em todo o mundo — o que trouxe o crescente Império Britânico a um maior contato com a China.** A Companhia Britânica das Índias Orientais queria chá, seda e porcelana da China porque eram itens extremamente lucrativos para se vender em casa. No entanto, os britânicos não tinham nada que os chineses quisessem negociar, de modo que precisavam pagar por esses bens em prata, que era o dinheiro mundial na época. Quando os britânicos começaram a ficar sem prata, contrabandearam ópio da Índia para a China, que venderam por prata, que depois usaram para pagar os produtos chineses. Os chineses lutaram para impedir essas vendas, o que levou à Primeira Guerra do Ópio, na qual **a marinha britânica, tecnologicamente superior, derrotou os chineses em 1839-42, levando a Grã-Bretanha a impor um tratado que concedeu Hong Kong aos ingleses e abriu uma série de portos chineses, principalmente Xangai, para comerciantes britânicos (bem como de outras potências em tratados subsequentes), o que acabou levando à perda de grandes partes do norte da China para a Rússia e o Japão, e a perda do que hoje chamamos de Taiwan para o Japão.**

O governo Qing tomou muitos empréstimos estrangeiros para lutar contra rebeliões internas. As reparações, especialmente depois da Rebelião dos Boxers (uma rebelião de chineses contra estrangeiros em 1901), também criaram enormes dívidas. Quando a rebelião fracassou, as potências estrangeiras vitoriosas exigiram cerca de 18 mil toneladas de prata, estruturada em uma dívida de quarenta anos garantida pelas receitas tarifárias dos portos que controlavam. O governo Qing, carente de recursos financeiros, enfrentou diversos levantes nas duas décadas após as Guerras do Ópio e gastou suas economias para financiar essas batalhas. **A combinação de: 1) não ter uma liderança forte, 2) não ter finanças sólidas, 3) ter rebeliões internas que minavam a produtividade e cobravam dinheiro e vidas, 4) lutar contra estrangeiros, o que também custava dinheiro e vidas, e 5) experimentar algumas grandes catástrofes naturais, tudo isso produziu o declínio mútuo e autorreforçante conhecido como Século da Humilhação.**

É fácil ver o importante papel que aquele período desempenhou na formação dos pontos de vista dos líderes chineses — por exemplo, por essa razão, **Mao via o capitalismo como um sistema no qual as empresas buscavam lucros por meio do imperialismo (ou seja, através do controle e exploração de países, assim como os britânicos e outras potências capitalistas fizeram com a China), enriquecendo elites gananciosas enquanto exploravam os trabalhadores.** A visão de Mao sobre o capitalismo difere da minha porque sua experiência com o capitalismo foi bastante diferente, embora ambas as visões sejam verdadeiras. Para mim e para muitos outros que conheço, incluindo imigrantes de todo o planeta, o capitalismo proporcionou enormes oportunidades. Os EUA onde cresci era a terra das oportunidades, na qual se podia aprender, contribuir e ser recompensado de maneira justa e ilimitada. Para mim, essa experiência de ver pelos olhos de outra pessoa foi um lembrete de como a abertura radical da mente e a discordância ponderada são importantes para se descobrir o que é verdadeiro. Isso me levou a estudar um pouco o marxismo, para que pudesse entender por que fazia sentido para Mao e para outros como filosofia. Minha inclinação até então era pensar no marxismo como impraticável, na melhor das hipóteses, e uma ameaça potencialmente maligna, na pior. Mas eu não sabia o que Marx realmente dissera.

Entra o marxismo-leninismo

Antes de examiná-lo por conta própria, eu partia do pressuposto de que o marxismo-leninismo era um sistema disfuncional no qual os recursos eram teoricamente distribuídos "de cada qual, de acordo com suas habilidades, a cada qual, de acordo com suas necessidades", e que falhou em produzir muito devido à sua falta de incentivos para ser criativo e eficiente. Eu não me dava conta de que Marx era um homem brilhante que trouxera à baila algumas teorias boas e outras aparentemente ruins, que ele provavelmente concordaria não terem sido testadas e refinadas de forma adequada pelo sistema evolucionário que abraçou. Agora eu me pergunto como Marx, um homem muito prático, que acreditava que as filosofias só deveriam ser julgadas pelos sucessos e fracassos que produziam, teria diagnosticado o fracasso quase total e universal do comunismo e mudado seu modo de pensar como resultado disso.

O sistema/teoria mais importante de Marx é chamado de "materialismo dialético". "Dialética" se refere a como os opostos interagem para produzir mudança, e "materialismo" significa que tudo tem uma existência material (ou seja, física) que interage com outras coisas de forma mecânica. **Em suma, o materialismo dialético é um sistema para produzir mudanças observando e influenciando as "contradições" dos "opostos" que produzem "conflitos", os quais quando resolvidos, produzem progresso. Para Marx, isso se aplicava a tudo. O conflito e a luta entre as classes, que se manifestam no conflito entre capitalismo e comunismo, é apenas um de muitos exemplos.**

Muito disso parece certo para mim.

Embora eu não seja especialista em marxismo, o processo do materialismo dialético é semelhante ao processo que descobri por mim mesmo e expliquei em meu livro *Princípios: vida e trabalho*, no qual luto com os conflitos, reflito sobre eles, escrevo os princípios que extraio deles e, então, os aprimoro — e faço isso repetidamente, de uma forma evolucionária sem fim que denomino de *looping*. Em outras palavras, acredito — e me parece que Marx também acreditava — que aprender e evoluir a partir de conflitos e erros é a melhor abordagem.

Também é minha opinião que o capitalismo — um sistema de incentivos que recompensa as pessoas que são mais inventivas e produtivas, e que tem mercados de capitais que recompensam as boas decisões de alocação de capital e penaliza as más — leva a: a) mais produtividade no longo prazo (e, portanto, um bolo total maior), b) grandes diferenças de riqueza e c) mercados de capitais (sobretudo mercados de dívida) que se sobrecarregam e depois se rompem. Quando há um colapso econômico/de mercado de capitais ao mesmo tempo em que há grandes disparidades de riqueza e valores, isso provavelmente levará a alguma forma de revolução. Tais revoluções podem terminar de maneira harmoniosa e produtiva, mas a maioria é precedida por grande conflito e destruição. Então, até agora, a aparente perspectiva de Marx e a minha perspectiva não são radicalmente diferentes, embora o que escolheríamos e o que pensaríamos que deveria ser feito provavelmente o seja. Se você me perguntasse: a) se eu preferiria ter o que o capitalismo forneceu ou o que o comunismo forneceu, e b) se acho que o caminho capitalista que temos agora é mais lógico do que o caminho comunista que testemunhamos, eu escolheria o capitalismo como resposta para as duas perguntas. Por outro lado, se você me perguntasse: a) se os sistemas capitalista e comunista precisam ser reformulados para fazer o bolo crescer de maneira mais efetiva, com distribuição mais justa, e b) se a abordagem do materialismo dialético de Marx para evoluir e meu Processo de Cinco Etapas para evoluir são, além de muito semelhantes, as melhores maneiras de evoluir bem, eu responderia sim para as duas perguntas (sem me deter em como, exatamente, nossas abordagens são diferentes). Além disso, no que diz respeito à disparidade de riqueza, compartilho a visão de que ela tem sido um grande problema ao longo da história que pode ameaçar todos os sistemas. Também acredito que conflitos produzem dificuldades, e que enfrentar dificuldades resulta em progresso. Considero os conflitos entre as classes (ou seja, os "ricos" e os "pobres") um dos principais motores da ascensão e queda de impérios e, portanto, do progresso da história, com todos esses motores sendo os três grandes ciclos — moeda e crédito, ordem/desordem interna e ordem/desordem externa — discutidos antes neste livro.

Todos esses ciclos nos principais países estavam em suas fases de declínio/conflito entre 1930 e 1945, o que levou a revoluções e guerras na China e em todo o mundo. Entretanto, como sempre acontece, as forças do declínio seguiram seu curso e novas ordens domésticas e mundiais tiveram início. Mais especificamente, a guerra externa terminou em 1945 e as forças estrangeiras deixaram a maior parte da China continental. Os comunistas e capitalistas da China travaram uma guerra local que terminou em 1949, o que levou a uma nova ordem interna, que foi o comunismo sob o governo Mao. Coloque-se na posição de Mao durante o período de 1900 a 1949. Imagine-o lendo o que Marx escreveu e reflita sobre suas ações naquele período e no período pós-1949. Faz sentido que Mao fosse um marxista e desprezasse a abordagem confucionista à harmonia. A democracia tal como

a conhecemos não tem raízes na China. O legalismo, com sua abordagem autocrática, sim. Por outro lado, o capitalismo está crescendo atualmente e se tornando muito mais enraizado.

Lênin baseou-se no que Marx dissera para criar um processo de duas etapas para a construção do Estado, no qual há, a princípio, uma vanguarda de trabalhadores, embora sob a forma de "centralismo democrático" (em que apenas membros do partido votam), o que acaba levando a um Estado comunista mais elevado, com a existência da propriedade comum dos meios de produção, igualdade social e econômica e prosperidade geral. **Mao gostou da abordagem marxista-leninista, na qual a conquista do ideal comunista veio ao fim de um longo processo evolutivo. Deng Xiaoping reiterou essa visão em uma entrevista ao *60 Minutes* em 1986, na qual disse que o capitalismo que estava adotando e o comunismo não eram incompatíveis. "De acordo com o marxismo", disse ele, "a sociedade comunista é baseada na abundância material (...) o princípio de uma sociedade comunista — 'de cada qual, de acordo com sua capacidade, para cada qual, de acordo com suas necessidades' — só pode ser aplicado quando há abundância material. O socialismo é a primeira fase do comunismo." Talvez isso seja verdade, talvez não. O tempo dirá.** Para mim, até agora o capitalismo — na China ou em qualquer outro lugar — está ganhando a competição. No entanto, não há dúvida de que a mistura chinesa de comunismo e capitalismo produziu resultados econômicos notáveis nos últimos quarenta anos.

Na próxima seção, resumirei brevemente o que aconteceu entre 1949 e agora. Em seguida, aprofundarei cada uma de suas fases com mais detalhes.

A ascensão de 1949 até agora

Embora seja uma simplificação exagerada, podemos dividir a evolução da China de 1949 até agora em três fases:

1. A fase de Mao, de 1949 a 1976.
2. A fase de Deng e seus sucessores, de 1978 a 2012, ano em que Xi Jinping assumiu o poder.
3. A fase de Xi Jinping de 2012 até agora.

Cada fase moveu a China pelo arco de seu desenvolvimento de longo prazo, com base em suas realizações anteriores. Em suma, os eventos ocorreram da seguinte maneira:

- **De 1949 até sua morte, em 1976, Mao (com seus vários ministros, principalmente Zhou Enlai) consolidou o poder; construiu a base de instituições, governo e infraestrutura da China; e governou o país como um imperador comunista.** Isolada do restante do mundo, a China seguia um sistema comunista estrito no qual o governo possuía tudo e mantinha rígidos controles burocráticos. Imediatamente após as mortes de Mao e Zhou Enlai, houve uma luta pelo poder em 1976-1978 entre a Gangue dos Quatro, da linha dura, e os reformistas. Deng Xiaoping e os reformistas saíram vitoriosos em 1978, levando à segunda fase.
- **Deng e seus ministros governaram a China direta ou indiretamente até a morte dele, em 1997.** Durante essa fase, a China mudou para um modelo de liderança mais coletivo, se abriu para o mundo exterior, introduziu e desenvolveu práticas capitalistas/de mercado e se tornou muito mais forte financeiramente, com mais poder em pontos que não pareciam ameaçadores para os Estados Unidos ou outros países. Para financiar o que então era considerado uma relação simbiótica, na qual os EUA compravam itens com preços atraentes da China, a China emprestou dinheiro aos norte-americanos. Como resultado, os Estados Unidos adquiriram passivos de dívida denominados em dólares e os chineses adquiriram ativos denominados em dólares. Após a morte de Deng, seus sucessores Jiang Zemin e Hu Jintao (e aqueles que lideraram a China com eles) continuaram na mesma direção, de modo que a riqueza e o poder da China cresceram de formas fundamentalmente sólidas, que não pareciam ameaçadoras para os EUA. Em 2008 veio a crise financeira mundial, o que levou a maiores tensões sobre a riqueza nos Estados Unidos e outros países desenvolvidos, ao aumento do ressentimento com a fuga de empregos industriais para a China e ao crescimento financiado por dívida em todos os países, incluindo a China.
- **Xi Jinping chegou ao poder em 2012, presidindo uma China mais rica e poderosa que estava se tornando excessivamente**

endividada, corrupta e cada vez mais em desacordo com os Estados Unidos. Ele acelerou as reformas econômicas; assumiu o desafio de tentar conter o crescimento da dívida e, ao mesmo tempo, reformar agressivamente a economia; apoiou a construção de tecnologias de ponta e adotou uma postura cada vez mais global. Também se tornou mais proativo na redução das disparidades de educação e renda, na proteção do meio ambiente e na consolidação do controle político. À medida que os poderes da China aumentaram e os objetivos ousados de Xi (por exemplo, a Belt and Road Initiative e o plano *Made in China 2025*) se tornavam mais aparentes, as tensões com os EUA cresceram, especialmente depois que Donald Trump foi eleito presidente (um populista/nacionalista que pregava estancar a perda de empregos industriais pelos EUA para a China). A posição da China em relação aos EUA tornou-se a de uma potência que se fortalece rapidamente e desafia a dominante.

Agora vamos dar uma olhada nisso mais de perto.

Fase um: construindo a fundação (1949-1976)

Em 1949, Mao e os comunistas ganharam a guerra civil, dando início à República Popular da China, e logo consolidaram o poder. Mao se tornou o imperador de fato (intitulado "presidente da República Popular da China") e Zhou Enlai, seu primeiro-ministro (intitulado "premier"). Internamente, o novo governo reparou rapidamente a infraestrutura de transporte e comunicações e nacionalizou o sistema bancário sob a égide do novo banco central, o Banco Popular da China. Para baixar a inflação, apertou o crédito e estabilizou o valor da moeda. Também nacionalizou a maioria das empresas e redistribuiu as terras agrícolas dos grandes proprietários para os camponeses. Trabalhando ou não, você recebia um pagamento básico. Não havia pagamento por mérito. As proteções que essas rendas e benefícios básicos garantidos proporcionavam a todos eram chamadas coletivamente de "tigela de arroz de ferro". Essas mudanças criaram uma economia estável, mas pouca motivação.

Internacionalmente, a China era isolacionista, ainda que não tenha demorado muito até o novo governo se ver em meio a uma guerra. Conforme explicado no capítulo anterior, em 1945 a nova ordem mundial dividiu o mundo em dois campos ideológicos principais: os capitalistas democráticos, liderados pelos Estados Unidos, e os comunistas autocráticos, liderados pela União Soviética — com um terceiro grupo de países que não estavam comprometidos com nenhum dos dois lados. Até recentemente, muitos desses países não alinhados haviam sido colônias, principalmente do Império Britânico em queda. A China estava claramente no campo liderado pelos soviéticos. Em 14 de fevereiro de 1950, Mao e Stálin assinaram o Tratado de Amizade, Aliança e Assistência Mútua para cooperar e ajudar militarmente um ao outro.

No final da Segunda Guerra Mundial, a Coreia estava dividida pelo paralelo 38, com os russos controlando o norte, e os americanos, o sul do país. Em junho de 1950, a Coreia do Norte invadiu a Coreia do Sul. Inicialmente, os chineses permaneceram fora do conflito, pois estavam preocupados com os próprios desafios e não queriam ser arrastados para uma guerra. Em conjunto com as Nações Unidas, os EUA responderam engajando suas forças no conflito, levando a guerra até a Coreia do Norte, que faz fronteira com a China. Os chineses viram aquilo como uma ameaça, especialmente porque o general americano Douglas MacArthur deixou claro que atacaria a China. Embora os soviéticos e chineses tivessem um pacto de apoio mútuo, Stálin não queria entrar em guerra com os EUA, de modo que não forneceu o apoio militar que a China esperava. Embora estivessem mal preparados para entrar em guerra contra os EUA, que eram muito mais poderosos e contavam com armas nucleares, os chineses entraram no conflito, empurrando as tropas americanas e da ONU de volta à fronteira previamente estabelecida. Esse foi o primeiro grande desafio de Mao e é considerado uma grande vitória pelos chineses.

Entre a fundação da RPC em 1949 e a morte de Mao em 1976, a economia chinesa cresceu rapidamente, a uma taxa média anual de cerca de 6%, com taxa de inflação anual média de cerca de 1-2%, acumulando reservas de cerca de 4 bilhões de dólares em divisas. Isso representou uma modesta melhoria, mas a China continuou

pobre. E houve muita volatilidade ao longo do caminho. Especificamente:

- Entre 1952 e 1957, com a ajuda dos soviéticos, a produção industrial cresceu 19% ao ano, a renda nacional, 9% ao ano, e a produção agrícola, 4% ao ano. O governo chinês construiu instalações industriais e importou muitos equipamentos dos soviéticos. Também reformou suas práticas e métodos agrícolas, criando cooperativas para obter economias de escala, fazendo com que os agricultores trabalhassem juntos. Foram anos altamente produtivos. No entanto, após a morte de Stálin, em 1953, Nikita Khrushchev chegou ao poder, criticou Stálin e suas políticas e alienou Mao, o que levou os líderes chineses e soviéticos a criticarem abertamente uns aos outros, dando início a um período de reduzido apoio soviético.
- Por volta de 1960, a União Soviética deixou de ser aliada para se tornar inimiga e retirou o apoio econômico.
- De 1958 a 1962, devido a uma seca, à má gestão econômica na tentativa governamental de se tornar uma potência industrial — chamada de Grande Salto Adiante — e ao apoio econômico soviético reduzido, a economia se retraiu em 25%, e estima-se que entre 16 milhões a 40 milhões de pessoas tenham morrido de fome. As estimativas sugerem que, nesse período, a produção industrial tenha caído 19% no total, com uma queda de cerca de 36% desde o pico de 1959. Os historiadores concordam que foi um período terrível, embora haja algumas divergências se foi terrível devido à péssima administração de Mao ou por outras causas.
- Entre 1963 e 1966, a economia se recuperou e atingiu novos máximos. Mas, então, veio a Revolução Cultural.

Como é clássico em todos os ciclos, surgiram desafios à liderança e ideologia de Mao. Já que a maioria dos imperadores chineses foi derrubada por pessoas de dentro do regime, esse risco devia estar na mente de Mao (e de todos os outros). Portanto, de 1966 a 1976, ele promoveu uma revolução política, chamada de Revolução Cultural, para "purificar as categorias de classe" e reforçar o "pensamento de Mao Tse-tung". Mao venceu a batalha política/ideológica, expurgando seu rival, Lin Biao, que morreu em um acidente de avião durante um golpe fracassado que foi acusado de organizar, e o "pensamento de Mao Tse-tung" foi inserido na constituição. O custo do triunfo de Mao foi terrível. A Revolução Cultural restringiu a educação, com prejuízo de muitas vidas (as estimativas variam de centenas de milhares a até 20 milhões de mortos), e foi um grande golpe para a economia chinesa. No início da década de 1970, a situação começou a se estabilizar sob a liderança operacional do premier Zhou Enlai. Em 1969, ocorreram confrontos entre tropas chinesas e russas ao longo da fronteira.

O ano de 1971 trouxe grandes mudanças na China. A Revolução Cultural estava causando turbulência, e a saúde de Mao piorava. Isso contribuiu para que Zhou Enlai desempenhasse um papel de liderança cada vez maior, o que o levou a ser eleito "vice-presidente do Partido Comunista" em 1973, colocando-o em posição de aparente sucessor de Mao. Também em 1971, a China foi ameaçada pela União Soviética, que era militarmente muito mais poderosa e compartilhava uma fronteira de 4 mil quilômetros com a China, levando a crescentes ameaças de fronteira. Em 1975, depois que os EUA se retiraram do Vietnã — país que compartilha uma fronteira de quase 1,5 mil quilômetros com o sul da China —, a Rússia construiu uma aliança com o Vietnã e enviou tropas e armas. Mao tinha um princípio geopolítico de identificar o principal inimigo para neutralizar e afastar os aliados do inimigo. Ele identificou a União Soviética como o maior adversário da China e reconheceu que os soviéticos estavam em uma guerra incipiente com os Estados Unidos, que ainda poderia se tornar um conflito armado. Isso o levou a fazer o movimento estratégico de se aproximar dos Estados Unidos. Henry Kissinger mencionou autoridades chinesas dizendo: "A última coisa que os imperialistas dos EUA estão dispostos a ver é uma vitória dos revisionistas soviéticos em uma guerra sino-soviética, pois isso [permitiria aos soviéticos] construir um grande império, mais poderoso do que o Império Americano em recursos e mão de obra."

Também sei que Zhou Enlai, um reformista, queria construir uma relação estratégica com os Estados Unidos havia décadas porque um amigo chinês muito próximo, Ji Chaozhu, que foi intérprete de Zhou

Enlai por dezessete anos e trabalhou nas primeiras negociações Kissinger-Enlai, me informou que era esse o caso.[17] A China queria iniciar um relacionamento com os Estados Unidos para neutralizar a ameaça russa e melhorar sua posição geopolítica e econômica. **Em 1971, como estava especialmente claro que era do interesse da China e dos Estados Unidos construir um relacionamento, os dois fizeram propostas nesse sentido.** Em julho de 1971, Kissinger — e, depois, o presidente Richard Nixon, em fevereiro de 1972 — foi à China e, em outubro de 1971, as Nações Unidas reconheceram o governo comunista chinês liderado por Mao e deram à China um lugar no Conselho de Segurança. **Durante a visita de Nixon, ele e Zhou Enlai assinaram um acordo — o Comunicado de Xangai — no qual os EUA declaravam "reconhecer que todos os chineses em ambos os lados do Estreito de Taiwan afirmam que existe apenas uma China e que Taiwan faz parte da China.** O governo dos Estados Unidos não questiona essa posição e reafirma seu interesse em uma solução pacífica da questão de Taiwan pelos próprios chineses." **Apesar dessas garantias, a reunificação com Taiwan ainda continua sendo a questão mais contenciosa entre a China e os Estados Unidos.**

Após esses movimentos de reaproximação, as relações dos Estados Unidos com a China, o comércio e outras trocas começaram.

Então, em janeiro e setembro de 1976, primeiro Zhou Enlai e depois Mao morreram, e a China comunista enfrentou sua primeira crise de sucessão. De 1976 a 1978, houve uma luta pelo poder entre a Gangue dos Quatro (conservadores linha-dura que promoveram a Revolução Cultural) e os reformistas (que queriam a modernização econômica e uma abertura para o mundo exterior). Os reformistas venceram, e Deng Xiaoping se tornou o líder supremo em 1978.

---

[17] Ji Chaozhu foi criado nos EUA até cursar o primeiro ano em Harvard. Seu irmão era próximo de Zhou Enlai, que enviou o irmão e Ji Chaozhu aos EUA para tentar estabelecer boas relações com os americanos. Quando a Guerra da Coreia estourou, ele retornou à China, tornou-se o intérprete de Zhou e, mais tarde, serviu na primeira delegação chinesa da ONU e como embaixador da China na Inglaterra. Embora tenha me dito muitas coisas que não discutirei aqui para respeitar sua privacidade, não acredito que essas sejam informações confidenciais.

Fase dois: Deng e seus sucessores ganham forças por meio das reformas econômicas e da abertura sem criar ameaças a outros países (1978-2012)

Deng Xiaoping tinha 74 anos e uma vasta experiência em seu currículo. De 1978 até sua morte, em 1997, suas políticas mais importantes foram expressas em duas palavras: reforma e abertura. "Reforma" significava reformas de mercado, usando-o para ajudar a alocar recursos e incentivar as pessoas, e "abertura" significava interagir com o mundo exterior para aprender, melhorar e comercializar. O capitalismo tornou-se parte da mistura comunista. A China ainda era extremamente pobre — sua renda per capita era inferior a 200 dólares por ano. Deng sabia que esses movimentos tornariam a China financeiramente mais poderosas caso não fossem interrompidos por potências estrangeiras muito mais poderosas, que queriam que a China continuasse fraca; a chave era buscá-los de uma forma que as beneficiasse, e não as ameaçasse. **Em 1979, Deng estabeleceu relações diplomáticas plenas com os EUA.**

No início, ele traçou um plano de setenta anos para a) dobrar a renda e garantir que a população tivesse alimentos e roupas suficientes até o final da década de 1980, b) quadruplicar o PIB per capita até o final do século XX (o que foi alcançado em 1995, cinco anos antes do previsto) e c) aumentar o PIB per capita aos níveis dos países desenvolvidos de nível médio até 2050 (no centésimo aniversário da RPC). Ele deixou claro que a China alcançaria esses objetivos tendo uma "economia de mercado socialista", que também chamou de "socialismo com características chinesas". Deng fez essa mudança radical sem criticar o marxismo-leninismo; na verdade, como observado anteriormente, ele não via os dois sistemas como fundamentalmente antagônicos, mas, sim, à luz do materialismo dialético, como opostos que poderiam ser conciliados, levando ao progresso no trajeto do longo arco em direção ao estado ideal do comunismo.

Durante seu mandato, Deng também reformou a estrutura de tomada de decisões do governo. Mais especificamente, mudou o processo de tomada de decisão de um que era dominado por um único líder (anteriormente Mao) para um em que o Comitê Permanente do Politburo votava quando não era possível chegar a um consenso. Também mudou o sistema de escolha dos membros permanentes do Politburo, de um no qual o líder supremo os selecionava pessoalmente para um no qual os candidatos — em geral funcionários qualificados do governo — eram escolhidos por meio de consulta e negociação com líderes experientes do partido. Para institucionalizar sua filosofia de governo, Deng moldou a nova constituição chinesa, que foi adotada em 1982. Essa nova constituição também fez uma série de mudanças para facilitar as reformas econômicas e as políticas de portas abertas que Deng desejava. Estabeleceu limites de mandato para os líderes (dois mandatos de cinco anos) e desencorajou a tomada de decisão autocrática formalizando suas políticas de "liderança coletiva/centralista democrática". A nova constituição também previa maior liberdade de religião, opinião, expressão e imprensa, para encorajar os chineses a "buscar a verdade dos fatos". **Essas reformas possibilitaram a primeira transição ordenada de poder para o Comitê Permanente do Politburo da geração seguinte, liderado por Jiang Zemin, e depois por Hu Jintao, com suas transições seguindo os dois mandatos de cinco anos prescritos. Cada equipe de liderança sucessiva manteve o caminho básico de Deng de tornar a China mais rica e poderosa, tornando sua economia mais voltada para o mercado (capitalista), aumentando o comércio chinês e aprendendo com outros países — com os outros países se sentindo mais entusiasmados do que ameaçados por suas interações e relações comerciais com a China.**

Recuperar territórios perdidos durante o Século da Humilhação também foi uma meta de longo prazo muito importante. Em 1984, depois de muita barganha com o Reino Unido, foi decidido que Hong Kong retornaria à soberania chinesa em 1997, com uma abordagem de "um país, dois sistemas". Então, em 1986, a China chegou a um acordo com Portugal para obter a devolução de Macau à soberania chinesa em 1999.

Em 1984, tive meu primeiro contato direto com a China. Visitei o país a convite da China International Trust Investment Corporation (CITIC), a única "empresa de janela" da China (o que significa que tinha permissão para negociar livremente com o mundo exterior), cujos líderes me pediram para ajudá-los a entender como funciona o mundo dos mercados financeiros. A empresa fora criada como uma extensão das políticas de reforma e abertura de Deng, e era administrada por Rong Yiren, um antigo capitalista chinês que optara por ficar na China mesmo depois que o negócio de sua família foi nacionalizado.

Naquela época, a China era muito pobre e atrasada. No entanto, ficou imediatamente claro para mim que seu povo era inteligente e civilizado, e que sua pobreza era amplamente compartilhada. Nesse sentido, não era como a maioria dos outros países subdesenvolvidos em que estive, onde os pobres pareciam viver em um século diferente. O atraso da China resultava de uma falta geral de acesso ao que estava disponível no mundo exterior e de seu sistema desmotivador. Por exemplo: distribuí calculadoras de 10 dólares como presente, e até mesmo as pessoas de mais alto escalão pensaram que eram aparelhos milagrosos. Na época, todos os negócios (inclusive pequenos restaurantes) eram burocráticos e de propriedade do governo. Os chineses não podiam escolher seus empregos, muito menos suas carreiras, e não recebiam incentivos financeiros para trabalharem bem. Não havia propriedade privada de bens, como casa própria, nem contato com o que o mundo tinha a oferecer em termos de melhores práticas e produtos.

Como estava claro para mim que a porta fechada era a razão da pobreza da China, eu acreditava que sua abertura naturalmente igualaria seus padrões de vida aos do mundo desenvolvido, assim como a água busca naturalmente igualar o nível quando não há nada para limitá-la. Foi fácil visualizar isso acontecendo. Lembro-me de estar no décimo andar do "Edifício do Chocolate" do CITIC para dar uma palestra. Apontei pela janela para os prédios de dois andares dos *hutongs* (bairros pobres) abaixo de nós e disse ao público que não demoraria muito para que desaparecessem e fossem substituídos por arranha-céus. "Você não conhece a China", disseram eles, incrédulos. Respondi que eles não conheciam o poder das arbitragens econômicas que ocorreriam como resultado da abertura.

Embora a abertura tenha criado uma grande oportunidade natural, os chineses a aproveitaram ao máximo e tiveram um desempenho muito além de minhas melhores expectativas. Fizeram isso praticando e implementando as reformas de Deng, apoiadas por influências culturais exclusivamente chinesas. A meta expressa que ouvi muito naqueles primeiros dias de reforma era "quebrar a tigela de arroz de ferro", ou seja: não mais proporcionar garantias de emprego e de benefícios básicos desmotivadores, substituindo-as por mais compensações baseadas em incentivos. A globalização também ajudou muito; o mundo queria incluir a China.

Deng era um aluno ávido e orientou seus formuladores de políticas a aprender com os de fora da mesma forma que ele aprendera. Confiou especialmente em Lee Kuan Yew, de Singapura, e outros líderes de economias culturalmente alinhadas dos Tigres Asiáticos para obter conselhos. Lembro-me de um jantar com o chefe do MOFTEC (que era o ministério do comércio da China) em que ele me narrou detalhes sobre as operações do aeroporto de Singapura (incluindo quanto tempo um passageiro precisava esperar para pegar suas malas na área de bagagens), como Singapura alcançou resultados tão excelentes e como a própria China poderia implementar tais práticas. Muitos anos depois, tive a oportunidade de hospedar Lee Kuan Yew e alguns outros estimados convidados em minha casa. Pedimos a ele que compartilhasse seus pensamentos sobre os líderes do presente e do passado. Estávamos ansiosos para saber o seu ponto de vista porque Lee conhecera a maioria nos últimos cinquenta anos e fora ele mesmo um desses grandes líderes. Sem hesitar, ele disse que Deng foi o maior líder do século XX. Por quê? Por ser inteligente, sábio e de mente aberta, ele era extremamente prático e entregou grandes resultados para seu país de 1 bilhão de pessoas.

Embora Deng tenha renunciado formalmente ao Comitê Permanente do Politburo em 1987, permaneceu o líder de fato da China, que continuou a se abrir e a se tornar mais capitalista a um ritmo vertiginoso. Desempenhei um pequeno papel em sua evolução ao longo dos anos. Em 1989, minha amiga da CITIC, Wang Li (que era responsável pela negociação de títulos), me apresentou ao grupo de pessoas que, junto com ela, foram designadas para criar a organização que estabeleceria as primeiras bolsas de valores na nova China (o Conselho Executivo da Bolsa de Valores, conhecido como SEEC). Esse grupo foi indicado por sete empresas a pedido de Wang Qishan, o visionário reformador econômico e historiador.

A China ainda era muito pobre, e o escritório da SEEC ficava em um hotel sombrio porque o grupo não tinha financiamento adequado. Ainda assim, tinha o que mais importava: uma missão clara de criar grandes mudanças, pessoas inteligentes de bom caráter, mente aberta para permitir o aprendizado rápido e determinação para atingir seus objetivos. Para eles, aquilo não era um trabalho; era uma missão nobre para melhorar o país. Fiquei emocionado ao ajudá-los. E, durante as décadas que se seguiram, vi como eles e muitos outros construíram os mercados financeiros chineses para estarem entre os maiores do mundo.

Então aconteceu um choque que levou todos a questionar quase tudo. Em 1989, um movimento para democratizar a China cresceu em manifestações que levaram à repressão conhecida como o incidente da Praça da Paz Celestial. A liderança estava dividida sobre como lidar com o movimento. Deng fez a escolha definitiva, que foi marginalizar as forças liberais e dar continuidade à repressão conservadora. A maioria dos chineses com quem falei na época temia que a China voltasse aos velhos hábitos de Mao/Gangue dos Quatro. Uma amiga do CITIC muito próxima, Madame Gu, cujo irmão era ministro da Defesa da China, por acaso estava hospedada com minha família naquela época, de modo que vi os acontecimentos se desenrolarem através dos olhos dela, bem como de outros amigos chineses. Madame Gu foi uma seguidora idealista de Mao nos primeiros anos após a "libertação". Durante a Revolução Cultural, ela perdeu o marido, vítima da perseguição, e foi rejeitada pelos amigos. Superou aquela experiência terrível para trabalhar em nome do país que amava e chegou a um cargo sênior na CITIC. Chorou com a perspectiva de um retorno àqueles terríveis velhos tempos. O incidente da Praça da Paz Celestial atrasou significativamente as relações da maioria dos países com a China, mas não impediu Deng e seu governo de continuar suas reformas. Com o tempo, muitos de meus amigos chineses que haviam ficado desolados com a repressão passaram a acreditar que o governo tomara a decisão certa, porque seu maior medo era a desordem revolucionária.

Na década seguinte, a economia continuou a crescer vigorosamente, e as relações e o comércio com o Ocidente tornaram-se melhores do que nunca. Pode-se dizer que a globalização, que ajudou imensamente a China, começou em 1995 com a formação da Organização Mundial do Comércio (época que efetivamente terminou depois da eleição de Donald Trump em 2016). A China aderiu à OMC em 2001 e sua posição no comércio mundial disparou. Naquele ano, os EUA comercializavam mais do que a China com 80% dos países-membros da OMC. Agora, a China é um parceiro comercial maior do que os Estados Unidos para cerca de 70% desses países.

Durante esse período de globalização, desenvolveu-se uma relação simbiótica entre a China e os EUA, na qual os chineses manufaturavam bens de consumo de maneira extremamente econômica e emprestavam dinheiro para comprá-los aos EUA. Era um excelente negócio para os americanos, do tipo "compre agora, pague depois", e os chineses gostaram porque investiam suas economias na moeda de reserva mundial. Pareceu-me estranho que os chineses, que em média recebiam cerca de 40% do que ganhavam os americanos, estivessem emprestando dinheiro aos EUA, já que os ricos estão em melhor posição para emprestar do que os pobres. Para mim, foi um reflexo chocante do grau de endividamento ao qual os EUA estavam dispostos a chegar para financiar seu consumo excessivo e do grau ainda maior com que os chineses valorizavam a poupança. Foi também um reflexo de como países emergentes, que querem economizar em títulos/dívidas dos principais países com moeda de reserva, podem levar esses países a ficarem superendividados.

Em 1992, a crise da dívida empresarial da China chegou ao auge. Esses eram problemas econômicos e de dívida que surgiram dos cinco maiores bancos públicos da China, que fizeram empréstimos a empresas estatais muito grandes, ineficientes e não lucrativas com a garantia implícita do governo central. Zhu Rongji, um reformador ousado no topo do partido, liderou os esforços de reestruturar a economia para se tornar mais eficiente. Esse processo foi extremamente polêmico e prejudicou muita gente que se beneficiava do antigo sistema, por isso foi preciso bastante coragem e inteligência, além do apoio da liderança, para ser executado. As melhores práticas (por exemplo, usar "bancos podres" para tomar, vender e liquidar dívidas inadimplentes) foram usadas e modificadas para o ambiente chinês. Zhu tornou-se o primeiro-ministro em 1998 e, nessa função, continuou a buscar agressivamente reformas para modernizar e tornar a economia chinesa mais eficiente, até se aposentar em 2003. Muitos de seus ex-assessores estão entre os principais formuladores de políticas econômicas da China atual.

Em 1995, enviei meu filho Matt, de 11 anos, para a China, onde ele morou com Madame Gu e seu marido, e frequentou o que então

era uma escola local pobre (*Shi Jia Hu Tong Xiao Xue*). Matt estivera diversas vezes na China comigo desde os 3 anos de idade e passara a conhecer bem Madame Gu. Ele não falava o idioma, de modo que teve que aprender por imersão. Embora sua escola fosse pobre (por exemplo, a calefação só era ligada em fins de novembro, de forma que os alunos precisavam assistir às aulas vestindo casacos), tinha professores inteligentes e atenciosos que proporcionavam às crianças uma educação excelente e completa, que incluía o desenvolvimento do caráter. Apesar de estar privado de alguns confortos aos quais estava acostumado (ele não podia tomar banho quente porque o antigo prédio em que morava só tinha água quente dois dias por semana, por exemplo), Matt foi incrivelmente educado, amado e mais bem desenvolvido do que em nossa rica comunidade. Criou ligações profundas com seus professores e amigos que permanecem até hoje. A experiência o levou a criar uma fundação para ajudar órfãos chineses, que dirigiu durante doze anos. Naquela época, também **contratei uma equipe chinesa para investir dinheiro institucional provindo dos Estados Unidos em empresas chinesas. Fiz esse esforço por alguns anos, mas tive que descontinuá-lo porque achei muito difícil administrar aquilo e a Bridgewater ao mesmo tempo.**

Em 1995-96, foi amplamente divulgado que a saúde de Deng estava piorando. Os líderes chineses temiam que a sua morte fosse vista como uma oportunidade de desafiar a autoridade da China. Estavam especialmente preocupados que os taiwaneses realizassem um referendo a favor da independência. O presidente Lee Teng-hui, que a China considerava um líder pró-independência, acabara de fazer uma visita polêmica aos EUA, pouco antes de sua nomeação para as eleições presidenciais de 1996 em Taiwan. Madame Gu conhecia o funcionário chinês encarregado das relações com Taiwan e providenciou um encontro entre nós. Ele me disse que a China faria qualquer coisa, inclusive ir à guerra, para impedir a independência de Taiwan. Se o novo líder chinês permitisse um referendo, explicou, o povo chinês o consideraria fraco demais para liderar. A China viu como a repressão brutal da Rússia aos rebeldes na República da Chechênia resultou na redução do apoio à independência; os chineses esperavam que uma série de testes de mísseis no Estreito de Taiwan diminuísse o entusiasmo taiwanês. Em março de 1996, o presidente Bill

Clinton, que tentava a reeleição, enviou dois porta-aviões ao Estreito de Taiwan. Seguiram-se outros movimentos militares e ameaças de ambos os lados. No fim das contas, os taiwaneses nunca realizaram o referendo, de modo que meus amigos chineses acharam que seus movimentos foram bem-sucedidos, enquanto os EUA acreditaram que eles haviam humilhado os chineses (o que só recentemente descobri através de um amigo envolvido na decisão de enviar os navios de guerra americanos). Como resultado da "Terceira Crise do Estreito de Taiwan", os chineses aumentaram significativamente suas capacidades militares na região. Destaco isso para transmitir a) quão importante é a reunificação de Taiwan com a China e b) quão arriscada era a situação há 25 anos, quando a China não era tão forte militarmente como é agora. Em suma, **eu me preocuparia muito se víssemos uma "Quarta Crise do Estreito de Taiwan"**.

Deng morreu em 19 de fevereiro de 1997, após tornar a China quase irreconhecível. Quando ele assumiu o poder, 90% da população vivia em extrema pobreza; no momento de sua morte, esse número havia caído para menos de 50% e, de acordo com dados mais recentes, está abaixo de 1%. Desde o início de suas reformas em 1978 até a sua morte, a economia chinesa cresceu a uma taxa média de 10% ao ano, sextuplicando de tamanho enquanto experimentava uma taxa média de inflação de apenas 8%. Suas reservas aumentaram de 4 bilhões para quase 150 bilhões de dólares (ajustada a inflação por dólares atuais, o aumento foi de mais de 250 bilhões de dólares). Essas reservas cobriam 60% das importações anuais em 1978. Em 1998, cobriam mais de 125% das importações (e quase 800% do serviço da dívida externa).

Os sucessores de Deng, Jiang Zemin e Hu Jintao, e suas equipes continuaram as reformas e os avanços através de muitos altos e baixos (embora mais altos do que baixos). Em 1997, veio a crise financeira asiática. Com Zhu Rongji designado para conduzir o esforço, a China fez uma reformulação corporativa e uma reestruturação de sua dívida que foram muito bem-sucedidas e incluíram a venda de empresas estatais não lucrativas, aumento das exportações e reservas em moeda estrangeira, combate à corrupção e maior desenvolvimento, melhoria e funcionamento dos mercados. Essas e outras mudanças foram etapas evolutivas importantes. Tive a sorte de estar intimamente envolvido no nível de base com algumas delas — por exemplo, a reestruturação da dívida e a venda de ativos. Embora tais acontecimentos parecessem maiores na época do que em retrospecto, todos foram conquistas significativas. Também encontrei casos de corrupção e mau comportamento, e testemunhei de perto a luta contínua entre o bem e o mal que levou a novas reformas.

Como é típico dos períodos de paz e prosperidade do pós-guerra, quando a potência líder não está ameaçada e os países emergentes ainda são uma ameaça, esses últimos podem aprender muito com os primeiros enquanto trabalham juntos de maneira simbiótica, até a potência emergente tornar-se poderosa o suficiente para ameaçar a potência líder. Além de se beneficiarem com o aprendizado, ambas se beneficiam com a negociação (até que se torne desvantajosa), e se beneficiam mutuamente com o uso do mercado de capitais (até que se torne desvantajoso).

Mais especificamente, o período de rápido crescimento na China entre 1978 e 2008 ocorreu porque: 1) o mundo ainda estava na fase de paz e prosperidade do Grande Ciclo no qual a globalização e o capitalismo — ou seja, a crença de que bens e serviços devem ser produzidos onde quer que seja mais eficiente, de que o trânsito de pessoas talentosas deve ser livre e sem preconceitos em relação às nacionalidades, de que o nacionalismo é ruim, mas a igualdade de oportunidades global e o capitalismo em busca de lucro são bons — foram entendidos e amplamente aceitos como caminhos para um mundo melhor; 2) Deng Xiaoping, ao mesmo tempo, abriu mão de políticas comunistas e isolacionistas que funcionavam muito mal em prol de políticas de portas abertas e políticas de mercado/capitalismo de Estado que funcionaram maravilhosamente bem. Isso levou a China a aprender muito, atrair bastante capital estrangeiro e se tornar um grande exportador e grande poupador.

À medida que os chineses se tornaram mais capazes de produzir de maneira eficiente, forneceram ao mundo primeiro produtos baratos e, então, produtos mais sofisticados, tornando-se muito mais ricos no processo. Outros países emergentes fizeram o mesmo, o mundo se expandiu, e as disparidades de riqueza entre os países mais ricos e os mais pobres diminuíram conforme os países mais pobres cresciam cada vez mais e os países mais ricos cresciam a taxas mais lentas. Tais circunstâncias beneficiaram a maioria, especialmente as elites mundiais. A China tornou-se uma potência quase comparável aos EUA e, juntos, os dois países criaram a maior parte da nova riqueza e das novas tecnologias do mundo. A Europa, que havia sido a fonte das maiores potências mundiais entre os séculos XV e XX, tornou-se relativamente fraca, e o Japão e a Rússia tornaram-se potências secundárias. Todos os outros países eram periféricos. Embora países emergentes como a Índia tenham melhorado suas condições, nenhum deles alcançou o status de potência mundial.

Fase três: o surgimento de conflitos entre os EUA e a China e o fim da globalização (2008-presente)

Como é clássico, os períodos de prosperidade financiados pelo crescimento da dívida levam a bolhas de endividamento e grandes disparidades de riqueza. Nos Estados Unidos, a bolha estourou em 2008 (como aconteceu em 1929); a economia mundial se contraiu e os americanos de classe média e outros países foram atingidos (como em 1929-32). As taxas de juros caíram para 0% (como em 1931), mas ainda não foi o suficiente para atenuar a crise, então os bancos centrais imprimiram muito dinheiro e compraram muitos ativos financeiros depois de 2008 (como em 1934), o que elevou seus preços na maioria dos países a partir de 2009 (como aconteceu em 1933-36). Isso beneficiou os "que tinham" (ativos financeiros) mais do que os "que não tinham" (ativos financeiros), de modo que as disparidades de riqueza aumentaram ainda mais (como no período de 1933-38). Os "que não tinham", especialmente aqueles cujos empregos estavam sendo ocupados por chineses e imigrantes, começaram a se rebelar contra as elites que estavam se beneficiando da globalização. Como costuma acontecer quando os períodos econômicos ruins coincidem com grandes hiatos de riqueza, o populismo e o nacionalismo cresceram em todo o mundo (como também aconteceu na década de 1930). É quando a ameaça que as potências emergentes representam se torna mais evidente para as potências líderes. **A era de paz, prosperidade e globalização começou a declinar, dando lugar a uma era de conflitos entre ricos e pobres dentro dos países e entre o país em ascensão (China) e a potência mundial dominante (os EUA).**

Os chineses retinham muitas dívidas denominadas em dólares dos Estados Unidos — sobretudo dos credores das agências governamentais dos EUA, Fannie Mae e Freddie Mac. Por um bom tempo, o governo americano não deixou que os chineses detentores dessa dívida soubessem que ele a manteria. Tive conversas com os principais detentores chineses dessa dívida, assim como David McCormick (que agora é CEO da Bridgewater e era subsecretário do Tesouro dos EUA para assuntos internacionais na época) e Hank Paulson (que era o secretário do Tesouro dos EUA). Todos ficamos impressionados com a consideração e cooperação com que os chineses abordaram o dilema que os Estados Unidos lhes apresentaram. Eles foram calmos, empáticos e cooperativos.

Em novembro de 2008, os líderes dos países do G20 se reuniram em Washington e concordaram em estimular conjuntamente suas economias por meio de políticas fiscais e monetárias agressivas. Isso exigiu um aumento substancial da dívida do governo, que foi financiada fazendo com que os bancos centrais criassem mais dinheiro e crédito. **O crescimento da dívida na China foi significativamente mais rápido do que o crescimento econômico entre 2009 e 2012 como resultado dessas políticas.**

Tornando-se uma potência mundial

Em 2012, Xi Jinping assumiu o poder e um novo governo foi escolhido. Seguindo a sequência tradicional, primeiro foram nomeados os membros do Politburo, então ministros, vice-ministros e seus subordinados seniores. Então, seguiram-se as primeiras rodadas de planos. Como quando a maioria dos novos líderes assume o poder, havia muita empolgação e ânsia de fortalecer tanto o estado de direito, eliminando a corrupção, quanto a economia chinesa, encorajando e aumentando as suas reformas de mercado. Houve várias sessões de *brainstorming*, e tive a sorte de participar de algumas delas. Foram colaborações maravilhosas de pessoas com diferentes pontos de vista que queriam ajudar. A franqueza, mente aberta, simpatia e inteligência que trouxeram à mesa foram notáveis.

Desde então, tenho acompanhado de perto as circunstâncias financeiras e econômicas da China e tive diversas conversas com seus principais formuladores de política econômica sobre questões como o crescimento excessivo da dívida, o desenvolvimento e a gestão de seu sistema bancário paralelo, as vulnerabilidades em seus sistemas financeiros, suas disputas comerciais com os EUA e muito mais. Sempre tentei ver as coisas do ponto de vista deles e pensar no que eu faria caso estivesse em seu lugar. Compartilhei com eles o que vi com a mesma franqueza de um médico discutindo um caso com colegas, da mesma forma que estou compartilhando neste livro.[18] Como você provavelmente já sabe, acredito que tudo funciona como uma máquina, com relações de causa/efeito atemporais e universais. Os líderes chineses também, por isso quase sempre chegamos a conclusões semelhantes.

Ao longo dos anos, o governo Xi perseguiu agressivamente políticas para reformar e abrir seus mercados e sua economia; gerenciar o crescimento da dívida; gerenciar sua moeda de maneira mais flexível; apoiar o empreendedorismo e a tomada de decisão orientada para o mercado, especialmente em setores nos quais a China deseja ser líder mundial; estabelecer regulamentos sensatos dirigidos por organizações regulatórias bem desenvolvidas; construir suas capacidades nas tecnologias e indústrias do futuro; ampliar os benefícios econômicos estendidos a pessoas e regiões mais atrasadas; e controlar a poluição e a degradação ambiental. No entanto, muitos não veem a situação dessa forma, o que suspeito que seja porque: a) as reformas estão chegando ao mesmo tempo que outros controles estão se tornando mais rígidos, b) alguns dos incentivos (como disponibilidade de crédito) para pequenas e médias empresas não são tão bons quanto para grandes empresas estatais (o que tem mais a ver com desafios técnicos do que qualquer resistência em promover o desenvolvimento de empresas de pequeno e médio porte), c) o governo dirige a economia de cima para baixo, às vezes esperando que bancos e empresas façam empréstimos antieconômicos (porque quer fazer o que é melhor para o país como um todo), d) a China se coordena com seus negócios em busca de objetivos nacionais, e) isso não permite que algumas empresas estrangeiras operem nos mesmos termos que as empresas chinesas, e f) o país coordena a política fiscal e mone-

---

[18] Nunca faço perguntas que os coloquem na situação embaraçosa de precisarem escolher entre transmitir informações confidenciais ou recusarem meu pedido. Sempre deixo claro que meu único desejo é compreender e ajudar.

tária para regular a economia muito mais do que é feito nos principais países com moeda de reserva — tudo isso tipicamente impopular entre capitalistas estrangeiros.

Certamente, muitos americanos criticam essas políticas. Embora eu não pretenda me aprofundar em seus méritos, direi que **devemos esperar que os líderes de todos os países tentem obter o melhor equilíbrio entre "Estado" (influência do governo e controle da economia) e "capitalismo" (controle de mercado livre da economia e dos mercados de capitais) através da gestão e coordenação adequadas das políticas monetária e fiscal, e devemos tentar entender o pensamento por trás de suas abordagens.** Por exemplo, o presidente Xi disse que deseja: a) reduzir o papel do governo na precificação e alocação de recursos, desenvolver os mercados de capitais e estimular o empreendedorismo, e, ao mesmo tempo, b) direcionar fortemente a economia em nível macro e regulamentar os mercados e outros aspectos da vida para serem o que ele e o partido acreditam ser o melhor para a maioria dos chineses. Em outras palavras, ele quer uma mistura de capitalismo e comunismo marxista. Isso é compreensivelmente confuso para aqueles que não estão acostumados a ver o capitalismo e o comunismo caminhando juntos, que não estão observando de perto e não conversaram com os formuladores de políticas para entender suas circunstâncias e perspectivas, **por isso não conseguem ver as consistências que existem em meio às aparentemente grandes inconsistências (ou seja, "a dialética", como Marx e os líderes chineses a chamariam).**

Para entender suas circunstâncias e seus pontos de vista, sugiro não ver o que estão fazendo através de estereótipos (por exemplo, "o que os comunistas fazem") e aceitar que estão tentando, e que continuarão a tentar, conciliar essas duas coisas aparentemente inconciliáveis. Na opinião deles, o capitalismo é uma forma de elevar os padrões de vida da maioria das pessoas e não se destina a servir aos capitalistas. Quer se pense que essa abordagem é boa ou má, seus resultados têm sido extremamente impressionantes, então não devemos esperar que os chineses a abandonem por uma abordagem americana ou ocidental. Em vez disso, devemos estudá-la para ver o que podemos aprender, da mesma forma que os chineses estudaram e aprenderam com o Ocidente. Afinal, o que temos é uma competição de abordagens que precisamos entender para jogar bem este jogo competitivo.

No que diz respeito à política externa, a China se tornou mais forte e enérgica, enquanto os EUA se tornaram mais confrontadores. Mais especificamente, de 2012 até o momento em que escrevo este livro, os pontos fortes da China aumentaram, o que se tornou cada vez mais evidente e mais abertamente exibido (por exemplo, o *Made in China 2025* alardeia seus planos para dominar certos setores que os EUA controlam atualmente). Isso gerou uma forte reação nos Estados Unidos, que se tornou mais explícito após a eleição de Donald Trump em 2016.

Trump explorou os ressentimentos daqueles deixados para trás pela globalização, que acreditaram que a China estava competindo injustamente e roubando seus empregos, e nutriu um novo espírito de protecionismo e nacionalismo. **Não foi apenas Trump. A força da China também se tornou uma provocação para formuladores de políticas mais moderados. Onde havia sinergia, agora há pura competição.**

Basicamente, a China não quer ser contida, e os EUA (e alguns outros países) querem contê-la. O que isso significa, geopoliticamente? Como já sabemos, as fronteiras dos países mudaram constantemente ao longo do tempo, com disputas frequentes, e o direito internacional não vale nada comparado ao poder na solução dessas brigas. Em 2009, a China declarou às Nações Unidas que possui "soberania indiscutível sobre" uma área do Mar da China Oriental e do Mar da China Meridional. A área é demarcada por uma "linha de nove raias" em um mapa da época da Segunda Guerra Mundial apresentado pela China; abrange águas em alto-mar a leste do Vietnã, norte da Malásia e oeste das Filipinas, que incluem diversas ilhas, são importantes para o transporte marítimo que a China necessita e acredita-se que tenham reservas de petróleo não descobertas, que imagino que a China adoraria ter, considerando suas enormes necessidades de petróleo importado e o risco de as importações de petróleo do Oriente Médio serem cortadas. Se você leu o estudo de caso da Segunda Guerra Mundial no Capítulo 6 e viu como os EUA bloquearam os recursos para o Japão, conhece o problema: a China tem uma grande necessidade de petróleo e de outras importações que atualmente passam por um ponto de estrangulamento no Estreito de Malaca.

Como resultado de tudo isso e de outras declarações, surgiu a percepção da China como uma ameaça/inimiga, a globalização se reverteu e as "guerras" se intensificaram, começando pelas comerciais e econômicas, expandindo-se para as geopolíticas e tecnológicas e, mais recentemente, para a de capital. Todas permanecem relativamente brandas em relação ao que poderiam vir a ser, mas devem ser observadas de perto. No fim, os poderes reconhecidos de um país acabam entrando em consonância com os poderes reais existentes. Os poderes reais existentes são refletidos nos medidores e outros fatores que estou observando para orientação.

A China continuou a crescer internamente e a expandir seus investimentos e suas atividades comerciais fora de suas fronteiras. **Investiu pesado no mundo em desenvolvimento, principalmente através da Iniciativa do Cinturão e Rota, que se estende pela Ásia Central, começando com países com que faz fronteira (Cazaquistão, Paquistão, Tajiquistão e Afeganistão) até a Europa, e através da Península Arábica e sul da Ásia até o Mediterrâneo e a África. Os valores investidos e destinados ao investimento são enormes — o maior programa desse tipo desde o Plano Marshall. É uma boa demonstração de que riqueza = poder.** Embora tais movimentos tenham sido apreciados pelos países que receberam benefícios em infraestruturas como estradas, ou em recursos e comércio, também geraram ressentimentos dos países beneficiários que estão tendo problemas para pagar seus empréstimos e descobrem que a China é muito controladora, e dos Estados Unidos, porque as ações de poder de influência da China diminuíram a influência americana nesses países.

No que diz respeito à política interna da China, em 2018, Xi: a) consolidou o poder ao redor de si mesmo e de seus apoiadores (chamados de liderança "central"), b) emendou a constituição chinesa para deixar claro que o Partido Comunista da China tem controle sobre tudo, c) eliminou os limites de mandato para o presidente e vice-presidente, d) criou comissões de supervisão para garantir que os funcionários do governo estejam operando de forma consistente com os desejos do partido, e e) consagrou o ponto de vista de Xi, chamado de "Pensamento de Xi Jinping", na constituição. No momento em que este livro é escrito, grandes mudanças políticas, controles reforçados e distribuição mais ampla de riqueza estão em curso. Algumas pessoas estão preocupadas com o fato de Xi estar se tornando mais autocrático do que Mao. Não sou especialista em política chinesa, de modo que não tenho muito a oferecer quando se trata de questões políticas internas da China, mas repassarei o que me disseram: as medidas polêmicas de Xi para reforçar seu controle surgiram devido à crença de que a China está entrando em uma fase mais difícil, em um mundo mais desafiador e que, nessas ocasiões, a unidade e a continuidade da liderança são especialmente importantes, e serão ainda mais nos próximos anos. Como mencionado anteriormente, ● *durante períodos de grande crise, lideranças mais autocráticas e menos democráticas tendem a ser preferidas.*

Então, no final de 2019, a pandemia de Covid-19 começou na China, desencadeando uma desaceleração econômica mundial em 2020, a impressão e a criação de dinheiro e crédito massivas, o que coincidiu com vários tipos de conflitos nos EUA (mais obviamente, protestos relacionados à injustiça racial e uma campanha presidencial muito contenciosa). Isso nos traz até os dias atuais.

Olhando para as últimas quatro décadas, a mudança da China do isolamento para a abertura e do comunismo radical para as "reformas de mercado" e para o capitalismo teve um impacto maior nas economias da China, dos EUA e do restante do mundo do que qualquer outra coisa. A China passou de um dos países mais atrasados do mundo para um dos dois mais poderosos econômica, tecnológica, militar e geopoliticamente. A maior parte desse progresso ocorreu durante uma era de paz e prosperidade, quando o império líder não estava ameaçado e a globalização e a cooperação floresciam. O período durou até o estouro da bolha da dívida em 2008, quando os Estados Unidos e grande parte do restante do mundo se tornaram mais nacionalistas, protecionistas e conflituosos, seguindo a progressão arquetípica do Grande Ciclo.

Os resultados da reforma e abertura chinesa estão refletidos na tabela a seguir, que mostra apenas algumas estatísticas representativas. A produção por pessoa aumentou 25 vezes, o percentual de pessoas que vivem abaixo da linha da pobreza caiu de 96% para menos de 1%, a expectativa de vida aumentou em cerca de dez anos e o número médio de anos de educação aumentou em 80%. Eu poderia continuar e continuar, enumerando estatísticas tão impressionantes quanto essas em praticamente todas as áreas.

Embora os indicadores da ascensão da China sejam amplamente representativos, não são precisos porque os poderes não podem ser medidos com exatidão. Veja a educação, por exemplo. Embora nosso ín-

DESENVOLVIMENTO DA CHINA DESDE 1949 E 1978

	1949	1978	2018	Δ Desde 1949	Δ Desde 1978
PIBR per capita*	348	609	15.243	44x	25x
Participação do PIB mundial	2%	2%	22%	12x	11x
População abaixo da linha de pobreza (US$ 1,90 / dia)**	—	96%	1%	ao menos -96%	-96%
Expectativa de vida	41	66	77	+36 anos	+11 anos
Taxa de mortalidade infantil (por 1.000 nascimentos)	200	53	7	-96%	-86%
Urbanização	18%	18%	59%	+41%	+41%
Alfabetização	47%	66%	97%	+50%	+31%
Med A educação	1,7	4,4	7,9	+6,2 anos	+3,5 anos

* US$ 2017, PPC Ajt
** O Banco Mundial só tem dados de pobreza a partir de 1981

dice para a educação aumente em um ritmo bastante acelerado, falha em capturar totalmente as melhorias relativas na China por ser composto pelos níveis médios e totais de educação. Essa distorção é mais bem transmitida na próxima tabela. Como podemos ver, ainda que o nível médio de educação na China esteja consideravelmente abaixo do nível médio de educação nos EUA, o número total de pessoas que alcançaram o ensino superior na China é significativamente maior do que nos EUA. Seu número total de graduados em STEM (sigla em inglês para ciências, tecnologia, engenharia e matemática) é cerca de três vezes o dos EUA. Ao mesmo tempo, há razões para acreditar que a qualidade média da educação chinesa não é tão alta, sobretudo no nível universitário. Por exemplo, em uma classificação recente, apenas duas universidades chinesas apareceram entre as cinquenta melhores do mundo (a Universidade Tsinghua na 29ª posição e a Universidade de Pequim na 49ª), enquanto trinta universidades americanas apareceram. Esse quadro — no qual a média de algo na China está abaixo da média da mesma coisa nos Estados Unidos, mas onde o total na China é maior do que o total nos EUA

— se dá porque o nível médio de desenvolvimento na China é menor, enquanto a população chinesa é quatro vezes maior do que a população americana. Isso ocorre em várias estatísticas. Por exemplo, embora os EUA sejam militarmente mais fortes no total mundial, os chineses parecem ser mais fortes militarmente na área do Mar da China Oriental e do Mar da China Meridional, e há muito que não se sabe sobre os poderios militares de ambos os países, porque são mantidos em segredo.

Concluindo, esta era moderna para a China levou a algumas das melhorias mais rápidas nas condições básicas de vida de sua história, bem como a uma escalada óbvia dos fatores que criam impérios poderosos.

	ESTADOS UNIDOS				CHINA			
	1980	Hoje	Mudança	Mudança (%)	1980	Hoje	Mudança	Mudança (%)
Média de anos de escolaridade	11,9	13,6	+1,7	+14%	4,6	7,9	+3,3	+72%
Gastos gov. com educação (% do PIB)	5,30%	5,50%	0,20%	+4%	1,90%	5,20%	3,30%	+174%
Pop. estim com educação superior (Mln)	25	60	+35	+140%	3	120	+117	+3.900%
Pop. ensino superior (% pop em idade produtiva)	17%	28%	11%	+68%	1%	12%	11%	+2.272%
Pop. com ensino superior (% Mnd)	35%	15%	-20%	-57%	4%	31%	+27%	+590%
Formação em STEM (Mln)	3	8	+5	+141%	1	21	+21	+4.120%
Formação em STEM (% Mnd)	29%	11%	-18%	-62%	5%	31%	+26%	+535%

Em todos os aspectos, a China é agora uma grande potência em expansão. A seguir, nos voltaremos para o relacionamento EUA-China, à luz de onde está agora e do que é mais importante para americanos e chineses.

CAPÍTULO 13
RELAÇÕES E GUERRAS ENTRE ESTADOS UNIDOS E CHINA

Neste capítulo, vou analisar as posições em que os Estados Unidos e a China se encontram atualmente, e o que essas posições representam para as relações entre os dois países. Como agora são potências rivais em inúmeras áreas, nas quais entraram em "conflito" ou "guerra", vou analisar em que ponto estão. Como, na maioria das vezes, essas são apenas novas versões de conflitos antigos e clássicos (por exemplo, novas tecnologias em uma guerra de tecnologia clássica, novas armas em uma guerra militar clássica etc.), vou inseri-las no contexto do que aconteceu várias vezes na história e com os princípios atemporais e universais que aprendemos ao estudar esses casos. Embora eu vá explorar a gama de possibilidades que podem ser levadas em consideração, farei isso sem mencionar como poderá ser o futuro. Isso será feito no capítulo final deste livro. Aqui, também vou um pouco mais além de apenas transmitir fatos e pretendo compartilhar opiniões (ou seja, minhas conjecturas incertas).

Vou concentrar minha atenção principalmente nas relações entre Estados Unidos e China, mas, na verdade, os macroinvestidores e os formuladores de políticas globais estão jogando um xadrez multidimensional, que exige que cada participante considere as diversas posições e movimentos possíveis de uma série de jogadores importantes (ou seja, países), que também estão no jogo. Assim, cada um desses jogadores tem uma ampla gama de considerações (econômicas, políticas, militares etc.) a levar em conta para fazer bons movimentos. Os outros jogadores relevantes que atualmente estão nessa partida incluem Rússia, Japão, Índia, outros países da Ásia, Austrália e países europeus. E todos têm muitas considerações e vários componentes que vão determinar suas jogadas. Por participar desse jogo — investimento macro global —, sei como é complicado considerar ao mesmo tempo tudo que é relevante para tomar decisões bem-sucedidas. Também sei que meu trabalho não é tão complicado quanto o daqueles que estão no poder e sei, ainda, que não tenho acesso a informações tão boas quanto as deles, por isso seria arrogante pensar que sei mais sobre o que está acontecendo e a melhor maneira de lidar com as circunstâncias. Por esses motivos, apresento minhas opiniões com humildade. Dito isso, vou contar como vejo a relação entre Estados Unidos e China e o cenário mundial à luz dessas guerras, e serei brutalmente sincero.

AS POSIÇÕES EM QUE OS AMERICANOS E OS CHINESES ESTÃO

A meu ver, o destino e suas manifestações do Grande Ciclo colocaram esses dois países e seus líderes nas posições em que estão atualmente. Esses fatores levaram os Estados Unidos a passar pelos sucessos mutuamente reforçados do Grande Ciclo, o que resultou em excessos que causaram o enfraquecimento em várias áreas. Da mesma forma, levaram a China a passar por quedas do Grande Ciclo, o que resultou em condições insuportavelmente ruins que causaram mudanças revolucionárias e também as recuperações mutuamente reforçadas em que a China está agora. Portanto, por todas as razões clássicas, os Estados Unidos parecem estar em queda e a China, em ascensão.

O destino e o grande ciclo de endividamento levaram os Estados Unidos a se encontrarem agora na fase do ciclo moratório do ciclo de endividamento de longo prazo, na qual o país tem muita dívida e precisa rapidamente produzir muito mais dívida, a qual não pode pagar com moeda forte. Portanto, precisa monetizar sua dívida da maneira clássica do ciclo moratório, imprimindo dinheiro para financiar os déficits do governo. De maneira irônica e clássica, estar nessa posição ruim é a consequência dos sucessos dos Estados Unidos, que levaram a esses excessos. Por exemplo, **é por conta dos grandes sucessos globais dos Estados Unidos que o dólar americano se tornou a moeda de reserva dominante do mundo, o que permitiu ao país tomar empréstimos em excesso do restante do mundo (incluindo da China), colocando-o na tênue posição de dever muito dinheiro para outras nações (incluindo a China), o que deixou esses outros países na posição tênue de deter tal dívida excessiva e crescente, a qual o país devedor está monetizando e pagando taxas de juros reais significativamente negativas para seus detentores.** Em outras palavras, é por causa do clássico ciclo da moeda de reserva que a China quis economizar muito na moeda de reserva mundial, levando-a a emprestar bastante aos americanos, que tanto queriam tomar empréstimos, o que levou os dois países a esse estranho e grande relacionamento de devedor-credor enquanto essas guerras acontecem entre eles.

O destino e a maneira como funciona o ciclo da riqueza, sobretudo sob o capitalismo, efetivaram os incentivos e recursos necessários para que os americanos fizessem grandes avanços e gerassem muita riqueza — eles acabaram criando grandes lacunas de riqueza, que agora estão provocando conflitos e ameaçando a ordem e a produtividade internas imprescindíveis para que os Estados Unidos continuem fortes. **No caso da China, foi a clássica confluência entre o colapso das finanças devido a dívidas e moeda fraca, conflitos internos e conflitos com grandes potências que levou à queda financeira de seu Grande Ciclo no mesmo período em que os Estados Unidos estavam ascendendo**, e foi o extremismo dessas condições terríveis que gerou as mudanças revolucionárias que acabaram levando à criação de incentivos e abordagens de capitalistas de mercado que provocaram os grandes avanços, a grande riqueza e as grandes disparidades de riqueza da China, com as quais o país está, compreensivelmente, cada vez mais preocupado.

De maneira semelhante, o destino e a maneira como funciona o ciclo de poder global colocaram os Estados Unidos na infeliz posição de ter que escolher entre lutar para defender sua posição e ordem mundial existente ou recuar. Por exemplo, como os Estados Unidos foram os vencedores das batalhas no Pacífico durante a Segunda Guerra Mundial, e não qualquer outro país, terão que escolher entre defender Taiwan — uma ilha que a maioria dos americanos não sabe onde fica e cujo nome nem sequer consegue soletrar — ou recuar. É por conta de tal destino e ciclo de poder global que os Estados Unidos agora têm bases militares em mais de setenta países para defender sua ordem mundial, embora isso seja antieconômico.

● **A história mostra que o sucesso de todos os países depende de sustentar as forças de consolidação sem gerar os excessos que levam a suas quedas. Os países realmente bem-sucedidos têm conseguido fazer isso em grande escala durante duzentos a trezentos anos. Nenhum país conseguiu fazer isso eternamente.**

Até agora, vimos a história dos últimos quinhentos anos com foco principal nos ciclos de ascensão e queda dos impérios com moeda de reserva holandês, britânico e americano, e de modo breve nos últimos 1.400 anos das dinastias da China, o que nos trouxe até o presente. O objetivo é mostrar onde estamos no contexto das histórias gerais que nos conduziram até aqui e ver os padrões de causa e efeito no funcionamento das coisas para que possamos ter uma perspectiva melhor de onde nos encontramos. Agora, precisamos nos aproximar e olhar com mais detalhes para o ponto em que nos encontramos, na esperança de não perdermos de vista o cenário geral. Conforme fazemos isso, acontecimentos que em retrospecto parecem pequenos e imperceptíveis — Huawei, sanções em Hong Kong, fechamento de consulados, movimentação de navios de guerra, políticas monetárias sem precedentes, lutas políticas, conflitos sociais e muitos outros — vão parecer bem maiores, e vamos nos encontrar no meio da tempestade desses eventos que nos atingem todos os dias. Cada um deles valeria uma análise de mais de um capítulo, o que não pretendo fazer, mas vou tocar nas principais questões.

A história nos ensinou que existem cinco principais tipos de guerra: 1) comerciais/econômicas; 2) tecnológicas; 3) geopolíticas; 4) de capital; 5) militares. A essas eu acrescentaria mais duas: as 6) culturais; 7) a guerra contra nós mesmos. Embora todas as pessoas sensatas desejem que tais "guerras" não estivessem ocorrendo e, em vez disso, que houvesse cooperação, devemos ser práticos e reconhecer que existem. Deveríamos usar casos históricos do passado e nossa compreensão dos desenvolvimentos reais conforme estão ocorrendo para pensar no que é mais provável que aconteça a seguir e como lidar bem com isso.

No presente momento, vemos essas guerras acontecendo em diferentes graus. Elas não devem ser confundidas com conflitos individuais, mas sim reconhecidas como conflitos inter-relacionados, que são extensões de um conflito maior em evolução. Ao vê-las acontecerem, precisamos observar e tentar entender os objetivos estratégicos de cada lado — por exemplo, estão tentando acelerar um conflito (que alguns americanos acham que é melhor para os Estados Unidos porque o tempo está a favor da China, já que ela está aumentando suas forças em um ritmo mais rápido) ou estão tentando amenizar os conflitos (porque acreditam que estariam melhores se não houvesse guerra)? Para evitar que esses conflitos aumentem e fujam de controle, é importante que os líderes de ambos os países sejam claros acerca de quais são os "limites" e os "detonadores" que sinalizam mudanças na seriedade do conflito.

Vamos dar uma olhada nessas guerras tendo em mente as lições que a história nos ensina e os princípios que oferecem.

A GUERRA COMERCIAL/ECONÔMICA

Assim como todas as outras, a guerra comercial pode passar de uma disputa educada a uma ameaça à vida, dependendo de até onde os combatentes querem levá-la.

Até agora, não vimos a guerra comercial EUA-China ir muito longe. Ela apresenta tarifas clássicas e restrições de importação semelhantes àquelas que vimos repetidas vezes em outros períodos semelhantes de conflito (por exemplo, a Lei Tarifária Smoot-Hawley de 1930). Vimos o reflexo das negociações comerciais e do que elas alcançaram em um acordo comercial em "fase um" muito limitado de 2019, que foi implementado de forma provisória. Como vimos, essa "negociação" era para testar os poderes de cada um, e não para buscar leis e juízes globais (como a Organização Mundial do Comércio) para chegar a uma resolução justa. Todas essas guerras são travadas como testes de poder. A grande questão é até onde eles vão chegar e que forma vão assumir.

Além da disputa comercial, há três críticas econômicas importantes que os Estados Unidos fazem quanto ao modo como a China lida com a economia:

1. **O governo chinês segue uma ampla gama de políticas e práticas intervencionistas, que estão em constante evolução,** destinadas a limitar o acesso ao mercado de bens, a serviços e a negócios importados, protegendo assim as indústrias domésticas por meio da criação de práticas injustas.
2. **Os chineses oferecem orientação, recursos e apoio regulatório significativos do governo às indústrias chinesas,** incluindo políticas destinadas a extrair tecnologias avançadas de empresas estrangeiras, ainda mais em setores delicados.
3. **Os chineses estão roubando propriedade intelectual,** e acredita-se que parte desse roubo é patrocinada pelo Estado e a outra parte não está sob o controle direto do governo.

De modo geral, a resposta dos Estados Unidos foi tanto no sentido de alterar o que os chineses estão fazendo (por exemplo, levá-los a abrir os mercados para os americanos) quanto de efetuar suas próprias versões dessas mesmas ações (fechando os mercados do país para os chineses). Os americanos não admitem que fazem algumas das coisas que estão fazendo (por exemplo, obter propriedade intelectual) tanto quanto os chineses não admitem fazê-las, porque os custos de relações públicas são muito altos. Quando procuram apoiadores para suas causas, todos os líderes querem parecer ser parte do exército que está lutando pelo bem contra o exército malvado que faz coisas ruins. É por isso que ouvimos de ambos acusações de que o outro lado está fazendo coisas más e nada sobre as coisas semelhantes que os dois estão fazendo.

● *Quando as coisas estão indo bem, é fácil manter a superioridade moral. No entanto, quando a luta fica difícil, é mais fácil justificar o que antes era considerado imoral (embora, em vez de chamá-lo de imoral, seja chamado de moral).* Conforme a luta fica mais acirrada, surge uma dicotomia entre as descrições idealistas do que está sendo feito (o que é bom para as relações públicas internas do país) e as coisas práticas que estão sendo feitas para vencer. Isso acontece porque, nas guerras, os líderes querem convencer seus constituintes de que "nós somos bons, e eles, maus", pois essa é a forma mais eficaz de arregimentar o apoio das massas, que em alguns casos chegam ao ponto de estarem dispostas a matar ou morrer pela causa. Embora seja verdade, não é fácil inspirar as pessoas se um líder prático admite que "não há leis na guerra" além das leis éticas que as pessoas impõem a si mesmas, e que "precisamos jogar pelas mesmas regras que os oponentes, ou acabaremos lutando estupidamente, obrigados a manter uma mão nas costas".

Acredito que os países já alcançaram o melhor acordo comercial possível e que os riscos de agravamento da guerra são maiores do que a probabilidade de que diminua, e que, com o governo Biden, não vamos ver nenhum tratado ou alteração tarifária tão cedo. Qualquer abordagem que adotem terá uma grande influência em como americanos e chineses abordarão os desdobramentos do Grande Ciclo. Da forma como está, talvez o único ponto com que ambos os partidos políticos dos Estados Unidos concordam é ter uma postura *hawkish*[1] com a China. O nível de postura *hawkish* e como exatamente ela é apresentada aos chineses e recebe suas reações são fatores ainda desconhecidos.

Como essa guerra pode piorar?

Em termos clássicos, a parte mais perigosa da guerra comercial/econômica ocorre quando os países bloqueiam as importações de produtos essenciais dos outros. O estudo de caso dos Estados Unidos e do Japão antes da Segunda Guerra Mundial (encontrado no Capítulo 6) é um análogo útil para as circunstâncias EUA-China, porque as geografias e os problemas são parecidos. Por exemplo, o fato de os Estados Unidos bloquearem as importações de petróleo, outras *commodities* necessárias, tecnologias e/ou outros produtos importados essenciais dos Estados Unidos ou de outros países para a China seria um sinal claro e evidente da escalada da guerra. Da mesma forma, a China poderia intensificar, isolando empresas como General Motors (que vende mais carros na China do que nos Estados Unidos) e Apple, ou bloqueando importações de minérios raros feitas pelos Estados Unidos, material necessário para a produção de muitos itens de alta tecnologia, motores de automóveis e sistemas de defesa. Não estou dizendo que esses movimentos sejam prováveis, mas quero deixar claro que **movimentos para cortar as importações de produtos essenciais de ambos os lados sinalizariam um grande**

---

[1] "Postura *hawkish*" significa manter uma política austera, com taxas de juros mais altas e, assim, menor demanda e inflação mais controlada. (N. da T.)

agravamento, que poderia levar a um conflito bem pior. Se isso não acontecer, a evolução seguirá seu curso normal, de modo que as balanças de pagamentos internacionais evoluirão sobretudo com base na crescente competitividade de cada país.

Por esses motivos, **os dois países, em especial a China, estão partindo para a produção doméstica e a "dissociação".**[2] Como disse o presidente Xi, o mundo está "passando por mudanças que não eram vistas havia um século" e "[e]m face de um ambiente externo caracterizado pelo aumento do protecionismo, pela retração econômica global e pela redução do mercado internacional, [a China deve] aproveitar as vantagens de ter um enorme mercado interno". Nos últimos quarenta anos, o país conquistou as habilidades para fazer isso. Nos próximos cinco, devemos ver os dois países se tornarem mais independentes um do outro. A taxa de redução das dependências que podem ser eliminadas será muito maior para a China nos próximos cinco a dez anos do que para os Estados Unidos.

A GUERRA TECNOLÓGICA

A guerra tecnológica é muito mais séria do que a comercial/econômica, porque quem a vencer provavelmente também vencerá as guerras militares e todas as outras.

Os Estados Unidos e a China agora são os jogadores dominantes nos grandes setores de tecnologia do mundo, e esses setores são as indústrias do futuro. **O setor de tecnologia chinês desenvolveu-se rapidamente no mercado interno para atender à população do país e se tornar concorrente nos mercados mundiais. Ao mesmo tempo, a China continua muito dependente de tecnologias dos Estados Unidos e de outros países.** Isso torna os Estados Unidos vulneráveis ao crescente desenvolvimento e concorrência das tecnologias chinesas, e também torna os chineses vulneráveis a serem cortados de tecnologias essenciais.

---

[2] A dissociação, embora necessária dadas as circunstâncias, será difícil e levará a uma redução significativa da eficiência. O principal programa da China para aumentar a autossuficiência recebe o nome de "dupla circulação". Um grupo experiente descreveu-o como uma dissociação compartimentada, em vez de ampla, o que faz sentido para mim.

Os Estados Unidos agora parecem ter mais habilidades tecnológicas em geral, embora variem por tipo de tecnologia e o país esteja perdendo a liderança. Por exemplo, apesar de os Estados Unidos estarem à frente no desenvolvimento de chips avançados de inteligência artificial, estão atrás na tecnologia 5G. Como um reflexo imperfeito do estágio atual da vantagem dos Estados Unidos, as capitalizações de mercado das empresas de tecnologia americanas, no total, são cerca de quatro vezes maiores que as da China. Esse cálculo subestima a força relativa da China porque não inclui algumas das grandes empresas privadas (como Huawei e Ant Group) e os desenvolvimentos tecnológicos não empresariais (ou seja, governamentais), que são maiores na China do que nos Estados Unidos. As maiores empresas chinesas de capital aberto no ramo da tecnologia (Tencent e Alibaba) já são a sétima e oitava maiores do mundo, pouco atrás de algumas das ações das maiores empresas de tecnologia dos Estados Unidos, como Facebook, Amazon, Apple, Netflix e Google (FAANG). Algumas das áreas de tecnologia mais importantes são lideradas pelos chineses. Considere que 40% dos maiores supercomputadores civis do mundo atualmente estão na China, e o país lidera, em algumas dimensões, a corrida de IA/*big data* e, em algumas dimensões, a corrida de computação quântica/criptografia/comunicações. Existem pistas semelhantes em outras tecnologias, como nas *fintechs*, em que o volume de transações de comércio eletrônico e pagamentos por dispositivos móveis na China é o mais alto do mundo e está bem à frente dos Estados Unidos. Há uma alta probabilidade de que existam tecnologias que nem mesmo os serviços de inteligência mais bem informados dos Estados Unidos conheçam e que estão sendo desenvolvidas em segredo.

É provável que a China seja mais rápida do que os Estados Unidos no avanço de suas tecnologias e da qualidade da tomada de decisões que é possibilitada por elas, porque *big data* + *big IA* + *big computing* = tomada de decisões superior. Os chineses estão coletando muito mais dados por pessoa do que os Estados Unidos (e eles têm mais do que o quádruplo da população) e investindo pesadamente em IA e *big computing* para tirar o máximo proveito disso. A quantidade de recursos que estão sendo injetados nessas e em outras áreas de tecnologia é muito maior do que nos Estados Unidos. Quanto ao fornecimento de dinheiro, tanto os capitalistas de risco quanto o governo estão concedendo quantias praticamente ilimitadas aos desenvolvedores chineses. Em relação ao fornecimento de pessoal, o número de graduados em ciências, tecnologia, engenharia e matemática (STEM) que estão saindo da faculdade e buscando carreiras em tecnologia na China é cerca de oito vezes maior do que nos Estados Unidos. Os Estados Unidos têm uma liderança geral em tecnologia (embora esteja atrás em algumas áreas) e, claro, alguns grandes centros de inovações, especialmente nas melhores universidades e nas grandes empresas de tecnologia. Embora não estejam fora do jogo, a posição relativa dos Estados Unidos está caindo porque as habilidades de inovação tecnológica da China estão melhorando em um ritmo mais rápido. Lembre-se de que a China é um país cujos líderes, 37 anos atrás, ficaram maravilhados com as calculadoras portáteis que dei a eles. Imagine onde podem estar daqui a 37 anos.

Para combater as ameaças tecnológicas, os Estados Unidos às vezes responderam impedindo as empresas chinesas (como a Huawei) de operarem no país, uma tentativa de minar seu uso internacional e possivelmente prejudicar sua viabilidade por meio de sanções que os impedem de obter os itens necessários para a produção. Os Estados Unidos fazem isso porque a China emprega essas empresas para espionar tanto a eles quanto outros lugares? Por preocupação com o fato de elas e outras empresas de tecnologia chinesas serem mais competitivas? Por retaliação contra os chineses, que proíbem empresas americanas de tecnologia de ter acesso livre ao mercado chinês? Embora isso seja discutível, não há dúvida de que essas e outras empresas chinesas estão se tornando mais competitivas em um ritmo acelerado. Em resposta a essa ameaça competitiva, os Estados Unidos estão se movimentando para conter ou eliminar empresas de tecnologia ameaçadoras. Curiosamente, embora os Estados Unidos estejam cortando o acesso à propriedade intelectual agora, eles tinham um poder bem maior para fazê-lo pouco tempo atrás, porque tinham muito mais propriedade intelectual em relação aos outros países. A China começou a fazer o mesmo com os Estados Unidos, o que vai prejudicar cada vez mais o país, pois a propriedade intelectual chinesa está se tornando melhor em muitos aspectos.

Em relação ao roubo de tecnologias, embora geralmente seja considerado uma grande ameaça,[3] **não explica por completo as ações tomadas contra as empresas chinesas.** Se uma empresa infringe uma lei interna de um país (por exemplo, a Huawei nos Estados Unidos), seria de se esperar que esse crime fosse processado judicialmente para que se pudessem ver as evidências que mostram os dispositivos de espionagem incorporados às tecnologias. Não estamos vendo isso acontecer. O medo da competitividade em ascensão é um motivador tão grande quanto os ataques às empresas chinesas de tecnologia — ou até maior —, mas não se pode esperar que os legisladores digam isso. Os líderes americanos não podem admitir que a competitividade da tecnologia dos Estados Unidos está diminuindo nem argumentar contra a permissão da livre concorrência para o povo dos EUA, que por muito tempo foi ensinado a acreditar que a competição é justa e é o melhor processo para gerar os melhores resultados.

Desde os primeiros registros históricos há evidências de roubo de propriedade intelectual, e sua prevenção sempre foi difícil. Como vimos nos capítulos anteriores, os britânicos fizeram isso com os holandeses, e os americanos fizeram com os britânicos. "Roubar" implica quebrar uma lei. Quando a guerra é entre países, não há leis, juízes ou júris para resolver disputas, e os motivos reais pelos quais as decisões são tomadas nem sempre são divulgados por aqueles que as estão tomando. Não quero dizer que as razões por trás das ações agressivas dos Estados Unidos não sejam boas (não sei se são). Só estou dizendo que elas podem não ser exatamente as que foram declaradas. As políticas protecionistas existem há muito tempo para isolar as empresas da concorrência estrangeira. A tecnologia da Huawei com certeza é ameaçadora, porque é melhor em alguns aspectos do que a americana. Pense em Alibaba e Tencent, e compare-as aos equivalentes nos Estados Unidos. Os americanos podem se perguntar por que essas empresas não estão concorrendo nos Estados Unidos. É basicamente pelas mesmas razões que a Amazon e várias outras empresas americanas de tecnologia não estão competindo livremente na China. De qualquer forma, **está ocorrendo uma dissocia-**

---

[3] Uma em cada cinco empresas sediadas na América do Norte, em uma pesquisa do CNBC Global CFO Council de 2019, afirmou que sua propriedade intelectual foi roubada por empresas chinesas.

ção tecnológica que é parte de algo maior entre a China e os Estados Unidos, e que terá um enorme impacto acerca de como será o mundo daqui a cinco anos.

Como seria o agravamento da guerra tecnológica?

Os Estados Unidos têm uma liderança em tecnologia (embora ela esteja diminuindo rapidamente). Em consequência, os chineses atualmente dependem muito de tecnologias importadas de fontes americanas e de outros países que os Estados Unidos podem influenciar. Isso gera uma grande vulnerabilidade para a China, que, por sua vez, serve como uma grande arma para os Estados Unidos. É mais óbvio que isso exista em semicondutores avançados, embora também exista em outras tecnologias. A dinâmica com a maior fabricante de chips do mundo — a Taiwan Semiconductor Manufacturing Company, que fornece aos chineses e ao mundo os chips necessários e que pode ser influenciada pelos Estados Unidos — é uma das muitas dinâmicas interessantes a se observar, ainda mais porque está localizada em Taiwan. Existem várias dessas importações de tecnologia chinesa que são essenciais para o bem-estar chinês e muito menos importações americanas da China que são essenciais para o bem-estar dos Estados Unidos. **Se os Estados Unidos impedirem o acesso chinês a tecnologias essenciais, isso vai significar um grande aumento no risco de uma guerra militar.** Por outro lado, se os eventos continuarem ocorrendo da forma como estão, a China está posicionada para ser muito mais independente e estar em uma posição tecnológica bem mais forte do que os Estados Unidos daqui a cinco ou dez anos, quando provavelmente veremos essas tecnologias muito mais dissociadas. Esse cenário muda todo dia, e é importante prestar atenção nele.

A GUERRA GEOPOLÍTICA

A soberania, especialmente no que se refere ao continente chinês, Taiwan, Hong Kong e aos mares do leste e do sul da China, provavelmente é o maior problema da China. Além dessas, há várias outras áreas de importância econômica estratégica como os países envolvidos na Belt and Road Initiative (Iniciativa Cinturão e Rota) da China.

Como você pode imaginar, os anos 1800 — o Século da Humilhação — e as invasões por "bárbaros" estrangeiros durante esse período deram a Mao e aos líderes chineses que o seguiram até os dias de hoje motivações convincentes para terem total soberania dentro de suas fronteiras, recuperarem as partes da China que foram tiradas deles (por exemplo, Taiwan e Hong Kong) e nunca mais serem tão fracos a ponto de serem intimidados por potências estrangeiras. Os desejos da China por soberania e por manter suas formas distintas de fazer as coisas (ou seja, sua cultura) são o motivo de os chineses rejeitarem as demandas americanas para mudar as políticas internas (por exemplo, para serem mais democráticos, para lidar com os tibetanos e uigures de maneira diferente, para mudar sua abordagem em relação a Hong Kong e Taiwan etc.). Em especial, alguns chineses afirmam que não ditam como os Estados Unidos devem tratar as pessoas dentro de suas fronteiras. Também acreditam que os Estados Unidos e países europeus são culturalmente propensos ao proselitismo — ou seja, a impor aos outros seus valores, suas crenças judaico-cristãs, sua moral e suas formas de operar — e que essa tendência se desenvolveu ao longo dos milênios, desde antes das Cruzadas.

Para os chineses, os riscos da soberania e do proselitismo formam uma combinação perigosa que pode ameaçar o desenvolvimento da China a seu pleno potencial, seguindo as abordagens que acreditam serem as melhores. Os chineses acreditam que o fato de ter soberania e capacidade de abordar as coisas da maneira que acham melhor, determinada pela estrutura de governança hierárquica, é sagrado. Em relação à questão da soberania, também apontam que há motivos para acreditar que os Estados Unidos derrubariam o governo deles — o Partido Comunista Chinês — se pudessem, o que também é intolerável.[4] Acredito que essas são as maiores ameaças à sobrevivência pelas quais os chineses lutariam até a morte, e os Estados Unidos devem ter cuidado ao lidar com o país se quiserem evitar um conflito armado. Para questões que não envolvem soberania, minha opinião é que os chineses esperam tentar influenciá-las de forma não violenta e evitar uma guerra militar.

---

[4] É amplamente reconhecido que fazer uma "mudança de regime" tem sido uma estratégia comumente usada pelos Estados Unidos para administrar sua ordem mundial.

Provavelmente, a questão de soberania mais perigosa é Taiwan. Muitos chineses acreditam que os Estados Unidos nunca vão cumprir a promessa implícita de permitir a união entre Taiwan e China, a menos que sejam forçados a isso. Eles ressaltam que, quando os Estados Unidos vendem caças F-16 e outros sistemas de armas para os taiwaneses, não parecem estar facilitando a reunificação pacífica da China. Em consequência, acreditam que a única maneira de garantir que a China esteja segura e unida é ter o poder de se opor aos Estados Unidos, na esperança de que eles se submetam de maneira sensata quando enfrentarem uma potência chinesa maior. Entendo que a China agora seja a nação militarmente mais forte naquela região. Além disso, os militares chineses provavelmente se tornarão mais poderosos em um ritmo mais rápido, embora a desistência motivada pela certeza de que haveria destruição mútua seja o mais provável. Portanto, como mencionei antes, **eu me preocuparia muito se víssemos surgir uma luta pela soberania, sobretudo se víssemos uma "Quarta Crise do Estreito de Taiwan".** Os Estados Unidos lutariam para defender Taiwan? Não sabemos. O fato de não lutarem seria uma grande vitória geopolítica para a China e uma grande humilhação para os Estados Unidos. Seria um sinal da queda do Império Americano no Pacífico e além, da mesma maneira que a perda britânica do canal de Suez sinalizou o fim do Império Britânico no Oriente Médio e fora. As implicações disso se estenderiam muito além dessa perda. Por exemplo, no caso britânico, sinalizou o fim da libra como moeda de reserva. Quanto maior o circo que os Estados Unidos armarem em relação à defesa de Taiwan, maior será a humilhação de uma guerra perdida ou de uma retirada. Isso é preocupante, pois os Estados Unidos têm feito um grande espetáculo em relação à defesa de Taiwan, enquanto o destino parece estar caminhando para um conflito direto em pouco tempo. Se os Estados Unidos lutarem, acredito que a perda de vidas americanas em uma guerra contra a China por Taiwan seria muito impopular nos Estados Unidos, e eles provavelmente perderiam essa luta, então a grande questão é se isso levaria a uma guerra mais ampla. Isso seria temerário. A esperança é que o medo dessa grande guerra e da destruição que ela produziria, assim como o medo da destruição mútua, possa evitá-la.

Ao mesmo tempo, a partir de minhas discussões, **acredito que a China tem um forte desejo de evitar uma guerra militar contra os Estados Unidos ou de controlar à força outros países (ao contrário de ter o desejo de alcançar seu pleno potencial e de influenciar os países de sua região).** Sei que a liderança chinesa entende quão terrível seria um conflito armado e se preocupa com a possibilidade de entrar sem querer em um, como na Primeira Guerra Mundial. Ela preferiria um relacionamento cooperativo se fosse possível e, suspeito, dividiria com prazer o mundo em diferentes esferas de influência. Ainda assim, os chineses têm limites para o que pode ser comprometido que, se cruzados, provocariam tal guerra, e esperam tempos mais desafiadores pela frente. Por exemplo, como disse o presidente Xi no discurso de ano-novo de 2019: "Olhando para o mundo em geral, estamos enfrentando um período de grandes mudanças nunca visto em um século. Não importa o que tais mudanças provoquem, a China vai continuar decidida e confiante em sua defesa à soberania e à segurança nacional."[5]

Quanto à influência em todo o mundo, tanto no caso dos Estados Unidos quanto no da China, há certas áreas que cada um considera mais importantes, principalmente com base na proximidade (preocupam-se mais com os países e áreas mais próximos a eles) e/ou em obter produtos essenciais (importam-se mais com não serem cortados da importação de minerais e tecnologias essenciais) e, em menor grau, em seus mercados de exportação. As áreas mais importantes para os chineses são, em primeiro lugar, aquelas que consideram parte da China; em segundo, aquelas em suas fronteiras (nos mares da China) e aquelas nas principais vias de abastecimento (países do Cinturão e Rota) ou aquelas que são fornecedoras de produtos importados essenciais; e, em terceiro lugar, outros países de importância econômica ou estratégica para parcerias.

Nos últimos anos, a China expandiu de maneira significativa suas atividades nesses países importantes em termos estratégicos, em especial os países do Cinturão e Rota, países em desenvolvimento ricos em recursos e alguns países desenvolvidos. Isso está afetando muito as relações geopolíticas. Essas atividades são econômicas e estão ocorrendo por meio

---

[5] Essa declaração foi feita em conexão com a questão da reunificação de Taiwan.

de investimentos crescentes nos países-alvo (por exemplo, empréstimos, compras de ativos, construção de instalações de infraestrutura, como estradas e estádios, e fornecimento de apoio militar e outros aos líderes dos países), enquanto os Estados Unidos estão evitando oferecer ajuda para esses lugares. Essa globalização econômica foi tão extensa que a maioria dos países teve que pensar muito nas políticas que tratam de permitir aos chineses que comprem ativos dentro de suas fronteiras.

De modo geral, os chineses parecem querer relações tributárias com a maioria dos países não rivais. Entretanto, quanto mais próximos da China, mais influência ela quer ter sobre eles. Como resposta a essas circunstâncias em transformação, a maioria dos países, em diferentes graus, se esforça para definir se é melhor estar alinhado com os Estados Unidos ou com a China, e os mais próximos precisam pensar com ainda mais afinco nessa questão. Em discussões com líderes de diferentes partes do mundo, tenho ouvido várias vezes que há duas considerações prioritárias: econômicas e militares. Quase todos dizem que, se escolhessem com base na economia, então seria a China, porque para eles é mais importante economicamente (no comércio e nos fluxos de capital), ao passo que, se escolhessem com base no apoio militar, os Estados Unidos levam vantagem, mas a grande questão é se os Estados Unidos vão aparecer para protegê-los militarmente quando precisarem. Muitos duvidam dessa proteção, e alguns na região do Pacífico Asiático questionam se os Estados Unidos têm poder para alcançar a vitória.

Os benefícios econômicos que a China está proporcionando a esses países são significativos e estão funcionando de maneira muito semelhante à forma como os Estados Unidos ofereceram benefícios econômicos aos principais países depois da Segunda Guerra Mundial, como maneira de ajudar a garantir os relacionamentos desejados. Não faz muitos anos que não existiam rivais significativos para os Estados Unidos, então era muito fácil o país apenas expressar seus desejos e descobrir que a maioria dos países os cumpriria. As únicas potências rivais eram a União Soviética (que, em retrospectiva, não era tão rival assim) e seus aliados e alguns países em desenvolvimento que não eram rivais econômicos. **Nos últimos anos, a influência chinesa sobre outros países tem se expandido, enquanto a influência dos Estados Unidos tem diminuído.** Isso também é verdadeiro em organizações multilaterais — por exemplo, as

Nações Unidas, o FMI, o Banco Mundial, a Organização Mundial do Comércio, a Organização Mundial da Saúde e a Corte Internacional de Justiça —, a maioria das quais foi criada pelos Estados Unidos no início da ordem mundial americana. Conforme os Estados Unidos se afastam delas, essas organizações estão enfraquecendo, e a China está desempenhando um papel mais importante nelas.

Nos próximos cinco a dez anos, além de haver dissociação em outras áreas, veremos quais países vão se alinhar a cada uma dessas potências dominantes. Além do dinheiro e do poder militar, a maneira como a China e os Estados Unidos interagem com outros países (como usam seus *soft powers*) vai influenciar o modo como essas alianças serão feitas. Estilo e valores serão importantes. Por exemplo, durante os anos do governo Trump, ouvi líderes de todo o mundo descreverem os líderes de ambos os países como "brutais". Embora você não ouça tanto isso com o presidente Biden, outros países temem ser punidos se não fizerem exatamente o que os líderes desses dois países querem, e isso não os desagrada a ponto de os levar para os braços um do outro. **Será importante ver como essas alianças se darão porque, ao longo da história, como vimos, o país mais poderoso costuma ser derrubado por alianças de países menos poderosos, mas que ficam mais fortes juntos.**

Talvez a relação mais interessante de se observar seja a que existe entre a China e a Rússia. Desde o início da nova ordem mundial de 1945, entre China, Rússia e Estados Unidos, dois dos três se aliaram para tentar neutralizar ou dominar o terceiro. A Rússia e a China têm, cada uma, boa parte do que a outra precisa (recursos naturais e equipamento militar da Rússia para a China, e financiamento da China para a Rússia). Além disso, como a Rússia é militarmente forte, seria uma boa aliada. Podemos começar a ver isso acontecendo se observarmos onde os países se alinham nas questões; por exemplo, se estão ao lado dos Estados Unidos ou da China na questão de permitir a entrada da Huawei.

Além dos riscos e oportunidades políticas internacionais, existem, é claro, grandes riscos e oportunidades políticas domésticas nos dois países. Isso porque há diferentes facções que lutam pelo controle de ambos os governos e inevitavelmente haverá mudanças na liderança que vão gerar mudanças nas políticas. Embora seja quase impossível prever, quem está no comando vai enfrentar os desafios que existem agora e que estão se desdobrando nas formas do Grande Ciclo que estamos discutindo. Como todos os líderes (e os outros participantes desses ciclos evolutivos, que inclui todos nós) entram e saem em diferentes partes desses ciclos, eles (assim como nós) enfrentam um conjunto de situações prováveis. Visto que outras pessoas na história entraram e saíram nos mesmos estágios de ciclos passados, ao estudar o que essas outras pessoas enfrentaram e como lidaram com cada situação nos estágios análogos e usando alguma lógica, podemos imperfeitamente imaginar a gama de possibilidades.

A GUERRA DE CAPITAL

Como a história mostra, um dos maiores riscos em um conflito é a possível interrupção do acesso ao dinheiro/capital de alguém. Isso pode acontecer por a) movimentos de seus oponentes e/ou b) ações prejudiciais autoinfligidas (por exemplo, endividar-se demais e desvalorizar o dinheiro) que levam aqueles que fornecem capital a não querer fornecê-lo. No Capítulo 6, analisei os movimentos clássicos da guerra de capital. Alguns deles estão sendo usados agora e podem vir a ser utilizados de maneira mais vigorosa, por isso devem ser observados de perto.

O objetivo em uma guerra de capital é separar o inimigo do capital porque nenhum dinheiro = nenhum poder.

Os graus em que essas coisas acontecem correspondem à gravidade do conflito. As "sanções", como são chamadas e empregadas, acontecem de muitas maneiras, sendo as categorias mais amplas as financeiras, econômicas, diplomáticas e militares. Em cada uma delas existem várias versões e aplicações. Não vou me aprofundar nas diferentes versões e nos diversos alvos porque seria uma digressão muito grande.

As principais noções são:

- O maior poder dos Estados Unidos vem de ter a principal moeda de reserva do mundo, o que dá ao país um enorme poder de compra, porque lhe concede as capacidades de a) imprimir o dinheiro mundial, amplamente aceito no exterior, e b) controlar quem o recebe.
- Os Estados Unidos correm o risco de perder seu status de moeda de reserva.

O dólar americano continua a ser a moeda de reserva mundial dominante porque é usado no comércio, em transações de capital global e em reservas muito mais do que qualquer outra moeda. A história e a lógica mostram que a principal moeda de reserva e o principal idioma mundial demoram a ser substituídos pelos mesmos motivos: porque muitas pessoas os adotaram e porque estão entrelaçados no sistema. As posições existentes de moedas de reserva refletidas pelos montantes detidos pelos bancos centrais são mostradas aqui:

PERCENTUAL DE RESERVAS DO BC POR MOEDA

US$	51%
EUR	20%
Ouro	12%
JPY	6%
GBP	5%
CNY	2%

Com base em dados até 2019

Como o dólar é a moeda dominante no comércio mundial, nos fluxos de capital e nas reservas, ele é a principal moeda de reserva do mundo, o que coloca os Estados Unidos na invejável posição de poder imprimir o dinheiro do mundo e infligir sanções a seus inimigos. Os Estados Unidos agora têm um arsenal de sanções, suas armas mais usadas. Em 2019, havia cerca de 8 mil sanções americanas em vigor contra indivíduos, empresas e governos. Por meio desses poderes, os Estados Unidos podem obter o dinheiro de que precisam e impedir que países adversários consigam dinheiro e crédito, impossibilitando que instituições financeiras e outros negociem com eles. Essas sanções não são de forma alguma perfeitas ou abrangentes, mas costumam ser eficazes.

Os Estados Unidos correm o risco de perder a posição dominante de moeda de reserva porque:

- **Os montantes da dívida denominada em dólares nas carteiras de estrangeiros, assim como as reservas do banco central e os fundos soberanos, são desproporcionalmente grandes com base em uma série de medidas relacionadas a qual deveria ser o tamanho das reservas de moeda de reserva.**[6]
- **O governo e o banco central dos Estados Unidos estão aumentando os montantes de dívida denominada em dólares e de moeda em um ritmo muito rápido, de modo que deve ser difícil encontrar uma demanda adequada para a dívida americana sem que o Federal Reserve tenha que monetizar boa parte dela, enquanto, ao mesmo tempo, os incentivos financeiros para manter essa dívida não são atraentes porque o governo do país está pagando um rendimento nominal insignificante e um rendimento real negativo acerca dela.**
- **Manter a dívida como meio de troca ou como reserva de riqueza durante um período de guerra é menos desejável do que em um período de paz. Então, se houvesse movimentos em direção à guerra, o valor da dívida (que é uma promessa de receber moeda fiduciária) e o da moeda fiduciária provavelmente diminuiriam em relação a outras coisas.** Isso não é um problema atualmente, mas se tornaria caso as guerras se intensificassem.
- **O cerca de 1 trilhão de dólares da dívida dos Estados Unidos que a China detém é um risco, mas não incontrolável, pois equivale a apenas cerca de 4% dos aproximadamente 28 trilhões de**

---

[6] As parcelas da dívida denominada em dólares são grandes em relação: a) ao percentual de alocação de ativos que os investidores internacionais manteriam para equilibrar bem suas carteiras, b) ao tamanho das reservas em moeda de reserva que são apropriados para atender às necessidades de financiamento de fluxo de capital e comércio e c) ao tamanho e à importância da economia dos Estados Unidos em relação a outras economias. A dívida denominada em dólares hoje em dia é desproporcionalmente grande porque o dólar é a principal moeda de reserva do mundo, o que significa que é percebido como um ativo mais seguro do que de fato é e porque os empréstimos em dólares têm sido grandes de forma desproporcional. Atualmente, a maioria dos responsáveis por determinar quais devem ser as participações de suas reservas em diferentes mercados não está inclinada a aumentar as participações em linha com as maiores quantidades de títulos americanos a serem vendidos e está, na verdade, pensando em reduzir suas participações mantidas em dívidas dos Estados Unidos. Se isso acontecer, vai exigir compras maiores por parte do Federal Reserve.

dólares em aberto (em maio de 2021). **No entanto, como outros países percebem que ações tomadas contra a China podem ser utilizadas contra eles, todas as ações tomadas contra as reservas chinesas de ativos em dólares provavelmente aumentariam os riscos percebidos de manter ativos de dívidas em dólares por outros detentores desses ativos, o que, por sua vez, reduziria a demanda por esses ativos.** No momento, isso não é um problema, embora pareça estar perto de se tornar um.

- **O papel do dólar como moeda de reserva depende, em grande parte, do fato de ser livremente trocado entre os países, de modo que, se os Estados Unidos, no futuro, aplicarem controles sobre seus fluxos e/ou conduzirem a política monetária de maneiras contrárias aos interesses mundiais em sua busca por interesses próprios, isso tornaria o dólar menos desejável como principal moeda de reserva do mundo.** No momento isso não é um problema, mas vai se tornar caso os controles de câmbio estrangeiro forem considerados uma possibilidade, o que é característico no próximo estágio do ciclo.
- **Os países prejudicados pelas sanções americanas estão desenvolvendo maneiras de contorná-las ou minando o poder dos Estados Unidos de impô-las.** Por exemplo, a Rússia e a China, que enfrentam essas sanções e correm alto risco de enfrentar outras no futuro, estão desenvolvendo e cooperando entre si para desenvolver um sistema alternativo de pagamentos. O banco central da China criou uma moeda digital, o que tornará o país menos exposto às sanções dos Estados Unidos.

Não existem boas alternativas de moeda porque:

- **O dólar (51% das reservas de bancos centrais)** tem fundamentos enfraquecidos da maneira descrita no Capítulo 11, que não vou repetir aqui.
- **O euro (20%)** é uma moeda fiduciária com estrutura fraca, criada por países menores e descoordenados, com finanças fracas, os quais são unidos de maneira tênue por uma união monetária altamente fragmentada. Como a União Europeia é, na melhor das

hipóteses, uma potência secundária nas perspectivas financeira, econômica e militar, comprar sua moeda e dívidas denominadas em sua moeda, a qual seu banco central é livre para imprimir, não é algo atraente a se fazer.

- **O ouro (12%)** é uma moeda forte, que permanece até hoje porque funcionou melhor ao longo dos anos e porque é um diversificador eficaz para outros ativos de reserva, sobretudo moedas fiduciárias. Embora até 1971 o ouro fosse a base do sistema monetário mundial, neste momento ele é um ativo relativamente morto, já que não há comércio internacional significativo nem transações de capital com ele, e também não é usado para equilibrar contas externas. Além disso, é um mercado muito pequeno para se tornar uma grande parcela da riqueza a preços correntes. Uma mudança de ativos baseados em moeda fiduciária (ou seja, ativos de crédito) para o ouro, que só viria no caso de um abandono desse sistema (o que a história mostra que poderia acontecer), levaria a uma explosão no preço do ouro.
- **O iene (6%)** é uma moeda fiduciária que também não é utilizada internacionalmente de forma ampla por pessoas não japonesas e sofre de muitos dos mesmos problemas que o dólar, incluindo ter várias dívidas que estão aumentando rapidamente e sendo monetizadas, de modo que está pagando taxas de juros pouco atraentes. Além disso, o Japão é apenas uma potência econômica global moderada e uma potência militar fraca.
- **A libra (5%)** é uma moeda fiduciária anacronicamente mantida com fundamentos de certa maneira fracos, e o Reino Unido é assim em quase todas as nossas medidas de poder econômico/geopolítico de um país.
- **O renminbi (2%)** é a única moeda fiduciária a ser escolhida como moeda de reserva por conta de seus fundamentos. O potencial da China é considerável. Suas participações no comércio mundial, nos fluxos de capital mundiais e no PIB mundial são aproximadamente iguais às dos Estados Unidos.[7] A China conseguiu que sua moeda fosse relativamente estável em relação a outras moedas e aos preços

---

[7] Esses dados são ajustados pela paridade do poder de compra.

de bens e serviços, tem grandes reservas cambiais estrangeiras, não tem uma taxa de juros de 0% nem uma taxa de juros real negativa, e não está imprimindo nem monetizando muitas dívidas. O aumento dos investimentos na China fortalece a moeda, porque as compras têm que ser feitas com ela. Esses são os pontos positivos. Os negativos são que a China tem uma dívida interna relativamente alta que precisa ser reestruturada, o renminbi não é uma moeda amplamente usada no comércio global nem em transações financeiras, o sistema de compensação da China não é desenvolvido e o dinheiro não pode fluir livremente na moeda.

Portanto, não existem moedas de reserva mundiais atraentes para competir com o dólar.

● *A história mostra que sempre que: a) as moedas não são desejadas e b) não há outras que sejam atraentes para usar, as moedas ainda são desvalorizadas e o capital encontra seu caminho para outros investimentos (por exemplo, ouro, commodities, ações, propriedades etc.). Como resultado, não há necessidade de haver uma moeda alternativa forte para que ocorra a desvalorização de outra.*

As coisas vão mudar. Como os Estados Unidos e a China estão em uma guerra de capital, o desenvolvimento da moeda e dos mercados de capitais chineses seria prejudicial para o primeiro e benéfico para o segundo. Sem os Estados Unidos atacando a moeda e os mercados de capitais da China na tentativa de enfraquecê-los, e/ou os chineses prejudicando a própria moeda e os próprios mercados de capitais (fazendo mudanças nas políticas que tornem esses mercados menos atraentes), a moeda e os mercados de capitais da China provavelmente vão se desenvolver com rapidez para competir cada vez mais com os mercados dos Estados Unidos. Cabe aos legisladores americanos decidirem se vão tentar ou não interromper esse caminho evolutivo, tornando-se mais agressivos, ou se vão aceitar essa evolução, o que provavelmente fará com que a China se torne relativamente mais forte, mais autossuficiente e menos vulnerável ao enquadramento norte-americano. Embora os chineses tenham menos poder de prejudicar o dólar americano e seus mercados de capitais — e seus melhores movimentos seriam para fortalecer a própria moeda —, existem algumas possibilidades de a China tentar prejudicar o dólar.

Conforme explicado em meu estudo dos ciclos anteriores, a guerra normalmente se intensifica à medida que o ciclo avança. Comparar casos históricos com seus equivalentes modernos — por exemplo, movimentos dos Estados Unidos e do Japão antes da Segunda Guerra Mundial com movimentos dos Estados Unidos e da China agora — deve ser útil conforme o ciclo avança.

A GUERRA MILITAR

Não sou especialista militar, mas converso com pessoas que são e faço pesquisas sobre o assunto, então vou repassar o que foi compartilhado comigo. Aceite se quiser.

● *É impossível visualizar como será a próxima grande guerra militar, mas provavelmente vai ser bem pior do que a maioria das pessoas imagina.* Isso porque muitas armas foram desenvolvidas em segredo e porque, desde a última vez que as armas mais poderosas foram usadas e vistas em ação, a criatividade e a capacidade de infligir dor aumentaram enormemente em todas as formas de guerra. Existem agora mais tipos de guerra do que se pode imaginar e, em cada uma, mais sistemas de armas do que qualquer pessoa conhece. Embora, claro, a guerra nuclear seja algo assustador, já ouvi perspectivas tão assustadoras quanto ela relacionadas à guerra biológica, cibernética, química, espacial e outros tipos. Muitas dessas armas não foram testadas, então há muita incerteza em relação a como seriam.

Com base no que sabemos, **a manchete é que a guerra geopolítica entre Estados Unidos e China nos mares do leste e do sul da China está se intensificando militarmente porque os dois lados estão testando os limites do outro. A China agora é militarmente mais forte do que os Estados Unidos na região, então os Estados Unidos provavelmente perderiam uma guerra naquela área, mas, por outro lado, são mais fortes em todo o restante do mundo e provavelmente "ganhariam" uma guerra maior.** Mas é muito complicado imaginar uma guerra maior por conta do grande número de incógnitas, incluindo como outros países se comportariam e quais tecnologias existem em segredo. A única coisa com a qual a maioria das pessoas informadas concorda é que essa guerra seria inimaginavelmente horrível.

Outra questão notável é a taxa de melhoria do poderio militar da China, assim como suas outras taxas de melhoria, a qual tem sido extremamente rápida, ainda mais nos últimos dez anos, e a taxa futura deve ser mais rápida ainda, sobretudo se as melhorias do país na economia e na tecnologia continuarem a ultrapassar as dos Estados Unidos. **Algumas pessoas supõem que a China poderia alcançar uma ampla superioridade militar em cinco a dez anos. Não sei se isso é verdade.**

Quanto aos potenciais locais de conflito militar, Taiwan, os mares do leste e do sul da China e a Coreia do Norte são os pontos mais perigosos, e a Índia e o Vietnã vêm logo depois (por motivos que não vou comentar).

No que diz respeito a uma grande guerra quente entre Estados Unidos e China, seriam incluídos todos os tipos de guerra mencionados antes e tudo isso em seu extremo, porque, em uma luta pela sobrevivência, cada um jogaria tudo que tem no outro, da mesma forma que fizeram outros países ao longo da história. Seria a Terceira Guerra Mundial, e provavelmente muito mais mortal do que a Segunda Guerra Mundial, que foi bem mais mortal do que a Primeira Guerra Mundial por conta dos avanços tecnológicos nas maneiras como podemos ferir uns aos outros.

As guerras por procuração também fazem parte do cenário e devem ser observadas, pois são muito eficazes para minar a força e a influência global de uma das principais potências mundiais.

Ao pensar acerca do momento ideal para uma guerra, tenho em mente os princípios de que, ● *quando os países têm uma grande desordem interna, é um momento oportuno para que suas vulnerabilidades sejam agressivamente exploradas por nações oponentes.* Por exemplo, os japoneses fizeram seus movimentos para invadir a China na década de 1930, quando ela estava dividida e exausta pela guerra civil em curso.

● *A história nos ensinou que, quando há transições de liderança e/ ou uma liderança fraca ao mesmo tempo que há um grande conflito interno, o risco de o inimigo fazer um movimento ofensivo é considerado*

elevado. Como o passar do tempo está do lado da China no caso de uma guerra, é do interesse dos chineses travá-la mais tarde (por exemplo, daqui a cinco ou dez anos, quando o país deve estar mais forte e mais autossuficiente) e do interesse dos Estados Unidos travá-la mais cedo.

Agora vou acrescentar dois outros tipos de guerra — a guerra cultural, que vai determinar como cada lado abordará essas circunstâncias, incluindo aquilo pelo qual eles preferem morrer a desistir, e a guerra contra nós mesmos, que vai determinar nosso nível de eficácia e nos levará a sermos fortes ou fracos nas maneiras críticas que exploramos no Capítulo 1.

A GUERRA CULTURAL

● *O modo como as pessoas agem umas com as outras é de suma importância para determinar como elas vão lidar com as circunstâncias que enfrentam em conjunto, e suas culturas serão os maiores determinantes de como elas agem umas com as outras.* O que os americanos e os chineses mais valorizam e como acham que as pessoas deveriam se relacionar determinam como vão lidar uns com os outros na hora de abordar os conflitos que acabamos de explorar. Como americanos e chineses têm valores e normas culturais diferentes pelos quais lutar e morrer, é importante que ambos os lados os entendam e saibam como lidar bem com eles se quiserem superar essas diferenças em paz.

Conforme descrito antes, **a cultura chinesa obriga seus líderes e a sociedade a tomarem a maioria das decisões de cima para baixo, demandando altos padrões de civilidade, colocando o interesse coletivo acima dos interesses individuais, exigindo que cada pessoa conheça seu papel e que o desempenhe bem, e também tendo respeito filial pelos superiores na hierarquia. Eles também buscam o "governo do proletariado", o que, no jargão comum, significa que as oportunidades e recompensas são amplamente distribuídas. Em contraste, a cultura americana obriga seus líderes a governarem o país de baixo para cima, exigindo altos níveis de liberdade pessoal, favorecendo o individualismo sobre o coletivismo, admirando o pensamento e o comportamento revolucionários e respeitando as pessoas mais pela qualidade de suas ideias do que por seu status. Esses valores culturais básicos determinaram os tipos de sistemas econômicos e políticos que cada país escolheu.

Para ser claro, a maioria dessas diferenças não é óbvia na vida cotidiana; em geral, elas não são muito importantes em relação às crenças compartilhadas que os americanos e os chineses têm, que são muitas, e não são sustentadas por todos os chineses nem por todos os americanos, razão pela qual muitos cidadãos dos Estados Unidos sentem-se à vontade vivendo na China e vice-versa. Além disso, não são generalizadas. Por exemplo, os chineses em outros domínios, como Cingapura, Taiwan e Hong Kong, tiveram sistemas de governança semelhantes aos sistemas democráticos ocidentais. Ainda assim, essas diferenças culturais afetam sutilmente quase tudo e, em períodos de grande conflito, são as diferenças definidoras que determinam se as partes vão lutar ou resolver suas disputas em paz. **O principal desafio que os chineses e os americanos enfrentam vem do fato de alguns deles não conseguirem compreender e ter empatia com os valores e as maneiras do outro, e não permitir aos outros que façam o que acham melhor.**

Embora a abertura dos dois países tenha aumentado as interações e as práticas cada vez mais compartilhadas (por exemplo, as liberdades econômicas semelhantes que geram desejos, produtos e resultados semelhantes), tornando os dois ambientes e seus povos mais parecidos do que nunca, as diferenças nas abordagens ainda são notáveis. Elas se refletem na maneira como o governo de cada país e seu povo interagem entre si, e como os americanos e os chineses interagem, especialmente no nível de líder a legislador. **Algumas dessas diferenças culturais são mínimas e outras são tão grandes que muitas pessoas lutariam até a morte por elas** — por exemplo, a maioria dos americanos acredita em "liberdade ou morte", enquanto, para os chineses, a liberdade individual não é tão importante quanto a estabilidade coletiva.

Essas diferenças também se refletem na vida cotidiana. Por exemplo, o governo chinês, sendo mais paternal, regulamenta quais tipos de videogame as crianças jogam e quantas horas por dia podem jogá-los, enquanto, nos Estados Unidos, os videogames não são regulamentados pelo governo porque essas coisas são consideradas uma decisão individual dos pais. É possível questionar o mérito das duas abordagens.

A cultura hierárquica da China torna natural que os chineses aceitem a orientação do governo, enquanto a cultura não hierárquica americana torna aceitável que seu povo lute contra o governo em relação ao que fazer. Da mesma forma, diferentes inclinações culturais influenciaram como americanos e chineses reagiram ao serem informados de que deveriam usar máscaras em resposta à Covid-19, o que levou a consequências de segunda ordem porque os chineses seguiram as instruções e os americanos muitas vezes não, afetando o número de casos, de mortes e do impacto econômico. Essas diferenças culturalmente determinadas acerca de como as coisas são abordadas fazem com que as duas populações reajam de maneira diferente a muitas coisas — privacidade de informação, liberdade de expressão, imprensa livre etc. —, que se somam a muitas diferenças na forma como os países operam.

Embora haja prós e contras nessas diferentes abordagens culturais — que não explorarei aqui —, quero deixar claro que **as diferenças culturais que caracterizam os americanos e os chineses são profundamente enraizadas.** Dado o impressionante histórico da China e quanto a cultura por trás do país está profundamente enraizada, a chance de os chineses abrirem mão de seus valores e de seu sistema é tão improvável quanto a de os americanos desistirem dos deles. Tentar forçar os chineses e seus sistemas a serem mais como os americanos significaria, para eles, a subjugação de suas crenças mais fundamentais, pelas quais lutariam até a morte. Para ter uma coexistência pacífica, o povo dos EUA deve entender que os chineses acreditam que seus valores e suas abordagens são os melhores para a vida deles, da mesma forma que os americanos acreditam que seus valores e suas maneiras de os viver são os melhores para si mesmos.

Por exemplo, deve-se aceitar o fato de que, ao escolher os líderes, a maioria dos chineses acredita que ter líderes capazes e sábios para fazer escolhas é preferível a ter a população em geral fazendo a escolha com base em "uma pessoa, um voto", porque acreditam que a população em geral é menos informada e menos capaz. A maioria acredita que a população em geral escolhe os líderes por capricho e com base no que aqueles que buscam ser eleitos lhes darão para comprar seu apoio, e não no que é de fato melhor. Além disso, os chineses acreditam — como Platão acreditava e como aconteceu em vários países — que as democracias tendem a virar anarquias disfuncionais durante períodos muito ruins, quando as pessoas lutam motivadas pelo que deve ser feito em vez de apoiar um líder forte e capaz.

Acreditam também que seu sistema de escolha de líderes se presta a uma tomada de decisão estratégica multigeracional melhor, porque o mandato de qualquer líder é só um pequeno percentual do tempo necessário para progredir ao longo do arco de desenvolvimento de longo prazo.[8] Eles acreditam que o melhor para o coletivo é mais importante e melhor para o país e, ainda, que é mais bem determinado por quem está no topo. O sistema de governança deles é mais parecido com o que é típico em grandes empresas, especialmente empresas multigeracionais, de modo que se perguntam por que é difícil para os americanos e outros ocidentais entenderem a lógica do sistema chinês seguindo essa abordagem e ver os desafios do processo democrático de tomada de decisão como os chineses os veem.

Sendo transparente, não estou procurando explorar os méritos relativos desses sistemas de tomada de decisão. **Estou apenas tentando deixar claro que há argumentos válidos de ambos os lados e querendo ajudar ambos os povos a ver as coisas pelos olhos um do outro, e, o mais importante, a entenderem que a escolha é entre aceitar, tolerar e até mesmo respeitar o direito um do outro de fazer o que considera melhor, ou fazer com que chineses e americanos lutem até a morte pelo que acreditam ser irreconciliável.**

Os sistemas econômico e político dos dois países são distintos por causa das diferenças em suas histórias e das diferenças culturais que resultaram dessas trajetórias. No que diz respeito à economia, os dois pontos de vista diferentes — a esquerda clássica (favorecer a propriedade estatal dos meios de produção, os pobres, a redistribuição da riqueza etc., que os chineses chamam de comunismo) e a direita clássica (favorecer a propriedade privada dos meios de produção, seja lá quem tenha sucesso no sistema, e redistribuições de riqueza muito mais limi-

---

[8] Na verdade, é um desafio para os chineses lidar com a falta de continuidade das políticas e orientações nos Estados Unidos, que é decorrente de mudanças aparentemente por capricho em assuntos que interessam à população americana conforme expressado nos líderes escolhidos como representantes.

tadas) — existem na China, como no restante do mundo, e tem havido oscilações de um para o outro em todas as sociedades, em especial na China, por isso não seria correto dizer que os chineses são culturalmente de esquerda ou de direita. Variações semelhantes nas preferências dos americanos existiram ao longo de sua história, que é muito mais limitada. Suspeito que, se os Estados Unidos tivessem uma história mais longa, teríamos visto oscilações mais amplas, como aconteceu na Europa ao longo de sua história.

Por esses motivos, essas inclinações de "esquerda" *versus* "direita" parecem ser mais oscilações do grande ciclo em torno de tendências revolucionárias do que valores essenciais em evolução. Na verdade, estamos vendo essas oscilações ocorrendo atualmente nos dois países, então não é exagero dizer que políticas de "direita", como o capitalismo, estão perto de serem mais favorecidas na China do que nos Estados Unidos e vice-versa. De qualquer maneira, quando se trata de sistemas econômicos, não parece haver muitas distinções claras enraizadas em profundas preferências culturais. Em contraste com os sistemas econômicos, a inclinação dos chineses de serem de cima para baixo/hierárquicos *versus* de baixo para cima/não hierárquicos parece estar profundamente enraizada na cultura e nos sistemas políticos do país, enquanto os americanos são fortemente inclinados a serem de baixo para cima/não hierárquicos. Quanto a que abordagem vai funcionar melhor e vencer no fim, vou deixar isso para outros debaterem, espero que de forma objetiva, embora eu deva registrar que a maioria dos observadores experientes da história concluíram que nenhum desses sistemas é sempre bom ou ruim. ● **O que funciona melhor varia de acordo com a) as circunstâncias e b) a forma como as pessoas que usam esses sistemas agem umas com as outras. Nenhum sistema vai funcionar bem de maneira sustentável — na verdade, todos vão quebrar — se os indivíduos não o respeitarem mais do que aquilo que desejam individualmente nem se o sistema não for flexível o suficiente para se dobrar com o tempo sem quebrar.**

Enquanto imaginamos como americanos e chineses vão lidar com o desafio compartilhado de evoluir da melhor maneira possível neste planeta compartilhado, tento imaginar para onde suas fortes inclinações culturais e, mais importante, para onde as diferenças irreconciliá-

veis — pelas quais preferem morrer a abrir mão delas — vão levá-los. Por exemplo, a maioria dos americanos e ocidentais lutaria até a morte para poder expressar suas opiniões, incluindo as políticas. Em contraste, os chineses valorizam mais o respeito à autoridade, o que se reflete e se demonstra pelos poderes relativos dos indivíduos e das organizações a que pertencem e pela responsabilidade de cobrar a organização coletiva pelas ações dos indivíduos no coletivo.

Esse choque cultural ocorreu em outubro de 2019, quando o então gerente geral dos Houston Rockets (Daryl Morey) tuitou uma imagem em apoio ao movimento de protesto pró-democracia em Hong Kong. Ele rapidamente apagou o tuíte e explicou que suas opiniões não representavam as de seu time nem as da NBA. Morey foi atacado pelo lado americano (ou seja, a imprensa, os políticos e o público) por não defender a liberdade de expressão, e o lado chinês responsabilizou toda a liga e a puniu retirando todos os jogos da NBA da televisão estatal chinesa, cancelando os anúncios da NBA de lojas on-line e exigindo que a liga demitisse Morey.

Esse choque aconteceu devido à importância da liberdade de expressão para os americanos e porque eles acreditam que a organização não deve ser punida pelas ações do indivíduo. Os chineses, por outro lado, acreditam que o ataque danoso precisava ser punido e que o grupo devia ser responsabilizado pelas ações dos indivíduos envolvidos. Dá para imaginar casos bem mais importantes em que conflitos muito maiores surgem motivados por essas diferenças em crenças arraigadas acerca de como as pessoas deveriam agir umas com as outras.

Quando em posição superior, os chineses tendem a querer que: a) as posições relativas sejam claras (ou seja, a parte em uma posição subordinada deve saber que está em uma posição subordinada); b) a parte subordinada deve obedecer; c) o subordinado deve saber que, caso não o faça, será punido. Essa é a inclinação/estilo cultural da liderança chinesa. Eles também podem ser amigos maravilhosos que dão apoio quando necessário. Por exemplo, quando o governador de Connecticut, na primeira grande onda de doenças e mortes por Covid-19, estava desesperado por não conseguir comprar equipamentos de proteção individual com o governo dos Estados Unidos nem com outras fontes no país, pedi ajuda a meus amigos chineses e eles forneceram o que era necessário, e em bastante quantidade. Conforme a China se globaliza, vários líderes de países (e suas populações) têm ao mesmo tempo ficado gratos e contrariados pelos atos de generosidade e pelas punições rígidas da China. Certas diferenças culturais podem ser negociadas para satisfação mútua das partes, mas algumas das mais importantes serão muito difíceis de conciliar.

Acho que o principal ponto a notar e aceitar é que os chineses e os americanos têm valores diferentes e farão escolhas diferentes para si próprios, mesmo que o outro lado não goste. Por exemplo, o povo dos EUA pode não gostar de como os chineses lidam com as questões de direitos humanos e vice-versa. A questão é o que deve ser feito a respeito — eles devem lutar contra o outro lado para impor o que consideram as atitudes corretas em relação a essas questões ou devem concordar em não interferir no que os outros fazem? Em minha opinião, é muito difícil, inadequado e provavelmente impossível forçar outras pessoas em outros países a fazer o que acreditam que não é bom para elas. **A capacidade dos Estados Unidos de fazer imposições aos chineses e a capacidade da China de fazer imposições aos Estados Unidos serão uma função do poder relativo de cada país.**

Embora eu tenha explorado antes as questões da guerra EUA--China, transmitindo o pouco que sei acerca delas em relação ao que preciso saber, quero lembrar que essas guerras são muito mais complexas do que conflitos um a um. São como jogos de xadrez multidimensionais, porque diversos países estão envolvidos em várias dimensões com muitos outros países. Por exemplo, quando penso nas relações EUA-China, tenho que pensar muito além das relações bilaterais entre os dois e considerar suas relações multilaterais em todas as dimensões importantes — como com todos os governos notáveis e setores privados da Ásia, da Europa e do Oriente Médio e, ainda, todas as relações importantes desses com os outros países etc. Ou seja, para pensar na relação EUA-China, tenho que pensar nas relações Arábia Saudita-EUA e Arábia Saudita-China e, para isso, tenho que pensar nas relações Arábia Saudita-Irã, Arábia Saudita-Israel, Arábia Saudita-Egito e muitas outras em todas as dimensões importantes, além de outras relações análogas. Sem a ajuda de um bom computador e muitos dados, é impossível acompanhar, quanto mais entender o que está acontecendo. Isso está muito além de minha capacidade e, sendo sincero, quando falo com líderes mundiais, acho chocante como eles pouco entendem o que os outros neste jogo de xadrez multidimensional estão de fato pensando.

O RISCO DE UMA GUERRA DESNECESSÁRIA

Como expliquei no Capítulo 6, guerras estúpidas muitas vezes acontecem como resultado de um processo de escalada da política do olho por olho, na qual até mesmo reagir às pequenas ações de um adversário é mais importante do que ser percebido como fraco, ainda mais quando quem está em um dos lados não entende de fato as motivações de quem está do outro. A história nos mostra que esse é um problema principalmente para impérios em queda, que tendem a lutar mais do que o lógico, porque qualquer recuo é visto como derrota.

Vejamos a questão de Taiwan. Mesmo que a luta dos Estados Unidos para defender Taiwan pareça ilógica, não lutar contra um ataque chinês a Taiwan pode ser percebido como uma grande perda de estatura e poder sobre outros países, que não vão apoiar os Estados Unidos no caso de não lutarem e vencerem por seus aliados. Além disso, essas derrotas podem fazer com que os líderes pareçam fracos para o próprio povo, o que pode lhes custar o apoio político de que precisam para permanecer no poder. E, é claro, erros de cálculo por conta de mal-entendidos quando os conflitos estão transcorrendo rapidamente são perigosos. Todas essas dinâmicas geram fortes impulsos para a aceleração das guerras, embora essas guerras mutuamente destrutivas sejam bem piores do que cooperar e competir de maneira mais pacífica.

Também há o risco de uma retórica falsa e emotiva se espalhar tanto nos Estados Unidos quanto na China, criando uma atmosfera para o agravamento. Por exemplo, houve um recorde em uma pesquisa recente da Pew, pois 73% dos americanos tinham uma opinião desfavorável quanto à China, 73% acreditavam que os Estados Unidos deveriam promover os direitos humanos na China e 50% acreditavam que os Estados Unidos deveriam "responsabilizar a China" pelo papel que teve na Covid-19. Embora eu não tenha pesquisas sobre a opinião pública chinesa em relação aos Estados Unidos, muitas pessoas dizem que ela se deteriorou. Não demoraria para essas pessoas exigirem a aceleração dos conflitos.

Em última análise, seria sensato que os líderes e cidadãos dos dois países reconhecessem que os Estados Unidos e a China estão em uma competição de sistemas e habilidades. Cada um inevitavelmente seguirá o sistema que acredita funcionar melhor: os americanos estão um pouco à frente no poder, mas esse poder está encolhendo e eles estão em menor número, e a história mostra que, embora o número de pessoas possa ser muito importante, outros fatores (por exemplo, os dezoito determinantes listados no Capítulo 2) são ainda mais cruciais, por isso até mesmo impérios com uma população pequena se tornam potências mundiais dominantes se forem bem administrados. Tudo isso implica que o mais importante para ser forte é como agimos com nós mesmos.

A GUERRA CONTRA SI MESMO: O INIMIGO SOMOS NÓS

Nossa maior guerra é contra nós mesmos, porque temos o maior controle sobre quão fortes ou fracos somos. Como está bem claro o que torna os países fortes e fracos e como esses pontos são mensuráveis, é fácil ver como cada país está se saindo. Esses fatores foram expostos no primeiro e no segundo capítulos e medidos pelos dezoito determinantes. Vou revisá-los brevemente aqui e, na próxima e última parte, vou mostrar esses determinantes para a maioria das nações e explorar seus principais indicadores para que possamos fazer projeções do que está por vir.

Antes de fazermos isso, vamos revisar os itens específicos que ajudam a construir um grande império. São eles...

> **liderança forte e capaz o suficiente para oferecer os ingredientes essenciais para o sucesso**, que incluem ...
>
> **alto nível de educação.** Com isso, não me refiro apenas ao ensino de conhecimentos e habilidades; também estou falando do ensino de...

caráter forte, civilidade e uma forte ética de trabalho, que, em geral, são ensinados na família e na escola. Isso leva a uma civilidade melhor, que se reflete em fatores como...

baixa corrupção e alto respeito pelas regras, como o estado de direito.

As pessoas conseguirem trabalhar bem juntas, unidas por uma visão comum de como devem ser em harmonia, também é importante. Quando as pessoas têm conhecimento, habilidades, boa índole e civilidade para se comportar e trabalhar bem juntas e há...

um bom sistema de alocação de recursos, o qual é significativamente melhorado por...

estar aberto ao melhor pensamento global, o país tem os ingredientes mais importantes para ter sucesso. Isso, por sua vez, o leva a ter...

maior competitividade nos mercados globais, o que gera receitas maiores que despesas, o que faz o país ter...

um forte crescimento da receita, o que lhe permite fazer...

maiores investimentos para melhorar a infraestrutura, a educação e a pesquisa e desenvolvimento, o que o leva a...

um rápido aumento da produtividade (produtos mais valiosos por hora trabalhada). E é isso que aumenta a riqueza e as capacidades produtivas. Quando o país atinge níveis de produtividade mais elevados, pode se tornar um inventor produtivo em...

novas tecnologias, que são valiosas tanto para o comércio quanto para o poderio militar. Conforme o país se torna mais competitivo dessa maneira, ele naturalmente consegue...

uma parcela crescente e significativa do comércio mundial, o que exige que tenha...

um poderio militar forte para proteger suas rotas comerciais e influenciar aqueles que são importantes do lado de fora de suas fronteiras. Ao se tornar economicamente proeminente, o país desenvolve...

moeda, ações e mercados de crédito fortes e amplamente usados. Naturalmente, aqueles que dominam o comércio e os fluxos de capital têm sua moeda muito mais usada como meio de troca global preferido e são mais escolhidos como a reserva de riqueza preferencial, o que faz com que **sua moeda se torne uma moeda de reserva** e leva à construção de...

pelo menos um dos principais centros financeiros do mundo para atrair e distribuir capital e expandir seu comércio globalmente.

Tudo que faz essas medidas aumentarem é bom, e tudo que as faz diminuir é ruim. Por esse motivo, é sensato que os cidadãos de todos os países se perguntem como eles e seus líderes estão se saindo de maneira coletiva, em termos de fazer com que as linhas dessas medidas aumentem. Espero também que se lembrem das relações de causa e efeito, evitando os excessos e divisões que levam a quedas.
    Quanto ao caso em questão, as guerras e os desafios internos na China e nos Estados Unidos são mais importantes e maiores do que esses mesmos casos externos. Isso inclui guerras políticas na liderança do país e em todos os níveis de governo, guerras entre diferentes facções (por exemplo, ricos e pobres, habitantes de áreas rurais e urbanas, con-

servadores e progressistas, grupos étnicos etc.), mudanças demográficas, mudanças climáticas etc. Felizmente, as mais importantes dessas forças estão sob nosso controle e são mensuráveis, o que nos permite ver como estamos indo e, se não estivermos bem, fazer mudanças para que essas coisas sigam na direção certa. **Em geral, teremos o que merecemos. Como Churchill disse ao povo britânico: "Mereçam a vitória!"**

PARTE III

O FUTURO

CAPÍTULO 14

O FUTURO

"Quem se apoia em uma bola de cristal está destinado a comer cacos de vidro" é um provérbio do mercado financeiro que eu aprendi quando tinha 14 anos. Como pessoalmente atestei sua veracidade, ele afetou a maneira como enxergo tanto o futuro quanto o passado. Aprendi a olhar para o passado para 1) determinar o que é mais provável de ocorrer e 2) proteger aqueles pelos quais sou responsável e a mim mesmo de meus possíveis erros ou pontos cegos. Os padrões e as relações de causa e efeito descritos neste livro estão abertos a discussão e a opiniões, sejam minhas, suas ou de terceiros. Mas quem estiver lendo o presente livro por motivos práticos, e não só interesse casual, precisa fazer bem estas duas coisas, assim como acontece comigo.

O propósito deste capítulo é compartilhar meus pensamentos a respeito de como encaro o futuro. Assim, embora eu desconheça muito do futuro, tenho certa noção do que está por vir. A base para lidar com ele resume-se a: 1) entender e se adaptar aos acontecimentos, mesmo sendo incapaz de prevê-los; 2) pensar nas probabilidades; 3) saber o suficiente para se proteger contra o inevitável, mesmo que não se consiga fazê-lo à perfeição.

Saber a maneira como as transformações ocorreram no passado me faz considerar a possibilidade de que algo similar possa ocorrer no futuro. É uma grande vantagem em relação a ser pego de surpresa. Por exemplo, ao longo da história, houve uma série de revoluções, conflitos armados ou catástrofes naturais com repercussões violentas nos quais praticamente toda a riqueza foi dizimada ou confiscada. Por ter ciência disso, vivo procurando os principais indicadores de que as mesmas coisas possam voltar a ocorrer, e tê-los à mão, mesmo que imperfeitos, coloca-me em uma posição melhor para me proteger do que permanecer alienado e despreparado quanto ao que possa vir.

Embora tal exemplo seja uma das piores hipóteses, não estar preparado para a melhor pode ser igualmente ruim. Lembro-me muito bem de como meu pai e seus amigos perderam a chance de aproveitar o boom pós-Grande Depressão e Segunda Guerra por terem mentalidades moldadas por aqueles períodos horrendos. No jogo da vida, sempre é bom fazer o melhor para entender como o mundo funciona, imaginar toda a gama de possibilidades (incluindo seus riscos e suas recompensas) e saber como espalhar bem as apostas.

Enquanto exponho meu pensamento, lembre-se de que tudo o que digo é passível de debate; o propósito deste projeto, afinal, é melhorar minhas probabilidades de acerto. Uma obra em andamento. Espero que me acompanhem ao longo de sua evolução. Planejo atualizações constantes de meu entendimento desses padrões e lições em economicprinciples.org, onde podemos interagir e refinar o panorama.

MINHA ABORDAGEM

Em um rápido resumo, **minha abordagem baseia-se nas ideias que tenho sobre: a) a evolução, que gera mudanças ao longo do tempo, na maioria das vezes positivas, como o aumento da produtividade; b) ciclos, que provocam altos e baixos rítmicos na economia (como bolhas de endividamento e sua implosão) e solavancos pelo caminho (altos e baixos não rítmicos, como catástrofes naturais); c) indicadores que nos ajudam a enxergar em que ponto dos ciclos estamos e o que pode acontecer a seguir.** Farei uma breve recapitulação de minhas ideias acerca de cada um desses itens.

O FUTURO

EVOLUÇÃO

Tudo que é mais importante evolui de forma fácil de enxergar e de aplicar às circunstâncias futuras, portanto não chega a ser difícil ter uma ideia geral dos desdobramentos prováveis mais à frente, desde que não haja um divisor de águas do tipo que surge uma vez a cada quinhentos anos. Os próximos gráficos contam a história dos seguintes aspectos: população, expectativa de vida e prosperidade.

Comecemos com a população mundial. O gráfico à esquerda tem início em 1500; o da direita, em 1900. Mostro os dois porque quero que perceba como seria diferente a perspectiva de quem olhasse cem anos para trás em 1900 em comparação com a de quem faz isso partindo de hoje. Observe quão vertiginoso foi o crescimento populacional no século XX. Observe ainda que os acontecimentos históricos de peso mencionados neste livro — incluindo a Grande Depressão, as duas Guerras Mundiais e todo tipo de catástrofes naturais — não tiveram efeito visível na tendência evolucionária geral.

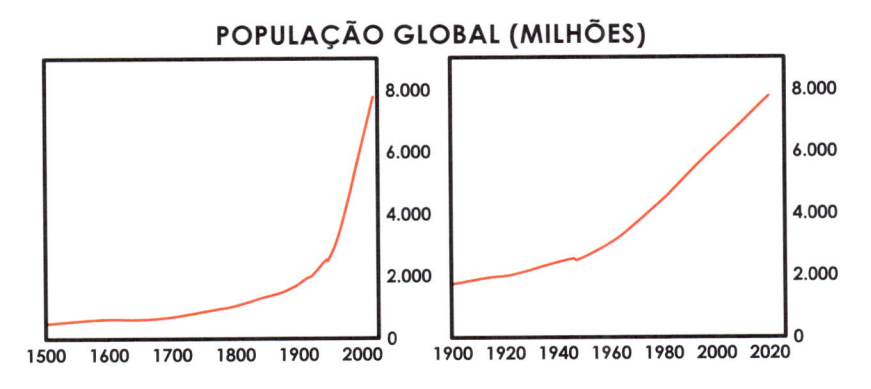

POPULAÇÃO GLOBAL (MILHÕES)

Os próximos dois gráficos mostram a taxa de crescimento populacional. Observe as grandes variações para mais e para menos, que não aparecem nos gráficos anteriores porque são pequenas em comparação à tendência de longo prazo. Caso tivéssemos vivenciado pessoalmente algo dessa volatilidade, a sensação teria sido a de uma experiência de vida ou morte (e foi basicamente o que aconteceu).

CRESCIMENTO DA POPULAÇÃO GLOBAL
(ESTIM MUD 10A)

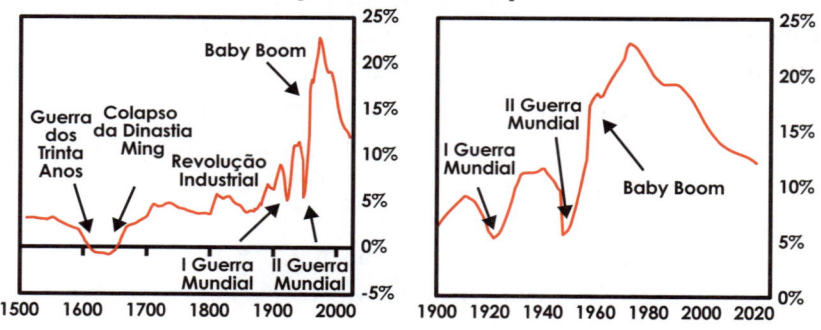

Gráfico à esquerda (1500–2000): Guerra dos Trinta Anos, Colapso da Dinastia Ming, Revolução Industrial, I Guerra Mundial, II Guerra Mundial, Baby Boom.

Gráfico à direita (1900–2020): I Guerra Mundial, II Guerra Mundial, Baby Boom.

Os próximos dois gráficos pintam um quadro semelhante com relação à expectativa de vida. Neles, as linhas serpenteiam muito mais que nos anteriores, pois a expectativa média de vida é mais afetada por grandes acontecimentos, como guerras e pandemias (mostrarei quais foram os grandes aniquiladores e onde ocorreram em economicprinciples.org). Observe como a expectativa de vida basicamente se mantém (na faixa de 25 a 30 anos) por cerca de 350 anos e começa a acelerar por volta de 1900, época em que houve grandes avanços na redução das taxas de mortalidade infantil e na medicina, como o surgimento de antibióticos.

EXPECTATIVA DE VIDA GLOBAL NO NASCIMENTO

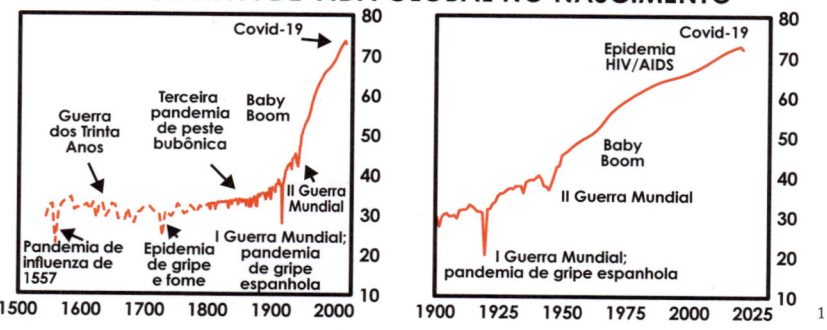

Gráfico à esquerda (1500–2000): Guerra dos Trinta Anos, Pandemia de influenza de 1557, Terceira pandemia de peste bubônica, Epidemia de gripe e fome, Baby Boom, I Guerra Mundial; pandemia de gripe espanhola, II Guerra Mundial, Covid-19.

Gráfico à direita (1900–2025): I Guerra Mundial; pandemia de gripe espanhola, II Guerra Mundial, Baby Boom, Epidemia HIV/AIDS, Covid-19.

---

[1] É importante ressaltar que alguns gráficos destas páginas têm como base registros de países e dados confiáveis, e quanto mais distante for o período examinado, menor a quantidade de países com esse tipo de informação. A expectativa de vida antes do século XIX tem por base tão somente a Grã-Bretanha (marcada pela linha pontilhada). O PIB real global pré-1870 vem acima de tudo de uma mistura de países europeus. Não há registros confiáveis de riqueza total anteriores à década de 1900, e, por isso, não tenho como lhe mostrar o cenário anterior.

O FUTURO

Vamos observar agora a prosperidade econômica medida pelo PIB real (ou seja, ajustado de acordo com a inflação). O primeiro gráfico mostra um quadro de movimento vertiginoso semelhante: o valor real do que se produzia por pessoa cresce lentamente até o século XIX e então acelera. Apesar das oscilações dentro do período, a tendência evolucionária geral é dominante.

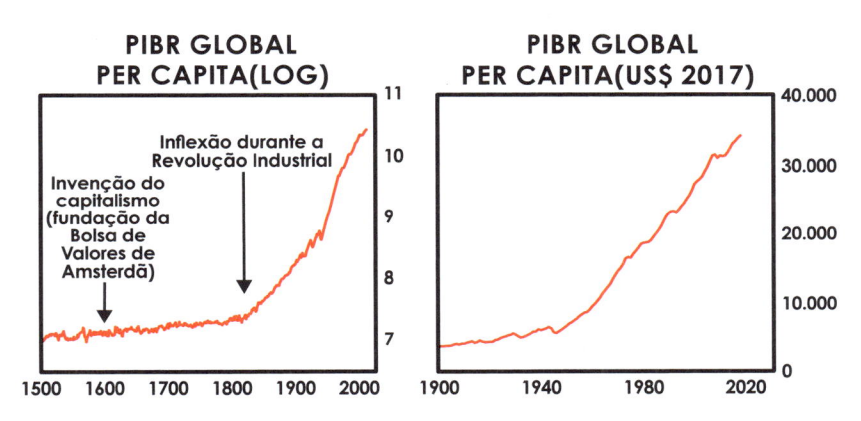

PIBR GLOBAL PER CAPITA(LOG)

- Invenção do capitalismo (fundação da Bolsa de Valores de Amsterdã)
- Inflexão durante a Revolução Industrial

PIBR GLOBAL PER CAPITA(US$ 2017)

O próximo gráfico mostra a riqueza real per capita desde 1900. De 1900 a 1945, não há grande aumento, pois se trata da fase de transição de fim de ciclo entre o boom do século XIX para a nova ordem mundial em 1945. Paz e prosperidade acompanharam a criação da nova ordem mundial, e a tendência de alta foi forte e bastante constante (média de 4% ao ano), ainda que as variações a seu redor nos tenham parecido significativas quando as vivemos.

RIQUEZA REAL GLOBAL PER CAPITA (ESTIM BRUTA, US$ 2017, LOG)

- Colapso dos Qing, I Guerra Mundial, Revolução Russa e gripe espanhola
- Loucos Anos 20
- Grande Depressão
- II Guerra Mundial
- Fundação da República Popular da China
- Grande Salto Adiante, fomes
- Auge do Império Americano
- Reformas de Deng Xiaoping
- Revolução digital
- Bolha da internet
- Crise financeira de 2008
- Covid-19

Com tais evoluções em mente, comecemos a olhar para o futuro.
Se observarmos com atenção o processo que estruturou o presente, veremos que tais avanços evolucionários não ocorreram de forma autônoma: todos os dias acontecia algo que afetaria o presente, e esses eventos eram moldados pelas ações das pessoas. Ao mesmo tempo, sabemos que nunca poderíamos tê-los previsto um a um — se tivéssemos tentado prever cada guerra, cada seca, cada pandemia, cada invenção, cada período de prosperidade ou recessão, teríamos fracassado. Mas, mesmo sem saber de cada desdobramento específico, poderíamos ter dito com todas as letras que haveria avanços e que eles permitiriam que populações ainda maiores vivessem ainda mais, gozando de padrões de vida ainda mais altos. Tudo devido à evolução já ocorrida, a qual nos fornecia todas as razões para acreditar em sua continuidade devido à inventividade humana. Também poderíamos ter afirmado com segurança que haveria fases de alta e baixa, fartura e fome, períodos de muita riqueza e doença pela frente.

Com base tão somente no que ocorreu nos últimos cem anos, poderíamos concluir que dá para ter ótimas estimativas apenas projetando o passado no futuro. Como exemplo, se projetarmos o passado cem anos à frente, seria razoável esperar que nos próximos dez anos a população mundial se tornará de 10% a 15% maior do que é hoje; a produção por pessoa vai ser cerca de 20% mais alta; a riqueza por pessoa, 30% mais alta; e a expectativa média de vida, mais ou menos 7,5% mais alta. Seria razoável esperar que nos próximos vinte anos esses números, respectivamente, subam em 25% a 30%, 45%, 70%, e cerca de 15%, sem saber de forma exata como isso vai ocorrer.

Essa análise simples, nem mesmo particularmente ponderada, pinta um retrato que provavelmente não vai ser distante do real — mas poderia ser. É fácil traçar tal cenário bem mais detalhadamente ao observar as mesmas estatísticas para cada país e cada subgrupo dentro de um país. Processar todas essas informações é bem complicado para a mente humana, mas não para uma boa mente humana com o auxílio de um computador.

No entanto, podemos ver que um cenário construído puramente por projeção não é bom o bastante. Por exemplo, para quem observava a partir de 1750, teria sido razoável tomar como verdade atemporal e universal que monarquias e nobres senhores de terras — que controlavam aldeões com a ajuda de soldados — seriam o sistema de governança do futuro, que terras agrícolas continuariam a ser o ativo financeiro mais lucrativo, que rendas per capita cresceriam apenas cerca de 0,5% ao ano e que a expectativa de vida em torno dos trinta anos se manteria constante. Pois, afinal, sempre havia sido assim. Tal pessoa não teria conseguido imaginar o capitalismo e a democracia tal como os conhecemos, muito menos que existiria um país chamado Estados Unidos e que seria a maior potência mundial.

Grandes guinadas surgem quando certos acontecimentos de grande porte geram uma mudança de paradigma, alterando o ritmo evolucionário. Houve tais mudanças de paradigma no início do século XIX, geradas a partir da confluência da invenção de ferramentas financeiras modernas, máquinas que poderiam fazer o trabalho de pessoas, o desenvolvimento de sociedades mais inclusivas tornando mais amplas as oportunidades de ser inventivo e produtivo, a maior disseminação de livros e bibliotecas de forma a compartilhar o conhecimento de maneira mais ampla e a aplicação do método científico. Embora não se pudesse prever nada disso, teria sido possível analisá-lo, entendê-lo e adaptar-se. Por isso, ● *se projetar o passado para a frente é, no geral, uma prática razoável, é bom estar preparado para surpresas, pois o futuro será bem diferente do que se espera.*

Ao longo de mais ou menos cinquenta anos como investidor, vi provar-se errada uma série de crenças estabelecidas com base tanto no que ocorreu antes quanto no que parecia lógico à ocasião (só para mencionar um exemplo recente, a crença de que os rendimentos de títulos públicos não seriam jamais negativos). A maior ruptura recente de crenças estabelecidas veio com a Revolução Digital. Através de tais experiências e observações, aprendi que ● *identificar, entender e adaptar-se a mudanças de paradigma é essencial, mesmo que não as possa prever — embora tentar fazê-lo por meio de bons indicativos que ajudem também seja importante.* Ter bons indicadores também pode nos ajudar a identificar situações em que algo que parece uma mudança de paradigma é na verdade apenas uma tendência passageira, e isso é igualmente importante.

CICLOS E SOLAVANCOS NO MEIO DO CAMINHO

Ciclos e solavancos foram detalhados em capítulos anteriores, mas vale refletir sobre eles agora que transferimos nossa atenção do passado para o futuro.

Embora seja difícil enxergá-los até mesmo quando nosso olhar se volta para o cenário na escala megamacro, eles podem prejudicar e matar grandes quantidades de pessoas. Observem os gráficos seguintes, nos quais se vê depressões, diminuição de riqueza, mortes em guerras e mortes causadas por pandemias ao longo dos últimos quinhentos anos. Através deles, é possível obter uma perspectiva melhor. Tais maus momentos foram ainda piores do que parecem, pois os gráficos os capturam em termos de médias; assim, minimizam a gravidade da experiência para quem foi diretamente afetado. Muitas pessoas não pensam acerca desse quadro mais sombrio. Limitam-se a considerar as tendências positivas do pós-guerra e então a projetá-las à frente. Ser ou não uma dessas pessoas é decisão sua. De minha parte, saber que tais acontecimentos de grande e destrutivo porte ocorreram no passado me leva a desconfiar da crença de que nunca vão se repetir. Enquanto alguém não me trouxer provas convincentes de que não ocorrerão de novo, argumentos melhores do que o simples fato de que até agora não ocorreram, partirei do pressuposto de que vão e tentarei me proteger das consequências.

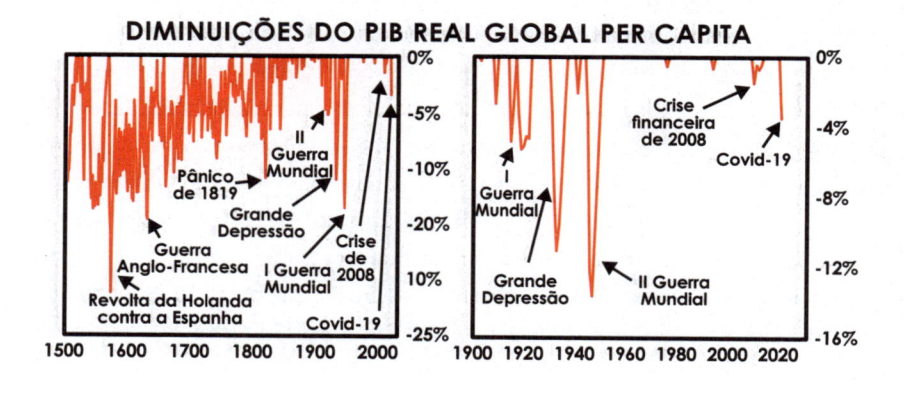

DIMINUIÇÕES DO PIB REAL GLOBAL PER CAPITA

O FUTURO

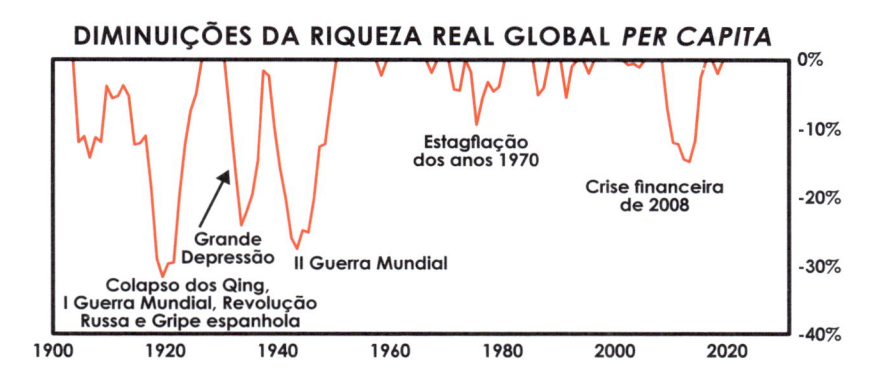

DIMINUIÇÕES DA RIQUEZA REAL GLOBAL *PER CAPITA*

Estagflação dos anos 1970

Crise financeira de 2008

Grande Depressão

II Guerra Mundial

Colapso dos Qing, I Guerra Mundial, Revolução Russa e Gripe espanhola

MORTES GLOBAIS POR CATEGORIA
(TAXA EM GRUPOS DE 100 MIL PESSOAS, MM 15A)

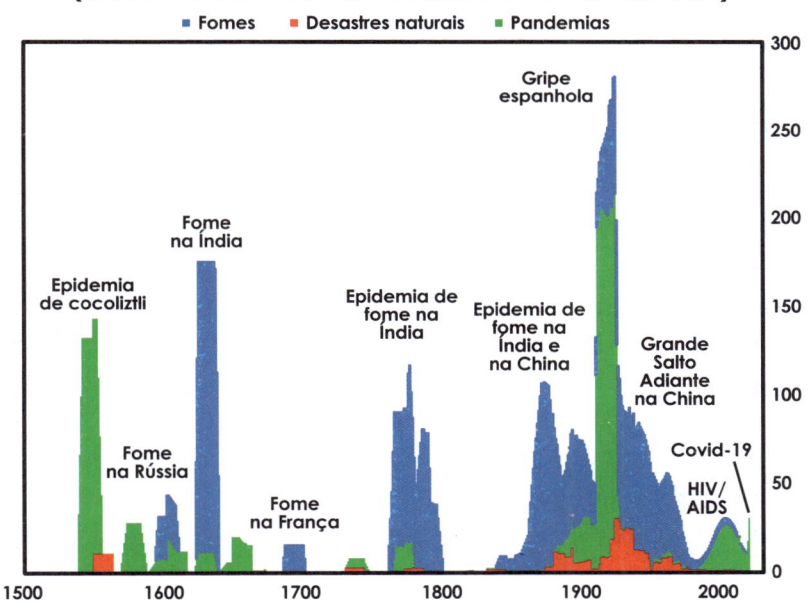

- Fomes
- Desastres naturais
- Pandemias

Gripe espanhola

Fome na Índia

Epidemia de cocoliztli

Epidemia de fome na Índia

Epidemia de fome na Índia e na China

Grande Salto Adiante na China

Fome na Rússia

Fome na França

Covid-19

HIV/AIDS

**ESTIM DE MORTES POR CONFLITOS
(GRANDES POTÊNCIAS, % POP, MM 15A)**

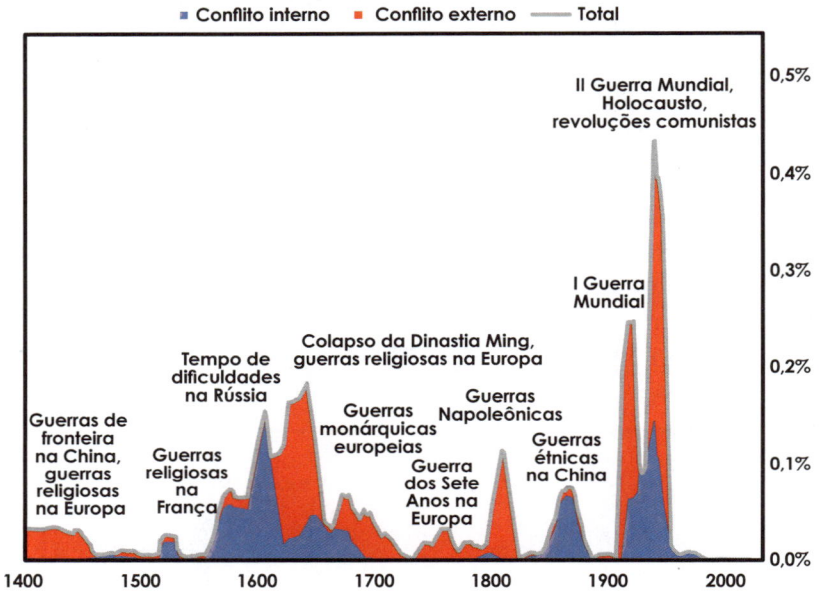

■ Conflito interno   ■ Conflito externo   —— Total

[Gráfico mostrando estimativa de mortes por conflitos de 1400 a 2000, com picos indicados para: Guerras de fronteira na China, guerras religiosas na Europa; Guerras religiosas na França; Tempo de dificuldades na Rússia; Colapso da Dinastia Ming, guerras religiosas na Europa; Guerras monárquicas europeias; Guerra dos Sete Anos na Europa; Guerras Napoleônicas; Guerras étnicas na China; I Guerra Mundial; II Guerra Mundial, Holocausto, revoluções comunistas. Eixo Y de 0,0% a 0,5%.]

Um dos princípios abrangentes que extraí de minha pesquisa e de mais de cinquenta anos de experiência como investidor é que ● ***nos mercados e na vida, para ser bem-sucedido é preciso apostar nas vantagens que se obtém através da a) evolução que leva a melhorias de produtividade, mas não de forma agressiva a ponto de b) acabar sendo derrubado por ciclos e solavancos no caminho.*** Em outras palavras, apostar que as coisas vão melhorar — por exemplo, no aumento de ganhos reais — é basicamente uma aposta segura. Mas apostar demais nisso, a ponto de um solavanco poder arruiná-lo, é ruim. Assim, dispor de indicadores de qualidade ajuda demais.

INDICADORES DE QUALIDADE

Como tudo o que acontece é resultado de acontecimentos anteriores, tenho alguns indicadores principais e coincidentes de mudanças importantes que são muito bons e lógicos, ainda que imperfeitos. Alguns podem ser quantificados; outros, não.

Como expliquei antes, encontrei dezoito determinantes que explicam a maioria das condições e transformações em termos de riqueza e poder, tanto dentro de nações quanto entre elas. Logo lhe mostrarei a leitura de todos esses determinantes para cada uma das onze maiores potências que acompanho neste livro (mais detalhes quanto aos vinte principais países encontram-se em economicprinciples.org). Antes, no entanto, quero compartilhar alguns pensamentos mais abrangentes a respeito dos cinco determinantes que tiveram mais impacto no passado e os quais, creio eu, terão o maior impacto sobre o que ocorrerá nos próximos anos: inovação, o ciclo de endividamento/moeda/mercado de capitais, o ciclo de ordem e desordem interno, o ciclo de ordem e desordem externo, e fenômenos naturais. Quando vir os gráficos, lembre-se de que, em certos casos, os determinantes sobem e descem juntos, pois se reforçam mutuamente enquanto, em outros casos, os ganhos de um país implicam perdas para outro. Por exemplo, a invenção de novas tecnologias melhora o padrão de vida de toda a humanidade, mas põe em posição superior os países que sejam melhores em termos de inventividade. Já níveis crescentes de poderio militar claramente trazem menos benefícios para a humanidade, pois alguns países ganham ao passo que outros perdem.

INVENTIVIDADE DA HUMANIDADE

Como falamos previamente, inovação e inventividade são, sem dúvida, os mais poderosos determinantes das condições de um país.

Pense em todas as coisas de que nos seria inimaginável não dispor, as quais só foram descobertas ou inventadas nos últimos 150 anos. Antes de desenvolvê-las, ninguém as teria imaginado — por exemplo, o telefone (1876), a lâmpada elétrica (1879), o veículo movido a combustão interna (1885), o rádio (1895), o cinema (1895), o avião (1903), a TV (1926), os antibióticos (1928), o computador (1939), as armas nucleares (1945), as usinas nucleares (1951), o GPS (1973), as câmeras digitais (1975), as compras on-line (1979), a internet (1983), as buscas on-line (1990), as operações bancárias on-line (1995), as redes sociais (1997), o Wi-Fi (1998), o iPhone (2007), o uso de CRISPR para a edição do genoma (2012) etc.,

etc., etc. O progresso se desenrola de forma significativa e constante para moldar o futuro, mas o faz por meio de avanços específicos que não podemos imaginar. Assim se dá a evolução em tecnologias e técnicas. E ela ocorre de forma semelhante em praticamente todo o resto — na vida, na política doméstica e internacional etc.

Acredito que a evolução da humanidade através de sua inventividade está se acelerando e que a maioria das pessoas se beneficiará dela. Isso porque as invenções mais significativas que vemos hoje, e que sabemos que vamos continuar a ver em maior quantidade, aperfeiçoam a qualidade e a quantidade de todo o pensamento. Essas invenções estão chegando na forma de avanços na computação, IA e outras tecnologias relacionadas ao pensamento. Como podem ser aplicadas a muitos domínios da atividade humana e à tomada de decisões, parece-me óbvio que o ritmo das invenções e dos aperfeiçoamentos na maior parte das áreas vai acelerar ainda mais, fazendo aumentar rapidamente a produtividade e os padrões de vida.

Seres humanos agora contam com computadores para ajudá-los a pensar com uma capacidade que comparativamente não têm (computadores têm muito mais memória do que o cérebro humano, por exemplo, e ela é de fácil acesso, eles podem processar dados com uma rapidez bem maior e não cometem erros por fator emocional); ao mesmo tempo, seres humanos podem ajudar os computadores a superar suas limitações inerentes (por exemplo, a total falta de imaginação, intuição, bom senso, julgamentos de valor e inteligência emocional). Essa colaboração entre seres humanos e computadores aumentará tanto a quantidade quanto a qualidade do pensamento,[2] prognosticando melhorias radicais em quase todas as áreas da vida. Eu sei porque vivenciei isso, e já consigo enxergar no horizonte algumas dessas melhorias.

Em outras palavras, **as habilidades de computadores e seres humanos se aperfeiçoarão em ritmo cada vez mais intenso. E, no que talvez seja mais importante, avanços na computação quântica com IA, bem como seu uso mais disseminado, levarão a avanços inimagináveis nas**

---

[2] Não saber ler nem escrever códigos de computador logo vai equivaler a não saber ler e escrever palavras.

taxas de aprendizado e aperfeiçoamento e a mudanças em termos de riqueza e poder globais. Tais mudanças virão em graus variados nos próximos cinco a vinte anos, mas creio que seu somatório resultará na maior transformação em riqueza e poder que o mundo já viu. A computação quântica com IA estará para a computação tradicional como o computador estava para o ábaco, conferindo à humanidade um poder muito mais vasto de ver, entender e moldar as coisas. Em longo prazo, isso me deixa muito otimista e disposto a apostar em grandes descobertas.

Mesmo sem o impulso da computação quântica, imagino que a expectativa da vida humana aumentará bastante nas próximas duas décadas (em 20% a 25% ou mais), por motivos visíveis e por muitos outros que por ora ainda não conhecemos. Algumas invenções já presentes no horizonte são a IA e a robótica na assistência médica, monitoramento de saúde e tecnologia vestível; avanços no sequenciamento de genomas e edição de genes, bem como seu uso prático; o aperfeiçoamento de vacinas de RNA mensageiro; e avanços em nutrição e remédios. E, se o passado servir de guia (e serve), haverá várias outras invenções que nem sequer podemos imaginar neste momento.

Em geral, não consigo deixar de imaginar as implicações para investidores. Não havendo modificações nas circunstâncias, deter participação acionária em empresas responsáveis por novas invenções e nas que delas se beneficiam é o caminho a seguir para quem quer apostar na evolução, mas, se o retorno para os investidores será ou não em nível equivalente ao da performance das inovações vai depender de como os governos decidem dividir os lucros da produtividade. Se o mundo está financeiramente além do próprio limite e há grandes disparidades de riqueza, isso cria ventos na direção contrária. Além disso, o preço conta. É possível investir em uma ótima empresa e perder dinheiro de tão caro que é o investimento, da mesma forma que é possível lucrar investindo em uma empresa ruim, por ser tão barato. Por fim, como em tudo na vida, há desvantagens. A inventividade da humanidade e as novas tecnologias que produz podem ter tanto efeitos ruins quanto bons. Ao mesmo tempo que ocorrem avanços na medicina, certamente ocorrerão avanços em tecnologias capazes de causar o mal. Meu ponto de vista, portanto, é o de que **a inventividade e o aperfeiçoamento dos padrões de vida pro-**

vavelmente vão melhorar muito em ritmo bem mais veloz — contanto que os seres humanos não deem cabo de si próprios antes.

O próximo gráfico mostra nossa leitura mais recente quanto à inventividade, ao avanço tecnológico e ao empreendedorismo que se vê nas maiores potências. As setas no alto das barras indicam se a tendência atual de cada país aumenta, se está estável ou se diminui. Esse indicador confere metade de seu peso a 1) uma combinação de rankings externos e medidas de inovação per capita (para ajudar a capturar quão disseminada está a inovação na economia), e a outra metade à 2) fatia absoluta da métrica de inovações-chave do país (pesquisadores, gastos em P&D, patentes, prêmios Nobel e financiamento de capitais de risco). Como todos os meus indicadores, está aproximadamente certo, mas não por inteiro e, portanto, deve ser encarado como indicativo aproximado. **Como se vê, os EUA se encontram no topo dessas medidas e sustentam uma vantagem marginal sobre a China, que está em segundo (sobretudo devido à fatia americana do gasto global em pesquisa, pesquisadores e sua liderança em outras áreas, como financiamento de capitais de risco). Mas enquanto a posição dos EUA é estável, a China sobe rapidamente no ranking. Lembre-se de que o vencedor da guerra tecnológica é, na maioria dos casos, também o vencedor das guerras econômica e militar.** Para mais detalhes a respeito de todos os indicadores mostrados neste capítulo, favor buscar as referências ao final dele, onde se pode ler uma rápida descrição de cada uma.

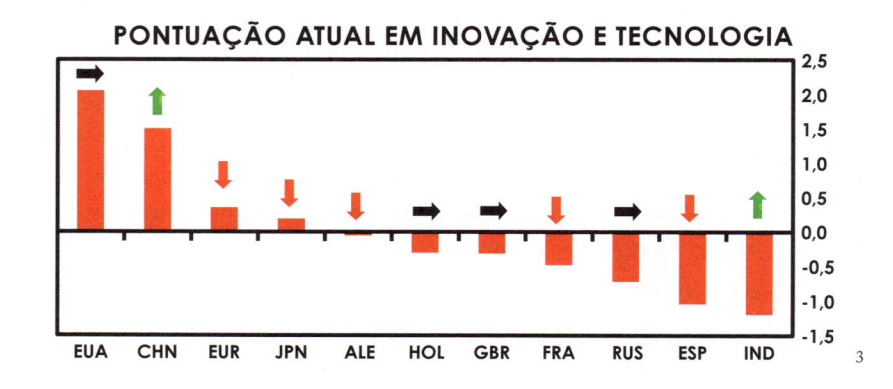

PONTUAÇÃO ATUAL EM INOVAÇÃO E TECNOLOGIA

[3]

---

[3] As setas denotam as mudanças no espaço de vinte anos no medidor.

O FUTURO

O CICLO ECONÔMICO DE ENDIVIDAMENTO/ MOEDA/MERCADO DE CAPITAIS

Como expliquei, esse ciclo é o grande desencadeador de altos e baixos em economias e tem grandes implicações na política — tanto interna quanto externa — e em guerras. Portanto, saber onde os países se encontram nele é essencial para prever o que é mais provável de ocorrer a seguir.

A partir de minhas leituras da história, das condições existentes e da forma como compreendo o funcionamento da máquina da economia, as promessas denominadas nas moedas de reserva do mundo, em especial o dólar, são grandes demais e crescem demasiadamente rápido para serem pagas em moeda forte. Ou seja, dívidas denominadas nessas moedas são pendências e provavelmente dinheiro será impresso para cobrir dívidas e o crescimento da dívida,[4] e taxas de juros serão mantidas abaixo da inflação e das taxas de crescimento econômico e de renda. Isso reflete o fato de que os principais países com moedas de reserva estão nos estágios finais de seus ciclos econômicos de endividamento, moeda e mercado de capitais, e a riqueza provavelmente será cada vez mais redistribuída dos que têm muita para os que não têm o suficiente de uma forma ou de outra. Até que ponto tais previsões vão se concretizar vai variar de país para país, mas é provável que ocorra mundo afora.

Por isso, **o maior risco em longo prazo é o do "valor da moeda corrente", no qual a maioria das pessoas não presta atenção. Espero que o Capítulo 4 as ajude a entendê-lo e a lidar melhor com ele.**

Para deixar claro, como os países com moedas de reserva que têm déficits consideráveis possuem seus déficits e suas dívidas denominados nas próprias moedas, sua capacidade de imprimir dinheiro para cobrir as dívidas transfere os riscos deles, como devedores, para os titulares das dívidas, os credores. **O grande risco, portanto, não é de que os grandes devedores deixem de pagar; é o de que os titulares tenham em mãos ativos que venham a ser desvalorizados — ou seja, que o retorno dos titulares de**

---

[4] Como resultado, ativos de dívida (dinheiro vivo, em especial) provavelmente terão performances fracas e ser titular de passivos de dívidas provavelmente será bom, em especial para quem investi-los em tecnologias lucrativas e disruptivas, bem como em investimentos sólidos cujos retornos são mais altos do que o custo de financiá-los.

ativos de dívida seja menor do que a taxa de inflação. Creio que uma grande transferência de riquezas dos credores para os devedores (como ocorreu nos anos bíblicos do Jubileu, acerca dos quais falei no Capítulo 3) esteja a caminho pelas mesmas razões pelas quais isso ocorreu no passado.

Mas, então, o que isso significa para o dólar (principalmente) e para as outras moedas de reserva de menor importância? Entrarão em declínio e serão substituídas por outras? **Seu declínio provavelmente ocorrerá de maneira análoga ao que aconteceu com moedas de reserva passadas: aos poucos, por um longo tempo, e então uma etapa final muito rápida.** Vimos naqueles casos que o ritmo do declínio de moedas de reserva é significativamente mais lento que a queda de outras medidas de força. Moedas de reserva tendem a ter sobrevida muito além dos fundamentos que justificariam sua proeminência, pois, de tão profundamente arraigadas nos hábitos das pessoas, há uma forte inclinação a mantê-las em uso. Porém, quando fica claro que os fundamentos que sustentam a moeda tornam mau negócio ser titular de dívidas nela, a queda tende a ser abrupta e pronunciada.

A queda é rápida porque o ritmo de declínio da moeda ultrapassa a taxa de juros paga aos detentores da dívida; os prejuízos líquidos levam muita gente a vender a moeda, o que só aumenta o prejuízo, em uma espiral autorreforçante. Assim despencaram o florim neerlandês e a libra britânica, face a derrotas e crises geopolíticas ocorridas quando a dívida dos respectivos países era grande. Tais acontecimentos deixaram claro para os credores que seus fundamentos eram mais frágeis do que haviam suposto e a taxa de juros não compensaria o declínio.

Embora eu conte com excelentes indicadores para identificar esse tipo de queda no momento em que ela ocorre, e alguns indicadores principais muito bons para apontar ocorrências em curto prazo, meus indicadores principais de longo prazo não são tão bons. Isso ocorre por serem financeiros e baseados em oferta e demanda. É bem fácil medir as condições financeiras de países da mesma forma que se mede as de pessoas e empresas (verificando se estão em superávit ou em déficit, se têm mais ativos do que passivos, descobrindo se suas dívidas são em moeda local ou estrangeira e quem as financia e por quê). Como todos são fatores de longo prazo, também é fácil ver que países e moedas estão vulneráveis. Mas prever exatamente quando a grande queda acontecerá é difícil.

O indicador de peso da dívida exibido a seguir baseia-se em uma combinação de a) níveis de dívida em relação a níveis de ativos, b) graus de superávits e déficits externo e interno, c) grau dos custos de serviço da dívida em relação ao PIB, d) de quanto é o endividamento de um país em sua própria moeda e em moeda estrangeira, e) de quanto é o endividamento detido por seus próprios cidadãos e por estrangeiros, e f) sua cotação de crédito. Elaborei-o assim porque já se provou ser a forma mais confiável para prenunciar quedas no valor real do dinheiro e dos ativos de dívida que são promessas de receber dinheiro, seja como o calote de dívidas resultantes da inexistência de dinheiro e crédito suficientes para satisfazer necessidades excessivas, seja nas desvalorizações derivadas da criação de uma quantidade mais que suficiente de dinheiro e crédito para os mesmos propósitos. Construí esta tabela excluindo o status de moeda de reserva para ver qual seria a exposição que um país teria caso o perdesse. O status de moeda de reserva aparece no gráfico subsequente.

Juntos, os dois gráficos tornam o cenário bem nítido. Por exemplo, **se por um lado o peso da dívida dos EUA é alto, por outro sua dívida é denominada em dólares, a moeda de reserva do mundo, e o país pode, portanto, imprimir dinheiro para cobrir tais dívidas. Assim, é reduzido o risco de calote, mas se intensifica o de desvalorização. Como é possível notar, se os EUA perderem o status de moeda de reserva, estarão em sérios apuros financeiros.** A Rússia e a Alemanha aparecem com força no indicador de peso da dívida por serem os países menos endividados. A Rússia não tem status de moeda de reserva. Já a Alemanha o tem em uma escala razoável por usar o euro, a segunda moeda de reserva mais importante do mundo hoje. A China aparece no meio do ranking do indicador de peso da dívida por ter dívidas moderadamente altas, a maior parte na própria moeda e detidas por chineses. Seu status de moeda de reserva é emergente.

**PESO DAS DÍVIDAS
(PARA CIMA = PIOR POSIÇÃO FINANCEIRA)**

EUA ESP GBR FRA JPN EUR IND CHN HOL RUS ALE

STATUS DE MOEDA DE RESERVA

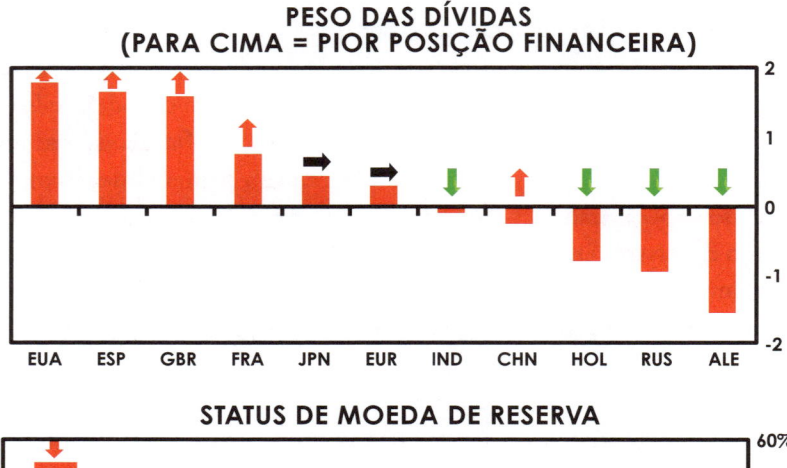

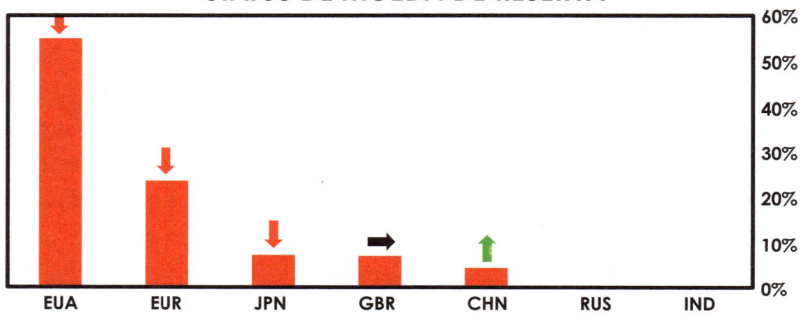

EUA EUR JPN GBR CHN RUS IND

O CICLO INTERNO DE ORDEM E DESORDEM

O clássico livro *Romance dos três reinos*, de Luo Guanzhong, começa da seguinte maneira: ***"O império há muito dividido tem que se unir, e o há muito unido tem que se dividir. É como sempre foi."*** Essa tem sido a realidade na China e na maioria dos outros lugares, e é provável que continue a ser. Portanto, é um bom princípio. Expliquei o grande ciclo de ordem e desordem interno no Capítulo 5, portanto não vou reiterá-lo aqui a não ser para lembrá-los de um princípio-chave: ● *a paz é lucrativa, e a guerra, custosa.*

---

[5] O medidor de status de moeda de reserva não considera os países europeus de modo individual devido à União Monetária Europeia (todos esses países usam o euro), por isso só aparece o agregado europeu. A medida mostra uma média de qual fatia das transações globais, dívidas e reservas oficiais de bancos centrais está denominada na moeda de cada país.

Isso vale tanto entre países quanto dentro deles. Quando partidos cooperam e competem bem, sem gastar recursos com brigas, a produtividade e o padrão de vida aumentam. Quando brigam, desperdiçam recursos (às vezes até mesmo vidas), destroem mais do que produzem, e padrões de vida caem. É por essa razão que o grau de conflito dentro de um país é um indicador tão importante.

Enquanto escrevo, conflitos em graus variados ocorrem em uma série de países, como mostro no gráfico seguinte. Conflitos internos são especialmente exacerbados nos Estados Unidos, que aparentam estar no Estágio 5 do ciclo (quando há más condições financeiras e conflitos intensos), ao passo que a China parece estar no Estágio 3 (quando há paz e prosperidade). Esse panorama pode sofrer mudanças rapidamente — por exemplo, aquelas que produziram a Primavera Árabe, os conflitos em Hong Kong, guerras internas na Síria e no Afeganistão, grandes protestos recentes no Peru e no Chile etc. — e levar a revoluções em suas ordens internas. **É possível que tais interpretações estejam desatualizadas no momento da leitura deste livro, portanto vou atualizá-las regularmente em economicprinciples.org.**

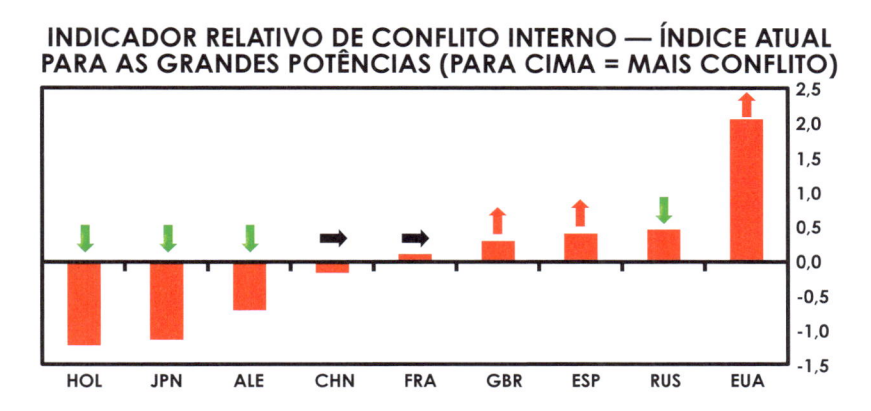

INDICADOR RELATIVO DE CONFLITO INTERNO — ÍNDICE ATUAL PARA AS GRANDES POTÊNCIAS (PARA CIMA = MAIS CONFLITO)

No fim das contas, ● *é através de regras e testes de poder que se aprende quem governa.* Às vezes, isso ocorre dentro de uma estrutura de regras que são respeitadas. Nesses casos, disputas de poder acontecem de maneira produtiva e mutuamente acordada, dando apoio à ordem interna. Mas também podem se dar de maneira improdutiva e irrestrita, que talvez leve à ruptura violenta da liderança e da ordem interna.

Embora a probabilidade de os EUA entrarem em uma dinâmica de Estágio 6 (típica de guerras civis) nos próximos dez anos pareça-me apenas em torno de 30%, é um risco perigosamente alto, e devemos nos proteger dele e monitorá-los constantemente através de meus indicadores coincidentes e principais.

Todas as ordens internas, mesmo as não democráticas, têm regras acerca de que decisões são tomadas e como o poder é obtido e compartilhado. Como em geral percebe-se até que ponto tais regras de governança são respeitadas ou ignoradas, é bem fácil notar quando uma ordem interna é ameaçada por uma guerra civil emergente. Por exemplo, quando eleições de resultado apertado são adjudicadas e os perdedores respeitam as decisões, fica claro que a ordem está sendo respeitada. Quando se briga pelo poder e agarra-se a ele, isso sinaliza claramente o risco significativo de uma mudança revolucionária com toda a desordem concomitante.

Há sinais de que isso está ocorrendo nos EUA, onde algumas pessoas contestam a validade de eleições e expressam a disposição de lutarem em nome de seus intuitos, o que precisa ser observado.

Há ainda um grau exacerbado de polarização nos EUA atualmente, como se reflete nas estatísticas. Dados de pesquisas quanto aos sentimentos dos eleitores mostram polarização e intransigência. Por exemplo, em uma pesquisa do Pew de 2019, 55% dos Republicanos e 47% dos Democratas enxergavam uns aos outros como mais imorais do que outros americanos, e 61% dos Republicanos e 54% dos Democratas diziam que os filiados ao outro partido não compartilhavam dos mesmos valores que eles. Quando lhes foi perguntado se seus sentimentos para com os do outro partido eram calorosos ou frios, 79% dos Democratas e 83% dos Republicanos responderam "frios" ou "gélidos" (os percentuais de "gélidos" foram de 57% para os Democratas e de 60% para os Republicanos). Outro estudo relatou que 80% dos Democratas consideram que o Partido Republicano foi tomado por racistas, e 82% dos Republicanos julgam que o Partido Democrata foi tomado por socialistas. Um estudo de 2010 mostra que praticamente metade dos pais Republicanos e um terço dos pais Democratas ficariam decepcionados se seus filhos se casassem com alguém do outro partido. Em 1960, a proporção era de 5% para ambos os partidos. Uma pesquisa recente mostra que 15% dos Republicanos e

20% dos Democratas julgam que o país estaria em melhor situação se um grande número de pessoas do outro lado "morresse de uma vez".

Conflitos políticos e mudanças muito importantes e sintomáticos estão por ocorrer nos próximos anos. Serão indicativos de como será o próximo estágio na ordem interna cada vez mais desordenada das grandes potências, em particular na dos EUA. **Apesar de parecerem estar no precário Estágio 5 do ciclo, os Estados Unidos também possuem a ordem interna mais duradoura e amplamente celebrada (seu sistema constitucional).** Como expliquei no Capítulo 5, por um lado isso torna menos provável que seja abandonada. Por outro, no entanto, será mais traumático caso seja. Os sinais mais confiáveis da precipitação de uma guerra civil são: 1) as regras serem ignoradas, 2) cada um dos lados atacar o outro de forma irracional e 3) o derramamento de sangue. Embora o Estágio 6 seja o mais disfuncional e prejudicial, a disfunção já é considerável nos estágios anteriores. Conflitos desse tipo podem ocorrer por toda a sociedade, não apenas no seio do governo.

A seguir, mostro como o indicador de conflito mudou nos EUA desde o fim do século XVIII, incluindo a separação em dois subindicadores específicos. O que tais gráficos revelam é que **hoje o nível geral de conflito nos Estados Unidos é o mais alto desde os protestos pelos direitos civis e contra a Guerra do Vietnã no fim da década de 1960, mas significativamente menor do que foi naquela época. O indicador de "conflito interno" (que reflete, acima de tudo, manifestações de rua) está moderadamente alto, e o de "conflito político" é o mais alto desde o início dos anos 1920**, quando a profunda recessão do pós-guerra e a tremenda inquietação trabalhista[6] contribuíram para grandes derrotas eleitorais por parte dos Democratas.

---

[6] Em 1919, mais de 20% da força de trabalho americana entrou em greve.

INDICADOR DE CONFLITO INTERNO EUA — ESCORE-Z
(PARA CIMA = MAIS CONFLITO)

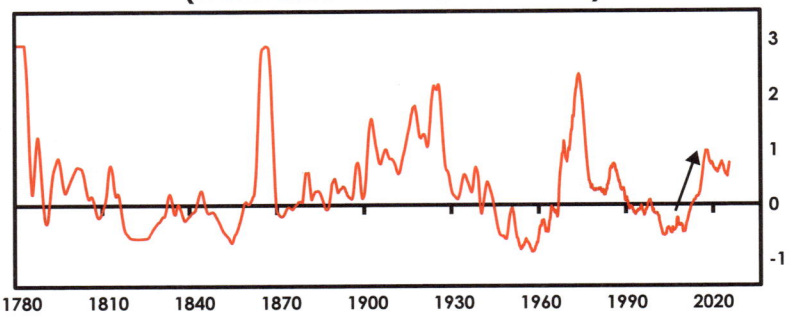

FRAGMENTAÇÃO DO INDICADOR DE CONFLITO INTERNO EUA

Conflito interno

Conflito político

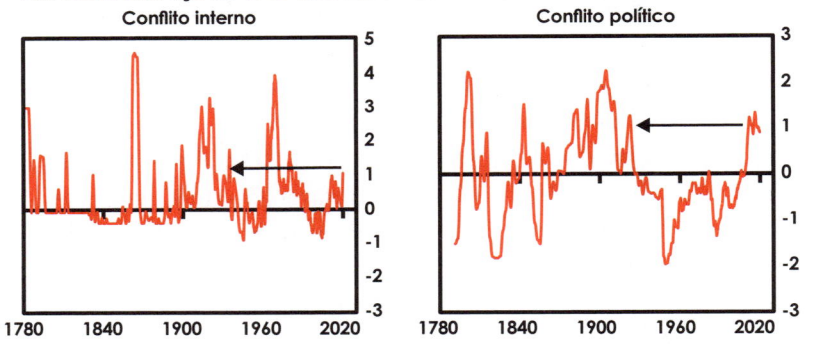

Observe que os períodos anteriores comparáveis foram as décadas de 1900 e 1910 (quando houve forte reação contra os "barões ladrões", a ascensão do movimento progressista e, por fim, a Primeira Guerra Mundial) e os anos 1860, época em que conflitos econômicos e de valores levaram à guerra civil. **Os riscos são altos, mas não sem precedentes.** Ainda assim, o quadro deve assustar os americanos e o mundo, pois a maior potência mundial está por um triz e a balança pode pender para qualquer lado. Rupturas internas nos EUA contribuem, hoje, para a instabilidade em outras partes do planeta. Se a situação piorar, as rupturas podem ser no mínimo tão graves quanto as daqueles períodos.

O que tudo isso significa para os Estados Unidos? Como expliquei no Capítulo 11, nossas medidas sugerem, grosso modo, que o grande ciclo do país está 70% completo. Seria possível desacelerar ou reverter sua relativa queda? **A história nos mostra que reverter uma queda é muito difícil, pois exige desfazer muita coisa que já foi feita. Por exemplo, se alguém gasta mais do que ganha e seus passivos são maiores do que seus ativos, só se muda tais circunstâncias trabalhando mais ou consumindo menos. A questão é se os Estados Unidos são capazes de encarar os desafios com toda a honestidade, adaptarem-se e mudar para fazer frente a eles.** Por exemplo, se o sistema capitalista movido a lucro aloca recursos de maneira relativamente eficiente, agora é a hora de os americanos se perguntarem: "Tal eficiência está sendo otimizada a serviço de quem?"; "O que se deve fazer se os benefícios não alcançarem uma base ampla?"; "Devemos modificar o capitalismo de forma a levá-lo a aumentar o tamanho do bolo (através de um aumento de produtividade) e dividi-lo bem?" Encontrar as respostas para tais perguntas é particularmente importante em uma época em que, graças às novas tecnologias, empregar pessoas se tornará cada vez menos lucrativo, eficiente e competitivo. "Devemos ou não investir em pessoas para torná-las produtivas, mesmo que seja antieconômico? E se nossos competidores internacionais escolherem robôs em vez de gente?" Estas e tantas outras perguntas mais importantes e difíceis vêm à mente. **Mas, embora não saibamos ao certo se as divisões e os conflitos nos EUA vão aumentar ou regredir, sabemos que o curso de longo prazo aponta para maiores divisões, e esse é um sério risco. O fato de os Estados Unidos estarem ao mesmo tempo profundamente endividados, enfraquecidos na posição internacional e passando por sérios conflitos deveria preocupar tanto americanos quanto os não americanos que deles dependem.** Ao mesmo tempo, ao longo de 245 anos de história, o país sempre demonstrou grande capacidade de aguentar pressões. Os maiores desafios que os EUA enfrentam são internos: **eles serão capazes de permanecer fortes e unidos, ou continuarão a deixar que divisões e dificuldades internas os levem à queda?**

O CICLO EXTERNO DE ORDEM E DESORDEM

● *Todos os impérios caem e novos surgem para substituí-los.* Entender quando tal mudança pode ocorrer exige observar os vários indicadores e rastrear as condições relativas dos países. Lembre-se da parte anterior deste livro, em que menciono cinco tipos principais de guerra que houve ao longo da história: 1) guerras comerciais/econômicas, 2) guerras tecnológicas, 3) guerras de capital, 4) guerras geopolíticas e 5) guerras militares. O indicador de conflito externo mostrado aqui mensura os níveis de conflito econômico, político/cultural e militar entre duplas de grandes potências. Como se vê, o maior é entre EUA e China, as duas potências no mundo cujo poder é comparável — mais que o suficiente para que uma guerra entre as duas seja das mais devastadoras de toda a história.

CONFLITOS RECENTES ENTRE PAÍSES — ESCORE-Z (PARA CIMA = MAIS CONFLITO)

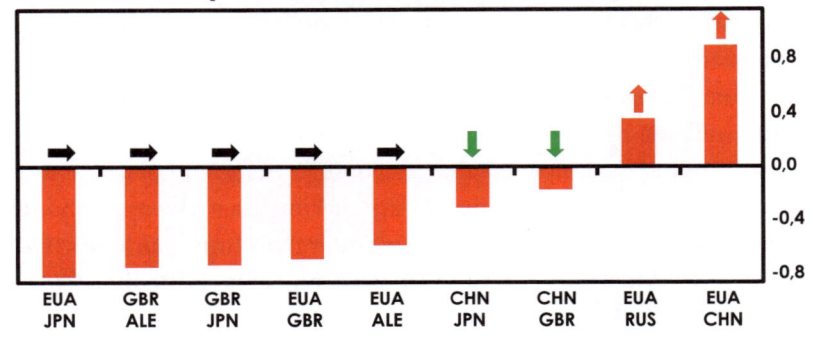

O grau desse conflito é um desvio padrão acima do normal, algo bastante sério em relação a conflitos passados entre países.

O próximo gráfico mostra meu indicador de conflito apenas entre os EUA e a China desde 1970.

INDICADOR DE CONFLITO EUA-CHINA — ESCORE-Z

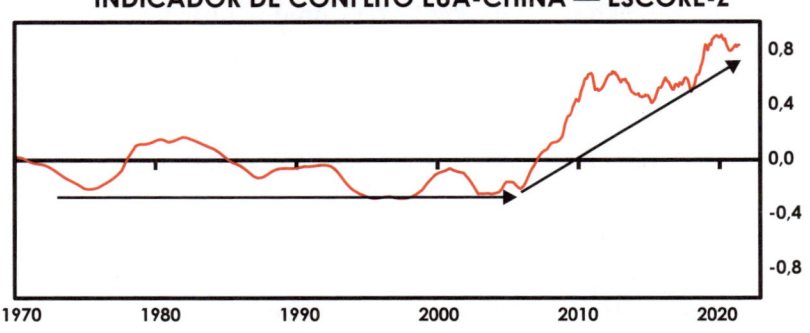

Com base no que temos visto, Estados Unidos e China claramente vivem quatro tipos de guerra (econômica/comercial, tecnológica, de capital e geopolítica), e, embora não sejam conflitos intensos, estão se intensificando. Não chegaram ainda ao quinto tipo de guerra (militar). Como foi possível ver nos casos anteriores, em particular o de 1930-45, esses quatro tipos de guerra precedem as militares em cerca de cinco a dez anos. Embora o risco de uma guerra militar pareça relativamente baixo, está aumentando.

Olhando para trás, para os últimos quinhentos anos, é possível ver que as guerras militares entre grandes impérios tiveram início em média uma vez a cada dez anos, e a última verdadeiramente grande (a Segunda Guerra Mundial) já faz cerca de 75 anos. Desde 1500, grandes potências têm estado em guerra por um pouco mais da metade desse tempo.[7] A julgar por essa perspectiva, as possibilidades de uma grande guerra militar nos próximos dez anos são de 50/50, mas esse é um pensamento simplista, é claro. Vamos olhar para o cenário com um pouco mais de cuidado.

O gráfico seguinte mostra as atuais leituras individuais de meu indicador de poderio militar. Embora no geral façam sentido — os EUA são o país mais poderoso segundo a maioria dos indicadores, a China vem em seguida, a Rússia em terceiro etc. —, não capturam as importantes realidades que esse resumo em números esconde. Elas não exibem, por exemplo, o fato de alguns países serem tão poderosos quanto os EUA, ou até mais em áreas geográficas específicas (por exemplo, nas cercanias imediatas da China) e em certos tipos de força bélica (guerra espacial, guerra no ciberespaço etc.). Também não consideram os efeitos de cooperações militares e alianças (China e Rússia, por exemplo), e não têm como medir habilidades militares desconhecidas que certos países possam ter. Para mim, a principal notícia é que existem muitas formas através das quais tais países podem causar danos ou destruição uns aos outros nas áreas geográficas mais disputadas.

---

[7] Houve pouco mais de cinquenta guerras entre grandes potências de 1500 para cá, segundo *The Better Angels of Our Nature*, de Steven Pinker (2011). Antes de 1800, houve guerras em 80% dos anos; de lá para cá foram 20%.

PODERIO MILITAR ATUAL (PARA CIMA = MAIS FORTE)

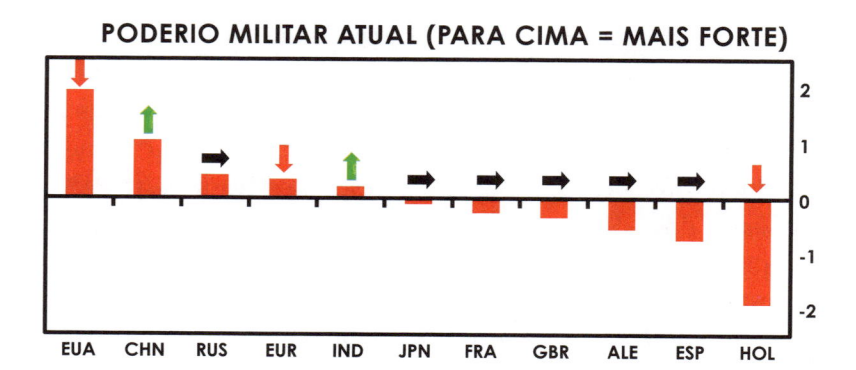

EUA CHN RUS EUR IND JPN FRA GBR ALE ESP HOL

A história nos mostra que o custo financeiro e humano das guerras é terrivelmente alto e que a capacidade de infligir danos avançou exponencialmente desde o desenvolvimento das armas nucleares e seu uso na Segunda Guerra Mundial. Não consigo nem imaginar como seria uma próxima guerra militar. Também já percebi que os mais informados de ambos os lados não estão inteiramente a par, pois muitos elementos são desconhecidos e guerras militares sempre acabam por ter desdobramentos inesperados. Por tais razões, **é impossível afirmar quais seriam os vencedores e os perdedores em uma próxima grande guerra.** Sabemos ainda, por meio da lógica e do estudo da história, que os perdedores das guerras realmente grandes são de todo dizimados e que os vencedores também perdem, pois sofrem graves consequências e ficam com dívidas pesadas. O que isso significa para economias e mercados foi explicado antes neste livro, mas é, em uma palavra, devastador.

Estudantes de história sabem que a doutrina de destruição mútua assegurada impediu EUA e URSS de entrarem em uma guerra acirrada antes de o império soviético cair — em grande parte por ter gastos militares muito altos e não conseguir desenvolver seus outros pontos fortes. O poder da China, grosso modo, é comparável ao dos Estados Unidos em todos os aspectos mais importantes, e o país está a caminho de se tornar mais poderoso em vários deles. Comparada à URSS, é mais difícil derrotar a China em qualquer um dos cinco tipos de guerra — não que a URSS tenha sido fácil de derrotar. O que significa que é provável que as guerras se intensifiquem cada vez mais a favor da China, em especial se os Estados Unidos não conseguirem reverter outros sustentáculos de força fundamentais destacados neste capítulo. Contudo, parece ainda faltar um longo tempo para a China ser capaz de ganhar uma guerra sem que o conflito leve também à própria destruição.

Resumindo, portanto, meu computador e eu, trabalhando juntos, cremos atualmente que, **como em um futuro próximo a China e os EUA terão poder suficiente para infligir danos inaceitáveis um ao outro, a probabilidade da destruição mutuamente assegurada deve impedir uma guerra militar, ainda que seja quase certa a existência de conflitos perigosos. Imagino ser esse o cenário, a menos que alguma grande descoberta tecnológica inesperada, como avanços substanciais na computação quântica, dê a um desses poderes uma vantagem assimétrica a ponto de a destruição mútua assegurada deixar de ser um risco.** Vale mencionar também, apesar de ser algo de menor importância, que em um mundo tão intensamente interconectado, o bem-estar interligado de americanos e chineses pode funcionar como impedimento ao combate.

Contudo, com o passar do tempo, os riscos aumentam. Caso os EUA continuem no caminho de queda e a China, no de ascensão, o que mais importa é se ambos serão capazes de fazê-lo com dignidade. O grande risco é que, havendo diferenças existenciais irreconciliáveis e sem uma posição ou processo mutuamente acordados para adjudicar o conflito, as chances de haver luta são grandes. Como explicado no último capítulo, **a principal diferença aparentemente irreconciliável entre Estados Unidos e China diz respeito a Taiwan, e, por isso, observo de perto tais desdobramentos.** Taiwan é um interesse único pelo qual a China lutaria devido à crença de que "a China é uma só e Taiwan faz parte dela". Não estou certo de que os EUA considerariam que a defesa da ilha justificaria um grande conflito, mas é possível que sim. Esse me parece o único gatilho possível para uma guerra militar entre as duas maiores potências nos próximos dez anos.

Os próximos locais aos quais precisamos dedicar atenção são as áreas no entorno imediato da China, como os países que circundam os mares da China Oriental e da China Meridional, e outros vizinhos, como a Índia, a Rússia, as Coreias do Sul e do Norte, o Japão, o Afeganistão, o Paquistão etc. Considerando-se como é a cultura chinesa e o que lhe gera mais benefícios, acredito que o país trabalhará para influenciá-los por meio de uma troca de favores, sem lutar pelo controle puro e simples deles.

Embora os conflitos mais importantes sejam entre EUA e China, há outras peças importantes em jogo nessa clássica novela do equilíbrio de poder e do dilema do prisioneiro. É importante observar os movimentos dos Estados Unidos e dos amigos da China. Como já discutimos, aos poucos os alinhamentos estão mudando. A China ganha aliados, ao passo que os Estados Unidos os perdem. Sobrecarregados e menos dispostos a sacrificar vidas lutando por outros, os EUA se veem hoje na posição de tentar pescar aliados sem usar iscas. No passado, só precisavam insinuar o que desejavam de outros países para consegui-lo. Hoje, todos fazem o que querem.

No final das contas, qual país ganha o jogo de angariar o máximo de riqueza e poder é algo que depende principalmente de sua capacidade interna, e, por isso, monitoro tais fatores em meus indicadores tanto quanto monitoro o poderio militar. Como sabem muito bem os chineses (e seria bom que outros tivessem isso em mente), ● *a melhor maneira de lutar em uma guerra é ganhar força e exibi-la ao oponente para que ele não queira lutar de forma violenta.* Provavelmente será essa a dinâmica que veremos nos anos que se anunciam.

Portanto, **considero que as probabilidades apontam na direção de guerras econômico-comerciais, de capital e geopolíticas mais intensas à medida que a China se torna ainda mais competitiva e se espalha nessas áreas de forma global.** Como Graham Allison explicou no excelente livro *Destined for War*, nos últimos quinhentos anos houve guerras militares em doze dos dezesseis casos nos quais duas potências quase equivalentes viveram diferenças irreconciliáveis, e grandes expansões militares estiveram associadas a guerras de grande porte em 80% a 90% dos casos.[8] Ponho tais informações históricas na balança como contrapeso à lógica da destruição mutuamente assegurada, a qual diminui a probabilidade de guerra. Eu concluiria que, no cômputo geral, a probabilidade de uma guerra de grandes proporções nos próximos dez anos é de mais ou menos 35%, o que no fundo é um palpite. De qualquer forma, é um risco perigosamente alto.

---

[8] Tal expansão *talvez* já esteja ocorrendo. Os gastos militares da China, em dólares, aumentaram perceptivelmente ao longo da década passada, embora permaneçam relativamente estáveis enquanto fatia do PIB (em torno de 2%). Nos EUA, onde representam cerca de 3%, caíram um pouco.

O FUTURO

FENÔMENOS DA NATUREZA

Ao longo da história, secas, inundações, pandemias e outros sérios desastres naturais e biológicos causaram mais mal às pessoas do que elas causaram a si próprias, matando milhões, convulsionando economias e contribuindo para a queda de vários impérios e dinastias. O gráfico a seguir mostra algumas das principais ocorrências.

**MORTES GLOBAIS POR CATEGORIA
(TAXA A CADA 100 MIL PESSOAS)**

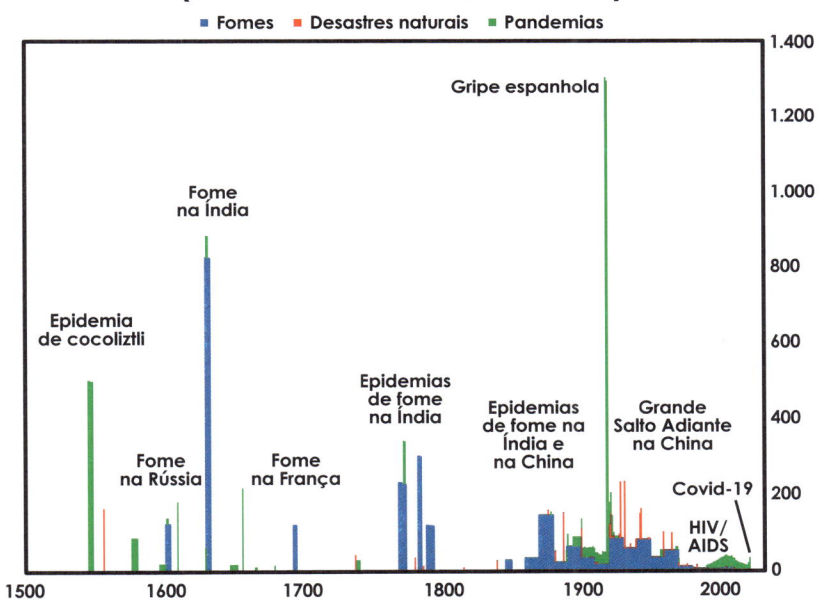

■ Fomes ■ Desastres naturais ■ Pandemias

[Gráfico mostrando mortes globais entre 1500 e 2000, com marcações para: Epidemia de cocoliztli, Fome na Rússia, Fome na Índia, Fome na França, Epidemias de fome na Índia, Epidemias de fome na Índia e na China, Gripe espanhola, Grande Salto Adiante na China, HIV/AIDS, Covid-19.]

Embora todos saibamos das mudanças climáticas, ninguém sabe ao certo quantos danos nem quantas mortes acabarão por causar. Entretanto, com base nas projeções de especialistas, há razões para acreditar que todos esses tipos de desastre ocorrerão com mais frequência nos anos por vir. Embora eu não seja especialista no assunto, posso mostrar-lhe algumas estatísticas relevantes e repassar o que aprendi.

O próximo gráfico à direita mostra a temperatura média global e a quantidade de CO_2, indicando o aquecimento global. Não resta muita dúvida de que ele está ocorrendo, de que vai aumentar e de que seus

A ORDEM MUNDIAL EM TRANSFORMAÇÃO

efeitos serão grandes e dispendiosos. O notável é que está aumentando cada vez mais rápido. O gráfico à esquerda mostra a perspectiva da temperatura em longo prazo (desde o ano zero).

MÉDIA DA TEMPERATURA GLOBAL VS. 1961-90 (°C, DESDE O ANO ZERO)

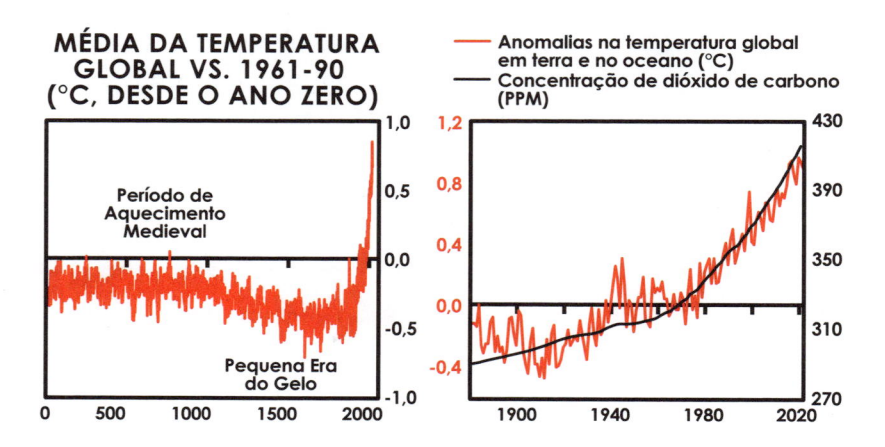

— Anomalias na temperatura global em terra e no oceano (°C)
— Concentração de dióxido de carbono (PPM)

Este gráfico captura acontecimentos ambientais extremos. Em resumo, de 1970 a 2020 eles subiram de menos de cinquenta por ano para quase duzentos por ano, e a tendência só aumenta.

NÚMERO DE CATÁSTROFES DA NATUREZA

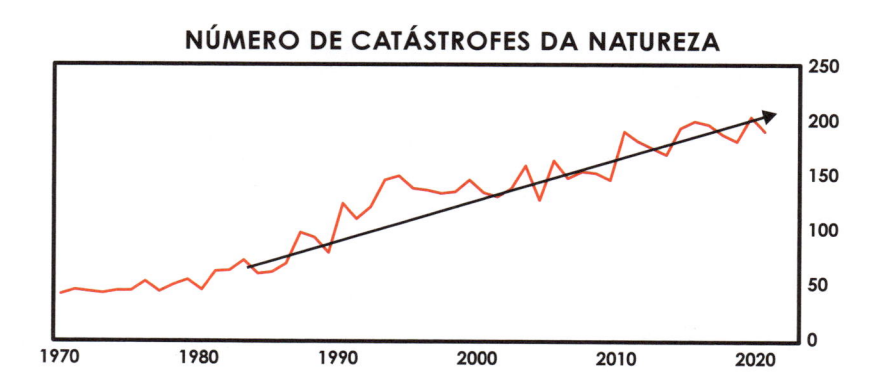

O próximo gráfico mostra o custo estimado desses acontecimentos em dólar (ajustado de acordo com a inflação). Como podemos ver, a tendência também está aumentando, com picos extremos.

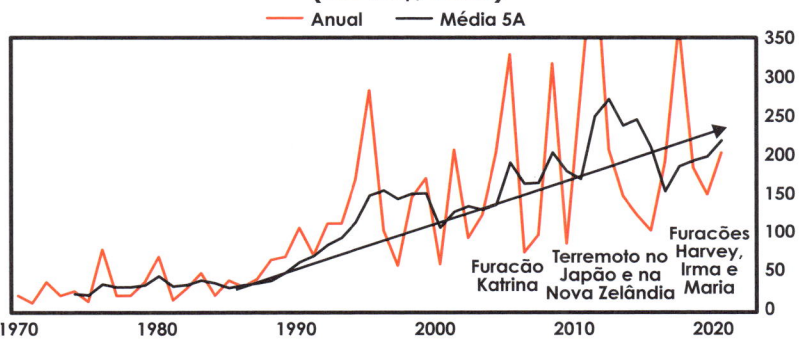

PERDAS TOTAIS POR CATÁSTROFES DESDE 1970 (BIL US$, 2020)

Está bem claro para mim que, juntas, a humanidade e a evolução natural estão causando grandes danos ao meio ambiente, que sairão muito caro tanto em termos financeiros quanto em qualidade de vida. O efeito sobre cada país será muito diferente, e podemos prevê-lo de maneira geral com base em onde estão localizados, seu clima e, o mais importante, suas indústrias. Ao mesmo tempo, trata-se de uma mudança lenta, constante e anunciada e que, por isso, se presta ao tipo de adaptação e inovação de que apenas a humanidade é capaz, ainda que costume ser com extrema lentidão e apenas em reação à dor. Fico inclinado a acreditar que é assim que ocorrerá: lenta e reativamente. Dito isso, não domino o assunto o suficiente para saber o que significa para cada país e localidade.

O gráfico seguinte é um indicador de vulnerabilidade a mudanças climáticas entre as principais potências, baseado na média por país ponderada do indicador do ND-GAIN (Notre Dame Global Adaptation Index, ou Indicador de Adaptabilidade Global de Notre Dame), que quantifica a vulnerabilidade de países às mudanças climáticas e projeta academicamente o impacto futuro de mudanças climáticas no PIB por país.

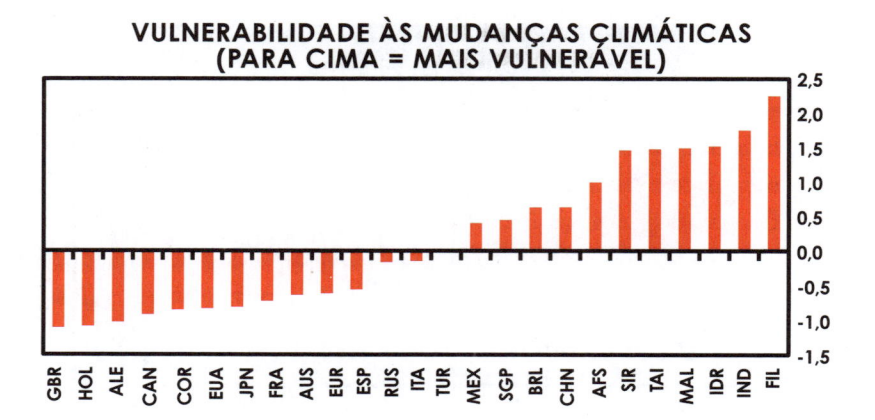

**VULNERABILIDADE ÀS MUDANÇAS CLIMÁTICAS
(PARA CIMA = MAIS VULNERÁVEL)**

RESUMO

Com base apenas nesses cinco indicadores, parece-me que:

- A inventividade da humanidade provavelmente deve levar a grandes avanços, ao passo que o ciclo econômico e de endividamento, os ciclos de ordem interna e externa, e fenômenos naturais cada vez mais extremos quase certamente acarretarão problemas. Em outras palavras, *haverá uma batalha entre a inventividade da humanidade e esses outros desafios.*
- Condições muito diferentes existem entre países e dentro deles, e elas determinarão quais países ascenderão e quais cairão de várias formas.

Tudo isso reflete meu pensamento quanto ao futuro dos onze países mais importantes do mundo com base em apenas cinco dos dezoito determinantes. Olhemos agora para todos os dezoito e vejamos o que nos apontam.

O FUTURO

TODOS OS PRINCIPAIS DETERMINANTES AO REDOR DO MUNDO

A tabela seguinte retrata de forma muito mais complexa o que está acontecendo e o que provavelmente acontecerá nos onze países mais importantes do mundo. Mesmo dispondo dessas leituras para os vinte principais países, não tenho espaço para exibi-las aqui; você pode ter acesso às informações completas em economicprinciples.org. Embora à primeira vista essa tabela possa parecer apenas um amontoado de números e setas, um panorama mais claro se revela quando olhamos com mais atenção.

Mas, primeiro, **eis como interpretar a tabela e como funcionam tais indicadores. A primeira coluna traz o determinante que está sendo medido. A segunda avalia a qualidade do indicador.** A razão é que dispomos de medidas sólidas e claras para alguns desses determinantes importantes (por exemplo, educação, inovação e tecnologia, custo de competitividade, produtividade e crescimento do produto), mas não para outros (fenômenos da natureza, por exemplo), e pretendo mostrar onde cada caso se enquadra. Além disso, há outros determinantes que não aparecem devido à extrema subjetividade ou dificuldade de quantificação (liderança, por exemplo). A qualidade de lideranças não pode ser mensurada com a mesma objetividade do volume de produção econômica (como se mede se Donald Trump foi um bom ou um mau líder, por exemplo?). Cada um dos determinantes é um agregado de muitos indicadores, que misturei da forma que me pareceu melhor para captar aquele determinante específico, considerando-se tanto qualidade quanto quantidade. Por exemplo, um país com população grande como China, Índia e Estados Unidos, se comparado a outro cuja população é menor, como Singapura, Holanda e Suíça, pode dispor de algo em maior quantidade, mas com menos qualidade. Tentei estruturar todas essas ponderações de forma a conseguir imaginar quem venceria se estivessem em uma competição, tal como os Jogos Olímpicos, ou em uma guerra.

LEITURAS ATUAIS ENTRE AS GRANDES POTÊNCIAS
(Pontuação padrão e mudança em 20 anos denotada por setas)

	QUALIDADE DO INDICADOR	EUA		CHN		EUR		ALE	
PONTUAÇÃO DE IMPÉRIO		0,87	◢	0,75	▲	0,55	▶	0,37	▶
Peso da dívida (grande ciclo econômico)	Bom	-1,8	▼	0,3	▼	-0,3	▶	1,6	▲
Crescimento esperado (grande ciclo econômico)	Bom	-0,7	◢	0,4	▼	-1,0	▶	-1,0	▶
Conflito interno (ordem interna; baixo é ruim)	Bom	-2,0	▼	0,2	▶	0,4	▶	0,7	◥
Educação	Bom	2,0	◢	1,6	▲	0,3	▶	-0,2	▶
Inovação & tecnologia	Bom	2,0	▶	1,5	▲	0,4	◢	-0,1	◢
Custo de competitividade	Bom	-0,4	▶	1,2	◢	-0,6	▶	-0,6	▶
Poderio militar	Bom	1,9	◢	1,0	▲	0,3	◢	-0,6	▶
Comércio	Bom	1,1	◢	1,8	▲	1,3	▶	0,6	▶
Produto econômico	Bom	1,7	◢	1,8	▲	0,6	▼	-0,1	◢
Mercados & Centro financeiro	Bom	2,6	▶	0,5	▲	0,4	▶	-0,2	◢
Status de moeda de reserva (0-1)	Bom	0,55	◢	0,04	▲	0,23	◢		
Geologia	Bom	1,4	▶	0,9	◥	-0,4	▶	-0,7	▶
Eficiência em alocação de recursos	OK	1,3	◢	0,0	▶	-0,8	▶	0,6	▲
Fenômenos da natureza	OK	-0,2		-0,1		0,0		1,1	
Infraestrutura & investimento	Bom	0,7	◢	2,7	▲	0,2	◢	-0,3	▶
Caráter/civilidade/determinação	OK	1,1	▶	1,5	▶	-1,0	▶	-0,5	▶
Governança/Estado de direito	Bom	0,7	◥	-0,7	◥	-0,4	▶	0,7	▶
Hiatos de riqueza, oportunidades & valores	OK	-1,6	◢	-0,4	▶	0,3	▲	0,7	▶

Observando a tabela, logo entende-se as circunstâncias de cada país e o estado do mundo em geral. Por exemplo, ao observar as pontuações de império e as setas a elas atreladas, vê-se que os EUA são o país mais poderoso e que está em queda, enquanto a China vem logo atrás e em rápida ascensão. Podemos constatar em quais aspectos os EUA são excepcionalmente fortes — isto é, seu status de moeda de reserva, seu poderio militar, seu produto econômico, sua inovação, tecnologia e educação — e em quais estão fragilizados — isto é, conflitos internos, desigualdades econômicas, endividamento e expectativa de crescimento econômico.

O FUTURO

Pode-se ver também que a China está muito próxima aos EUA na maior parte das outras áreas-chave e que é relativamente forte em termos de infraestrutura e investimento, inovação e tecnologia, educação, custo de competitividade, produto econômico, comércio, poderio militar e fluxos comerciais e de capital, assim como é relativamente frágil no que se refere ao status de moeda de reserva, estado de direito/corrupção e desigualdades econômicas. Considero esses dados de valor inestimável. Ficar atento às mudanças que sofrem é crucial quando se pensa no que está ocorrendo e no que é provável que virá a ocorrer.

	QUALIDADE DO INDICADOR	JPN	IND	GBR	FRA
PONTUAÇÃO DE IMPÉRIO (0-1)		0,30	0,27	0,27	0,25
Peso da dívida (grande ciclo econômico)	Bom	-0,4	0,1	-1,6	-0,8
Crescimento esperado (grande ciclo econômico)	Bom	-1,1	1,1	-0,8	-0,9
Conflito interno (ordem interna; baixo é ruim)	Bom	1,1		-0,3	-0,1
Educação	Bom	0,2	-1,2	-0,2	-0,5
Inovação & tecnologia	Bom	0,2	-1,2	-0,3	-0,5
Custo de competitividade	Bom	-0,3	2,4	-0,3	-0,6
Poderio militar	Bom	-0,1	0,2	-0,3	-0,3
Comércio	Bom	-0,5	-0,8	-0,6	-0,5
Produto econômico	Bom	-0,3	-0,2	-0,3	-0,5
Mercados & centro financeiro	Bom	0,1	-0,8	0,0	-0,3
Status de moeda de reserva (0-1)	Bom	0,07	0,0	0,07	
Geologia	Bom	-1,1	0,3	-0,9	-0,5
Eficiência em alocação de recursos	OK	0,1	0,2	0,3	-1,3
Fenômenos da natureza	OK	1,5	-2,4	0,4	0,0
Infraestrutura & investimento	Bom	-0,2	-0,3	-0,6	-0,2
Caráter/civilidade/determinação	OK	0,5	1,3	-0,4	-1,5
Governança/estado de direito	Bom	0,8	-1,1	1,2	0,3
Hiatos de riqueza, oportunidades & valores	OK	0,9	-1,8	-0,2	1,1

	QUALIDADE DO INDICADOR	HOL		RUS		ESP	
PONTUAÇÃO DE IMPÉRIO (0-1)		0,25	▶	0,23	▶	0,20	▶
Peso da dívida (grande ciclo econômico)	Bom	0,8	▲	1,0	▲	-1,7	▼
Crescimento esperado (grande ciclo econômico)	Bom	-0,8		-0,2		-1,1	◢
Conflito interno (ordem interna; baixo é ruim)	Bom	1,2	◣	-0,5	▲	-0,4	◢
Educação	Bom	-0,7	▶	-0,5	▶	-0,9	▶
Inovação & tecnologia	Bom	-0,3	▶	-0,7	▶	-1,0	▼
Custo de competitividade	Bom	-0,8	▶	0,7		-0,6	▶
Poderio militar	Bom	-1,9	◢	0,4	▶	-0,8	▶
Comércio	Bom	-0,6	▶	-0,9	▶	-0,9	▶
Produto econômico	Bom	-0,3	▶	-1,4	▶	-0,9	▼
Mercados & centro financeiro	Bom	-0,5	▶	-1,1	▶	-0,6	▶
Status de moeda de reserva (0-1)	Bom			0,0			
Geologia	Bom	-0,5	▶	1,9	▶	-0,6	▶
Eficiência em alocação de recursos	OK	-0,1	◣	1,3		-1,6	◢
Fenômenos da natureza	OK	0,5		-0,1		-0,7	
Infraestrutura & investimento	Bom	-0,4	▶	-1,0	▼	-0,6	▼
Caráter/civilidade/ determinação	OK	-0,3	◣	0,1		-1,0	▶
Governança/rstado de direito	Bom	1,0	▶	-1,9	▶	-0,7	◢
Hiatos de riqueza, oportunidades & valores	OK	0,6	◢			0,4	◣

Por exemplo, como se viu antes, **quando 1) as finanças de um país se deterioram ao mesmo tempo que 2) há alto nível de conflito interno (por razões como disparidade econômica ou conflitos de valores), enquanto 3) o país é desafiado por um ou mais rivais estrangeiros fortes, o resultado mais comum é 4) uma queda mutuamente autorreforçante, que se dá porque as finanças deterioradas da nação tornam impossível que satisfaça necessidades de gastos internos e financie uma guerra, o que leva a desfechos piores.**

Agora que tais aspectos estão devidamente quantificados, podemos vê-los acontecer na tabela e fazer projeções. Quanto maior o número de determinantes importantes que estejam piorando e quanto mais agudo for o grau de piora, mais garantida e pronunciada será a queda. Por exemplo, se alguns determinantes estão frágeis e enfraquecendo ao mesmo tempo que outros vacilam, a esperada seriedade do declínio aumenta. Como eu, com ajuda de meu computador, posso monitorar tais aspectos, também posso julgar a relativa saúde de um país, suas vulnerabilidades e possibilidades futuras. Por exemplo, muitas das condições mais preocupantes verificam-se hoje nos Estados Unidos, embora ainda se trate do país mais poderoso do mundo. Isso exige grande atenção.

Gráficos anteriores nos mostram que **1) tais determinantes tendem a reforçar uns aos outros, seja em força (por exemplo, educação de melhor qualidade tende a criar renda mais sólida), seja em fraqueza (comércio fraco leva a maior endividamento), e, por isso, costumam transcorrer em ciclos que se unem para formar o Grande Ciclo, e, 2) quando os determinantes são frágeis e estão enfraquecendo, o mesmo ocorre com os impérios.[9] Grandes oscilações ascendentes acontecem quando muitos determinantes ganham força, e grandes oscilações descendentes, quando perdem força.**

Nossos computadores usam esses dados para gerar relatórios em texto, disponíveis para leitura em economicprinciples.org. Projetam as taxas de crescimento do PIB real para os próximos dez anos, acompanhadas de leituras do indicador de cada fator que leva a tais estimativas. Os dados e, portanto, as projeções são mais confiáveis para alguns países que para outros, o que se percebe nas leituras. Ainda assim, servem muito bem como reflexo da saúde atual de um país e como principais indicadores de sua saúde futura. Baseadas em *backtesting*, tais estimativas teriam previsto a taxa de crescimento médio de um país ao longo da próxima década com uma margem de erro de no máximo 1% em relação à real em 59% das vezes, com uma margem de no máximo 2% comparada à real em 90% das vezes, e com uma correlação de crescimento subsequente de 81%. Percebi que seu valor é inestimável.

---

[9] Determinantes como a geologia (isto é, minerais no solo) são relativamente fáceis de medir, ainda que as consequências de possuí-los possam mudar. Determinantes que evoluam como as inovações humanas e a tecnologia geralmente podem ter seu surgimento detectado por meio da observação de tendências. Já os que se manifestam em ciclos (como dívida e mercados de capitais) podem ser entendidos por meio da compreensão de tais ciclos. O fato de fenômenos da natureza como pandemias, secas e enchentes ocorrerem não deveria ser surpresa, embora costumem ser.

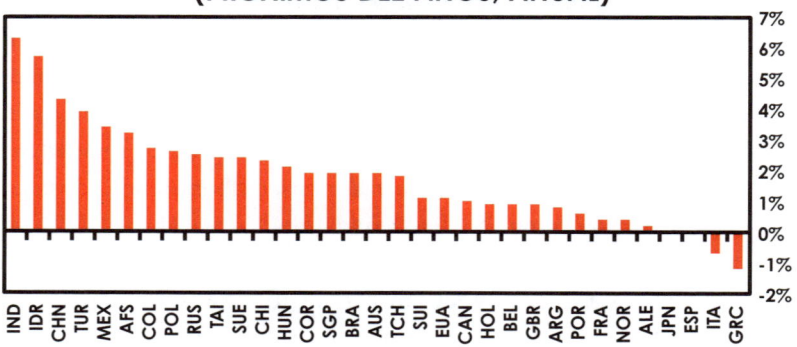

**ESTIMATIVA DE CRESCIMENTO DO PIB REAL
(PRÓXIMOS DEZ ANOS, ANUAL)**

Embora os indicadores sejam bons e úteis, têm que trabalhar em conjunto com minha mente. Considere a pergunta: "Qual é a mistura de forças que torna um país poderoso?" Embora tentar respondê-la seja a função do indicador de poder total no alto das tabelas de leitura atuais, ao qual se chega por meio de uma média ponderada dos indicadores de baixo, fato é que o tipo de poder mais importante de se deter em dado momento varia de acordo com as circunstâncias. Por exemplo, poderio militar custa caro e, enquanto não chega o momento em que se torna o poder mais importante a se ter, permanece sem utilidade. Como atribuir-lhe o devido peso se comparado ao produto econômico, que consiste basicamente em itens não essenciais? A resposta é que não dá para comparar direito. Não tenho um bom modelo para isso, mas penso muito a respeito e aplico minha experiência e intuição à questão. Com o tempo, melhorarei meu modelo. Mas sei que sempre precisarei pesar o que está em minha mente com o que está no computador, e o computador e eu precisamos um do outro para fazermos nosso melhor.

OS PRÓXIMOS DEZ ANOS

Embora este livro seja sobre os ciclos realmente grandes, gostaria de focar agora na dinâmica interna deles, que será mais importante ao longo dos próximos dez anos. Como expliquei, há ciclos dentro de ciclos dentro de ciclos, os pequenos somando-se aos grandes, além dos solavancos não cíclicos, e tudo junto determina o que acontece. **No decorrer dos próximos dez anos, as dinâmicas mais importantes serão o ciclo econômico, de moeda e endividamento de curto prazo (também chamado de ciclo de negócios), o ciclo político interno, o aumento dos conflitos e a redução da interdependência entre EUA e China.** Ter esses ciclos em mente, pensar em como afetam uns aos outros e analisar em que ponto nos encontramos dentro deles parece-me bastante útil para medir o timing das decisões que tomo.

Como discutido no Capítulo 4, o ciclo econômico, de moeda e endividamento de curto prazo consiste em períodos alternados em que bancos centrais estimulam a economia ao criar dinheiro e crédito e, então, tentam desacelerá-la reduzindo seu fluxo. Esse processo nunca funciona à perfeição, e é isso que produz excessos que levam a bolhas, falências e ao reinício do ciclo. Às vezes, outras ocorrências negativas coincidem com o processo e o acentuam — um exemplo disso foi o Onze de Setembro.

Esse ciclo costuma levar cerca de oito anos, mais ou menos, embora seu timing seja regido menos pelo tempo transcorrido desde o último ciclo e mais pelos efeitos dos fatores econômicos subjacentes. O nível de lentidão da economia, a quantidade e os tipos de bolhas financeiras, a força da pressão do banco central, o estado de vulnerabilidade tanto do mercado quanto da economia — tudo isso importa. O último ciclo se iniciou em abril de 2020 tendo o maior grau de estímulo fiscal e monetário da história. O anterior a ele teve início em 2008, e sua dose também foi gigantesca, embora bem menor. Os anteriores tiveram início em 2001, 1990, 1982, 1980, 1974, 1970, 1960 etc. O grande volume de estímulos injetados na recente desaceleração econômica (em especial os EUA), a relativa limitação da capacidade ociosa das maiores economias (em especial os EUA), os sinais moderados a fortes da existência de bolhas e a alta sensibilidade dos mercados e da economia à taxa de juros indicam que a próxima desaceleração econômica virá mais rápido que o normal. Estimo que em quatro anos a contar da publicação deste livro, mais ou menos (ou seja, cerca de cinco anos e meio do ponto mais baixo).

Não confie cegamente no que acabei de dizer, pois tal configuração não é precisa. Será necessário monitorar os fatores que acabei de mencionar, sobretudo até que ponto a recuperação vai afetar a inflação, quão rápido será o banco central na aplicação de restrições e quão fortes elas serão. Só assim para medir melhor o timing preciso. Além disso, imagino que qualquer desaceleração seja seguida de imediato por uma rápida reversão das políticas do banco central com vias ao próximo grande estímulo. Isso me deixa menos preocupado quanto ao impacto da desaceleração e mais preocupado quanto ao excesso de impressão de dinheiro e a perda do valor dele (em particular o dinheiro vivo e as dívidas em dólares, em euros e em ienes). O que ocorrer nesse ciclo econômico vai, é claro, ser afetado pelo que ocorrer nos outros ciclos e nos solavancos ao longo do caminho, assim como este afetará os outros ciclos.

    O ciclo de ordem e desordem interno costuma abranger o ciclo econômico e de endividamento porque as pessoas são menos dadas a confrontos em tempos bons do que em tempos ruins. Quando esses ciclos interagem com intensidade, isso pode levar a grandes mudanças. Nos EUA, os ciclos políticos de mudança de curto prazo se dão a cada dois anos com eleições para o Congresso e a cada quatro anos com eleições presidenciais, com um limite de oito anos para o mandato completo de um presidente. Na China, as mudanças ocorrem a cada cinco e dez anos, com a próxima grande mudança prevista para a época da publicação da edição americana deste livro (ou seja, novembro de 2021). O mandato presidencial não tem limite. Embora seja possível olharmos para os calendários e prever um pouco do que vem pela frente, haverá muita incerteza e algumas podem ter grande impacto. Com base em minhas estimativas, há uma chance significativa de a próxima desaceleração ocorrer junto com a eleição presidencial de 2024 nos EUA.

    É tradicional que o ciclo de ordem e desordem externo siga o curso dos conflitos cada vez mais acirrados que levam a guerras. Como mencionei, os Estados Unidos e a China no momento se preparam para um aumento da intensidade nos cinco tipos de guerra. Ambos operam com planos de mais ou menos cinco anos para obter um maior grau de autossuficiência e preparo para cada guerra, o que lhes dará maior capacidade de travá-las, ainda que seja improvável que qualquer um dos dois se torne dominante o suficiente para ignorar o fator intimidante da destruição mútua assegurada. Como a China vem ganhando força com relação aos EUA, isso sugere que mudanças importantes estão a caminho, nem próximas demais nem distantes demais. Outro fator mencionado é que há um risco significativo de que estejamos nos aproximando de um conflito entre uma força irrefreável e um objeto estanque em relação a Taiwan e aos mares da China Oriental e da China Meridional — a China sendo a força irrefreável em busca de mudanças no atual status de Taiwan, e os Estados Unidos, o objeto estanque contrário a elas. Para além dos EUA e da China, outras nações — notoriamente a Rússia, a Índia, o Japão, a Coreia e as potências-chave da Europa e do Oriente Médio — terão papéis importantes a desempenhar nessa novela global. Ao longo dos próximos cinco anos, mais ou menos, as alianças deverão se solidificar.

Tudo aponta para um próximo grande momento de risco daqui a mais ou menos cinco anos, a contar da elaboração deste texto.

Para reiterar, nada é preciso no *timing* desses ciclos. São como temporadas de furacões/tufões; sabemos que é provável que ocorram em certos momentos e, por isso, nos preparamos para elas. Quando tais momentos chegam, prestamos atenção nas tempestades que surgem, as monitoramos e fazemos o possível para nos manter a salvo. Embora não saibamos com exatidão quando virão e quão fortes serão, sabemos que a tendência e os fundamentos apontam para que se fortaleçam, e devemos estar preparados para tal possibilidade.

Apesar de todo o trabalho analítico que faço, há muito mais coisas que não sabemos em oposição ao que sabemos. Embora possamos narrar com precisão a história, com o futuro acontece exatamente o contrário. Não tenho conhecimento de um único caso em que o futuro tenha sido previsto com exatidão em todos os detalhes. Para um investidor, entender com precisão a história não tem qualquer efeito prático quanto aos acertos e erros de previsão. E isso também é verdade para não investidores, cujas decisões de vida seriam suas apostas. O que me traz ao ponto final deste capítulo, cujo tema é saber como fazer apostas com base no pressuposto de que provavelmente se vai errar muito.

LIDANDO COM O QUE SE SABE E COM O QUE NÃO SE SABE

Meu sucesso, seja lá qual for, deve-se mais a saber lidar com o desconhecido do que com o que sei. Apostar no futuro é apostar em probabilidades, e, portanto, nada é certo, nem mesmo as probabilidades. É assim que as coisas são. Embora até aqui eu tenha repassado a você o conhecimento que acredito ter sobre o futuro com base em ponderações sobre o passado, o que desejo passar adiante, e que provavelmente é mais importante, é como tomo decisões na vida e nos mercados apoiado no que não sei. Em resumo, eis o que procuro fazer:

● **Conhecer todas as possibilidades, e então pensar nas piores para encontrar formas de eliminar as intoleráveis.** Identificar e eliminar o que poderia acontecer de mais inadmissível dentre as piores possibilidades é a prioridade. Isso porque o mais importante no jogo (seja o da vida ou o dos mercados) é não ser eliminado dele. Aprendi essa lição por conta do grande erro que cometi em 1982, que quase me levou à falência. Após aquela perda dolorosa, calculei quanto custariam minhas necessidades básicas e tratei de ter dinheiro guardado o suficiente para que, se o pior ocorresse, fosse suportável. Enquanto me reerguia do nada, lembro-me de calcular regularmente por quantas semanas, depois meses e por fim anos minha família e eu ficaríamos bem caso mais nenhum dinheiro entrasse em minha conta. Hoje possuo um portfólio "para cenários de fim do mundo" capaz de manter-nos a salvo na pior das hipóteses, e construo o resto a partir dele. Ao ler este livro, você provavelmente percebe que imagino uma série de piores hipóteses, entre elas depressões, desvalorizações, revoluções, guerras, pandemias, meus grandes erros, problemas de saúde e morte por diferentes causas. Meu ponto de partida é tentar me proteger de tudo isso e mais. Talvez você ache que dar tamanha atenção a eliminar a possibilidade dos piores prognósticos é deprimente e me impede de aproveitar oportunidades ao máximo. Mas, na verdade, é o contrário. Operar dessa forma é libertador e estimulante, pois saber que estou garantido contra as piores hipóteses me dá a segurança, a liberdade e a capacidade de ir em busca de excelentes resultados.

● ***Diversificar.*** Além de me garantir contra todas as piores hipóteses que possa imaginar, tento me garantir por meio da diversificação contra aquelas que nem imaginei. Aprendi a matemática da coisa e sou atraído a ela por instinto. Em resumo, se tenho uma série de apostas atraentes e sem relação umas com as outras, reduzo meu risco em até 80% sem diminuir em nada minhas vantagens. Ainda que soe como uma estratégia de investimentos, é na verdade uma antiga e testada estratégia de vida, que aplico também aos investimentos. Há um ditado chinês que diz "um coelho sábio tem três tocas", que basicamente ensina a não colocar todos os ovos numa cesta só. Esse princípio já salvou a vida de muita gente quando a situação apertou, e é um dos mais importantes que sigo.

● ***Pensar em termos de prazer em longo prazo e não em prazer imediato, para estar em melhor situação no futuro.***

● ***Relacionar-me com as pessoas mais inteligentes que posso.*** Ando com as pessoas mais inteligentes que consigo encontrar, de forma a submeter minhas ideias à prova e aprender com elas.

Por meio desses princípios pude gozar de inúmeras vantagens e sofrer relativamente poucas desvantagens, e resguardei um futuro que parece cada vez mais seguro, ainda que com solavancos no caminho. Por isso recomendo tais princípios a você, embora, como sempre digo, você seja livre para segui-los ou não.

Mais uma coisa para os elaboradores de políticas, aqueles a quem se reportam e a outros que possam estar interessados:

Use os indicadores que lhe mostrei ou aproveite as estatísticas e, com elas, construa suas próprias, no intuito de 1) medir a saúde de seu país e outros nos quais esteja interessado, 2) entender se está melhorando ou piorando, e de que forma, e 3) fazer mudanças nos determinantes para garantir um futuro melhor.

É isso.

Sinto agora que ter feito tudo isso me conferiu a devida compreensão das possibilidades, tanto das piores hipóteses quanto das oportunidades, e um plano testado ao longo do tempo para lidar bem com elas. Neste livro e em economicprinciples.org, creio também ter transmitido adequadamente a você tudo de mais importante que sei acerca de como as lições do passado podem ajudá-lo a lidar com o futuro. Espero que tais lições lhe sejam úteis. Pretendo desenvolvê-las mais para torná-las melhores e espero que possamos fazê-lo juntos.

Que a Força da Evolução esteja com você,

Ray

MAIS DETALHES SOBRE CADA INDICADOR

- **Educação:** Esse indicador mensura o ensino básico e o superior, com peso igual para os dois. Metade da medida captura a quantidade absoluta de pessoas com educação formal em vários níveis e cerca de metade diz respeito à qualidade, como rankings de educação superior, pontuação em testes e média de anos de escolaridade. A vantagem é dos EUA aqui (graças a fortes medidas absolutas e relativas de educação superior), com a China logo atrás (em função do grande número de pessoas com educação formal).
- **Inovação & tecnologia:** Esse indicador mensura a inventividade, os avanços tecnológicos e o empreendedorismo. Cerca de metade de seu peso é derivada da participação absoluta que um país detém na métrica de inovações-chave (patentes, pesquisadores, gastos em pesquisa e desenvolvimento, financiamento de capitais de risco); a outra metade, da combinação de rankings externos e medidas de inovação per capita (para ajudar a medir quão disseminada é a inovação na economia). Os EUA ocupam o topo desta medida devido à força em uma série de métricas, enquanto a China é a segunda devido à grande fatia dos gastos globais em pesquisa, pesquisadores e patentes. Nessa área, a China cresce rapidamente.
- **Custo de competitividade:** Esse indicador mensura o que se obtém em troca do que se paga. Ele nos interessa porque países que produzem o melhor a custo muito alto não se saem tão bem, por mais que sua medida de qualidade seja alta. Analisamos o custo trabalhista ajustado de acordo com qualidade e produtividade, além de outras medidas de produtividade. Grandes economias em desenvolvimento (em particular a Índia) saem-se muito bem neste indicador, enquanto os EUA obtêm uma pontuação mediana e os países europeus pontuam baixo (devido aos altos custos trabalhistas).
- **Infraestrutura & investimento:** Esse indicador mensura de formas quantitativa e qualitativa gastos em infraestrutura e investimento. Captura a participação absoluta do investimento global que pertence a um país, bem como até que ponto ele prioriza a qualidade nos investimentos para aumentar infraestrutura e produtividade. O indicador pesa medidas de investimento contra sua

participação no todo mundial, a qualidade geral da infraestrutura, investimento e poupança como fatia do PIB e performance em logística. A China é atualmente a mais forte de acordo com esse indicador (sua ascensão foi meteórica nos últimos vinte anos) devido às altas taxas de investimento em produtividade com relação ao mundo e a suas próprias taxas do passado; os EUA detêm a segunda posição, em grande medida devido à expressiva fatia do investimento global em produção, embora esteja piorando.

- **Produto econômico:** Esse indicador mensura a força dos recursos econômicos de um país. Medimos a produção primordialmente através de níveis do PIB, bem como sua parcela do total mundial (ajustado para dar conta de diferenças de preços entre países). Conferimos algum peso ao PIB per capita em vez do PIB total para capturar a qualidade. A China fica em primeiro de acordo com este indicador, pouquíssimo à frente dos EUA, mas também crescendo rápido, graças à grande fatia do PIB ajustado pela paridade do poder de compra. A Europa ocupa a terceira posição.
- **Crescimento esperado (Grande Ciclo Econômico):** Esse indicador mensura quão bem posicionado um país está para que sua economia cresça ao longo dos próximos dez anos. Analisamos várias métricas e estimamos o crescimento econômico prospectivo em dez anos, pondo 2/3 do peso em métricas que meçam a produtividade e 1/3 nas que prevejam o impacto do endividamento no crescimento. Atualmente, prevê-se que a Índia venha a ser a mais rápida a crescer, com a China em segundo, os EUA previstos para crescer em ritmo um pouco abaixo da média, e o Japão e uma série de países europeus com a previsão de crescerem pouco.
- **Comércio:** Esse indicador mensura quão fortes são as exportações de um país. Analisa o nível absoluto de suas exportações em relação ao restante do mundo. A China tem a posição mais alta (na condição de maior exportadora do mundo), seguida pela Europa e pelos EUA.
- **Poderio militar:** Esse indicador é basicamente calcado na fatia absoluta de gastos e poderio militar mensurada pelo efetivo, no número de soldados e armas nucleares, e nos indicadores externos de capacidade militar. Não analisa o poderio militar em várias

regiões ou de vários tipos; assim, não captura certa superioridade militar que China e Rússia detêm em determinadas áreas geográficas, certos tipos de tecnologias militares ou o papel de alianças. Os Estados Unidos ainda são, no geral, a maior potência militar com base nessas medidas, com forte liderança em gastos e um programa nuclear com o qual só a Rússia rivaliza. A China vem em segundo e cresce com rapidez.

- **Centro financeiro:** Esse indicador mensura o grau de desenvolvimento e o tamanho dos mercados financeiros e dos centros financeiros de um país. Observamos medidas absolutas de porcentagens de negócios e capitalizações de mercado, bem como indicadores externos de cidades que são centros financeiros. Os EUA continuam a ser, por margem significativa, a potência com a melhor colocação de acordo com essa métrica (primordialmente em função de sua enorme parcela dos mercados de ações e de dívida mundiais). A China fica em segundo lugar, e a Europa, em terceiro.
- **Status de moeda de reserva:** Esse indicador mensura até que ponto a moeda de um país atua como moeda de reserva global. Medimos o status de moeda de reserva de um país pela parcela de transações, dívidas e reservas de bancos centrais denominadas ou titularizadas em sua moeda. Assim como no status de centro financeiro, os EUA ainda são a potência principal de acordo com essa métrica por larga margem, com a Europa em segundo e o Japão em terceiro.
- **Peso da dívida (Grande Ciclo Econômico):** Esse indicador tem por base uma combinação de a) níveis de dívida relativos a níveis de ativos, b) o tamanho dos superávits e déficits internos e externos, c) o tamanho dos custos do serviço da dívida relativos ao PIB, d) quanto um país tem de dívida na própria moeda *versus* o que tem em moeda estrangeira, e) quanto seus próprios cidadãos detêm dessa dívida, em oposição a cidadãos estrangeiros, e f) sua cotação de crédito. Nós o compusemos dessa forma por ter se provado a maneira mais confiável de antecipar quedas no valor da riqueza real, seja na forma de não pagamento de dívidas que resultem da não criação de dinheiro e crédito suficientes para dar

conta de necessidades excessivas delas decorrentes, seja na forma de desvalorizações derivadas da criação de dinheiro e crédito mais do que suficientes para satisfazê-las. Montei tal indicador no intuito de excluir o status de moeda de reserva para poder medir a exposição que um país teria caso perdesse tal status.

- **Conflito interno (ordem interna):** Esse indicador considera quanto conflito doméstico e descontentamento existe. Mensura ocorrências factuais de conflito (protestos, por exemplo), conflitos políticos (por exemplo, sectarismo) e descontentamento generalizado (com base em pesquisas). Entre as grandes potências, os EUA têm a maior pontuação segundo esse indicador, alavancada por medidas de sectarismo e uma alta incidência de ocorrência de conflitos internos, e a situação vem se tornando mais intensa com rapidez.
- **Governança/estado de direito:** Esse indicador mensura em que grau o sistema legal de um país é consistente, previsível e cria o ambiente apropriado para crescimento e avanços. Mede a um só tempo o estado de direito (com base, principalmente, em pesquisas feitas no ambiente de negócios sobre como é a experiência de fazer negócios no país) e a corrupção (via uma combinação de indicadores externos de corrupção e pesquisas no ambiente de negócios). A Rússia e a Índia têm aqui a pontuação mais baixa (a pior), enquanto a mais alta (melhor) pertence a Reino Unido, Holanda e Japão, com Alemanha e Estados Unidos logo atrás.
- **Geologia:** Esse indicador mensura os dotes geográficos de cada país, incluindo o tamanho do território e o valor de seus recursos naturais. Inclui a produção total de energia, a agricultura e metais industriais no intuito de capturar a capacidade de produção absoluta de cada nação, bem como exportações líquidas, para medir o grau de autossuficiência em cada categoria (além de mensurar outros recursos naturais como a oferta de água potável). Rússia e EUA têm a pontuação mais alta (a China vem logo depois, dependendo mais do restante do mundo para dar conta de suas necessidades de recursos naturais), enquanto os países com a mais baixa são o Japão e o Reino Unido.
- **Hiatos de riqueza, oportunidades e valores:** Esse indicador mensura o grau das diferenças em riqueza/renda, oportunidades e

valores. É um misto de medidas de a) disparidades de riqueza e de renda (por exemplo, quanto o 1% mais rico possui em comparação com o restante da população) e b) conflitos políticos (por exemplo, quão dividido pela ideologia está o Legislativo). A Índia, os EUA e a China são os que pontuam mais baixo devido à existência de desigualdades consideráveis de riqueza e renda (e, no caso dos EUA, também pelos significativos conflitos de valores). Do outro lado do espectro estão os países europeus e o Japão, nos quais, de maneira geral, existe menos disparidade de renda e riqueza.

- **Caráter/civilidade/determinação:** Esse indicador tenta capturar em que grau as atitudes do povo de cada país criam um ambiente que seja propício à civilidade e ao trabalho diligente, facilitando o crescimento e os avanços. Utiliza a) pesquisas quanto a atitudes relativas ao esforço no trabalho e ao sucesso e b) outras medidas que indiquem até que ponto suas sociedades valorizam a autossuficiência e o trabalho (por exemplo, o grau de programas de transferência de renda ou a idade na qual sua população de fato se aposenta) no intuito de quantificar tais dados. A China e a Índia têm a pontuação mais alta (com os EUA em terceiro) e os países europeus, a mais baixa (Espanha e França em especial).
- **Eficiência na alocação de recursos:** Esse indicador tenta mensurar o grau de eficiência com que cada país usa a própria força de trabalho e o capital. Analisa se o país sofre com desemprego crônico (ou seja, não encontrando formas eficientes de empregar seu povo), se o crescimento de seus níveis de endividamento gera aumento de renda na mesma proporção, além de indicadores externos e pesquisas quanto à rigidez do mercado de trabalho e à facilidade de se obter empréstimos. Grande parte da Europa (França e Espanha em particular) pontua mais baixo de acordo com essas medidas, enquanto os EUA e a Alemanha ficam mais próximos do topo. Países em desenvolvimento (particularmente a Rússia, mas também a China e a Índia) também se saem bem nessa medida, pois, de maneira geral, produzem mais aumento de renda por unidade de crescimento de endividamento.
- **Fenômenos da natureza:** Esse indicador mensura quão vulnerável a fenômenos da natureza um país é, bem como o grau do impacto

de tais fenômenos sobre ele. Embora seja difícil quantificar toda a gama de fenômenos naturais que pode se abater sobre um país, lançamos mão de avaliações de especialistas a respeito do impacto de mudanças climáticas futuras sobre o PIB de cada nação, avaliações externas sobre até que ponto cada um está preparado para desastres naturais e a situação local referente à pandemia de Covid-19 (visto que essa foi uma prova em tempo real contra um fenômeno da natureza). Considero que essa avaliação seja mediana; a meu ver, temos muito mais por capturar ainda no sentido de aprimorar esse indicador, e, por isso, o considero de baixa qualidade.

- **Conflito externo:** Embora não integre o modelo voltado para países específicos, o indicador de conflito externo mensura níveis de conflitos econômicos, político-culturais e militares entre cada duas potências de grande porte. Em cada uma dessas categorias, procuramos estabelecer um misto de indicadores estruturais (para estabelecer o patamar-base de conflito entre países) e de ocasião (para mapearmos o aumento de tensões acima desse patamar). Por exemplo, no que se refere a conflitos econômicos, mapeamos tratados bilaterais entre países, tarifas, além do noticiário sobre sanções, guerras comerciais etc.

APÊNDICE

ANÁLISE COMPUTACIONAL DAS CONDIÇÕES E PERSPECTIVAS PARA OS PRINCIPAIS PAÍSES DO MUNDO

Conforme descrevi, insiro dados em um computador capaz de gerar uma síntese das condições e perspectivas de longo prazo dos principais países do mundo. Esses resumos gerados pelo computador estarão nas próximas páginas. Uso os resultados para complementar meu pensamento e os outros modelos computacionais que executo para me ajudar a entender o mundo. Esse sistema é um trabalho em andamento que nunca acaba. Vou atualizar esses resumos no economicprinciples.org pelo menos uma vez por ano ou com mais frequência se ocorrer alguma grande mudança.

O texto para cada país destaca alguns dos principais indicadores e algumas das estatísticas de cada indicador, os quais refletem as tendências gerais que estamos observando. Os indicadores agregados e a pontuação final do poder do país mostrados por mim incluem centenas de estatísticas individuais que agregamos com base na relevância, na qualidade e na consistência através dos países e do tempo. Para captar da melhor forma o poder geral de um país, considerei quantidade e qualidade, mas estruturei as coisas de modo a aferir com mais precisão quem venceria uma competição ou uma guerra.

OS PODERES E AS PERSPECTIVAS DOS ESTADOS UNIDOS

Esta é nossa leitura gerada por computador para os Estados Unidos em agosto de 2021.

Com base nas leituras mais recentes dos indicadores-chave, **os Estados Unidos parecem ser uma potência vigorosa (em primeiro lugar entre os principais países atualmente) em queda gradual. Como mostra a tabela, os principais pontos fortes que alçam o país a essa posição são os mercados de capital e centro financeiro robustos, a inovação e tecnologia, o nível sólido de educação, o forte poderio militar, o status de moeda de reserva e a alta produção econômica. Os pontos fracos são a situação econômica/financeira desfavorável e os grandes conflitos internos.** As oito principais medidas de poder são muito fortes hoje, mas, em conjunto, apresentam tendência de queda. Em especial, a posição relativa dos Estados Unidos na educação, sua importância para o comércio global e seu poderio militar relativo estão diminuindo.

A tabela mostra nosso indicador de poder agregado do país e os principais impulsionadores, bem como a classificação de cada medida de poder nos onze principais países hoje e a trajetória nos últimos vinte anos.

Para entender um país, começamos examinando **os grandes ciclos**, bem como as **medidas de poder** que refletem e impulsionam sua ascensão e sua queda. Embora façamos referências individuais a esses fatores, eles não são separados; na verdade, interagem e se reforçam para mover um país ao longo de seu ciclo.

No caso dos Estados Unidos, **os grandes ciclos parecem desfavoráveis.**

ANÁLISE DOS PRINCIPAIS PAÍSES DO MUNDO

ESTADOS UNIDOS — PRINCIPAIS INDICADORES DA NOSSA PONTUAÇÃO DE PODER DO PAÍS

Pontuação geral do império (0-1) Nível: 0,87   Ranque: 1 ↘

Os grandes ciclos	Nível	Escore-Z	Ranque	Trajetória
Posição econômica / financeira	Desfavorável	-1,7	10	↘
Peso da dívida	Dívida alta	-1,8	11	↘
Crescimento esperado	1,1%	-0,7	4	↘
Ordem interna	Alto risco	-1,8	11	↘
Hiatos de riqueza, oportunidades e valores	Grande	-1,6	9	↘
Conflito interno	Muito alto	-2,0	10	↘
Ordem externa	Em risco			↘
Oito medidas importantes de poder				
Mercados & centro financeiro	Muito forte	2,6	1	→
Inovação e tecnologia	Muito forte	2,0	1	→
Educação	Muito sólida	2,0	1	↘
Poderio militar	Muito forte	1,9	1	↘
Status da moeda de reserva	Muito forte	1,7	1	↘
Produto econômico	Muito forte	1,7	2	↘
Comércio	Forte	1,1	3	↘
Custo de competitividade	Média	-0,4	6	→
Medidas adicionais de poder				
Geologia	Forte	1,4	2	→
Eficiência de alocação de recursos	Alta	1,3	2	↘
Infraestrutura e investimento	Forte	0,7	2	↘
Caráter / determinação / civilidade	Forte	1,1	3	→
Governança / estado de direito	Forte	0,7	5	↗
Fenômenos da natureza	Médio	-0,2	9	

↗ **Melhorando**   ↘ **Piorando**   → **Igual**

A ORDEM MUNDIAL EM TRANSFORMAÇÃO

Os Estados Unidos estão em uma posição desfavorável nos ciclos econômicos e financeiros, com alto peso da dívida e um crescimento real esperado relativamente baixo nos próximos dez anos (1,1% ao ano). Também têm significativamente mais dívidas externas do que ativos externos (a PII líquida é de -64% do PIB). Os níveis de dívida não financeira são altos (277% do PIB), bem como os níveis de dívida pública (128% do PIB). A maior parte dessas dívidas (99%) está na moeda do próprio país, o que atenua os riscos da dívida. A capacidade de usar cortes nas taxas de juros para estimular a economia é baixa (taxas de curto prazo a 0,1%), e o país já está emitindo moeda para monetizar a dívida. Dito isso, ser a principal moeda de reserva do mundo é extremamente benéfico para os Estados Unidos. Se isso mudasse, enfraqueceria significativamente a posição do país.

A desordem interna está em risco elevado. Os hiatos de riqueza, renda e valores são grandes. Em relação à desigualdade, o 1% e os 10% do topo nos Estados Unidos recebem 19% e 45% da renda (ambos são os segundos maiores percentuais entre os principais países). Nosso indicador de conflito interno é muito alto. Esse indicador mede eventos reais de conflito (por exemplo, protestos), conflitos políticos (por exemplo, partidarismo) e descontentamento geral (com base em pesquisas).

A desordem externa é um risco. Mais importante ainda, os Estados Unidos e a China — que está crescendo rapidamente e é a segunda maior potência (considerando todas as coisas) — estão enfrentando conflitos significativos.

Olhando com mais atenção para as oito principais medidas de poder, os Estados Unidos têm os maiores mercados de capital e o centro financeiro mais forte entre os principais países. Seus mercados de ações são a maioria do total mundial (55% da capitalização de mercado total e 64% do volume), e a maioria das transações globais acontece em dólares (55%). **Além disso, os Estados Unidos têm o resultado mais alto em nossas métricas de tecnologia e inovação entre os principais países.** Uma grande parte dos pedidos de patentes globais (17%), dos gastos globais com P&D (26%) e dos pesquisadores globais (26%) está nos Estados Unidos. **Os Estados Unidos também têm a posição mais sólida**

em educação entre os principais países. O país tem uma grande parcela dos cursos de bacharelado do mundo (20%). Em anos de educação, possuem um bom nível — os alunos têm em média 13,7 anos de educação contra 11,5 na média dos principais países. As pontuações do PISA, que medem a proficiência de alunos de quinze anos em vários países, estão na média — 495 contra 483 na média dos principais países. Os Estados Unidos também têm uma combinação de outros pontos fortes, conforme detalhado na tabela.

A ORDEM MUNDIAL EM TRANSFORMAÇÃO

OS PODERES E AS PERSPECTIVAS DA CHINA

Esta é nossa leitura gerada por computador para a China em agosto de 2021.

Com base nas leituras mais recentes dos indicadores-chave, **a China parece ser uma potência vigorosa (em segundo lugar entre os principais países atualmente) em rápida ascensão. Conforme mostrado na tabela, os principais pontos fortes que a colocam neste patamar são a sólida posição econômica e financeira, a infraestrutura e o investimento, a importância do país para o comércio global, a alta produção econômica, a autossuficiência e a forte ética profissional de seu povo, o nível sólido de educação e o forte poderio militar.** As oito principais medidas de poder são mais ou menos fortes hoje e, em conjunto, apresentam uma tendência nítida de ascensão. Em especial, a importância da China para o comércio global, sua inovação e tecnologia, e importância como centro financeiro estão aumentando.

A tabela mostra nosso indicador de poder agregado do país e os principais impulsionadores, bem como a classificação de cada medida de poder nos onze principais países hoje e a trajetória nos últimos vinte anos.

Para entender um país, começamos examinando **os grandes ciclos**, bem como as **medidas de poder** que refletem e impulsionam sua ascensão e sua queda. Embora façamos referências individuais a esses fatores, eles não são separados, mas sim interagem e se reforçam para mover um país ao longo de seu ciclo.

No caso da China, **os grandes ciclos parecem mais ou menos favoráveis.**

A China está em uma posição mais ou menos favorável em seus ciclos econômico e financeiro, com peso da dívida baixo e um crescimento real esperado relativamente alto nos próximos dez anos (4,3% ao ano). Também tem um pouco mais de ativos externos do que dívidas externas (a PII líquida é 12% do PIB). Os níveis de dívida não financeira são altos (263% do PIB), embora os de dívida pública sejam baixos (48% do PIB).

CHINA — PRINCIPAIS INDICADORES DA NOSSA PONTUAÇÃO DE PODER DO PAÍS

Pontuação geral do império (0-1)	Nível: 0,75		Ranque: 2	↑
Os grandes ciclos	**Nível**	**Escore-Z**	**Ranque**	**Trajetória**
Posição econômica / financeira	Mais ou menos favorável	0,4	3	↘
Peso da dívida	Dívida baixa	0,3	4	↘
Crescimento esperado	4,3%	0,4	2	↘
Ordem interna	Risco moderado	-0,1	7	→
Hiatos de riqueza, oportunidades e valores	Relativamente grande	-0,4	8	→
Conflito interno	Médio	0,2	5	→
Ordem externa	Em risco			↘
Oito medidas importantes de poder				
Comércio	Muito forte	1,8	1	↗
Produção econômica	Muito alta	1,8	1	↗
Educação	Sólida	1,6	2	↗
Inovação & tecnologia	Forte	1,5	2	↗
Custo de competitividade	Forte	1,2	2	↘
Poderio militar	Forte	1,0	2	↗
Mercados & centro financeiro	Médio	0,4	2	↗
Status da moeda de reserva	Fraco	-0,7	5	↗
Medidas adicionais de poder				
Infraestrutura e investimento	Muito forte	2,7	1	↗
Caráter / determinação / civilidade	Forte	1,5	1	→
Geologia	Forte	0,9	3	↗
Eficiência de alocação de recursos	Média	0,0	7	→
Governança / estado de direito	Fraca	-0,7	8	↗
Fenômenos da natureza	Médio	-0,1	8	

↗ **Melhorando**   ↘ **Piorando**   → **Igual**

A maior parte dessas dívidas (96%) está na moeda do próprio país, o que atenua os riscos da dívida. A capacidade de usar cortes nas taxas de juros para estimular a economia é modesta (taxas de curto prazo a 1,9%).

A desordem interna é um risco moderado. Os hiatos de riqueza, renda e valores são relativamente grandes. Em relação à desigualdade, o 1% e os 10% do topo na China recebem 14% e 41% da renda (respectivamente, o terceiro e o quarto maiores percentuais entre os principais países). Nosso indicador de conflito interno é médio. Esse indicador mede eventos reais de conflito (por exemplo, protestos), conflitos políticos (por exemplo, partidarismo) e descontentamento geral (com base em pesquisas).

A desordem externa é um risco. Mais importante ainda, a China e os Estados Unidos, que estão em declínio mas continuam sendo a potência número um (considerando todas as coisas), estão enfrentando conflitos significativos.

Olhando com mais atenção para as oito principais medidas de poder, a China é o maior exportador entre os principais países. O país responde por 14% das exportações globais. **Além disso, tem a maior economia entre os principais países.** Uma grande parte da atividade econômica global (22%, ajustada pelas diferenças de preços entre os países) está lá. **A China também tem a segunda posição mais sólida em educação entre os principais países.** Uma grande parcela dos cursos de bacharelado do mundo (22%) está no país. A China também tem uma combinação de outros pontos fortes, conforme detalhado na tabela.

ANÁLISE DOS PRINCIPAIS PAÍSES DO MUNDO

OS PODERES E AS PERSPECTIVAS DA ZONA DO EURO

Esta é nossa leitura gerada por computador para a Zona do Euro em agosto de 2021.

Com base nas leituras mais recentes dos indicadores-chave, **a Zona do Euro parece ser uma potência forte (em terceiro lugar entre os principais países atualmente) em uma trajetória plana.** Conforme mostrado na tabela, os principais pontos fortes da Zona do Euro são a importância para o comércio global e o status de moeda de reserva. Os pontos fracos são a ética profissional abaixo da média e a baixa autossuficiência do povo, além da alocação relativamente fraca de mão de obra e capital. As oito principais medidas de poder são mais ou menos fortes hoje, mas, em conjunto, estão se movendo para os lados.

A tabela mostra nosso indicador de poder agregado do país e os principais impulsionadores, bem como a classificação de cada medida de poder nos onze principais países hoje e a trajetória nos últimos vinte anos.

Para entender um país, começamos examinando **os grandes ciclos**, bem como as **medidas de poder** que refletem e impulsionam sua ascensão e sua queda. Embora façamos referências individuais a esses fatores, eles não são separados, mas sim interagem e se reforçam para mover um país ao longo de seu ciclo.

No caso da Zona do Euro, **os grandes ciclos parecem confusos.**

A Zona do Euro está em uma posição moderadamente desfavorável em seus ciclos econômico e financeiro, com um peso da dívida moderadamente alto e um crescimento real esperado relativamente baixo nos próximos dez anos (0,3% ao ano). A Zona do Euro tem níveis semelhantes de dívida externa e ativos externos (a PII líquida é 0% do PIB). Os níveis de dívida não financeira são altos (241% do PIB), embora os níveis de dívida pública sejam típicos dos principais países de hoje (104% do PIB). A capacidade de usar cortes nas taxas de juros para estimular a

A ORDEM MUNDIAL EM TRANSFORMAÇÃO

ZONA DO EURO — PRINCIPAIS INDICADORES DA NOSSA PONTUAÇÃO DE PODER DO PAÍS

Pontuação geral do império (0-1)   **Nível: 0,55**   **Ranque: 3** →

Os grandes ciclos	Nível	Escore-Z	Ranque	Trajetória
Posição econômica / financeira	Moderadamente desfavorável	-0,9	6	↘
Peso da dívida	Moderadamente alta	-0,3	6	→
Crescimento esperado	0,3%	-1,0	8	→
Ordem interna	Baixo risco	0,3	5	↗
Hiatos de riqueza, oportunidades e valores	Típicos	0,3	6	↗
Conflito interno	Médio	0,4	4	→
Ordem externa				
Oito medidas importantes de poder				
Comércio	Forte	1,3	2	→
Status da moeda de reserva	Médio	0,1	2	↘
Produção econômica	Alta	0,6	3	↘
Mercados & centro financeiro	Médio	0,4	3	→
Inovação e tecnologia	Média	0,4	3	↘
Educação	Média	0,3	3	→
Poderio militar	Médio	0,3	4	↘
Custo de competitividade	Fraca	-0,6	8	→
Medidas adicionais de poder				
Infraestrutura & investimento	Média	0,2	3	↘
Geologia	Média	-0,4	5	→
Governança / estado de direito	Média	-0,4	7	
Eficiência de alocação de recursos	Fraca	-0,8	9	
Caráter / determinação / civilidade	Fraco	-1,0	10	→
Fenômenos da natureza	Médio	0,0	5	

↗ **Melhorando**   ↘ **Piorando**   → **Igual**

economia é muito baixa (taxas de curto prazo a -0,5%), e a Europa já está emitindo moeda para monetizar a dívida.

A desordem interna é um risco baixo. Os hiatos de riqueza, renda e valores são típicos. Em relação à desigualdade, o 1% e os 10% do topo na Zona do Euro recebem 11% e 35% da renda (respectivamente, o oitavo e o sétimo maiores percentuais entre os principais países). Nosso indicador de conflito interno é médio. Esse indicador mede eventos reais de conflito (por exemplo, protestos), conflitos políticos (por exemplo, partidarismo) e descontentamento geral (com base em pesquisas).

Olhando com mais detalhes para as oito principais medidas de poder, a Zona do Euro é o segundo maior exportador entre os principais países. A região responde por 12% das exportações globais. **Além disso, tem a segunda moeda de reserva mais forte entre os principais países.** Um grande percentual das reservas globais de moeda está em euros (21%), e um grande percentual da dívida global é denominado em euros (22%).

Este resumo reflete nossa estimativa do poder da Zona do Euro como um todo. Para a maioria das estatísticas, estamos usando um agregado dos oito principais países da região.

OS PODERES E AS PERSPECTIVAS DA ALEMANHA

Esta é nossa leitura gerada por computador para a Alemanha em agosto de 2021.

Com base nas leituras mais recentes dos indicadores-chave, **a Alemanha parece ser uma potência mediana (em quarto lugar entre os principais países atualmente) em uma trajetória plana. Conforme mostrado na tabela, os principais pontos fortes do país são a sólida posição econômica e financeira e a alta ordem interna.** As oito principais medidas de poder são mais ou menos fortes hoje, mas, em conjunto, estão se movendo para os lados.

A tabela mostra nosso indicador de poder agregado do país e os principais impulsionadores, bem como a classificação de cada medida de poder nos onze principais países hoje e a trajetória nos últimos vinte anos.

Para entender um país, começamos examinando **os grandes ciclos**, bem como as **medidas de poder** que refletem e impulsionam sua ascensão e sua queda. Embora façamos referências individuais a esses fatores, eles não são separados, mas sim interagem e se reforçam para mover um país ao longo de seu ciclo.

No caso da Alemanha, **os grandes ciclos parecem em sua maioria favoráveis.**

A Alemanha está em uma posição mais ou menos favorável em seus ciclos econômico e financeiro, com um peso da dívida baixo, mas um crescimento real esperado muito baixo nos próximos dez anos (0,3% ao ano). Também tem significativamente mais ativos externos do que dívidas externas (a PII líquida é 71% do PIB). Os níveis de dívida não financeira são típicos para os principais países de hoje (183% do PIB), assim como os níveis de dívida pública (69% do PIB). As dívidas da Alemanha são em grande parte em euros, o que aumenta os riscos de sua dívida, uma vez que a moeda não é controlada diretamente pelo país. A capacidade de usar cortes nas taxas de juros para estimular a economia é baixa para a

ANÁLISE DOS PRINCIPAIS PAÍSES DO MUNDO

ALEMANHA — PRINCIPAIS INDICADORES DA NOSSA PONTUAÇÃO DE PODER DO PAÍS

Pontuação geral do império (0-1) Nível: 0,37 Ranque: 4 →

Os grandes ciclos	Nível	Escore-Z	Ranque	Trajetória
Posição econômica / financeira	Mais ou menos favorável	0,4	4	↗
Peso da dívida	Baixo	1,6	1	↗
Crescimento esperado	0,3%	-1,0	9	→
Ordem interna	Baixo risco	0,7	3	↗
Hiatos de riqueza, oportunidades e valores	Estreito	0,7	3	→
Conflito interno	Baixo	0,7	3	↗
Ordem externa				
Oito medidas importantes de poder				
Comércio	Forte	0,6	4	→
Produção econômica	Média	-0,1	4	↘
Inovação & tecnologia	Média	-0,1	5	↘
Educação	Média	-0,2	5	→
Mercados & centro financeiro	Médio	-0,2	6	↘
Poderio militar	Fraco	-0,6	9	→
Custo de competitividade	Fraca	-0,6	10	→
Status da moeda de reserva				
Medidas adicionais de poder				
Eficiência de Alocação de Recursos	Forte	0,6	3	↗
Governança / estado de direito	Forte	0,7	4	→
Infraestrutura & investimento	Média	-0,3	7	→
Caráter / determinação / civilidade	Médio	-0,5	8	→
Geologia	Fraca	-0,7	9	→
Fenômenos da natureza	Forte	1,1	2	

↗ Melhorando   ↘ Piorando   → Igual

Zona do Euro (as taxas de curto prazo estão a -0,5%), e a Europa já está emitindo moeda para monetizar a dívida.

A desordem interna é um risco baixo. Os hiatos de riqueza, renda e valores são estreitos. Em relação à desigualdade, o 1% e os 10% do topo na Alemanha recebem 13% e 38% da renda (respectivamente, o quarto e o quinto maiores percentuais entre os principais países). Nosso indicador de conflito interno é baixo. Esse indicador mede eventos reais de conflito (por exemplo, protestos), conflitos políticos (por exemplo, partidarismo) e descontentamento geral (com base em pesquisas).

Nas oito principais medidas de poder, a Alemanha parece mais ou menos forte no todo. O país não tem pontos fortes ou fracos especialmente proeminentes para serem destacados.

ANÁLISE DOS PRINCIPAIS PAÍSES DO MUNDO

OS PODERES E AS PERSPECTIVAS DO JAPÃO

Esta é nossa leitura gerada por computador para o Japão em agosto de 2021.

Com base nas leituras mais recentes dos indicadores-chave, o **Japão parece ser uma potência modesta (em quinto lugar entre os principais países atualmente) em queda gradual. Conforme mostrado na tabela, a principal força do Japão é a alta ordem interna. Os pontos fracos são a situação econômica/financeira desfavorável e a relativa escassez de recursos naturais.** As oito principais medidas de poder são mais ou menos fortes hoje, mas, no todo, apresentam tendência de queda. Em especial, a participação do Japão na produção global, sua importância para o comércio global e sua inovação e tecnologia estão em declínio.

A tabela mostra nosso indicador de poder agregado do país e os principais impulsionadores, bem como a classificação de cada medida de poder nos onze principais países hoje e a trajetória nos últimos vinte anos.

Para entender um país, começamos examinando **os grandes ciclos**, bem como as **medidas de poder** que refletem e impulsionam sua ascensão e sua queda. Embora façamos referências individuais a esses fatores, eles não são separados, mas sim interagem e se reforçam para mover um país ao longo de seu ciclo.

No caso do Japão, **os grandes ciclos são mistos.**

O Japão está em uma posição desfavorável nos ciclos econômico e financeiro, com um peso da dívida moderadamente alto e um crescimento real esperado muito baixo nos próximos dez anos (0% ao ano). Também tem significativamente mais ativos externos do que dívidas externas (a PII líquida é 68% do PIB). Os níveis de dívida não financeira são muito altos (400% do PIB), assim como os níveis de dívida pública (241% do PIB). A maior parte dessas dívidas (99%) está na moeda do próprio país, o que atenua os riscos da dívida. A capacidade de usar cortes nas taxas

A ORDEM MUNDIAL EM TRANSFORMAÇÃO

JAPÃO — PRINCIPAIS INDICADORES DA NOSSA PONTUAÇÃO DE PODER DO PAÍS

Pontuação geral do império (0-1)   Nível: 0,30   Ranque: 5 ↘

Os grandes ciclos	Nível	Escore-Z	Ranque	Trajetória
Posição econômica / financeira	Desfavorável	-1,1	7	→
Peso da dívida	Moderadamente alto	-0,4	7	→
Crescimento esperado	0,0%	-1,1	11	→
Ordem interna	Baixo risco	1,0	1	↗
Hiatos de riqueza, oportunidades e valores	Estreito	0,9	2	↗
Conflito interno	Baixo	1,1	2	↗
Ordem externa				
Oito medidas importantes de poder				
Status da moeda de reserva	Fraco	-0,5	3	↘
Educação	Média	0,2	4	→
Inovação & tecnologia	Média	0,2	4	↘
Mercados & centro financeiro	Médio	0,1	4	↘
Custo de competitividade	Média	-0,3	4	→
Comércio	Médio	-0,5	5	↘
Poderio militar	Médio	-0,1	6	→
Produto econômico	Médio	-0,3	7	↘
Medidas adicionais de poder				
Governança / estado de direito	Forte	0,8	3	→
Caráter / determinação / civilidade	Médio	0,5	4	↘
Infraestrutura & investimento	Média	-0,2	4	↘
Eficiência de alocação de recursos	Média	0,1	6	↘
Geologia	Fraca	-1,1	11	→
Fenômenos da natureza	Forte	1,5	1	

↗ **Melhorando**   ↘ **Piorando**   → **Igual**

de juros para estimular a economia é muito baixa (taxas de curto prazo a -0,1%), e o país já está emitindo moeda para monetizar a dívida.

A desordem interna é um risco baixo. Os hiatos de riqueza, renda e valores são estreitos. Em relação à desigualdade, o 1% e os 10% do topo no Japão recebem 12% e 43% da renda (respectivamente, o sexto e o terceiro maiores percentuais entre os principais países). Nosso indicador de conflito interno é baixo. Esse indicador mede eventos reais de conflito (por exemplo, protestos), conflitos políticos (por exemplo, partidarismo) e descontentamento geral (com base em pesquisas).

Nas oito principais medidas de poder, o Japão parece mais ou menos forte no todo. O país não tem pontos fortes ou fracos especialmente proeminentes para serem destacados.

OS PODERES E AS PERSPECTIVAS DA ÍNDIA

Esta é nossa leitura gerada por computador para a Índia em agosto de 2021.

Com base nas leituras mais recentes dos indicadores-chave, a **Índia parece ser uma potência modesta (em sexto lugar entre os principais países atualmente) em ascensão gradual. Conforme mostrado na tabela, os principais pontos fortes da Índia são a sólida posição econômica e financeira e a mão de obra com custo competitivo (em uma base ajustada pela qualidade). Os pontos fracos são os grandes conflitos domésticos, a posição relativa fraca na educação, os resultados ruins no índice de inovação e a tecnologia, a corrupção e o estado de direito inconsistente e a falta de status de moeda de reserva.** As oito principais medidas de poder são mais ou menos fortes hoje e, no todo, apresentam uma tendência de ascensão. Em especial, o poderio militar relativo da Índia, a inovação e a tecnologia e a importância para o comércio global estão aumentando.

A tabela mostra nosso indicador de poder agregado do país e os principais impulsionadores, bem como a classificação de cada medida de poder nos onze principais países hoje e a trajetória nos últimos vinte anos.

Para entender um país, começamos examinando **os grandes ciclos**, bem como as **medidas de poder** que refletem e impulsionam sua ascensão e sua queda. Embora façamos referências individuais a esses fatores, eles não são separados, mas sim interagem e se reforçam para mover um país ao longo de seu ciclo.

No caso da Índia, **os grandes ciclos parecem mistos.**

A Índia está em uma posição altamente favorável em seus ciclos econômico e financeiro, com um peso da dívida moderadamente baixo e um crescimento real esperado alto nos próximos dez anos (6,3% ao ano). Também tem um pouco mais de dívidas externas do que ativos externos (a PII líquida é de -12% do PIB). Os níveis de dívida não financeira são baixos (125% do PIB), embora os níveis de dívida pública sejam típicos

ANÁLISE DOS PRINCIPAIS PAÍSES DO MUNDO

ÍNDIA — PRINCIPAIS INDICADORES DA NOSSA PONTUAÇÃO DE PODER DO PAÍS

Pontuação geral do império (0-1)	Nível: 0,27		Ranque: 6	↘
Os grandes ciclos	**Nível**	**Escore-Z**	**Ranque**	**Trajetória**
Posição econômica / financeira	Altamente favorável	0,8	1	↘
Peso da dívida	Moderadamente baixo	0,1	5	↗
Crescimento esperado	6,3%	1,1	1	↘
Ordem interna	Alto risco	-1,8	10	→
Hiatos de riqueza, oportunidades e valores	Grande	-1,8	10	→
Conflito interno	Muito baixo			
Ordem externa				
Oito medidas importantes de poder				
Custo de competitividade	Muito forte	2,4	1	↗
Poderio militar	Médio	0,2	5	↗
Produto econômico	Médio	-0,2	5	→
Status da moeda de reserva	Fraco	-0,8	6	
Comércio	Fraco	-0,8	9	↗
Mercados & centro financeiro	Fraco	-0,8	10	→
Inovação & tecnologia	Fraca	-1,2	11	↗
Educação	Fraca	-1,2	11	→
Medidas adicionais de poder				
Caráter / determinação / civilidade	Forte	1,3	2	→
Geologia	Média	0,3	4	→
Eficiência de alocação de recursos	Média	0,2	5	
Infraestrutura & investimento	Média	-0,3	6	↗
Governança / estado de direito	Fraca	-1,1	10	↗
Fenômenos da natureza	Muito fraco	-2,4	11	

↗ Melhorando   ↘ Piorando   → Igual

dos principais países hoje (75% do PIB). A maior parte dessas dívidas (91%) está na moeda do próprio país, o que atenua os riscos da dívida. A capacidade de usar cortes nas taxas de juros para estimular a economia é modesta (taxas de curto prazo a 3,4%).

A desordem interna está em risco elevado. Os hiatos de riqueza, renda e valores são grandes. Em relação à desigualdade, o 1% e os 10% do topo na Índia recebem 21% e 56% da renda (ambos são os maiores percentuais entre os principais países). No entanto, um grande hiato de riqueza é menos preocupante em um país de rápido crescimento como a Índia, porque o rápido crescimento pode gerar uma prosperidade crescente para todos.

Olhando com mais detalhes para as oito principais medidas de poder, a Índia tem a mão de obra mais barata entre os principais países. Ajustada pela qualidade do trabalhador, a mão de obra é significativamente mais barata do que a média global.

Comparamos isso com a fraca posição relativa em educação, os resultados ruins no índice de inovação e da tecnologia e a falta de status de moeda de reserva. Em anos de educação, a Índia tem um nível ruim — os alunos têm em média 5,8 anos de educação contra 11,5 na média dos principais países. As pontuações do PISA, que medem a proficiência de alunos de quinze anos em vários países, são ruins — 336 contra 483 na média dos principais países. Em termos de inovação e tecnologia, um percentual baixo (menos de 1%) dos pedidos de patentes globais, um pequeno percentual (3%) dos gastos globais com P&D e um percentual moderado (3%) dos pesquisadores globais estão na Índia.

ANÁLISE DOS PRINCIPAIS PAÍSES DO MUNDO

OS PODERES E AS PERSPECTIVAS DO REINO UNIDO

Esta é nossa leitura gerada por computador para o Reino Unido em agosto de 2021.

Com base nas leituras mais recentes dos indicadores-chave, **o Reino Unido parece ser uma potência modesta (na metade inferior em relação aos principais países atualmente) em uma trajetória plana.** Conforme mostrado na tabela, a principal força do Reino Unido é o forte estado de direito e a baixa corrupção. Os pontos fracos são a situação econômica/financeira desfavorável e a relativa escassez de recursos naturais. As oito principais medidas de poder são mais ou menos fracas hoje e, em conjunto, estão se movendo para os lados.

A tabela mostra nosso indicador de poder agregado do país e os principais impulsionadores, bem como a classificação de cada medida de poder nos onze principais países hoje e a trajetória nos últimos vinte anos.

Para entender um país, começamos examinando **os grandes ciclos**, bem como as **medidas de poder** que refletem e impulsionam sua ascensão e sua queda. Embora façamos referências individuais a esses fatores, eles não são separados, mas sim interagem e se reforçam para mover um país ao longo de seu ciclo.

No caso do Reino Unido, **os grandes ciclos parecem em sua maioria desfavoráveis.**

O Reino Unido está em uma posição desfavorável em seus ciclos econômico e financeiro, com um alto peso da dívida e um crescimento real esperado relativamente baixo nos próximos dez anos (0,9% ao ano). O Reino Unido tem relativamente mais dívidas externas do que ativos externos (a PII líquida é de -28% do PIB). Os níveis de dívida não financeira são altos (260% do PIB), embora os níveis de dívida pública sejam típicos dos principais países hoje (106% do PIB). A maior parte dessas dívidas (90%) está na moeda do próprio país, o que atenua os riscos da dívida. A capacidade de usar cortes nas taxas de juros para estimular a

REINO UNIDO — PRINCIPAIS INDICADORES DA NOSSA PONTUAÇÃO DE PODER DO PAÍS

Pontuação geral do império (0-1) **Nível: 0,27** **Ranque: 7** →

Os grandes ciclos	Nível	Escore-Z	Ranque	Trajetória
Posição econômica / financeira	Desfavorável	-1,7	9	↘
Peso da dívida	Dívida alta	-1,6	9	↘
Crescimento esperado	0,9%	-0,8	6	↘
Ordem interna	Risco moderado	-0,2	8	↘
Hiatos de riqueza, oportunidades e valores	Relativamente grande	-0,2	7	↘
Conflito interno	Médio	-0,3	7	↘
Ordem externa				
Oito medidas importantes de poder				
Status da moeda de reserva	Fraco	-0,6	4	→
Mercados & centro financeiro	Médio	0,0	5	↘
Custo de competitividade	Média	-0,3	5	→
Educação	Média	-0,2	6	↘
Produto econômico	Médio	-0,3	6	→
Inovação & tecnologia	Média	-0,3	7	→
Comércio	Fraco	-0,6	7	→
Poderio militar	Médio	-0,3	8	→
Medidas adicionais de poder				
Governança / estado de direito	Forte	1,2	1	→
Eficiência de alocação de recursos	Média	0,3	4	→
Caráter / determinação / civilidade	Médio	-0,4	7	↘
Infraestrutura & investimento	Fraca	-0,6	10	↘
Geologia	Fraco	-0,9	10	→
Fenômenos da natureza	Médio	0,4	4	

↗ Melhorando   ↘ Piorando   → Igual

economia é baixa (taxas de curto prazo a 0,1%), e o país já está emitindo moeda para monetizar a dívida.

A desordem interna é um risco moderado. Os hiatos de riqueza, renda e valores são relativamente grandes. Em relação à desigualdade, o 1% e os 10% do topo no Reino Unido recebem 13% e 36% da renda (respectivamente, o quinto e o sexto maiores percentuais entre os principais países). Nosso indicador de conflito interno é médio. Esse indicador mede eventos reais de conflito (por exemplo, protestos), conflitos políticos (por exemplo, partidarismo) e descontentamento geral (com base em pesquisas).

Nas oito principais medidas de poder, o Reino Unido parece mais ou menos fraco no todo. O país não tem pontos fortes ou fracos especialmente proeminentes para serem destacados.

OS PODERES E AS PERSPECTIVAS DA FRANÇA

Esta é nossa leitura gerada por computador para a França em agosto de 2021.

Com base nas leituras mais recentes dos indicadores-chave, **a França parece ser uma potência modesta (na metade inferior em relação aos principais países atualmente) em uma trajetória plana. Conforme mostrado na tabela, os principais pontos fracos da França são a posição econômica/financeira desfavorável, a ética profissional abaixo da média e a baixa autossuficiência do povo, e a alocação de mão de obra e capital relativamente fraca.** As oito principais medidas de poder são mais ou menos fracas hoje e, em conjunto, estão se movendo para os lados.

A tabela mostra nosso indicador de poder agregado do país e os principais impulsionadores, bem como a classificação de cada medida de poder nos onze principais países hoje e a trajetória nos últimos vinte anos.

Para entender um país, começamos examinando **os grandes ciclos**, bem como as **medidas de poder** que refletem e impulsionam sua ascensão e sua queda. Embora façamos referências individuais a esses fatores, eles não são separados, mas sim interagem e se reforçam para mover um país ao longo de seu ciclo.

No caso da França, **os grandes ciclos parecem em sua maioria desfavoráveis.**

A França está em uma posição desfavorável nos ciclos econômicos e financeiros, com um peso da dívida moderadamente alto e um crescimento real esperado relativamente baixo nos próximos dez anos (0,4% ao ano). Também tem um pouco mais de dívidas externas do que ativos externos (a PII líquida é de -25% do PIB). Os níveis de dívida não financeira são altos (268% do PIB), embora os níveis de dívida pública sejam típicos dos principais países hoje (105% do PIB). As dívidas da França são em grande parte em euros, o que aumenta seus riscos, uma vez que a moeda não é controlada diretamente pelo país. A capacidade de usar

ANÁLISE DOS PRINCIPAIS PAÍSES DO MUNDO

FRANÇA — PRINCIPAIS INDICADORES DA NOSSA PONTUAÇÃO DE PODER DO PAÍS

Pontuação geral do império (0-1)   Nível: 0,25   Ranque: 8 →

Os grandes ciclos	Nível	Escore-Z	Ranque	Trajetória
Posição econômica / financeira	Desfavorável	-1,2	8	↘
Peso da dívida	Moderadamente alto	-0,8	8	↘
Crescimento esperado	0,40%	-0,9	7	→
Ordem interna	Baixo risco	0,5	4	→
Hiatos de riqueza, oportunidades e valores	Estreito	1,1	1	↗
Conflito interno	Médio	-0,1	6	→
Ordem externa				
Oito medidas importantes de poder				
Comércio	Médio	-0,5	6	→
Poderio militar	Médio	-0,3	7	→
Mercados & centro financeiro	Médio	-0,3	7	→
Educação	Média	-0,5	7	→
Inovação & tecnologia	Média	-0,5	8	↘
Produto econômico	Fraco	-0,5	9	↘
Custo de competitividade	Fraca	-0,6	9	→
Status da moeda de reserva				
Medidas adicionais de poder				
Infraestrutura e investimento	Média	-0,2	5	↗
Governança / estado de direito	Média	0,3	6	→
Geologia	Média	-0,5	7	→
Eficiência de alocação de recursos	Fraca	-1,3	10	↘
Caráter / determinação / civilidade	Fraco	-1,5	11	→
Fenômenos da natureza	Médio	0,0	6	

↗ **Melhorando**   ↘ **Piorando**   → **Igual**

cortes nas taxas de juros para estimular a economia é baixa para a Zona do Euro (as taxas de curto prazo estão a -0,5%), e a Europa já está emitindo moeda para monetizar a dívida.

A desordem interna é um risco baixo. Os hiatos de riqueza, renda e valores são estreitos. Em relação à desigualdade, o 1% e os 10% do topo na França recebem 10% e 32% da renda (ambos são os nonos maiores percentuais entre os principais países). Nosso indicador de conflito interno é médio. Esse indicador mede eventos reais de conflito (por exemplo, protestos), conflitos políticos (por exemplo, partidarismo) e descontentamento geral (com base em pesquisas).

Nas oito principais medidas de poder, a França parece mais ou menos fraca no todo. O país não tem pontos fortes ou fracos especialmente proeminentes para serem destacados.

ANÁLISE DOS PRINCIPAIS PAÍSES DO MUNDO

OS PODERES E AS PERSPECTIVAS DA HOLANDA

Esta é nossa leitura gerada por computador para a Holanda em agosto de 2021.

Com base nas leituras mais recentes dos indicadores-chave, **a Holanda parece ser uma potência modesta (na metade inferior em relação aos principais países atualmente) em uma trajetória plana. Conforme mostrado na tabela, os principais pontos fortes da Holanda são a alta ordem interna, o forte estado de direito e a baixa corrupção. Os pontos fracos são o poderio militar relativamente fraco e a mão de obra relativamente cara (em uma base ajustada pela qualidade).** As oito principais medidas de poder são mais ou menos fracas hoje e, em conjunto, estão se movendo para os lados.

A tabela mostra nosso indicador de poder agregado do país e os principais impulsionadores, bem como a classificação de cada medida de poder nos onze principais países hoje e a trajetória nos últimos vinte anos.

Para entender um país, começamos examinando **os grandes ciclos**, bem como as **medidas de poder** que refletem e impulsionam sua ascensão e sua queda. Embora façamos referências individuais a esses fatores, eles não são separados, mas sim interagem e se reforçam para mover um país ao longo de seu ciclo.

No caso da Holanda, **os grandes ciclos parecem em sua maioria favoráveis.**

A Holanda está em uma posição mais ou menos favorável em seus ciclos econômico e financeiro, com um peso da dívida baixo, mas um crescimento real esperado relativamente baixo nos próximos dez anos (1% ao ano). Também tem significativamente mais ativos externos do que dívidas externas (a PII líquida é 90% do PIB). Os níveis de dívida não financeira são altos (286% do PIB), embora os níveis de dívida pública sejam baixos (53% do PIB). As dívidas da Holanda são em grande parte em euros, o que aumenta os riscos de sua dívida, uma vez que a moeda

HOLANDA — PRINCIPAIS INDICADORES DA NOSSA PONTUAÇÃO DE PODER DO PAÍS

Pontuação geral do império (0-1)   Nível: 0,25   Ranque: 9 →

Os grandes ciclos	Nível	Escore-Z	Ranque	Trajetória
Posição econômica / financeira	Mais ou menos favorável	0,0	5	
Peso da dívida	Dívida Baixa	0,8	3	↗
Crescimento esperado	1,0%	-0,8	5	
Ordem interna	Baixo risco	0,9	2	→
Hiatos de riqueza, oportunidades e valores	Estreito	0,6	4	↘
Conflito interno	Baixo	1,2	1	↗
Ordem externa				
Oito medidas importantes de poder				
Inovação & tecnologia	Média	-0,3	6	→
Produto econômico	Médio	-0,3	8	→
Mercados & centro financeiro	Fraco	-0,5	8	→
Comércio	Fraco	-0,6	8	→
Educação	Fraca	-0,7	9	→
Custo de competitividade	Fraca	-0,8	11	→
Poderio militar	Muito fraco	-1,9	11	↘
Status da moeda de reserva				
Medidas adicionais de poder				
Governança / estado de direito	Forte	1,0	2	→
Caráter / determinação / cividade	Médio	-0,3	6	↗
Geologia	Média	-0,5	6	→
Eficiência de alocação de recursos	Média	-0,1	8	↗
Infraestrutura & investimento	Média	-0,4	8	→
Fenômenos da natureza	Médio	0,5	3	

↗ **Melhorando**   ↘ **Piorando**   → **Igual**

não é controlada diretamente pelo país. A capacidade de usar cortes nas taxas de juros para estimular a economia é baixa para a Zona do Euro (as taxas de curto prazo estão a -0,5%), e a Europa já está emitindo moeda para monetizar a dívida.

A desordem interna é um risco baixo. Os hiatos de riqueza, renda e valores são estreitos. Em relação à desigualdade, o 1% e os 10% do topo na Holanda recebem 7% e 29% da renda (ambos são os décimos maiores percentuais entre os principais países). Nosso indicador de conflito interno é baixo. Esse indicador mede eventos reais de conflito (por exemplo, protestos), conflitos políticos (por exemplo, partidarismo) e descontentamento geral (com base em pesquisas).

Olhando com mais atenção para as oito principais medidas de poder, destacaríamos o poderio militar relativamente fraco e a mão de obra relativamente cara (com base no ajuste de qualidade). Um pequeno percentual dos gastos militares globais (menos de 1%) é da Holanda, e ela tem um pequeno percentual do pessoal militar mundial (menos de 1%). Em relação ao custo da mão de obra, depois que a ajustamos pela qualidade do trabalhador, é um pouco mais cara do que a média global.

OS PODERES E AS PERSPECTIVAS DA RÚSSIA

Esta é nossa leitura gerada por computador para a Rússia em agosto de 2021.

Com base nas leituras mais recentes dos indicadores-chave, **a Rússia parece ser uma potência modesta (na metade inferior em relação aos principais países atualmente) em uma trajetória plana. Conforme mostrado na tabela, os principais pontos fortes da Rússia são a sólida posição econômica e financeira, a riqueza em recursos naturais e o poderio militar relativamente forte. Os pontos fracos são a economia relativamente pequena, a corrupção e o estado de direito inconsistente, e a relativa insignificância como centro financeiro global.** As oito principais medidas de poder são mais ou menos fracas hoje e, em conjunto, estão se movendo para os lados.

A tabela mostra nosso indicador de poder agregado do país e os principais impulsionadores, bem como a classificação de cada medida de poder nos onze principais países hoje e a trajetória nos últimos vinte anos.

Para entender um país, começamos examinando **os grandes ciclos**, bem como as **medidas de poder** que refletem e impulsionam sua ascensão e sua queda. Embora façamos referências individuais a esses fatores, eles não são separados, mas sim interagem e se reforçam para mover um país ao longo de seu ciclo.

No caso da Rússia, **os grandes ciclos parecem em sua maioria favoráveis.**

A Rússia está em uma posição mais ou menos favorável em seus ciclos econômico e financeiro, com um peso da dívida baixo e um crescimento real esperado modesto nos próximos dez anos (2,5% ao ano). Também tem relativamente mais ativos externos do que dívidas externas (a PII líquida é 33% do PIB). Os níveis de dívida não financeira são baixos (99% do PIB), assim como os níveis de dívida pública (14% do PIB). Um percentual significativo da dívida da Rússia (25%) é denominado em moedas

ANÁLISE DOS PRINCIPAIS PAÍSES DO MUNDO

RÚSSIA — PRINCIPAIS INDICADORES DA NOSSA PONTUAÇÃO DE PODER DO PAÍS

Pontuação geral do império (0-1)   Nível: 0,23   Ranque: 10 →

Os grandes ciclos	Nível	Escore-Z	Ranque	Trajetória
Posição econômica / financeira	Mais ou menos favorável	0,5	2	
Peso da dívida	Dívida Baixa	1,0	2	↗
Crescimento esperado	2,5%	-0,2	3	
Ordem interna	Risco moderado	-0,5	9	↗
Hiatos de riqueza, oportunidades e valores				
Conflito interno	Médio	-0,5	9	↗
Ordem externa				
Oito medidas importantes de poder				
Custo de competitividade	Forte	0,7	3	
Poderio militar	Médio	0,4	3	→
Status da moeda de reserva	Fraco	-0,8	6	
Educação	Fraca	-0,5	8	→
Inovação & tecnologia	Fraca	-0,7	9	→
Comércio	Fraco	-0,9	10	→
Mercados & centro financeiro	Fraco	-1,1	11	→
Produto econômico	Fraco	-1,4	11	→
Medidas adicionais de poder				
Geologia	Muito forte	1,9	1	→
Eficiência de alocação de recursos	Forte	1,3	1	
Caráter / determinação / civilidade	Médio	0,1	5	
Infraestrutura & investimento	Fraca	-1,0	11	↘
Governança / estado de direito	Muito fraca	-1,9	11	→
Fenômenos da natureza	Médio	-0,1	7	

↗ **Melhorando**   ↘ **Piorando**   → **Igual**

estrangeiras, o que aumenta os riscos da dívida. A capacidade de usar cortes nas taxas de juros para estimular a economia é alta (taxas de curto prazo a 6,6%).

A desordem interna é um risco moderado. Nosso indicador de conflito interno é médio. Esse indicador mede eventos reais de conflito (por exemplo, protestos), conflitos políticos (por exemplo, partidarismo) e descontentamento geral (com base em pesquisas).

Olhando com mais detalhes para as oito principais medidas de poder, a Rússia tem um poderio militar relativamente forte. Um percentual moderado dos gastos militares globais (7%) é da Rússia, e ela tem um percentual moderadamente alto do pessoal militar mundial (13%).

Comparamos isso com a economia relativamente pequena e a relativa insignificância como centro financeiro global. Os mercados de ações da Rússia representam um pequeno percentual do total mundial (menos de 1% da capitalização de mercado total e menos de 1% do volume).

ANÁLISE DOS PRINCIPAIS PAÍSES DO MUNDO

OS PODERES E AS PERSPECTIVAS DA ESPANHA

Esta é nossa leitura gerada por computador para a Espanha em agosto de 2021.

Com base nas leituras mais recentes dos indicadores-chave, **a Espanha parece ser uma potência modesta (na metade inferior em relação aos principais países atualmente) em uma trajetória plana.** Conforme mostrado na tabela, as principais fraquezas da Espanha que a colocam nesta posição são a situação econômica/financeira desfavorável, a alocação de mão de obra e capital relativamente fraca, a relativa insignificância para o comércio global e os resultados ruins do índice de inovação e tecnologia. As oito principais medidas de poder são mais ou menos fracas hoje e, em conjunto, estão se movendo para os lados.

A tabela mostra nosso indicador de poder agregado do país e os principais impulsionadores, bem como a classificação de cada medida de poder nos onze principais países hoje e a trajetória nos últimos vinte anos.

Para entender um país, começamos examinando **os grandes ciclos**, bem como as **medidas de poder** que refletem e impulsionam sua ascensão e sua queda. Embora façamos referências individuais a esses fatores, eles não são separados, mas sim interagem e se reforçam para mover um país ao longo de seu ciclo.

No caso da Espanha, **os grandes ciclos parecem em sua maioria desfavoráveis.**

A Espanha está em uma posição desfavorável em seus ciclos econômico e financeiro, com um alto peso da dívida e um crescimento real esperado muito baixo nos próximos dez anos (0% ao ano). Também tem significativamente mais dívidas externas do que ativos externos (a PII líquida é de -73% do PIB). Os níveis de dívida não financeira são altos (249% do PIB), assim como os níveis de dívida pública (114% do PIB). As dívidas da Espanha são em grande parte em euros, o que aumenta os riscos de sua dívida, uma vez que a moeda não é controlada diretamente

A ORDEM MUNDIAL EM TRANSFORMAÇÃO

ESPANHA — PRINCIPAIS INDICADORES DA NOSSA PONTUAÇÃO DE PODER DO PAÍS

Pontuação geral do império (0-1) Nível: 0,20   Ranque: 11 →

Os grandes ciclos	Nível	Escore-Z	Ranque	Trajetória
Posição econômica / financeira	Desfavorável	-1,9	11	↘
Peso da dívida	Dívida alta	-1,7	10	↘
Crescimento esperado	0,0%	-1,1	10	↘
Ordem interna	Risco moderado	0,0	6	→
Hiatos de riqueza, oportunidades e valores	Típico	0,4	5	↗
Conflito interno	Médio	-0,4	8	↘
Ordem externa				
Oito medidas importantes de poder				
Custo de competitividade	Fraca	-0,6	7	→
Mercados & centro financeiro	Fraco	-0,6	9	→
Poderio militar	Fraco	-0,8	10	→
Produto econômico	Fraco	-0,9	10	↘
Educação	Fraca	-0,9	10	→
Inovação & tecnologia	Fraca	-1,0	10	↘
Comércio	Fraco	-0,9	11	→
Status da moeda de reserva				
Medidas adicionais de poder				
Geologia	Fraca	-0,6	8	→
Infraestrutura & investimento	Fraca	-0,6	9	↘
Governança / estado de direito	Fraca	-0,7	9	↘
Caráter / determinação / civilidade	Fraco	-1,0	9	→
Eficiência de alocação de recursos	Fraca	-1,6	11	↘
Fenômenos da natureza	Fraco	-0,7	10	

↗ **Melhorando**   ↘ **Piorando**   → **Igual**

pelo país. A capacidade de usar cortes nas taxas de juros para estimular a economia é baixa para a Zona do Euro (as taxas de curto prazo estão a -0,5%), e a Europa já está emitindo moeda para monetizar a dívida.

A desordem interna é um risco moderado. As disparidades de riqueza, renda e valores são típicas. Em relação à desigualdade, o 1% e os 10% do topo na Espanha recebem 12% e 34% da renda (respectivamente, o sétimo e o oitavo maiores percentuais entre os principais países). Nosso indicador de conflito interno é médio. Esse indicador mede eventos reais de conflito (por exemplo, protestos), conflitos políticos (por exemplo, partidarismo) e descontentamento geral (com base em pesquisas).

Olhando com mais detalhes para as oito principais medidas de poder, destacaríamos a relativa insignificância para o comércio global e o resultado ruim no índice de inovação e tecnologia. A Espanha responde por apenas 2% das exportações globais. Em termos de inovação e tecnologia, percentuais baixos de pedidos de patentes globais (menos de 1%), gastos globais com P&D (1%) e pesquisadores globais (1%) estão na Espanha.

GLOSSÁRIO DE TERMOS

Países

ARG	Argentina	
BEL	Bélgica	
BRA	Brasil	
CAN	Canadá	
SUI	Suíça	
CHI	Chile	
CHN	China	
COL	Colômbia	
TCH	República Checa	
ALE	Alemanha	
ESP	Espanha	
EUR	Zona do Euro	
FRA	França	
GBR	Reino Unido	
GRC	Grécia	
HUN	Hungria	
IDR	Indonésia	
IND	Índia	
ITA	Itália	
JPN	Japão	
MEX	México	
HOL	Holanda	
NOR	Noruega	
POL	Polônia	
POR	Portugal	
RUS	Rússia	
AFS	África do Sul	
SGP	Singapura	
SUE	Suécia	
TAI	Tailândia	
TUR	Turquia	
EUA	Estados Unidos	
MND	Mundo	

Termos

Ajt	Ajustado
Ano	Anualizado
Med	Média
Bil	Bilhão
BC	Banco central
Mud	Mudança
CHIO	Corporação
IPC	Índice de Preços ao Consumidor
CHIO	Companhia Holandesa das Índias Orientais
Estim	Estimativa
FX (ou Spot FX)	Taxa de câmbio monetário
PIB	Produto Interno Bruto
Gov	Governo
Int	Internacional
Inv	Invertido
Log	Log natural
Mln	Média móvel
MM	Milhão
Oz	Onças
Pop	População
PPM	Partes por milhão
PPC	Paridade de poder de compra
PIBR	Produto interno bruto real (ajustado pela inflação)
Terc	Taxa efetiva real de câmbio calculado pelo FED
A	Ano
A/A	Mudança ano após ano
US$	Dólar americano
£	Libra esterlina britânica
12mmm	Média móvel de 12 meses
60/40	Refere-se a uma carteira de 60% de ações e 40% de títulos
6mmm	Média móvel de 6 meses

Moedas

CNY	Yuan chinês
GBP	Libra esterlina britânica
Florim	Moeda holandesa
Moeda Maravedi	Moeda espanhola dos séculos XII a XIX
US$	Dólar americano

Para obter as definições dos termos econômicos comumente usados, consulte economicprinciples.org

SOBRE O AUTOR

Ray Dalio é macroinvestidor global há quase cinquenta anos. É fundador e co-CIO da Bridgewater Associates, uma empresa de investimento institucional líder do setor que é o maior fundo *hedge* do mundo.

Dalio cresceu como um garoto de classe média bem comum em Long Island, começou a investir quando tinha 12 anos, fundou a Bridgewater em seu apartamento de dois quartos quando tinha 26 anos e a transformou no que a *Fortune* avaliou como a quinta empresa privada mais importante dos Estados Unidos. No processo, se tornou conselheiro dos principais formuladores de políticas, o que levou a *Time* a nomeá-lo como uma das "Cem pessoas mais influentes do mundo". As revistas *CIO* e *Wired* o chamam de "Steve Jobs dos investimentos" pela singular abordagem criativa e inovadora. Ele também foi nomeado pela *Forbes* como um dos cinquenta filantropos mais generosos dos Estados Unidos.

Em 2017, decidiu transmitir os princípios de seu sucesso em uma série de livros e animações em vídeo. Seu livro *Princípios* foi best-seller do *New York Times*, vendendo mais de 3 milhões de cópias em todo o mundo e sendo traduzido para mais de trinta idiomas. Suas animações de trinta minutos no YouTube "How the Economic Machine Works" e "Principles for Success", juntas, foram vistas mais de 100 milhões de vezes, e seu livro *Principles for Navigating Big Debt Crises* foi bem recebido por economistas, legisladores e investidores.

Neste novo livro, Dalio aplica sua maneira singular de ver o mundo para estudar as ascensões e quedas de grandes impérios com moeda de reserva. Sua esperança é que o modelo compartilhado nestas páginas ajude os leitores a se prepararem para os tempos de mudança que estão por vir.

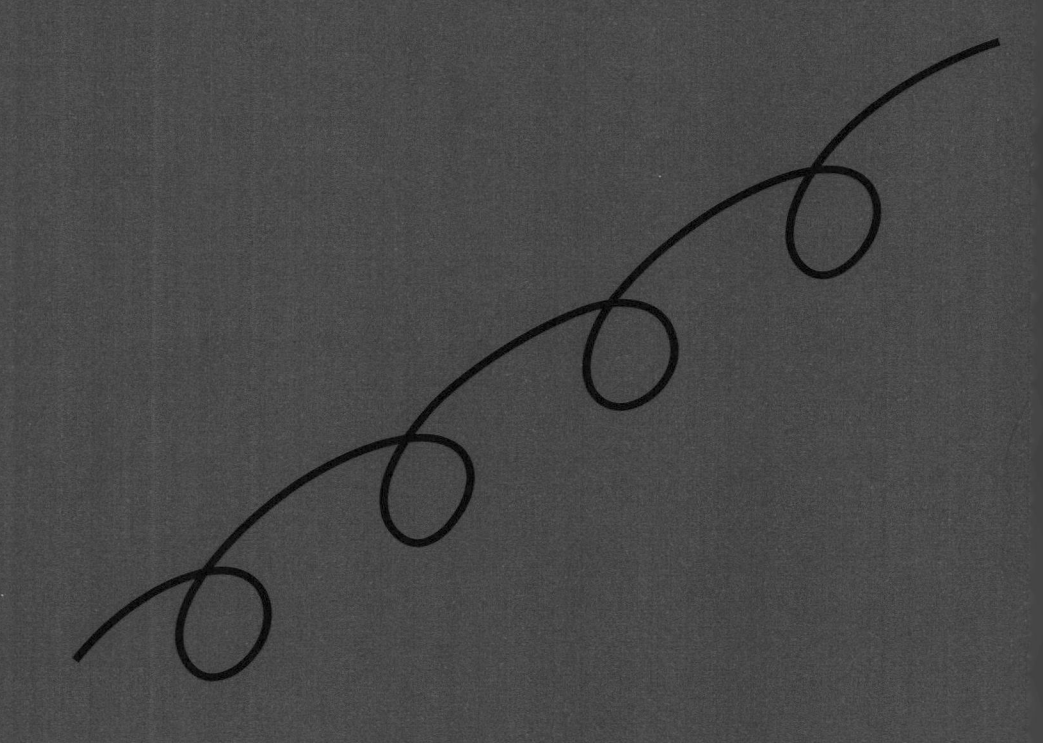

1ª edição	ABRIL DE 2022
reimpressão	MAIO DE 2025
impressão	GEOGRÁFICA
papel de miolo	OFFSET 90 G/M²
papel de capa	CARTÃO SUPREMO ALTA ALVURA 250G/M²
tipografia	ADOBE CASLON PRO